Das große Buch vom Kaninchen

Das große Buch vom Kaninchen

Herausgegeben von
Wolfgang Schlolaut

in Zusammenarbeit mit K. Lange, K. Löhle, H. C. Löliger, W. Rudolph

VERLAG

Deutsche Bibliothek CIP Einheitsaufnahme

Bibliografische Information **Der Deutschen Bibliothek**

Die Deutsche Bibliothek verzeichnet diese Publikation in der Deutschen Nationalbibliografie; detaillierte bibliografische Daten sind im Internet über < http://dnb.ddb.de > abrufbar.

Das große Buch vom Kaninchen, 3., überarbeitete Ausgabe 2003

DLG-Verlags-GmbH, Eschborner Landstraße 122, 60489 Frankfurt am Main
Telefon: 0 69/2 47 88-0 Fax: 0 69/2 47 88-480
E-Mail: dlg-verlag@dlg-frankfurt.de Internet: www.dlg-verlag.de

Gesamtherstellung: Wetzlar-Druck GmbH, Wetzlar
Printed in Germany: ISBN 3-7690-0592-9

Die Autoren

Dipl.-Ing. agr. Klaus Lange

Leiter der Abteilung Kleintierzucht an der Hessischen Landesanstalt für Tierzucht, Neu-Ulrichstein, Homberg/Ohm, seit 1964
Forschungsschwerpunkte: Versuche zur Fleisch- und Wollerzeugung sowie Leistungsprüfungen und die Entwicklung von Verfahren zur tiergerechten Haltung.

Prof. Dr. Klaus Löhle

Direktor des Instituts für Geflügel- und Kleintierzucht der Humboldt-Universität zu Berlin von 1966 bis 1994.
Forschungsschwerpunkte: Reproduktion bei verschiedenen Kleintierarten unter besonderer Berücksichtigung der künstlichen Besamung; endogene und exogene Einflußfaktoren auf spezielle Leistungsmerkmale sowie züchterische Maßnahmen zur Verbesserung der Produktqualität.

Prof. Dr. Hans-Christoph Löliger

Langjähriger Leiter der tiermedizinischen Abteilung des Instituts für Kleintierforschung der Bundesanstalt für Landwirtschaft in Celle; apl. Professor für Pathologie und Lehrbeauftragter für Pelztier- und Kaninchenkrankheiten an der Tierärztlichen Hochschule Hannover. Vorsitzender der Deutschen Sektion der World Rabbit Science Association (WRSA) von 1976–1988, Vizepräsident der WRSA von 1980 bis 1988. Ehrenmitglied der WRSA.
Forschungsschwerpunkte: Pathologie, Epidemiologie und Bekämpfung von Krankheiten der Haustiere und der Farmpelztiere sowie deren tierschutzgemäße Haltung und Betreuung.

Prof. Dr. Wolfgang Rudolph

Hochschullehrer an der Universität Rostock von 1966 bis 1992, Lehrfächer: Geflügel- und Kleintierzucht, Haustiergenetik.
Forschungsschwerpunkte: Genetik und Züchtung von Kaninchen sowie Zytogenetik der Haustiere. Initiator der Rostocker Kolloquien »Das Kaninchen als Modelltier und Züchtungsobjekt« 1979, 1982 und 1986.

Dr. Wolfgang Schlolaut

Leiter der Hessischen Landesanstalt für Tierzucht, Neu-Ulrichstein, Homberg/Ohm, von 1963 bis 1990.

Vorsitzender des Ausschusses für Kaninchenzucht der Deutschen Landwirtschafts-Gesellschaft (DLG) von 1972 bis 1990 sowie Ehrenmitglied seit 1990. Vizepräsident der World Rabbit Science Association (WRSA) von 1988 bis 1996. Ehrenmitglied der WRSA.

Forschungsschwerpunkte: Fütterung, Haltung und Reproduktion sowie Angorawollerzeugung und Leistungsprüfungen.

Vorwort

In der Wohlstandsgesellschaft hat sich die Wertschätzung des Kaninchens als Nutztier um die Varianten Freizeitbeschäftigung und Heimtierhaltung erweitert. Darüber hinaus hat seine hohe Flächenproduktivität und nährstoffökonomische Überlegenheit auch zu seinem verstärkten Einsatz in den Ländern der Dritten Welt beigetragen.

Dank einer seit den 70er Jahren dieses Jahrhunderts intensivierten Forschung konnte das Wissen um die Anforderungen des Kaninchens an seine Umwelt und damit auch seine Nutzleistungen dem Niveau der anderen Nutztierarten angeglichen werden. Ausweislich der Ergebnisse statistischer Erhebungen und der Informationen aus der Beratungspraxis hat vielfach die Vermittlung der neuen Erkenntnisse an die Kaninchenhalter nicht mit dieser Entwicklung Schritt halten können.

Die Autoren des vorliegenden Handbuches haben sich die Aufgabe gestellt, dieses Informationsdefizit zum Wohle der Kaninchenhalter und ihrer Tiere zu verringern. Dieses Bemühen stützt sich auf ihre Beteiligung an der Erforschung der genetischen und umweltbedingten Optimierung der Nutzleistungen sowie auf langjährige Erfahrungen. Hierbei wurden auch die im internationalen Rahmen vorliegenden Erkenntnisse mitberücksichtigt. Dankenswerterweise hat die Gesellschaft für Technische Zusammenarbeit (GTZ) zur Förderung dieser Zielsetzung zugestimmt, das 1982 von ihr herausgegebene und in fünf Sprachen übersetzte »Kompendium der Kaninchenproduktion« miteinzubeziehen.

Die Autoren danken für die vielfältige Unterstützung, welche ihnen bei der Erfüllung der gestellten Aufgabe zuteil wurde. Besonderer Dank gilt Herrn Jakobs, Präsident des Zentralverbandes Deutscher Kaninchenzüchter (ZDK) und Herrn Dr. Zimmermann, Vorsitzender des Ausschusses für Kaninchenzucht und -haltung der Deutschen Landwirtschafts-Gesellschaft (DLG) sowie Herrn Lammers, V orsitzender des Verbandes der Kaninchenfleisch- und -wollerzeuger.

Die erforderlich gewordene 3. Auflage war für die Autoren Motivation und Verpflichtung zugleich, durch Einarbeitung der zwischenzeitlichen Erkenntnisse und Anregungen aus der Praxis dem Anspruch eines Standardwerkes noch besser gerecht zu werden.

Zum Geleit

Die Kaninchenzucht und -haltung im vereinigten Deutschland hat im letzten Jahrzehnt einen großen Zuspruch und Interessentenkreis gefunden. So ist es auch zu verstehen, daß die Nachfrage nach guten Fachbüchern sehr groß ist.

Ich freue mich, als Präsident des großen Zentralverbandes, daß mit diesem Handbuch der Nachfrage entsprochen wird.

Dem Autorenteam ist es aufgrund jahrzehntelanger Erfahrung auf dem Gebiet der Kaninchenzucht und -haltung gelungen, dem Interessenten wichtige Informationen zu vermitteln. Ich danke dem Herausgeber Herrn Dr. Schlolaut und den Koautoren für diese hervorragende Leistung.

Dem Kaninchenhandbuch wünsche ich weiteren Erfolg. Möge es einkehren in viele Züchterfamilien.

Franz Jakobs
Präsident des Zentralverbandes Deutscher Kaninchenzüchter (ZDK)

Die in den letzten Jahrzehnten intensivierte Forschung ermöglicht nunmehr auch beim Kaninchen die Ausschöpfung eines Leistungspotentials, welches es zu einem der effizientesten Nutztiere in den Bereichen Fleisch- und Wollerzeugung macht. Die Bemühungen der Kaninchenhalter, diese Fähigkeiten zu realisieren, stehen nicht selten vor dem Problem des Mangels an wissenschaftlich fundierten und aktuellen Informationsquellen.

Der DLG-Ausschuß für Kaninchenzucht und -haltung hat es sich zur Aufgabe gemacht, dieses sowohl aus der Fülle von neuen Erkenntnissen, als auch der schnellen Entwicklung resultierende Informationsdefizit zu reduzieren. Den Autoren und dem DLG-Verlag gebührt Dank für die Unterstützung der Ausschußarbeit durch die Herausgabe dieses Standardwerkes. Es ist eine wertvolle Hilfe. Dies um so mehr, als die Autoren diesem Zweig der Nutztierhaltung und zum Teil auch der Ausschußarbeit selbst seit langem verbunden sind. Sie haben durch eigene Forschungsarbeit maßgeblich zu den Fortschritten auf diesem Gebiet beigetragen. Darüber hinaus wurde in dankenswerter Weise auch die internationale Entwicklung auf diesem Gebiet in die praxisnahe Aufarbeitung des gegenwärtigen Erkenntnisstandes miteinbezogen.

Im Interesse einer Weiterentwicklung dieses Zweiges der Nutztierhaltung ist dem Handbuch eine weite Verbreitung unter den Kaninchenhaltern, jenen, die es werden wollen und allen, die direkt oder indirekt mit Fragen der Kaninchenhaltung konfrontiert werden, zu wünschen.

Dr. Erich Zimmermann
Vorsitzender des Ausschusses für Kaninchenzucht und -haltung
der Deutschen Landwirtschafts-Gesellschaft (DLG)

Inhalt

1 Domestikation* und geografische Verbreitung

von W. Schlolaut

Das Kaninchen gehört im zoologischen System zu der selbständigen Ordnung der Hasentiere (s. Tab. 1). Das heißt, daß es entgegen der landläufigen Meinung weder zu den Nagetieren gehört noch mit diesen entfernt verwandt ist. Von diesen unterscheidet es sich in wesentlichen anatomischen und physiologischen Merkmalen. Ähnlichkeiten, wie sie beispielsweise in den nachwachsenden Schneidezähnen bestehen, resultieren nicht aus stammesgeschichtlichen Zusammenhängen, sondern sind aus der Anpassung an die Umweltbedingungen (z. B. harte Nahrung) entstanden. Man spricht hier von sogenannten Konvergenzen. Dementsprechend kommen Nagezähne nicht nur bei Hasentieren und den Nagetieren vor, sondern auch bei Halbaffen und Beuteltieren (4). Die aus der Identifizierung mit Nagetieren bestehenden Vorurteile gegenüber dem Verzehr von Kaninchenfleisch entbehren somit jeder Grundlage.

Abbildung 1. Mit der Gehegehaltung des Wildkaninchens begann seine Domestikation. Das Hauskaninchen erzielt auf der Weide durch die selektive Aufnahme der nährstoffreichsten Pflanzen und Pflanzenteile höhere Zunahmen als bei der Verabreichung des von der gleichen Fläche geschnittenen Futters im Stall.

* Domestikation = Umzüchtung von Wildtieren zu Haustieren

Das von dem Europäischen Kaninchen (Oryctolagus cuniculus) abstammende Hauskaninchen ist die domestizierte Form der einzigen Art der Gattung Oryctolagus (aus dem Griechischen: oruktês = grabend; lagos = Hase). Der europäische Feldhase (Lepus europaeus) gehört demgegenüber zu einer der 22 Arten der Gattung Lepus (Tab. 1). Aufgrund dessen unterscheiden sich Kaninchen und Feldhase in folgenden Merkmalen:

	Wildkaninchen	Hase
Trächtigkeitsdauer	30 bis 32 Tage	40 bis 42 Tage
Jungtiere pro Wurf	4 bis 12	1 bis 4
Jungtiere bei Geburt	nackt und blind	behaart und sehend
Jungtierverhalten	Nesthocker	Nestflüchter
Gewicht, ausgewachsen	1,5 bis 2,0 kg	5,0 bis 6,0 kg
Lebensgewohnheiten	Grabtier, Höhlenbewohner in Hecken und Waldrändern	Lauftier, Feld- und Waldbewohner
Sozialverhalten	gesellig	ungesellig
Ohrenlänge	Ohr kürzer als Kopf	Ohr länger als Kopf
Chromosomenzahl	44	48

Das hat zur Folge, daß Kreuzungsversuche zwischen Hase und Kaninchen erfolglos geblieben sind. Die in der Literatur zu findenden Angaben über die Existenz von als Leporiden bezeichneten Nachkommen aus derartigen Kreuzungen haben sich nicht bestätigen lassen. Die im Sprachgebrauch regional häufig anzutreffende fehlende Unterscheidung von Hasen und Kaninchen ist somit nicht gerechtfertigt. Die Bezeichnung des Kaninchens als Hasen ist übrigens nicht auf Süddeutschland beschränkt, sondern hat bereits bei den Chronisten des Altertums Verwirrung ausgelöst.
Zumindest Anfänge einer Domestikation scheint es auch bei dem auf Yucatan (Mexiko) vorkommenden Vulkan-Kaninchen (Romerolagus diazzi) gegeben zu haben, worauf Funde aus der Zeit vor 1200 Jahren hinweisen (87).
Das Wildkaninchen war in vorgeschichtlicher Zeit bereits über Europa und Teile Nordafrikas verbreitet. Durch die Eiszeit verdrängt, war es später nur noch im westlichen Nordafrika und auf der Iberischen Halbinsel anzutreffen. Von dort aus besiedelte es dann wieder Südfrankreich. Knochenfunde in Ausgrabungen von Siedlungen in der Provence deuten darauf hin, daß im 8. und 7. Jahrtausend vor der Zeitrechnung das Wildkaninchen den Hauptanteil am Fleischverzehr der dortigen Bevölkerung hatte (131). In Spanien wurde seine Existenz etwa 1000 v. Chr. erstmals von den aus dem östlichen Mittelmeer kommenden Phöniziern beschrieben. Diese verwechselten allerdings das Wildkaninchen mit dem Klippschliefer, einem in Kleinasien beheimateten kleinen Huftier, welches ebenfalls in Höhlen lebt. Dieser Verwechslung verdankt Spanien seinen Namen: Angesichts der großen Zahl von Wildkaninchen, die sich an der Mittelmeerküste tummelten, nannten sie das entdeckte Land »I-saphan-In«, d. h. Insel der Klippschliefer. Dies übersetzten dann die Römer in »Hispania« (131).

Die Römer sorgten dann auch im Rahmen ihrer Eroberungsfeldzüge für die Verbreitung der Wildkaninchen in den Anrainerländern des Mittelmeeres und insbesondere auf dessen Inseln. Wildkaninchen wurden von ihnen sowohl als unterhaltsames Jagdobjekt geschätzt, als auch als Frischfleischkonserve. Den Verzehr von Kaninchenföten und Neugeborenen (Laurices) übernahmen sie von den Spaniern. Sie galten auch bei ihnen als Delikatesse. Um ihre ständige Verfügbarkeit zu gewährleisten, wurden die Kaninchen in ummauerten Gehegen (Leporarien) gehalten. Dies kann als erster Schritt zur Haustierwerdung (Domestikation) gelten. Die Wildkaninchen erwiesen sich für die Gehegehaltung besser geeignet als die bislang darin gehaltenen Hasen. Deren Bestand mußte jeweils durch Wildfänge ergänzt werden, um dann als Frischfleischkonserven und Jagdobjekte Verwendung zu finden. Bei den Kaninchen erübrigten sich die Wildfänge, da sie sich, im Gegensatz zu den Hasen, in den Gehegen fortpflanzten. Aus dieser Zeit stammen auch die ersten Berichte über Probleme, welche die sprichwörtlich hohe Vermehrungsrate der Kaninchen bereitete. Die Bewohner der Balearen, wohin die Römer gleichfalls Wildkaninchen gebracht hatten, riefen den Kaiser Augustus zur Hilfe. Angesichts der Verwüstungen sollte er Truppen entsenden oder anderes Land zuweisen (96).
Der Sicherstellung der Frischfleischversorgung diente später auch die Besiedlung von Inseln mit Wildkaninchen in anderen Teilen der Welt durch Seefahrer. Bekannt sind hier beispielsweise die Insel Porto Santo (bei Madeira) und die Kerguelen (Indischer Ozean). Durch seine schnelle Vermehrung entwickelte sich das Porto-Santo-Kaninchen schnell zu einer Plage, da es die Felder der Inselbewohner verwüstete und diese vertrieb. Das Porto-Santo-Kaninchen ist mit einem Lebendgewicht ausgewachsener Tiere von 500 g die kleinste Kaninchenrasse. HAECKEL (1874) und später auch DARWIN (1888) sahen in dieser umweltbedingten Entwicklung Anzeichen für die Entstehung einer neuen Art. Diese Vermutung wurde später von NACHTSHEIM widerlegt, der eine Häsin der Porto-Santo-Rasse erfolgreich mit einem Wildkaninchenrammler paarte.
Auf den Kerguelen vermehrten sich die Wildkaninchen trotz der strengen Winter, denen jeweils bis zu 9/10 des Bestandes zum Opfer fielen (171) so stark, daß die Vegetation nahezu vernichtet wurde. Dadurch stand den Seefahrern auch der sogenannte Kerguelenkohl nicht mehr zur Verfügung, der sie bislang vor dem Skorbut bewahrt hatte (131). Die Kerguelen-Kaninchen ernähren sich nunmehr von dem Seetang, der durch die Winterstürme an das Ufer der Insel getrieben wird und beweisen einmal mehr die außergewöhnliche Anpassungsfähigkeit dieser Spezies.
Um dem Risiko von Schäden auf den Feldern durch die ungezügelte Vermehrung der Wildkaninchen aus dem Wege zu gehen, wurden auch Inseln in Binnengewässern zur Ausübung der Jagd mit Wildkaninchen besiedelt. Bekannt ist in Deutschland die noch heute als »Kaninchenwerder« bezeichnete Insel im Schweriner See.
Über den Wandel von der Gehege- zur Käfighaltung und damit des Beginns einer kontrollierten Zuchtwahl als Voraussetzung für eine Domestikation wird erstmals von Gregor von TOURS (538–593) berichtet. Wie in anderen Zweigen der Landwirtschaft scheinen auch hier die Klöster Wegbereiter der Entwicklung gewesen zu

sein, nachdem die schon von den Spaniern und Römern als Delikatesse geschätzten Föten und Neugeborenen als Fastenspeise anerkannt wurden. Hinweise darauf ergeben sich u. a. daraus, daß 1149 die ersten Hauskaninchen, als Geschenk des Abtes des französischen Klosters St. Peter zu Solignac an seinen Amtsbruder vom Kloster Corvey an der Weser, nach Deutschland kamen (131).
Einen Übergang von der Gehege- zur Käfighaltung stellte auch die seit dem Mittelalter verbreitete gemeinsame Haltung von Rindern und Kaninchen dar. Noch bis ins 20. Jahrhundert hinein in kleinbäuerlichen Betrieben anzutreffen, trug diese Haltungsform dem Kaninchen auch die Bezeichnung »Kuhhasen« ein (125). Es handelt sich hierbei quasi um eine Form der Symbiose: Die im Stall frei umherlaufenden Kaninchen suchten sich aus dem den Rindern vorgelegten und dem aus der Krippe gefallenen Futter die leichtverdaulichen Pflanzenteile heraus. Das Rind seinerseits war in der Lage, auch die zurückbleibenden cellulosereichen Stengel zu verwerten (s. Kap. 9).
Im 15. Jahrhundert erwähnt erstmals Charles von ORLEANS (1391–1465) weiße Kaninchen in einer seiner Balladen (171). Ein Jahrhundert später lassen verschiedene Veröffentlichungen darauf schließen, daß in Frankreich und England die Kaninchenhaltung ein florierender Zweig der landwirtschaftlichen Nutztierproduktion war (184). Aus dieser Zeit stammt auch bereits die später wieder in Vergessenheit geratene Empfehlung, die Kaninchen unmittelbar nach dem Werfen (wie beim Wildkaninchen der Fall) wieder decken zu lassen sowie die Erwähnung von schwarzen, weißen, gescheckten und aschgrauen Kaninchen bei AGRIKOLA (1494–1555). Aus Italien berichtet ALDRORANDI (1522–1605) von Hauskaninchen, die viermal so groß wie Wildkaninchen waren. Die Zahl der Rassen stagnierte allerdings zunächst bis Mitte des 19. Jahrhunderts. 1850 waren in Großbritannien lediglich vier Rassen mit insgesamt 10 verschiedenen Farbschlägen bekannt (184). Während anfänglich nur das Fleisch als Nutzung des Wild- wie auch später des Hauskaninchens erwähnt wird, motivierte das Vorkommen von Mutationstypen mit weißen und farbigen Fellen zu deren Verwendung für die Pelzverarbeitung, wie Hinweise aus England und den Niederlanden aus dem 17. Jahrhundert belegen. Die Dominanz der Wildfarbe wurde andererseits dazu benutzt, um mit farbigen Häsinnen durch die Anpaarung von Wildkaninchenrammlern wildfarbige Nachkommen zu erzeugen. Diese erzielten wegen des dem Wildkaninchen nachgesagten besseren Geschmacks höhere Preise als die farbigen Hauskaninchen.
Ende des 18. Jahrhunderts bemühte man sich sowohl in Preußen als auch in Thüringen um die Einführung des als »Seidenhasen« bezeichneten Angorakaninchens. Von diesem war erstmals Anfang des Jahrhunderts aus England berichtet worden. Unter Mitwirkung Goethes, der am Weimarer Hofe u. a. für das Wirtschaftsressort zuständig war, wurde in Buttstädt eine Manufaktur für die Verarbeitung von Angorawolle eingerichtet. In Oberreit (Franken) engagierte sich 1785 Pfarrer F. Ch. S. Mayer gleichfalls für die Haltung von Angorakaninchen als Nebenerwerbsquelle (124).
Da das Fleisch von Wildkaninchen als wohlschmeckender beurteilt wurde, war bis ins 19. Jahrhundert hinein die Gehegehaltung verbreitet. Die Produktivität pro

Tabelle 1: Einordnung des Wild- (Haus-)Kaninchens (Oryctolagus cuniculus) in das zoologische System (4)

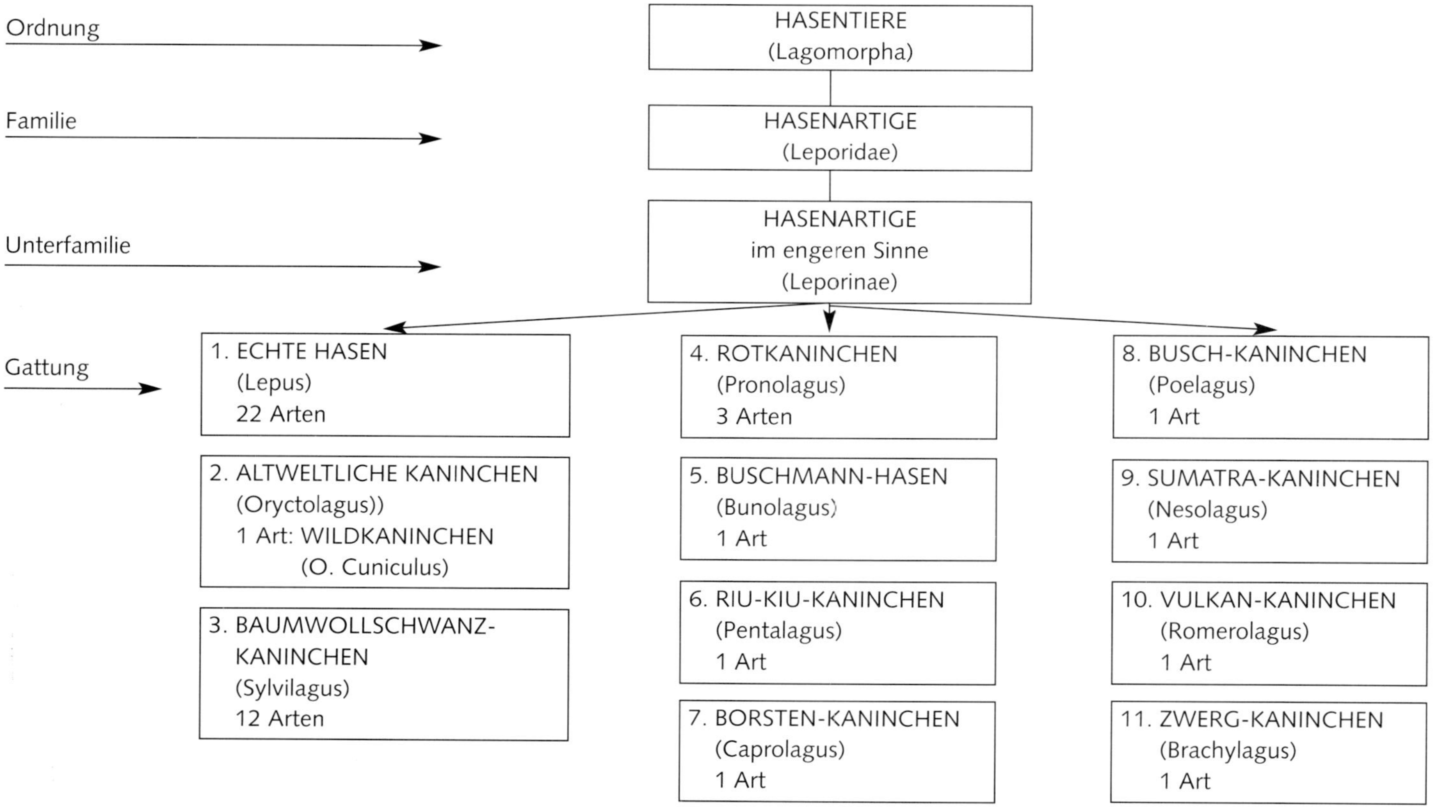

Das zur Gattung der altweltlichen Kaninchen gehörende Europäische Wildkaninchen hat sich als einzige Art als Haustier durchgesetzt.

Hektar und Jahr wird mit ca. 1000 Kaninchen angegeben (OLIVIER DE SORRES, n. ROUGEOT, 171).
Entscheidende Impulse erhielt die Kaninchenzucht Ende des 19. Jahrhunderts mit der Gründung von Kaninchenzuchtvereinen in Frankreich und Deutschland. Diese hatten sich die Leistungssteigerung durch die Selektion anhand von äußeren Merkmalen zum Ziel gesetzt. Dadurch sollte mit Küchen- und Gartenabfällen die Versorgung der Industriearbeiter in den entstehenden Ballungszentren Europas mit Nahrung und insbesondere mit tierischem Eiweiß verbessert werden. Außerdem stellte der Verkauf von Kaninchenfellen für die Verarbeitung zu Pelzbekleidung eine willkommene Nebeneinnahme dar. Diese konnte unter günstigen Bedingungen dem Wert der Fleischerzeugung entsprechen. Der von NACHTSHEIM (131) entdeckte Erbgang verschiedener Exterieurmerkmale ermöglichte schließlich die systematische Herauszüchtung von neuen Rassen (Kap. 3 und 4).
Die Domestikation vergrößerte die Variation im Größenwuchs durch die Erhöhung des Gewichts auf bis zu über 7 kg, desgleichen der Farbe und Struktur des Felles ebenso wie der Haarlänge. Das relative Gewicht des Herzens ist beim Hauskaninchen um 37 % und das der Augen um 20 % geringer. Letzteres weist darauf hin, daß das Sehvermögen ebenso wie das Hörvermögen geringer ist. Der Einfluß des um 22 % geringeren Gewichts des Gehirns auf dessen Funktionen wird noch dadurch verstärkt, daß auch der Wassergehalt dieses Organs beim Hauskaninchen höher ist. Die Kapazität von Magen und Blinddarm ist beim Wildkaninchen größer, der Dünn- und der Dickdarm sind um einen halben Meter länger (131). Leichter sind auch die verschiedenen Organe (Leber, Nieren und Milz). Größer ist im Vergleich zum Wildkaninchen die durchschnittliche Wurfstärke, wobei allerdings auch beim Wildkaninchen eine Wurfstärke von bis zu 12 Tieren beobachtet wird. Es ist daher nicht auszuschließen, daß die beim Wildkaninchen beobachtete geringere durchschnittliche Wurfstärke eine Folge der schlechteren Nährstoffversorgung ist. Nährstoffmangel wird durch die Folgen der beim Wildkaninchen üblichen Bedeckung unmittelbar nach dem Werfen verschärft. Die mit der Domestikation verbundenen Veränderungen der Anatomie und des Verhaltens sind offensichtlich so groß, daß eine Verwilderung des Hauskaninchens bislang nicht bekannt geworden ist.
Das Auftreten von Farbvarianten in freier Wildbahn auf den Inseln Borkum und Sylt ist allerdings ein Hinweis darauf, daß das Verwildern von Hauskaninchen offensichtlich von der Domestikationsstufe der Tiere und dem Vorkommen von natürlichen Feinden abhängig ist. Abgesehen davon trägt hierzu möglicherweise auch die Anpaarung von Wildrammlern bei, deren Wildfarbe sich ebenso dominant vererbt wie ihr scheues Verhalten.
Die weitere geographische Verbreitung des Haus- wie auch des Wildkaninchens erfaßte im Verlaufe des 19. Jahrhunderts auch die anderen Erdteile. Sie wurde gefördert durch die Siedler der Kolonialmächte, welche entweder Kaninchenfleisch in der Heimat als Delikatesse schätzen gelernt hatten (z. B. Frankreich) oder die Jagd auf Wildkaninchen als Freizeitbeschäftigung betrieben.

Abbildung 2:
Wie in Deutschland während und nach den beiden Weltkriegen kann auch in den Ländern der 3. Welt die Kaninchenhaltung wesentlich zur Versorgung mit hochwertigem tierischen Eiweiß beitragen. Das obige Poster wirbt in Ghana für die Kaninchenhaltung mit dem Hinweis, daß ein Kaninchen mit seinen Nachkommen das gleiche Gewicht wie eine Kuh erzeugen kann.

Das zuletzt genannte Motiv löste die Kaninchenplage in Australien aus. Die bereits im 18. Jahrhundert dorthin gelangten Hauskaninchen hatten keine Probleme bereitet. Sie eigneten sich jedoch weniger für die Jagd. Deshalb wurden Mitte des 19. Jahrhunderts 24 Wildkaninchen importiert und in Gehegen ausgesetzt (176). Daraus entkommene Tiere wurden dank fehlender natürlicher Feinde, eines optimalen Klimas und der dadurch begünstigten hohen Vermehrungsrate bald zur Plage, welche das Weideland von Rindern und Schafen vernichtete. Allein in Neu-Südwales mußten 2,8 Millionen Hektar Farmfläche aufgegeben werden, da bis zu über 200 Kaninchen/Hektar den Aufwuchs vernichtet hatten. Zwischen 1891 und 1903 verhungerten allein in dieser Region 36 Millionen Schafe infolge der Nahrungskonkurrenz der Wildkaninchen (8).

Diese Situation wurde noch dadurch verschärft, daß die in Europa als standorttreu geltenden Kaninchen ihr Verhalten änderten und sich schnell ausbreiteten. Bereits 20 Jahre nach ihrer Ankunft in Australien im Jahre 1859 hatten ihre Nachkommen eine Entfernung von 300 Meilen (ca. 500 km) überwunden und in den nächsten 6 Jahren weitere 350 Meilen. Der Versuch, die Wanderung der Kaninchen mit Hilfe eines 1700 km langen Zaunes quer durch Australien zu stoppen, scheiterte. Die noch bis in die Gegenwart betriebene Ausbringung vergifteten Futters brachte lediglich regional begrenzte, kurzfristige Entlastung. Selbst die bereits von Pasteur empfohlene Bestandeskontrolle durch Infizierung mit Krankheitserregern erwies sich auf die Dauer als unwirksam. Gegen die Myxomatose entwickelten sich bald resistente Stämme.
Angesichts dessen, daß ein Kaninchenpaar theoretisch in nur 3 bis 4 Jahren zu Stammeltern von über 13 Millionen Nachkommen werden kann widerstand das Kaninchen bislang allen Vernichtungsstrategien.
In diesem Zusammenhang ist darauf hinzuweisen, daß in Australien wie auch in Neuseeland und den zahlreichen anderen Fällen, in denen die Vermehrung der Kaninchen in freier Wildbahn Probleme bereitete, das Aussetzen von Wildkaninchen die Ursache war und nicht das Verwildern entkommener Hauskaninchen.
Die Anpassungsfähigkeit des Kaninchens und die damit nach den beiden Weltkriegen in Europa gemachten positiven Erfahrungen bei der Linderung der Nahrungsknappheit hat Ende des 20. Jahrhunderts auch zu vielfältigen Initiativen geführt, die Kaninchenhaltung in den Ländern der Dritten Welt zu fördern. Auch von deutscher Seite (GTZ) wurde die Haltung von Fleisch- und Angorakaninchen in die Projekte der Entwicklungshilfe in Tunesien, Indien, Burkina Faso und in anderen Ländern integriert. Besonders zu erwähnen ist in diesem Zusammenhang, das in deutsch-chinesischer Zusammenarbeit entstandene Zucht- und Beratungszentrum für die Angorawollproduktion Jinling-Farm bei Nanjing. Darüber hinaus wurden auch von privater Seite Know-how (ZIKA) und Angorazuchttiere nach China vermittelt.

2 Nutzleistungen

von W. Schlolaut

2.1 Die Bedeutung des Kaninchens als Nutztier

Die Entscheidung über die Haltung von Kaninchen als Nutztiere kann sich auf vielfältige Vorteile stützen, welche die Kaninchenfleisch- und -wollproduktion im Vergleich zu anderen Nutztierarten bietet. Insbesondere sind als positiv zu bewertende Eigenschaften hervorzuheben:

Neben dem Meerschweinchen ist das Kaninchen das kleinste Nutztier, welches aus Grobfutter (frisches oder konserviertes Grünfutter, Wurzelfrüchte) Fleisch, Fett, Wolle und Felle produziert. Im Vergleich zu den Wiederkäuern (z. B. Rind, Schaf) ist es in der Lage, Futtermittel zu nutzen, deren Menge für diese nicht ausreicht.

Es braucht kein Nahrungskonkurrent des Menschen zu sein.

Die Verwendung von Küchen- und Gartenabfällen, Unkraut, Laub u. a. Abfällen, ermöglicht die Fleisch- und Wollproduktion in Kleinhaltungen weitgehend unabhängig von dem Vorhandensein landwirtschaftlicher Nutzflächen.

Im Vergleich zu den anderen Nutztiersäugern (Schwein, Schaf, Rind), ist das Kaninchen 30 bis 60 % früher geschlechtsreif. In Verbindung mit der kürzeren Trächtigkeitsdauer ermöglicht dies ein Generationsintervall (Zeit von der eigenen Geburt bis zur Geburt der Nachkommen) von nur 140 bis 150 Tagen. Dieser Wert ist der niedrigste unter den Nutztiersäugern. Das gestattet in Verbindung mit den Mehrlingsgeburten eine schnelle Anpassung des Tierbestandes an jahreszeitliche Unterschiede im Futteranfall und in der Marktnachfrage.

Der Energieaufwand je kg Zuwachs liegt um 39 % bzw. 47 % unter dem von Schaf und Rind (33). Der Eiweißansatz ist im Altersabschnitt 6. bis 16. Lebenswoche um 45 % größer als beim Lamm (207). Dies hat im Zusammenhang mit der hohen Vermehrungsrate die höchste Flächenproduktivität aller fleischerzeugenden Nutztierarten hinsichtlich der Eiweißerzeugung zur Folge (210). Dabei repräsentiert der in der Tab. 2 genannte Wert noch nicht das volle Leistungsvermögen des Kaninchens. Bis zu über 2000 kg Lebendgewichtzuwachs / Hektar und Jahr wurden bei Weidehaltung von mit 25 Tagen abgesetzten Jungtieren registriert. Damit übertrifft das Kaninchen hinsichtlich der Flächenproduktivität bei der Fleischerzeugung alle anderen Nutztiere (s. auch Tab. 2 sowie Kap. 9.7.3).

Für die Erzeugung eines Kilogramms Reinwolle benötigt das Angorakaninchen nur etwa 30 % der verdaulichen Energie, verglichen mit dem Schaf und 90 %, verglichen mit der Angoraziege (s. Tab. 3).

Die familien- und mahlzeitgerechte Größe des Schlachtkörpers verursacht keine Probleme hinsichtlich der Vorratshaltung, wie sie bei größeren Tieren auftreten. Die Kaninchenhaltung diente daher bis in die neuere Zeit hinein, auch in den landwirtschaftlichen Betrieben Europas, der Versorgung mit Frischfleisch, welches die aus Schweine- und Rindfleisch hergestellte Dauerware ergänzte.

Kaninchenfleisch ist leicht verdaulich. Es ist daher als Diätnahrung geeignet. Darüber hinaus verfügt es noch über eine Reihe weiterer Vorzüge in gesundheitlicher Hinsicht

- Der Cholesteringehalt ist insbesondere bei Jungmastkaninchen extrem niedrig (s. Tab. 8)
- Das Fett von Jungmastkaninchen hat einen hohen Anteil an ungesättigten Fettsäuren, welche vorbeugend gegen Erkrankungen der Herzkranzgefäße wirken (186, 199)
- Der Eisengehalt im Kaninchenfleisch ist im Vergleich zu dem Fleisch anderer Nutztierarten um das 2- bis 3fache höher (18, 209)
- Aus Kaninchenfleisch wird beim Stoffwechsel nur in geringem Umfang Harnsäure gebildet, welche die Ursache von Gicht ist
- Das Kaninchen weist eine große Anpassungsfähigkeit an unterschiedliche Fütterungs- und Haltungsbedingungen auf.

Der Marktwert von Kaninchenfleisch und -wolle ist in vielen Ländern, im Vergleich zu anderen Erzeugnissen der Nutztierproduktion, höher. Im Zusammenhang mit der hohen Flächenproduktivität bzw. der Nutzung flächenunabhängiger Futterquellen (Unkraut, Laub) ermöglicht die extensive Kaninchenproduktion in einigen Länden der Dritten Welt ein Einkommen, welches meist über dem von alternativen Möglichkeiten liegt.

Das Kaninchen eignet sich gut als Trainingsobjekt für andere Formen der Nutztierproduktion.

Als nachteilig wirken sich insbesondere folgende Eigenschaften aus:

Das Kaninchen ist in seiner Ernährung und der Erfüllung seiner Anforderungen an die Haltungsbedingungen allein von der Fürsorge des Menschen abhängig. Im Vergleich zu Weidetieren und extensiv gehaltenem Geflügel sind die Anforderungen an das produktionstechnische Wissen und die Sorgfalt der Betreuung größer.

Das Kaninchen benötigt einen Stall, der die Einzelhaltung der Zuchttiere und der Wollproduzenten ermöglicht. Er muß dem Nagebedürfnis des Kaninchens widerstehen können und Schutz vor Beutegreifern, Witterungsunbilden und direkter Sonneneinstrahlung bieten. Das macht auch unter primitiven Bedingungen einen entsprechenden Investitionsaufwand erforderlich.

Tabelle 2: Protein- und Energieerzeugung verschiedener Feldfrüchte und Nutztierarten/Hektar (210)

	Protein kg	Energie MJ
Körnermais	430	83 700
Kartoffeln	420	100 400
Gerste	370	62 800
Kaninchen*	180	7 400
Geflügel**	92	4 600
Schwein**	50	7 900
Lamm**	23 – 43	2 100 – 5 400
Fleischrind**	27	3 100

* Schlachtkörper
** Essbares Fleisch

Unter den fleischerzeugenden Nutztierarten weist das Kaninchen hinsichtlich der Eiweißerzeugung die höchste Flächenproduktivität auf. Dabei ist in dieser Berechnung die mit Hilfe moderner Produktionsverfahren mögliche hohe Reproduktionsleistung noch nicht berücksichtigt.

Im Vergleich zu den anderen Nutztierarten, speziell den Weidetieren, ist der Arbeitsaufwand für die Haltung von Kaninchen relativ hoch. Das gilt vor allem für die Erzeugung von Angorakaninchenwolle. Aufgrund der leichten Handhabung ist allerdings die Betreuung der Tiere durch Familienmitglieder (Kinder) möglich, die dadurch in die Lage versetzt werden, ein zusätzliches Einkommen zu erzielen.

Infolge weitgehend fehlender Lautäußerungen bei drohender Gefahr und die das Fangen erleichternde Käfighaltung, sind Kaninchen in besonderem Maße durch menschliche und tierische Räuber gefährdet.

Die Anfälligkeit, insbesondere der Jungtiere gegenüber fütterungs- und infektionsbedingten Erkrankungen des Verdauungs- und des Atmungsapparates ist relativ groß.

Tabelle 3: Aufwand an verdaulicher Energie für die Erzeugung von 1 kg Reinwolle

	Verd. Energie MJ	Relativ
Rambouillet-Schaf (58)	2 520	100
Angoraziege (58)	920	36
Angorakaninchen, weibl. (192)	629	26
Angorakaninchen, männl. (192)	791	32
Angorakaninchen, männl./kastr. (192)	655	26

Im Vergleich zum Schaf und zur Angoraziege ist der Energieaufwand für die Wollerzeugung beim Angorakaninchen wesentlich geringer. Allerdings sind das Schaf und die Angoraziege besser in der Lage, rohfaserreiche Futtermittel zu verdauen.

Die Produktivität wird durch hohe Temperaturen (> 30°C) begrenzt oder vermindert (211, 212).

Allerdings erhöhen nächtliche Temperaturabsenkungen und eine niedrige Luftfeuchtigkeit die Anpassungsfähigkeit ebenso wie der Aufenthalt in Erdhöhlen (Abb. 121, 123).

Die Jungtiere werden als Nesthocker geboren. Erst ab einem Alter von etwa 3 Wochen sind sie unabhängig von der Milchnahrung. Die Möglichkeiten, bis zu diesem Zeitpunkt die Verluste durch externe Hilfen zu reduzieren und die Jungtierentwicklung zu verbessern, sind gering.

Die Vermarktung von Fell und Wolle setzt eine Organisation voraus, welche die Erfassung professionell betreibt. Der Preis dieser Produkte unterlag in der Vergangenheit häufig spekulativer Beeinflussung, was große Schwankungen der Erzeugerpreise zur Folge hatte.

Mit Ausnahme von Israel sind keine das Kaninchen betreffenden religiösen Verzehrsvorbehalte bekannt. In einigen Ländern bestehen jedoch Vorurteile aufgrund der irrtümlicherweise angenommenen engen Verwandtschaft mit den Nagetieren sowie gegenüber weißen Rassen. Weiße Tiere sind für die Anhänger einiger Religionen heilig.

2.2 Fleisch

Marktsituation

Die Kaninchenfleischerzeugung als bedeutendste Nutzleistung des Kaninchens weist regional erhebliche Unterschiede auf (Tab. 4).

Dieses, angesichts der vielfältigen qualitativen Vorzüge des Fleisches und der Produktivität dieses Nutztieres (s. Kap. 2.1) überraschende Phänomen, ist auf folgende Ursachen zurückzuführen:

1. Im positiven Sinne

Verzehrgewohnheiten – Der höchste auf die Einwohnerzahl bezogene Kaninchenfleischkonsum und dementsprechend auch die größte Produktionskapazität ist in den Ländern anzutreffen, in denen auch das Wildkaninchen beheimatet war oder sich zuerst ansiedelte: Spanien, Frankreich, Italien. Konsumförderung durch Mangelsituationen – ist beispielsweise in Deutschland der Fall gewesen, in der Industrialisierungsphase während der 2. Hälfte des 19. Jahrhunderts sowie während und nach den beiden Weltkriegen und in der ehemaligen DDR. Analog hierzu gab es ebenfalls staatliche Programme zur Förderung der Kaninchenzucht in Großbritannien und der ehemaligen Sowjetunion (184). Diese auf die Selbstversorgung beschränkten Aktivitäten erloschen jedoch weitgehend mit der Beendigung der Mangelsituation, da eine professionelle Absatzförderung der in den Kleinstbeständen anfallenden Schlachttiere fehlte und sich größere Bestände nicht etablierten. Allenfalls die Haltung von Kaninchen aus ideellen oder sozialen Motiven (Heimtiere) wurde fortgesetzt. Nicht selten behinderte aber auch das mit der Mangelsituation verbundene negative Image (»Essen für arme Leute«) eine Weiterentwicklung des Konsums in der Wohlstandsgesellschaft. Nahrungsmangel bildet auch die Ausgangsbasis für die Förderung der Kaninchenfleischerzeugung in den Ländern der 3. Welt. Sie hat dort sowohl lokale Aktivitäten zur Förderung der Kaninchenfleischerzeugung ausgelöst (z. B. Ghana), als auch die Einbeziehung des Kaninchens in Entwicklungshilfeprojekte (z. B. Tunesien, Burkino Faso, Mexiko).

Förderung des *monetären Einkommens* – bei kleinbäuerlich strukturierter Landwirtschaft oder als Ergänzung einer auf Selbstversorgung ausgerichteten Erzeugung. Derartige Überlegungen lagen in neuerer Zeit beispielsweise der Förderung der Kaninchenfleischerzeugung in Ungarn, China und in der Dhauladar-Region (Indien) zugrunde. Das Einkommen stammt hierbei aus dem Export von Kaninchenfleisch, aber auch von Angorawolle und Fellen. Nahezu ausschließlich exportorientiert ist die Kaninchenfleischerzeugung in den rationell organisierten Großbeständen der Niederlande und Ungarns.

2. Im negativen Sinne

Religiöse Vorbehalte – Gegen den Genuß von Kaninchenfleisch bestehen in Israel und gegen den Fleischverzehr überhaupt bei einigen Hindusekten in Indien Vorbehalte.

Soziale Diskriminierung – Die Propagierung der Kaninchenfleischerzeugung in Notzeiten und für sozial unterprivilegierte Teile der Gesellschaft (»Arme-Leute-Essen«) haben zum Teil eine Ablehnung des Kaninchenfleisches bei Besserung der Situation zur Folge gehabt. Dies insbesondere dann, wenn die Haltung von Kaninchen in der Familiengemeinschaft als Heimtier fortgesetzt wurde. Andererseits wurde der Verzehr von Kaninchenfleisch in den ehemaligen französischen Kolonien als Delikatesse übernommen.

Ungerechtfertigte Vorbehalte – Aus der irrigen Ansicht heraus, das Kaninchen gehöre zur Familie der Nagetiere und wäre somit mit Ratten und Mäusen verwandt.

Unvorteilhafte Präsentation von geschlachteten Kaninchen – Schlachtkörper mit Kopf einschließlich der Augen, häufig auch noch mit Pfoten (z. B. Italien, Spanien), um dem Betrug mit geschlachteten Katzen vorzubeugen.

Fortfall der Funktion als Frischfleischkonserve – als Folge der Einführung der Tiefgefriertechnik.

Ungünstiges *Klima* – Tropische und subtropische Klimazonen ohne nächtliche Abkühlung auf Temperaturen unter 25 °C sind ebenso wie Regionen mit hohen Niederschlägen weniger für die Kaninchenhaltung geeignet.

Produktion

Mangels Ergebnissen von Bestandserhebungen sind die Angaben über das Produktionsvolumen mit erheblichen Unsicherheiten belastet. Die Kaninchenfleisch-Weltproduktion wird von Colin und LEBAS (71) auf etwa 1,6 Millionen Tonnen (Schlachtkörper) geschätzt (Tab. 4).

Tabelle 4: Kaninchenfleischerzeugung und-konsum in verschiedenen Regionen der Welt*

	Erzeugung in 1000 r/Jahr	Pro-Kopf-Verbrauch kg/Jahr	Anteil der Produktionsformen in % der Erzeugung Traditionell**	Zwischenform**	Kommerziell**
Afrika Nord	81,0	0,55	58	32	10
Afrika Mitte + Süd	78,5	0,16	64	28	8
Amerika Nord	38,0	0,15	7	84	9
Amerika Mittel	20,6	0,15	74	16	10
Amerika Süd	38,8	0,13	21	51	28
Europa Ost	385,6	1,04	56	22	22
Europa West	691,5	1,96	26	32	42
Asien mittlerer Osten	20,1	0,10	70	16	14
zentral	27,6	0,02**	48	44	8
ferner Osten	231,1	0,11	42	47	11
Ozeanien	0,8	0,03	18	23	59

* Colin u. Lebas (32) zit. v. Petersen (157)
** traditionell = herkömmliche familienbezogene Haltung in Kleinbeständen zur Selbstversorgung, überwiegend auf Grobfutterbasis
kommerziell = nach wissenschaftlichen Gesichtspunkten betriebene Haltung in Großbeständen mit Alleinfutter
Zwischenformen = Fleischerzeugung als Nebenerwerb in mittelgroßen Beständen, Rassekaninchenzucht mit kombinierter Fütterung

Der Schwerpunkt der Kaninchenfleischerzeugung liegt in Europa, wo nahezu 2/3 des Kaninchenfleisches erzeugt und verzehrt werden. Bemerkenswert ist der noch überwiegende Einsatz von Grobfutter. Dies bestätigt trotz der damit verbundenen Mangelernährung die Bedeutung des Kaninchens für die Eiweißversorgung des Menschen in Notzeiten und den Entwicklungsländern.

Die Schätzungen des Kaninchenfleischkonsums in Deutschland variieren zwischen jährlich 36.500 Tonnen (32) und 41.000 Tonnen (157). Hieraus errechnet sich ein Prokopf-Verzehr zwischen 0,45 und 0,51 Kilogramm/Jahr. Die Herkunft der letztgenannten Zahl gliedert sich wie folgt:

21 % Einfuhr,

15 % Rassekaninchenzucht,

49 % sonstige Kaninchenhalter,

15 % erwerbsorientierte Kaninchenhalter

Hinsichtlich der Vermarktung der erwerbsorientierten Erzeugung haben sich regionale Schwerpunkte um die vorhandenen Schlachtbetriebe in Südwestdeutschland, im Rheinland sowie in Niedersachsen und Sachsen entwickelt.

Tabelle 5: Kaninchenfleischerzeugung und der Konsum in der EU (157)

Land	Erzeugung	Export	Import	Pro-Kopf-Verbrauch	Anzahl Häsinnen/1000 Einwohner
	t	t	t	kg	
Belgien	25.000	10.300	11.000	2,6	56
Dänemark	6.000	3.000		0,6	31
Deutschland	30.000		6.500	0,5	18
Finnland	500			0,1	6
Frankreich	150.000	4.000	10.000	2,8	69
Griechenland	9.000		100	0,9	20
Großbritannien	8.000	200	9.000	0,3	5
Irland	1.000	200		0,2	10
Italien	300.000	650	23.000	5,6	127
Luxemburg	200		650	2,2	14
Niederlande	10.000	3.700	3.700	0,7	15
Österreich	1.500		1.500	0,3	9
Portugal	20.000		500	1,9	66
Spanien	120.000	500	3.500	3,2	99
Schweden	500			0,1	3

Aufgrund der Nachhaltigkeit von Verzehrgewohnheiten liegt der Schwerpunkt der Kaninchenfleischerzeugung und des -konsums vorwiegend in den Ländern, in denen auch das Wildkaninchen seinen Ursprung hatte. Allerdings sind Erzeugung und Konsum in Frankreich in den letzten Jahren, als Folge der Enterocolitis, erheblich zurückgegangen.

Die Erzeugerpreise variieren unter dem Einfluß von Einfuhren aus China, Polen, Tschechien und Ungarn, da Kaninchenfleisch nicht der EG-Marktordnung unterworfen ist. Diese Einfuhren stören den einheimischen Markt auch dadurch, daß diese Ware meist von älteren Tieren (6 bis 8 Monate alt) stammt und somit die Gefahr besteht, das Negativimage von Kaninchenfleisch wieder zu verstärken.

Probleme bereitet ferner die starke saisonale Schwankung der Nachfrage mit dem Schwerpunkt im Winterhalbjahr, die zu Überschüssen im Sommer führt.

Qualitätsmerkmale

Als Fleisch im eigentlichen Sinne ist lediglich die Muskulatur anzusehen. Diese Definition ist jedoch beim Kaninchen insofern problematisch, als infolge der relativ kleinen Muskeln und der bislang überwiegenden Vermarktung unzerteilter Schlachtkörper eine Trennung von Muskeln, Fett und Sehnen bei der Vermarktung und Zubereitung praktisch nicht erfolgt. Dementsprechend werden diese Gewebe nachfolgend mit in die Erörterung einbezogen, sofern sie nicht ausdrücklich ausgenommen sind.

Die handelsübliche Definition des **Schlachtkörpers** umfaßt in Deutschland das geschlachtete Kaninchen mit Kopf und Nieren, jedoch ohne eßbare Innereien.

Tabelle 6: Einfluß von Mastendgewicht und Fütterungsmethode auf die Gewichtsentwicklung und die Mastleistung (194) (Neuseeländer, weiß)

Mastendgewicht		2,2 kg		2,6 kg		3,0 kg	
Fütterungsgruppe		Allein-futter	Grün-futter	Allein-futter	Grün-futter	Allein-futter	Grün-futter
Alter bei Mastende	Tage	70	122	79	147	92	166
Tageszunahme	g	40	18	41	17	39	18
Nüchterungsverlust	%	5,9	6,7	6,0	5,6	6,7	4,6
Schlachtkörpergew.	kg	1,19	0,99	1,38	1,20	1,61	1,44
eßbare Innereien	kg	0,12	0,11	0,13	0,14	0,14	0,16
Schlachtausbeute (Schlachtk. u. eßb. Innereien)	%	60	53	60	53	61	56
tägl. Nettozunahme*	g	23	8	23	8	23	9
Alleinfutter/kg Zuwachs	kg	3,28		3,46		3,64	

* Schlachtkörper und eßbare Innereien, abzüglich 330 g entsprechend deren Gewicht bei Versuchsbeginn

Gemessen an den Tageszunahmen werden bei beliebiger Aufnahme von Grünfutter (hier Klee und Raps) von den Jungtieren einer mittelschweren Rasse nur etwa 40 – 50 % der Nährstoffmenge aufgenommen, wie von einem Alleinfutter. Die Schlachtausbeute erhöht sich mit zunehmendem Schlachtendgewicht. Da Tageszunahmen und Schlachtausbeute niedriger sind, ist die Nettozunahme bei Grünfütterung um 60 – 70 % im Vergleich zum Alleinfutter geringer. Etwa in gleichem Umfang verschlechtert sich auch die Nährstoffverwertung.

Tabelle 7: Einfluß von Mastendgewicht und Fütterungsmethode auf den Nährstoffgehalt der eßbaren Teile des Schlachtkörpers* und der Innereien (194) (Neuseeländer, weiß)

Mastendgewicht		2,2 kg		2,6 kg		3,0 kg	
Fütterungsgruppe		Allein-futter	Grün-futter	Allein-futter	Grün-futter	Allein-futter	Grün-futter
Wasser	%	67	74	65	74	63	73
Rohprotein	%	19	21	19	21	18	20
Rohfett	%	12	3	14	3	17	4

* ohne Knochen und Sehnen

Der Eiweißgehalt wird durch die Fütterungsmethode und das Mastendgewicht kaum beeinflußt. Das Gleiche gilt hinsichtlich des Mastendgewichtes für den Wasser- und den Fettgehalt bei Grünfütterung. Am stärksten verändern sich der Fett- und der Wassergehalt mit zunehmendem Mastendgewicht bei Verabreichung von Alleinfutter. Dabei hat der höhere Fettanteil aufgrund des hohen Gehaltes an ungesättigten Fettsäuren im Fett von Jungmastkaninchen auch positive Aspekte.

Die **Schlachtausbeute** bezieht sich auf das Schlachtkörpergewicht nach vorhergehender 18stündiger Nüchterung. Tiere aus gewerblichen Schlachtungen werden vielfach ohne Kopf gehandelt. Der mit dessen Enthäuten verbundene Arbeitsaufwand ist höher als der für den Kopf zu erzielende Erlös. Diese Handhabung erscheint auch im Hinblick auf das verbreitete Auftreten von Pasteurellose (Schnupfen) aus hygienischen Gründen gerechtfertigt. Allerdings muß in Deutschland der Kopf zur Fleischbeschau am Schlachtkörper verbleiben.

Die Schlachtausbeute errechnet sich aus dem Gewicht des Schlachtkörpers nach der Schlachtung (Schlachtausbeute warm) oder nach 24stündiger Kühlung. International ergeben sich jedoch hinsichtlich des Begriffs Schlachtausbeute infolge unterschiedlicher Handhabung erhebliche Unterschiede. So werden im Mittelmeerraum die nicht aus gewerblicher Schlachtung stammenden Tiere häufig mit Pfoten gehandelt. In einigen afrikanischen Ländern erfolgt die Vermarktung einschließlich der Haut. Die Haare werden vor der Zubereitung abgesengt oder gebrüht (gleiche Handhabung wie beim Schwein). Schließlich werden in die Schlachtausbeute zum Teil auch die eßbaren Innereien miteinbezogen. Die Tab. 53 demonstriert die sich aus dieser unterschiedlichen Handhabung ergebenden Unterschiede in der Schlachtausbeute.

Die Schlachtausbeute erhöht sich mit zunehmendem Alter und Gewicht sowie steigenden Tageszunahmen. Sie ist bei der Alleinfuttermast höher als bei Grün- oder kombinierter Fütterung (s. Tab. 6 und 53). Bei letzterer sind auch die altersbedingten Unterschiede kleiner. Die Erhöhung der Schlachtausbeute kompensiert teilweise sowohl den steigenden Erhaltungsbedarfsanteil älterer (schwererer) Tiere, als auch den höheren Energiebedarf für den altersbedingt gleichfalls steigenden Fettansatz.

Sofern der Verbraucher schwere Schlachtkörper toleriert, kann es daher wirtschaftlich sinnvoll sein, ein hohes Mastendgewicht anzustreben, weil sich dadurch die anteiligen Kosten für die Haltung der Elterntiere reduzieren. Das gilt besonders für die Fleischerzeugung unter extensiven Bedingungen, da der Fettanteil im Schlachtkörper bei niedrigen Tageszunahmen mit höherem Mastendgewicht nur unerheblich zunimmt (Tab. 7) und die Reproduktionsleistung bei diesem Produktionsverfahren geringer ist.

Der eßbare Anteil des Schlachtkörpers ohne Kopf nimmt mit höherem Gewicht um so mehr zu, je höher die Tageszunahmen sind (Tab. 53). Die Zunahme resultiert einmal aus dem abnehmenden Knochenanteil und zum anderen aus dem höheren Fettanteil bei beliebiger Aufnahme von Alleinfutter. Der Knochenanteil wird durch die unterschiedlichen Gewichte der verschiedenen Rassen nur in geringem Umfang beeinflußt. Er sinkt mit zunehmendem Mastendgewicht (Tab. 54)

Im **Nährstoffgehalt** weist das Kaninchenfleisch im Vergleich zu den anderen Nutztierarten einen relativ hohen Eiweiß- und einen niedrigen **Fettgehalt** auf. Bemerkenswert ist ferner der im Vergleich zum Fleisch anderer Nutztierarten hohe Eisengehalt (Tab. 8), da das im Fleisch enthaltene Eisen für den Menschen wesentlich besser aufgenommen wird als das in den Pflanzen (44).

Hinsichtlich des **Fettgehaltes** ist jedoch zu berücksichtigen, daß derselbe in engem Zusammenhang mit dem Gehalt an Wasser steht und großen Schwankungen unterworfen ist. Hierfür sind im einzelnen folgende Ursachen in Betracht zu ziehen:

Alter und Gewicht – Die Entwicklung von Muskeln und Fett variiert altersbedingt. Von einer reichlichen Nährstoffversorgung profitiert und unter einer Mangelernährung leidet jeweils das Gewebe, (z. B. Muskel- oder Fettgewebe) am meisten, dessen Hauptentwicklung in dem betreffenden Altersabschnitt erfolgt. Bis zum Beginn der Geschlechtsreife überwiegt daher der Eiweißansatz und damit das Muskelwachstum. Was sich in dieser Zeit infolge Mangelernährung nicht entwickeln konnte, ist später nicht mehr nachzuholen. Mit fortschreitendem Alter stagniert der Eiweißansatz bzw. nimmt er relativ ab, der Fettansatz nimmt zu. Allerdings ist das Kaninchen vergleichsweise mehr als das Schwein in der Lage, Wachstumsrückstände vor Beginn der Geschlechtsreife bei besserer anschließender Nährstoffversorgung zu kompensieren. Darauf ist zurückzuführen, daß trotz Mangelernährung die Variationsbreite des Lebendgewichtes beim Hauskaninchen im Vergleich zum Wildkaninchen wesentlich erweitert werden konnte.

Hinsichtlich des Eiweiß- und des Fettansatzes ist der Einfluß des Alters größer als der des Gewichtes. Das heißt beispielsweise, daß in der Jugend unzureichend ernährte und deshalb klein gebliebene Tiere bei reichlicher Ernährung nach dem Eintritt der Geschlechtsreife ebenso weniger Eiweiß und nunmehr überwiegend Fett ansetzen (fette Zwerge) wie gleichaltrige optimal ernährte schwere Tiere. Ein Wachstumsrückstand kann bei alten Tieren nur zum Teil durch nunmehr reichliche Ernährung wettgemacht werden. Angaben über die Schlachtkörperzusammensetzung müssen daher im Zusammenhang mit dem Alter und der Fütterungsintensivität beurteilt werden. Das Gewicht ist von untergeordneter Bedeutung und daher kein Maßstab für den Fettansatz.

Die diätetischen und geschmacklichen Vorzüge des Kaninchenfleisches und damit seine Marktchancen basieren im wesentlichen auf der Fleischqualität von weniger als 3 Monate alten Jungtieren. Das überwiegend aus Importen bestehenden Angebot des Handels trägt jedoch den altersbedingten Qualitätsunterschieden durch die fehlende Deklaration des Alters nicht Rechnung, da es sowohl aus Schlachtkörpern älterer Tiere als auch von Jungmastkaninchen besteht. Dies hat Irritationen der Verbraucher zur Folge, da abgesehen vom Nährstoffgehalt, auch altersbedingte Unterschiede hinsichtlich der Garzeit, der Zubereitungsformen, Zartheitsgrad u.a. existieren. Da das Kaninchen nahezu die einzige fleischerzeugende Nutztierart ist, bei welcher weder im allgemeinen Sprachgebrauch des Handels noch in Form gesetzlicher Handelsklassen eine Kennzeichnung des Alters üblich ist (wie z.B. Hähnchen und Suppenhuhn oder Kalb- und Ochsenfleisch), mindert dies auch die Chancen von Kaninchenfleisch im Wettbewerb mit anderen Nutztierarten.

Die Schlachtkörper alter Tiere lassen sich anhand der stärkeren Verknöcherung der Köpfe der Röhrenknochen (Epiphysen) erkennen (225).

Fütterung – Die Ausschöpfung des beim Kaninchen besonders hohen Eiweißansatzes erfordert in der Zeit vor der Geschlechtsreife (etwa in den ersten 2-3 Lebensmonaten) eine reichliche Nährstoffzufuhr zur Erzielung hoher Tageszunahmen. Zur Reduzierung des Fettansatzes sollte demgegenüber nach dem Beginn der Geschlechtsreife (etwa 10. Lebenswoche) die Nährstoffzufuhr begrenzt werden.

Bei mittelschweren Rassen und beliebiger Aufnahme eines pelletierten Alleinfutters liegen die zu erzielenden Tageszunahmen zwischen 35 und 45 g. Bei Grünfuttermast betragen sie selbst unter optimalen Bedingungen nur zwischen 15 bis 20 g/Tag (Tab. 6). Das heißt, die Nährstoffversorgung reicht bei dieser Futtergrundlage und schweren Rassen in der Zeit der Entwicklung vor der Geschlechtsreife nicht für einen maximalen Eiweißansatz aus. Allein mit Grünfutter gefütterte Tiere mittelschwerer und großer Rassen erreichen daher ausgewachsen nicht das gleiche Gewicht wie bei beliebiger Aufnahme eines pelletierten Alleinfutters vor der Geschlechtsreife. Das erschwert die Einhaltung der im Rassenstandard vorgeschriebenen Höchstgewichte. Gemessen an der Nährstoffaufnahme bei beliebigem Alleinfutterverzehr, entsprechen die bei kombinierter Fütterung oder ausschließlicher Verabreichung von Grünfutter zu erzielenden Tageszunahmen und die Schlachtkörperzusammensetzung etwa einer Reduzierung der Alleinfutteraufnahme um 40 bis 60 % (vgl. Tab. 7 u. 10). Je höher die Tageszunahmen bis zur Geschlechtsreife sind, desto höher ist die Eiweißerzeugung je Flächeneinheit. Die Begrenzung der Nährstoffversorgung vor der Geschlechtsreife ist Nährstoffverschwendung.

Geschlecht – Die geschlechtsbedingten Unterschiede im Größenwuchs (Geschlechtsdimorphismus) sind beim Kaninchen, im Gegensatz zu den anderen Nutztiersäugern, bei denen die männlichen Tiere schwerer sind, durch ein um bis zu 15 % höheres Gewicht der ausgewachsenen weiblichen Tiere gekennzeichnet. In dem Umfang der geschlechtsbedingten Unterschiede bestehen Rassenunterschiede. Besonders ausgeprägt ist die Geschlechtsdifferenz zugunsten der weiblichen Tiere bei den Weißen Riesenkaninchen und den Großchinchilla. Der Gewichtsunterschied zwischen den Geschlechtern hat zur Folge, daß mit zunehmendem Alter (Gewicht) und somit zunehmenden Einfluß der Sexualhormone sich die geschlechtsbedingten Unterschiede vergrößern. Durch Kastration der männlichen Tiere werden die geschlechtsbedingten Unterschiede verringert (s. a. Tab. 13). Allerdings darf die Kastration von über 2 Monate alten Tieren laut Tierschutzgesetz nur unter Betäubung von einem Tierarzt durchgeführt werden.

Die männlichen Tiere sind bei hohem Mastendgewicht und beliebiger Kraftfutteraufnahme in der Regel fetter als die weiblichen und weisen einen niedrigeren Eiweißgehalt im Schlachtkörper auf (Tab. 10). Diese Unterschiede vergrößern sich mit zunehmender Fütterungsintensität. Dementsprechend sind bei Nährstoffmangel oder niedrigem Mastendgewicht keine Gewichtsunterschiede in der Mastleistung und der Schlachtkörperqualität zu beobachten.

Fett – Die Angaben über den Fettanteil im Schlachtkörper variieren erheblich. Die im allgemeinen niedrigen Werte stammen hierbei entweder von sehr jungen Tieren mit niedrigen Mastendgewichten oder von mit Grünfutter gefütterten. Der Fettanteil steht in direktem Zusammenhang mit dem Wassergehalt des Schlachtkörpers. Das heißt, je höher der Fettanteil, desto geringer der Wassergehalt. Der Fettanteil steigt unter dem Einfluß zunehmenden Alters und einer höheren Fütterungsintensität (Tab. 7 und 10). Die Farbe des Fettes ist normalerweise Weiß. Gelbfärbung wird durch die Verfütterung von Grünfutter, nicht jedoch von daraus hergestelltem Trockengrün gefördert. Verstärkt wird diese Tendenz durch das Fehlen eines das Xantophyll (fettlöslicher Naturfarbstoff) abbauenden Enzyms. Dieser Mangel wird rezessiv vererbt.

Das Fett von Jungmastkaninchen (10 bis 12 Wochen alt) weist mit 18 % einen relativ hohen Anteil an ungesättigten Fettsäuren auf. Im Vergleich hierzu beträgt der Anteil ungesättigter Fettsäuren beim Schwein nur 9 % sowie beim ausgewachsenen Rind und Schaf jeweils 2 % (186, 199). Zu den ungesättigten Fettsäuren gehören die sogenannten Omega-3-Fettsäuren, denen bei der Vorbeugung von Erkrankungen der Herzkranzgefäße diätetische Bedeutung zukommt. Relativ niedrig ist bei jungen Tieren ferner der Cholesteringehalt (Tab. 9). CHEEKE (31) führt dies auf das im Mischfutter häufig enthaltene Luzernegrünmehl zurück, dessen hoher Saponingehalt das Cholesterin im Fettgewebe reduziert.

Tabelle 8: Eisengehalt im Fleisch verschiedener Nutztiere

	mg Eisen/ 100 g Muskelfleisch
Huhn*	18
Pute*	15
Rind*	19
Schwein*	10
Lamm*	16
Reh*	30
Kaninchen (Keule)**	42

* (209)
** (18)

Aufgrund der hohen Verdaulichkeit der im Fleisch enthaltenden Eisenverbindungen hat der hohe Eisengehalt im Kaninchenfleisch eine besondere ernährungsphysiologische Bedeutung.

Tabelle 9: Mittlerer Cholesteringehalt wichtiger Lebensmittel tierischer Herkunft

	Gesamtcholesterin in mg/100 g
Milch	28
Schellfisch	43
Kaninchenfleisch	45
Thunfisch	52
Kalbfleisch	85
Hühnerfleisch	93
Schweinefleisch	98
Rindfleisch	116
Butter	187
Eier	1 862

Lang (88)

Angesichts der Beachtung, welche der Cholesteringehalt im Fleisch bei gesundheitsbewußten Verbrauchern findet, sind die niedrigen Werte im Kaninchenfleisch ein Werbeargument.

Tabelle 10: Mastleistung und Nährstoffgehalt des Schlachtkörpers in Abhängigkeit von der Fütterungsintensität und dem Geschlecht (191)
(Neuseeländer, weiß; Mastalleinfutter, Mastendgewicht 3,2 kg)

Versuchsgruppe		1		2		3	
Geschlecht		m	w	m	w	m	w
tägl. Futteraufnahme	g	128	126	104	103	81	81
in % v. Gruppe 1		Alleinfutter beliebig		81	82	63	64
Tageszunahme	g	35	37	28	30	20	21
Futter/kg Zuwachs	kg	3,72	3,45	3,76	3,51	4,03	3,96
Schlachtausbeute, warm	%	60	58	57	56	56	55
Gehalt im Schlachtkörper:							
Wasser	%	60	62	66	66	67	67
Rohprotein	%	18	19	19	20	19	21
Fett	%	19	14	10	10	6	5

Die Rationierung des Alleinfutters verringert etwa in gleichem Maße die Tageszunahmen. Der Futteraufwand je kg Gewichtszuwachs wird erst bei stärkerer Rationierung (40 % - Gruppe 3) erhöht. Die Futterrationierung ist somit eine Möglichkeit, den Fettgehalt im Schlachtkörper ohne Erhöhung des Futteraufwandes zu senken. Weibliche Tiere haben bei beliebiger Aufnahme von Alleinfutter eine bessere Futterverwertung und höhere Tageszunahmen.

Ein höherer Fettgehalt im Schlachtkörper ist im Hinblick auf den höheren Anteil an ungesättigten Fettsäuren und auf deren diätetischen Wert durchaus positiv zu bewerten. Allerdings gilt dies insbesondere für Jungmastkaninchen, da der Anteil an ungesättigten Fettsäuren mit zunehmendem Alter abnimmt.

Beim Fettansatz überwiegt das sogenannte Depotfett in der Körperhöhle (Nierenfett) und unter der Haut. Depotfett dient als Energiespeicher. Es wird abgebaut, wenn infolge von Nährstoffmangel der Energiebedarf nicht mit dem Futter gedeckt werden kann. Beide Fettablagerungen sind relativ leicht zu entfernen. Demgegenüber ist der Anteil des zwischen den Muskelfasern und in den Muskeln eingelagerten inter- und intramuskulären Fettes relativ gering. FISCHER und RUDOLPH (176) stellten bei 105 Tage alten Kaninchen einen Fettgehalt von nur 6 % in der Keulenmuskulatur und von 1,6 % im Rückenmuskel fest. Der mit zunehmendem Alter steigende Fettansatz kann durch eine Rationierung des Futters ab einem Alter von ca. 10 Wochen (Beginn der Geschlechtsreife) reduziert werden (s. Kap. 9.5).

Aufgrund der überwiegenden Ablagerung des Depotfettes in der Körperhöhle besteht zwischen dem Gewicht des Becken- und des Nierenfettes und dem Fettgehalt in der Trockenmasse des Schlachtkörpers ein enger Zusammenhang (r = 0,81–0,92). Dieser Zusammenhang ist um so größer, je älter die Tiere sind. Darüber hinaus wurden auch Formeln konstruiert, mit denen sich der Fettgehalt im Schlachtkörper errechnen läßt.

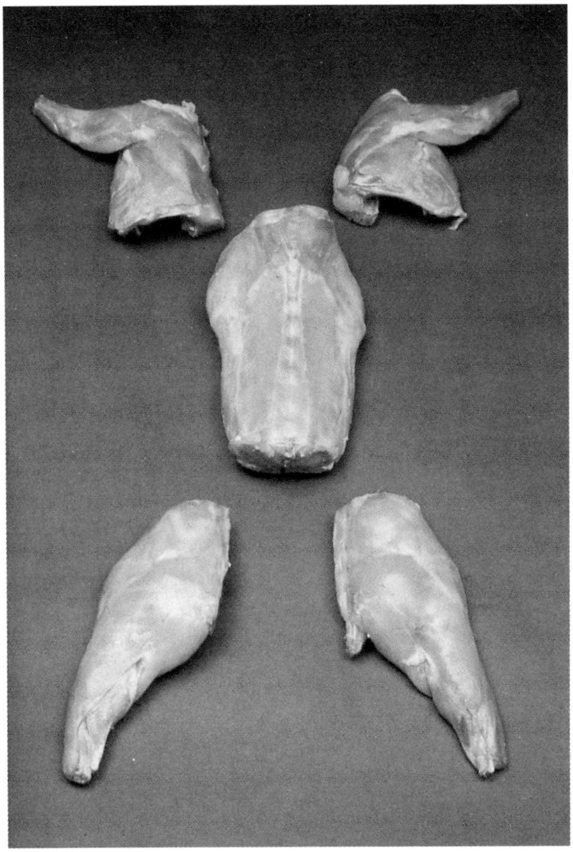

Abbildung 3:
Die Vermarktung von Teilstücken ermöglicht die Erhöhung des Mastendgewichtes und damit eine Senkung der anteiligen Kosten für die Haltung der Elterntiere sowie für die Schlachtung und Fleischbeschau.

Eiweiß – Der Eiweißgehalt des Kaninchenschlachtkörpers ist mit 17 bis 25 % im Vergleich zum Schwein um 30 bis 40 % und zum Rind um 15 bis 20 % höher. Der Eiweißgehalt steigt mit sinkendem Fett- und Wassergehalt, so daß magere Alttiere den höchsten Wert aufweisen. Der Eiweißgehalt des Schlachtkörpers von Jungmastkaninchen variiert demgegenüber in relativ engen Grenzen:

Altersbedingt – Zunahme mit steigendem Alter (Tab. 7)

Geschlechtsbedingt – um bis zu 10 % höhere Werte bei weiblichen Tieren (Tab. 10)

Das Eiweiß im Fleisch von Kaninchen hat im Vergleich zu dem von Schwein und Rind eine relativ hohe Wertigkeit, d. h. es besitzt einen hohen Anteil von Eiweißbausteinen (Aminosäuren), die vom Menschen nicht selbst synthetisiert werden können, sondern ihm mit der Nahrung zugeführt werden müssen (essentielle Aminosäuren).

Mastendgewicht – Das heißt, das Gewicht vor dem Schlachten nach vorhergehender Nüchterung (Entzug von Futter, jedoch nicht von Wasser) ist abhängig von nachstehenden Einflüssen:

Dem Gewicht ausgewachsener Tiere der betreffenden Rasse – Bei beliebiger Aufnahme eines pelletierten Alleinfutters beträgt das hinsichtlich des Fettansatzes optimale Mastendgewicht etwa 60 % des Gewichtes ausgewachsener Tiere der betreffenden Rasse. Der gleiche Fettansatz wird erzielt bei etwa 80 % des Gewichtes ausgewachsener Tiere, wenn die durchschnittlichen Tageszunahmen um etwa 1/3 unter den Werten bei beliebiger Mischfutteraufnahme liegen. Das Mastendgewicht ist abhängig von

der *Fütterungsintensivität* – Je höher, desto niedriger das Mastendgewicht, um einen zu hohen Fettansatz zu vermeiden (Tab. 7).

dem *Geschlecht* – Sofern geschlechtsbedingte Unterschiede im Größenwuchs bei der betreffenden Rasse vorhanden sind.

den *Verzehrgewohnheiten* der Verbraucher – d. h. ob Teilstücke oder unzerteilte Schlachtkörper bevorzugt werden.

In Anbetracht des überragenden Einflusses der Fleischerzeugung je Häsin und Jahr auf die Wirtschaftlichkeit der Kaninchenfleischerzeugung bringt ein möglichst hohes Mastendgewicht wirtschaftliche Vorteile. Da der Akzeptanz hoher Schlachtkörpergewichte bei unzerteilter Vermarktung Grenzen gesetzt sind, bietet die Teilstückzerlegung die Chance, das Mastendgewicht zu erhöhen. Neben der Vermarktung portionsgerecht zerlegter großer Schlachtkörper kann über die dadurch mögliche bessere Verwertung begehrter Teilstücke (Keulen, Rücken) ein höherer Preis insgesamt erzielt werden, sofern es gelingt, die weniger bevorzugten Teilstücke problemlos mitzuvermarkten (s. Kap. 12.1 und 13).

2.3 Angorawolle

Marktsituation

Nächst der Fleischproduktion hat die Erzeugung von Angorakaninchen-Wolle die größte wirtschaftliche Bedeutung, nachdem die Verwendung von Kaninchenfellen für Pelzbekleidung zurückgegangen ist. Nach den letzten Schätzungen im Jahre 1989 wurde weltweit die Erzeugung von Angora-Kaninchenwolle mit etwa 10.000 t/Jahr veranschlagt. Hiervon wurden allein 9.000 t in der VR China erzeugt. In Deutschland fällt zur Zeit nur noch die Wolle des Zuchttierbestandes der Rassekaninchen-Züchter an.

Die schon seit jeher durch Modetrends bedingten Nachfrage- und daraus resultierenden Preisschwankungen haben sich Ende des 20. Jahrhunderts noch verschärft. Am Anfang der 80er Jahre hatte die Entwicklung neuer Spinntechniken die Verfeinerung der Garne und damit den Einsatz von Angorawolle bei der Herstellung von Tuchen und feiner Unterwäsche ermöglicht. Der dadurch ausgelöste Nachfrageboom hatte eine Steigerung des Preises auf bis zu DM 300,-/kg (Frankreich) im Jahre 1984 zur Folge. Die darauf folgende Ausweitung der Produktion, aber auch die

Weiterentwicklung synthetischer Fasern ließ die Preise auf ein Niveau sinken, welches nunmehr unter dem Vorkriegsstand liegt.

An der weltweiten Steigerung der Produktion war wesentlich der Export deutscher Angorakaninchen beteiligt. Trotz der erheblichen Steigerung des Einsatzes von Angorakaninchen-Wolle in der Textilverarbeitung ist ihr Anteil an den tierischen Textilfasern nach wie vor relativ gering: Den 10.000 t Angorakaninchen-Wolle steht etwa die 300fache Menge an Schafwolle gegenüber. Die Weiterverarbeitung erfolgt hauptsächlich in Italien und Japan mit jeweils 2.000 t und Deutschland (weniger als 500 t). In steigendem Umfang wurde in den letzten Jahren auch in China und Indien die Verarbeitung aufgenommen.

Qualitätsmerkmale

Das Angorakaninchen gehört mit dem Fuchskaninchen zu den Langhaarrassen. Anders als beim Fuchs- und den Normalhaarkaninchen ist das Angorahaar nicht dem jahreszeitlichen Haarwechsel unterworfen. Das Wachstum der Haare von Fuchs- und Normalhaarkaninchen erstreckt sich nur über einen Zeitraum von 8 bis 10 Wochen. Das Haar des französischen Angorakaninchens wächst dagegen im Durchschnitt 15 Wochen lang (172). Bei Tieren der deutschen Population wurde dagegen eine Wachstumsdauer von bis zu über einem Jahr mit Haarlängen von bis zu über 30 cm beobachtet (41). Diese Unterschiede sind auf die Selektion bei unterschiedlichen Methoden der Haargewinnung (Rupfen oder Scheren) zurückzuführen (Genotyp-Umwelt-Interaktion).

Die im Vergleich zum Angorakaninchen kürzere Zeitspanne des Haarwachstums beim Fuchs- und den Normalhaarkaninchen hat bei diesen Rassen zur Folge, daß die Haarfollikel im geschorenen Fell erst wieder beim nächsten jahreszeitlichen Haarwechsel aktiviert werden und damit neue Haare nachwachsen können (s. Kap. 2.4). Im Vergleich zu Schafwolle unterscheidet sich die Angorakaninchen-Wolle durch folgende Eigenschaften:

Die Wollhaare haben mit einem Durchmesser von durchschnittlich 10 bis 14 Mikron (1 Mikron = Mikrometer = 1/1.000 mm) einen geringeren Durchmesser als die Wollhaare des Schafes. Deren Durchmesser schwankt zwischen 18 bis 20 Mikron bei den Feinwoll-Merinoschafen und 35 bis 45 Mikron bei den rauhwolligen Rassen (z. B. Milchschaf, Bergschaf, Heidschnucke). Der geringere Haardurchmesser der Angorawolle hat einen besseren Tragekomfort zur Folge. Mit steigendem Anteil von Angorawolle fühlen sich die Textilgewebe weicher an. Allerdings sind in Australien auch Schafe gezüchtet worden, deren Wollhaardurchmesser dem von Angorakaninchen-Wollhaaren entspricht.

Das Warmhaltevermögen von Angorawolle ist um das 2- bis 3fache größer als das von Schafwolle. Dies ist einmal darauf zurückzuführen, daß die Feinheit der Haare im Faden und im Gewebe größere Lufteinschlüsse zur Folge hat. Zum anderen wird

Abbildung 4: Idealtyp des Deutschen Angorakaninchens. Der Verzicht auf eine starke Bewollung von Kopf und Ohren erleichtert die Regulierung der Körpertemperatur und vermindert den Anfall von kurzer und damit minderwertiger Wolle.

das Warmhaltevermögen dadurch unterstützt, daß sich in den Angorahaaren selbst Luftkammern befinden (s. Abb. 5, 7 und 8).

Unter Verwendung von Angorawolle hergestellte Textilgewebe nehmen besser die von der Haut abgesonderte Feuchtigkeit (Schweiß) auf als Schafwolle und die meisten synthetische Fasern. Das vermindert den Abkühlungseffekt bei feuchter Haut.

Angorakaninchenhaar ist um ein Mehrfaches stärker elektrostatisch aufgeladen als beispielsweise Katzenfell. Bei unter Verwendung von Angorawolle hergestellten Geweben ist diese Eigenschaft allerdings auch von der Begleitfaser abhängig. Hierbei wirkt sich die Kombination mit Synthetikfasern (z. B. Acryl) besonders positiv aus.

Der größere Tragekomfort in Verbindung mit dem durch den Grannenhaaranteil bedingten Flauscheffekt begünstigt den Einsatz von Angorawolle bei der Herstellung modischer Damenoberbekleidung. Das große Wärmehaltungsvermögen macht, in Verbindung mit der feuchtigkeitsabsorbierenden Eigenschaft, die Angorawolle besonders geeignet für die Herstellung von Unterwäsche. Im Gegensatz zur Oberbekleidung ist hierfür ein geringer Grannenhaaranteil erwünscht (größerer Tragekomfort). Die hohe elektrostatische Aufladung schließlich fördert in Verbindung mit den anderen genannten Eigenschaften den Einsatz von Angorawolle für die Herstellung von sogenannter Gesundheitswäsche zur Linderung der Beschwerden bei rheumatischen Muskel- und Gelenkserkrankungen.

Die relativ glatte Oberfläche des Angorakaninchenhaares und seine geringe Kräuselung (nur 6 -7 Bogen je Zentimeter) haben eine geringe Haftung des Haares im Verbund des gesponnenen Fadens zur Folge. Aus diesem Grund wird Angorakaninchenwolle zusammen mit anderen Textilfasern versponnen, wie z. B. Schafwolle, Seide und Synthetikfasern. Im Hinblick darauf, daß sich mit steigendem Anteil von Angorahaaren die Reißfestigkeit des Fadens verringert und die Haarlässigkeit erhöht, ist ein höherer Anteil an Angorawolle hinsichtlich der Haltbarkeit des Gewebes kein Qualitätsvorteil.

Aufgrund der relativ geringen Festigkeit des Fadens ließ sich früher Angorawolle nur zu relativ dicken Fäden, d. h. bis maximal 40 tex, verspinnen. 1 tex entspricht hierbei 1 g Wolle auf 1.000 m Faden. Neue Spinnverfahren und die gemeinsame Verspinnung mit synthetischen Fasern ermöglichen inzwischen die Erzeugung von Fäden von bis zu 7 tex. Stärkere Fäden werden nach wie vor für die Herstellung modischer Damenoberbekleidung verwendet. Zur Erzielung eines optimalen Flauscheffektes sind hierfür lange Haare mit einem möglichst hohen Grannenhaaranteil erwünscht.

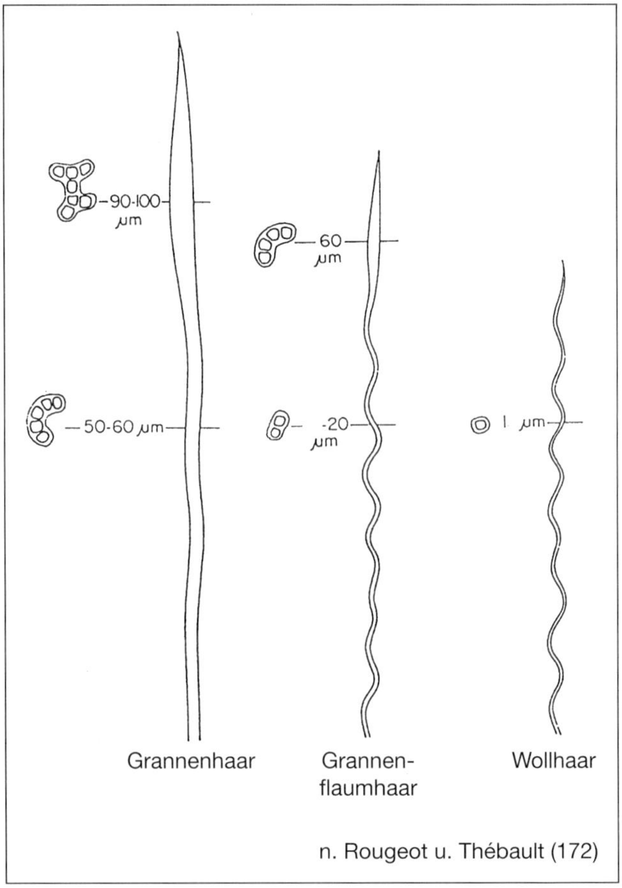

Abbildung 5:
Die vorherrschenden Haartypen im Fell bzw. Wollvlies des Kaninchens. Das Grannenflaumhaar weist insbesondere im oberen Teil zwei Markkanäle auf. Da das Wachstum des Grannenhaares sich über ein Schurintervall hinaus erstreckt, hat es im geschorenen Vlies des Angorakaninchens häufig keine Spitze.

a c b

Abbildung 6: Elektronenmikroskopische Vergrößerung der Haare im Vlies des Angorakaninchens.
a. Wollhaar
b. Grannenflaumhaar
c. Grannenhaar

Feingarne werden für Unterwäsche und Tuche verwendet. Für diese Spinnverfahren (Core-Verfahren) sind zum Teil kürzere Haare besser geeignet als lange. Erwünscht ist hierbei ein möglichst geringer Anteil an Grannenhaaren. Diese sind, da dicker und nicht gekräuselt, nur schwer in einen dünnen Faden einzubinden und verringern dadurch die Reißfestigkeit des Garnes. Grannenhaare färben sich außerdem aufgrund der Vielzahl von Luftkammern schwerer als Wollhaare. Schließlich verringern Grannenhaare den Tragekomfort von Unterwäsche, da sie empfindliche Haut reizen.

Wollertrag

Die vom Angorakaninchen erzeugte Wollmenge wird im allgemeinen auf den Wollertrag pro Jahr bezogen. Die von einer Schur stammenden Ergebnisse von Leistungsprüfungen werden hierbei, entsprechend der Dauer des Schurintervalles, auf ein Jahr umgerechnet.

Die von einem Tier erzeugte Wollmenge ist einmal von der erblichen Veranlagung des Tieres abhängig. Die Schätzungen des Erblichkeitssgrades (s. Kap. 5.4.1) lassen auf einen relativ großen Einfluß der genetischen Veranlagung auf die erzeugte Wollmenge schließen. Dies erklärt die großen Fortschritte, welche hinsichtlich der Steigerung des Wollertrages durch die Selektion von Tieren mit überdurchschnittlichen Leistungen erzielt werden konnten. Hinweise darauf ergeben sich aus den Ergebnissen der Stationsprüfungen für Angorakaninchen (ALP). Sie wurden in Deutschland erstmalig in Kiel-Steenbeek ab 1935 und am Tierzuchtinstitut der Universität Halle durchgeführt. Bei der letzteren Prüfung betrug der durchschnittliche Jahreswollertrag bei den Rammlern 330 g (263 bis 395) und 422 g (236 bis 512) bei den Häsinnen (41). Die bislang höchste an einer Station (Neumühle) ermittelte Jahresleistung betrug über 2,2 kg. Wegen der ab 1994 auf 12 Wochen verkürzten Prüfungsperiode ist ein Vergleich mit früheren Zahlen nur bedingt möglich (s. Kap. 12.2).

Die deutsche Angorakaninchenpopulation besitzt damit weltweit die höchste Leistungsveranlagung. Allerdings haben sich aufgrund des umfangreichen zwischenzeitlichen Exports von Zuchttieren die Leistungsunterschiede zwischen den regionalen Populationen zum Teil egalisiert. Wie die Ergebnisse der Angorakaninchen-Leistungsprüfungen an der Hess. Landesanstalt für Tierzucht, Neu-Ulrichstein (Tab. 11), ausweisen, ist der Trend der Steigerung des Wollertrages bislang ungebrochen. Allerdings ergeben sich insofern zunehmend Probleme, als die Fruchtbarkeit (Libido, Spermaqualität, embryonale Sterblichkeit u. a.) und die Regulierung der Körpertemperatur durch eine hohe Wolleistung negativ beeinflußt werden (Merkmals-Antagonismus).

Als Grundlage für genetisch bedingte Leistungsfortschritte sind angesichts des erreichten Leistungsniveaus allein die Ergebnisse objektiv durchgeführter Leistungsprüfungen geeignet. Bei hohem Leistungsniveau lassen sich keine Leistungsunterschiede mehr durch eine subjektive Exterieurbeurteilung (z. B. durch Preisrichter) ermitteln. Der als Schönheitsideal angesehene starke Kopf- und Ohrenbehang (sog. Pudelkopf) steht in negativem Zusammenhang zum Wollertrag (r = - 26). Ferner erfordern die am Kopf wachsenden Haare einen höheren Arbeitsaufwand bei der Schur, die Wolle ist minderwertig, da zu kurz, und die Abgabe der beim Stoffwechsel anfallenden Wärme wird behindert. Das führt zu einer geringeren Futteraufnahme. Diese Begleiterscheinungen sind auch im Hinblick auf tierschutzrechtliche Bestimmungen (§ 11 b, Tierschutzgesetz) bedenklich, nach denen das Wohlbefinden der Tiere nicht ohne zwingenden Grund beeinträchtigt werden darf (Qualzucht). In diesem Zusammenhang ist auch das durch den Kopfbehang begünstigte Auftreten von Bindehautentzündungen am Auge sowie die verstärkte Aufnahme von Haaren zu nennen, welche zur Haarballenbildung im Magen führt.

In diesem Zusammenhang verdient auch die Reduzierung der anderen mit der Höhe des Haarertrages verbundenen Belastungen vitaler Funktionen und damit auch des Wohlbefindens Beachtung, wie sie vorstehend und in den Kapiteln 7,8,9,10 und 12.2 beschrieben wurden. Zur Vermeidung der nicht durch den Zweck der Wollerzeugung gerechtfertigten Belastungen (§ 1, Tierschutzgesetz), erscheinen folgende Maßnahmen geeignet:

Begrenzung des Schurintervalls auf maximal 11 Wochen.

Verbleib von mindestens 3 mm langen Haarstoppeln nach der Schur. Dies entfällt, wenn die Tiere nach der Schur für die Dauer von mindestens 2 Wochen in einem Raum untergebracht werden, in welchem die Temperatur über 20° C liegt.

Tabelle 11: Entwicklung der Wollleistung in der deutschen Angorakaninchenzucht

1. Methode	1959 – 1971	1972 – 1993
Höchstalter bei Prüfungsbeginn	7 Monate	2 1/2 Monate
Dauer der Prüfung	39 Wochen	13 Wochen***
Schurintervalle/Prüfung	3	1

2. Ergebnisse

	Wollertrag in Gramm/Jahr					
	Rammler			Häsinnen		
Prüfungsjahr	geprüfte Tiere	Durchschnitt	Variation	geprüfte Tiere	Durchschnitt	Variation
1935**	–	330	263 – 395	–	422	236 – 512
1959	52	625	476 – 845	69	693	448 – 921
1964	45	715	528 – 1052	75	771	513 – 968
1969	39	867	631 – 1107	48	1064	778 – 1409
1974	122	919	516 – 1316	116	1115	569 – 1484
1979	112	974	656 – 1260	110	1158	776 – 1456
1984	159	1086	716 – 1452	93	1248	828 – 1664
1989	148	1174	652 – 1716	115	1388	860 – 2036
1993	84	1243	920 – 1840	61	1430	1028 – 2008
1997	63	1383	656 – 1260	53	1565	828 – 1664
****			717 – 1452			860 – 2036
			920 – 1840			1028 – 2008
			822 – 2014			953 – 1988

* Ergebnisse der Stationsprüfungen an der Hessischen Landesanstalt für Tierzucht, Neu-Ulrichstein

** 1. Stationsprüfung am Tierzuchtinstitut der Universität Halle (28)

*** Ab 1994 beträgt die Dauer des Prüfungsschurintervalls 12 Wochen

**** Ergebnisse der Stationsprüfung an der Landesanstalt für Tierzucht Neumühle, Rheinland Pfalz

Bislang ist der Trend zur Erhöhung der Leistungen in der deutschen Angorakaninchenpopulation nahezu ungebrochen. Die sprunghafte Erhöhung des Wollertrages im Jahre 1969, im Vergleich zu den vorherigen Leistungen, ist vor allem auf den Einsatz eines pelletierten Alleinfutters zurückzuführen. Hiervon profitierten die besser veranlagten Häsinnen in stärkerem Maße als die Rammler.

Streichung des ausgeprägten Behanges von Kopf und Läufen als Rassemerkmal und Einstufung als schwerer Fehler im Rassenstandard. Ausschluß derartiger Tiere von amtlichen Stations- und vom ZDK durchgeführten Feldprüfungen auf Wolleistung.

Ergänzung von pelletiertem Mischfutter durch unzerkleinertes Grobfutter (Saft- und Rauhfutter) zur beliebigen Aufnahme.

Hinsichtlich der zwischen verschiedenen Populationen bestehenden Leistungsunterschiede wird auf die Tab. 12 verwiesen.

Aufgrund der vielfältigen Umwelteinflüsse auf die Wolleistung sind absolute Leistungsangaben irreführend, wenn Hinweise auf die Bedingungen fehlen, unter denen sie erzielt wurden (Durchschnittsleistung der gleichaltrigen und gleichgeschlechtlichen Stallgefährten).

Umweltbedingt ist die Höhe der Wollleistung von folgenden Einflüssen abhängig:

Geschlecht – Weibliche Tiere erzeugen bis zu 30 % mehr Wolle als männliche (193). Die Höhe dieser Differenz ist davon abhängig, inwieweit die Nährstoffversorgung ausreicht, um die höhere Leistungsveranlagung weiblicher Tiere auszuschöpfen. Dementsprechend vergrößern sich die geschlechtsbedingten Unterschiede mit der Verbesserung der Nährstoffversorgung (s. Tab. 13). In Frankreich werden für die Wollerzeugung überwiegend nur die weiblichen Tiere eingesetzt. Bei der dort praktizierten Form der Wollernte (s. Epilation oder Rupfen) sind die geschlechtsbedingten Unterschiede (Geschlechtsdimorphismus) besonders groß. Das geringere Haarwachstum bei den Rammlern ist auf den Einfluß der männlichen Geschlechtshormone (Androgene) zurückzuführen. Die Kastration der männlichen Tiere halbiert daher etwa die Unterschiede im Vergleich zu den weiblichen Tieren. Die Energieverwertung für die Wollerzeugung männlicher Kastraten entspricht etwa der der weiblichen Tiere. Bei der Selektion auf hohen Wollertrag besteht die Gefahr,

Tabelle 12: Einfluß der Haargewinnungsmethode beim Angorakaninchen auf Wollmenge und -qualität (49)

		Französische Population		Deutsche Population		Kreuzungen D x F	
		gerupft	geschoren	gerupft	geschoren	gerupft	geschoren
Wolle insgesamt	g	159	127	235	228	195	139
1. Sorte	%	70	61	82	81	68	59
Filz	%	4,4	10,2	0,2	1,3	1,1	3,4
Durchschn. Haarlänge	cm	6,8	6,2	6,8	6,7	6,4	6,3
Grannenhaaranteil (nach Anzahl)	%	2,5	1,4	2,7	2,8	2,4	1,8
Haardurchmesser:							
– Wollhaare	Mikron	11,7	12,2	14,6	14,7	14,0	12,8
– Grannenhaare	Mikron	37,2	34,8	47,9	35,6	37,2	37,8

Bei den Tieren der französischen Angorakaninchen-Population hat eine genetische Anpassung an die in Frankreich übliche Methode der Haarernte mittels Rupfen stattgefunden (Genotyp-Umwelt-Interaktion). Beim Scheren sind bei diesen Tieren die Wollmenge sowie der Grannenhaaranteil geringer, der Filzanteil höher und die Haarlänge kürzer. Demgegenüber ist bei den Tieren der deutschen Population bei diesen Merkmalen praktisch kein Unterschied festzustellen. Die deutschen Tiere ließen sich nur rupfen, nachdem der Haarsitz mit Hilfe von Mimosin gelockert wurde. Im Grannenhaaranteil bestand zwischen den beiden Rassen kein Unterschied. Das Rupfen wird in Deutschland nicht praktiziert, da es gegen das Tierschutzgesetz verstößt.

daß bei den männlichen Tieren die Fruchtbarkeit, d. h. Decklust (Libido) und die Spermaqualität, negativ beeinflußt werden. Es ist deshalb notwendig, bei der Auswahl männlicher Zuchttiere neben der Wolleistung auf Hodengröße und Libido sowie möglichst auch auf die Spermaqualität zu achten.

Nährstoffversorgung – Die Nährstoffversorgung beeinflußt über die Zahl der Haarfollikel die Zahl der Haare je cm^2 Körperoberfläche (83). In geringerem Maße sind hiervon auch die Haarlänge und der -durchmesser betroffen. Mit zunehmender Haarlänge im Verlauf des Schurintervalls wird die Wärmeisolierung vergrößert und die Regulierung der Körperwärme erschwert. Dies führt im ersten Drittel des Schurintervalls wegen der kurzen Haare zu einem Anstieg der Futteraufnahme (s. Abb. 111). Ein großer Teil der aufgenommenen Nährstoffe dient hierbei als thermische Energie der Erhaltung der Körpertemperatur. Im letzten Drittel des Schurintervalls ist jedoch, infolge beeinträchtigter Wärmeabstrahlung über die Haut, die Beseitigung der beim Stoffwechsel entstehenden Abfallwärme erschwert. Die Futteraufnahme muß daher gesenkt werden. Daraus ergibt sich, daß im gemäßigten und mehr noch subtropischen Klimabereich im letzten Drittel des Schurintervalls der Nährstoff- und insbesondere der Eiweißbedarf für das Wollwachstum nicht gedeckt werden kann. Die Verkürzung des Schurintervalls erleichtert die Regulierung der Körpertemperatur. Dies hat eine höhere Futteraufnahme und damit auch einen höheren Wollertrag zur Folge. Begrenzt wird das Wollwachstum ferner durch eine

Tabelle 13: Einfluß der Fütterungsintensität und des Gehalts an Methionin auf die Wollleistung und den Futteraufwand (193)

		Rammler		Häsinnen		männl. Kastraten
		ohne Meth.	mit Meth.	ohne Meth.	mit Meth.	mit Meth.
Futteraufnahme 5 Std./Tag:						
Schurertrag	g	188	197	193	246	214
kg Futter/kg Wolle		70,2	64,7	67,9	50,5	60,1
tägl. Alleinfutterverzehr	g	123	130	123	123	123
Futteraufnahme beliebig:						
Schurertrag	g	203	198	231	252	226
kg Futter/kg Wolle		80,9	77,7	73,8	60,2	65,4
tägl. Alleinfutterverzehr	g	177	165	185	164	159

Der durch den Zusatz von Methionin von 0,42 % auf 0,77 % erhöhte Gehalt an schwefelhaltigen Aminosäuren verbesserte die Wollleistung bei den zu höherer Wollleistung veranlagten Häsinnen stärker als bei den Rammlern. Der Futteraufwand wurde dadurch ebenfalls in größerem Ausmaß verringert. Die Unterschiede sind bei beliebiger Futteraufnahme geringer. Die rationierte Fütterung hatte somit eine größere Verbesserung der Futterverwertung zur Folge. Die Leistungen der männlichen Kastraten liegen etwa zwischen den beiden Geschlechtern.

Unterversorgung mit den am Aufbau des Haares beteiligten schwefelhaltigen Aminosäuren Cystin und Methionin. Dies gilt insbesondere für Zuchthäsinnen und wachsende Tiere. Bei den Erstgenannten konkurriert der Eiweißbedarf für das Haarwachstum mit demjenigen für die Jungtierproduktion (Foeten, Milch) und bei letzteren für das Wachstum.

Die an den Prüfungsstationen erzielten Leistungen (s. Tab. 11) basieren auf der beliebigen Aufnahme eines pelletierten Alleinfutters. Auf Grünfutterbasis allein können nur Jahresleistungen von maximal etwa 800 bis 900 g erzielt werden. Das entspricht im Vergleich zu pelletiertem Alleinfutter einer etwa 30 %igen Minderleistung (s. Kap. 9.5.3). Damit reagiert die Wollerzeugung in geringerem Maße auf eine Verringerung der Nährstoffversorgung als die Fleischerzeugung.

Futterverwertung – Der Futteraufwand je kg Wolle verringert sich mit zunehmender Wolleistung. Bei Verabreichung eines pelletierten Alleinfutters zur beliebigen Aufnahme und einer durchschnittlichen Jahreswolleistung von 1.430 g wurden durchschnittlich 46,08 kg (34,3 kg bis 63,6 kg) Alleinfutter je kg Wolle benötigt. Bezüglich des Aufwandes an verdaulicher Energie wird auf die Tab. 3 verwiesen.

Länge des Schurintervalls – Da die abnehmende Futteraufnahme im Verlauf des Schurintervalls zu Nährstoffmangel und damit zu einer Beeinträchtigung des Wollwachstums führen kann, ist die Verkürzung des Schurintervalls mit einer Steigerung der Wolleistung verbunden. Bei niedrigen Temperaturen (s. Kap. 12.2) hat das eine Verschlechterung der Nährstoffverwertung zur Folge. Hohe Umgebungstemperaturen unmittelbar nach der Schur senken dagegen den Futteraufwand zur Erhaltung der Körpertemperatur. Das Jungtierwachstum wird durch kurze Schurintervalle beschleunigt. Dies ist insbesondere bei im Sommer geborenen Jungtieren und unter subtropischen Bedingungen von Vorteil, da sonst die Tiere zu klein bleiben.

Alter – Die Wolleistung je kg Körpergewicht steigt bis zu einem Alter von 60 bis 70 Wochen an, um dann jährlich um 10 bis 15 % abzusinken (193). Die altersbedingte Verminderung der Wolleistung ist bei den männlichen Tieren größer als bei den weiblichen. Auf das Tier bezogen, wird das Absinken der Wolleistung durch das höhere Gewicht älterer Tiere teilweise kompensiert. Die erste Schur sollte spätestens im Alter von 6 bis 8 Wochen erfolgen (Nestschur), sonst beeinträchtigt die erschwerte Regulierung der Körpertemperatur die Futteraufnahme und damit das Wachstum. Für die Zuchtwertschätzung eignet sich am besten die Schur im Alter von etwa 30 bis 35 Wochen (193). Zwischen der hierbei erzielten Wolleistung und der bis zu einem Alter von 3 Jahren besteht ein enger Zusammenhang ($r = 0,77$). Im Interesse einer frühen Selektionsentscheidung wird auch empfohlen, bereits die Schur im Alter von 20 Wochen als Information zu nutzen (Zimmermann, pers. Mitt.). Die durchschnittliche Nutzungsdauer für die Wollerzeugung beträgt unter Berücksichtigung der Verluste und der abnehmenden Wolleistung 3 bis 4 Jahre.

Tabelle 14 : Relativer Einfluß der Temperatur auf die Leistungen des Angorakaninchens sowie die Futter- und Wasseraufnahme (212)

	5 °C/80 %	18 °C/70 %	30 °C/60 %
Wolle	106	100	86
1. Sorte	78	80	75
Futteraufnahme	116	100	68
Wasseraufnahme	92	100	105
Futter/kg Wolle	109	100	79

Verglichen mit einer Temperatur von 18° steigt die Futteraufnahme bei niedrigerer Temperatur in stärkerem Maße als die Wollmenge. Die Futterverwertung verschlechtert sich. Demgegenüber sinkt bei höheren Temperaturen die Futteraufnahme stärker als der Wollertrag. Es wird daher weniger Futter je kg Wolle benötigt.

Haardichte – Die Zahl der Haare je cm^2 schwankt in den vorliegenden Untersuchungen zwischen 126 und 227 (83). Zwischen der Haardichte und dem Wollertrag besteht eine Korrelation von r = + 0,6. Die Haardichte ist auf den Schultern und den Keulen am größten. Aufgrund des engen Zusammenhanges der Haardichte an diesen Körperstellen und dem Wollertrag (r = + 0,8), läßt sich der Wollertrag hier mit der größten Sicherheit schätzen. Der Einfluß anderer Merkmale (Haarlänge und -durchmesser) auf die zwischen den Tieren bestehenden Unterschiede in der Wolleistung ist somit vergleichsweise gering. Die Haardichte wird, abgesehen von der erblichen Veranlagung, vor allem durch die Fütterung beeinflußt (s. o.).

Jahreszeit und Temperatur – Im gemäßigten Klima sind die durch die Temperatur und die Dauer der Lichteinwirkung bedingten jahreszeitlichen Unterschiede gering. Bei Stationsprüfungen lagen die Ergebnisse der Juni- und der Septemberschur nur um weniger als 5 % unter denen der Dezember- und Märzschur. Allerdings sind die jahreszeitlichen Unterschiede beim Scheren geringer als beim Rupfen der Wolle. Das ist dadurch bedingt, daß beim Scheren das gleiche Haar mehrmals geschoren wird, die Haarwurzel jedoch erhalten bleibt. Beim Rupfen ist Letzteres nur in geringem Maße der Fall. Dadurch kommen jahreszeitliche Einflüsse stärker zum Tragen. Sie können hier bis zu 30 % betragen (172). Infolge der temperaturabhängigen Futteraufnahme steigt die Wolleistung bei niedrigen und sinkt bei höheren Temperaturen. Da bei letzteren die Futteraufnahme in stärkerem Maße abnimmt als die Wollleistung, verringert sich der Futteraufwand je kg Wolle (s. Tab. 14).

Zusammensetzung des Wollvlieses

Wollhaare (auch Unter- oder Flaumhaare)

besitzen einen Markkanal. Der Durchmesser dieses Haartyps beträgt in der deutschen Population 9 bis 14 Mikrometer und ist bei den männlichen Tieren kleiner als bei den weiblichen. Der Haardurchmesser wird im Verlauf des Haarwachstums während eines Schurintervalls weniger durch die Nährstoffversorgung beeinflußt, als dies bei der Schafwolle der Fall ist. Desgleichen bestehen keine altersbedingten Unterschiede, wie sie bei der Angoraziege beobachtet werden. Die Spitze jungfräu-

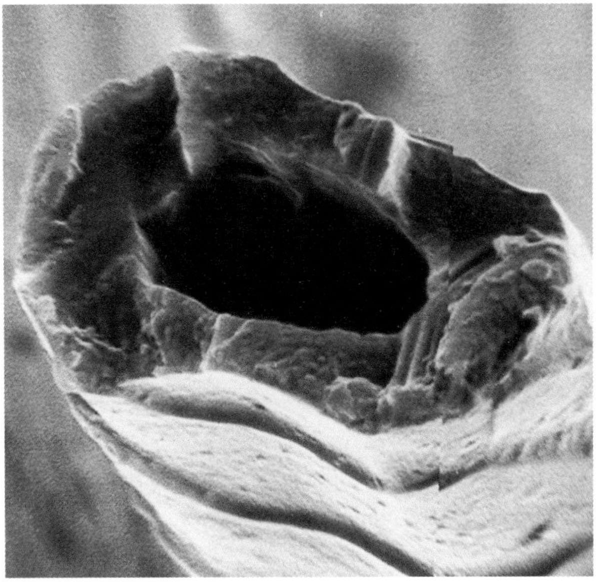

Abbildung 7: Schnitt durch ein Wollhaar mit Markkanal unter dem Elektronenmikroskop.

licher (juveniler), d. h. noch nicht geschnittener, Haare hat einen um 4 bis 9 Mikrometer größeren Durchmesser als die Haarbasis. Dünne Haare neigen in stärkerem Maße zum Verfilzen. Dabei wird die Festigkeit des Haares nicht nur durch seinen Durchmesser, sondern vor allem auch von der Stärke der Haarrinde (Cortex) bestimmt. Ein geringer Haardurchmesser ist sowohl erblich, als auch die Folge unzureichender Nährstoffversorgung.

Der Markkanal ist teilweise mit Luftkämmerchen ausgefüllt (medulliert). Diese sind beim Wollhaar insbesondere in der Spitze des wachsenden Haares anzutreffen. Da ein Wollhaar bis zu über 20 cm lang werden kann und sich sein Wachstum somit über mehrere Schurintervalle erstreckt, ist die Schwankungsbreite des Anteils der Haare mit Luftkammern bei den einzelnen Schuren sehr groß (6 bis 96 %). Entgegen der vielfach vertretenen Meinung ist die bessere Wärmeisolierung des Angorakaninchenhaares weniger durch den Anteil der Haare mit Luftkammern bedingt, als durch die von der Feinheit der Haare abhängigen Lufteinschlüsse im Faden und Gewebe. Die Wollhaare weisen eine korkenzieherförmige Kräuselung auf. Diese ist jedoch weniger als bei der Wolle von Feinwollschafen ausgeprägt. Je Zentimeter Haarlänge befinden sich nur durchschnittlich 6 bis 7 flache Bogen.

Grannenhaare

Sie weisen 3 bis 8 nebeneinanderliegende Markkanäle bei einem Haardurchmesser (Bandbreite) von 25 bis 100 Mikrometer auf, ohne gekräuselt zu sein. Sie haben für die Wollhaare die Funktion von Leit- und Schutzhaaren. Die Filzbildung wird jedoch von ihnen nur teilweise beeinflußt. In stärkerem Maße ist daran der Durchmesser der Wollhaare beteiligt. Der auf die Zahl der Haare bezogene Grannenhaaranteil

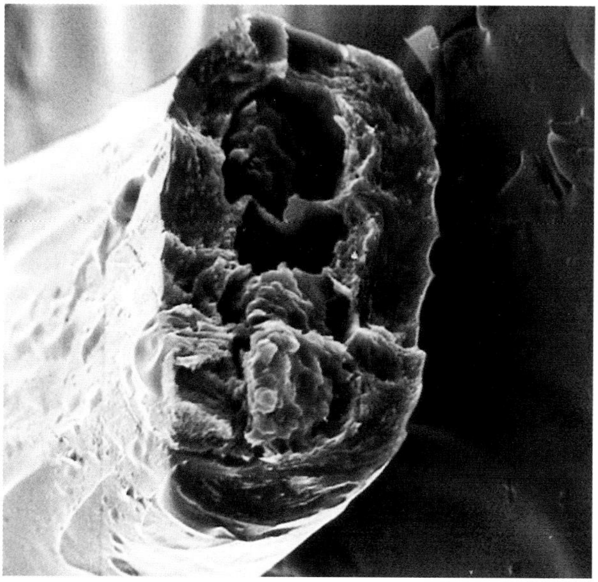

Abbildung 8: Schnitt durch ein Grannenhaar mit 3 nebeneinanderliegenden Markkanälen.

schwankt zwischen 0 und mehr als 10 %. Er beträgt bei der deutschen Angorapopulation 2 bis 3 %. Teilweise wird der Grannenhaaranteil auch auf deren Gewicht bezogen angegeben (Frankreich). Da der Durchmesser der Grannenhaare jedoch um ein Mehrfaches größer als der der Wollhaare ist, ist der gewichtsbezogene Anteil höher als der aus der Zahl der Haare berechnete. Daraus erklären sich teilweise die unterschiedlichen Zahlenangaben (s. Tab. 55). Der Grannenhaaranteil ist bei weiblichen Tieren größer als bei männlichen und nimmt vom Kopf zu den Keulen hin ab. Häsinnen haben die meisten Grannenhaare am Bauch, Rammler auf dem Rücken (77). Er ist ferner im Winter geringer als im Sommer, da im Sommer die Wollhaardichte abnimmt.

Grannenflaumhaare

Sie besitzen 1 bis 2 Markkanäle bei einem Durchmesser von 20 bis 30 Mikrometer. Bei der Eignungsbeurteilung von Wollmustern für die industrielle Verarbeitung werden Haare ab zwei Markkanälen zu den Grannenhaaren gezählt. Objektive Unterschiede zu den Wollhaaren sind, wenn geschoren wird, nur am Beginn ihres Längenwachstums festzustellen, d. h. wenn sie am Beginn ihres Wachstums geschoren werden. Dadurch erklären sich die großen Unterschiede bei den Angaben zum Anteil der Grannenflaumhaare. Je 100 mg Wolle wurden bei deutschen Angorakaninchen 36 bis 107 Grannenflaumhaare gezählt (83). Die lanzenartige Verdickung der Haarspitze des jungfräulichen Haares weist einen Durchmesser von 30 Mikron auf (s. Abb. 5). Sie überragt, wie die Grannen, das Vlies. Im weiteren Verlauf ihres Wachstums verringert sich der Haardurchmesser auf etwa 20 Mikron bei gleichzeitiger Kräuselung. Nach Wucherer und Nathusius (zit. n. 83) handelt es sich bei den Grannenflaumhaaren um keinen speziellen Haartyp, sondern um verschiedene Entwickungsstadien des Wollhaares. Der größere Durchmesser und der lanzenartige Schaft entspricht hierbei dem Anfang des Haarwachstums. Nach Entfernung desselben bei der Schur ist das Grannenflaumhaar dann nicht mehr von einem Wollhaar zu unterscheiden. Deshalb sind zeitweilig im Vlies überhaupt keine Grannenflaumhaare anzutreffen.

Die unterschiedliche Zahl der Markkanäle bei den verschiedenen Haartypen des Angoravlieses hat im Vergleich zur Schafwolle eine uneinheitliche Lichtreflektion bei der Färbung zur Folge.

Wollqualität

Die Wollqualität wird durch folgende objektive Kriterien in der Reihenfolge ihrer Bedeutung bestimmt:

Haarlänge – Das Vlies des Angorakaninchens besteht aus Haaren unterschiedlicher Länge. Bei den Angaben über die Haarlänge für die verschiedenen Sortierklassen handelt es sich um subjektive Schätzungen der durchschnittlichen Haarlänge. Dementsprechend bestehen in den Angaben über die *durchschnittliche* Haarlänge des gleichen Wollmusters erhebliche personenbedingte Unterschiede. So variierte in den deutschen Stationsprüfungen der Anteil der ersten Sorte um mehr als 20 %.

Diese Unsicherheit der Qualitätsbeurteilung wird vielfach zu Preismanipulationen beim Ankauf der Wolle mißbraucht. Objektiver Maßstab für die durchschnittliche Haarlänge und der ihr zugrundeliegenden Schwankungsbreite ist das mit Hilfe des Stapelziehgerätes nach Zweigle ermittelte Stapeldiagramm (Abb. 155). Es gibt den Gewichtsanteil der Haare in einer Stichprobe in den sich um jeweils 0,5 cm unterscheidenden Längenklassen an. Die daraus errechnete durchschnittliche Haarlänge resultiert hierbei aus folgenden Einflüssen:

Unterschiedliches Längenwachstum der Haare an den verschiedenen Körperstellen. An Schultern und Keulen wächst die längste, an Bauch und Brust die kürzeste Wolle (77). Die Wollhaare im Bereich der Schulter wachsen durchschnittlich 0,5 bis 0,8 mm/Tag. Der höhere Wert gilt hierbei für die ersten 3 Wochen nach der Schur, der niedrigere für die 12. bis 15. Woche des Schurintervalls. Grannenhaare wachsen schneller. Ferner werden vom Haarwechsel nicht alle Haare gleichzeitig erfaßt. Das Vlies besteht daher, wenn die Wolle durch Scheren gewonnen wird, aus Haaren unterschiedlichen Alters und somit auch verschiedener Länge.

Im Längenwachstum der Haare bestehen individuelle Unterschiede von Tier zu Tier. Bei einer Länge des Schurintervalles von 91 Tagen (1/4 Jahr) können daher die Mittelwerte der Haarlänge innerhalb einer Rasse zwischen 4 bis 10 cm schwanken und dementsprechend der Anteil der Haare über 6 cm Länge zwischen 0 bis 96 %. Die Wolle weiblicher Tiere ist länger als die der männlichen. Hohe Temperaturen reduzieren das Längenwachstum.

Die Handhabung des Scherens beeinflußt die Haarlänge insofern, als bei der Entfernung stehengebliebener Haarstoppeln weniger als 10 mm lange Nachschnitte (Schnippel) anfallen. Diese schwächen den Fadenverbund und reduzieren damit die Reißfestigkeit des Fadens und können zu Verdickungen (Noppen) im Faden führen.

Reißfestigkeit – Sie wird in kg/mm^2 bzw. in cN/tex (continewton/tex) gemessen. Das Haar von weiblichen Tieren ist mit Werten von mehr als 30 kg/mm^2 reißfester als das von männlichen. Diese Unterschiede stehen im Zusammenhang mit dem geringeren Durchmesser bei gleichzeitig höherem Luftkammeranteil und geringerer Wandstärke in den Haaren der männlichen Tiere. Die Beobachtung, daß die Reißfestigkeit mit zunehmender Wollleistung steigt und bei kombinierter Fütterung (geringere Nährstoffaufnahme) niedrigere Werte zu verzeichnen sind, deutet auf Fütterungseinflüsse hin. Niedrigere Werte weist auch die Wolle der Nestschur auf.

Reißdehnung – Ist Maßstab für die Elastizität des Haares. Sie gibt an, um wieviel Prozent seiner Länge es gedehnt werden kann, bis es reißt. Die Normalwerte liegen im Bereich von 30 bis 40 %. Durch unsachgemäße Lagerung (nicht genügend getrocknet, in zu festen Ballen verpackt) kann die Reißdehnung herabgesetzt werden.

Dichte – Mit 1,23 (1,15 bis 1,27) ist die Angorawolle eine der leichtesten Naturfasern. Vergleichsweise beträgt die Dichte von Schafwolle 1,30 (1,28 bis 1,32) und die von Baumwolle über 1,54 (1,53 bis 1,55).

Reinwollgehalt – Er beträgt im Durchschnitt über 97 % (Schafwolle 45 % bis 60 %). Die bei Schafwolle übliche Entfernung des Wollfettes oder eine Reinigung vor der Verspinnung ist bei Angorawolle normalerweise nicht erforderlich. Die Verunreinigungen bestehen in erster Linie aus Haarschuppen. Eine unsachgemäße Haltung der Tiere kann jedoch zu einer Verschmutzung mit Pflanzenteilen (Heu, Stroh) führen. In gleicher Weise wirkt sich die Verwendung ungeeigneten Verpackungsmaterials (Jute, Sisal, Hanf) aus.

Farbe – Entsprechend den Regeln der Farbvererbung (s. Kap. 5) sind zahlreiche der bei Normalhaarkaninchen auftretenden Farbvarianten auch auf das Angorahaar zu übertragen. Mit Hilfe der Färbung weißer Haare ist jedoch eine gleichmäßigere Qualität zu erreichen als durch züchterische Maßnahmen.

Filz – Die Entstehung von Filz, das sind miteinander verwobene Haare, wird einmal durch einen kleinen Haardurchmesser und zum anderen durch eine zu geringe Stärke der Haarwand begünstigt. Nur zum Teil ist auch ein geringerer Grannenhaaranteil daran beteiligt. Verfilzungen der Haare treten insbesondere im Nacken und am Hinterteil des Körpers auf (Pressung beim Sitzen). Sein Vorkommen konnte durch Selektion und eine Verbesserung der Nährstoffversorgung (größerer Durchmesser der Haare und deren Wandstärke) weitgehend reduziert werden. Sogenannter schmutziger Filz entsteht durch Durchfall und Verunreinigung mit Pflanzenteilen (z. B. Gersten- oder Roggengrannen). Das Vorkommen von Filz gilt als schwerwiegender Qualitätsmangel, obwohl sich sauberer Filz bei der Verarbeitung (Kardieren) weitgehend entwirren läßt, bei allerdings teilweiser Verkürzung der Haarlänge.

Alter – Altersbedingte Unterschiede bestehen lediglich hinsichtlich der Nestschur, bei welcher der Anteil der Grannenhaare und die Dicke der Haarwand geringer sind. Letzteres trifft auch für die Wollhaare zu.

2.4 Fell

Marktsituation

Anfang des 20. Jahrhunderts wurde in Deutschland etwa 70 % der Pelzbekleidung aus Kaninchenfellen hergestellt. Damals stammten die Felle der sogenannten Edelpelztiere (Nerz, Fuchs u. a.) nahezu ausschließlich aus Wildfängen. Die daraus hergestellte Pelzbekleidung zählte daher aufgrund ihrer relativen Seltenheit zu den Luxusgütern. Das Kaninchenfell war somit eine preiswerte und nahezu beliebig zu vermehrende Alternative für den Normalverbraucher. Dabei entsprach der Erlös für qualitativ gute Kaninchenfelle vielfach demjenigen, welcher für den Schlachtkörper des Kaninchens erzielt wurde.

Begünstigt wurde die Verwendung des Kaninchenfelles für die Pelzbekleidung auch durch die neuen Erkenntnisse in der Vererbungslehre. Die Ende des 19. Jahrhunderts durch Gregor MENDEL entdeckten und später von NACHTSHEIM für das Kaninchen interpretierten Vererbungsgesetze ermöglichten es nunmehr, gezielt Rassen zu entwickeln, deren Fell den modischen und qualitativen Anforderungen der Verbrauchernachfrage besser Rechnung tragen konnte. Neben der Züchtung kaninchenspezifischer Struktur- und Farbvarianten (z. B. Satin, Schecken, Blaue Wiener) galt das Interesse vor allem aber auch der züchterischen Imitation von Edelpelztierfellen. Diesem Bestreben verdanken Rassen wie das Fuchs- und das Marderkaninchen sowie das Feh- und das Chinchilla-Kaninchen ihre Entstehung. Zuchttiere des 1919 erstmals in Frankreich vorgestellten Castorrex-Kaninchens, welches das Fell des Bibers (lat. Castor fiber) imitieren sollte, erzielten geradezu astronomische Preise. Die anfängliche Euphorie wurde jedoch bald durch die dieser Rasse damals anhaftenden Nachteile (geringere Vitalität, Stoffwechselstörungen u. a.) gedämpft.

Parallel zu den züchterischen Aktivitäten machte die technische Imitation von Edelpelztierfellen durch Färben, Scheren u. a. schnelle Fortschritte. Auf diese Weise lassen sich in Farbe und Struktur ausgeglichenere Fellkollektionen zusammenstellen, als dies mit naturbelassenen Fellen möglich ist. Da sich weiße Felle (z. B. Weiße Wiener, Widder und Neuseeländer) leichter färben und bearbeiten lassen, erzielen sie nunmehr zum Teil höhere Preise als naturfarbige Felle.

Die Domestikation der Edelpelztiere hat die Verwendung des Kaninchenfelles für die Herstellung von Pelzbekleidung in den Industrieländern zurückgedrängt. Demgegenüber besteht in Asien (China, Indonesien) ein zunehmendes Interesse an der Verwendung von Kaninchenfellen für Kürschnerzwecke.

Es ist allerdings nicht auszuschließen, daß das Kaninchenfell in Europa von den Kampagnen der Tierschutzbewegung gegen das Tragen von Pelzbekleidung profitiert, die von Edelpelztieren aus der Farmhaltung oder aus Wildfängen stammt. Da das Kaninchenfell auch als Nebenprodukt der extensiven Fleischerzeugung anfallen kann, treffen zumindest die gegen die Haltung von Edelpelztieren vorgebrachten Argumente nicht zu.

Bislang allerdings ist in Deutschland der Anteil der Kaninchenfelle an der Herstellung von Pelzbekleidung mit etwa 1 % sehr gering. Für neue Initiativen fehlt somit vorerst noch jegliche Motivation. Abgesehen davon ist angesichts des hohen Kostenniveaus für Arbeit, Fütterung und Haltung der frühere Preisvorteil des Kaninchenfelles im Vergleich zu dem der nunmehr domestizierten Edelpelztiere weitgehend verlorengegangen. Schließlich muß auch das Pelzkaninchen mindestens 6 bis 7 Monate alt sein, um einen qualitativ hochwertigen Pelz zu liefern. Darüber hinaus kommen für die Pelzgewinnung nur die Monate November, Dezember und Januar in Frage. Es können daher nur die Jungtiere aus 1 bis 2 Würfen/Jahr für die Pelzerzeugung herangezogen werden. Dies erhöht zwangsläufig auch die Belastung mit den Kosten für die Haltung der Elterntiere.

Da bei der kommerziellen Fleischerzeugung aufgrund der hohen Tageszunahmen die Jungtiere bereits im Alter von 10 bis 12 Wochen geschlachtet werden, sind deren Felle für die Herstellung von Pelzbekleidung ungeeignet. Anders ist allerdings die Situation der Kaninchenhaltung unter extensiven Bedingungen, z. B. in der Rassekaninchenzucht und in den Entwicklungsländern. Hier werden die Jungtiere bei durchschnittlichen Tageszunahmen von 10 bis 15 g ohnehin erst im Alter von 6 bis 8 Monaten geschlachtet, und die Häsin wirft ebenfalls nur ein- bis zweimal im Jahr. Für die Erzeugung von Fellen für die Pelzbekleidung sind somit gute Voraussetzungen gegeben. Es müssen lediglich die Merkmale der Fellqualität in die Selektion einbezogen und durch die darauf Rücksicht nehmende Haltung und Fütterung sowie die Behandlung der Felle nach dem Schlachten ergänzt werden. Dementsprechend erfreuen sich die Produktschauen anläßlich der Rassekaninchen-Ausstellungen reger Beteiligung.

Die vom Fell geschorenen Haare (Tab. 15) wurden früher in erster Linie zu Haarfilz verarbeitet, der u. a. das Ausgangsmaterial für die Hutfabrikation ist. Dieser Verwendungszweck hat, aufgrund des modisch bedingt rückläufigen Tragens von Hüten, an Bedeutung verloren und zu einem Rückgang der Preise für Kaninchenhaare geführt. In den letzten Jahren finden Kaninchenhaare auch als Beimischung zu Geweben aus synthetischen Fasern Verwendung. Dies macht diese Gewebe hautfreundlicher und verbessert deren Wasserhaushalt. Ferner knittert das Gewebe weniger. Schließlich erzielen die Grannenhaare modische Struktureffekte (Stichelhaare). Der Gewichtsanteil der beigemischten Kaninchenhaare variiert zwischen 10 und 20 %.

Die enthaarte Haut wurde bislang zu Handschuh-, Futter- und Fensterleder verarbeitet. Neuerdings konnten Zurichtungsverfahren entwickelt werden, welche auch die Verwendung für die Herstellung von Lederbekleidung ermöglichen. Die Haut älterer Tiere findet auch bei der Herstellung von Damenschuhen Verwendung.

Anatomie des Felles

Das Fell ist die behaarte Haut des Kaninchens. Die Grundlage der Haut (Cutis) ist die Lederhaut (Corium). Wie der Name sagt, findet sie, durch die Gerbung haltbar gemacht, als Leder Verwendung. Von ihr aus wird die darüberliegende Oberhaut (Epidermis) über die in sie hineinragenden Blutgefäße der Lederhaut ernährt. Die Oberhaut ist auch der Sitz von Farbeinlagerungen. Mit dem Körper (Muskeln, Knochen) ist die Lederhaut durch die Unterhaut (Subcutis) verbunden. Diese ist bei guternährten Tieren auch der Sitz von Fetteinlagerungen (z. B. Speck beim Schwein). Die Unterhaut schützt außerdem die die Leder- und die Oberhaut versorgenden Blutgefäße und Nerven. Sie wird bei der Fellzurichtung für die Pelzverarbeitung meist entfernt, um das Fell dünner und geschmeidiger zu machen. Die Haare sind Produkte der Oberhaut. Es werden wie beim Angorakaninchen folgende Arten unterschieden:

Grannenhaare (auch Deckhaare)	=	mehr als 2 Markkanäle; Haardurchmesser 25 bis 60 Mikron; 4 bis 5 cm lang, Anteil beim Normalhaarkaninchen bis zu 10 %.
Grannenflaumhaare	=	1 bis 2 Markkanäle; Haardurchmesser ca. 20 Mikron; kürzer als Grannenhaare
Wollhaare	=	-0 bis 1 Markkanal; Haardurchmesser 12 bis 17 Mikron; 2 bis 3 cm lang, das Haar ist länger bei schweren Rassen als bei leichten.

Tabelle 15: Haarertrag von Jungmastkaninchen

Rasse oder Kreuzung	Haare Gramm
Neuseeländer, weiß[1])	47
Rex, weiß[1])	20
Fuchskaninchen[2])	55
Angora x Neuseeländer[1])	48
Angora x Rex[1])	33
Neuseeländer x Rex[1])	27

[1]) Mastendgewicht 2,5 kg
[2]) Mastendgewicht 2,2 kg

Die Felle von Jungmastkaninchen lassen sich nicht für die Pelzverarbeitung nutzen. Die Haare können geschoren und für die Beimischung zu Textilgeweben oder die Filzherstellung verwendet werden.

Die Grannenhaare haben die Aufgabe, die Wollhaare vor Verschleiß, Verschmutzen und Nässe sowie als Leithaare vor dem Verfilzen zu schützen. Sie sind mit einem Muskel versehen, der es ermöglicht, ihre Neigung zur Haut zu verändern. Um beispielsweise die Wärmeabgabe bei niedrigen Temperaturen zu verringern, werden die Grannenhaare und damit auch die sie umgebenden Wollhaare senkrechter gestellt (Sträuben der Haare). Hierdurch vergrößert sich der Luftraum auch zwischen den Wollhaaren und damit auch die wärmeisolierende Wirkung des Felles. Diese Muskeln sind auch noch in der haarlosen Haut des Menschen erhalten geblieben und verursachen bei deren Abkühlung durch ihre Kontraktion das Erscheinungsbild der »Gänsehaut«.

Die Grannenhaare wachsen schneller als die Wollhaare und überragen diese beim Normalhaarkaninchen um 10 bis 15 mm und beim Angorakaninchen um mehrere Zentimeter. Beim Rex-Kaninchen sind die Grannenhaare etwa gleichlang wie die Wollhaare, bei teilweise reduziertem Anteil. In der Literatur wird davon berichtet, daß Rex-Kaninchen überhaupt keine Grannenhaare haben. Dies konnte bei eigenen Untersuchungen an Weißrex-Kaninchen nicht bestätigt werden. Bei diesen bestanden keine Unterschiede im Grannenhaaranteil im Vergleich zu den weißen Neuseeländer-Kaninchen. Durch die Verkürzung können die Grannenhaare beim Rexfell ihre Schutzfunktion gegenüber den Wollhaaren nicht wahrnehmen. Dies hat eine geringere Haltbarkeit des Felles und dessen Neigung zum Verfilzen zur Folge.

Die Haare stecken in als Haarfollikel bezeichneten röhrenförmigen Taschen der Oberhaut, welche in die Lederhaut hineinragen. Das Haarwachstum geht von der Haarpapille aus. Diese wird von der Haarwurzel umfaßt und verleiht der als Haarkolben bezeichneten rückgebildeten Haarwurzel des ausgewachsenen Haares in der Ruhe-Phase im Follikel Halt, wenn sich derselbe von der schrumpfenden Haarzwiebel löst (s. Abb. 10 und 11). Der Follikel ragt in dieser Phase nur noch in die obere Hälfte der Lederhaut hinein. Dies ist der optimale Zeitpunkt für die Pelzung.

Mit dem Beginn des Haarwechsels in der sogenannten telogenen Phase schrumpft der Haarfollikel noch mehr. An seinem unteren Ende bildet sich eine neue Haarpapille, von welcher dann das Wachstum eines neuen Haares ausgeht. Beim Haarwechsel im Frühjahr und bei Nährstoffmangel wird ein Teil der alten Haare abgestoßen, ohne daß sich neue Haare bilden. Von der Follikelruhe sind vor allem die Wollhaarfollikel betroffen und weniger die der Grannenhaare. Sie werden erst wieder im Herbst bzw. bei Verbesserung der Nährstoffversorgung aktiviert.

Wenn das alte Haar durch ein neues ersetzt werden soll, vergrößert sich der Follikel sowohl hinsichtlich seines Durchmessers, als auch in seiner Länge. Er ragt auf dem Höhepunkt des Haarwachstums schließlich bis in die Unterhaut hinein. Wird das Tier zu diesem Zeitpunkt gepelzt, dann verlieren die Haare nach der Entfernung der Unterhaut bei der Fellbearbeitung ihren Halt und fallen aus (Haarlässigkeit). Derartige minderwertige Felle sind daran erkennbar, daß die Haarpapillen pigmentierter Rassen auf der weißen Lederhaut als flächenhaft verteilte dunkle Punkte zu sehen sind. Beim Fell weißhaariger Rassen ist dagegen der falsche Zeitpunkt der Pelzung schwieriger nachzuweisen. Die das wachsende Haar wasserabweisend einfettende Talgdrüse wird mit dem Abschluß des Haarwachstums zurückgebildet.

Fellqualität

Die für die Eignung des Felles zur Pelzverarbeitung entscheidenden Qualitätsmerkmale sind in der Reihenfolge ihrer Bedeutung folgende:

1. Die **Größe des Felles** wird in Deutschland und Frankreich beim Aufkauf der getrockneten Rohfelle anhand des Gewichts bewertet. Dies vereinfacht und beschleunigt die Beurteilung. Nachfolgend zwei Beispiele für die Klassifizierung:

I a sogenannte Oberköpfe, extra große Felle mit weißem Leder, gut behandelt

I wie Ia, jedoch etwas kleiner, d. h. normal große Rassen bis zum Blauen Wiener

II kleinere Felle, mittlere Rassen, abwärts bis etwa Weiße Wiener

III Große Übergangsfelle und Winterfelle kleiner Rassen

IV Unerwachsene Tiere (d. h. unter einem Dreivierteljahr alt)

V Futterkanin, gut behandelte Jungtierfelle (ein viertel bis ein halbes Jahr alt)

VI Lederkanin, starke Sommerfelle und starke, schlecht behandelte Felle

VII Schneidekanin, unbehandelte Felle

Übersichtlicher und einfacher erscheint das in den USA angewandte Klassifizierungsverfahren:

Klasse 1: Keine Beschädigungen, dichtes Unterhaar, geeignet für die Pelzverarbeitung

Klasse 2: Geringe Haardefekte und Mängel in der Stärke des Leders, kurzes Unterhaar. Geeignet für minderwertige Pelze und als Schneidekanin

Klasse 3: Größere Mängel als unter 2, nur noch als Schneidekanin und für die Verarbeitung als Spielzeug geeignet

Klasse 4: Nicht für den Ankauf geeignet, allenfalls Schneidekanin.

Für die Verarbeitung zu Pelzbekleidung sind nach französischen Angaben (95) weniger als die Hälfte der anfallenden Felle geeignet. Dabei blieben die aus der professionellen Fleischerzeugung stammenden Felle offensichtlich bereits unberücksichtigt. Diese Tiere sind zu jung und ihre Felle allenfalls für die Verarbeitung als Schneidekanin geeignet.

Die Klassifizierung nach dem Gewicht ist zwangsläufig ungenau. Sie berücksichtigt nicht den Alterseinfluß auf die Stärke des Leders, wobei jedoch ein dünnes Leder

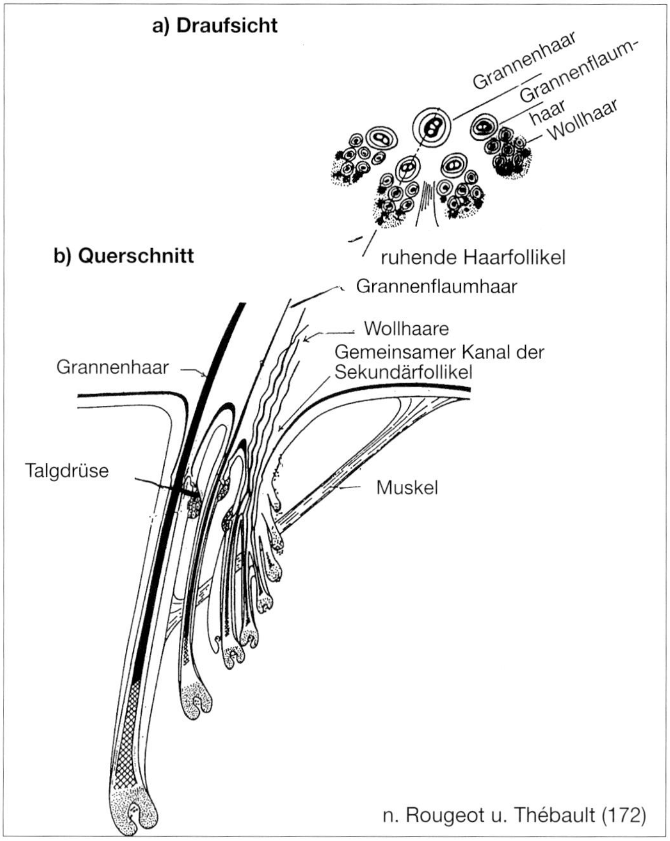

Abbildung 9: Haarfollikelgruppe. Um das als Leithaar dienende Grannenhaar sind die Grannenflaum- und die Wollhaare angeordnet. Die Zahl der Follikel ist von der genetischen Veranlagung und ihre Realisierung von der Ernährung sowie beim Normalhaarkaninchen auch von der Jahreszeit (im Sommer weniger und im Winter mehr) abhängig.

mehr erwünscht ist als ein dickes (beeinflußt das Gewicht der Pelzbekleidung). Außerdem wird das Fellgewicht vielfach dadurch verfälscht, daß die Rohfelle mit Kopfteil angeboten werden, das sowohl für die Pelzverarbeitung als auch für die Haargewinnung wertlos ist.

Die Beurteilung der Größe des Felles anhand seiner Länge, wie sie beim Nerz, aber auch beim Fuchs und anderen Edelpelztieren üblich ist, würde somit den Qualitätsanforderungen besser entsprechen, zumal bei der Pelzverarbeitung häufig auch die Bauchpartien nicht mitverwendet werden. Bei der Bewertung der Länge wäre diese dann vom Hals- bis zum Schwanzansatz zu erfassen.

2. Das **Alter der Tiere** bei der Pelzgewinnung beeinflußt die Fellqualität insofern, als im Verlauf des Wachstums sowohl der Anteil der verschiedenen Haararten sowie die Haardichte und die Stärke des Leders Veränderungen unterworfen sind. Hierbei werden folgende Phasen unterschieden (95):

I	Säugling	Entwicklung des Haarkleides im Alter von 4 Wochen abgeschlossen.
II	Kind	bis ca. 11 Wochen alt
III	Halbwüchsig	11 bis 24 Wochen alt
IV	Erwachsen	Mehr als 24 Wochen alt

Die Altersangaben stellen nur Anhaltswerte dar, da der Haarwechsel an den verschiedenen Körperpartien nicht gleichzeitig erfolgt. Außerdem ist er auch von der Nährstoffversorgung sowie der rassebedingten Früh- oder Spätreife und der Jahreszeit abhängig. Es ist deshalb insbesondere bei mittelschweren und schweren Rassen sinnvoll, davon auszugehen, daß das Erwachsenenstadium erst ein bis zwei Monate später, d._h. im Alter von ca. 8 Monaten, bei allen Tieren erreicht ist. Nach dänischen Untersuchungen (155) bei Rex-Kaninchen erreichten deren Felle erst im Alter von 8 Monaten zu 90 % die höchste Qualitätsstufe. Dabei ist offensichtlich das Alter das entscheidende Kriterium, denn trotz gleichem Gewicht war die Fellqualität (Haarlänge und Ausgeglichenheit der Farbe von Castor-Rex-Kaninchen) bei acht Monate alten Tieren besser als bei den sieben Monate alten. Der Haarwechsel zwischen den einzelnen Altersabschnitten erfolgt unabhängig von der Jahreszeit. Bis zum halbwüchsigen Stadium (III) unterscheidet sich die Qualität der Felle hinsichtlich ihrer Haarstruktur und anderer Qualitätskriterien voneinander. Beispielsweise sind die Grannenhaare in der Phase IV um 25 % länger als in II und III. Die Grannenhaarspitzen sind um etwa 30 % stärker (95).

Erst das Fell erwachsener Tiere bietet somit hinsichtlich der Haarlänge und der Beschaffenheit des Leders die Voraussetzungen für eine optimale Fellqualität.

3. Der **Haarwechsel** beeinflußt die Fellqualität einmal aufgrund der unterschiedlichen Haarlänge während dieser mindestens sieben Wochen dauernden Phase und zum anderen wegen des in diesem Zeitabschnitt lockeren Sitzes der alten Haare. Außerdem ragen die Haarwurzeln in die Unterhaut und haben Farbflecken sowie Haarlässigkeit beim Bearbeiten des Felles zur Folge.

Die jahreszeitlich bedingte Erneuerung der Haare findet, photoperiodisch (Dauer der Tageslänge) gesteuert, zweimal im Jahr statt:

Im Frühjahr werden die Winterhaare abgeworfen und das Sommerfell gebildet. Dieses weist eine geringere Haardichte und kürzere Wollhaare auf. Der Frühjahrshaarwechsel wird durch eine zunehmende Tageslänge ab etwa Ende Februar ausgelöst. Er erstreckt sich über einen längeren Zeitraum als die Bildung des Winterfelles beim herbstlichen Haarwechsel. Die Qualität des Sommerfelles ist deshalb, auch abgesehen von der geringeren Haardichte, aufgrund der dadurch bedingten Haarlässigkeit weniger gut.

Der Haarwechsel im Herbst, der die Entwicklung des Winterfelles vorbereitet, wird demgegenüber durch eine abnehmende Tageslänge ausgelöst. Er konzentriert sich auf einen kürzeren Zeitraum als der Frühjahrshaarwechsel. Im September beginnend, ist er bis zum November weitgehend abgeschlossen. Das Winterfell bleibt dann bis Januar, Anfang Februar erhalten. Diese Angaben beziehen sich auf mitteleuropäische Verhältnisse, d. h. gemäßigtes Klima. Es ist nicht bekannt, in welchem Ausmaß sich der Zeitpunkt des Haarwechsels und die Fellqualität in Abhängigkeit vom Breitengrad sowie von klimatischen Einflüssen verändert.

Da sich die Abstoßung der alten und das Wachstum der neuen Haare über einen Zeitraum von ca. 8–10 Wochen erstrecken, ist sowohl die Länge der Woll- als auch vor allem der Grannenhaare in diesem Zeitraum unausgeglichen. Noch schwerwiegender ist der ungenügend feste Sitz der Haare, der auch nach der Gerbung zu einem ständigen Haarverlust des Felles führt. Dieser Qualiätsmangel wird vielfach als spezifische Eigenschaft des Kaninchenfelles angesehen. Er ist jedoch vor allem die Folge davon, daß der Zeitraum der Schlachtung vielfach nicht von der Pelzqualität, sondern vor allem von dem Fleischbedarf oder der Futtergrundlage bestimmt wird.

Der Haarverlust bei im Haarwechsel befindlichen Fellen resultiert einmal aus der Abstoßung der alten Haare. Zum anderen reichen die Haarfollikel in der Phase des Haarwachstums bis in die bindegewebige Unterhaut hinein. Diese wird bei der Pelzzubereitung entfernt, um das Fell leichter und geschmeidiger zu machen. Bei der

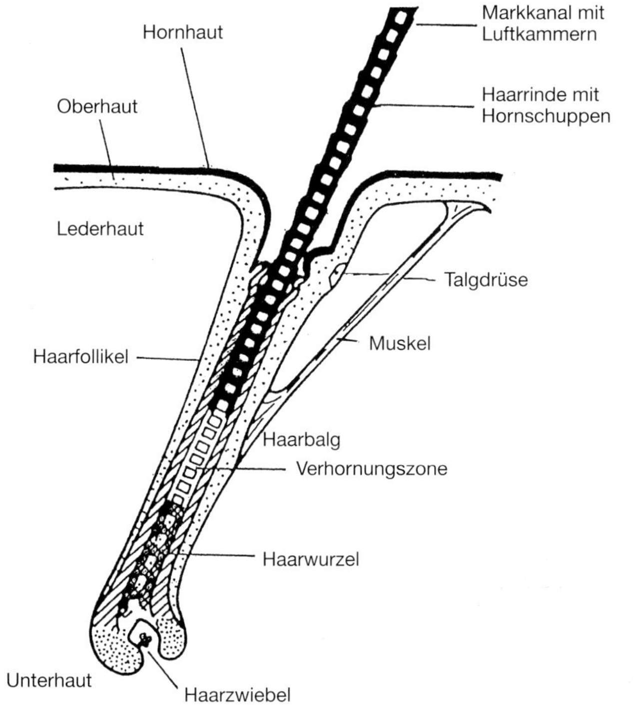

n. Rougeot u. Thébault (172)

Abbildung 10: Schnitt durch ein Grannenhaar. Der Muskel am Haarfollikel ermöglicht durch die Vergrößerung oder Verkleinerung des Luftraumes zwischen den Haaren die Anpassung der Wärmedämmung des Felles an die Wärmeproduktion des Tieres sowie die Außentemperatur und damit auch die Regulierung der Körpertemperatur.

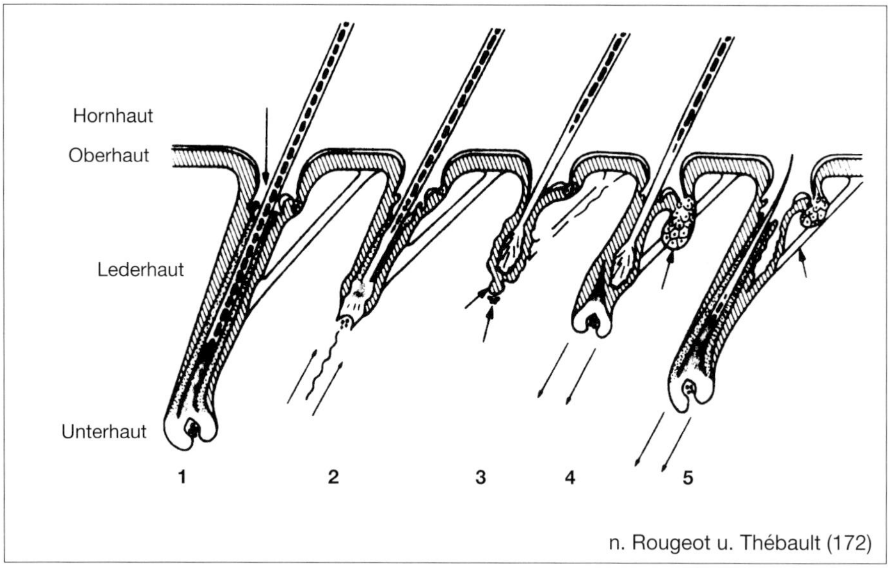

Abbildung 11: Phasen des Haarwachstums und des Haarwechsels. Wenn nach dem Abschluß des Haarwachstums (1) die Haarzwiebel nicht mehr in die Unterhaut hineinragt (2) ist der optimale Zeitpunkt für die Gewinnung von Kürschnerfellen gekommen (Mitte November bis Mitte Januar). Später (3–4) beginnt sich der Haarsitz zu lockern, die Haare fallen aus, die Haardichte verringert sich, und die Haarlänge wird unausgeglichen.

Entfernung der Unterhaut werden dann die Haarwurzeln beschädigt und an der hellen Lederseite als graue Flecken sichtbar. Der Haarsitz lockert sich. Diese grauen Flecken sind somit ein sicheres Zeichen für Qualitätsmängel. Da für die Pelzverarbeitung vor allem der Rückenteil des Felles von Bedeutung ist, ist ihr Vorkommen in diesem Bereich als besonders schwerwiegend zu beurteilen. Im übrigen sind Grannenhaare aufgrund ihrer längeren Follikel von diesem Mangel stärker betroffen als die Wollhaare.

4. Die **Haardichte und -länge** und vor allem deren Ausgeglichenheit an den verschiedenen Körperpartien wird im wesentlichen subjektiv beurteilt. Objektive Meßverfahren sind zwar möglich. Sie erfordern jedoch einen relativ hohen zeitlichen und apparativen Aufwand. Bei der Beurteilung wird in das Fell geblasen. Je weniger von der Oberhaut (Epidermis) sichtbar wird, desto dichter ist das Fell. Um auch die Ausgeglichenheit der Haardichte beurteilen zu können, ist die Überprüfung sowohl am Rücken als auch an den Seitenpartien erforderlich. Bei Zuchttieren läßt sich die Haardichte durch Scheren einer definierten Fläche und Wiegen der Haare objektiv meßbar bestimmen.

Die Beurteilungswerte am lebenden Tier und am getrockneten Fell weichen in der Regel voneinander ab. Bei dänischen Untersuchungen (155) wurde zwischen den beiden Werten lediglich eine Korrelation von r = 0,26 gefunden. Der Unterschied ist

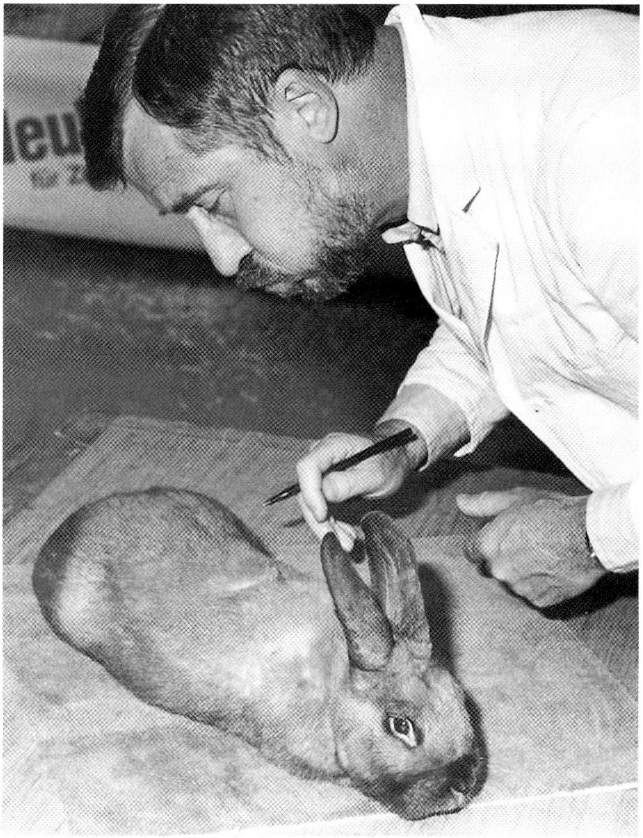

Abbildung 12: Zur Beurteilung der Haardicke im Fell oder im Vlies sowie der Abgrenzung der Farbzonen und deren Farbintensität wird in das Fell hineingeblasen.

darauf zurückzuführen, daß das Fell beim Trocknen auf dem Fellspanner, in Abhängigkeit von seiner Größe, in unterschiedlichem Maße gedehnt wird. Das kann dann zu einer Verfälschung der am lebenden Tier ermittelten Werte führen. Dieses Phänomen ist besonders bei der Beurteilung der Nachkommenschaft von Zuchttieren zu beachten. Hierfür sollten nur die am lebenden Tier ermittelten Werte zugrundegelegt werden. (Hinsichtlich der Beurteilung von Ausstellungstieren wird auf Kapitel 17 verwiesen.)

5. Der **Glanz des Felles** resultiert vor allem aus der Lichtreflexion, insbesondere der markhaltigen Grannen- und Grannenflaumhaare. Diese besitzen zwei und mehr nebeneinanderliegende Luftkanäle (Abb. 5 und 8), sind dicker und haben auch eine größere Oberfläche. Beide Eigenschaften verstärken die Reflexion des Lichts. Der Glanz des Felles ist um so stärker ausgeprägt, je mehr die Haare am Körper anliegen. Daher wird der Glanz des Felles am lebenden Tier auch durch seinen Gesundheitszustand (kranke Tiere haben ein stumpfes Fell) sowie durch die Fütterung beeinflußt. Das Fell unterernährter Tiere reagiert darauf in gleicher Weise wie das von

kranken. Der Grund hierfür ist u. a. darin zu suchen, daß die beim Stoffwechsel anfallende Abfallwärme infolge zu geringer Futteraufnahme zur Erhaltung der Körpertemperatur nicht ausreicht oder diese erhöht ist (Fieber). Zur Verbesserung der Wärmeisolierung des Felles sträuben sich die Haare, wodurch sich die isolierende Luftmenge zwischen den Haaren vergrößert und die Lichtreflexion vermindert. Positiv beeinflußt wird der Glanz auch durch Futterkomponenten. Bekannt ist der positive Einfluß von Ölsaaten (besonders Lein) und deren Preßrückständen aus der Ölgewinnung.

Negativ beeinflußt wird der Glanz des Felles auch durch eine unsachgemäße Gerbung. Die Beurteilung des Glanzes erfolgt ausschließlich subjektiv, am besten durch Vergleich mit Standardfellen und bei natürlichem Licht im Schatten.

6. Die **Ausgeglichenheit der Haarstruktur** und der Farbe bei farbigen Fellen bezieht sich beim Einzelfell auf rassetypische Merkmale und möglichst geringe Abweichungen zwischen den verschiedenen Körperpartien. Es sei denn, daß, wie beispielsweise beim Schwarzloh-Kaninchen, Unterschiede in der Färbung von Rücken- und Bauchpartie erwünscht sind. Besonders schwierig gestaltet sich die Beurteilung bei Rassen mit speziellen Zeichnungen (Schecken) und mit unterschiedlichen Farbabstufungen des Haares (z. B. Chinchilla). In allen Fällen ist die Ausgeglichenheit genetisch bedingt und somit durch eine entsprechende Selektion der Zuchttiere zu fördern.

2.5 Sonstige Nutzleistungen

Der sprichwörtliche Einsatz des Kaninchens als Versuchsobjekt sowie für die Prüfung von Impfstoffen, Arzneimitteln und Kosmetika hat in Deutschland erheblich an Bedeutung verloren. Ende der 70er Jahre wurde der Bedarf für diese Zwecke noch auf etwa 300.000 Kaninchen pro Jahr veranschlagt, was etwa dem derzeitigen Umfang in Japan entspricht. Nach dem dem Deutschen Bundestag 1992 vorgelegten Tierschutzbericht (10) waren es demgegenüber 1991 nur noch 70.228 Kaninchen. Das entspricht nur einem Anteil von 2,9 % aller Versuchstiere insgesamt in diesem Jahr, bei abnehmender Tendenz gegenüber den Vorjahren. Der größte Teil der Kaninchen (43.663) diente der Entwicklung und Prüfung von Arzneimitteln.

In steigendem Maße wird das Kaninchen in der Grundlagenforschung und hier insbesondere der Genforschung eingesetzt. Es gilt hierfür als besonders geeignet, da über das Kaninchen bereits umfangreiches Datenmaterial über genetische, biochemische und endokrinologische Parameter vorliegt und es die Erzeugung von speziellen Genprodukten in genügender Menge ermöglicht. Nach Stranzinger et al. (213) erweist sich in diesem Zusammenhang die Rassenvielfalt als Vorteil, da sie eine große Auswahl von Markern eröffnet, die in gezielten Experimenten genutzt werden können.

Verbreitet ist der Einsatz des Kaninchens beim Transport von Embryonen anderer Tierarten. Hierbei wird die in den ersten Teilungsstadien befindliche Eizelle (beispielsweise vom Rind) in die Gebärmutter einer Häsin verpflanzt, aus der zuvor die arteigenen Eizellen herausgespült wurden. Die Embryonen der anderen Tierart können dann in der Häsin über mehrere Tage hinweg transportiert werden.

Die *Exkremente* (Kot und Harn) können als Dünger genutzt werden. Die anfallende Menge und der Gehalt an Pflanzennährstoffen ist stark von dem verabreichten Futter abhängig. Beispielsweise betrug bei einer Alleinfutteraufnahme von 115 g/Tag der durchschnittliche tägliche Anfall von Kot 84 g und Harn 231 g. Der Nährstoffgehalt des Hartkotes variiert entsprechend den Angaben in Tab. 15. Bei Einstreuhaltung ist mit einem Stallmistanfall von jährlich 2 bis 3 dt zu rechnen (101). Bei Verabreichung eines Alleinfutters ist ein jährlicher Kotanfall von 60 bis 80 kg je Häsin und 30 kg pro Mastplatz zu veranschlagen. Allgemein beträgt, bezogen auf die aufgenommene Futtertrockenmasse und in Abhängigkeit von der Verdaulichkeit des Futters, die Ausscheidung von Hartkot 50 bis 70 % bei Jungmastkaninchen und 70 bis 90 % bei säugenden Häsinnen. Die höheren Werte bei Häsinnen ergeben sich aus dem geringeren Trockensubstanzgehalt des Hartkotes (Tab. 16).

Tabelle 16: Nähr- und Mineralstoffgehalt von Hartkot bei unterschiedlicher Fütterung

	Jungtiere		Häsinnen
	Pellet. Alleinfutter %	Grobfutter* %	Pellet. Alleinfutter %
Trockenmasse	67,5	55,3	44,6
davon Rohasche	8,5	8,6	9,6
Rohprotein	12,7	10,0	17,2
darin Stickstoff	2,0	1,6	2,8
Rohfett	1,6	3,0	2,3
Rohfaser	30,9	37,7	32,0
N-freie Extraktstoffe	43,6	40,7	38,9
Phosphor	1,3	0,4	1,1
Kalium	0,4	1,0	0,5
Calcium	1,7	0,6	1,6
Schwefel	0,2	0,2	0,4

* F.-Rüben und Wiesenheu

Die Fütterung beeinflußt insbesondere den Gehalt an Trockenmasse bzw. Wasser im Kot.

Die Ausscheidung von Harn variiert bei der Fütterung mit pelletiertem Alleinfutter und beliebiger Wasseraufnahme von 0,1 bis 0,2 l/Tag bei Mastkaninchen (2,0 kg Lebendgewicht) und 0,4 bis 0,6 Liter/Tag bei säugenden Häsinnen. Bei Grünfütterung betragen die entsprechenden Werte 0,7 bis 0,9 l/Tag bei den Mastkaninchen und 1,0 bis 1,2 l/Tag bei den säugenden Häsinnen. Die letztgenannten Werte entsprechen 40 bzw. 25 % des Gewichtes der Tiere (!). Bei hohen Temperaturen ist die Harnausscheidung geringer. Zur Regulierung der Körperwärme wird dann ein größerer Teil des Wassers als Kühlmittel über die Atemluft ausgeschieden.

Aufgrund des relativ hohen Rohfasergehaltes im Kot (bei Grobfutter mehr und bei Alleinfutter weniger) zersetzt sich Kaninchenmist verhältnismäßig langsam. Seine Überführung in Dauerhumus wird durch die Kompostierung unter Verwendung von Kompostwürmern (Eisenia foetida) beschleunigt. Dieses Verfahren eröffnet darüber hinaus noch eine Reihe von weiteren Vorteilen und Möglichkeiten:

- Reduzierung der Ammoniak- und der Geruchsentwicklung sowie der Fliegen belästigung
- Mengenreduzierung, sofern der Kot nicht als Dünger eingesetzt werden kann und anderweitig entsorgt werden muß
- Erzielung zusätzlichen Einkommens durch den Verkauf von Kompostwürmern als Ansatz für die Kompostierung von Bio-Müll oder an Angler
- In Verbindung mit der Hühnerhaltung oder Fischkulturen können Kompostwürmer als Eiweißquelle genutzt werden, da sie mehr als 40 % Roheiweiß in der Trockenmasse enthalten

Die Anlage einer Wurmkultur kann entweder in einem Komposthaufen oder bei einstreuloser Haltung auch unter den Käfigen durchgeführt werden. Bei letztgenanntem Verfahren ist für einen schnellen Harnabfluß Sorge zu tragen und die Harnkonzentration durch wöchentlich mehrmaliges Übergießen mit Wasser zu reduzieren, da ein hoher Harnanteil durch Ammoniakbildung giftig wirkt.

Sofern die Anlage einer Wurmkultur unter den Käfigen nicht realisierbar ist, wird sie in Gestalt eines Komposthaufens an einem schattigen Platz oder in Kästen angelegt. Folgende Voraussetzungen müssen geschaffen werden:

- Ein Abwandern der Würmer in die Erde ist durch die Befestigung des Untergrundes zu verhindern (Betonieren, Pflastern, Abdeckung mit Plastikfolien)
- Stauende Nässe, durch die Ansammlung von Urin oder Regenwasser beeinträchtigt die Entwicklung der Würmer. Sie wird durch eine auf den Boden geschüttete Drainageschicht (Kies, Borkenrinde, Samenhülsen, Plastikflocken) vermieden. Das zwischenzeitliche Aufstreuen von Stroh oder Laub (ca. 5 % des Kotanteils) fördert bei fortlaufender Beschickung die Durchlüftung. Zur Beschleunigung der Wurmaktivität (mechanische Zerkleinerung), wird etwa 1 bis 2 % des Kotanteils als feiner Sand oder Boden beigegeben

Abbildung 13: Angorakaninchenstall eines chinesischen Bauern. In vielen kleinbäuerlichen Betrieben Chinas bilden die Exkremente von Kaninchen und Menschen die Grundlage der Bodenfruchtbarkeit

- Erhitzung und Schimmelbildung haben den Tod der Würmer zur Folge und werden durch entsprechendes Anfeuchten verhindert
- Das Eindringen von Nagetieren, Maulwürfen und Laufkäfern sollte verhindert werden, da diesen die Würmer als Nahrung dienen

Sobald sich auf der Drainageschicht etwa 10 cm Kot angesammelt hat (gleichmäßig verteilen und mit Stroh sowie Boden vermischen), werden je qm etwa 2.000 ausgewachsene Würmer eingesetzt. Die Entnahme der Würmer erfolgt durch Umgraben mittels einer Grabgabel oder durch Sieben des Substrats. Die Würmer sammeln sich ferner an der Oberfläche, wenn diese mit einer schwarzen Folie abgedeckt wird. Sofern die Würmer dem Geflügel als Futter dienen sollen, überläßt man den Hühnern das Nährsubstrat zum Durchscharren, nachdem vorher eine genügende Zahl von Würmern als Zuchtansatz entnommen wurde. Die optimale Temperatur für die Entwicklung der Würmer liegt im Bereich von 22 bis 26 °C. Sie sind nicht frosthart und überwintern im Innern des Komposthaufens.

Pro Jahr erzeugt ein ausgewachsener Kompostwurm etwa 1.000 Nachkommen. Tropische Wurmarten übertreffen die Produktivität des hiesigen Kompostwurmes. Zum Beispiel erzeugt die afrikanische Art (Eudrilus eugeniae) die dreifache Menge an Nachkommen und die asiatische Art (Eisenia asiatica) jährlich das Zweihundertfache ihres Gewichtes.

Die Bemessungsgrundlage für die steuerrechtliche Einstufung einer erwerbsorientierten Kaninchenhaltung als landwirtschaftlicher oder Gewerbebetrieb ist u. a. die sogenannte Dungeinheit. Sie ist ein Maßstab, welcher die Belastung des Bodens mit den Ausscheidungen der verschiedenen Nutztierarten vergleichbar macht. Bislang gibt es in den Bundesländern keinen einheitlichen Maßstab hierfür. Vom Bundesverband der Kaninchenfleisch- und -wollerzeuger werden 16 bis 18 Häsinnen einschließlich der Nachzucht (50 Nachkommen je Häsin und Jahr) vorgeschlagen.

3 Rassekaninchenzucht

von W. Schlolaut

Zielsetzung

Der Tierbewertung auf Schauen oder im Züchterstall lag in der Anfangsphase der Rassekaninchenzucht die auch in der Großtierzucht verbreitete Ansicht zugrunde, daß sich im äußeren Erscheinungsbild einer Rasse auch deren besondere, sie von anderen Rassen unterscheidenden Leistungseigenschaften widerspiegeln. Diese Ansicht war beim Kaninchen allerdings auch insofern gerechtfertigt, als das Fell, früher mehr als jetzt, eine Nutzleistung darstellt, deren Qualität in wesentlichem Umfang nur durch eine subjektive Beurteilung abzuschätzen ist.

In der Annahme, daß die körperlichen Merkmale weitgehend erblich bedingt sind, dient die vergleichende Beurteilung der Tiere von verschiedenen Züchtern auf

Abbildung 14: Die auf lokaler, überregionaler und internationaler Ebene durchgeführten Wettbewerbe anläßlich von Kaninchenausstellungen sind Höhepunkte des züchterischen Schaffens. Über eine Million Tiere stellen sich allein in Deutschland alljährlich der Preisrichterkritik. Im Bild eine Halle der Bundesschau 1989 auf dem Killesberg in Stuttgart. Mit über 40.000 Tieren war sie eine der größten Veranstaltungen dieser Art.

Schauen der Auswahl der für die Erreichung des gestellten Zuchtzieles am besten geeigneten Zuchttiere. Darüber hinaus dokumentieren die anläßlich derartiger Veranstaltungen am besten beurteilten Tiere, aber auch die fachliche Qualifikation des betreffenden Züchters. Das fördert nicht nur dessen persönlichen Prestigewert, sondern ist gleichzeitig auch ein Hinweis für die Möglichkeit, den Idealvorstellungen entsprechende und damit auch leistungsfähige Zuchttiere zu erwerben. Tierschauen fördern somit nicht nur die züchterische Weiterentwicklung durch die Möglichkeit einer vergleichenden Beurteilung. Durch die Möglichkeit des Zuchttieraustausches dienen sie auch der Vereinheitlichung des Rassenbildes.

Die Beurteilung des äußeren Erscheinungsbildes zwecks Bewertung von Nutzleistungen, die auch durch Maß und Zahl (quantitativ) erfaßt werden können (Fleischleistung, Futterverwertung), hat im Laufe der Zeit erheblich an Bedeutung eingebüßt. Dies ist auf folgende Ursachen zurückzuführen:

- Leistungsunterschiede zwischen verschiedenen Tieren sind mit um so größerer Sicherheit anhand äußerer Merkmale abzuschätzen, je niedriger das Leistungsniveau innerhalb einer Rasse ist.
- Die Durchführung von Leistungsprüfungen hat gezeigt, daß sich die Leistungen, von denen die Wirtschaftlichkeit der Kaninchenhaltung bestimmt wird (z. B. Aufzuchtleistung), nur in geringem Maße mit Hilfe einer subjektiven Beurteilung bestimmen lassen (z. B. Zitzenzahl).
- In Unkenntnis der Zusammenhänge wurden und werden vielfach Merkmale zum Ideal erhoben, welche im Gegensatz zu den im Zuchtziel verankerten Nutzleistungen stehen (Merkmals-Antagonismus)

Letzteres ist beispielsweise bei der häufig angestrebten »walzenförmigen« oder »blockigen« Körperform der Fall, die als Kennzeichen einer guten Fleischleistung gilt. Tatsächlich sind jedoch bei derartigen Tieren Körperpartien besonders ausgeprägt (Schulter, kurzer Rücken) welche den Anteil wertvoller, d. h. hochbezahlter Teilstücke, nämlich Rücken und Keule, reduzieren. So ist der Anteil von Rücken und Keule bei dem relativ schlanken Hasenkaninchen größer als beim walzenförmigen Neuseeländerkaninchen. Die im Zuchtziel vieler Normalhaarrassen angestrebte gute Fellqualität verschlechtert die Schlachtausbeute. Beim Angorakaninchen ist ein ausgeprägter Kopf- und Ohrenbehang (Pudelkopf) nicht nur kein Hinweis auf eine hohe Wolleistung, sondern ein Irrweg der Zucht (Qualzucht).

Abgesehen von diesen Unsicherheitsfaktoren und Widersprüchen hat auch mit zunehmendem Wohlstand die wirtschaftliche Motivation der Rassekaninchenzucht an Bedeutung verloren. Den Vorrang in der Zielsetzung hat nunmehr die Übereinstimmung der sich dem Wettbewerb stellenden Tiere mit dem im Rassenstandard (232) vorgegebenen äußeren Erscheinungsbild der betreffenden Rasse.

Dabei schließen derartige Aktivitäten auch den Erfahrungsaustausch über die Verbesserung der Umweltbedingungen mit ein, da sie die Voraussetzung für die Realisierung der Erbanlagen schaffen.

Historische Entwicklung

Der historische Ursprung der organisierten Rassekaninchenzucht in Deutschland fällt in der zweiten Hälfte des 19. Jahrhunderts mit den gleichen Bestrebungen im Bereich der Großtierzucht zusammen. Auch hier führten die vorstehenden Überlegungen zur Gründung von Züchtervereinigungen und der Durchführung von Tierschauen.

Beim Kaninchen wurde die Gründung von Züchtervereinigungen darüber hinaus noch durch die besondere Eignung des Kaninchens gefördert, von anderen Nutztieren nicht zu verwertendes Futter zur Verbesserung der menschlichen Ernährung zu nutzen. Dank dieser Eigenschaften erschien das Kaninchen besonders geeignet, Ende des 19. Jahrhunderts in den Hinterhöfen und Schrebergärten der entstehenden Ballungsräume zur Ernährung des dort ansässigen Industrieproletariats beizutragen.

Bis zu diesem Zeitpunkt war die Haltung von Kaninchen in Deutschland vor allem in kleinbäuerlichen Betrieben anzutreffen. Hier belebten sie als mahlzeitengerechte Frischfleischkonserve die Monotonie des Speisezettels, der sonst nur geräucherte oder gepökelte Fleischwaren aus der Schlachtung von Großtieren kannte. Anspruchslos als »Kuhhasen« im Rinderstall frei umherlaufend (125), verwerteten die Kaninchen die aus der Krippe fallenden hochverdaulichen Blatteile des Futters (s. auch Kapitel 9.6.1).

Initiativen für den Einsatz des Kaninchens im städtischen Bereich erwuchsen in Deutschland auch aus den Eindrücken von Rückkehrern aus dem deutsch-französischen Krieg 1870/71, die von der Wertschätzung des Kaninchenfleisches in der französischen Küche berichteten. Dies und die Notsituation in den Mietskasernen der Industriegebiete führte dann in verschiedenen Regionen zu Vereinsgründungen und Kaninchenschauen (41, 75):

1874 Erste Kaninchenausstellung in Bremen

1874 »Blätter für Kaninchenzucht« erscheinen in Hildesheim

1880 Gründung des ersten Kaninchenzuchtvereins Deutschlands in Chemnitz

Um den Zuchttieraustausch auch über die Vereinsgrenzen hinweg zu ermöglichen, erwies sich eine Vereinheitlichung des Zuchtzieles der verschiedenen Rassen als notwendig. So wurde 1892 der »Bund Deutscher Kaninchenzüchter«, Sitz Leipzig, als überregionaler Zusammenschluß von lokalen Zuchtvereinen gegründet. Dieser erließ 1893 die ersten Vorschriften für die Beurteilung folgender Rassen: Riesen-, Widder-, Angora-, Silber-, Normandiner-, Russen- und Deutsche Kaninchen.

1895 folgte als weiterer überregionaler Zusammenschluß die Gründung des *»Bundes Westdeutscher Kaninchenzüchter«*.

Neben den die Züchter aller Rassen einschließenden örtlichen und überregionalen Vereinigungen bildeten sich bald auch Spezialklubs, deren Mitglieder sich der Zucht nur einer Rasse widmeten. So beispielsweise der 1906 gegründete »Älteste Deutsche Riesenscheckenzüchter-Club«, Sitz Chemnitz (75).

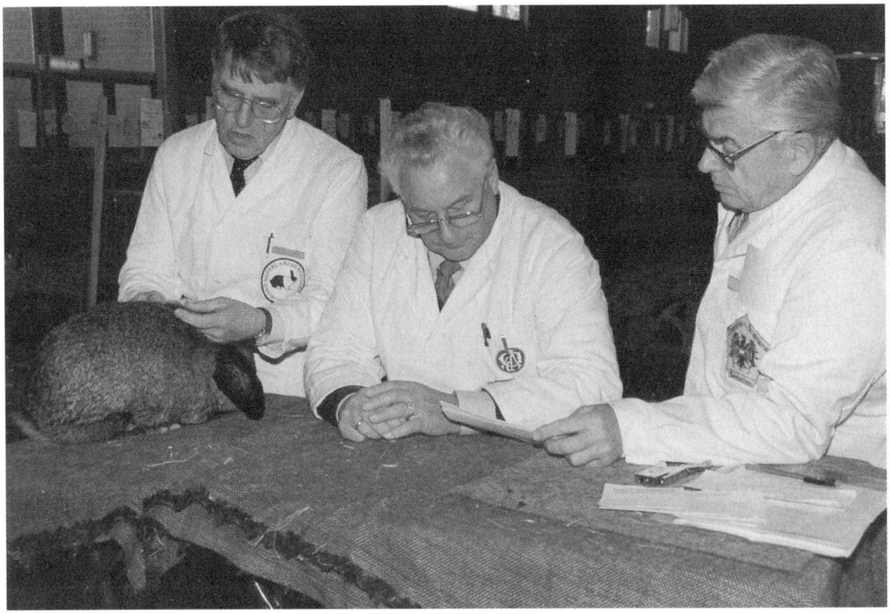

Abbildung 15: Der ZDK-Präsident Jakobs als Preisrichter (Mitte), zusammen mit seinen Kollegen Schmidt aus Österreich und Van Hommerich aus den Niederlanden.

In den Notzeiten während und nach dem 1. Weltkrieg erlebte die nunmehr bereits fest etablierte Kaninchenhaltung ihre große Bewährungsprobe. Die Zucht von Rassekaninchen profitierte in dieser Zeit nicht zuletzt auch von der verstärkten Nachfrage nach Kürschnerfellen. Stammten doch über 70 % der Pelzbekleidung vom Kaninchen. Das motivierte zu Versuchen, Edelpelztierfelle zu imitieren. Gefördert durch die Erforschung der Vererbung von Farbe, Haarstruktur usw., entstanden neue Rassen mit Edelpelztierdekor. So beispielsweise die:

Marburger Feh (1916)

Castor-Rex (1919)

Opossum-Kaninchen (1920)

Normannen-Rex (1927)

Fuchs-Kaninchen (1930)

Dabei beschränkte sich die Neuzüchtung von Rassen nicht nur auf Deutschland. Sie erstreckte sich, wie beispielsweise bei den Rex-Kaninchen, auch auf Frankreich und andere europäische Länder. Weltweit sind mehr als 400 Rassen bekannt (184). Wobei diese Zusammenstellung auch die Farbenschläge als Rassen mitumfaßt.

Abbildung 16: Europäische Zusammenarbeit bestimmt auch die Rassekaninchenausstellungen, wie hier in Verona (Italien).

Organisatorisch wurden die beiden zuvor erwähnten Vereinszusammenschlüsse 1924 durch den *Reichsbund der Kaninchenzüchter* vermehrt, der sich bald zum größten der drei Verbände entwickelte. Die zwischen den nunmehr drei Verbänden herrschenden Querelen waren der Förderung der Kaninchenzucht und insbesondere des Images der Vereine in der Öffentlichkeit nicht gerade dienlich. Immerhin gelang es mit der Herausgabe einer gemeinsam erarbeiteten Bewertungsvorschrift für Ausstellungen, eine Vereinheitlichung der Zuchtziele herbeizuführen (75).

Zwischen 1933 und 1945 wurde auch das Kaninchen in den Dienst der »Erzeugungsschlachten« gestellt. Die zuvor genannten drei demokratischen Zusammenschlüsse von Kaninchenzuchtvereinen wurden aufgelöst. An ihre Stelle trat die Reichsfachgruppe Kaninchenzüchter im Reichsverband der Kleintierzüchter. Die aus der Freude an der kreativen Gestaltung, aber auch aus wirtschaftlichen Motiven heraus entstandene Rassenvielfalt, wurde durch die Herausstellung sogenannter Wirtschaftsrassen eingeschränkt. Hierzu gehörten Deutsche Widder, Blaue und Weiße Wiener, Großchinchilla, Helle Großsilber, Klein-Chinchilla und Weiße Angora.

Auf diese konzentrierte sich fortan auch die Durchführung von Ausstellungen. Dabei stand die Förderung von großen und mittelschweren Rassen im Widerspruch zu dem Ziel, das Kaninchen vorwiegend für die Verwertung von Garten- und Küchenabfällen einzusetzen. Eine Aufgabe, der kleine Rassen besser gerecht werden als mittelschwere, welche zu ihrer Leistungsentfaltung in stärkerem Maße der Beifütterung von Futter mit höherer Nährstoffkonzentration (Kraftfutter) bedürfen.

Ein besonderer Schwerpunkt war die Förderung der Zucht des Angorakaninchens. Das große Warmhaltevermögen der Angorawolle sollte für die Herstellung von Unterwäsche für Piloten der damaligen Luftwaffe genutzt werden. Um die Erzeugung dem, durch die Aufrüstung entstandenen, großen Bedarf anzupassen, entstanden auf vielen Militärflugplätzen von Soldaten betreute Angorakaninchenställe für die Erzeugung von Angorawolle. Aus dem gleichen Grund wurden am Tierzuchtinstitut der Universität Halle und an der Lehr- und Versuchsanstalt für Kleintierzucht in Kiel-Steenbeck Angoraleistungsprüfungen durchgeführt (s. Kap. 2.3 und 6.3). Diese Leistungsprüfungen, welche später durch Schurkontrollen im Züchterstall ergänzt wurden, schufen die Grundlage für die spätere Spitzenstellung der deutschen Angorakaninchenpopulation.

Mehr noch als im 1. Weltkrieg trug, da nunmehr von offizieller Seite gefördert, die Kaninchenhaltung auf Balkonen und in Kellern, in Hinterhöfen und Gärten in den letzen Kriegs- und den ersten Nachkriegsjahren zur Verbesserung der kärglichen Lebensmittelrationen bei. Der 1,7 kg schwere Schlachtkörper eines 3 kg schweren Kaninchens entsprach etwa der Fleischzuteilung für eine Person für den Zeitraum von ca. 4 Wochen! 1944 wurde der Kaninchenbestand in Deutschland auf über 40 Millionen geschätzt. Gleichfalls aus der Not geboren, erfuhr die Kaninchenhaltung eine ähnliche Förderung in Großbritannien und Rußland.

Bedingt durch die politische Teilung Deutschlands, etablierten sich nach dem 2. Weltkrieg zwei zentrale Organisationen. In der sowjetischen Besatzungszone am 15. 1. 1946 der

Zentralverband der Kleintierzüchter

und in den drei westlichen Besatzungszonen der

Zentralverband Deutscher Kaninchenzüchter (ZDK) im März 1948 in Northeim.

In ersterem waren die Kaninchen als eine der sieben Fachabteilungen vertreten und blieben es auch nach der im November 1959 erfolgten Umbenennung in »Verband der Kleingärtner, Siedler und Kleintierzüchter«. Gemeinsam mit den Rassekatzenzüchtern (!) waren die Rassekaninchenzüchter in der dritten Fachsparte vertreten.

Der trennenden Zonengrenze zum Trotz, gelang es bereits 1953, den noch heute verbindlichen deutschen Einheitsstandard zu schaffen, der fortan für die Beurteilung der Rassekaninchen auf Schauen im geteilten Deutschland Geltung hatte.

Trotz dieser Gemeinsamkeiten war die Zielsetzung der Rassekaninchenzucht, bedingt durch die unterschiedliche wirtschaftliche Situation in den beiden Regionen, verschieden:

- In **Ostdeutschland** stand nach wie vor die Förderung der Nutzleistungen im Vordergrund. Sie wurde nicht zuletzt durch hohe Aufkaufpreise der staatlichen Erfassungsstellen motiviert. Diese betrugen beispielsweise 1988 je kg Lebendgewicht bis zu 12,– MDN (Lebendgewicht mehr als 3,5 kg). Als Folge der hohen Aufkaufpreise wurden bereits 1985 mehr als 33.000 t lebende Kaninchen von den Er-

Tabelle 17: Täto-Kurzbezeichnungen der Landesverbände im Zentralverband Deutscher Kaninchenzüchter (ZDK)

Baden	C
Bayern	B
Berlin-Mark Brandenburg	D
Bremen	HB
Hamburg	HH
Hannover	F
Hessen Naussau	H
Kurhessen	K
Mecklenburg-Vorpommern	M
Rheinland	R
Rheinland-Nassau	RN
Rheinland-Pfalz	P
Saar	SR
Sachsen	S
Sachsen-Anhalt	G
Schleswig-Holstein	U
Thüringen	T
Weser-Ems	I
Westfalen	W
Württemberg-Hohenzollern	Z

fassungsstellen (VEAB) aufgekauft, eine Menge, die in den folgenden Jahren noch höher lag. Unter Berücksichtigung der Schlachtausbeute entsprach diese Menge nahezu der gesamten Kaninchenfleischerzeugung in Westdeutschland.

– Demgegenüber verlor in **Westdeutschland** die wirtschaftliche Motivation der Rassekaninchenzucht mehr und mehr an Bedeutung. In tierzüchterischer Hinsicht liegt sie nunmehr in der Erhaltung und Förderung der Rassenvielfalt als Kulturgut und als Genreserve für die aus wirtschaftlichen Motiven betriebene Erzeugung von Kaninchenfleisch und -wolle. Beispielsweise wurde in letzter Zeit wiederholt auf das hier vorhandene Erbanlagenpotential bei der Züchtung von Kaninchenhybriden für die kommerzielle Fleischerzeugung zurückgegriffen. Angesichts der Absatzprobleme bei Angorawolle wird die Erhaltung der deutschen Angorakaninchenpopulation allein vom züchterischen Ehrgeiz der Angorakaninchenzüchter getragen. Das gleiche gilt für die Zucht von Rassen, die sich für die Erzeugung von Kürschnerfellen eignen.

Die nunmehr überwiegende gesellschaftliche Bedeutung der Rassekaninchenzucht liegt in ihrer sozialen Funktion. Angesichts der Monotonie der Arbeitsprozesse in der Industriegesellschaft ermöglicht die Beschäftigung mit den biologischen Problemen der Tierhaltung den kreativen Ausgleich und die persönliche Entfaltung. Das Engagement in der Interessengemeinschaft eines Vereins fördert den Gemeinsinn und das Demokratieverständnis. Die Erkenntnis dieser Zusammenhänge hat

Abbildung 17: Die von den Frauengruppen im Zentralverband Deutscher Kaninchenzüchter gestalteten Produktschauen (s. Kapitel 16) demonstrieren den vielfältigen Einsatz des Kaninchens als Nutztier.

Abbildung 18: Das Verspinnen der Angorawolle gehört zu den Aktivitäten der Frauengruppen des ZDK. Es schafft die Voraussetzungen für die Herstellung von hochwertiger Strickbekleidung und die Beteiligung an einer Produktschau.

die Mitgliederzahl im Zentralverband Deutscher Kaninchenzüchter auf über 180.000 im Jahr 2001 anwachsen lassen, die sich auf über 4.000 Ortsvereine verteilen. Damit ist der Zentralverband weltweit der größte Zusammenschluß von Kaninchenzüchtern.

Zur Zeit werden 56 Rassen und deren Farbschläge zuchtbuchmäßig betreut. Diese stellen sich alljährlich in ca. 10.000 Ausstellungen auf lokaler und überregionaler Ebene mit über einer Million Tieren der Preisrichterkritik.

Entsprechend einer Stichprobenerhebung innerhalb eines Landesverbandes werden Normalhaarrassen mit einem Anteil von ca. 85 % bevorzugt gezüchtet. Hiervon entfallen auf mittelschwere Rassen über 40 %, gefolgt von kleinen Rassen (25 %) und großen (12 %) sowie Zwergkaninchen (6 %). Kurzhaarrassen haben einen Anteil von 13 % und Langhaarrassen von 2 %. Die züchterischen Aktivitäten bei den Normalhaarrassen konzentrieren sich hierbei auf lediglich 10, meist einfarbige Rassen, mit denen sich über die Hälfte der Rassekaninchenzüchter befassen. Das enge Geschlechtsverhältnis von 1:2,2 und die geringe Zahl von durchschnittlich 5 aufgezogenen Jungtieren aus 1,2 Würfen pro Jahr ist ein Hinweis darauf, daß die Haltung von Rassekaninchen nicht von wirtschaftlichen Motiven bestimmt wird, sondern allein auf die Beschickung von Ausstellungen ausgerichtet ist. Dies bestätigt den steuerlichen Status der Gemeinnützigkeit der Züchtervereinigungen.

Die Durchführung von Tierschauen ist hierbei nicht nur der Höhepunkt züchterischen Schaffens mit der Möglichkeit, sich als Züchter zu profilieren. Sie ist auch der Prüfstein für das Organisationstalent der Vorstandsmitglieder und das Engagement der Mitgliederschaft des die Schau ausrichtenden Vereins insgesamt. Einbezogen in die Vereinsarbeit sind Frauengruppen, die sich der Weiterverarbeitung von Erzeugnissen der Rassekaninchenhaltung (Felle, Wolle und Fleisch) widmen. Großes Interesse findet die Arbeit der Jugendgruppen (ab dem 6. Lebensjahr).

Über den organisatorischen Aufbau des ZDK, die Anschriften der Vorstandsmitglieder von Zentralverband und Landesverbänden sowie von Kreis- und Ortsvereinen, den Spezialclubs und des Deutschen Preisrichterverbandes informiert das jährlich erscheinende »Blaue Jahrbuch«, welches vom Verlag Oertel & Spörer, Postfach 16 42, 72706 Reutlingen, zu beziehen ist. Darin sind auch die Anschriften der Kaninchenzuchtverbände in den anderen europäischen Ländern zu finden (s. auch Kapitel 18).

Der gewandelten Zielsetzung der Rassekaninchenzucht Rechnung tragend, haben sich die erwerbsorientierten Züchter und Halter im »Bundesverband der Kaninchenfleisch- und -wollerzeuger« zusammengeschlossen.

Diskussionsforum für alle Bereiche dieses Fachgebietes ist in Deutschland der »Ausschuß für Kaninchenzucht und -haltung« der Deutschen Landwirtschafts-Gesellschaft (DLG).
Der an der Förderung der Forschung über das Kaninchen interessierte Personenkreis ist in der Deutschen Gruppe der 1976 in Dijon gegründeten »World Rabbit Science Association« (WRSA) organisiert, was frei übersetzt etwa »Weltvereinigung für Kaninchenwissenschaft« entspricht. Diese veranstaltet in zweijährigem Turnus wissenschaftliche Vortragstagungen am Institut für Tierzucht und Tierverhalten, Celle, der Bundesforschungsanstalt für Landwirtschaft.

4 Kaninchenrassen

von W. Rudolph

4.1 Entstehung und Einteilung der Rassen

Die meisten Kaninchenrassen und -farbschläge sind im Verlauf der letzten 125 Jahre entstanden. Einige von der wildgrauen Färbung abweichende Farbtypen waren schon um die Mitte des 16. Jh. bekannt (schwarze, gelbe, blaue, weiße und gescheckte Kaninchen). Meister BERTRAM von Minden (1335/40-1414/15) hat in den Jahren 1379-1383 das Tafelbild des »Grabower Altars« gemalt, das »Die Erschaffung der Tiere« darstellt (Kunsthalle Hamburg). Auf diesem Gemälde (Abb. 19) sind auch drei Hasenartige, zwei weiße und ein wildgrauer, realistisch wiedergegeben. Zumindest die weißen können als Hauskaninchen gedeutet werden. Die von CALLOU (27) reproduzierte Abbildung aus einer Ende des 14. Jh. verfaßten italienischen Schrift zeigt Kaninchen mit Gürtelscheckung (schwarz-weiße Holländerzeichnung). Die Rassenbildung scheint mit fortschreitender Domestikation dann im 16 Jh. eingesetzt zu haben (127, 131). Aus genetischer Sicht ist ein Brief von Interesse, den der holländische Naturforscher A. VAN LEEUWENHOEK (1632-1723) am 26. Juli 1683 an die Royal Society, London, richtete. Er teilte mit, seine Landsleute hätten große, weiße Häsinnen mit männlichen Wildkaninchen gekreuzt, um wildfarbene Felle zu erzeugen. Sie paarten aber auch gescheckte, schwarze und blaue Häsinnen (vermutlich blauwildfarbene). So wurde erstmals erwähnt, daß sich die Wildfärbung als dominant über andere Fellfarben erweist. Ende des 17. Jh. hat es somit bereits die genannten Fellfarben gegeben. Nach NACHTSHEIM (131), der sich eingehend mit der Rassenbildung befaßte, kommt noch Gelbwild-, Braunwild- und Silberfarbig hinzu. Ausführliche Angaben zur Entstehung von Rassen und Farbschlägen sind in weiteren Quellen enthalten (5, 40, 41, 54, 56, 75, 126, 138, 139, 172, 173, 184, 188, 224, 239).

Um 1700 waren bereits sieben Mutationstypen vorhanden (Albino, Gelb-, Braun- und Blauwildfarbig, Schwarz, Silberfarben und Holländerscheckung). Angorakaninchen sind für 1708 erstmals belegt. Bis 1850 kamen das Russenkaninchen und die Englische Schecke hinzu (NACHTSHEIM schloß nicht aus, daß es diese Mutation schon im 17. Jh. gab). Im folgenden Halbjahrhundert erschienen weitere Mutationstypen: Schwarzloh, Japaner und der eisengraue Farbschlag. Diesen folgten bis 1950 die Weißen Wiener, Chinchilla, die Kurzhaar-Kaninchen, Marder (Siamesen) und schließlich das Satinkaninchen. Seit Ende des 19. Jahrhunderts ist die Rassenbildung vor allem auch durch Kombinationszüchtung, auf der Grundlage jeweils schon vorhandener Rassen, vorangetrieben worden. Solche »Neuzüchtungen« wurden auf Ausstellungen vorgestellt und dann zum großen Teil als Rasse oder Farbschlag anerkannt. In heutiger Zeit sind solche Vorhaben leichter als in der Vergangenheit zu verwirklichen, da zur Vererbung der Fellfärbung, Haarstruktur- und Körpermerkmale schon umfangreiche Erkenntnisse vorliegen, die dann für die Züchtungsplanung genutzt werden können (vgl. 5.1). Von 1890 bis 1920 entstanden auf diese Art folgende Rassen: Blaue Wiener, Thüringer, Havanna, Marburger Feh und Luxkaninchen. Beispiele aus der neueren Zeit sind die Rassen Sachsengold, Mecklenburger Schecke, Rhönkaninchen, Schwarzgrannen, Separator, Kleinschecken, Deutsche Kleinwidder und Jamora.

In den Bewertungsbestimmungen (Einheitsstandard) des Zentralverbandes Deutscher Kaninchenzüchter (232, einschl. Ergänzungen 2000 und 2002) sind insgesamt 73 Rassen aufgeführt, die zum großen Teil noch in Farbschläge untergliedert werden. Unter Rasse wird eine mit einem Namen versehene Population, eine mehr oder weniger geschlossene Fortpflanzungsgemeinschaft innerhalb einer Art verstanden, bei charakteristischer Merkmalsausprägung. Der Rassebegriff wird jedoch nicht einheitlich interpretiert. Zuweilen sind die Rasse und die ihr untergeordneten Farbschläge vom Begriffsinhalt her nicht immer klar abgegrenzt, wie sich am Beispiel der Kleinsilberkaninchen oder der Rexkaninchen zeigt: im Standard wird vermerkt, daß die Farbschläge des Kleinsilberkaninchens als gesonderte Rassen zu gelten haben. In der Tat hatten sie früher die Position einer Rasse inne. Man hätte dies so belassen sollen. Anderseits sind die aufgeführten 17 Rassen des Rexkaninchens im Prinzip teilweise als Farbschläge anzusehen.

International unterscheidet man Normalhaar-Rassen (mittlere Haarlänge 3 bis 4 cm), Kurzhaar- und Langhaar-Rassen (Haarlänge rd. 2 cm bzw. über 6 cm). Der Einteilung liegen hauptsächlich die Haarlänge und die Körpergröße (große, mittelgroße, kleine Rassen) zugrunde. Große Kaninchen müssen mehr als 5,5 kg Körpergewicht haben (keine Höchstgrenze), mittelgroße sollen 3,25 bis 5,5 kg, kleine 2,25 bis 3,00 kg, Zwergkaninchen 1,1 bis 1,35 kg aufweisen, wenn sie die höchste Punktzahl für die Position Gewicht bei der Bewertung auf Ausstellungen erreichen sollen.

Die genannten Rassengruppen weisen Vorzüge und Nachteile auf, die beim Aufbau einer Kaninchenzucht beachtet werden sollten. Große Rassen haben meist hohe Reproduktionsleistungen und eine den Anforderungen voll entsprechende Fellgröße und -qualität. Aber auch die Spätreife und der beträchtliche Futteraufwand sind zu erwähnen. Die mittelgroßen Rassen sind frühreifer und zeichnen sich in der Regel durch bemerkenswerte Fruchtbarkeit (Wurfgröße, Wurfzahl), aber auch ansprechende Masteigenschaften aus. Von besonderer Bedeutung ist, daß sich die gegenwärtigen Ansprüche der Verbraucher an Fleischkaninchen (2,0 bis 2,5 kg Lebendgewicht) mit einigen mittelgroßen Rassen bei intensiven Haltungsbedingungen voll erfüllen lassen. Die kleinen Rassen sind für ihr rasches Wachstum bekannt. Die Wurfgröße ist mitunter geringer als bei mittelgroßen Rassen, jedoch gibt es hier zwischen den Rassen und Herkünften bedeutende Unterschiede. Zwergkaninchen, die man zu den kleinen Rassen rechnet, haben vor allem als Heimtiere viele Liebhaber gefunden. Von den Langhaar-Rassen hat das Angorakaninchen durch die beachtliche Steigerung der Wolleistung eine Sonderstellung erlangt. Kurzhaar-Kaninchen gibt seit rd. 80 Jahren. Sie weisen Besonderheiten des Felles auf. Nur erfahrene Züchter sollten sich mit ihrer Haltung befassen.

Kaninchenzüchter stellen ihre Tiere auf Ausstellungen vor. Die Bewertung wird nach den verbindlichen Bestimmungen des Einheitsstandards (mit Änderungen 2000 und 2002) vorgenommen (232). Die Beurteilung der Tiere beruht auf der Vergabe von Punkten für Positionen wie Gewicht, Körperform und -bau, Fell bzw. Wolle, Kopf-, Rumpfzeichnung, Farbe sowie Pflegezustand (vgl. Kap. 5.3, 17). Die Nutzleistung muß eine feste Konstitution einschließen und sollte bei allen züchterischen Bestrebungen nicht außer acht gelassen werden.

Über das Kaninchenherdbuch oder spezielle Leistungsprüfungen ist es möglich, eine vergleichende Bewertung der Herkünfte und Zuchten vorzunehmen (vgl. Kap. 5.6). Die einseitige Betonung von Farbe und Zeichnung führt zum Formalismus, der sich nachteilig auf Leistungseigenschaften, wie Fruchtbarkeit und Vitalität, auswirken kann, wie viele Züchter bestätigen.

4.2 Entscheidungshilfen für die Rassenwahl

Wer mit der Kaninchenzucht beginnt und sich züchterische Aufgaben stellt, hat unter der Vielzahl von Rassen eine Auswahl zu treffen. Im Einheitsstandard (232) sind die Musterbeschreibungen der anerkannten 4 großen, 25 mittelgroßen, 23 kleinen, 17 Kurzhaar- und 4 Langhaarrassen verzeichnet. Es empfiehlt sich, zunächst mit Tieren nur einer Rasse zu beginnen. Diese sollte möglichst keine außergewöhnlichen Anforderungen an die Färbung, Zeichnung oder andere Körpermerkmale stellen. Erst mit zunehmenden Fachkenntnissen sowie Erfahrungen bei der Aufzucht der Jungtiere, in der Verwirklichung des Zuchtziels sowie bei der Ausstellung von Kaninchen auf Schauen sollte man sich ggf. auch für anspruchsvollere Rassen entscheiden. Im allgemeinen findet man eine beachtliche Variationsbreite von Körpermerkmalen und Leistungseigenschaften vor, mitunter größer als zwischen gleichgroßen Rassen. Deshalb sollte man nur Kaninchen aus solchen Zuchten erwerben, die sich im Hinblick auf die Konstitution der Tiere, ihre Fruchtbarkeit und die Erfüllung der Standardanforderungen einen Namen gemacht haben. In jedem Fall ist es ratsam, einem Verein beizutreten, um den Erfahrungsaustausch mit Züchtern zu pflegen und Anerkennung (einschl. Dokumentation und Kennzeichnung) für die eigenen Tiere zu erhalten. Ausstellungen und Schauen zu veranstalten, ist wichtiges Anliegen des Zentralverbandes Deutscher Kaninchenzüchter (ZDK), der ihm angeschlossenen Landesverbände und örtlichen Vereine.

Ehe man Tiere erwirbt, sollte man sich ausreichend über Vorzüge und Nachteile von Rassen und Typen informieren. Man muß Vorstellungen haben, ob man das Hauptgewicht auf Züchtung standardgerechter Tiere für Ausstellungen legen möchte oder das Ziel verfolgen will, den Nutzwert einer Rasse zu steigern, wobei dann Fruchtbarkeit, Fleischertrag, Fellqualität oder Wolleistung (Angorakaninchen) entsprechende Selektionsmerkmale sind. Besonders reizvoll ist die Zucht von Farb- und Zeichnungsrassen (z. B. Schecken, Weiße Hotot, Japaner, Fehkaninchen, Weißgrannen, verschiedene Rassen silberfarbiger Kaninchen, Russen-, Lohkaninchen).

Zunehmende Beachtung finden Rexkaninchen. Nicht zuletzt sind »Sportzüchtungen« begehrt (Hasenkaninchen, Zwergkaninchen). Einige Züchter entsprechen mit der Zucht von Widderzwergen, Hermelin und Farbenzwergen der lebhaften Nachfrage nach Heimtieren. Die Nutzleistung einer Rasse sollte man aber stets im Auge behalten.

Vor die Wahl gestellt, sich für eine oder mehrere Rassen zu entscheiden, sollte man sich auch über ihren Anteil an der Kaninchenpopulation informieren. Im Laufe weniger Jahrzehnte hat sich die Struktur der Bestände anerkannter Rassen bedeutend gewandelt. Inzwischen gibt es eine Reihe sog. seltener (oder gefährdeter) Rassen, die nur noch eine geringe Tierzahl aufweisen. Ihre Erhaltung ist besonders geboten, droht doch dann meist durch Inzucht (Inzuchtdepressionen, Zunahme der genetisch bedingten Defekte) die Gefahr des Auslöschens solcher Zuchten. Als Ursachen für den in vielen Ländern bei einzelnen Rassen beobachteten Bestandsrückgang sind vor allem anzusehen:

- Zeitweilige Bevorzugung bestimmter Rassen (»Moderassen«)
- die zunehmende Verbreitung von Hybridkaninchen und Verdrängung lokaler Typen und seltener Rassen
- Spätreife und hoher Futterverbrauch bei großen Rassen
- die mitunter unzureichende Reproduktionsleistung bestimmter Rassen oder Herkünfte
- die Auswirkungen der vom Markt abhängigen Erzeugerpreise für Schlachtkaninchen, Felle sowie Angorawolle
- sich wandelnde Verbraucherwünsche sowie Anforderungen der Verarbeitungsindustrie
- Bevorzugung kleiner Rassen, die sich als Heimtiere eignen.

Als Beispiel für den gravierenden Einfluß solcher Faktoren, die einzeln oder im Komplex wirken, soll das Angorakaninchen dienen. Noch vor 10 bis 15 Jahren gingen von dem für Angorawolle gezahlten hohen Weltmarktpreis bedeutende Impulse zur Entwicklung von Zuchten dieser Rasse aus. So entstanden damals z. B. in Ungarn neue Betriebe, die sich ausschließlich den Angorakaninchen widmeten. Doch die in chinesischen Zuchten aufkommende Massenproduktion von Angorawolle führte zu einem rapiden Preisverfall. Gegenwärtig ist ein Tiefpunkt der Angorakaninchenzucht erreicht. Sich einer solch gefährdeten Rasse anzunehmen, ist eine lohnende Aufgabe.

Weltweit ist zu beobachten, daß einige leistungsfähige Zuchtbetriebe eine zunehmende Zahl von Hybridkaninchen erzeugen, die Absatz in Industrie- und Entwicklungsländern finden und dort die lokalen Bestände verdrängen. Dies wiegt besonders schwer in jenen Klimazonen, in denen im Laufe der Jahrhunderte Populationen mit hoher Anpassung an die gegebene Umwelt entstanden sind (vgl. Kap. 5).

Rassekaninchenzüchter können entscheidend dazu beitragen, den Genbestand seltener Rassen zu bewahren. Wie für andere Haustiere, haben einige Autoren auch für Kaninchen auf die Problematik der Erhaltung von Genreserven hingewiesen (95, 113, 176, 178, 180). Die Bemühungen um eine genetische Datenbank für Kaninchen, die der Erfassung, Bewertung und Erhaltung von Genreserven dient, sind von der EU 1996 gebilligt worden (19). Inzwischen haben sich Züchterorganisationen aus 11 europäischen Ländern an der Bestandsaufnahme beteiligt. Erste Ergebnisse zur Charakterisierung der vorhandenen Kaninchenrassen liegen vor (20). Dabei wählte man für Vergleiche der genetischen Variabilität 10 Rassen aus, die mit Hilfe molekular- und immunogenetischer Techniken analysiert wurden. Es gibt beträchtliche genetische Unterschiede zwischen den geprüften Rassen, doch ist die genetische Variation weitaus geringer als allgemein bei Wildkaninchen, aber annähernd von gleichem Ausmaß wie bei jenen Teilpopulationen von Wildkaninchen, aus denen Hauskaninchen ehedem entstanden. Hervorgehoben wird die durchschnittlich relativ niedrige Fruchtbarkeit bei den untersuchten Rassen. Es wird gefolgert, daß sich Züchterorganisationen weiterer Länder an diesen Arbeiten beteiligen sollten (Deutschland war bisher nicht vertreten). Bei Hauskaninchen, die vielfach als Modell- und Versuchstiere genutzt werden, ist dennoch sehr wenig über das Genom bekannt. Die molekulargenetischen Befunde sollten deshalb rasch erweitert werden (84, 169). Der Aufbau von Embryo- und Spermabanken, die prinzipiell vielversprechend erscheinen (14, 74), unterstützt die Schaffung eines Genreservoirs und ist eine Hilfe bei weiteren Studien zur Genetik und Reproduktionsphysiologie der Hauskaninchen.

So scheinen die Aufgaben abgesteckt zu sein, mit denen sich Züchter, Zuchtverbände und wissenschaftliche Einrichtungen befassen sollten. Besonderes Augenmerk verdienen dabei jene Rassen, die durch Mutationen der Gene für Haarfarbe und -struktur entstanden sind (z. B. Japaner, Weiße Hotot, Siamesen, Satin, Deutsche Riesenschecken; vgl. 4.3 bis 4.5). Sie wären nicht zu ersetzen, sollten sie nicht erhalten werden können, es sei denn, das gleiche Merkmal tritt zufällig als Neumutation wieder auf. Die aus Kombinationszüchtung hervorgegangenen Rassen wären dagegen prinzipiell wieder reproduzierbar, wenn auch eine Wiederholung früherer Züchtungsergebnisse infolge der unterschiedlichen Selektion und Umweltbedingungen kaum als gesichert erscheint. Zudem ist zu bedenken, daß viele Rassen in einer Reihe von Ländern gezüchtet werden, so daß Entscheidungen zur Schaffung genetischer Ressourcen nicht nur aus der Sicht nationaler Belange zu treffen sein werden (20).

4.3 Normalhaar-Rassen [1])

4.3.1 Große Rassen

Deutsche Riesen, grau (DR grau)
Erbformel: ABCDG

Deutsche Riesenkaninchen stammen aus Flandern und wurden um 1885 nach Deutschland eingeführt, damals nur 4 bis 6 kg schwer und meist noch mit weißen Abzeichen. Später steigerte man das Lebendgewicht auf 7 bis 9 kg, bei einer Körperlänge von 72 cm und mehr (40). Eine Überzüchtung muß vermieden werden. Verlangt werden kräftige Konstitution, ein gestreckter Körper mit breitem und tiefem Rumpf, bei starkem Knochenbau. Die Hinterläufe sind wie die Vorderläufe breitgestellt. Erwünscht ist ein genügend großer Abstand der Bauchpartie vom Boden, aber kein Hasentyp. Als Farbschläge wurden anerkannt: Wildgrau, Hasengrau, Dunkelgrau, Eisengrau, Hasenfarbig. Es sind auch andere Farben zugelassen: Schwarz, Blau, Blaugrau, Chinchillafarbig und Gelb (es gelten dann die Farbanforderungen der entsprechenden Rasse).

1) Hier werden die typischen Erbformeln angegeben. Für Farbschläge vgl. Tab. 18. Punkte repräsentieren beliebige Allele der »Pigmentgene« (oder Verstärkergene). Ausführliche Darlegungen zur Zuchtgeschichte sind in der Fachliteratur enthalten (40, 41, 64, 75, 126, 131, 139, 184 u. a.).

Deutsche Riesen, weiß (DR weiß)
Erbformel: aBCDG oder a ....

Weiße Riesen, aus einer Kombination von Riesenkaninchen mit weißen Rassen (Albinos) hervorgegangen, sind seit 1904/05 auf Ausstellungen vertreten. Sie entsprechen im Typ den grauen Riesenkaninchen, jedoch bei einem Normalgewicht von 6,5 kg, wobei die Körperlänge 72 cm betragen sollte (Höchstgewicht und Länge nicht begrenzt, doch ist Überzüchtung zu vermeiden). Die Deck- wie auch die Unterfarbe ist Weiß. Die Augen haben die für Albinos typische blaßrote Farbe.

Deutsche Riesenschecken (DRSch)
Erbformel: ABCDgK/ABCDgk

Hervorgegangen aus gescheckten Landkaninchen, sind Riesenschecken vermutlich Ende des 19. Jh. in Frankreich und Belgien durch Einkreuzung von Riesenkaninchen entstanden. Es bleibt dahingestellt, ob die Punktscheckung (auch englische Scheckung genannt) bereits im 16. oder 17. Jh. als Mutation bei Kaninchen vorhanden war. Riesenschecken wurden um 1900 in Deutschland eingeführt. Für Körperform und -bau gelten gleiche Anforderungen wie bei Riesenkaninchen (aber: Normalgewicht über 6,0 kg). Die Kopfzeichnung besteht aus dem sog. Schmetterling (schwarze Schnauzenpartie), den schwarzen Augenringen, Backenpunkten und pigmentierten Ohren. Die Rumpfscheckung wird durch Aalstrich und Seitenzeichnung gebildet (6 bis 8 gleichmäßig verteilte. rd. 3 cm große Flecken auf Hüfte und Schenkel). Die Grundfarbe ist Weiß. Als Farbschläge werden gezüchtet: Schwarz-Weiß, Blau-Weiß, Havannafarbig-Weiß. Die Vererbung der mischerbigen Scheckenzeichnung sowie Aspekte des Tierschutzes werden unter 5.1.1 erläutert.

Deutsche Widder (DW)
Erbformel: ABCDG

Kaninchen mit Hängeohren gibt es seit rd. 200 Jahren. Es bleibt aber offen, wann dieses Merkmal, das als Parallelbildung auch bei anderen Haustieren vorkommt, erstmals auftrat. Widderkaninchen wurden 1869 aus Frankreich nach Deutschland eingeführt und fanden zunehmend bei Züchtern Anklang. Verlangt wird ein gedrungener, breiter und massiger Körper im Nutztyp (Normalgewicht über 5,5, kg). Der Widderkopf muß in beiden Geschlechtern ausgeprägt sein, bei breiter Schnauzenpartie, typischer Ramsnase und kräftigen Backen. Der Behang (Länge 38 bis 45 cm; Schallöffnung nach innen) ist an den Ohransätzen durch starke Wülste gekennzeichnet. Deutsche Widder werden in den grauen Farben (wie Deutsche Riesen) gezüchtet. Jedoch sind auch alle einfarbigen Fellfarben und Thüringerfarbe zugelassen, mit Ausnahme von Silberfarben, Hotot, Russen, Kalifornier, Weiß- und Schwarzgrannen, Japaner, Loh, Separator, Rhön und Jamora. Für gescheckte Deutsche Widder gelten spezielle Anforderungen (Standard-Änderung 2000).

4.3.2 Mittelgroße Rassen

Meißner Widder (MW)
Erbformel: $ABCDgP_1P_2$ ...

Meißner Widder sind um 1905 erstmals vorgestellt worden. Sie entstanden aus Englischen und Französischen Widdern mit Grausilberkaninchen, zur Entwicklung eines Prototyps des Meißner Widders. Diese Rasse ist weniger verbreitet als die meisten mittelgroßen. Meißner Widder haben mit 4,5 kg ein geringeres Normalgewicht sowie einen leicht gestreckten, weniger gedrungeneren Rumpf als Deutsche Widder, bei ausreichender Breite und mittelhoher Stellung des Körpers. Der widderartige, kräftige Kopf trägt einen Behang von 38 bis 42 cm Länge. Anerkannt sind Farbschläge, die beim Kleinsilberkaninchen vorkommen (Schwarz, Blau, Gelb, Braun und Havanna). Gleichmäßige Silberung der Deckfarbe und reichlicher Glanz sind erwünscht.

Helle Großsilber (HGrS)
Erbformel: $ABCDgP_1P_2$ ...

Die als Mutation aufgetretene Silberung des Felles war schon 1631 bekannt. Silberkaninchen wurden besonders in Frankreich gezüchtet, das als Ursprungsland für

Helle Großsilber-Kaninchen angesehen wird (Champagne-Silber). In Deutschland ist diese Rasse um 1910 eingeführt worden. In den letzten Jahrzehnten wurde mehrfach versucht, Helle Großsilber in Kreuzungsprogrammen zu nutzen, die für die Fleischkaninchen-Produktion aufgestellt wurden. Das Normalgewicht der Tiere beträgt 4,5 kg. Sie haben einen gedrungenen, breiten, walzenförmigen Körper im Nutztyp. Die kräftigen, breitgestellten Läufe sind von mittlerer Länge. Die Unterfarbe ist Dunkelblau, die Deckfarbe Silberfarben (bläulichweiß). Schwarze Stichhaare sind gleichmäßig in der Deckfarbe verteilt. Die Silberung muß sich über den ganzen Körper erstrecken. Jungtiere werden blauschwarz geboren. Erste Anzeichen der Silberung zeigen sich nach 6 Wochen. Erst nach 6 bis 7 Lebensmonaten ist sie voll ausgebildet.

Großchinchilla (GrCh)
Erbformel: a^{chi}BCDG

Von den weltweit verbreiteten chinchillafarbenen Kaninchenrassen sind zuerst die Kleinchinchilla (vergl. Kap. 4.3.3) entstanden, und zwar 1913 in Frankreich. Der Name geht auf das in Südamerika lebende Chinchilla zurück, das schiefergraublaue Färbung aufweist. Bei Kaninchen ist die Chinchillafärbung als Mutation von Wildgrau anzusehen, denn in den Farbzonen der Haare ist ein weißlicher Streifen an die Stelle eines gelbbraunen getreten (Farbverlust). Der Erbgang wurde nach 1920 aufgeklärt (vgl. Kap. 5.1). Großchinchilla sind in England unter Nutzung des Kleinchinchilla-Kaninchens und einiger mittelgroßer Rassen gezüchtet und dann seit 1920 in Deutschland durch verschiedene Züchter bekannt geworden. Körperform und -bau zeichnen sich durch gestreckten, breiten, walzenförmigen Rumpf aus (Normalgewicht 4,5 kg). Als Deckfarbe ergibt sich ein lichtes, bläulich getöntes Aschgrau mit flockiger Schattierung, am stärksten auf dem Rücken. Die Zwischenfarbe ist Grau-Weiß bis Weiß, die Unterfarbe am ganzen Körper Dunkelblau (erfaßt 2/3 der Haarlänge).

Mecklenburger Schecke (MSch)
Erbformel: ABCDgK/ABCDgk

Seit 1980 in den Standard aufgenommen, entstand diese Rasse aus einer Kombination von Blauen Wienern, Alaska, Deutsche Riesenschecken und gescheckten Widdern. Es wird ein Normalgewicht von 4,5 kg, ein gedrungener und walzenförmiger Körper gefordert. Bei dieser Rasse ist die sogenannte Mantelzeichnung ausgeprägt. Dies bedeutet Pigmentierung des Kopfes (weißer Stirnfleck) und der Ohren, des Rückens (von den Schultern an) und der Flanken. Brust und Vorderläufe sind weiß, Hinterläufe und Bauch überwiegend weiß. Als Grundfarbe gilt Weiß, als Zeichnungsfarbe sind Schwarz, Rot oder Blau anerkannt.

Englische Widder (EW)
Erbformel: entsprechend Farbschlägen

Englische Züchter selektierten aus Widderkaninchen Mitte des 19. Jh. einen Typ mit extrem großem Behang, der als Liebhaber-Züchtung eine Zeitlang viel Anklang fand und um 1880 auch in Deutschland bekannt wurde. Zeitweise übertrieb man die Selektion auf Behanggröße (Spannweite über 70 cm, Ohrenbreite von 16 cm), wobei man die Tiere in geschützten, bisweilen erwärmten Räumen hielt, wodurch das Wachstum der Ohren gefördert wird. Die nicht sehr verbreitete Rasse verkörpert einen feingliedrigen Widdertyp (Normalgewicht 4,25 kg). Die fleischigen Ohren (keine ausgeprägte Wulstbildung) werden, mit der Schallöffnung nach vorn gerichtet, am Körper schlaff herabhängend getragen (Behanglänge 58 bis 65 cm und darüber, Breite 12 bis 15 cm). Im Hinblick auf den Tierschutz sind jedoch Zweifel aufgekommen, ob diese Forderungen des Standards beibehalten werden können. Auf jeden Fall müssen Bewegungseinschränkung und Verletzungsgefahr ausgeschlossen werden (37, 235). Die Tiere haben auch einen Vorteil: die großen Ohren fördern den Wärmeaustausch. Für Farbe und Zeichnung gelten die gleichen Anforderungen wie bei den Deutschen Widdern.

Deutsche Großsilber (DGrS)
Erbformel: $ABCDgP_1P_2$ ...

Die Deutschen Großsilber sind um 1910, unter Verwendung von verschiedenen Rassen und Kleinsilber-Kaninchen, in Deutschland an mehreren Stellen gezüchtet worden, aber weniger verbreitet als die Hellen Großsilber, denen sie in Größe und Körpergewicht annähernd entsprechen (Normalgewicht 4,25 kg). In der Fellfarbe gibt es jedoch bedeutende Unterschiede. Es überwiegt am ganzen Körper eine dunkle Deckfarbe. Der Grad der Silberung macht entweder eine helle, mittlere oder dunkle Fellfarbe aus (alle zugelassen). Die gleichmäßige Silberung rührt von weißgespitzten Grannenhaaren her. Die Unterfarbe ist bei Schwarz-Silber und Havanna-Silber ein mittleres Blau, ein wenig heller bei den Blau-Silbern und kräftig gelb bei den Gelb-Silberfarbigen. Anerkannte Farbschläge: Schwarz-Silber, Blau-Silber, Gelb-Silber, Havanna-Silber, Braun-Silber.

Burgunder (Bu)
Erbformel: $AbCDGy_1$...

Diese in jüngerer Zeit anerkannte, in Frankreich schon vor dem Ersten Weltkrieg entstandene mittelgroße Rasse hat einen walzenförmigen, relativ hochgestellten Körper (Normalgewicht 4,25 kg). Die sich über den ganzen Körper erstreckende, durch mutierte Allele bewirkte Deckfarbe ist ein warmes Gelbrot (Unterfarbe etwas heller), wohingegen Nase, Augen und Kinnbackeneinfassung sowie Bauchfarbe cremefarbig erscheinen.

Bildtafeln

Abbildung 19:
»Die Erschaffung der Tiere«
Tafelbild aus dem »Grabower Altar«
1379-1383 · Meister Bertram von Minden,
Kunsthalle Hamburg
Aufnahme: Elke Walford

Die anerkannten Kaninchenrassen

Abbildung 20:
Deutsche Riesen, grau

Abbildung 21:
Deutsche Riesen, weiß

Abbildung 22:
Deutsche Riesenschecke, schwarz-weiß

Abbildung 23:
Deutsche Widder, eisengrau

Abbildung 24:
Meißner Widder, havannafarbig

Abbildung 25:
Helle Großsilber

Abbildung 26:
Großchinchilla

Abbildung 27:
Mecklenburger Schecke, schwarz-weiß

Abbildung 28:
Englische Widder, weiß

Abbildung 29:
Deutsche Großsilber, blau

Abbildung 30:
Burgunder

Abbildung 31:
Schwarze Wiener

Abbildung 32:
Weiße Wiener

Abbildung 33:
Blaue Wiener

Abbildung 34:
Blaugraue Wiener

Abbildung 35:
Graue Wiener

Abbildung 36:
Weiße Hotot

Abbildung 37:
Rote Neuseeländer

Abbildung 38:
Weiße Neuseeländer

Abbildung 39:
Kalifornier

Abbildung 40:
Japaner

Abbildung 41:
Rheinische Schecken

Abbildung 42:
Thüringer

Abbildung 43:
Weißgrannen

Abbildung 44:
Hasenkaninchen

Abbildung 45:
Satin, rot

Abbildung 46:
Alaska

Abbildung 47:
Havanna

Abbildung 48:
Kleinschecken, schwarz-weiß

Abbildung 49:
Separator

Abbildung 50:
Deutsche Klein-Widder, blau

Abbildung 51:
Kleinchinchilla

Abbildung 52:
Deilenaar

Abbildung 53:
Marburger Feh

Abbildung 54:
Sachsengold

Abbildung 55:
Rhönkaninchen

Abbildung 56:
Luxkaninchen

Abbildung 57:
Perlfeh

Abbildung 58:
Kleinsilber, gelb

Abbildung 59:
Englische Schecken, blau-weiß

Abbildung 60:
Holländer, schwarz-weiß

Abbildung 61:
Lohkaninchen, schwarz

Abbildung 62:
Marder

Abbildung 63:
Siamesen, gelb

Abbildung 64:
Russen, schwarz-weiß

Abbildung 65:
Widderzwerge, schwarz

Abbildung 66:
Hermelin, Rotaugen

Abbildung 67:
Farbenzwerge, lohfarbig

Abbildung 68:
Castor-Rex

Abbildung 69:
Dalmatiner Rex

Abbildung 70:
Angorakaninchen

Abbildung 71:
Fuchszwerge, weiß

Abbildung 72:
Fuchskaninchen, fehfarbig

Abbildung 73:
Jamora, harlekinfarbig

Blaue Wiener (BlW)
Erbformel: ABCdg

Diese Rasse - eine Kombination aus Riesen- und französischen Halbwidderkaninchen - stammt aus Österreich, wurde dort seit 1890 gezüchtet und in Wien 1895 erstmalig auf einer Ausstellung als Blaue Wiener Riesen gezeigt. Das Körpergewicht betrug damals rd. 6 kg. Anfang des Jahrhunderts begann die Zucht in Deutschland. Vor dem Zweiten Weltkrieg als Wirtschaftsrasse anerkannt, hat sie sich durch bemerkenswerte Leistungseigenschaften (Wachstum, Fruchtbarkeit, Fellqualität, Robustheit) einen guten Ruf erworben und wurde mitunter auch in Zuchtprogrammen für die Erzeugung von Fleischkaninchen berücksichtigt. Die Tiere haben ein Normalgewicht von 4,25 kg, bei walzenförmigem, gedrungenem Körper. Die Rasse stellt an die Haltung besondere Anforderungen, da die blaue Farbe nicht lichtbeständig ist. Direkte Einwirkung der Sonne auf die Tiere sollte man vermeiden, und eine Gehege- oder Freilandzucht erweist sich deshalb als problematisch. Die Deckfarbe ist ein gleichmäiges Mittel- bis Dunkelblau, mit auffallendem Glanz, die Unterfarbe ein wenig heller.

Blaugraue Wiener (BlgrW)
Erbformel: ABCdG

Schon vor dem Zweiten Weltkrieg als Rasse anerkannt, sind sie in den letzten beiden Jahrzehnten erneut ins Blickfeld geraten, aber erst 1997 in den Standard aufgenommen worden. Körperbau und Fellqualität entsprechen den Blauen Wienern, die Deckfarbe ist Blaugrau (Blauwildfarbig, in den Abtönungen hell, mittel und dunkel). Der mittleren Tönung gibt man den Vorzug.

Schwarze Wiener (SchwW)
Erbformel: ABCDg

Seit 1925 als Rasse gezüchtet, entsprechen die Schwarzen Wiener im Gewicht, Körperbau und Fellqualität voll den Blauen Wienern. Die Deckfarbe ist am gesamten Körper ein glänzendes, tiefes Schwarz. Als Unterfarbe wird ein möglichst intensives Dunkelblau gefordert.

Graue Wiener (GrW)
Erbformel: ABCDG

Diese Rasse, Ende des 19. Jh. aus grauen kleinen Landkaninchen hervorgegangen, wurde vor dem Zweiten Weltkrieg als Wirtschaftskaninchen propagiert und hat einen Kreis interessierter Züchter gefunden. Graue Wiener entsprechen vom Körperbau her weitgehend dem Wiener Typ (Normalgewicht 4 kg). Anerkannt sind die Farbschläge Hasengrau, Wildgrau und Dunkelgrau. Bei dieser Farbenrasse ist auf Reinheit der Deckfarbe und Farbabgrenzung besonderer Wert zu legen.

Weiße Wiener (WW)
Erbformel: ABCDGx oder A x

Weiße Wiener sind eine weitverbreitete, durch Genmutation (hellblaue Augen, Leuzismus, vgl. Kap. 5.1) entstandene Rasse, die in Österreich 1907 vorgestellt wurde. Erste Tiere gelangten 1910 nach Deutschland. Im Hinblick auf die Verwendung von hellen Holländerkaninchen sind Weiße Wiener nicht ganz so schwer wie Blaue Wiener. Sie haben ein Normalgewicht von 4 kg. Die Walzenform des Körpers ist besonders ausgeprägt und schafft einen Nutztyp, der sich durch beachtliche Leistungseigenschaften auszeichnet. Die Ohren sind kürzer als bei Blauen Wienern. das Fell ist durch dichte Unterwolle gekennzeichnet, bei weißer Deck- und Unterfarbe.

Weiße Hotot (WH)
Erbformel: $ABCDgKs_1s_2$ ... /$ABCDgks_1s_2$ ...

In Frankreich 1912 vorgestellt, 1930 in Deutschland eingeführt, haben sich Weiße Hotot als sehr fruchtbare Rasse erwiesen. Anfang der 60er Jahre als Rasse anerkannt. Die schwarze Einfassung der Augen beruht auf dem Wirken von Punkt- und Plattenscheckungsgenen. Gefordert wird ein gestreckter, walzenförmiger Körper, ähnlich dem der Weißen Wiener (Normalgewicht 4 kg). Die schwarzen Augenringe sollen eine Breite von 3 bis 5 mm haben (sie variieren wegen der aufspaltenden Erbanlagen, doch zeigen die Nachkommen dieses Merkmal überwiegend standardgerecht). Anerkannt ist der schwarz-weiße Farbschlag.

Rote Neuseeländer (RN)
Erbformel. $AbCDGy_1y_2$ ...

In Kalifornien um 1910 aus Riesen- und Hasenkaninchen gezüchtet - sie galten dort lange Zeit als ausgezeichnete Fleischkaninchen -, gelangten die Gelbverstärkergene (y_1, y_2...) tragenden Roten Neuseeländer um 1930 und nach dem Zweiten Weltkrieg nach Deutschland (sie haben mit Neuseeland nur den Namen gemein). Das Normalgewicht beträgt 4 kg. Auch die Tiere dieser Rasse weisen einen walzenförmigen Körper auf. Die Deckfarbe wird in gleichmäßig sattem Rot und glänzend gefordert, die Unterfarbe ähnlich in der Tönung, nicht mit weißen Haaren durchsetzt. Die Jungkaninchen sind frühzeitig nach intensiver Färbung auszuwählen. Auffallende Farbabweichungen gelten als fehlerhaft.

Weiße Neuseeländer (WN)
Erbformel: aBCDG oder a ....

Diese in Größe und Gewicht den Roten Neuseeländern ähnelnde Rasse wurde gleichfalls in Kalifornien vor dem Zweiten Weltkrieg gezüchtet. Über ihre Entstehung gibt es keine verläßlichen Angaben. Sie verkörpert wie kaum eine andere den

Typ des Fleischkaninchens. In der kommerziellen Kaninchenfleisch-Produktion kommt den Weißen Neuseeländern, in Reinzucht oder als Hybriden, große Bedeutung zu (vgl. Kap. 5.5). In Deutschland 1960 erstmalig ausgestellt, haben sie auch bei Rassekaninchenzüchtern viel Anklang gefunden. Sie zeichnen sich durch hohe Fruchtbarkeit, Frühreife und rasches Wachstum aus. Ihr Normalgewicht beträgt 4 kg, bei blockigem, kurzem, breitem und vollbemuskeltem Körper. Die Deckfarbe ist Weiß, die Augen sind blaßrot (Albino).

Große Marder (GrM)
Erbformel: $a^{m}BCDg/a^{n}BCDg$

Eine in neuerer Zeit gezüchtete Rasse (geht auf den Mutationstyp Marder zurück), deren Normalgewicht 4 kg beträgt. Es wird ein leicht gedrungener, walzenförmiger Körper gefordert. Es ist nur der braune Farbschlag anerkannt (helle bis mittlere Tönung), nicht aber dunkle, annähernd einfarbige Tiere. Deckfarbe ist ein lichtes Braun, das zu den Flanken und Seiten hin heller wird, wobei Hinterschenkel und Schultern eine dunklere Schattierung haben. Über den Rücken zieht sich ein 8 bis 10 cm breiter dunkler Streifen.

Kalifornier (Kal)
Erbformel: $a^{n}BCDg$

Nach 1920 in den USA aus der Kombination von Weißen Neuseeländern, Chinchilla- und Russenkaninchen entstanden, ist die Zucht dieser Rasse in Europa erst Mitte der 60er Jahre aufgenommen worden. Kalifornier gelten als fruchtbar, frühreif und wegen des raschen Wachstums zur Mast besonders geeignet, doch wird inzwischen für die USA-Population dieser Rasse eine Reinzucht in der kommerziellen Produktion wegen unbefriedigender Reproduktionsleistungen nicht mehr empfohlen (115). Es werden ähnliche Forderungen an den Rassetyp wie bei den Weißen Neuseeländern gestellt. Die Zeichnung entspricht der von Russenkaninchen. Die Grundfarbe ist Weiß. Zugelassen sind der schwarze, blaue und havannafarbene Farbschlag.

Japaner (J)
Erbformel: $Ab^{j}CDg(G)$

In Frankreich 1889 zur Weltausstellung vorgestellt, ist über die Entstehung dieser Rasse (Mutationstyp) sehr wenig bekannt. Japanerkaninchen gelangten um 1900 nach Deutschland und fanden über die Jahrzehnte einen kleinen Kreis von Interessenten, der sich beharrlich dieser Rasse annahm (Normalgewicht 3,75 kg). Der Körper ist gedrungen und walzenförmig (Nutztyp). Japaner sind zweifarbig. Die Kopf- und Rumpfzeichnung ist, bei jedem Tier in Schwarz und Gelb wechselnd, über den ganzen Körper unregelmäßig verteilt. Es wird Streifenzeichnung gefordert. Auf jeder Seite sind wenigstens drei Farbenfelder erwünscht.

Rheinische Schecken (RhSch)
Erbformel: AbCDgK/AbCDgk

Rheinische Schecken, auch Dreifarbenschecken genannt, sind 1905 erstmals auf einer Ausstellung gezeigt worden. Sie entstanden aus der Kreuzung von Japanern und grau-weiß gescheckten Kaninchen. Ihr Normalgewicht beträgt 3,75 kg, bei leicht gestrecktem, walzenförmigem Körper. Wie bei allen Schecken spalten die Nachkommen in der Färbung auf. Dies stellt hohe Ansprüche an die Selektion standardgemäßer Tiere. Die charakteristische Kopfzeichnung besteht aus dem sog. Schmetterling, den Augenringen, den Backenpunkten und den pigmentierten Ohren. Die Rumpfzeichnung wird durch Aalstrich und 6 bis 8 Seitenflecken gebildet. Alle Zeichnungsmerkmale sollen die Farben Schwarz und Gelb haben, ausgenommen die Backenpunkte, die einfarbig sein können. Die Grundfarbe ist Weiß. Zur Zucht vgl. 5.1.1.

Thüringer (Th)
Erbformel: AbCDg

Vor rd. hundert Jahren in Thüringen zufällig aus der Kombination von Russen-, Schwarzsilber- und Riesenkaninchen entstanden und später züchterisch verbessert, wurde diese Rasse 1908 anerkannt und wegen ihrer typischen Färbung zunächst als gemsfarbige Thüringer bezeichnet. Das Normalgewicht beträgt 3,5 kg. Der Nutztyp ist bei gedrungenem Körper gegeben. Die sattbraune Deckfarbe und die einen rußigen Schleier bildenden dunkelbraunen Grannenhaare machen die charakteristische Färbung aus. Am Kopf fallen die rußartige Maske sowie die entsprechend gefärbten Ohren auf. Ein rußartiger Streifen zieht sich auch entlang den Seiten und den Hinterschenkeln.

Weißgrannen (WG)
Erbformel: $a^{chi}BCDg^{o}$

Im Jahre 1928 wurde eine aus Kleinchinchilla hervorgegangene Neuzüchtung (Mutationstyp) unter dem Namen Deutsches Silberfuchskaninchen in Berlin ausgestellt. Erst in den 50er Jahren folgte die Anerkennung als Rasse, mit der Bezeichnung Weißgrannen. Verlangt wird ein Normalgewicht von 3,5 kg bei gedrungenem, walzenförmigem Körper und beachtlicher Fellqualität. Die Deckfarbe ist ein tiefglänzendes Schwarz, Blau oder Braun, entsprechend den drei anerkannten Farbschlägen, die Unterfarbe in allen Fällen Dunkelblau. Die Bauchdecke, die Innenseite der Läufe sowie die Unterseite der Blume sind weiß. Es ergibt sich im wesentlichen eine Zeichnung wie bei Lohkaninchen, doch fehlt die Lohe. Lange, weißgespitzte Grannen sollen an den Seiten bis in Höhe der Rumpfmitte gleichmäßig verteilt sein. Sie machen das typische Erscheinungsbild dieser Rasse aus.

Hasenkaninchen (Ha)
Erbformel: $ABCDGy_1y_2$ ...

In Belgien wurden um 1860 Hasenkaninchen als Rasse vorgestellt. Später haben Züchter in England diese Tiere zum heutigen Formentyp entwickelt. Das Normalgewicht beträgt 3,5 kg, obwohl großer Wert auf extremen, langgestreckten, »hasenähnlichen« Körperbau gelegt wird, mit langen Läufen, typisch hoher Stellung und vergleichsweise zierlichem Kopf. Die Deckfarbe ist ein intensives Rotbraun, das seitlich bis zu den Flanken herabreicht. Kinn, Bauch und Unterseite erscheinen in der Tönung von Lohfarbe. Die Unterfarbe ist Blau. Hasenkaninchen sind auch in Weiß (Albino) anerkannt. Das lebhafte Wesen der Hasenkaninchen ist ein Ergebnis der sportlich orientierten Zucht. Diese Rasse ist nicht aus einer Bastardierung von Hasen und Kaninchen hervorgegangen. Solche Bastarde sind bis heute nicht nachgewiesen und wegen der biologischen Unterschiede beider Arten auch nicht zu erwarten.

Satin-Kaninchen (Sa)
Erbformal: ABCDgsa

Diese aus Havanna-Kaninchen entstandene Rasse, seit 1973 in Deutschland anerkannt, ist als Genmutation in den USA 1934 erstmalig aufgetreten. Die auffallend veränderte Haarstruktur (seidenartiges, dünnes Haar) beeinflußt offenbar die Konstitution ungünstig. Deshalb ist bei der Selektion besonders auf die Vitalität der Tiere zu achten. Das Normalgewicht beträgt 3,25 kg, bei leicht gedrungenem Körperbau. Das mittellange Fell soll dicht und weich sein, wobei die besondere Haarstruktur (Verdünnung, seidenähnlicher Glanz) deutlich ausgeprägt sein muß. Es sind folgende Farbschläge anerkannt: Satin-Elfenbein, Satin-Schwarz, Satin-Blau, Satin-Havanna, Satin-Rot, Satin Feh, Satin-Hasenfarbig, Satin-Thüringer, Satin-Chinchilla, Satin Siamesen, Satin-Castor, Satin-Lux, Satin-Kalifornier, Satin- Elfenbeinweiß-Schwarz; Elfenbeinweiß-Havannafarbig.

Alaska (AL)
Erbformel: ABCDg

Das Alaska-Kaninchen, von Thüringer Züchtern entwickelt, ging aus einer Kombination von Holländer-, Russen-, Havanna- und Silberkaninchen hervor und ist seit 1907 bekannt. Das Normalgewicht beträgt 3,25 kg. Gefordert wird ein blockiger Körper im Nutztyp. Die Deckfarbe, die sich über den ganzen Körper erstreckt, ist ein glänzendes Tiefschwarz, die Unterfarbe ein intensives Dunkelblau. Um eine Verfärbung des Felles zu vermeiden, sollen die Tiere nicht dem Sonnenlicht ausgesetzt werden.

Havanna (Hav)
Erbformel: ABcDg

Diese Rasse geht auf grauweiße holländische Tiere zurück, deren Scheckenzeichnung um 1900 nur noch als Abzeichen vorhanden war. Später folgte, auch in Frankreich und der Schweiz, Einkreuzung mit braungefärbten Kaninchen. In Deutschland wurden Havanna 1906 erstmals ausgestellt. Als leichtere Mittelrasse beträgt ihr Normalgewicht gegenwärtig 3,25 kg. Wie beim Alaska-Kaninchen wird ein gedrungener Körperbau verlangt. Die Deckfarbe ist satt Dunkelbraun, glänzend, am ganzen Körper gleichmäßig getönt. Die blaue Unterfarbe erstreckt sich bis auf den Haarboden.

4.3.3. Kleine Rassen

Kleinschecken (KlSch)
Erbformel: wie DRSch

Diese Rasse wurde in den 70er Jahren von deutschen Züchtern geschaffen, um auch bei kleinen Kaninchen Tiere mit der Zeichnung von Riesenschecken zu haben. Sie wurde 1977 anerkannt. Das Normalgewicht beträgt 3 kg, der Körper ist gedrungen und walzenförmig. Kopf- und Rumpfzeichnung sowie die Farbschläge entsprechen den für Riesenschecken gemachten Angaben (vgl. Kap. 4.3.1). Zu Genetik und Zucht vgl. Kap. 5.1.1.

Separator (Sep)
Erbformel: Abcdg(G)

Diese Rasse, vordem schon von NACHTSHEIM gezüchtet und als sandfarbene Kaninchen bezeichnet, ist ein Ergebnis der Kombinationszüchtung und als rezessivster Typ in bezug auf die Erbformel ausgewiesen (131, 139). Deshalb eignet sie sich für Reinerbigskeitsprüfungen im Hinblick auf Farbgene (vgl. Kap. 5.1.3). Um 1960 wurden diese Kaninchen erneut geschaffen und dann unter der Bezeichnung Separator geführt. Sie gehören zu den größeren Kleinkaninchen (Normalgewicht 3 kg). Auch hier ist ein walzenförmiger Körper gefordert. Als typische Deckfarbe wird ein helles, sandfarbenes Gelbbraun mit fahlblauem Anflug verlangt, der an Kopf, Ohren, Läufen und Unterseite vorherrscht. Die Unterfarbe ist gelblich bis cremefarbig.

Deutsche Kleinwidder (DklW)
Erbformel: wie DW und andere Rassen

Mit dieser Rasse wurde in den 50er Jahren ein Kleinkaninchen im Typ des Deutschen Widders gezüchtet. Das Normalgewicht beträgt 3 kg. Für Körperbau, Kopfbildung und Behang, Farbe und Zeichnung gelten weitgehend die bei Deutschen

Widdern genannten Forderungen (vgl. Kap. 4.3.1). Als Neuzüchtung zugelassen (2000): DKlW, schwarzgrannenfarbig. Nicht zugelassen sind z.B. Kleinwidder, die Zeichnungen von Rassen mit Punktscheckung, des Japaner-, Holländer- und Lohkaninchens aufweisen.

Kleinchinchilla (KlCh)
Erbformel: $a^{chi}BCDG$

Kleinchinchilla (Mutationstyp) sind französischer Herkunft, erstmals 1913 vorgestellt. In Deutschland seit 1920 verbreitet, zählten sie in den 30er Jahren als einziges Kleinkaninchen zu den anerkannten Wirtschaftsrassen (Normalgewicht 2,75 kg, bei gedrungenem Körper im Nutztyp). Deckfarbe und Schattierung, Zwischenfarbe sowie Unterfarbe entsprechen weitgehend den bei Großchinchilla genannten Forderungen.

Deilenaar (DL)
Erbformel: $ABCDGy_1y_2$ ...

Diese in Holland seit 1940 gezüchteten Kaninchen wurden in Deutschland als Rasse 1975 anerkannt. Sie entsprechen im Typ den Kleinchinchilla. Ihr Normalgewicht beläuft sich auf 2,75 kg. Als Deckfarbe ergibt sich ein kräftiges Rotbraun. Es wirkt durch schwarze Grannenhaare flockig schattiert (besonders auf dem Rücken), mit Ausnahme von Brust und Vorderläufen. Kinn, Bauch und Unterseite der Blume sind hell (getönt). Die rost- bis braunrote Zwischenfarbe, 6 bis 8 mm breit, ist abgegrenzt. Die blaue Unterfarbe umfaßt ungefähr die Hälfte der Haarlänge.

Marburger Feh (MF)
Erbformel: ABcdg

Dies ist eine weitverbreitete, in der Färbung sehr ansprechende Kaninchenrasse (Kombinationstyp). Als Deckfarbe zeichnet sich das helle Blau mit bräunlichem Schimmer ab, eine insgesamt für das Auge angenehme Tönung. Bereits 1912 fand man solche Tiere unter den Nachkommen von Havanna-Kaninchen. Marburger Feh-Kaninchen wurden in Deutschland als Rasse 1916 anerkannt. Sie entsprachen in Typ und Färbung schon damals den heutigen Anforderungen. Der Körper ist leicht gedrungen, das Normalgewicht bei 2,75 kg erreicht. Die Unterfarbe kommt der Deckfarbe ziemlich nahe und geht in diese über.

Sachsengold (SaG)
Erbformel: $AbCDGy_1y_2$ ... oder $AbCDg^oy_1y_2$ ...

Diese durch Kreuzung verschiedener Rassen geschaffenen Kleinkaninchen wurden 1952 erstmalig in Leipzig auf einer Schau vorgestellt und Anfang der 60er Jahre als

Rasse anerkannt. Ausgangspunkt waren ein Kreuzungstier und eine weitgehend gelbe Japanerhäsin. Später wurden weitere Rassen (Gelbsilber, Havanna, Lohkaninchen, Rote Neuseeländer u.a.) eingekreuzt. Das Normalgewicht beträgt 2,75 kg, bei gedrungenem Körper im Nutztyp. Die Deckfarbe ist ein gleichmäßiges Rotgelb, die Unterfarbe hat eine hellere Tönung.

Rhönkaninchen (Rh)
Erbformel: a^{chi} b^{i}CDG (g^{o} oder g)

Dieser erst in den 70er Jahren entstandene Kombinationstyp trägt die Gene für Chinchilla- und Japanerfärbung. Im Standard wird die Zeichnung des Felles erwähnt, sie soll dem Aussehen eines Birkenstammes entsprechen. Graufarbige bis schwarzgraue Flecken, Streifen und Spritzer sind über den ganzen Körper verteilt, womit die Zeichnung im Grundmuster vom Japanerkaninchen abweicht. Als Grundfarbe ist Weiß anzusehen, das insgesamt vorherrschen soll, wobei eine graue bis schwarzgraue Zeichnung erwünscht ist. Auch diese Rasse wird im Nutztyp, bei gedrungenem Körper, gezüchtet (Normalgewicht: 2,75 kg).

Luxkaninchen (L)
Erbformel: ABcdG

Hervorgegangen aus einer Kreuzung von Marburger Feh und Perlfeh - später kamen noch Genanteile von Schwarzloh hinzu -, wurden Luxkaninchen um 1920 erstmalig vorgestellt. Sie weisen einen leicht gedrungenen Körper auf, bei einem Normalgewicht von 2,5 kg. Die hellsilberblaue Deckfarbe hat auf der Körperoberseite einen braunroten Anflug. Bauch, Innenseite der Läufe sowie Unterseite der Blume sind wesentlich heller. Die braunrote Zwischenfarbe setzt sich gegen die weiße Unterfarbe ab. Die eigenartige Färbung der Luxkaninchen (Lux bedeutet Licht) hat sich als beständig erwiesen.

Perlfeh (Pf)
Erbformel: ABCdG

Bemühungen, Kaninchen mit einer Fellfarbe zu züchten, die der von sibirischen Feh-Eichhörnchen entspricht, hat es mehrfach gegeben. Beim Marburger Feh-Kaninchen war dieses Ziel noch nicht erreicht worden. Mit der Züchtung des Perlfeh-Kaninchens wurden die Vorstellungen bedeutend besser realisiert. Durch Zusammenführung mehrerer Zuchtrichtungen dieses Mutationstyps wurde das Perlfeh-Kaninchen seit den 30er Jahren geschaffen. In Form und Fellqualität stimmt es weitgehend mit den Marburger Feh überein, erreicht jedoch ein Normalgewicht von nur 2,5 kg. Als blauwildfarbiges Kaninchen hat es die Deckfarbe Blaugrau. Die Perlung, über den ganzen Körper gleichmäßig verteilt, kommt durch hellgraue und dunkelgespitzte Grannenhaare zustande. Die bräunliche Zwischenfarbe ist nicht scharf abgegrenzt. Als Unterfarbe findet man Blaugrau (rd. 2/3 der Haarlänge).

Kleinsilber (KlS)
Erbformel: $ABCDgP_1P_2$ ...

Schwarzsilber-Kaninchen gehören zu den ältesten Rassen (Mutationstyp). Bereits Mitte des 17. Jh. in Spanien, Frankreich und England vorherrschend - damals Grausilber genannt -, begann die Zucht vor rd. 200 Jahren. Hervorzuheben sind die bis heute erhaltene Widerstandskraft und Anspruchslosigkeit. Aus England nach Deutschland eingeführt, gab es für Kleinsilber bereits 1900 einen Standard. Man kannte schon drei Schattierungen der Silberung (hell, mittel und dunkel). Nach 1900 züchtete man neue Farbschläge. Das Normalgewicht beträgt 2,5 kg. Wie die meisten Kleinrassen weisen auch die Kleinsilber einen gedrungenen, walzenförmigen Körper auf. Ursache der Silberung, die nicht flockig erscheinen darf, sind weißgespitzte Grannenhaare. Die Farbe ist je nach Anteil weißer oder schwarzer Haarspitzen (bei Hellsilbern) heller oder dunkler. Deckfarbe und Silberung sind gleichmäßig am ganzen Körper verteilt (die mattere Bauchdeckfarbe bei Schwarz-, Blau-, Hell- und Havannasilber ausgenommen). Anerkannt sind folgende Farbschläge (entsprechend dem Standard haben sie als gesonderte Rasse zu gelten): Schwarzsilber (Deckfarbe: Schwarz), Gelbsilber (Deckfarbe: sattes Gelb), Braunsilber (Deckfarbe: Graubraun), Blausilber (Deckfarbe: sattes Blau), Havannasilber (Deckfarbe: tiefes Braun), Hellsilber (Deckfarbe: bläuliches Weiß, silberartig, wird von schwarzen Stichhaaren überragt). Die Silberung entwickelt sich nach der Nestzeit. Sie prägt sich bis zur Zuchtreife aus. Somit sollte man die Auslese nicht zu früh vornehmen.

Englische Schecke (ESch)
Erbformel: wie DRSch

Gescheckte Hauskaninchen (Mutationytypen) sind seit Jahrhunderten bekannt. Sind Riesenschecken und Rheinische Schecken in Deutschland entstanden, so gelten Englische Schecken als englische Zuchtprodukte und älteste Punktscheckenrasse. Erste Tiere wurden 1885 ausgestellt. In Deutschland 15 Jahre später eingeführt, ist in den folgenden Jahrzehnten ein hoher Stand der Zucht erreicht worden. Verlangt wird ein leicht gestreckter Körper (nicht so gedrungen wie bei Kleinsilber) mit einem Normalgewicht von 2,5 kg, bei mittelhoher Stellung. Die typische Kopfzeichnung wird durch den sog. Schmetterling (pigmentierte Schnauzenpartie), die Augenringe, die Backenpunkte und die Ohrzeichnung gebildet. Aalstrich, Seitenflecken und die beiderseitigen Ketten (feine Flecken, die seitlich hinter den Ohrwurzeln beginnen und bis zu den Flanken reichen, wo sie den Übergang zu den Seitenflecken herstellen), machen die Rumpfzeichnung aus. Grundfarbe ist Weiß. Farbschläge: Schwarz-Weiß, Blau-Weiß, Dreifarbig-Weiß und Thüringerfarbig-Weiß. Zu Genetik, Zucht und Aspekten des Tierschutzes vgl. Kap. 5.1.1.

Holländer (H)
Erbformel: $ABCDgs_1s_2$ ...

Hervorgegangen aus mittelgroßen Brabanter Kaninchen, wurden Holländer-Kaninchen später in England gezüchtet, wo auch Wert auf die Ausbildung der heute anerkannten Zeichnung gelegt wurde. Kaninchen mit Plattenscheckung (Gürtelscheckung) - eine der frühesten Mutationen - sind bereits auf einer Miniatur in einer italienischen Handschrift Ende des 14. Jh. (27) sowie auf Gemälden des 17. Jh. abgebildet. Um 1890 in Deutschland vorgestellt, erfreuen sie sich seitdem, auch wegen meist hoher Fruchtbarkeit, großer Beliebtheit. Ihr Normalgewicht beträgt 2,5 kg (Körper kurz und gedrungen). Die Kopfzeichnung ergibt sich durch die pigmentierten Seiten und Ohren. Die Rumpfzeichnung bedeckt die hintere Hälfte des Körpers und die Hinterläufe (bis zur Mitte). Die Grundfarbe ist Weiß, die Zeichnungsbilder sind pigmentiert. Zugelassene Farbschläge: Schwarz-Weiß, Blau-Weiß, Grau-Weiß, Thüringerfarbig-Weiß, Gelb-Weiß, Havannafarbig-Weiß, Japanerfarbig-Weiß, Fehfarbig-Weiß, Chinchillafarbig-Weiß. Die Zeichnung variiert in der Nachzucht. Somit stellt die Selektion von standardgerechten Tieren einige Anforderungen an die Züchter.

Lohkaninchen (Loh)
Erbformel: $ABCDg^oy_1y_2$ ...

Kaninchen mit Lohfärbung, die in England auf Gehegekaninchen zurückzuführen waren, wurden nach 1887 mit Hasenkaninchen gekreuzt, um die Lohe zu verstärken. Nach 1900 sind Lohkaninchen besonders in Sachsen gehalten und danach stark verbreitet worden. Die Beliebtheit dieser Rasse hielt bis in die Gegenwart an. Gefordert wird ein leicht gedrungener, walzenförmiger Körper, bei einem Normalgewicht von 2,5 kg. Als wichtige Rassemerkmale sind die Kopf- und Rumpfzeichnung zu nennen (Nasenlöcher, Kinnbackeneinfassung lohfarbig, Ohren lohfarbig eingefaßt; lohfarbig sind auch Brust, Bauch, untere Körperseiten sowie Innenseiten der Läufe). Als Farbschläge sind anerkannt: Schwarzloh, Blauloh, Braunloh.

Marderkaninchen (M)
Erbformel: a^mBCDg/ a^nBCDg

Mitte der 20er Jahre in Deutschland gezüchtet, angeblich nach Kombination verschiedener Rassen und Anpaarung von Chinchilla. Marderkaninchen sind auch in anderen Ländern zur gleichen Zeit entstanden (Mutationstyp). Die Färbung spaltet bei den Nachkommen auf (reinerbige, dunkle Tiere nicht anerkannt), was Kenntnisse bei der Auswahl standardgerechter, mischerbiger Tiere voraussetzt (vgl. Kap. 5.1). Das Normalgewicht beträgt 2,5 kg, bei gedrungenem Körper. Die Deckfarbe ist Braun oder Blau in heller bis mittlerer Abtönung, nach den Flanken zu heller. Über den Rücken zieht sich ein etwa 8 cm breiter, seitlich nicht deutlich abgegrenzter dunkler Streifen. Die Schnauzenpartie (Maske) ist dunkel (bis in Augenhöhe), wie auch Ohren, Läufe und Blume. Anerkannt sind der braune sowie der blaue Farbschlag.

Siamesen (Si)
Erbformel: $a^{m}bCDg/a^{n}bCDg$

In neuerer Zeit wurde die Zucht von Siamesen, die als Neuzüchtung 1934 erstmals ausgestellt worden waren, wieder aufgenommen. Diese Rasse ist aus der Marderzucht hervorgegangen, wobei sehr helle Tiere selektiert wurden. Das Normalgewicht beträgt 2,5 kg. Der Körper ist leicht gedrungen, die Läufe sind mittelstark. Bei den Gelbsiamesen ist eine hellgelbliche, bei den Blausiamesen eine hellcremefarbige Deckfarbe gefordert, nach den Seiten hin aufgehellt. Die dunklen Abzeichen (Rückenstreifen, Maske, Ohren, Läufe und Blume) entsprechen denen der Marderkaninchen. Sie sind bei den Blausiamesen dunkler getönt als bei Gelbsiamesen.

Schwarzgrannen (Schg)
Erbformel: $a^{chi}bCDG(g^{o})$

Anfang der 60er Jahre in Celle entstanden, verkörpert diese Rasse ein typisches Kleinkaninchen (Kombinationstyp) mit ansprechendem Körperbau und ausgezeichneter Fellqualität. Das Normalgewicht beträgt 2,5 kg (Körper gedrungen und walzenförmig, Kopf kurz, mit breiter Stirn). Die Deckfarbe ist Weiß. Schwarzgespitzte Grannen überragen das Deckhaar, so daß ein feiner, leicht rußiger Anflug auf dem Weiß entsteht (mit Ausnahme von Bauch, Unterseite der Blume, Innenseite der Läufe, Kinnbackeneinfassung, Augenringe, Nackenkeil). An den kürzer behaarten Körperstellen (Kopf, Ohren, Läufe, Oberseite der Blume) etwas stärkerer rußiger Anflug.

Lothringer kastanienbraune (KbrLot)
Erbformel: $ABCDGy_1$

Diese Kaninchenrasse (Normalgewicht 2,0 bis 2,5 kg) ist seit 2002 anerkannt. Verlangt wird ein harmonisch abgerundeter und leicht gestreckter Körper, mit relativ kleinem, kurzen Kopf und nicht zu langen Ohren. Die Deckfarbe ist Kastanienbraun, die Bauchunterseite Lohfarbig bis Strohgelb, die Zwischenfarbe leuchtend Gelbrot bis Braunrot (bedeutsam für die Ausprägung der Deckfarbe), die bis zum Haarboden reichende Unterfarbe Blau.

Russenkaninchen (R)
Erbformel: $a^{n}BCDg$

Schon von Darwin 1868 ausführlich als Himalaya-Kaninchen beschrieben, gelten Russenkaninchen (Mutationstyp, 1700 bis erste Hälfte des 19. Jh.) als eine der ältesten Rassen (in Deutschland seit 1885 anerkannt). Das weiße Fell (Teilalbino) zeigt pigmentierte Partien an den »Körperspitzen« (Maske am Kopf, Ohren, Blume, am vordersten Teil der Vorder- und Hinterläufe), was als Akromelanismus bezeichnet wird. Sie färben sich beim Jungtier erst nach einigen Wochen aus. Die Pigmentierung wird durch Kälte gesteigert (vgl. Kap. 5.1). Als Normalgewicht werden 2,25 kg gefordert, bei leicht gedrungenem Körper. Anerkannt sind die Farbschläge: Schwarz-Weiß und Blau-Weiß.

Widderzwerge (WZw)
Erbformel: wie entsprechende Rassen

In den Niederlanden 1964 vorgestellt und bei uns seit 1973 als Rasse anerkannt, haben Widderzwerge rasch Anklang, auch als Heimtier, gefunden. Sie gingen aus der Kreuzung von Deutschen Widdern mit Farbenzwergen hervor. Das Normalgewicht beträgt 1,4 kg, so daß sich diese Rasse in der Größe deutlich von den Deutschen Kleinwiddern (3 kg) unterscheidet. Der Körper, mit typischem Widderkopf, ist kurz gedrungen. Die Länge des Behanges beträgt 24 bis 28 cm. Was die Färbung und Zeichnung angeht, so gelten ähnliche Bedingungen wie bei den DW. Widderzwerge, schwarzgrannenfarbig, sind als Neuzüchtung zugelassen (2000).

Zwergschecken (ZwSch)
Erbformel: ABCDgKDw/ABCDgkdw)

Kaninchen dieser 2002 anerkannten Rasse (Normalgewicht 1,4 bis 1,8 kg, Mindestgewicht 1,2 kg) weisen einen relativ gedrungenen, gleichmäßig breiten Körper auf (frei von Wammenansatz), mit kräftigem, kurzem und breitem Kopf. Die Ohrenlänge sollte 6,5 cm betragen (mindestens 5,5 cm, höchstens 8 cm). Kopf und Rumpfzeichnung entsprechen den bei Schecken gewohnten Pigmentierungen: Schmetterling, Backenpunkte, Ohrenzeichnung; Aalstrich, Seitenzeichnung (5 – 7 Flecken von rd. 2 cm Durchmesser). Anerkannte Farbschläge: Schwarz-weiß, Blau-Weiß, Havanna-Weiß, Dreifarbig. Zu Genetik, Zucht, Tierschutz vergl. Kap. 5.1.1.

Hermelin (He)
Erbformel: a . . . . Dw/a . . . . dw oder A . . . . x Dw/A . . . . xdw

Aus England (»Polnische Kaninchen«) um 1890 in Deutschland eingeführt, wurde das Hermelin-Kaninchen in der Folgezeit umgezüchtet. Es trat die kurzohrige Zuchtform auf, die dann verbreitet wurde. Ergänzend zu den rotäugigen Hermelin wurden 1916 in Sachsen auch blauäugige erstmals ausgestellt. Seit dieser Zeit gibt es beide Varianten. Das Normalgewicht sollte zwischen 1,1 bis 1,35 kg liegen (Mindestgewicht 1,0 kg). Eine weitere Verzwergung ist, auch wegen Minderung der Fruchtbarkeit, nicht anzuraten. Der Körper ist walzenförmig und gedrungen ausgebildet. Die Ohrenlänge soll 5,5 cm betragen (Mindestlänge 4,5 cm, Höchstlänge 7 cm). Es wird ein kurzes Fell verlangt, mit gleichmäßig feiner Begrannung. Die Deck- und Unterfarbe ist Weiß. (Zur Vererbung sowie zu Forderungen des Tierschutzes vgl. Farbenzwerge.)

Farbenzwerge (FbZw)
Erbformel: ABCDGDw/ABCDGdw (Grundformel)

Bereits 1940 in Holland anerkannt, haben auch deutsche Züchter unabhängig davon vor rd. vier Jahrzehnten Farbenzwerge vorgestellt. Diese Zwergkaninchen fanden, vor allem auch als Heimtier, rasch Anklang. Im Typ den Hermelin ähnelnd, soll das Normalgewicht der Tiere 1,1 bis 1,35 kg betragen. Durch Einkreuzung von Wildkaninchen weisen einige Herkünfte beachtliche Fruchtbarkeit auf. Es sind 22 Farbschläge anerkannt, zwei Neuzüchtungen vor kurzem zugelassen (2000).

Die in letzter Zeit gegen die Zucht von Zwergkaninchen vorgebrachten Argumente, wonach der Körperbau dieser Tiere mit den Forderungen des Tierschutzes nicht zu vereinbaren sei, sind nicht solide zu begründen. Proportionierter Zwergwuchs, wie bei Zwergkaninchen, wird durch spezifische Gene (Dw oder na oder zw) hervorgerufen, deren Wirkung durch sinnvolle Paarung in die wünschenswerten Bahnen gelenkt werden kann. Diese Gene (Dw scheint vorzuherrschen) dürfen nicht mit jenen verwechselt werden, die disproportionierten Zwergwuchs (Achondroplasie, Chondrodystrophie, vergl. Tab. 21) verursachen. Diese sind als schwerwiegende genetisch bedingte Defekte zu werten und können bei allen Kaninchenrassen vorkommen, wenn auch sehr selten. Die Zucht von Zwergkaninchen hat eine lange Tradition. Erfahrene Züchter stehen dafür ein, daß den Forderungen des Standards (232) sowie des Tierschutzgesetzes entsprochen wird. Deshalb sollte man allgemein dazu übergehen, Zwergkaninchen (Dw/dw) mit »Nichtzwergen« (dw/dw) zu verpaaren, die man laufend in der Nachzucht erhält. So entstehen als Nachkommen 50 % Zwergkaninchen (Dw/dw) und 50 % »Nichtzwerge« (dw/dw), Kümmerer (Dw/Dw) werden auf diese Weise vermieden (182, 183, 235).

4.4 Kurzhaarrassen [1])

Rexkaninchen (Rex)
Erbformel: ABCDGrexy_1y_2 ...

Als Urtyp des Rexkaninchens ist 1919 in Frankreich der Castor-Rex durch Mutation der Haarstruktur entstanden. Später kamen noch das Deutsche Kurzhaar (1926) sowie das Normannen-Kurzhaar (1927) hinzu, die dem Castor-Rex in Körperform und Haarstruktur gleichen, jedoch einen anderen Genotyp haben (vgl. Kap. 5.1) und in neuerer Zeit von geringerer Bedeutung sind. Vom Kurzhaar-Kaninchen versprach man sich Vorteile für die Fellverarbeitung. Das Interesse ließ jedoch bald wieder nach. In jüngster Zeit ist in einigen Ländern ein Aufschwung der Rex-Zucht zu bemerken. Je nach Rasse gibt es Gewichtsanforderungen im Bereich zwischen 3 bis 3,5 kg, von den Rex-Zwergen abgesehen (1,2 bis 1.4 kg). Die von allen Rassen geforderte Körperform entspricht dem Castor-Rex. Das Kurzhaar bringt die Körperumrisse stärker zum Vorschein. Der Körper ist leicht gestreckt. Das Fell hat kürzere Wollhaare und Deckhaare (17 bis 20 mm) als die Normalhaar-Rassen. Das Grannenhaar schließt mit den Wollhaaren ab. Die Fellhaare sollen über genügende Stabilität verfügen. Es sind 17 Rex-Rassen (z. T. mehrere Farbschläge) einschl. Rex-Zwerge anerkannt. Farbe und Zeichnung entsprechen jeweils weitgehend dem Standard der Normalhaar-Rassen. Die früher in der Rex-Zucht beobachtete Konstitutionsschwäche, verbunden mit hohen Aufzuchtverlusten, wird heute, nach entsprechender Selektion, in den Zuchten kaum noch angetroffen.

4.5 Langhaar-Rassen [1)]

Angorakaninchen (A)

Erbformel: a v

Angorakaninchen zeichnen sich durch hohe Wolleistung aus. Ihr beachtlicher Nutzwert wird durch den Fleischertrag noch gesteigert. Nach bisherigen Erkenntnissen ist bereits 1708 von weißen Langhaar-Kaninchen (Mutationstyp) aus England berichtet worden. Wenig später (1723) gelangten Angorakaninchen aus der Türkei (Provinz Angora) nach Bordeaux, und die französischen Kaninchenzüchter widmeten sich von dieser Zeit an intensiv der Entwicklung dieser Rasse (172), die es dann von 1777 an auch in Deutschland gab (Albinos). Zeitweise waren auch farbige Angorakaninchen verbreitet. Die seit 1934 in Kiel-Steenbeck und seit 1935 in Halle/S. sowie später an weiteren Orten eingerichteten Angora-Leistungsprüfungen trugen entscheidend dazu bei, die Wolleistung dieser Rasse auf ein nicht gekanntes Maß zu steigern. Es wurden Spitzenleistungen von mehr als 2000 g Wollertrag erreicht. Das Zuchtziel sieht mittelgroße Tiere im Wirtschaftstyp vor, mit ausgeprägten Rassemerkmalen (Büschelbildung an Kopf und Ohren sowie Behang an den Läufen, wobei jedoch die derzeitigen Übertreibungen aus Gründen des Tierschutzes unbedingt zu vermeiden sind – hier schließt sich der Verfasser der Auffassung von SCHLOLAUT an (235); es sollten deshalb umgehend geänderte Anforderungen in den Standard aufgenommen werden. Bisher enthalten die Mitteilungen der Standard-Kommission 2000 (232) noch keine solchen Angaben. Angorakaninchen müssen ausreichende Fruchtbarkeit aufweisen. Gefordert wird ein walzenförmiger Körper mit breitem und kurzem Kopf und gleichmäßigem, sehr dichtem Wollvlies (Wolle, Grannenflaum, Grannenhaar) am ganzen Körper. Die Wollänge (Stapel) soll bei Ausstellungen mind. 3,5 cm betragen. Die Wollqualität wird vor allem durch die Dichte der Wollhaare bestimmt. Außer den vorherrschenden weißen Angorakaninchen sind alle einfarbigen Tiere zugelassen.

1) Hier werden die typischen Erbformeln angegeben. Für Farbschläge vergl. Tab. 18. Punkte repräsentieren beliebige Allele der vier »Pigmentgene« (oder Verstärkergene). Ausführliche Darlegungen zur Zuchtgeschichte sind in der Fachliteratur enthalten (75, 131, 139, 172 u.a.)

Fuchskaninchen (Fu)
Erbformel: ABCDgv (?)

Von schweizerischen und deutschen Züchtern 1930 vorgestelltes und anerkanntes Langhaar-Kaninchen, das auf Kreuzung von Angorakaninchen mit anderen Rassen zurückgehen soll. Seit Ende der 20er Jahre waren Fuchskaninchen in Deutschland auf Schauen vertreten. Die Züchter wollten mit dieser Rasse ein dem Blaufuchs ähnelndes Fell erreichen, was aber an der fehlenden festen Begrannung scheiterte. Dennoch hat sich ein sehr kleiner Kreis von Züchtern bis heute zu Recht diesen ansehnlichen Tieren gewidmet. Sie sind mittelgroß und haben einen gedrungenen, gut bemuskelten Körper. Das Normalgewicht beträgt 3 kg. Dichte, volle und gleichmäßige Behaarung (Haarlänge 5 bis 6 cm), bei kräftigen Grannen, ist charakteristisch für das Fell. Kopf, Ohren und Läufe sind normal behaart. Anerkannte Farbschläge: Weiß (rote und blaue Augen), Schwarz, Blau, Fehfarbig, Havannafarbig, Chinchillafarbig, Silberfarbig, Gelb. Die Deckfarbe muß stets rein am ganzen Körper verteilt sein, die Unterfarbe abgegrenzt in Erscheinung treten. Die Besonderheiten der Vliesstruktur sowie der saisonale Haarwechsel deuten darauf hin, daß sich das Fuchskaninchen im Genotyp vom Angorakaninchen möglicherweise unterscheidet. Hierzu fehlen aber bisher ausführliche genetische Analysen (139).

Jamora (Jam)
Erbformel: $Ab^{j}CDgv$

Als Rasse wurden Jamora 1994 anerkannt. Sie entstanden durch Kombinationszüchtung (Angorakaninchen, Japaner, Hermelin). Gedrungener, walzenförmiger Körper mit einem Normalgewicht von 2 kg. Langhaar-Kaninchen, doch sind Kopf, Ohren und Läufe normal behaart. Die Tiere haben eine dichte Unterwolle, bei einer den Angorakaninchen ähnelnden Begrannung. Als Farben sind Schwarz und Gelb über den Körper unregelmäßig verteilt. Die für das Japanerkaninchen typische Abgrenzung der Farbfelder ist hier durch das Langhaar verwischt.

Fuchszwerge (FuZw)
Erbformel: A .... vDw/A....vdw

Diese in den 70er Jahren anerkannte Zwergrasse (Kombination aus Fuchskaninchen und Hermelin) hat ein Normalgewicht von 1,1 bis 1,35 kg, bei gedrungenem, walzenförmigem Körperbau. Die Haarlänge beträgt am ganzen Körper 3,5 bis 5 cm, mit kräftigen Grannen. Wie bei den Fuchskaninchen sind Kopf, Ohren und Läufe normal behaart. Anerkannt wurden vorläufig die Farbschläge Weiß (Rot- und Blauaugen) und Havannafarbig.

5 Grundlagen der Zuchtwahl

von W. Rudolph

Die Zuchtwahl gründet sich auf die Erfahrung, daß Körpermerkmale und Leistungseigenschaften in unterschiedlichem Grade vererbt, aber auch mehr oder minder durch die Umwelt beeinflußt werden. Dem Studium dieser Zusammenhänge widmen sich die verschiedenen Zweige der Vererbungslehre (Genetik) und Züchtungsforschung. Rassekaninchenzüchter sollten sich um gediegene Kenntnisse dieser theoretischen Grundlagen bemühen, wenn sich auf Dauer Erfolge in der Züchtung einstellen sollen.

Die Vererbung bestimmter Merkmale beruht auf der Übertragung entsprechender Erbanlagen (Gene) von den Eltern auf die Nachkommen. Die gesamten Erbanlagen eines Individuums bezeichnet man als sein Erbgut. Es umfaßt die genetische Information, die in Nukleinsäuren, vor allem in der DNA (Desoxyribonukleinsäure), enthalten ist. Die Gene sind in gleichen oder verschiedenen Zustandsformen – man nennt sie Allele – als Abschnitte auf der DNA in den Erbträgern angeordnet (Genorte). Als die wichtigsten Erbträger gelten die Chromosomen, die Bestandteil des Zellkerns sind. Kaninchen weisen in ihren Körperzellen je 22 Chromosomenpaare (2n)

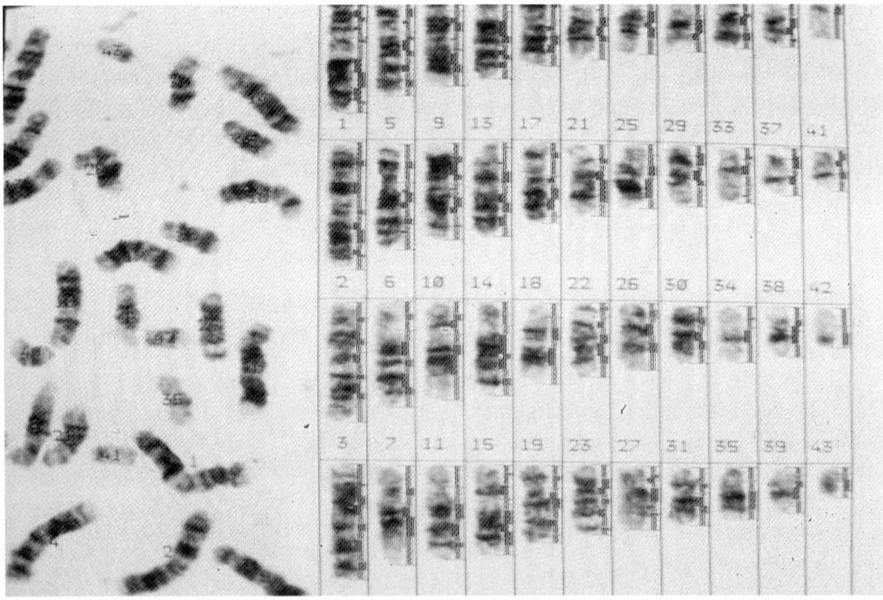

Abbildung 74: Chromosomen des Kaninchens unter dem Lichtmikroskop. Links: Nach spezifischer Färbung ergibt sich bei jedem Chromosomenpaar eine typische Position der »Banden«. Rechts: mit Hilfe der Software UNICHRO vom Computer nach Größe und Bandenposition geordnete Chromosomenpaare. Die Säule rechts neben jedem Chromosom markiert die »Banden«, deren Ausdehnung gemessen wird.

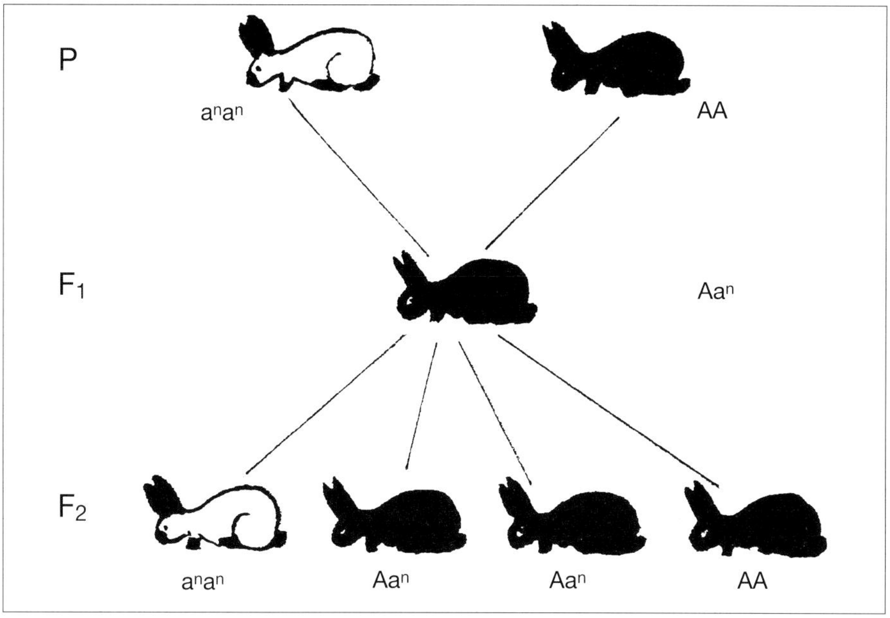

Abbildung 75: Monohybride Kreuzung bei Paarung von Russenkaninchen (Genotyp: a^n BCDg) und Alaskakaninchen (Genotyp: ABCDg). Dominanter Erbgang, Aufspaltung im Verhältnis 3:1 (vereinfachte Erbformeln a^na^n, Aa^n, Aa^n, AA)

auf (darunter die Geschlechtschromosomen X und Y; die anderen 21 Paare werden als Autosomen bezeichnet), die jeweils zur Hälfte von einem der beiden Eltern stammen. Chromosomen können mit speziellen Färbemethoden unter dem Lichtmikroskop sichtbar gemacht werden. Mit Hilfe eines Computerprogrammes wurden in der damaligen Arbeitsgruppe des Verfassers (26) neue Erkenntnisse zum Chromosomensatz des Kaninchens gewonnen (Abb. 74). Die Gesamtheit der in den Chromosomen vorhandenen Gene bezeichnet man als den Genotyp. Das sich durch das Erbgut unter den konkreten Umweltbedingungen ergebende Erscheinungsbild eines Organismus ist der Phänotyp. Das Genom ist die Gesamtheit der Gene eines haploiden Chromosomensatzes der Keimzellen (n; diploider Satz, in Körperzellen: 2n).

Merkmale und Leistungseigenschaften werden entweder durch einzelne oder wenige Hauptgene (monogene oder oligogene Vererbung) oder, bei bedeutendem Umwelteinfluß, von einer großen Anzahl Erbanlagen bestimmt, die jeweils nur geringe Geneffekte haben (polygene Vererbung). Die Analyse von Erbgängen gelingt dabei nur bei solchen Merkmalen, die von einem oder wenigen Genen bedingt sind. Hierbei handelt es sich um die Vererbung qualitativer Merkmale. Diese haben keinen Mengencharakter (z. B. Fellfarben, Haarstruktur, ein großer Teil der genetisch bedingten Defekte, Blutgruppen) und werden durch die Umwelt in der Regel nicht beeinflußt. Solche Erbgänge bleiben überschaubar, und bei züchterischen Vorhaben sind meist sichere Voraussagen zu den betreffenden Merkmalen bei den Nachkommen möglich. Im Gegensatz hierzu werden die meßbaren und ständiger Veränderung unterliegenden quantitativen Merkmale (Fruchtbarkeit, Säugeleistung, Wachs-

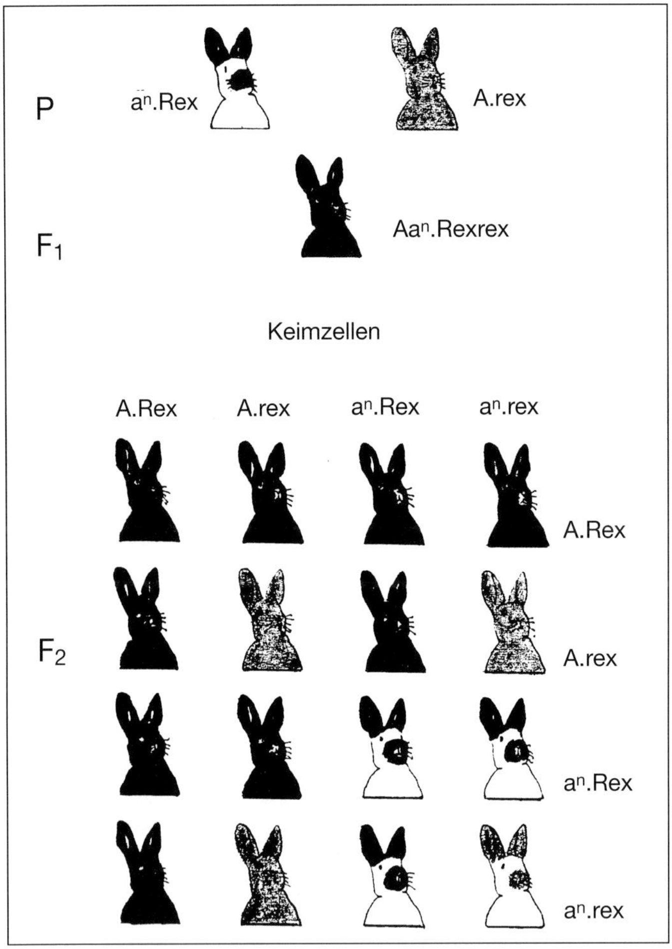

Abbildung 76: Dihybride Kreuzung bei Paarung von normalhaarigen Russenkaninchen (Genotyp: a^n BCDgRex) und Schwarzrex (Genotyp: ABCDgrex). Phänotypische Aufspaltung im Verhältnis 9:3:3:1 (vereinfachte Erbformeln entsprechend den Keimzellen). Es entstehen folgende Genotypen: je einmal: AARexRex; AArexrex; a^na^n.RexRex, Aa^n.rexrex je – zweimal: AARexrex; Aa^n.RexRex, Aa^n.rexrex; Aa^n.Rexrex – je viermal: Aa^n.Rexrex. schwarz = normalhaarig grau = kurzhaarig

tum, Schlachtertrag u. a.) bis auf wenige Ausnahmen polygen vererbt. Somit verbietet sich hier eine Analyse des Erbgangs. Unter bestimmten Voraussetzungen läßt sich aber ihr Erblichkeitsgrad (Heritabiltität, h^2) schätzen. Man spricht dann auch von der genetischen Veranlagung (genetischen Disposition) für solche quantitativen Merkmale (vgl. 5.4).

Das Interesse an der Nutzung des Kaninchens als Modelltier für wissenschaftliche Aufgaben (52, 54, 55, 174) ist auch in jüngster Zeit ungebrochen (169), wobei neueste Methoden der Molekulargenetik und Reproduktionsphysiologie genutzt werden. So sind Fortschritte bei der Genlokalisation (Genkartierung) erreicht worden (84, 129, 169). Langzeitkonservierung von Sperma und Embryonen, Zellkern- und Embryotransfer, Klonierung und Gentransfer (transgene Kaninchen) u. a. eröffnen neue Einblicke in genetische und physiologische Zusammenhänge.

Mögliche Anwendungsbiete für transgene Kaninchen könnten folgende sein:

- Erzeugung von Pharmazeutika und Enzymen
- Einsatz als Modelle für die humangenetische Forschung
- Förderung des Wachstums von Jungkaninchen

Für die Realisierung solcher Aufgaben sind jedoch noch viele Probleme zu lösen (14).

Erbanlagen können durch Mutation verändert werden. Die betroffenen Organismen bezeichnet man als Mutanten. Eine Modifikation ist hingegen eine durch innere oder äußere Umwelteinflüsse hervorgerufene phänotypische, nichterbliche Veränderung des betreffenden Merkmals. Die Vererbung einzelner Erbanlagen (Hauptgene) vollzieht sich nach den Mendelschen Regeln. In Abb. 75 wird gezeigt, daß bei einer monohybriden Kreuzung der für ein bestimmtes Merkmal reinerbigen (homozygoten) Eltern in der Nachkommengeneration (F_1) Kaninchen gleichen Geno- und Phänotyps entstehen (1. Mendelsche Regel). Kreuzt man die mischerbigen (heterozygoten) Bastarde untereinander, so spalten die Nachkommen (F_2 -Generation) entsprechend der 2. Mendelschen Regel im Verhältnis 1:2:1 (intermediärer Erbgang) oder 3:1 (dominanter Erbgang) auf. Bei der dihybriden Kreuzung (Abb. 76) sind die reinerbigen Eltern in den Allelen zweier ungekoppelter Gene verschieden. Dabei werden die Erbanlagen unabhängig voneinander vererbt, so daß sich in der 2. Generation eine größere Anzahl von Geno- und Phänotypen ergibt (3. Mendelsche Regel). Unterscheiden sich die Eltern in drei Merkmalen, so führt dies theoretisch zu 64 Möglichkeiten der Gestaltung des Genotyps (trihybride Kreuzung). Drei oder noch mehr Merkmale berücksichtigen zu wollen, ist Rassekaninchenzüchtern nicht anzuraten, denn die Kombinationsmöglichkeiten sind kaum überschaubar, und für die Nachzucht benötigt man eine immense Aufzuchtkapazität.

Die Allele werden durch die sog. Gensymbole dokumentiert, wobei dominante Allele mit großen Buchstaben, rezessive mit kleinen bezeichnet werden. Seit den grundlegenden Arbeiten von NACHTSHEIM (131) ist es bei uns zur Gewohnheit geworden, die von diesem Autor verwendeten Gensymbole bei der züchterischen Arbeit zu berücksichtigen. Der Verfasser hat jedoch schon vor längerem den Standpunkt vertreten (176), daß es im Sinne der internationalen Zusammenarbeit vorteilhafter wäre, eine weltweite Übereinkunft zu den Gensymbolen zu treffen, da z. B. im englischen und französischen Sprachraum andere Bezeichnungen der Gene gelten. Auf diese Weise würde die Vergleichbarkeit genetischer Analysen international erleichtert, auch im Hinblick auf homologe Fellfärbungen bei anderen Haustieren (23, 144). Im deutschen Schrifttum (41, 75, 138, 139, 188, 224 u. a.) sind aber für Fellfarben und Haarstruktur nach wie vor überwiegend die von NACHTSHEIM geprägten Gensymbole in Gebrauch, und sie werden deshalb auch für dieses Handbuch verwendet. In Tab. 19 sind zum Vergleich auch die von FOX (56) zusammengestellten Gensymbole aufgeführt. Die von HOCHSTRASSER (237, 238) zusätzlich vorgeschlagenen Gensymbole bedürfen noch der Diskussion.

5.1 Vererbung von Fellfarben und Haarstruktur

5.1.1 Fellfärbung und -zeichnung

Die Fellfärbung ergibt sich durch das Wirken mehrerer Farbzonen des Deckhaares. Es sind für jedes Haar 3 bis 4 Zonen vorhanden, wobei die Unterfarbe meist 2/3 der Haarlänge ausmacht; Zwischen- und Deckfarbe folgen. Beim Wildkaninchen ist die Unterfarbe Dunkelblau, die Zwischenfarbe Gelbbräunlich, und die Deckfarbe zeigt schwarze, braune und gelbliche Haarspitzen. Die Pigmentierung einzelner Farbzonen kann durch Mutationen beeinflußt werden, so daß sich die Gesamtfärbung des Felles mitunter entscheidend verändert.

Die für eine Rasse oder Farbschlag typische Fellfärbung oder -zeichnung entsteht beim Kaninchen durch das Zusammenwirken mehrerer Gene. Für die Fellfarbe des wildgrauen Kaninchens gilt die Erbformel ABCDG/ABCDG, wobei die Allele jeweils zu gleichen Teilen von den beiden Eltern auf die Nachkommen weitergegeben werden (sind die Allelreihen gleicher Zusammensetzung, wird wegen leichterer Lesbarkeit meist nur eine der beiden vermerkt). Es können bei anderen Farbschlägen noch modifizierende Erbanlagen hinzukommen, wie weiter unten erläutert wird. Insgesamt folgt die Vererbung der Fellfärbung den Mendelschen Regeln.

Die folgende Übersicht gibt darüber Aufschluß, welche Bedeutung die fünf Erbanlagen ABCDG für die Fellfärbung haben.

A – Allel für Pigmentbildung; a - pigmentlos (wenn homozygot, werden Wirkungen anderer Farballele unterdrückt; somit aa - Albino)

G – Pigmentverteilung auf dem Haar (Zonenbildung); g - keine Zonenbildung, einfarbig (somit gg - schwarz)

D,C,B – Allele für Pigmentbildung; d, c, b bewirken Aufhellung der Farbe (von d bis b zunehmend)

Einige Gene können sich, als Auswirkung von Mutationen, zu mehr als zwei unterschiedlichen Allelen verändern, eine Erscheinung, die man als multiple Allelie bezeichnet. Das erste Beispiel für Kaninchen und für die Genetik überhaupt war die bereits 1905 von Castle (30) analysierte Fellfärbung des Russenkaninchens, wonach das Allel dem Gen A zuzuordnen ist, das bisher sechs Allele umfaßt, die man als Albinoserie bezeichnet.

A – pigmentiert; a^{d} - dunkelchinchilla; a^{chi} - chinchillafarben; a^{m} - (dunkel) marderfarben; a^{n} - russenfarben; a - albino

Sie zeigt eine vom Allel A fortschreitende Aufhellung der Pigmente (Wegfall von Farbzonen), bis hin zum Teilalbino (Russenkaninchen, Kalifornier) und zum Albino. Jedes Allel ist über das ihm nachfolgende dominant (A » a^{d} » a^{chi} » a^{m} » a^{n} » a).
Als Beispiele weiterer Erbformeln aus dieser Reihe seien genannt:

a^{m}BCDg/a^{n}BCDg	- Braunmarder
a^{m}BCdg/a^{n}BCdg	- Blaumarder
a^{n}BCDg	- Russenkaninchen, schwarz-weiß
a^{n}BCdg	- Russenkaninchen, blau-weiß

Tabelle 18: Genotyp der Kaninchenrassen und Farbschläge

Rasse	Farbschlag	Genotyp
DR grau	wildgrau	ABCDG
	dunkelgrau	ABCDG
	hasengrau	$ABCDGy_1$ . . .
	hasenfarbig	$ABCDGy_1y_2$ . . .
	eisengrau	AB^eCDG/ABCDG
DR weiß	weiß	aBCDG oder a . . . .
DRSch	schwarz-weiß	ABCDgK/ABCDgk
	blau-weiß	ABCdgK/ABCdgk
	havannafarben-weiß	ABcDgK/ABcDgk
DW	wildgrau	ABCDG
	Farbschläge:	entsprechende Rassen
MW	schwarz-silber	$ABCDgP_1P_2$ . . .
	andere Farbschläge:	wie KlS
HGrS	schwarz-silber	$ABCDgP_1P_2$ . . .
GrCh	chinchilla	$a^{chi}BCDG$
MSch	schwarz-weiß	ABCDgK/ABCDgk
	rot-weiß	$AbCDGKy_1/AbCDGky_1$
	blau-weiß	ABCdgK/ABCdgk
EW	Farbschläge:	entsprechende Rassen
DGrS	schwarz-silber	$ABCDgP_1P_2$ . . .
	andere Farbschläge:	wie KlS
Bu	gelbrot	$AbCDGy_1$ . . .
BlW	blau	ABCdg
BlgrW	blaugrau	ABCdG
SchwW	schwarz	ABCDg
WW	weiß	ABCDGx oder A x
GrW	wildgrau	ABCDG
	andere Farbschläge:	wie DR grau
WH	schwarz-weiß	ABCDgK/ABCDgk oder $ABCDgKs_1s_2/ABCDgks_1s_2$
RN	rot	$AbCDGy_1y_2$ . . .
WN	weiß	aBCDG oder a . . . .
GrM	braun	a^mBCDg/a^nBCDg
Kal	schwarz-weiß	a^nBCDg
	blau-weiß	a^nBCdg
	havannafarben-weiß	a^nBcDg
J	schwarz-gelb	$Ab^jCDg(G)$
RhSch	schwarz-weiß-gelb	Ab^jCDgK/Ab^jCDgk
Th	gelbbraun	AbCDg
WG	schwarz	$a^{chi}BCDg^o$
	blau	$a^{chi}BCdg^o$
	braun	$a^{chi}BcDg^o$

Fortsetzung Tabelle 18

Rasse	Farbschlag	Genotyp
Ha	rotbraun	$ABCDGy_1y_2$ . . .
Sa[1]	schwarz	ABCDgsa
Al	schwarz	ABCDg
Hav	dunkelbraun	ABcDg
KlSch	Farbschläge:	wie DRSch
Sep	sandfarben	Abcdg(G)
DKlW	Farbschläge:	wie DW und andere Rassen
KlCh	chinchilla	$a^{chi}BCDG$
DL	rotbraun	$ABCDGy_1y_2$ . . .
MF	hellblau	ABcdg
SaG	rot	$AbCDGy_1y_2$ . . . ($AbCDg^oy_1y_2$)
Rh	schwarz-weiß	$a^{chi}b^iCDG$ (g^0 oder g)
L	bläulich-grau	ABcdG
Pf	blauwildfarben	ABCdG
KlS	schwarzsilber	$ABCDgP_1P_2$ . . .
	gelbsilber	$AbCDGP_1P_2$ . . .
	braunsilber	$ABcDGP_1P_2$ . . .
	blausilber	$ABCdgP_1P_2$ . . .
	havannasilber	$ABcDgP_1P_2$ . . .
	hellsilber	$ABCDgP_1P_2$ . . .
ESch	Farbschläge:	wie DRSch
H	schwarz-weiß	$ABCDgs_1s_2$ . . .
	blau-weiß	$ABCdgs_1s_2$ . . .
	grau-weiß	$ABCDGs_1s_2$
	andere Grau-Typen:	wie DR grau s_1s_2
	thüringerfarben-weiß	$AbCDgs_1s_2$ . . .
	gelb-weiß	$AbCDGs_1s_2$ . . .
	havannafarben-weiß	$ABcDgs_1s_2$ . . .
	japanerfarben-weiß	$Ab^iCDgs_1s_2$ . . .
	fehfarben-weiß	$ABcdgs_1s_2$ . . .
	chinchillafarben-weiß	$a^{chi}BCDGs_1s_2$ . . .
Loh	schwarz-lohfarben	$ABCDg^oy_1y_2$ . . .
	braun-lohfarben	$ABcDg^oy_1y_2$ . . .
	blau-lohfarben	$ABCdg^oy_1y_2$ . . .
M	braun	a^mBCDg/a^nBCDg (a^m . . . . / a . . . .)
	blau	a^mBCdg/a^nBCdg (a^m . . . . / a . . . .)
Si	gelb	a^mbCDg/a^nbCDg
	blau	a^mbCdg/a^nbCdg
SchGr	weiß	$a^{chi}bCDG$ (g^o)
R	schwarz-weiß	a^nBCDg
	blau-weiß	a^nBCdg
WZw	Farbschläge:	entsprechende Rassen

Fortsetzung Tabelle 18

Rasse	Farbschlag	Genotyp
He	weiß (rote Augen)	a . . . . Dw/a . . . .dw
	weiß (blaue Augen)	A . . . . xDw/A . . . . xdw
FbZw	Farbschläge (Grundformel)	ABCDGDw/ABCDGdw
Rex(2)	Castorrex	ABCDGrexy$_1$y$_2$ . . .
	Dalmatiner-Rex:	
	schwarz-weiß	ABCDgKrex/ABCDgkrex
	blau-weiß	ABCdgKrex/ABCdgkrex
	havanna-weiß	ABcDgKrex/ABcDgkrex
	dreifarbenschecke	Ab^{j}CDgKrex/AB^{j}CDgkrex
	Gelb-rex	AbCDGrexy$_1$y$_2$ . . .
	Blaugrau-Rex	ABCdGrex
A	weiß	a v
Fu	schwarz	ABCDgv
		(vergl. S. 113)
FuZw	weiß (rote Augen)	A . . . . vDw/A....dw
	weiß (blaue Augen)	A . . . . xvDw/A....xvdw
	havannafarben	ABcDgvDw/ABcDgvdw

(1) Die Erbformel der nicht aufgeführten Satin-Farbschläge entspricht den jeweiligen Normalhaar-Rassen und ist mit dem Allel . . . . . sa zu ergänzen.
(2) Die Erbformel der nicht aufgeführten Rex-Rassen entspricht den jeweiligen Normalhaar-Rassen und ist mit dem Allel . . . . . rex zu ergänzen.
(3) Punkte repräsentieren beliebige Allele der vier Pigmentgene.

Tabelle 19: Gensymbole für Fellfärbung und Haarstruktur (56, 131; vergl. S. 117)

Merkmal	Gensymbole deutsch	Gensymbole international
Volle Ausbildung d. Pigments	A	C
Dunkelchinchilla	a^d	c^{ch3}
Chinchilla	a^{chi}	c^{ch2}
Marder	a^m	c^{ch1}
Russe	a^n	c^H
Albino	a	c
Dunkeleisengrau	B^{ee}	E^D
Eisengrau	B^e	E^S
Schwarz	B	E
Japaner	b^j	e^J
Gelb	b	e
Schwarz	C	B
Braun	c	b

Fortsetzung Tabelle 19

Merkmal	Gensymbole deutsch	Gensymbole international
Schwarz	D	D
Blau	d	d
Wildfarbig	G	A
Lohfarbig	g^o	a^t
Nichtwildfarbig	g	a
Nichtsilberung	p	Si
Silberung	$P_{1...3}$	si
Punktscheckung	K	En
Nichtscheckung	k	en
Nichtscheckung	S	Du
Gürtelscheckung (Holländer)	$s_{1...3}$	$du^d ... du^w$
Volles Pigment	X	V
Leuzismus (Weiße Wiener)	x	v
Band (normal)	W	W
weites Band (Wildfärbung)	w	w
Gelb (normal)	Y	
Gelbverstärker	$y_{1...3}$	*
Normalhaar	Rex	R^1
Rex-Kurzhaar	rex	r^1
Normalhaar	Dek	R^2
Deutsch-Kurzhaar	dek	r^2
Normalhaar	Nok	R^3
Normannen-Kurzhaar	nok	r^3
Normalhaar	V	L
Langhaar	v	l
Normalhaar	Sa	Sa
Seidenhaar (Satin)	sa	sa

* kein Äquivalent vorhanden

Zur Färbung des Russenkaninchens muß noch hinzugefügt werden, daß außer den genetischen Faktoren auch Umwelteinflüsse wirken. Kälte hat eine dunklere Pigmentierung zur Folge (176).

Das autosomal-rezessive Allel x, das als leuzistischer Faktor bezeichnet wird, führt bei reinerbigen Tieren (xx) zur Pigmentlosigkeit (weiß), auch wenn dominante Farballele vorhanden sind (z. B. ABCDGx). Mit Albinismus (Allele aa) hat der Leuzismus jedoch genetisch nichts zu tun. Albinos haben blaßrote Augen, in denen das Pigment in der Regenbogenhaut (Iris) fehlt. Beim leuzistischen Kaninchen ist nur die vordere Schicht der Iris ohne Pigment, die hintere dagegen nicht. Die Blutgefäße im Augenhintergrund werden somit nicht sichtbar; das Auge erscheint hellblau (Weiße Wiener).

Multiple Allele kommen auch bei den Genen B und G vor (B- und G-Serie). Das Allel B kann außer zu b zu drei weiteren Allelen mutieren.: B^{ee} (dunkeleisengrau), B^{e} (eisengrau), bj (Japaner). Die Dominanzreihe ist hier: B^{ee} » B^{e} » B » b^{j} » b. Das Allel B^{e} führt, wenn als B^{e}/B vorhanden, zum Farbschlag Eisengrau. Solche Tiere sind dunkler als die wildgrauen. Bei Reinerbigkeit (B^{e}/B^{e}) ergeben sich schwarze Kaninchen, mit unterschiedlicher Anzahl von dunkelbraunen Leitharren. Die Zonenbildung der Haarfärbung (Gen G) ist fast völlig aufgehoben. Die Japanerfärbung (b^{j}) (Schwarz und Gelb, unregelmäßig verteilt) zählt zu den ansprechendsten, aber stark variierenden Fellfärbungen.

Treten bei Gelbwildfarbigkeit (AbCDG) im Erbgut modifizierende rezessive Allele y_1, $y_{2...}$ für Rotfärbung hinzu (y-Faktoren), so verstärkt sich die gelbe zur rötlichen Färbung (Rote Neuseeländer, Sachsengold). Hingegen ergeben dominante Allele für Silberung (P_1, P_2 ...) z. B. die für Gelbsilber-Kaninchen typische Fellfärbung ($ABCDGP_1P_2$ ...). P - und y-Allele können somit die Fellfärbung beträchtlich beeinflussen (vgl. Erbformeln der Rassen, Tab. 18).

Die G-Serie besteht aus drei Allelen: G - wildfarbig, g^{o} - lohfarbig, g - nichtwildfarbig (einfarbig). Das Allel g^{o} findet sich z. B. bei Lohkaninchen und Weißgrannen. Es bewirkt eine Aufhellung der Körperunterseite. Die »Lohe« rührt von y-Allelen her. Als Dominanzreihe ergibt sich hier: G » g^{o} » g.

Züchterisch bedeutsam sind die Scheckungsgene. Wir unterscheiden Gürtelscheckung (Plattenscheckung) von der Punktscheckung (Englische Scheckung). Erstere beruht auf der Wirksamkeit eines autosomal-rezessiven Allels s (Holländerfaktor). Es wirkt im Sinne von Verstärkergenen (s_1, s_2 ...). Je nach Genotyp prägt sich somit die Gürtelscheckung, das Rassenmerkmal der Holländer-Kaninchen, sehr unterschiedlich aus. Bei einer Häufung von s-Allelen erscheinen die Holländer-Kaninchen fast weiß. Die Variationsbreite der Scheckung geht aus Abb. 77 hervor. Das erklärt, weshalb die Zucht von Holländer-Kaninchen besondere Anforderungen stellt. Man sieht, daß auch die Hotot-Kaninchen dieser Reihe angehören, wenngleich bei dieser Rasse meist noch Punktscheckungsgene mit im Spiel sind (vgl. Kap. 4.3.2 sowie Tab. 18).

Die Punktschecken (Deutsche Riesenschecke, Englische Schecke u. a.) rühren vom unvollständig dominanten Allel K her. Beim reinerbigen Genotyp K/K treten die sog. Weißlinge auf, die eine nur schwach angedeutete Zeichnung haben. Sie kommen im Mittel zu 25 % unter den Nachkommen aus Schecke x Schecke (K/k x K/k) vor und sind mitunter anfälliger als Wurfgeschwister anderen Genotypes. Paart man jedoch Schecken (K/k) mit Nichtschecken (k/k), so erhält man in der Nachzucht im Mittel 50 % Schecken (K/k) und 50 % Nichtschecken (k/k), aber keine Weißlinge (K/K). Dem Vorwurf, daß die Zucht von Schecken wegen der möglichen Entstehung von Weißlingen eine Qualzucht sei (§ 11b Tierschutzgesetz), kann somit vorgebeugt werden (235). Im Standard wurden nur die spalterbigen Genotypen K/k anerkannt. Jedoch ist das Zeichnungsmuster sehr variabel. Die Zucht von Rassen mit Punktscheckung ist deshalb eine fesselnde Aufgabe für erfahrene Kenner.

Die Vielzahl der Allele ist Ursache für einige Besonderheiten der Fellfärbung (131, 138, 188, 224). Weiße Kaninchen können einen sehr unterschiedlichen Genotyp haben. Wir lernten bereits den Albino (a ....) und den Weißen Wiener (A .... x) kennen. Weiße Kaninchen entstehen aber auch in der Nachzucht (frühestens in der 2. Generation) von Chinchilla - (a^{chi}BCDG) und gelbwildfarbigen Kaninchen, z. B. Sachsengold (AbCDGy_1y_2 ...). Sie haben den Genotyp a^{chi}bCDG. Die beiden Chinchilla-Allele dieser reinerbigen Tiere unterdrücken somit das Gelb (Allele b/b) des anderen Genotyps. Weiße Kaninchen erhält man aber auch aus der Kreuzung von Weißen Wienern (A .... x) mit Russenkaninchen (a^nBCDg). Frühestens in der 2. Generation treten anteilig weiße Albinos der Erbformel a^n ... gx auf.

Abbildung 77: Variationsbreite der Gürtelscheckung beim Kaninchen, vom schwarzen bis zum fast weißen Tier (weitere Zwischenstufen nicht eingezeichnet)

Beispiel für die Ableitung von Erbformeln zur Fellfärbung bei Kaninchen

homozygot (reinerbig)	Wildkaninchen (wildgrau) ABCDG / ABCDG
durch Mutation entstandene Heterozygote (Mischerbige)	Allele für Pigment-bildung: A — Pigment-faktoren: B C D — Pigment-verteilung: G aBCDG / ABCDG — AbCDG / ABCDG — ABcDG / ABCDG — ABCdG / ABCDG — ABCDg / ABCDG wildgrau (aBCDG) — wildgrau (AbCDG, ABcDG, ABCdG) — wildgrau (ABCDg)
durch Paarung Heterozygoter entstehen u. a. folgende Homozygote	aBCDG / aBCDG — AbCDG / AbCDG — ABcDG / ABcDG — ABCdG / ABCdG — ABCDg / ABCDg ohne Pigment → Albino schwarzes Pigment aufgehellt → gelb- braun- blau- wildfarbig Pigmentverteilung unterbleibt → schwarz
durch Paarung Homozygoter entstehen u. a. folgende Homozygote	AbCDg / AbCDg — ABcDg / ABcDg — ABCdg / ABCdg gelb- (braun) → Thüringer braun- → Havanna blau- → Bl. Wiener

Auch für die schwarze Fellfarbe gibt es mehrere Genotypen. Die Rassen Schwarze Wiener und Alaska haben die Erbformel ABCDg. Bei der Erläuterung der B-Serie wurde bereits auf schwarze Kaninchen hingewiesen, die homozygot für die Allele B^e/B^e sind. Schließlich läßt sich Schwarz als Fellfarbe auch durch den Genotyp a^{chi}BCDg erzeugen. Es versteht sich von selbst, daß sich eine beträchtliche Aufspaltung der Fellfärbung ergibt, wenn man die weißen oder schwarzen Kaninchen der genannten Genotypen miteinander kreuzt.

5.1.2 Haarstruktur

Auch die Haarstruktur wird bei Kaninchen durch mendelnde Gene vererbt. Außer dem Normalhaar sind Langhaar (Allel v), Kurzhaar (Allele rex, dek, nok) und Seidenhaar (Satin, Allel sa) von Bedeutung. Unter Kap. 5.2 ist von pathologischen Haarveränderungen die Rede, die als Erbkrankheiten (genetisch bedingte Defekte) einzustufen sind.

Kurzhaar trat als Merkmal 1919 in Frankreich auf (Castorrex). Später kamen zwei andere Kurzhaartypen hinzu, die dem Rexkaninchen im Erscheinungsbild gleichen. Sie haben jedoch einen anderen Genotyp (Deutsch-Kurzhaar, Allel dek; Normannen-Kurzhaar, Allel nok), was man leicht durch Kreuzung solcher Tiere mit Rexkaninchen (Allel rex) feststellen kann. Es ergeben sich dann in der F_1 stets normalhaarige Nachkommen. Wäre der Genotyp dieser drei Kurzhaarherkünfte identisch, müßte die F_1-Generation auch kurzhaarig sein.

Tabelle 20: Entsprechend den Mendelschen Regeln zu erwartende Ergebnisse bei Paarungen von Merkmals- (M) und Anlageträgern (A)

Autosomal-rezessiv: rezessives Allel, nicht geschlechtsgebunden: (M) x (M) = (M); (A) an Töchter ergibt 1/8 (M); (A) x (A) ergibt 25 % (M), bei 50 % (A); Merkmal kann eine oder mehrere Generationen überspringen.
Autosomal-dominant: dominantes Allel, nicht geschlechtsgebunden: homozygoter (M) x (N) = 100 % (M); heterozygoter (M) x (N) = 50 % (M) usw.; Merkmal in allen Generationen vorhanden.
Geschlechtsgebunden-rezessiv: Allel auf X-Chromosom; (M) je nach Erbanlage der Eltern. Merkmal kann eine oder mehrere Generationen überspringen
Geschlechtsgebunden-dominant: Allel auf X-Chromosom; wenn ein Elter (M), dann immer auch (M)-Nachkommen (Verteilung auf die Geschlechter je nach Erbanlagen der Eltern)

Der Langhaarfaktor (Allel v) ist bekannt durch das Angorakaninchen. Es gibt unterschiedliche Auffassungen zu der Frage, ob auch das Fuchskaninchen dieses oder ein anderes Allel für Langhaarigkeit trägt (139). Das rezessive Allel v ist Ursache dafür, daß die Nachzucht (F_1) aus der Paarung von Angora- und normalhaarigen Kaninchen (Allel V) stets normalhaarig ist (in diesem Fall spalterbig V/v).

Das Satinkaninchen, Anfang der dreißiger Jahre in den USA entstanden, hat mit seinem Seidenhaar großen Anklang gefunden. Auch diese Mutation wird rezessiv vererbt (Allel sa), wie bereits 1936 ermittelt wurde. Ausführliche Hinweise zur Vererbung dieses Merkmals, in Kombination mit unterschiedlicher Fellfärbung, sind von anderer Seite veröffentlicht worden (111).

5.1.3 Reinerbigkeitsprüfungen (Heterozygotietests)

Mitunter ist es wünschenswert und nötig, die Reinerbigkeit eines bestimmten Merkmals (Fellfärbung, Haarstruktur) zu testen oder den Nachweis zu führen, daß die Tiere keine Anlage für Erbkrankheiten (genetisch bedingte Defekte) tragen. Solche Prüfungen, auch Heterozygotietests genannt, sind jedoch sehr aufwendig und lohnen sich, wenn überhaupt, nur für wertvolle Rammler. Man kann mit solchen Tests rezessive Allele aufspüren, die sich im Phänotyp nicht ausprägen. Folgende Möglichkeiten sind gegeben:

a) Anpaarung an die eigenen Nachkommen (Inzuchttest)
b) Anpaarung an einen bekannten Anlageträger
c) Anpaarung an eine Stichprobe der Population (diese Methode ist für Kaninchenzüchter kaum geeignet).

Tritt bei solchen Anpaarungen in der Nachzucht mindestens ein Träger des fraglichen Merkmals auf, ist das zu testende Tier mit hoher Wahrscheinlichkeit ein Anlageträger gewesen. So läßt sich durch Anpaaarung von Angorakaninchen (a .... v) nachweisen, ob die fraglichen Tiere das v-Allel tragen (in der Nachzucht dann vorhandene v/v-Genotypen sind langhaarig). Auf analoge Weise kann man genetisch bedingte Defekte (Erbkrankheiten) aufdecken, die sich rezessiv vererben (vgl. Kap. 5.2).

Es sei jedoch hervorgehoben, daß Heterozygotietests nur für Merkmale in Betracht kommen, deren Erbgang auf mendelnden Genen beruht. Auch dies ist nicht völlig problemlos. So prägt sich z. B. manches Merkmal nicht immer voll bei jedem Tier aus, selbst wenn es sich genetisch um Merkmalsträger handelt (unvollständige Penetranz und Expressivität). Bei polygener Vererbung sind solche Tests nicht möglich. Somit bleiben in der Regel auch all jene Fellfärbungen von solchen Analysen ausgenommen, die auf einer Vielzahl modifizierender Gene fußen (Scheckungsgene, Gelbverstärker, Silberung usw.), ganz zu schweigen von quantitativen Merkmalen (Wachstum, Fruchtbarkeit, Vitalität, Schlachtertrag u. a.).

Für die nach den Mendelschen Regeln verlaufenden Erbgänge gibt es vier Modelle, wobei für Merkmalsträger (M), für bekannte Anlageträger (A) und für Nicht-Merkmalsträger (N) als Abkürzungen gewählt wurden (Tab. 20).

Tabelle 21: Die wichtigsten Erbkrankheiten des Kaninchens

Körperteil	Hauptmerkmale	Bezeichnung	Erbgang	Gen-symbol
Schädel	Wasserkopf	Hydrocephalus	aut.-rez. oder unv. dom. (?)	hy
Kiefer	Oberkiefer-verkürzung	Brachygnathia superior	aut.-rez.; unv. Penetr.	mp
	Verschiedene Anomalien an Zähnen	Zahnanomalien	versch. E.	I2/I2; I2/I2; isup
Augen	»Ochsenauge« Glaukom	Buphthalmie; Hydrophthalmie	aut.-rez.	bu
	grauer Star (unterschl. Trübung)	Katarakt (2 Formen)	aut.-rez. bzw. unv. dom.	cat-1; Cat-2
	Verschmelzung d. Augenhöhlen; Einäugigkeit	Zyklopie	aut.-rez.; Trisomie 13. Chromo-somenpaar	cy
Wachstum	disproportionierter Zwergwuchs	Achondroplasie; Chondrodystrophie	aut.-rez., versch. E.	ac; cd
	proportionierter Zwergwuchs	Nanasomie	aut.-rez.; semidom.	nan; zw Dw
Rumpf	unvollkommene Beckenbildung	Beckenhypoplasie	aut.-rez.	hyp
	Deformation des Hüftgelenks	Hüftluxation	aut.-rez. (?)	lu
	Verbiegung der Wirbelsäule	Skoliose (Kyphose)	polygen	
	offener Wirbelkanal	Spina bifida	aut.-rez.; letal	sb
	Marmorknochen	Osteopetrosis	aut.-rez.	os
	Zwerchfellbruch	Zwerchfellhernie	dihybr. E. (?)	dh-1, dh-2
Extremitäten	Kurzzehigkeit	Brachydaktylie	aut.-rez.	br

Fortsetzung Tabelle 21

Körperteil	Hauptmerkmale	Bezeichnung	Erbgang	Gen-symbol
	»Spreizer«; mangelnde Fortbewegung	Subluxation der Hüftgelenke	unklar	
	Missbildung der Beckensymphyse, Schienbein und Fußknochen; mangelnde Fortbewegung; partiell Langhaar	Multilokuläre Missbildung des Hintergliedmaßenskeletts (181)	unklar, aut.-rez. (?)	
Haut	Hautversteifung	Akromegalie	unklar	
	verminderter Haarwuchs; Haarlosigkeit	Hypotrichosis; Alopezie	aut.-rez.; z. T. letal; versch.Gene	n; f
Organe	unterentw. Geschlechtsorgane	Dysgenese d. Gonaden (Hypogonadismus)	aut.-rez.	hg
	Fehlen einer Niere	Nierenagenesie	aut.-rez.	na
	Färbung des Körperfettes	Gelbfett	aut.-rez.	y
Blutkreislauf	Anomalie der Neutrophilenkerne	Pelgeranomalie	semidom.	Pg
	Veränderungen an Arterien	Arteriosklerose	polygen(?)	
Nervensystem	zeitweise Fortbewegung auf Vorderläufen	Akrobat (12) (39)	aut.-rez	s^{am} ak
	Störung der Bewegungskoordination	Ataxie	aut.-rez.; semiletal	ax
	Schüttellähmung Schüttelbewegung und Bewegungslähmung	Tremor paralytischer Tremor	aut.-rez. g.-geb. rez.	tr pt

Erläuterung der Abkürzungen
aut.-rez. = autosomal rezessiv (nicht geschlechtsgebunden); unv. dom. = unvollständig dominant; semidom. = semidominant (»halbdominant«); Genommut. = Genommutation (Änderung der Chromosomenzahl); unv. Penetr. = unvollständige Penetranz (Manifestierungshäufigkeit); unterschl. = unterschiedlich; g.-geb. = geschlechtsgeb nden; versch. E. = verschiedene Erbgänge; dihybr. E. = dihybrider Erbgang; genet. Disp. = genetis he Veranlagung (Disposition)

5.2 Erbkrankheiten (Genetisch bedingte Defekte)

Erbkrankheiten (auch als genetisch bedingte Defekte oder Anomalien bezeichnet) kommen bei allen Haustieren vor. Beim Kaninchen sind die Kenntnisse hierzu trotz vieler Wissenslücken recht umfangreich, doch muß mancher Befund mit Hilfe moderner Methoden präzisiert werden. Viele der bisher bekannten erblichen Anomalien haben Modellcharakter für die Human- und Haustiergenetik, denn sie treten mit gleichen oder ähnlichen Symptomen auch bei Nutztieren oder Menschen auf (52, 55, 130, 174). Aus züchterischer Sicht verdienen erbliche Defekte zum Teil große Aufmerksamkeit.

In Tab. 21 können aber aus Raummangel nur die bedeutendsten mit ihren hauptsächlichen Merkmalen, dem jeweiligen Erbgang und den von FOX (56) 1994 aktualisierten Gensymbolen angegeben werden, zumal für den Züchter die den Körperbau betreffenden Vorrang vor solchen der inneren Organe oder des Stoffwechsels haben. Zum eingehenden Studium wird auf ausführliche Übersichten verwiesen (21, 55, 99, 100, 130, 138, 166, 176, 233).

Für den Züchter sind Erbkrankheiten der Kaninchen lästig, richtet sich doch die Selektion auf rassetypische Merkmale sowie Leistungseigenschaften, die hohen Anforderungen entsprechen sollen. Erbliche Anomalien mindern zumeist die Fruchtbarkeit und Vitalität sowie das Wachstum. Für die Selektion ist bedeutsam, daß die Defektanlagen in den Teilpopulationen mit sehr unterschiedlicher Häufigkeit vorkommen. Eine von solcher Erblast freie Population ist denn auch – Ausnahmen bestätigen die Regel – eine Illusion, da Anlageträger häufig nicht zu erkennen sind, Paarungen mit einem anderen Anlageträger aber, entsprechend den Mendelschen Regeln, neben weiteren Anlageträgern zumeist auch Merkmalsträger hervorbringen. Somit ist es wünschenswert, Zuchttiere zur Verfügung zu haben, die möglichst wenige Anlagen für Erbkrankheiten tragen.

Man kann aus genetischer Sicht drei Gruppen von Anomalien unterscheiden. Es sind dies

(a) die durch einzelne Gene (monogen) bedingten Defekte

(b) die durch Veränderungen der Chromosomenstruktur oder -satzes hervorgerufenen und

(c) die jeweils durch eine Vielzahl von Genen (polygen) vererbten Anomalien.

Die meisten Erkenntnisse konnten bisher zu monogen bedingten Defekten gewonnen werden, deren Erbgang den Mendelschen Regeln folgt. Es herrschen rezessive, nicht geschlechtsgebundene Erbgänge vor. Chromosomal bedingte Anomalien wurden erst sehr wenige beschrieben. Es ist eine Reihe von polygen vererbten Defekten bekannt. Ihr Anteil ist wesentlich geringer als der von mendelnden Anomalien, doch dürfte es hierbei wegen methodischer Schwierigkeiten eine beträchtliche »Dunkelziffer« geben. Zudem können während der Embryonalentwicklung oder nach der Geburt durch Umwelteinflüsse nichterbliche Mißbildungen entstehen, die den erblichen Defekten im Erscheinungsbild oft sehr nahe kommen.

Abbildung 78: Mißbildung der Hintergliedmaßen sowie partielle Langhaarigkeit bei einem Grauen Wiener (links). Das Vergleichstier ist normalhaarig.

Genetische Analysen werden durch die Komplexität der zu berücksichtigenden Faktoren oft erschwert. Dies zeigte sich auch bei der vom Verfasser und Mitarbeitern versuchten Analyse einer bisher nicht beschriebenen Mißbildung des Hintergliedmaßenskeletts (181, Tab. 21, Abb. 78). Sie trat bei Grauen und Blauen Wienern in sächsischen Zuchten auf. Alle Merkmalsträger erwiesen sich im hinteren Körperbereich als langhaarig, im vorderen dagegen als normalhaarig (nach unserem Überblick wurde eine solch »geteilte« Behaarung im Schrifttum bislang nicht erwähnt). Anlageträger und anlagefreie Tiere waren normalhaarig. Im Hinblick auf die bei den Merkmalsträgern gegebenen Paarungsschwierigkeiten gelang es wegen zu geringer Nachzucht bisher nicht, den Erbgang zu beiden Merkmalen komplex zu klären (die Anomalie scheint einem rezessiven Erbgang zu folgen, doch bleibt die Ursache des Zusammenhangs mit Langhaarigkeit noch im dunkeln).

Ein weiteres Problem ist die mitunter nicht hinreichende Erkennbarkeit der Anomalie, obwohl entsprechende Anlagen vorhanden sind. So stellte sich z. B. bei der erblichen Oberkieferverkürzung (Abb. 79) heraus (53, 76), daß rd. 20 % der Tiere diesen Defekt nicht ausbilden, obwohl sie reinerbig für diese Anlage sind und im Grunde Merkmalsträger sein mußten (unvollständige Penetranz).

Die Analyse von Erbgängen wird auch dann erschwert, wenn sie nur auf Daten einer geringen Tierzahl beruht. Es ist dann mitunter nicht auszuschließen, daß die Mißbildungen auch durch innere und äußere Umwelteinflüsse entstanden sein können (Abb. 80). Treten Erbkrankheiten in einer Population auf, so lassen sich Pedigree-Analysen (Stammbaum), Analyse von Familiendaten sowie Zuchtversuche (Segregationsanalysen) anwenden. Dabei vergleicht man die Zuchtergebnisse mit den vier

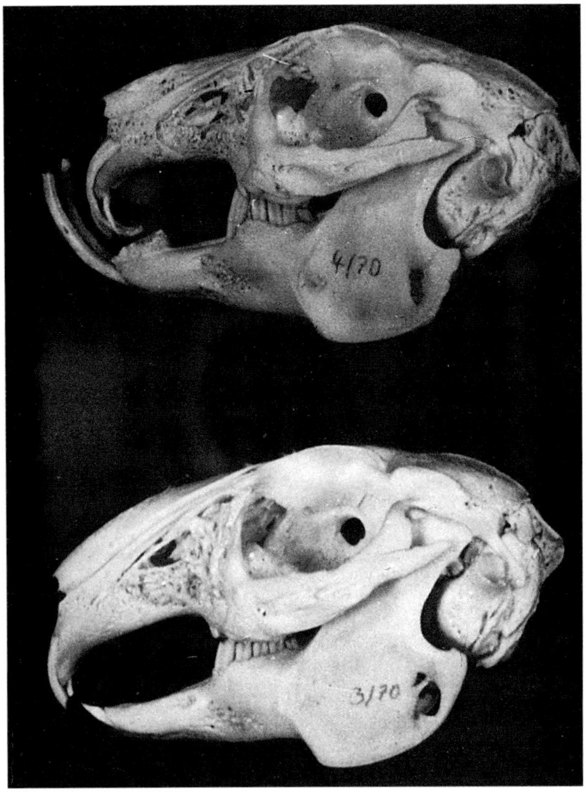

Abbildung 79: Schädel eines Kaninchens mit Oberkieferverkürzung (oben) und normaler Ausbildung des Gebisses (unten)

Abbildung 80: Jungtier mit Bewegungsstörungen (»Spreizer«)

Modellen der von den Mendelschen Regeln her bekannten Aufspaltung der Merkmale in der Nachkommenschaft (Tab. 20): rezessiver Erbgang, dominanter Erbgang, geschlechtsgebunden-rezessiver Erbgang, geschlechtsgebunden-dominanter Erbgang. Tests zur Ermittlung von Anlageträgern können sich anschließen, um Tiere, die Defekte vererben, aus der Zucht zu entfernen. Hierfür gibt es eine Reihe von Testverfahren (Reinerbigkeitsprüfungen, vgl. Kap. 5.1.3). Es muß dabei jedoch genügend Aufzuchtkapazität für eine angemessene Zahl von Nachkommen zur Verfügung stehen. Weitreichendere Verfahren lassen sich nur in wissenschaftlichen Institutionen oder größeren Zuchtbetrieben anwenden: biochemische Tests, Untersuchungen an den Chromosomen, Analysen an Genen (23). Die verstärkte Nutzung molekulargenetischer Methoden erklärt denn auch, weshalb das Interesse in letzter Zeit besonders biochemischen und physiologischen Defekten gegolten hat.

Ist der Erbgang der betreffenden Anomalie geklärt, so können die Ergebnisse der Selektion zugrunde gelegt werden. Gelingt es, die Anlageträger zu ermitteln, läßt sich dieser Defekt im Tierbestand tilgen. Sind die Anlageträger nicht bekannt, ist dennoch das Wissen um den Erbgang für die Züchtungsplanung von großem Nutzen.

5.3 Bewertung der Rassemerkmale und des Körperbaus

Die Beurteilung der Rassemerkmale und des Körperbaus, entsprechend den im Einheitsstandard (232, einschl. Änderungen 2000) niedergelegten Kriterien, ist für jeden passionierten Rassekaninchenzüchter eine wichtige Voraussetzung, um mit seinen Tieren bei Tischbewertungen und Schauen den Anforderungen voll entsprechen zu können. Ohne einem übertriebenen »Formalismus« das Wort reden zu wollen, ist die gediegene Körperbeurteilung der Tiere doch einer der Gründe für das hohe Niveau der Rassekaninchenzucht. Sie trägt entscheidend dazu bei, die Zucht von Kaninchen mit hervorragender Konstitution und typischen Rassemerkmalen zu fördern. Man muß diese Bestrebungen unterstützen, obwohl nach bisherigen Erkenntnissen bei einer Reihe von Merkmalen ein Zusammenhang zu bestimmten Leistungseigenschaften nicht gegeben ist. Richtungweisend für künftige Aufgaben sind jedoch die von JOPPICH (75) vor drei Jahrzehnten geäußerten Gedanken zur Ergänzung der Formbeurteilung durch die Bewertung von Leistungseigenschaften (Genotyp, Abstammung, Erbwertermittlung, Eigenleistung, Nachzucht).

Die Beurteilung der Tiere wird durch erfahrene Preisrichter vorgenommen, die das Erscheinungsbild der Kaninchen mit den Forderungen des Standards vergleichen. Dabei werden, unterschiedslos bei allen Rassen, Körpergewicht, Körperform und -bau, Fell bzw. Wolle, besondere Rassemerkmale sowie der Pflegezustand durch Vergabe von Punkten (insgesamt 100 Punkte) bewertet. Es werden Wertnoten vergeben:

97 – 100	Punkte	vorzüglich
93 – 96,5	Punkte	sehr gut
89 – 92,5	Punkte	gut
85 – 88,5	Punkte	befriedigend
< 85	Punkte	nicht befriedigend

Körperteile
1 Stirn
2 Nasenrücken
3 Nasenöffnung
4 Lippen
5 Kehlgegend
6 Backe
7 Wacken
8 Schulterblattknorpelgegend
9 Schulterblattgegend
10 Rücken
11 Lende
12 Flanke
13 Kreuzgegend (Kruppe)
14 Ferse
15 Mittelfuß
16 Hinterzehen
17 Bauch
18 Ellenbogengegend
19 Unterarm
20 Vorderzehen
21 Oberarmgegend
22 Vorderbrust

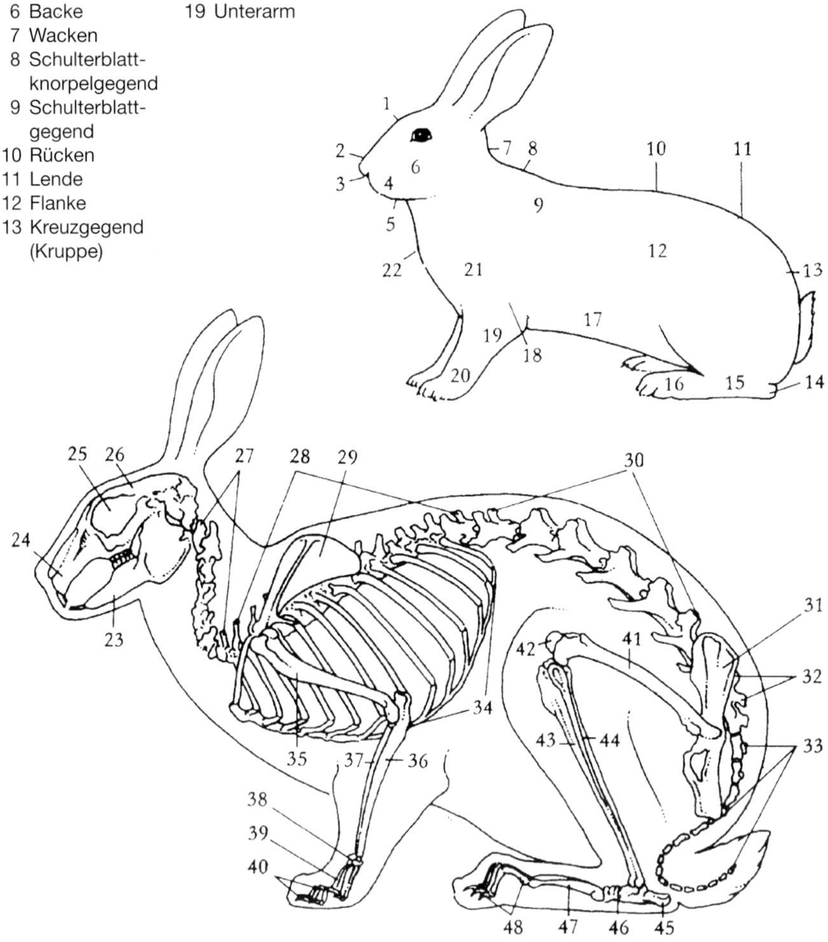

Skelett
23 Unterkiefer
24 Oberkiefer
25 Augenhöhle
26 Stirnbein
27 Halswirbel
28 Brustwirbel
29 Schulterblatt
30 Lendenwirbel
31 Darmbein
32 Kreuzbein
33 Schwanzwirbel
34 Rippenbogen
35 Oberarmbein
36 Elle } Unterarm
37 Speiche } Unterarm
38 Vorderfußwurzel
39 Vordermittelfußknochen
40 Vorderzehen
41 Oberschenkelbein
42 Kniescheibe
43 Schienbein } Unterschenkel
44 Wadenbein } Unterschenkel
45 Fersenbein
46 Fußwurzelgelenk
47 Mittelfußknochen
48 Hinterzehen

Abbildung 81: Bezeichnung der Körperteile und des Skeletts (101)

Es wird eine Bewertungsurkunde für jedes Tier ausgestellt, die Aufschluß über die für die Körpermerkmale vergebenen Punkte gibt. Sie wird auch am Ausstellungskäfig angebracht.

Neben dem Körpergewicht werden vor allem Merkmale des Körperbaus beurteilt. Man bevorzugt einen walzenförmigen, gleichmäßig breiten Rumpf, der sich im vorderen Bereich nicht wesentlich verjüngen darf. Der Geschlechtstyp zeigt sich vor allem im massigen Rammler- oder feinen Häsinnenkopf. Wammenbildung ist in der Regel unerwünscht. Ist sie zugelassen, so sind Doppel-, Zottel- und Schiefwammen zu beanstanden.

Als schwere Fehler gelten vor allem vollständige Abweichungen vom Rassetyp. Was die »Rückenlinie« angeht, sind abschüssiger Rücken, aufgeworfener Fischrücken, eingefallener Senkrücken, steilrückiges Becken sowie hochstehende Schultern fehlerhaft. Es wird eine korrekte Stellung der Läufe verlangt. Kuhhessige Hinterläufe, O- und X-beine, durchgedrückte Läufe werden »gestraft«. Mangelnder Geschlechtstyp, Hängeohren (auch einseitig) – Widder ausgenommen –, körperliche Mißbildungen, Biß- oder Rißwunden sowie schiefe Blume führen gleichfalls zum Ausschluß.

Bei der Bewertung des Fellzustandes sind Normalhaar-, Kurzhaar- und Langhaarrassen zu unterscheiden. Es gelten jeweils spezifische Anforderungen. Normalhaarige Kaninchen müssen ein dichtes Fell (dichte Unterwolle) aufweisen. Die Begrannung soll über den ganzen Körper gleichmäßig verteilt sein. Bei vielen Rassen bestehen für die Fellgüte zudem noch spezielle Forderungen. Als schwere Fehler gelten vor allem spärliche Unterwolle, starke Haarung, Kahlstellen, Langhaar (bei Normalhaarrassen) und fehlende Spürhaare.

Bei Kurzhaarrassen ist die Dichte der Wollhaare für die Qualität des Felles von großer Bedeutung. Die Grannenspitzen dürfen über die Wollhaare nicht mehr als 1 mm herausragen. Bei Angorakaninchen ist die Wollhaardichte ebenfalls vorrangiges Kriterium. Sie bestimmt, in Verbindung mit dem Grannenflaum und den Grannenhaaren, die Wollmengenleistung und den Wert der Wolle. Als durchschnittliche Mindestwollänge wird bei Ausstellungen eine solche von 3,5 cm gefordert.

Zur Bewertung sind auch Jungtiere, Häsinnen mit Jungtieren sowie Neuzüchtungen zugelassen, letztere jedoch nur auf Schauen (Landes- und Zentralverbandsschauen).

5.4 Vererbung von Leistungsmerkmalen

5.4.1 Genetische Kennwerte (Parameter)

Wie unter Kap. 5.1 erörtert, wird die phänotypische Ausprägung der Fellfarben und der Haarstruktur durch einzelne Gene bestimmt, die entsprechend den Mendelschen Regeln auf die folgende Generation übertragen werden. Den quantitativen Merkmalen, worunter man die mit Hilfe geeigneter Kennwerte meßbaren Leistungseigenschaften (Vitalität, Fruchtbarkeit, Mast- und Schlachtleistung, Woll-

Tabelle 22: Erblichkeitsgrad (Heritabilität) für ausgewählte Leistungseigenschaften bei Kaninchen – nach (95), ergänzt –

gering $0,01 < h^2 < 0,20$	mittel $0,20 < h^2 < 0,40$	stark $0,40 < h^2 < 0,60$
Wurfgröße (bei Geburt und Absetzen)	Indiv. Gewicht (ab 35. Lebenstag)	Schlachtertrag
Vitalität der Jungtiere	Tägliche Gewichtszunahme (nach Absetzen oder von Geburt bis Schlachtalter)	Teilstücke des Schlachtkörpers
Absetzgewicht/Tier	Futterverwertung (nach Absetzen)	Gewebeanteile (Fleisch, Fett, Knochen)
Absetzgewicht/Wurf		Wollertrag (Angora-Kaninchen)
Fruchtbarkeit und Säugeleistung	Wachstum und Futterverwertung	Schlachtleistung Wollleistung

menge u. a.) einzuordnen hat, liegen dagegen die Wirkungen einer großen Zahl von Genen und Umwelteinflüssen zugrunde (236). Sie sind im Tierbestand durch ihre jeweilige Variabilität zu charakterisieren, wie man in den unterschiedlichen Leistungen der Kaninchen in der eigenen Zucht feststellen kann.

Für die Züchtungspraxis ist deshalb die Anwendung populationsgenetischer Grundsätze unerläßlich. Dabei werden, unter Nutzung populationsgenetischer Grundmodelle, genetische Kennwerte (Parameter) zur Charakterisierung der genetischen Struktur einer Population ermittelt. »Man geht dabei von der Annahme aus, daß sich die quantitativen Leistungsmerkmale eines Zuchttieres aus verschiedenen Komponenten zusammensetzen, und zwar aus der Durchschnittsleistung der jeweiligen Tiergruppe, aus der das betreffende Tier stammt, dem individuellen Anteil als Differenz zum Durchschnitt sowie dem umweltbedingten Anteil, mit dessen Weitervererbung nicht gerechnet werden kann« (188). Die erblichen Komponenten können dabei nur für die Tiergruppe, nicht für das Einzeltier geschützt werden. Die Ermittlung genetischer Parameter ist durch Selektionsexperimente möglich. Dieses Vorgehen gestattet auch den Vergleich von theoretischen Vorhersagen und den im Tierbestand erreichten Ergebnissen. Es werden aus ihnen Schlüsse für die Wahl der Selektionsmethoden gezogen. Ein wichtiger genetischer Kennwert ist der Grad der Erblichkeit (Heritabilität) eines Merkmals. Er ergibt sich als Schätzwert aus dem Verhältnis der genotypischen zur phänotypischen Varianz, d. h. zur gemessenen Variation des Merkmals. Der Heritabilitätskoeffizient wird mit h^2 bezeichnet. Er kann einen Wert zwischen 0 und 1 annehmen. Ein hohes h^2 bedeutet dann, daß der genetische Anteil an der Merkmalsbildung groß ist. In diesem Falle kann man relativ zuverlässig von der Leistung auf den Genotyp schließen, und die Selektion auf der Grundlage von individuellen Leistungen der Tiere erscheint als erfolgversprechend. Bei geringem h^2 ist hingegen der Umwelteinfluß beträchtlich. Leistungssteigerungen sind in diesem Fall vor allem zu erreichen, wenn die Umweltbedingungen verbessert werden, während Auslese nach der Leistung des Einzeltieres nicht anzuraten ist. Als Ausweg bietet sich die Familienselektion an, wobei dann z. B. Geschwisterleistungen für die Selektion auszuwerten sind. Es gibt eine Reihe von Gründen, weshalb das geschätzte h^2 jeweils nur für die betreffende Population und zum Zeitpunkt der Ermittlung gilt. Wenn sich die Zusammensetzung des Tierbestandes oder die Fütterungs- und Haltungsbedingungen ändern, so bleibt dies nicht ohne Einfluß auf diesen genetischen Kennwert. Eine Übersicht über durchschnittlich zu erwartende h^2 -Werte für verschiedene Leistungseigenschaften wird in Tab. 22 gegeben.

Des weiteren müssen die genetisch bedingten Beziehungen (genetische Korrelationen) zwischen den Merkmalen beachtet werden. Quantitative Merkmale beeinflussen einander, und solche Beziehungen sind bisher nur zum Teil aufgeklärt. Wird auf ein bestimmtes Merkmal selektiert, wirkt sich das somit mehr oder weniger auch auf andere Leistungseigenschaften aus. Wenn man z.B. ausschließlich die Zunahme des Körpergewichts als Zuchtziel verfolgt, so ist dies in der Regel nachteilig für die Fruchtbarkeitsleistungen (man bezeichnet solche Zusammenhänge als genetischen Antagonismus). Diese genetische Beziehung scheint aber in ihrem Ausmaß von der Höhe der Fruchtbarkeit beeinflußt zu sein (169). In fruchtbaren Linien ergaben sich niedrige und negative, in weniger fruchtbaren, aber wachstumsintensiven Linien mäßig positive Korrelationen. Eine andere negative Beziehung findet man zwischen Wurfgröße und Einzelgewicht der Jungtiere, eine positive hingegen z.B. zwischen Wurfgewicht und Wurfgröße sowie zwischen Masttagszunahme und Futteraufnahme (95). Deshalb muß bei der Zuchtauslese auch an unerwünschte Nebenwirkungen gedacht werden. Hierbei sind vor allem verminderte Belastbarkeit und größere Krankheitsanfälligkeit zu nennen, denn sie stehen mit einer Reihe anderer Leistungsmerkmale in Beziehung.

5.4.2 Vererbung von Reproduktionsleistungen

Bei den Reproduktionsleistungen (Wurfgröße, Wurfzahl, Säugeleistung u. a.) ist der h^2 -Wert in der Regel nicht besonders hoch, meistens ergibt sich nur ein h^2 von $< 0{,}1$ (169), eine Erscheinung, die wir auch aus anderen Zweigen der Tierzucht kennen. Dies hat Konsequenzen für die Selektion. Zuchtfortschritte sind deshalb am ehesten auf der Basis von Nachkommen- und Geschwisterleistungen zu erwarten. Verschiedene Autoren haben unterstrichen, daß die Beziehungen zwischen der kumulativen Aufzuchtleistung (abgesetzte Jungtiere) bis einschl. 3. Wurf einer Häsin und der Gesamtleistung eng genug sind, um sie für eine »Frühselektion« nutzen zu können. Die Einbeziehung der Zwischenwurfzeit hatte eine höhere Sicherheit der Aussage zur Folge. Es hat sich gezeigt, daß die Wurfzahl eine entscheidende Bedeutung für die Reproduktionsleistung einer Häsin hat.

Der Einfluß des Muttertieres auf die Aufzuchtleistung ist nicht zu unterschätzen, wenngleich große Unterschiede von Rasse zu Rasse und von Tier zu Tier bestehen. Die mütterlichen Komponenten haben einen hohen Anteil an der Gesamtvariation dieses Merkmals. Die Aufzuchtergebnisse werden daher auch aus genetischer Sicht wesentlich von der Säugeleistung bestimmt. Daher wird die Selektion nach dem Aufzuchtergebnis der Häsinnen auch in neuesten Studien als vielversprechend gewertet.

5.4.3 Vererbung von Wachstum und Schlachtkörperqualität

Genetische Studien zur Vererbung der Körpergröße setzten schon in der Frühzeit der klassischen Genetik ein. Es wurde erkannt, daß Wachstum und Körpergröße beträchtlichen genetischen Einflüssen unterliegen, eine Vererbung nach den Mendelschen Regeln aber auszuschließen ist. Genetische Parameter des Wachstums und der Schlachtkörperqualität wurden vor allem erst in den letzten 25 Jahren geschätzt. Dies hängt zweifellos mit dem Umstand zusammen, daß die dafür benötigten größeren Tierbestände in der Rassekaninchenzucht nicht vorhanden waren. Es zeigt sich, daß für das Wachstum (einschl. Körpergewicht) ein mittlerer Erblichkeitsgrad angenommen werden kann, wogegen für Merkmale der Schlachtleistung meist ein hoher geschätzt wird (vgl. Tab. 22). In einer neueren dänischen Studie an Dänischen Weißen Kaninchen ergab sich an Hand der genetischen Kennwerte, daß eine Selektion nach der Wachstumsleistung von Geburt bis zum Schlachtalter vergleichsweise am effektivsten zu sein scheint. Sie erwies sich auch für die Schlachtleistung als vorteilhaft (214). Anderseits kommt auch das nach dem Absetzen erreichte Wachstum für eine erfolgversprechende Selektion in Betracht (169).

Auch die Futterverwertung, worunter man das Verhältnis der aufgewandten Futtermenge (in kg) zur Zunahme des Körpergewichts (in kg) versteht, unterliegt genetischen Einflüssen. Es ist dabei jedoch zu berücksichtigen, daß zwischen den Rassen und Tierbeständen bedeutende Unterschiede in diesem Leistungsmerkmal festzustellen sind. Für den Rassekaninchenzüchter genügt es, durch Selektion das Wachstum zu fördern, wobei dann auch indirekt die Futterverwertung verbessert wird. Es bleibt künftigen Studien an größeren Tierbeständen überlassen, ob die indirekte Methode zur Verbesserung der Futterverwertung am effektivsten ist oder eine direkte Selektion auf dieses Merkmal angestrebt werden sollte.

Eine Selektion auf Steigerung der Schlachtleistung ist wegen des hohen h^2-Wertes lohnend. Es scheint sogar möglich zu sein, auf Änderung der morphologischen Zusammensetzung eines Schlachtkörpers, bei gleichem Schlachtalter oder gleichen Mastendgewichten, zu selektieren. Züchterische Fortschritte zur Verbesserung der Fleischleistung sind bei Anwendung effektiver Selektionsmethoden relativ schnell zu erhalten (vgl. Kap. 5.5). So ist es sinnvoll, in der kommerziellen Kaninchenzucht neben Linien für die Reproduktion auch solche Linien zu züchten, die auf Merkmale der Mast- und Schlachtleistung selektiert werden. Dabei ist aber zu berücksichtigen, daß auch bei Kaninchen die Merkmale der Fruchtbarkeit und Mastleistung als genetische Antagonismen gelten. Somit sollten Linien, die vornehmlich auf Mast- und Schlachtleistung selektiert werden, in jedem Fall auch Mindestanforderungen an die Reproduktionsleistungen erfüllen, will man die Ökonomie des Zuchtbetriebs nicht in Frage stellen.

5.5 Zuchtmethoden

In diesem Beitrag teilen wir die Zuchtmethoden, in Anlehnung an die ältere, aber den Rassekaninchenzüchtern vertraute Systematik, in Reinzucht und Kreuzungszucht ein. In neuerer Zeit werden hierfür auch die Begriffe Auslesezüchtung und Hybridzüchtung gebraucht. Eine Zwischenstellung nimmt die Kombinationszüchtung ein, wozu die Veredlungskreuzung (Meliorationszucht), Verdrängungkreuzung (Absorptionszucht), Rassenbildung sowie Züchtung von synthetischen Linien gehören. Jede Zuchtmethode ist mit Selektion und Verpaarung von Tieren verbunden.

Die Zuchtmethoden, durch unterschiedlich vorherrschende Genwirkungsweisen charakterisiert, spiegeln das methodische Grundanliegen wider, das durch verschiedene Zuchtverfahren umgesetzt werden kann. So sind für Reinzucht vornehmlich die Ausschöpfung additiver Geneffekte (additives Zusammenwirken der Gene), für die Kreuzungszucht dagegen nichtadditive Genwirkungen (durch Dominanz und andere Wechselwirkungen geprägtes Verhältnis der Gene) bestimmend. Das Zuchtziel, die Spezifika der Selektionsmerkmale sowie das Verpaarungssystem sind entscheidend für die Wahl der Zuchtmethode. Wenn es ein Zuchtprogramm erfordert, können sowohl Reinzucht wie auch Kreuzungszucht, aufeinander abgestimmt, genutzt werden. Reinzucht ist die Grundlage für die Kreuzungszucht.

5.5.1 Reinzucht

Reinzucht wird hier als Zucht innerhalb einer Rasse oder eines Farbschlages verstanden. Es sind dabei Zuchtverfahren in Anwendung, die auf Verpaarung gleicher oder verwandter Kaninchen beruhen. So lassen sich Familien-, Gruppen-, Linien- oder Inzuchtlinienzucht unterscheiden, wobei die Homozygotie (Reinerbigkeit; gleichstrukturierte Allele) an unterschiedlichen Genorten in dieser Reihenfolge zunimmt.

In der Kaninchenzucht ist besonders die Linienzucht verbreitet. Sie wird hier im Zusammenhang mit dem Problemkreis Inzucht-Inzuchtlinienzucht erörtert, da sie gleichfalls mehr oder minder mit einer Zunahme des Inzuchtgrades verbunden ist.

Unter Inzucht ist ein Verpaarungssystem zu verstehen, bei dem die verpaarten Tiere untereinander enger verwandt sind als der Durchschnitt der Population. Ingezüchtete Tiere sind somit solche, bei denen die Eltern einen oder mehrere gemeinsame Ahnen haben. In geschlossenen oder kleinen Tierbeständen ist die Inzucht früher oder später unvermeidlich. Man kann ihr durch eine auf wesentliche Leistungsmerkmale gerichteten Selektion sowie durch geeignete Paarungspläne entgegenwirken. Enge oder mäßige Inzucht läßt sich aber auch umgehen. Betreibt man Inzucht, so muß man vor allem die Zuchtgeschichte des betreffenden Bestandes beachten (236).

Der Inzuchtkoeffizient F_x gibt Aufschluß über den Inzuchtgrad:

enge Inzucht	$F_x > 25\,\%$
mäßige Inzucht	F_x 10 - 25 %
schwache Inzucht	$F_x < 10\,\%$

Bei ein oder zwei Generationen Geschwisterpaarung sind $F_x = 25\,\%$ bzw. 37,5 % erreicht, bei Halbgeschwisterpaarung entsprechend 12,5 und 21,8 %. Der Fx -Wert gibt jeweils die durchschnittliche Steigerung der Homozygotie an. Für die Kaninchenzucht empfiehlt sich in der Regel »schwache Inzucht«, wenn man nicht generell die Inzucht meiden will. Für Züchtungsvorhaben mit höherem Inzuchtgrad werden im folgenden Angaben gemacht.

Wer Inzucht anwendet, sollte über die Anfangsgründe der Kaninchenzucht hinaus sein. Man setzt oft auf diese Verpaarungsmethode falsche Hoffnungen. Mit Inzucht geht man stets ein Risiko ein, da bislang keine verläßlichen Voraussagen über ihre Effekte auf die Nachkommen möglich sind. Mit Inzucht ist eine Zunahme der Homozygotie verbunden, doch hängt es stets vom Zufall ab, welche Gene davon betroffen sind. Ohne Zweifel sind bei günstigen Voraussetzungen züchterische Fortschritte zu erwarten, die in einer Festigung erwünschter Erbanlagen bestehen können. Ist die Population aber durch Defektgene (vgl. Kap. 5.2) belastet, so ist mit Inzuchtdepressionen (Minderung vor allem von Leistungen mit niedrigem Erblichkeitsgrad) zu rechnen, und es können sich erbliche Anomalien bei steigendem Inzuchtgrad häufen.

Es sollen vier Möglichkeiten für eine Anwendung der Inzucht aufgezeigt werden, die für die Rassekaninchenzucht oder größere Zuchtbetriebe von Bedeutung sind (164). In der Regel steht nur ein begrenzter Zuchttierbestand zur Verfügung, es sei denn, eine Züchtergemeinschaft oder eine Einrichtung widmen sich umfangreicheren Vorhaben.

Linienzucht

- Konzentration wertvoller Erbanlagen leistungsfähiger Individuen in ihren ingezüchteten Nachkommen

Wenige Zuchtpaare stehen zur Verfügung. Häufig versucht man dann über einen »Stammrammler«, der sich bewährt hat, eine Linie zu begründen, indem man ihn verstärkt zur Zucht verwendet, auch durch Verpaarung mit Nachkommen. In den folgenden Generationen läßt sich, je nach Bestandsgröße, durch Anpaarung an verwandte oder nichtverwandte Tiere (Zukauf) ein Linienaufbau erreichen, der durch nur langsam steigenden Inzuchtgrad gekennzeichnet ist. Unter Nutzung additiver Genwirkungen kann die Erbsicherheit bestimmter Merkmale gefestigt werden. Diese Art der Anwendung von Inzucht hat vor Jahrzehnten in der Großtierzucht eine bedeutende Rolle gespielt. Heutzutage betrachtet man diese Handhabung der Zucht mit Skepsis, da die bei einer Reihe von Merkmalen abnehmende genetische Variation weniger Möglichkeiten für die Selektion bietet. Rassekaninchenzüchter gehen aber bewußt oder unbewußt den aufgezeigten Weg, wenn sie nicht beabsichtigen, in einer Züchtergemeinschaft mitzuwirken. Mit der Zeit steigt dabei der Inzuchtgrad des Tierbestandes an, was dazu führen kann, den ingezüchteten Nachkommen die Erbanlagen für die selektierten Merkmale weiterzugeben. Auf der anderen Seite muß aber auch mit Inzuchtdepressionen (vor allem Fruchtbarkeit und Vitalität betreffend) und genetisch bedingten Defekten gerechnet werden. Es sind dies die zwei Seiten der Inzucht. Erkenntnisse über den Genotyp der zu verpaarenden Tiere, Informationen zur züchterischen Entwicklung des Bestandes sowie umfangreiche Erfahrungen in Zucht und Selektion sind für die Anwendung der Inzucht nützlich.

Diese Art von Linienzucht ist von der geschlossenen Linie zu unterscheiden, bei der ein nicht zu kleiner Tierbestand nach Zuchtschließung (ohne Zukauf fremder Tiere) durch geeignete Verpaarungssysteme zu einer homogenen, aber ausreichend genetischen Variabilität aufweisenden Linie entwickelt wird (bei nur unbedeutender Steigerung des Inzuchtgrades). Die Verpaarungssysteme sind dabei so ausgelegt, daß man Rammler in jeder Generation »rotieren« läßt, d. h. an einen anderen Stamm von Häsinnen anpaart, entsprechend einem vorgegebenen Paarungsplan zur Vermeidung von Inzucht. Dieser Linienaufbau kommt für Zuchtbetriebe und Züchtergemeinschaften in Betracht, die wenigstens 50 Häsinnen halten können. Je größer der Zuchttierbestand, desto geringer ist der je Generation zu erwartende Anstieg des Inzuchtgrades. Es sind viele Varianten solcher »Rotationssysteme« angewandt worden, vor allem in der Geflügel- und Schweinezucht.

Topcross-Verfahren

Hierbei werden ingezüchtete Vatertiere mit Muttertieren verpaart, die weder mit ihnen verwandt noch selbst ingezüchtet sind. Der Inzuchtkoeffizient der Rammler sollte wenigstens 37,5 % betragen, was Nachkommen aus zwei Generationen Vollgeschwisterpaarung oder vier Generationen Halbgeschwisterpaarung entspricht. Die Risiken der Inzucht beziehen sich dann nur auf die Vatertiere und halten sich somit vergleichsweise in Grenzen. Bisher gibt es nur wenige Informationen zur Nutzung des Topcross-Verfahrens bei Kaninchen. Aus anderen Tierzuchtzweigen liegen aber vielversprechende Resultate vor, so daß anzunehmen ist, daß dieses Paarungsverfahren auch für die Kaninchenzucht in Betracht kommt.

Testung von Individuen auf rezessive Gene

Zur Testung von individuen auf rezessive Gene (Erbkrankheiten) kann man auf verschiedene Verfahren zurückgreifen, wie unter Kap. 5.1.3 erläutert wurde. Dabei läßt sich auch die Inzucht zur Aufdeckung unerwünschter Gene anwenden (z. B. Paarung eines Rammlers mit seinen Töchtern). Der Inzuchttest ist aber sehr aufwendig. Weiterhin ist zu bedenken, daß nicht alle Defekte von wirtschaftlicher Tragweite sind. Es kommt noch hinzu, daß sich in den ersten Generationen des Inzuchttests die Anomalien häufen, so daß man sie u. U. nicht alle durch Selektion eliminieren kann. Anderseits ist es ein Irrtum zu glauben, daß dabei sämtliche vorhandenen unerwünschten Erbanlagen bereits nach den ersten Inzuchtpaarungen als entsprechende Defekte entdeckt werden. Ein Inzuchttest gibt nichtsdestoweniger einen aufschlußreichen Einblick in die genetische Belastung eines Zuchttierbestandes oder einer Population. Insofern hat dieser Test für bestimmte Vorhaben einen Sinn. Aus den genannten Gründen ist aber eine »Reinigung der Population von unerwünschten Genen« schwieriger, als man zunächst glaubt.

Inzuchtlinienzucht
- Zucht von Linien mit hohem Homozygotiegrad

Das Zuchtverfahren, das im Rahmen der Reinzucht auf enger und engster Verwandtschaft beruht, ist die Inzuchtlinienzucht. In der Kaninchenzucht wurde bisher, außer bei Verwendung dieses Kleintieres als Modell- oder Versuchstier (52, 56, 84, 174), wenig Gebrauch davon gemacht, da der Aufwand hierfür zu hoch, die Wahrscheinlichkeit, geeignete Kombinationspartner zu finden, sehr gering und mit geschlossenen Linien ein rascherer Erfolg zu erzielen ist. Inzuchtlinien im Sinne der Versuchstierzucht sind solche, die wenigstens einen Inzuchtgrad von 98,6 % aufweisen (z. B. 20 Generationen fortgesetzter Schwester-Bruder-Paarung). Für den Rassekaninchenzüchter ist, wie in der Tierzucht üblich, von einer Inzuchtlinie bereits bei einem bedeutend niedrigeren Inzuchtgrad (37,5 %) die Rede. Die Entwicklung von Inzuchtlinien ist mit Inzuchtdepressionen verbunden. So sind vor allem Fruchtbarkeit und Vitalität betroffen. Durch Inzucht werden die Nachkommen der verschiedenen Ausgangspopulationen genetisch differenziert, so daß in jeder Inzuchtlinie bestimmte Gene häufiger als in anderen homozygot werden. Man kann nicht voraussagen, welche Gene in welcher Generation betroffen sind und ob Linien nach kurzer Zeit wegen ihrer genetischen Belastung ausfallen. Im allgemeinen wird man den Aufbau solcher Linien meiden, es sei denn, man verfolgt das Ziel, durch ihre Kreuzung verstärkt Hybrideffekte (Heterosis) zu nutzen. Heterosis, bei der die Nachkommen höhere Leistungen erreichen, als im Mittel ihre durchgezüchteten Eltern aufweisen, ist sozusagen der Gegenspieler der Inzuchtdepression. Es sind wenige Beispiele für solche Kreuzungseffekte veröffentlicht worden, da die meisten Zuchtprogramme und ihre Ergebnisse nicht zugänglich gemacht werden. Heterosis tritt bei Merkmalen auf, die durch niedrigen Erblichkeitsgrad gekennzeichnet sind, und zwar besonders bei genetisch stark differenzierten Genotypen (Linien). Doch ehe man solche Hybrideffekte nutzen kann, müssen erst durch langwierige Zuchtarbeit kombinierbare Inzuchtlinien gefunden werden, und das ist sehr schwierig, da viele Linien vorzeitig ausscheiden (236).

5.5.2 Kreuzungszucht

5.5.2.1 Kombinationszüchtung

Die Zuchtverfahren der Kreuzungszucht kann man in solche der Kombinationszüchtung und jene der Kombinationskreuzung (Züchtung von Hybriden) unterteilen. Erstere dienen der Ausnutzung additiver Genwirkungen, wie bei der Reinzucht erörtert, doch werden Einkreuzungen anderer Rassen oder Farbschläge vorgenommen. Im Gegensatz dazu sind die Verfahren der Kombinationskreuzung auf die Nutzung der nichtadditiven Genwirkungen ausgerichtet.

Kombinationszüchtung ist angeraten, wenn die für die Selektion erforderliche genetische Variation ausgeschöpft ist oder um bestimmte Zuchtziele zu erreichen, für deren Realisierung die entsprechenden Gene im Tierbestand fehlen. Durch Einkreuzung wird der additive Genbestand erweitert und für selektive Maßnahmen nutzbar. Veredlungskreuzung (Meliorationszucht) bedeutet ein höchstens zweimaliges Einkreuzen einer fremden Rasse oder eines anderen Farbschlages. Als Beispiel hierfür

Tabelle 23: Beispiele für Zwei- und Dreirassenkreuzungen (195)

1. Zweirassen-Kreuzungen		
	Mutterrasse	Vaterrasse
Eigenschaften	klein- bis mittelrahmig (niedriger Erhaltungsfutteranteil)	mittel- bis großrahmig
	überdurchschnittliche Fruchtbarkeit und Aufzuchtleistung	durchschnittliche Fruchtbarkeit
	durchschnittlicher Schlachtwert	überdurchschnittlicher Schlachtwert
	durchschnittliche Tageszunahmen	hohe Tagszunahmen
Rassenbeispiele	Holländer oder Weiße Neuseeländer oder Kalifornier oder Russen	Helle Großsilber oder Großchinchilla oder Riesen oder Deutsche Widder
2. Dreirassenkreuzungen 2.1 Kreuzung zur Erzeugung von Kreuzungshäsinnen (F_1-Mütter) mit höherer Aufzuchtleistung bei relativ niedrigem Erhaltungsfutterbedarf		
	Großmutter-Rasse	Großvater-Rasse
Eigenschaften	klein- bis mittelrahmig überdurchschnittliche Fruchtbarkeit und Aufzuchtleistung	klein- bis mittelrahmig
	durchschnittlicher Schlachtwert	überdurchschnittlicher Schlachtwert
	durchschnittliche Tageszunahmen	hohe Tagszunahmen
Rassenbeispiele	Holländer oder Kalifornier oder Russen	Hasen oder Helle Großsilber oder Weiße Neuseeländer
2.2 Kreuzung zur Erzeugung von Masttieren		
	F_1-Mutter	Vaterrasse
Eigenschaften	hohe Fruchtbarkeit und Aufzuchtleistung (liegen über den Ausgangsrassen, da durch Heterosiseffekte beeinflusst)	großrahmig, überdurchschnittlicher Schlachtwert, hohe Tageszunahmen
	Rahmen liegt zwischen den Paarungspartnern, an der unteren Grenze des mittleren Rahmens	überdurchschnittliche Futterverwertung
Rassenbeispiele	Kreuzung siehe 2.1	Weiße Neuseeländer (schwerer Schlag) oder Deutsche Riesen oder Deutsche Widder

kann die »Veredlung« französischer Angorakaninchen durch deutsche Angorakaninchen gelten.

Wird die Einkreuzung über drei und mehr Generationen fortgesetzt, so nimmt der Tierbestand nach und nach die Merkmale der eingekreuzten Rasse an. Als Modellfall für eine Verdrängungskreuzung (Absorptionszucht) ist in die Geschichte der Tierzucht das Beispiel der Einkreuzung von Wildschweinen in Hausschweine eingegangen, mit dem vor rd. 50 Jahren CLAUSEN in Dänemark überzeugend die gegebenen Möglichkeiten der Änderung des Genbestandes in 4 bis 5 Generationen aufgezeigt hat. So läßt sich auch in der Kaninchenzucht der Genotyp auf diesem Wege in relativ kurzer Zeit wesentlich beeinflussen. Manche »reinerbige« Rasse trägt denn auch Gene, die früher durch Einkreuzung verdrängt wurden, aber immer noch einen geringen Anteil des Genbestandes ausmachen. Hin und wieder prägt sich dies unerwünscht im Erscheinungsbild der Tiere aus.

Ein in der Kaninchenzucht häufig angewandtes Verfahren der Kombinationszüchtung ist die Rassenbildung durch Zusammenführung von Merkmalen mehrerer Rassen in einer neuen Rasse. Ein großer Teil unserer Kaninchenrassen ist auf diesem Wege im Laufe der letzten 120 Jahre entstanden (Blaue Wiener, Thüringer, Alaska, Marburger Feh, Mecklenburger Schecke, Sachsengold, Rheinische Schecke, Separator u.a., vgl. Kap. 4.3). Am Beispiel der Rassenbildungszüchtung wird deutlich, daß nach einer Kreuzungsphase dann wieder zur Reinzucht übergegangen wird, um die Merkmale zu konsolidieren (Nutzung der additiven Genwirkungen).

Die Züchtung synthetischer Linien beruht auf den gleichen Prinzipien, wobei Linien einer Rasse in einer neuen Population zusammengeführt werden, um diesen Genbestand für Züchtungsvorhaben früher oder später nutzen zu können.

5.5.2.2 Kombinationskreuzung

Die als Kombinationskreuzung (Züchtung von Hybriden) bezeichneten Zuchtverfahren haben vornehmlich die Nutzung nichtadditiver Genwirkungen zum Ziel. Sie sind in der Rassekaninchenzucht nur in Form der »Gebrauchskreuzung« anzuwenden, die ohne vorherige Zuchtschließung vorgenommen werden. Bei Auswahl geeigneter Kreuzungspartner lassen sich bei den Nachkommen durchaus Hybrideffekte (Heterosis) erreichen, besonders im Hinblick auf Fruchtbarkeit und Vitalität. Jedoch kann man mit solchen Kaninchen nicht weiterzüchten. Man benötigt somit stets wieder die Ausgangspopulationen, um eine neue Generation von Kreuzungstieren zu erzeugen. Entsprechende Beispiele für Zwei- und Dreirassenkreuzungen sind in Tabelle 23 wiedergegeben.

Die Züchtung von Hybriden für die Fleischerzeugung ist eine Aufgabe der kommerziellen Kaninchenzucht. Es lassen sich Zuchtverfahren der Kombinationskreuzung mit oder ohne Zuchtschließung anwenden. Doch herrscht die geschlossene Linie vor, denn nur auf diese Weise ist die Wiederholbarkeit herausragender Leistungen gesichert. In geschlossenen Linien bleibt der Genbestand erhalten, so daß mit der

Kreuzung solcher Populationen bei den Hybriden Ergebnisse erzielt werden, die weitgehend den Leistungen der im Zuchtbetrieb getesteten Kreuzungstiere entsprechen. Eine gleichbleibende Qualität der Masthybriden aufrechtzuerhalten, ist denn auch die wesentliche Aufgabe bei der Nutzung solcher Zuchtverfahren, unter denen sich vor allem diskontinuierliche Kreuzungen bewährt haben. Dabei werden die Hybriden nicht wieder zur Anpaarung eingesetzt. Hierzu zählen die 2-, 3- und 4-Wege-Kreuzung. Kontinuierliche Kreuzungen, die auf einem Rotationsprinzip der verwendeten Linien beruhen (Rotationskreuzung), sind weniger gefragt, da mit geringeren Hybrideffekten zu rechnen ist.

Es bleibt abzuwarten, ob komplizierte Zuchtverfahren der Kombinationskreuzung, denen wiederholte Selektion auf Kombinationseignung zugrunde liegt, Bedeutung in der Kaninchenzucht erlangen werden. Bei solchen Verfahren werden sowohl die additiven Genwirkungen (Eigenleistung in den Linien) wie auch die nichtadditiven (Kombinationseignung der Linien) bei der Selektion berücksichtigt (RS: rückläufige Selektion; RRS: reziproke rückläufige Selektion). Wie die Erfahrungen aus der Wirtschaftsgeflügelzucht besagen, sollte man solche vielschichtigen und aufwendigen Zuchtverfahren nur dann in Erwägung ziehen, wenn mit »einfacheren« Möglichkeiten der Kombinationskreuzung keine Leistungssteigerung mehr zu erwarten ist.

5.6 Leistungsbewertung

W. Schlolaut

Beim Kaninchen, als Nutztier, sind unter Leistungen die Menge und Qualität der von ihm erzeugten Produkte zu verstehen. Hierzu gehören einmal die zahlenmäßig zu erfassenden sogenannten quantitativen Leistungen, wie beispielsweise Gewicht, Zahl der geborenen oder aufgezogenen Jungtiere je Wurf und Jahr, Fleisch-, Fett- und Wollmenge, Teilstückanteil und Futteraufwand je Kilogramm Zuwachs (Futterverwertung). Zum anderen unterscheidet man qualitative Leistungen wie beispielsweise die Fellfarbe, Merkmale des Körperbaues, Libido und Widerstandsfähigkeit gegenüber Krankheiten.

Anhand der Leistungsbewertung erfolgt die Auswahl von Zucht- und Nutztieren. Bei Angorakaninchen ist die Erfüllung von Mindestleistungen zum Teil die Voraussetzung für die Teilnahme an Ausstellungswettbewerben für leistungsgeprüfte Tiere. Für den Nutzwert haben die quantitativen Merkmale die größte Bedeutung. Dementsprechend gilt ihrer züchterischen Verbesserung seit jeher das größte Interesse. Wie bei den anderen Nutztierarten wurde früher zunächst davon ausgegangen, daß zwischen den Merkmalen des äußeren Erscheinungsbildes und den wirtschaftlich interessanten, quantitativen Leistungsmerkmalen enge Zusammenhänge bestehen. Man glaubte daher, auf die arbeitsaufwendige Erfassung der Leistungen selbst verzichten zu können. Dieser Überlegung lag die Beurteilung der Zuchttiere auf Körungen und Schauen zugrunde und war einst die Begründung für die Durchführung von

Abbildung 82: Die seit 1935 in Deutschland durchgeführten Stationsprüfungen für Angorakaninchen schufen die Voraussetzungen für das hohe Leistungsniveau der deutschen Population. Im Bild der Prüfungsstall an der Hessischen Landesanstalt für Tierzucht, Neu-Ulrichstein, wo die Prüfungen 1998 auf Veranlassung der hessischen Landesregierung engestellt wurden.

Ausstellungswettbewerben, wobei man mit den verschiedenen Rassen auch die Vorstellung spezifischer Leistungseigenschaften verband. Tatsächlich jedoch traf dies nur in relativ wenigen Fällen zu (z.B. Größenwuchs – erzeugte Fleischmenge, Haardichte – Wollertrag, Fellfarbe – Fellqualität).

Selbst in den wenigen Fällen, in denen sich aus dem äußeren Erscheinungsbild Rückschlüsse auf das Leistungsvermögen ziehen lassen, reicht die subjektive, von Einzelpersonen abhängige Beurteilung zum Teil nur aus, um größere Unterschiede im Leistungsvermögen festzustellen. Je höher jedoch die Leistungen und je geringer die Leistungsunterschiede wurden, desto mehr versagte das Auge des Menschen.

Die Problematik der Leistungsbeurteilung anhand von Exterieurmerkmalen wurde darüber hinaus noch dadurch verschärft, daß die Phantasie positive Zusammenhänge vermutete, wo keine bestanden oder diese sich sogar negativ auswirkten. Als Beispiel sei in diesem Zusammenhang auf die starke Bewollung von Kopf und Ohren beim Angorakaninchen hingewiesen (s.Kap.2.3). Obwohl die Problematik dieses Merkmals seit langem bekannt ist, sind Tiere mit einer derartigen Mißbildung noch immer auf Ausstellungen vertreten. Ihr Einsatz in der Zucht verstößt gegen § 11 b (Qualzüchtung) des Tierschutzgesetzes.

Abbildung 83: Die Überbetonung des Wollbehanges an Kopf und Ohren (sogenannter Pudelkopf) ist ein züchterischer Irrweg. Er beeinträchtigt das Wohlbefinden der Tiere durch das eingeschränkte Sehvermögen sowie die erschwerte Regulierung der Körpertemperatur in der zweiten Hälfte des Schurintervalls und erhöht den Anteil an minderwertiger Wolle. Die Ausprägung des Kopfbehanges ist kein Hinweis auf eine hohe Wolleistung.

Die Zahl der die Nutzleistungen des Kaninchens beeinflussenden Einzelfaktoren ist groß (s. Kap. 2, 4, 5 und 7). Die Bestrebungen um eine züchterische Verbesserung der Nutzleistungen stehen daher vor dem Problem, daß sich der züchterische Fortschritt um so mehr verlangsamt, je mehr Eigenschaften bei der Auswahl der Zuchttiere berücksichtigt werden sollen. Dies ist einer der Gründe, weshalb Tiere aus der Rassekaninchenzucht wegen der dort vorrangigen Berücksichtigung äußerer Merkmale geringere Leistungen erzielen als die unter Beschränkung auf die wirtschaftlich wichtigsten Leistungseigenschaften gezüchteten Tiere kommerzieller Zuchtunternehmen. Die Unterschiede werden hierbei noch dadurch vergrößert, daß von letzteren auch die Vorteile von Heterosiseffekten bei Rassen- und Linienkreuzungen genutzt werden. In diesem Zusammenhang sind auch die Angorakaninchen zu nennen, bei denen die Konzentration der Selektion auf eine hohe Wolleistung zu einer Verschlechterung der Fortpflanzungsleistung führte.

Abgesehen davon ist der Erfolg der Zuchtauslese (Selektion) hinsichtlich der Verbesserung von Leistungseigenschaften darüber hinaus noch von den folgenden Voraussetzungen abhängig:

1. Die Schwankungsbreite der zu verbessernden, erblich veranlagten Leistungseigenschaften (genetische Variation) muß innerhalb der Rasse groß genug sein, damit züchterische Maßnahmen erfolgversprechend sein können. Ist dies nicht der Fall, kann versucht werden, die Variationsbreite durch die einmalige Einkreuzung einer anderen Rasse (Veredlungs- oder Meliorationskreuzung) mit besserer Veranlagung zu vergrößern. Dieser Weg wird in der Rassekaninchenzucht beispielsweise zur Verbesserung der Haardichte relativ häufig beschritten.

2.1. Der Erblichkeitsgrad (Heritabilität), d. h. der von der Vererbung abhängige Anteil des Leistungsunterschiedes zwischen Tieren der gleichen Rasse bestimmt den Erfolg der züchterischen Bemühungen. Je höher der Erblichkeitsgrad ist, desto weniger kann die betreffende Leistung durch die Umwelt (z.B. Nährstoffversorgung, Haltung) beeinflußt werden. Andererseits kann der Erblichkeitsgrad erhöht werden, wenn die Leistungen in einer Prüfungsstation erzielt werden und nicht unter unterschiedlichen Umweltbedingungen in den Ställen verschiedener Züchter (Feldprüfung s. Tab. 24). Dies war einst der Grund für die Einrichtung von Stationsprüfungen für Angorakaninchen. Allerdings ist der Erblichkeitsgrad der Wollmengenleistung mit

$$h^2 = 0{,}6 - 0{,}7$$

Tabelle 24: Genauigkeit der Zuchtwertschätzung für die Mastleistung und den Schlachtkörperwert

Art der Leistungsprüfung	Zahl der zusätzlich in der Station geprüften Halbgeschwister	Genauigkeit in % 100 = absolut sichere Schätzung
Eigenleistungs-Feldprüfung	–	37
Eigenleistungs-Feldprüfung	2	41
Eigenleistungs-Feldprüfung	4	44
Eigenleistungs-Feldprüfung	8	47
Eigenleistungs-Stationsprüfung	–	53
Eigenleistungs-Stationsprüfung	2	56
Eigenleistungs-Stationsprüfung	4	57
Eigenleistungs-Stationsprüfung	8	59
Nachkommen-Stationsprüfung	–	
4 Nachkommen	–	49
8 Nachkommen	–	61

Dargestellt an den für Schweine errechneten Werten (63)

Die Stationsprüfung ermöglicht wegen der geringeren Umweltbeeinflussung der Leistungen eine größere Genauigkeit der Zuchtwertschätzung und damit einen schnelleren züchterischen Fortschritt. Die größere Genauigkeit der Nachkommenprüfung wird durch den Nachteil des erst nach dem Zuchteinsatz vorliegenden Ergebnisses und des größeren Platzbedarfs weitgehend aufgewogen.
Die Genauigkeit der Zuchtwertschätzung anhand der von den Eltern erzielten Leistungen liegt unter den hier angegebenen Werten.

bereits verhältnismäßig hoch (185), so daß hier auch Feldprüfungen relativ sichere Informationen für die Zuchtauslese liefern. Der Vorteil der Stationsprüfungen liegt allerdings darüber hinaus in der Erfassung der Futterverwertung sowie in der Möglichkeit einer objektiven Beurteilung der Wollqualität und von Merkmalen der Fruchtbarkeit bei den Rammlern (Libido, Spermaqualität u.a.).

3. Je mehr Tiere für die Auswahl des besten Zuchttieres zur Verfügung stehen, desto günstiger ist wegen der größeren Selektionsschärfe die Chance, ein Tier mit überdurchschnittlicher Leistungsveranlagung herauszufinden bzw. desto größer ist der Leistungsabstand (Selektionsdifferenz) zum Rassendurchschnitt. Die künstliche Besamung bietet hier die Möglichkeit, den Zuchtfortschritt dadurch zu beschleunigen, daß weniger Rammler benötigt werden. Die geringen Bestandesgrößen und das enge Verhältnis von Rammlern:Häsinnen behindern andererseits den Zuchtfortschritt in der Rassekaninchenzucht. Aufgrund des hier anzutreffenden engen Verhältnisses von Rammlern:Häsinnen bleibt das Herausfinden einer optimalen Paarungskombination mehr dem Zufall überlassen als einer systematischen Zuchtarbeit.

4. Vorhandensein erblicher Zusammenhänge zwischen den Leistungsmerkmalen, die durch züchterische Maßnahmen verbessert werden sollen (genetische Korrelationen). Ein positiver Zusammenhang ist beispielsweise vorhanden, wenn sich die Futterverwertung mit der Erhöhung der Tageszunahmen verbessert oder beim Angorakaninchen der Anteil langer Wolle mit der Erhöhung der Wollmengenleistung vergrößert. Eine negative Korrelation besteht dagegen zwischen dem bereits erwähnten stark ausgeprägten Kopf- und Ohrbehang und dem Anteil an langer Wolle sowie der Höhe des Wollertrages überhaupt. Das gleiche gilt für den gedrungenen (blockigen) Körperbau und den geringeren Anteil wertvoller Teilstücke, da der Rücken kürzer ist.

5. Der Genauigkeit, mit der die Fähigkeit eines Zuchttieres die Leistungen seiner Nachkommen zu verbessern, geschätzt werden kann (Zuchtwertschätzung). Dies ist um so zuverlässiger möglich, je höher der Erblichkeitsgrad der betreffenden Leistung ist und je mehr genaue Informationen von Verwandten über die Ausprägung der betreffenden Eigenschaft vorliegen. Wie die Tab. 23 zeigt, läßt sich anhand der vom Tier selbst erbrachten Leistung (Eigenleistung), selbst bei Eigenschaften mit relativ hohem Erblichkeitsgrad, anhand der Ergebnisse einer Feldprüfung nur mit 37%iger Genauigkeit darauf schließen, inwieweit diese Eigenschaften auch vererbt werden. Wesentlich genauer kann der Zuchtwert geschätzt werden, wenn die Leistungen unter einheitlichen Umweltbedingungen in einer Prüfstation ermittelt wurden. Dies erklärt ebenfalls die große Bedeutung der Stationsprüfungen für den Leistungsfortschritt in der Angorakaninchenzucht. Bei Kreis- und Vereinsschurkontrollen kann allerdings die geringere Genauigkeit der Zuchtwertschätzung teilweise durch die größere Selektionsschärfe kompensiert werden, da mehr Tiere geprüft werden können.

HESSISCHE LANDESANSTALT
für Tierzucht
NEU-ULRICHSTEIN
6313 HOMBERG/OHM 1

Prüfungszeugnis

WOLL-LEISTUNGSPRÜFUNG für ANGORA-KANINCHEN

(nach den DLG-Richtlinien, gültig ab 1984)

PRÜFUNG : 31/87 vom: 31.08.87 bis: 30.11.87

BESCHICKER : HELMUT BUSCHNER; MARTIN LUTHER Str.7 ; 5450 NEUWIED 13

TÄTO : R19/05.7.109 Geschlecht: Haesin geb.:5.05.87

I. SCHURERGEBNISSE und FUTTERVERBRAUCH je kg WOLLE

	Wollertrag (Sorte)				Jahreswollertrag (errechnet)				Futter-verbr. je kg Wolle
	1.	2.	Filz	ges.	1.	2.	Filz	ges.	(kg)
absolut(g)	340	153	13	506	1360	612	52	2024	37.35
relativer Anteil der einzelnen Wollsortierungsklassen (%)					67.2	30.2	2.6		
Durchschnittl. Leistungen der gleichgeschlechtlichen Stallgefährten – absolut(g)					1013	320	19	1352	50.04
Durchschnittl. Leistungen der gleichgeschlechtlichen Stallgefährten – relativ(%)					74.7	23.9	1.4		
Abweichung vom gleichgeschlechtlichen PRÜFUNGSDURCHSCHNITT – absolut								+672	-12.69
Abweichung vom gleichgeschlechtlichen PRÜFUNGSDURCHSCHNITT – relativ								150	75

II. GEWICHTSENTWICKLUNG

	Anlieferung (kg)	Vorschur (kg)	Prüfungsschur (kg)
	2.23	3.74	4.63
Durchschnittliches Lebendgewicht der gleichgeschlechtlichen Stallgefährten	1.86	3.27	3.94
Abweichung vom gleichgeschlechtlichen PRÜFUNGSDURCHSCHNITT – absolut			+0.69
Abweichung vom gleichgeschlechtlichen PRÜFUNGSDURCHSCHNITT – relativ			118

NEU-ULRICHSTEIN den, 30.12.87

i.A. LANGE

Abbildung 84: Prüfungszeugnis mit den Ergebnissen der Stationsprüfung. Die absolute Leistungshöhe ist in wesentlichem Umfang von den Umweltbedingungen abhängig. Hinweise auf die Leistungsveranlagung des Tieres gibt erst der Vergleich mit den zur gleichen Zeit und unter den gleichen Bedingungen geprüften Stallgefährten.

Der Informationswert der Vorfahrenleistungen ist geringer zu veranschlagen als der der Geschwisterleistungen. Die Schätzung des Zuchtwertes anhand der Nachkommenleistungen ist zwar der sicherste Weg (Tab. 24). Die Ergebnisse hieraus liegen jedoch erst wesentlich später vor als vom Tier selbst oder den Geschwistern. Außerdem müssen wesentlich mehr Tiere geprüft werden. Das begrenzt zwangsläufig die Zahl der geprüften Tiere, welche für die Zuchtauslese zur Verfügung stehen und verringert somit die Selektionsschärfe.

Grundsätzlich sollten bei der Auswahl von Zucht- oder Nutztieren nur Leistungen miteinander verglichen werden, die unter den gleichen Umweltbedingungen ermittelt wurden. Die genaueste Information liefert hier der Leistungsvergleich von Tieren, welche zum gleichen Zeitpunkt und unter den gleichen Bedingungen gehalten wurden (Stallgefährtenvergleich). Entscheidend ist nicht die absolute Leistungshöhe, sondern die prozentuale Abweichung der erzielten Leistung vom Durchschnitt der gleichzeitig geprüften Tiere (s.Prüfungsbericht der ALP, Abb. 84).

Insofern ist es falsch, bei der Auswahl von Zuchttieren den Vergleich der Leistungen von Feld- und Stationsprüfungen zugrunde zu legen. Selbst zwischen den Prüfungsstationen bestehen erhebliche umweltbedingte Unterschiede, wie die Ergebnisse der Wollsortierung zeigen (s.Kap.2.3). Das gleiche gilt selbstverständlich auch für den Vergleich der Leistungsangaben von Tieren verschiedener Zuchtunternehmen oder Rassen. Daraus resultiert die Bedeutung der an Prüfstationen durchgeführten Nutzwertprüfungen.

In der Großtierzucht und beim Kaninchen auch in kommerziellen Zuchtunternehmen wird der Vielzahl der bei der Leistungsbewertung von Zuchttieren zu berücksichtigenden Gesichtspunkte durch die Verwendung eines Selektions- oder Zuchtwertindex Rechnung getragen. Dieser ermöglicht einen objektiven Vergleich bei der Auswahl von Zuchttieren. Er errechnet sich aus

- dem vom Tier selbst und /oder von seinen Verwandten (Eltern, Voll- und/oder Halbgeschwister) erbrachten Leistungen bei den Leistungsmerkmalen (Zuchtwertteilen), welche bei der Selektion berücksichtigt werden sollen (z.B. Wachstum, Futterverwertung, Fortpflanzung, Wollertrag u.a.)

- dem Erblichkeitsgrad

- dem Umfang, in welchem diese Leistungen die Wirtschaftlichkeit beeinflussen

Als Vergleichsmaßstab dient der Durchschnitt der Indexwerte aller in den Vergleich einbezogenen Tiere (z.B. Rammlerjahrgang, Stallgefährten im Prüfungsdurchgang einer Station). Der Durchschnitt entspricht 100. Tiere mit einem Indexwert unter 100 liegen in ihrem Zuchtwert unter dem Durchschnitt. Liegt der Indexwert darüber, dann ist mit großer Wahrscheinlichkeit anzunehmen, daß das betreffende Tier die wirtschaftlich relevanten Leistungen verbessert.

6 Hilfsmittel für Zucht und Management

von W. Schlolaut

6.1 Kennzeichnung

Die Kennzeichnung beschränkt sich beim Kaninchen in der Regel auf die Zuchttiere, um in Verbindung mit dem Zucht- oder Stallbuch eine schnelle und sichere Identifizierung zu ermöglichen. Sie schafft die Grundlage für züchterische Maßnahmen und die Leistungskontrolle zwecks Überwachung der Wirtschaftlichkeit, sofern die Kaninchenhaltung zu Erwerbszwecken erfolgt.

Folgende Verfahren sind in Anwendung:

Tätowieren – Mittels einer Tätowierzange werden Löcher, als Zahlen oder Buchstaben angeordnet, in die Oberhaut an der Ohrinnenseite gestanzt. In diese wird eine hierfür bestimmte Tätowierfarbe eingerieben, die dann bei der Vernarbung einwächst. Als Beispiel für die Anordnung der Zahlen oder Buchstaben wird auf das Kennzeichnungsschema des Zentralverbandes Deutscher Kaninchenzüchter verwiesen (Tab. 25).

Vorteile: Die Tätowiernarben sind, in Abhängigkeit von der Arbeitsqualität, bei weißer Hautfarbe problemlos lesbar und dauerhaft.

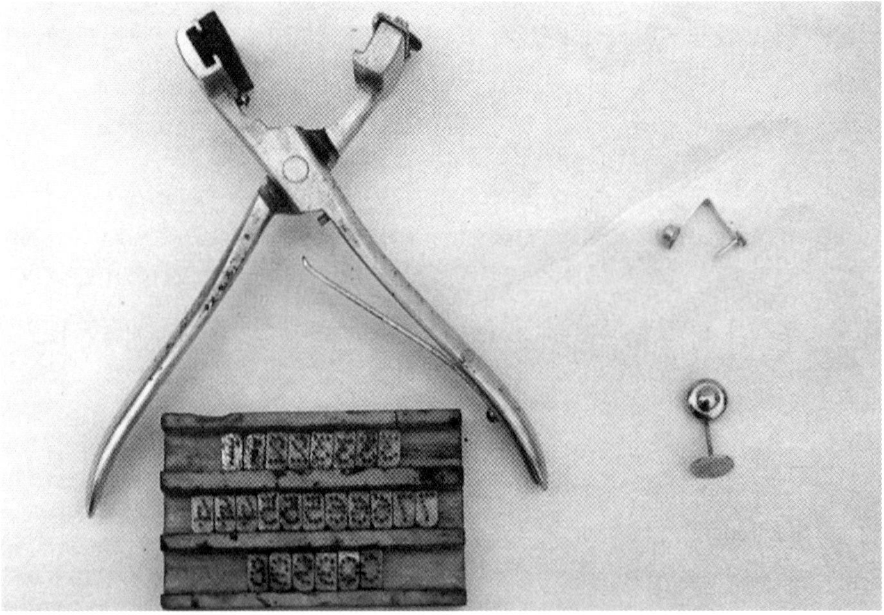

Abbildung 85: Geräte für die Kennzeichnung: Links Tätowierzange mit Zahlen. Rechts (oben): Klammer- und (unten) Knopf-Ohrmarke

Abbildung 86: Tätowierungsbox für die Fixierung bei der Tätowierung und bei Behandlungen.

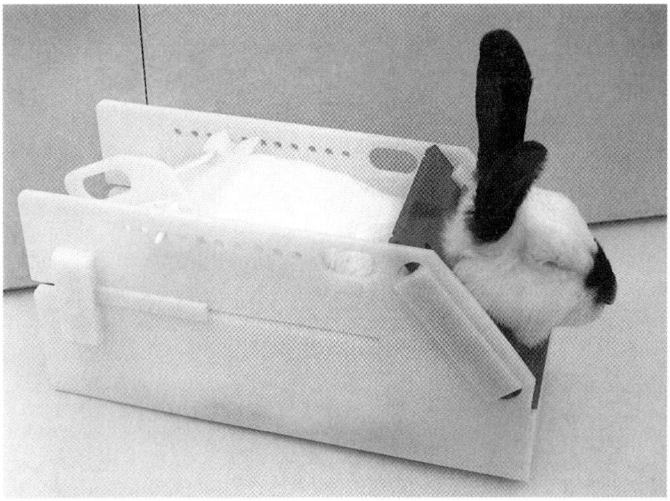

Nachteile: Die Lesbarkeit ist bei pigmentierter Haut erschwert. Die Tätowierung erfordert einen relativ großen Aufwand an Arbeitszeit. Für die Fixierung der Tiere ist eine zweite Person erforderlich oder eine der Größe der Tiere anzupassende Fixierungsbox.

Ohrmarken – Knopf- oder klammerförmige Marken aus Metall oder Kunststoff werden in der oberen oder unteren Hälfte des Ohres an dem nach hinten zeigenden Ohrrand angebracht bzw. bei Knopfmarken in der Mitte des Ohres, neben der zentralen Ohrvene.

Vorteile: Die schnelle Durchführung der damit verbundenen Arbeiten ist auch einer Person allein möglich. Leicht lesbar.

Tabelle 25: Kennzeichnungsschema bei Tätowierung*

Linkes Ohr			
Zahlenfolge:	Geburtsmonat	Jahrgangsendzahl	Eintragungsnummer in Jungtierregister
Beispiel: Tätowierung:	März 3	1981 1	50 50
Rechtes Ohr			
	Buchstabe des Bundeslandes	Vereinsnummer	
Beispiel: Tätowierung:	Hessen-Nassau H	Verein Stadtallendorf 521	

* Entsprechend Handhabung beim Zentralverband Deutscher Kaninchenzüchter (ZdK)

Nachteile: Die Ohrmarken können verlorengehen, insbesondere durch Ausreißen, wenn das Tier damit am Drahtgeflecht des Käfigs oder an der Fütterungs- und Tränkeinrichtung hängenbleibt. Einwachsen der klammerförmigen Marken, wenn beim Einziehen bei Jungtieren nicht das Wachsen der Ohren berücksichtigt wird.

Farbe – Wasserlösliche Farbe, wie sie auch zur Kennzeichnung der Schafe gebräuchlich ist, wird mit Hilfe von Sprühgeräten oder Kennzeichnungsstiften auf das Fell aufgetragen. Wird beispielsweise zur Kennzeichnung von Schlachttieren eingesetzt.

Vorteile: Die Tiere brauchen nicht unbedingt eingefangen zu werden.

Nachteile: Keine dauerhafte Kennzeichnung möglich. Die Farbskala ist begrenzt. Daher ist nur eine beschränkte Differenzierung möglich.

6.2 Stallkarten und Zuchtbuch

Die eine schnelle Information ermöglichende Erfassung der Daten aus dem Einsatz der Zuchttiere und der Überwachung des Betriebsablaufes schafft die Voraussetzungen für den züchterischen ebenso wie für den wirtschaftlichen Erfolg.

Abbildung 87: Die Stallkarten für die Häsinnen können oberhalb der Käfige aufgehangen werden. Farbige Plastikklammern unterhalb derselben weisen auf durchzuführende Maßnahmen hin, wie z. B. Decken, Trächtigkeitskontrolle, Absetzen, Behandlungen oder Merzen (System Zika).

Zika-Basiszucht
Stallkarte für Häsinnen

Häsin:		geb. am		Vater:				Mutter:	
	gedeckt			Anzahl					Bemerkungen
lfd. Nr.	am	von Rammler	Wurftag	lebend	tot	zugesetzt (+) weggesetzt (–)	abgesetzt	Datum	
1									
2									
3									
4									
5									
6									

Zika-Basiszucht
Kontrollliste für Häsinnenbestand

Reproduktionsleistungen für Zeitraum von:							bis:	
Deck- oder Besamungs-datum	♀ in Zucht	♀ gedeckt	Würfe gesamt	Junge			Absetz-datum	Bemerk.
				lebend geb.	tot geb.	abgesetzt		

Abbildung 88: Beispiele für eine Stallkarte für Zuchthäsinnen sowie eine Liste zur Überwachung des Häsinnenbestandes.

Muster einer
Mastkontrollliste **Stall-Nr.**

Tiere eingestellt am: _____ Alter: ___ Tage ___ Gewicht b. Mastbeg. insges. ___ kg

Anfangstierzahl: ________ Gewicht b. Mastende insges. ___ kg

Tierbestand Mastende ___ Alter: ___ Tage ___ Gewicht b. Mastende/Tier ___ kg

Verluste			Futterzuwage		Bemerkungen
Datum	Stück	Durchschn. Gewicht kg	Datum	Gewicht kg	Behandlungen Befunde

Abbildung 89: Mastkontrollliste

Ovator

Käfig/Box-Nr.: ____________ Rasse: ____________

geb.: ____________ Kennz. r.: ______ l.: ______

Vater: ____________ Mutter: ____________

Kontrollkarte für Rammler Ka 3

gedeckt am	Häsin Nr.	Wurf am	Wurfzahl lebend	Wurfzahl tot	gedeckt am	Häsin Nr.	Wurf am	Wurfzahl lebend	Wurfzahl tot

Abbildung 90: Beispiel einer Stallkarte für Rammler

Überwachung der Fortpflanzungsleistung – Der Datenerfassung bei den Zuchttieren dienen die an den Käfigen angebrachten Stallkarten (s. Abb. 85 – 88). Sofern ein entsprechendes Programm vorhanden ist, tritt in größeren Betrieben an deren Stelle das mobile Datenerfassungsgerät, welches die direkte Übertragung in den Datenspeicher eines PC ermöglicht.

Im Produktionsbetrieb kann die Zahl der bei den Häsinnen und Rammlern erfaßten Daten so weit eingeschränkt werden, daß lediglich eine Entscheidung über die weitere Verwendung oder Merzung ermöglicht wird.

Mastkontrolle – Bei den Masttieren kann sich die Datenerfassung darauf beschränken, bei Stichproben das Gewicht der Tiere in einzelnen Käfigen bei der Einstallung und vor dem Schlachten sowie die zugeteilte Futtermenge festzuhalten. Um letzteres zu ermöglichen, ist das Futter sack- oder kübelweise in einem Plastikbehälter vor der betreffenden Bucht/Käfig aufzustellen. Dadurch erübrigt sich eine häufige Zuwaage. Für die Wirtschaftlichkeitskontrolle reicht es aus, wenn lediglich für den jeweiligen Stall insgesamt das Mastfutter und die Schlachtgewichte registriert werden.

Ausstellungstiere – Bei Ausstellungstieren kommt es darauf an, daß sich zur Zeit der Ausstellungsperiode das Gewicht innerhalb des Bereiches von Optimalgewicht (Höchstpunktzahl) und Maximalgewicht bewegt. Die am Käfig/Bucht befestigte Stallkarte dient der Registrierung der bei der Gewichtskontrolle festgestellten Gewichte und der Menge der Kraftfutterzuteilung.

6.3 Leistungs-, Zucht- und Nutzwertprüfungen

Leistungsprüfungen in der Tierproduktion sind Untersuchungen, die der Beurteilung von Zucht- und Nutztieren sowie von Produktionsmitteln dienen. Im einzelnen werden unterschieden:

Zuchtwertprüfungen

Zweck: Schaffung von objektiven Kriterien für die Selektion von Zuchttieren, um im Rahmen der Reinzucht die Leistungen der Nachkommen zu verbessern (s. Kap. 2, 4 und 5).

Wegen der größeren Nachkommenzahl von männlichen Zuchttieren und dem mit Zuchtwertprüfungen verbundenen Aufwand werden zur Beschleunigung des Zuchtfortschrittes bevorzugt Jungrammler geprüft.

Bei den der Selektion von künftigen männlichen Zuchttieren dienenden Zuchtwertprüfungen wird davon ausgegangen, daß im Rahmen der Reinzucht die bei den Prüfungstieren ermittelten Leistungen in Abhängigkeit von dem Verwandtschaftsgrad auch auf die Nachkommen übertragen werden bzw. auch bei den Geschwistern anzutreffen sind (s. Kap. 5.6). Die sicherste Aussage über den Zuchtwert ermöglicht die Prüfung der Nachkommen selbst. Hierzu ist der zu prüfende Rammler an mindestens 4 weder mit ihm noch miteinander verwandte Häsinnen anzupaaren. Bei Mastleistungsprüfungen sind aus jedem Wurf jeweils 2 weibliche Jungtiere im Alter von 4 Wochen für die Prüfung aufzustallen. Je älter die Tiere bei Prüfungsbeginn sind, desto weniger sind die ermittelten Leistungen erblich bedingt. Wegen der für Nachkommenprüfungen notwendigen relativ großen Zahl von Prüfungstieren aus verschiedenen Müttern ist dieses Verfahren jedoch mit einem großen Kostenaufwand belastet. Es werden deshalb, wo dies möglich ist, Eigenleistungsprüfungen bevorzugt. Die geringere Genauigkeit der Zuchtwertschätzung wird hierbei durch die Möglichkeit der Prüfung einer größeren Zahl von Tieren bzw. die Hinzuziehung von Ergebnissen verbessert, welche von Geschwistern stammen (Tab. 24).

Zuchtwertprüfungen bei Kaninchen auf Fleisch- und Mastleistung werden wegen des damit verbundenen relativ hohen finanziellen Aufwandes und des geringen öffentlichen Interesses an Leistungssteigerungen beim Kaninchen nicht an staatlichen Prüfungsstationen durchgeführt. Abgesehen davon wäre auch das hygienische Risiko von Eigenleistungsprüfungen verhältnismäßig groß, da zumindest die überdurchschnittlichen Rammler nach der Prüfung in die Zuchtbetriebe zurückgehen und Krankheiten verbreiten könnten.

Tabelle 26: Mastleistung und Schlachtwert verschiedener Kaninchenrassen

		Deutsche Riesen weiß	Deutsche Widder grau	Groß-Chinchilla	Helle Groß-silber	Blaue Wiener	Neuseeländer weiß	Holländer	Klein-Chinchilla	Kleinsilber gelb
Mastendgewicht	kg	4,31	3,69	2,97	2,94	2,85	2,67	1,67	1,84	1,67
Tageszunahme	g	49	37	40	38	31	41	31	25	27
Futter/kg Zuwachs	kg	3,3	3,5	3,2	3,5	3,6	3,1	2,9	3,5	3,4
Schlachtausbeute	%	59,2	57,8	57,1	57,7	59,6	57,4	56,5	56,3	56,6
Anteil am Schlachtkörper:										
Rücken und Keule	%	7,1	7,8	7,6	7,4	7,6	7,9	8,1	8,6	8,7
Kopf	%	48,6	49,1	48,4	49,0	49,8	47,6	48,2	47,6	48,7

Wie die Ergebnisse einer Vergleichsprüfung verschiedener Kaninchenrassen in Neu-Ulrichstein demonstrieren, bestehen in der Mastleistung zwischen den Rassen erhebliche Unterschiede. Den Unterschieden im Gewicht wurde hierbei in der Weise Rechnung getragen, daß das Mastendgewicht auf 60 % des Gewichts der ausgewachsenen Tiere der betreffenden Rasse begrenzt wurde. Der Vergleich zwischen den Blauen Wienern und den Weißen Neuseeländern zeigt, dass die letzteren trotz eines geringeren Gewichts um 30 % höhere Tageszunahmen als die Blauen Wiener haben. Auch bei der Futterverwertung gibt es Hinweise dafür, daß die Mastleistung einer Rasse nicht immer von deren Größe abhängig ist.

Zuchtwertprüfungen werden daher in der Regel im Zuchtbetrieb selbst durchgeführt (Feldprüfung), da der züchterische Erfolg dem Züchter wirtschaftliche Vorteile bringt. Ausnahme beim Kaninchen: Angorakaninchen-Leistungsprüfungen (ALP) (39). Zur Zeit der Einführung dieser Prüfungen bestand ein öffentliches Interesse an der Leistungssteigerung (s. Kap. 2.3), und die Bestandesgrößen waren für eine wirksame Schätzung des Zuchtwertes zu klein. Angesichts der derzeitigen Gefährdung der deutschen Population sind die Zuchtwertprüfungen im Rahmen der ALP ein Beitrag zur Erhaltung dieser Rasse. Erste Prüfungen auf Mastleistung und Schlachtwert wurden in Deutschland 1963 am Tierzuchtinstitut in Göttingen und 1964 am Tierzuchtinstitut in Halle durchgeführt (s. Kap. 2.3). Eine lange Tradition haben auf diesem Gebiet auch die in Dänemark durchgeführten Prüfungen.

Nutzwertprüfungen

Zweck: Vergleichende Untersuchung von Tieren verschiedener Rassen oder Endprodukte von Kreuzungszuchtverfahren sowie von Produktionsmitteln (Mischfutter, Futterzusätze, Stalleinrichtungen) zwecks objektiver Information der Erzeuger bzw. Kaninchenhalter. Nutzwertprüfungen werden in unabhängigen (meist staatlichen) Einrichtungen durchgeführt. Sie sind mit der Aufgabe von Materialprüfungen und Warentests im industriellen Bereich vergleichbar.

Über den vorrangigen Zweck beider Prüfungsarten hinaus sind diesen folgende Begleiteffekte gemeinsam: Das bei Zucht- und Nutzwertprüfungen von Tieren anfallende Datenmaterial ermöglicht über den eigentlichen Zweck der Prüfungen hinausgehend die Durchführung von Populationsanalysen hinsichtlich des Erblichkeitsgrades der erfaßten Leistungen (bei Reinzuchttieren) sowie des Futterbedarfes und der -verwertung, ferner der Produktqualität. Die Diskussion mit den Beschickern derartiger Prüfungen motiviert zur Untersuchung von Maßnahmen, die der Optimierung der Umweltbedingungen als Voraussetzung für die Ermittlung von Leistungsunterschieden dienen. Nutzwertprüfungen fördern die Markttransparenz und den wirtschaftlichen Erfolg der sonst nur auf die Aussagen einer absatzorientierten Werbung der Züchter bzw. Zuchtunternehmen angewiesenen Erzeuger. Sie erfüllen somit die gleiche Funktion wie Warentests und Materialprüfungen im gewerblichen Bereich oder die Sortenprüfungen bei Nutzpflanzen.

Auf dem Gebiet der Kaninchenhaltung wurden bislang in Deutschland folgende Nutzwertprüfungen durchgeführt:

1. Rassenvergleichsprüfungen auf Zucht- und Mastleistung (Tab. 26)
2. Vergleichsprüfungen von Rassenkreuzungen und Linienhybriden auf Zucht- und Mastleistung sowie Schlachtwert (Tab. 27)
3. Futterwertleistungsprüfungen von Handelsmischfutter und Futterzusatzstoffen
4. Prüfung von Stalleinrichtungen

Tabelle 27: Ergebnisse einer Nutzwertprüfung auf Reproduktions- und Mastleistung (91)

		Zika Hybriden	Hyla Hybriden	Rassen-kreuz. R x WN	Neuseel. weiß
Reproduktionsleistungen:					
Alter b. 1. Besamung	Tage	115	113	115	114
Konzeption bei 10 Besamungen im Abstand v. 33 Tagen	%	81	74	84	79
Zwischenwurfzeit	Tage	39	43	39	42
Geborene Jungtiere/Wurf	Stück	8,4	9,3	9,4	8,0
Abgesetzte Jungtiere/Wurf	Stück	7,3	8,1	8,3	7,1
Alleinfutter/Jungtier b. z. Absetzen m. 25 Leb.tag	kg	2,02	1,89	1,63	1,92
Mastleistung:				DR x (R x WN)	
Gewicht bei Mastende	kg	3,04	2,83	2,9	2,68
Tägl. Zunahme	g	48	41	40	38
Mastdauer	Tage	51	55	59	59
Tägl. Alleinfutteraufnahme	g	143	138	141	125
Alleinfutter/kg Zuwachs	kg	3,00	3,39	3,52	3,34
Bei der Fortpflanzungsleistung sind die Hybriden und die Rassenkreuzungen den reinrassigen Weißen Neuseeländern überlegen, wobei sich die Häsinnen der Rassenkreuzungen denen der Hybriden als ebenbürtig erwiesen.					

Für die Prüfungen unter 1 und 2 gelten die Richtlinien der Deutschen Landwirtschafts-Gesellschaft (DLG) vom 12. 10. 1979 in der neuen Fassung vom Dezember 1995. Die detaillierten Ergebnisse der Prüfungen unter 1 bis 3 liegen bei der Hessischen Landesanstalt für Tierzucht, Neu-Ulrichstein, vor. In der Kategorie 4 wurden bislang verschiedene Rostböden vom Institut für Tiermedizin und Tierhygiene, Universität Hohenheim sowie am Institut für Tierzuchtwissenschaften, Abt. Kleintierzucht und -haltung, Universität Bonn und in Neu-Ulrichstein geprüft.

7 Fortpflanzung

von K. Löhle

Der züchterische und wirtschaftliche Erfolg der Kaninchenhaltung hängt wesentlich von der Zahl aufgezogener Jungtiere je Häsin ab. Bei nur wenig Nachkommen ist die Selektionsbasis eingeschränkt, und es ergibt sich die Notwendigkeit, auch Rammler und Häsinnen für die Reproduktion einzusetzen, die dem Zuchtziel bzw. den gewünschten Produktionseigenschaften nicht entsprechen. Außerdem stehen weniger Schlachttiere zur Verfügung. Es gilt weiter zu bedenken, daß eine große Jungtierzahl je Häsin und Jahr die Haltungs- und Fütterungskosten sowie den Arbeitsaufwand – bezogen auf das Produktgewicht – erheblich verringert.

Unter der Obhut der Menschen bringen Haustiere im allgemeinen mehr Nachkommen als ihre wild lebenden Vorfahren; das gilt besonders für Schweine und Geflügel. Diese Tatsache beruht auf günstigen Umweltbedingungen und züchterischer Arbeit.

Das europäische Wildkaninchen, die Stammform unseres Hauskaninchens, bringt pro Häsin und Jahr im Durchschnitt 4 bis 6 Würfe, wobei 4 bis 8 Jungtiere pro Wurf durchaus als normal angesehen werden können. Das ist insgesamt gesehen eine beachtliche Reproduktionsleistung, besonders wenn man bedenkt, daß in den Wintermonaten »Fortpflanzungsruhe« besteht. Zum Teil vermehren sich die Nachkommen bereits im Jahr ihrer Geburt; durch die geometrische Progression entstehen kaum glaubhafte Populationserweiterungen. Unter ganzjährig sehr günstigen Bedingungen, wie in Australien oder Neuseeland, könnten von einem Kaninchenpaar innerhalb von 3 Jahren theoretisch 13 Mio. Nachkommen erzeugt werden (8). Diese Zahlen werden durch viele natürliche Feinde und Krankheiten erheblich unterschritten; es ist daher mit hohen Verlusten zu rechnen.

Umfragen haben ergeben, daß in Rassekaninchenzuchten pro Häsin und Jahr meist nur 1,5 bis 3 Würfe erzielt werden. Diese Limitierung erfolgt allerdings durch den Züchter. Eine Rolle spielt die termingebundene Beschickung von Ausstellungen. Aufgrund von Mangelernährung bei kombinierter Fütterung (s. Kap. 9.7.2) besteht vielfach Scheu vor Überlastungen der Tiere. Außerdem ist man geneigt, menschliche Empfindungen hinsichtlich der Belastung durch kurze Geburtsintervalle auf die Tiere zu übertragen.

Daß unsere Hauskaninchen zu beträchtlich höheren Fruchtbarkeitsleistungen befähigt sind, ist bekannt: 8 bis 10 Würfe pro Häsin und Jahr sowie gute Aufzuchtergebnisse werden in gewerblich orientierten Betrieben erzielt. Diese Leistungen sind jedoch nur unter optimalen Bedingungen, insbesondere bei Deckung des Nährstoffbedarfs, möglich.

7.1 Geschlechtsorgane

Beim Rammler liegen die Keimdrüsen (Hoden) als samenbildende Organe in der Leistengegend. Einen Hodensack im eigentlichen Sinne, wie er bei vielen Säugetierarten üblich ist, besitzen Kaninchen nicht. Es handelt sich hierbei vielmehr um »taschenähnliche Gebilde« (Skrotalsäcke). Auffällig sind die Länge und geringe Breite der Hoden (3:0,8), was ihnen spindelförmiges Aussehen verleiht. Insofern unterscheiden sich die Hoden in ihrer Form von den mehr oval gestalteten Keimdrüsen anderer männlicher Säugetiere.

Die Hodengrößen der Rammler sind rasseabhängig; Zwergkaninchen haben naturgemäß kleinere als große Rassen. Die Länge variiert von 2 bis 5 cm; die Breite von

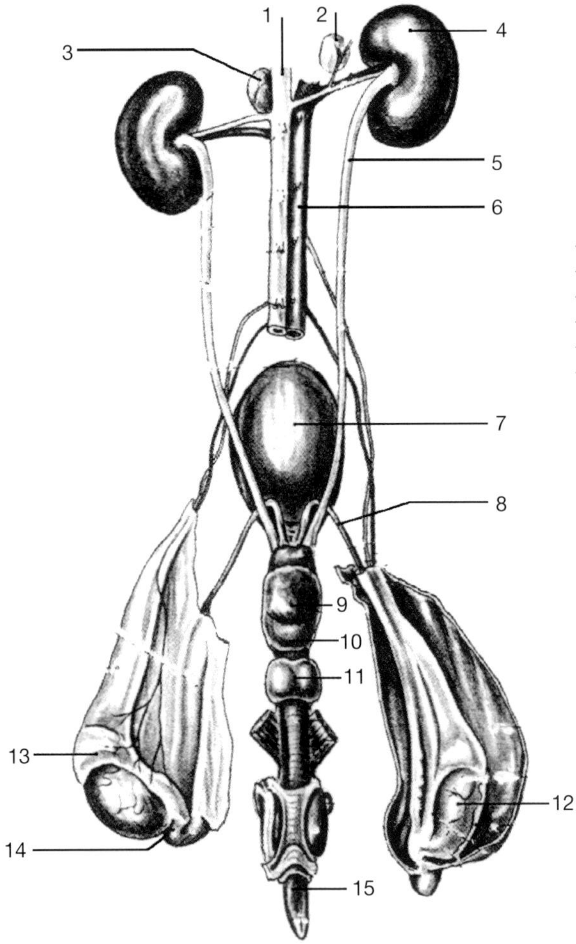

Abbildung 91: Harn- und Geschlechtsorgane des Rammlers (nach Barone und Mitarb., aus Koch (82) – veränderte Bezeichnungen).

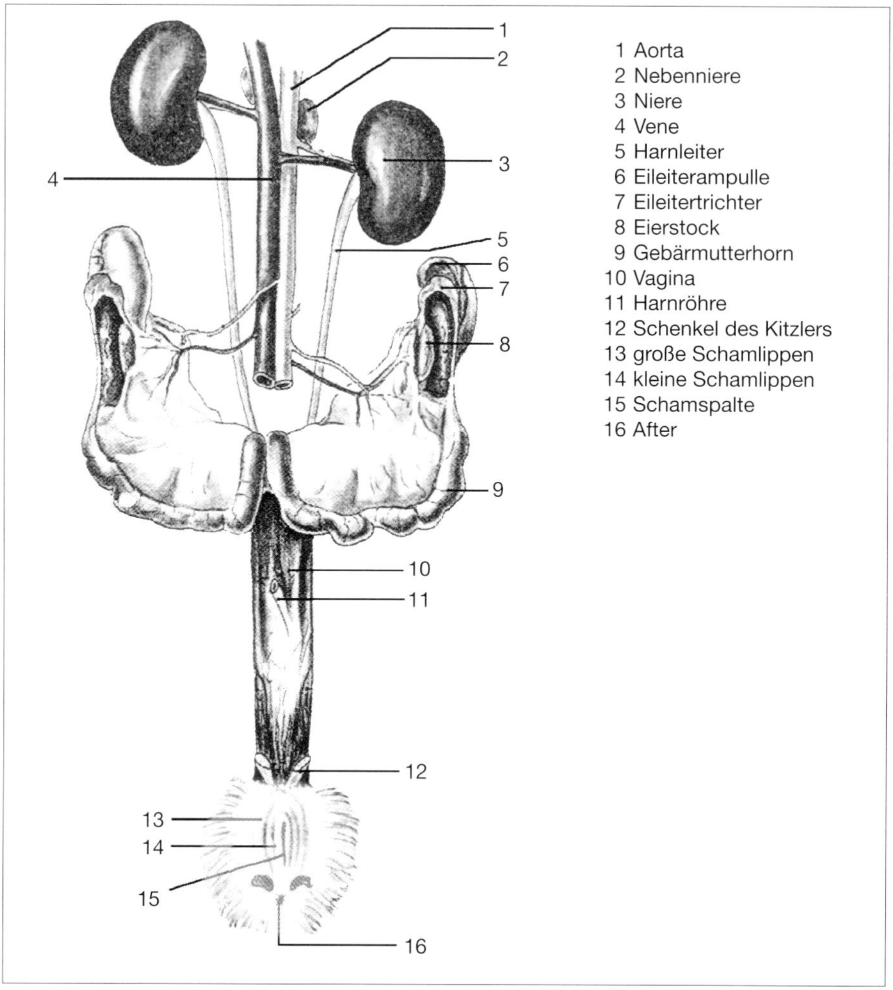

Abbildung 92: Harn- und Geschlechtsorgane der Häsin (nach Barone und Mit., aus Koch (82) – veränderte Bezeichnungen).

0,5 bis 1,2 cm. Außerdem bestehen noch beträchtliche individuelle Unterschiede. Da enge Beziehungen zwischen Samenproduktion und Hodengröße nachgewiesen wurden, kann eine Selektion auf letztgenanntes Merkmal durchaus vorteilhaft sein. Mit Hilfe jeweils eines gut ausgebildeten Muskels (Kremaster) ist der Rammler in der Lage, bei Erregung oder zwecks Temperaturregulation die Hoden in die Bauchhöhle (Leistenkanal) hochzuziehen. Diese Tatsache gilt es bei der Kastration zu berücksichtigen. Wird mit der flachen Hand Druck auf den Unterbauch ausgeübt, gelingt es in den meisten Fällen, die Testikel wieder in die Skrotaltaschen zurückzubefördern. Dem Hodenkörper, in dem die Samenzellen gebildet werden, schließt sich der Nebenhoden an; hier erfolgt die Lagerung der Spermien. Weiterhin sind die Samenleiter sowie die sogenannten Geschlechtshangsdrüsen zu nennen, deren Sekrete bei der Ejakulation den Samenzellen beigemischt werden; sie sind für die Befruchtungsfähigkeit bedeutungsvoll. Der gelegentlich im Sperma gefundene „Gallertpfropf" sollte entfernt werden, da bei der künstlichen Besamung verdünntes Sperma infundiert wird und er sich daher beim Verdünnungsprozess als nachteilig erweist. Außerdem wirkt der Pfropf auf die Vitalität der Spermien ungünstig.

Den Endteil des männlichen Geschlechtsapparates bildet der Penis, der meist nur bei sexueller Erregung sichtbar ist. In der inaktiven Phase liegt er nach hinten gerichtet in der Vorhaut. Seine Form ist zylindrisch mit etwas dünnerem Ende. Im versteiften Zustand hat er eine Länge von 3 bis 5,5 cm.

Die Häsin besitzt paarig angelegte Eierstöcke (Ovarien), in denen die Eizellen gebildet werden, und zwar in den sogenannten Graaf'schen Follikeln (Eibläschen). Beiden Eierstöcken schließt sich je ein trompetenartig erweiterter Eileiter an, der danach etwa stricknadelähnliche Dicke sowie eine Länge von 10 bis 15 cm besitzt und in die Hornspitze der Gebärmutter (Uterus) einmündet. Die beiden identischen Hörner vereinigen sich scheinbar vor dem Gebärmutterhals (Cervix). Bei genauer Betrachtung ist aber festzustellen, daß sie weiterhin getrennt bleiben, so daß letztlich zwei Öffnungen in die Scheide (Vagina) einmünden und sich zapfenartig vorwölben. Der äußerlich sichtbare Teil der Scheide wird als Scheidenvorhof, Scham oder Vulva bezeichnet. Im bauchseitigen Winkel befindet sich der Kitzler (Klitoris).

7.2 Physiologie der Fortpflanzung

Die Paarungsbereitschaft der Häsin und der nachfolgende Deckakt werden durch das sogenannte Sexualzentrum, das im Zwischenhirn liegt, gesteuert und zwar auf hormonellem Wege. Beim Rammler wird durch ein kompliziertes Zusammenspiel auch mit anderen Hormonen, die im Hoden (Testosteron) und der Schilddrüse (Thyroxin) gebildet werden, die Deckbereitschaft (Libido) ausgelöst. Zahlreiche weitere Faktoren beeinflussen die Vorgänge entscheidend wie Lichteinwirkung, Umgebungstemperatur, Anwesenheit paarungswilliger Häsinnen usw. Die Lichteinwirkungsdauer beeinflußt unter natürlichen Verhältnissen das Alter bei Beginn der Geschlechtsreife, die Paarungsbereitschaft und die Befruchtungsquote: In den Monaten mit kurzen Nächten (gleichzeitig zunehmende Tageslänge) sind die höchsten Werte zu beobachten. Rammler unter Einfluß von Naturlicht zeichneten sich gegenüber den Tieren mit Kunstlichtbeleuchtung (8 Stunden und 16 Stunden) durch größere Sprungfreudigkeit aus. Tiere mit 8 Std. Beleuchtung hatten in nahezu allen spermatologischen Parametern signifikant bessere Ergebnisse (201).

Häsinnen erzielten unter den Bedingungen von Kunstlichtregimen (8 Stunden und 16 Stunden) tendenziell höhere Trächtigkeitsraten und höhere Wurfgrößen bei der Geburt sowie beim Absetzen als die Vergleichstiere unter natürlichen Lichtverhältnissen.
In Bezug auf die Zahl lebend geborener Kaninchen bewährte sich besonders der kurze Lichttag (200, 201). Verschiedentlich wird allerdings auch eine Lichteinwirkungsdauer für Häsinnen von 12 bis 16 Std. empfohlen.

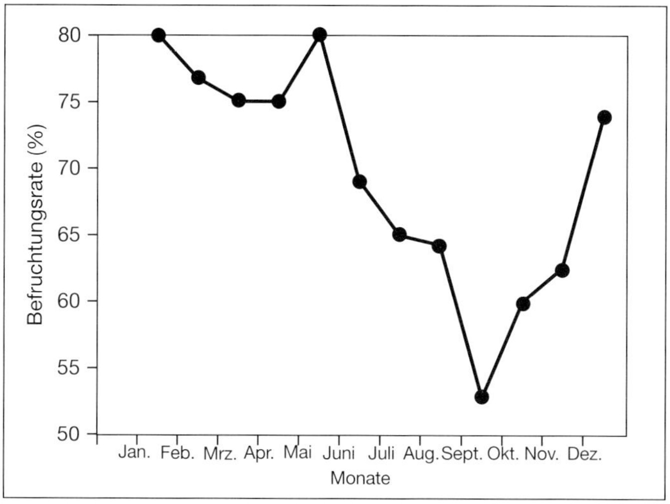

Abbildung 93: Beziehungen zwischen der Jahreszeit und Fruchtbarkeit von Häsinnen (nach Angaben von Hagen) (aus 135). Es ist ersichtlich, daß die Fruchtbarkeitsleistung in den Sommer- und Herbstmonaten deutlich niedriger liegt als in anderen Jahreszeiten. Dieser Einfluß wird durch die Ovulationsauslösung vor der Besamung ausgeschaltet.

Der Geschlechtsgeruch brünstiger Häsinnen stimuliert die Deckfreudigkeit der Rammler. Mit Hilfe eines speziellen Geruchsorgans (Jacobsonsches Organ), das sich zwischen Nasen- und Mundhöhle befindet und viele Rezeptoren besitzt, werden die weiblichen Duftstoffe geortet. Dabei kann man gelegentlich das sogenannte Flehmen beobachten, eine bestimmte Atemtechnik, die äußerlich durch das Hochziehen der mit einem Spalt versehenen Oberlippe erkennbar ist. Der sexualspezifische Geruch (Pheromone) wird von besonderen in der Leistengegend angeordneten Drüsen, aber auch mit dem Harn abgegeben. Bei Kaninchen spielt die Orientierung nach dem Geruch eine große Rolle; die Fläche ihrer Riechschleimhaut ist mit ca. 9 cm^2 um ein Mehrfaches größer als die der Menschen. Die Zahl der Riechzellen pro cm^2 der genannten Schleimhaut beträgt < 120.000 (188).

Sind die Vatertiere geschlechtlich erregt, erhöht sich ihre ortsbewegliche Aktivität. Die für die Paarung erforderliche Versteifung des männliches Gliedes wird durch erhöhten Zufluß arteriellen Blutes und Minderung des Abflusses bewirkt. Das stellt eine Voraussetzung für die Ejakulation dar.

Einige Autoren machten die Beobachtung, daß die Spermaqualität bei Normalhaar- und Angorakaninchen annähernd gleich ist; sie wird nicht durch die Länge des Vlieses beeinflußt (168). Andere Autoren kamen zu gegensätzlichen Ergebnissen (24). Längere Wolle verminderte die Spermamenge und erhöhte den Anteil morphologisch veränderter Samenzellen. Die differenten Auffassungen beruhen vermutlich auf unterschiedlichen Klimabedingungen, unter denen die Kaninchen gehalten wurden.

Übereinstimmung besteht darin, daß durch höhere Umgebungstemperaturen nachteilige Effekte zu verzeichnen sind. Im Sommer liegt die Zahl abnormer Spermien beträchtlich höher als zu anderen Jahreszeiten; es wurden auch genotypische Unterschiede beobachtet. Fruchtbarkeitsdepressionen treten sowohl bei Rammlern als auch Häsinnen bereits bei Temperaturen ab 25° C auf. Besonders gravierende Spermaqualitätsverschlechterungen entstehen bei Kombinationen von Hitze und hoher relativer Luftfeuchtigkeit. Nach wenigen Wochen Hitzestress können Rammler wieder gute Spermawerte erreichen. Bei Hitze und hoher Luftfeuchtigkeit ist das nur nach langen Zeiträumen möglich. Normale Werte sind aber meist nicht wieder erreichbar (48).

Bei nichttragenden, geschlechtsreifen Häsinnen befinden sich an den Eierstöcken jederzeit Graaf'sche Follikel unterschiedlicher Größe. In ihnen entwickeln sich die für die Befruchtung erforderlichen Eizellen. Das geschieht unter maßgeblichem Einfluß bestimmter Hormone der Hirnanhangsdrüse (Hypophyse), die auch für die spätere Bildung des sogenannten Gelbkörpers verantwortlich sind. Außerdem fördern sie die Produktion weiblicher Sexualhormone (Östrogene) am Eierstock.

Die Follikel füllen sich zunehmend mit Flüssigkeit, wobei ihre Wandungen immer dünner werden. Der Reifungsprozeß dauert ca. 18 Tage. Die Follikel bleiben noch eine Woche bestehen, dann schließt sich eine Rückbildungsphase an. Gleichzeitig reifen andere Eibläschen heran. Die Zahl der reifen Follikel am Ovar variiert im Verlauf des Jahres. Sie ist in den Monaten Dezember bis Juni erhöht und sinkt während der heißen Sommermonate (68). Kommt es aufgrund bestimmter Einflüsse zum Platzen der Bläschen (Ovulation), gelangen die Eizellen in den trichterförmigen Teil des jeweiligen Eileiters. Durch Flimmerepithel wird das Ei weiterbefördert. Im oberen Teil des Eileiters (Ampulle) findet dann die Befruchtung statt, sofern der Deckakt oder die künstliche Besamung erfolgreich verliefen. Einen Sexualzyklus, wie er beim Rind oder Schwein üblich ist, besitzen Häsinnen nicht. Das für die Ovulation erforderliche Hormon wird kontinuierlich produziert und in die Blutbahn abgegeben, allerdings in kleinen Mengen, die für eine Freigabe des Eies nicht ausreichen. Um diesen Vorgang einzuleiten, bedarf es größerer Hormonmengen, die dann erst durch Reizwirkung beim Deckakt freigesetzt werden. Die notwendigen Reize entstehen nicht nur bei Einführung des männlichen Begattungsorgans in die Scheide, sondern verschiedentlich bereits beim Vorspiel, vor allem beim Aufsprungs- und Umklammerungsreflex. Deshalb kann auch durch das sogenannte Reiten zweier Häsinnen eine Ovulation provoziert werden. Bei Angorakaninchen wurden unmittelbar nach der Schur erhöhte Ovulationsraten festgestellt. Bisweilen treten auch ohne Deckakt oder KB Symptome einer Trächtigkeit auf; da naturgemäß eine Befruchtung nicht stattgefunden hat, handelt es sich nur um Scheinträchtigkeit.

Die Auffassung, daß Häsinnen keinen Brunstzyklus, sondern Dauerbrunst besitzen, blieb nicht unwidersprochen (219). Einige Autoren sind der Auffassung, daß ein saisonal (jahreszeitlich) bedingter Östruszyklus besteht. Die Angaben über die Länge variieren in den meisten Fällen zwischen 5 und 16 Tagen. Zur Klärung der Verhältnisse sind weitere wissenschaftliche Untersuchungen am Ovar und an Zelltypen von Vaginalabstrichen erforderlich. Für den Züchter ist die Problematik vor allem in Bezug auf die Paarungsbereitschaft der Häsinnen von Interesse.

Die Tatsache, daß einige Häsinnen den Rammler ablehnen und andere wiederum stets paarungsbereit sind, beruht offenbar darauf, daß in Kaninchenpopulationen die Sexualhormonmengen einer Normalverteilungskurve entsprechen. Ein Teil der Gruppe ist mit den Hormonen mangelhaft, ein anderer größerer Anteil normal und ein dritter im Überfluß ausgestattet.

Die Häsinnen der erstgenannten Gruppe lehnen den Rammler ab bzw. nehmen ihn nur selten an. Der größere Teil der Population läßt sich jederzeit decken. Tiere der letztgenannten Gruppe besitzen mehr Sexualhormone als erforderlich; dadurch kann der Eisprung bereits durch Berührung der Tiere oder Transport ausgelöst werden. Das führt u. U. zu Scheinträchtigkeit; diese Häsinnen nehmen ebenfalls keinen Rammler an (159).

Der Zeitpunkt, zu dem die Hoden bzw. Eierstöcke funktionstüchtig werden und sich allmählich die sogenannten sekundären Geschlechtsmerkmale einstellen, kann stark variieren. Der Beginn dieses als Geschlechtsreife bezeichneten Lebensabschnittes der Tiere hängt von vielen Faktoren ab. Dazu gehören Rasse, Geschlecht, Lichtregime, Fütterungsverhältnisse und Jahreszeit. So sind kleine Rassen eher geschlechtsreif als mittlere oder große Rassen. Tiere mit hoher Wachstumsintensität bzw. vorrangig auf Fleischleistung gezüchtete Rassen oder Genotypen zeichnen sich ebenso wie Kreuzungstiere durch Frühreife aus. Bei Häsinnen tritt die Geschlechtsreife eher ein als bei Rammlern. Ähnliches ist im Vergleich zu den im Frühjahr geborenen Häsinnen bei Muttertieren der Fall, die aus Herbstwürfen stammen. Die Erblichkeitsgrade für »Frühreife« liegen im niederen bis mittleren Bereich. Durch systematische Zuchtwahl ist es möglich, den Beginn des Reproduktionsvermögens vorzuverlegen; das trifft für alle Rassen zu. Die Geschlechtsreife tritt bei Einsatz von Alleinfutter zur beliebigen Aufnahme einige Wochen früher ein als bei Mangelernährung z. B. durch ausschließlich Grobfutter.

Rammler machen bereits im Alter von 50 bis 70 Lebenstagen erste Deckversuche. Mit 100 Tagen erfolgen Paarungen, wobei allerdings die Spermaqualität noch unbefriedigend ist. Häsinnen lassen sich bisweilen schon im Alter von 10 bis 12 Wochen decken; Ovulationen finden aber, von Ausnahmen abgesehen, noch nicht statt (95).

Aufgrund der großen Variabilität des Merkmals Geschlechtsreife ist es problematisch, Durchschnittswerte zu nennen. Die publizierten Daten können lediglich als Orientierungshilfe dienen.

In der neueren Fachliteratur werden Angaben über den Eintritt der Geschlechtsreife gemacht, die mehrere Wochen bis zu einigen Monaten früher liegen als in älteren Publikationen: Die Differenzen sind im Selektionsfortschritt in Verbindung mit der Deckung des Nährstoffbedarfes begründet. Handelt es sich um Tiere mit nicht ausgeschöpftem Wachstumsvermögen, beginnt die Geschlechtsreife bei kleinen Kaninchenrassen und Kreuzungen (Hybriden) mit 3 bis 4, bei mittleren mit 4 bis 5 und bei großen Rassen mit 7 bis 8 Monaten. Nur bei beliebiger Aufnahme von Alleinfutter ist es empfehlenswert, gleich bei Eintritt der Geschlechtsreife die Kaninchen zur Reproduktion einzusetzen. Anderenfalls sollte es erst bei der später folgenden Zucht-

Abbildung 94: Die Haltung des Rammlers im Rundkäfig beschleunigt den Deckakt. Die zum Decken zugesetzte Häsin kann nicht in einer Stallecke Zuflucht suchen. Wenn sie 2–3 Tage vorher mit dem Rammler Sicht- und Geruchskontakt hatte, ist die Befruchtungsrate höher.

reife geschehen. Prinzipiell sind aber bei optimalen Aufzuchtbedingungen die Zeitdifferenzen zwischen Geschlechts- und Zuchtreife nur gering.

Der Begriff Zuchtreife schließt vor allem die durch die Fütterung bedingte körperliche Verfassung der Tiere ein. Sie unterliegt denselben Einflußfaktoren wie die Geschlechtsreife und beträgt bei kleinen und mittelgroßen Rassen 6 bis 8 Lebensmonate, bei großen 5 bis 10 Monate, sofern extensiv oder kombiniert gefüttert wurde. Als Faustregel gilt, daß die Kaninchen dann zur Zucht benutzt werden können, wenn sie 75 bis 80 % ihres rassetypischen Normalgewichts erreicht haben. Bei beliebiger Aufnahme von Alleinfutter kann das Gewicht nur 60 % betragen. In diesem Zustand ist weder für die Häsinnen bzw. Rammler noch ihre Jungtiere mit körperlichen Nachteilen zu rechnen. Bei einem zu spät gewählten Erstbedeckungsalter und der häufig damit verbundenen Mastkondition steigt die Zahl erfolgloser Paarungen erheblich an.

In der gewerblichen Fleischkaninchenproduktion mit Fütterungs- und Haltungsbedingungen, die das Wachstumsvermögen der Tiere voll ausschöpfen, werden die Kaninchen bereits in einem Alter von 120 bis 140 Tagen zur Zucht eingesetzt. Bei speziellen Linienhybriden erfolgt das schon mit 90 bis 110 Tagen.

In Abwesenheit von Vatertieren ist die Deckbereitschaft der Häsinnen nicht immer leicht erkennbar. Verschiedentlich deuten unruhiges Verhalten, Durchwühlen der Einstreu und häufige Harnabgabe diesen Zustand an. Relativ sichere Zeichen sind Anschwellen und rötliche bzw. blaurötliche Verfärbung der Schamlippen. Untersuchungen haben ergeben, daß sich von Häsinnen mit geröteter Vulva 90 % und mit nicht geröteter nur ca. 10 % decken ließen und befruchtet wurden (95). Natürlicherweise gibt es auch Ausnahmen. Streicht man einer deckwilligen Häsin mit der Hand über den Rücken und zwar im Gegenstrich der Haare, dann leistet sie keinen Widerstand und hebt ihre Hinterpartie an. Wird die Häsin zum Rammler gebracht, dann ist ihre Paarungsbereitschaft deutlicher feststellbar. Liegt diese vor, läßt sie sich ohne Widerstand vom Vatertier beschnuppern und duldet durch ihr Sitzenbleiben den meist kurz danach erfolgenden Aufsprung, wobei sie in gestreckter Lage ihre Hinterpartie anhebt und dadurch den Paarungsvorgang unterstützt. Häsinnen, die sich in eine Ecke drücken und mit nach unten gerichteter Blume ducken sowie mit den Hinterläufen auf den Boden schlagen, sind meist nicht hitzig.

Der Deckakt sollte nie erzwungen werden, Zwangsmaßnahmen sind unangebracht. Selbst wenn es doch noch zu einer Paarung kommen sollte, bleibt vielfach die Befruchtung aus. Unter diesen Umständen wird das Sexualzentrum der Häsin gehemmt und keine Ovulation ausgelöst. Nichts ist dagegen einzuwenden, wenn bei aggressiven Muttertieren deren Kopf festgehalten wird. Auf diese Weise können die Vatertiere vor Bißverletzungen geschützt werden; andernfalls ist damit zu rechnen, daß die Deckfreudigkeit (Libido) der Rammler leidet, besonders wenn es sich um jüngere, noch unerfahrene Tiere handelt. Kommt eine Paarung nicht zustande, sollte die Häsin herausgenommen und in eine Bucht unter oder neben der des Rammlers gebracht werden. Geruchs- und Sichtkontakte wirken vielfach anregend, und manche vorher abweisende Muttertiere lassen sich danach bereitwillig decken. Neuerdings wird der Biostimulation bei Zuchtkaninchen auch in wissenschaftlicher Hinsicht größere Aufmerksamkeit geschenkt. Gegenstand von Untersuchungen waren u. a. laktierende Häsinnen, die 0 bis 48 Std. vor der Besamung von ihren Jungtieren getrennt am 4. bzw. 11. Tag nach dem Werfen (post partum) besamt wurden. Nach Ablauf der Separation ist der Wurf zum Saugen wieder zugesetzt worden; 5 Minuten danach erfolgte die Insemination. Als Vergleich dienten hormonbehandelte (PMSG) Häsinnen ohne Trennung von ihren Jungtieren. Dabei zeigte sich z. B., dass bei einer Besamung 4 Tage post partum die Häsinnen mit einer mehr als 24stündigen Wurftrennung zunehmend bessere Fruchtbarkeitswerte aufwiesen als die Vergleichsgruppe. Es deutet sich an, dass ein kontrolliertes Säugen nach entsprechender Trennungszeit vom Wurf auch in erwerbsorientierten Betrieben eine Alternative zur Hormonbehandlung darstellen könnte (2).

7.3 Natürlicher Deckakt

Im Zuchtbetrieb mit natürlicher Verpaarung ist, in Abhängigkeit von der Länge des Wurfintervalls, ein Rammler für 10 bis 20 Häsinnen ausreichend. Aus Sicherheitsgründen sollte noch ein Reservetier vorgesehen werden. Empfohlen wird, Jungrammler anfänglich nur ein- bis zweimal wöchentlich zu verpaaren; später ist ein viermaliger Zuchteinsatz pro Woche möglich. Bei stärkerer Beanspruchung sind Ruhepausen von 6 bis 8 Tagen zu gewähren. Es soll aber auch darauf hingewiesen werden, daß sich sowohl übermäßige als auch zu geringe Sexualbeanspruchungen der Vatertiere nachteilig auswirken können. Mehrmonatige Ruhepausen führen bei entsprechendem Futterangebot zur Verfettung, mindern die Decklust und verschlechtern die Spermaqualität.

Die Paarung sollte stets in der Bucht bzw. im Käfig des Rammlers erfolgen; die Vatertiere sind in ihrer gewohnten Umgebung deckfreudiger. Außerdem wird die Häsin durch den typischen Geruch des Rammlerkäfigs sexuell stimuliert. Bringt man hingegen den Rammler zur Häsin, wird er abgelenkt und beschnuppert Einstreu sowie Futtertröge; die Häsin bleibt gewisse Zeit unbeachtet. Der Rammler streicht bisweilen mit seinem Kinn über im Stall befindliche Gegenstände. Mit dem Sekret einer zwischen den Unterkieferknochen der Kaninchen und Hasen befindlichen Kinndrüse wird das Terrain markiert. Meist kommt es dann zu einem verzögerten Deckakt. Häufig treten Beißereien auf.

Die eigentliche Paarung geht schnell vonstatten. Es folgen Aufsprung und Umklammerung; unter rhythmischen Bewegungen des Hinterkörpers versucht das Vatertier, mit seinem versteiften Begattungsorgan die Vagina zu finden. Ist das der Fall, werden die Friktionsbewegungen fortgeführt, bis durch plötzliches Zusammenziehen der Samenleitermuskulatur die Ejakulation in den vorderen Scheidenraum erfolgt. Äußerlich erkennbar ist das durch den kräftigen Nachstoß. Der Vorgang wird begleitet durch Kontraktionen besonders der Beckenmuskulatur. Außerdem erhöhen sich Atemfrequenz und Herztätigkeit. Danach läßt sich der Rammler seitlich von der Häsin herabfallen, er verweilt häufig im engen Kontakt zu ihr in dieser Lage. Untersuchungen haben ergeben, dass auch bei Kaninchen Orgasmus eintreten kann. Bei Häsinnen äußert sich das in Kontraktionen von Scheide und Gebärmutter in Intervallen von 0,8 sec. Der Kitzler vergrößert sich dabei, er kann eine Länge von 3 bis 4 mm erreichen. Durch die rhythmischen Muskelbewegungen des Genitaltraktes werden die Spermien schneller in den Eileiter transportiert, als das bei ausschließlicher Eigenbewegung der Samenzellen mit Hilfe ihrer Schwänze möglich wäre. Die Paarung dauert nur wenige Minuten; sie ist vom Züchter oder Halter unbedingt zu überwachen. Keinesfalls dürfen sich die Tiere selbst überlassen bleiben.

Tabelle 28: Der Einfluss des Doppelsprunges auf die Abstammung der Nachzuchttiere (216)

Deckintervall vom 1. zum 2. Sprung (Stunden)	Abstammung der Jungtiere vom 1. Rammler (%)	2. Rammler (%)
0	46,4	53,6
2	67,2	32,8
4	74,3	25,7
6	74,8	25,2
8	93,1	6,9
24	100,0	0,0

Wurden Häsinnen von 2 Rammlern unmittelbar nacheinander gedeckt, stammen mehr als 50 % der Jungtiere vom 2. Rammler ab. Mit zunehmendem Deckintervall wurde der Einfluss des 1. Rammlers immer größer. Erfolgte das Nachdecken 24 Stunden nach der 1. Paarung, blieb der Einsatz des 2. Rammlers in Bezug auf Nachzucht erfolglos.

Tabelle 29: Spermaqualitätsmerkmale von Kaninchenrammlern

Autor	Ejakulatvolumen ml	Spermienkonzentration Millionen pro Mikroliter (µl)	Spermienanteil mit Vorwärtsbeweglichkeit %
Schütze (1973)	0,75	0,3	50
Kuttner u. Mit. (1975)	0,55	0,8 – 1,3	50 – 75
Horvath (1980)	0,2 – 2,0	0,2	50 – 70
Paufler (1985)	0,2 – 1,5	0,2 – 0,3	60 – 80
Schilling u. Mit. (1986)	0,5 – 0,7	0,5 – 0,6	50 – 60

Die Daten stellen Orientierungshilfen dar. Sie werden von zahlreichen Faktoren beeinflusst wie Rasse, Lebensalter, Absamrhythmus, Haltung und Fütterung.

Eine Ausnahme bildet die Gruppenhaltung. Nach erfolgtem Deckakt ist die Häsin sofort wieder in ihren Stall umzusetzen. Unmittelbar aufeinanderfolgende Doppelsprünge bringen keine Verbesserung der Trächtigkeitsverhältnisse. Sie sollten deshalb unterbleiben, besonders wenn es sich um stark beanspruchte Rammler handelt. Sicht- und Geruchskontakt mit dem Rammler einige Tage vor dem Decken fördern die Paarungsbereitschaft der Häsin.

Es empfiehlt sich, bei der Zuchtplanung so zu verfahren, dass mehrere Muttertiere in einem eng begrenzten Zeitraum gleichzeitig werfen. Wenn auch im Normalfall mit durchschnittlich 5 bis 8 Jungtieren zu rechnen ist, bestehen doch große individuelle Schwankungen in der Zahl geborener Jungtiere (1 bis 18 Tiere). Man kann dann Überzählige den Muttertieren mit kleineren Würfen zusetzen (siehe auch Kap. 8).

Viele Züchter bringen die Häsin etwa 10 bis 14 Tage nach erfolgter Paarung erneut zum Vatertier; aus ihrem Verhalten läßt sich mit gewisser Wahrscheinlichkeit, jedoch nicht in jedem Fall, die Diagnose »trächtig oder nicht« stellen. Weicht die Häsin dem Rammler mit Klagelauten aus oder versucht sie, ihn durch aggressives Anspringen abzuwehren, liegt meist Trächtigkeit vor. Sehr selten tritt der Fall ein, dass das Muttertier tragend ist und sich trotzdem decken läßt. Es kann dann beim zweiten Deckakt zur erneuten Befruchtung kommen. Dieses Phänomen beruht auf Besonderheiten des weiblichen Geschlechtsapparates bei der Gattung Kaninchen und Hasen. In beiden Gebärmutterhörnern können sich Embryonen bzw. Föten von zeitlich unterschiedlichen Paarungen unabhängig voneinander entwickeln. Man bezeichnet das als Doppelträchtigkeit oder Überbefruchtung.

Die Konsequenz ist, dass ca. 4 Wochen nach dem 1. Decktermin Jungtiere geboren werden und ein 2. Wurf 14 Tage danach erfolgt; die Jungtiere sind in beiden Fällen normal ausgebildet. Bisweilen kommt es aber auch vor, daß beim Werfen nach der 1. Paarung die 14 Tage alten Feten, die aus der 2. Verpaarung stammen, mit ausgestoßen werden. Die Doppelträchtigkeit tritt nur selten auf. 10 bis 14 Tage nach dem Decken kann man daher die Häsin erneut zum Rammler bringen. Bei Paarungswilligkeit besteht im Regelfall Nichtträchtigkeit, deshalb ist ein Nachdecken am nächsten Tag ratsam.

Einige Autoren (95) halten allerdings das Verfahren für wenig erfolgversprechend, sie empfehlen ausschließlich eine Trächtigkeitsdiagnose durch Palpation (vgl. Kap. 7.5).

Werden Häsinnen kurze Zeit nach dem ersten Deckakt mit einem zweiten Rammler verpaart, dann können die aus einer Ovulationsperiode stammenden Eier von den Samenzellen beider Vatertiere befruchtet werden (Überschwängerung). Die Folge ist, dass einige der am gleichen Tag geborenen Jungtiere von dem einen, der Rest vom anderen Vatertier abstammen.

7.4 Künstliche Besamung (KB)

Bei Kleinbeständen wird das Fortpflanzungsgeschehen der Kaninchen fast ausnahmslos durch den natürlichen Deckakt bestimmt. Dieses Verfahren bereitet im allgemeinen wenig Probleme, es erfordert einen geringen Aufwand. Bei der Kaninchenproduktion in erwerbsorientierten Betrieben kommt der Künstlichen Besamung größere Bedeutung zu. Aus hygienischen, arbeitsökonomischen und anderen Gründen werden die Tiere meist in Käfigen gehalten; dadurch wird der natürliche Deckakt erschwert. Durch die Künstliche Besamung kann den modernen Produktionsverfahren entsprochen werden. Die veterinärhygienischen Vorteile liegen in verbesserter Tiergesundheit durch Unterbrechung des Infektionsweges Vater-/Muttertier. Jahreszeitliche und andere umweltbedingte Einflüsse auf das Reproduktionsgeschehen lassen sich wesentlich verringern. In Großanlagen, die in jedem Fall effektiv arbeiten müssen, wird die künstliche Besamung auch deswegen durchgeführt, weil zahlreiche Häsinnen die Rammler nicht annehmen und bestehende Deckunlust auch bei Vatertieren häufig Probleme bereitet. Der Zeitaufwand bei natürlicher Verpaarung würde unvertretbar hoch sein. Wie beim Wildkaninchen üblich, ist auch beim Hauskaninchen die Wiederbedeckung der Häsin 1 - 2 Tage nach dem Werfen durchführbar. Voraussetzung für den Erfolg dieser Maßnahme ist die Begrenzung der Säugezeit auf maximal 28 Tage und die beliebige Aufnahme eines Mischfutters mit hoher Nährstoffkonzentration (s. Tab. 36).

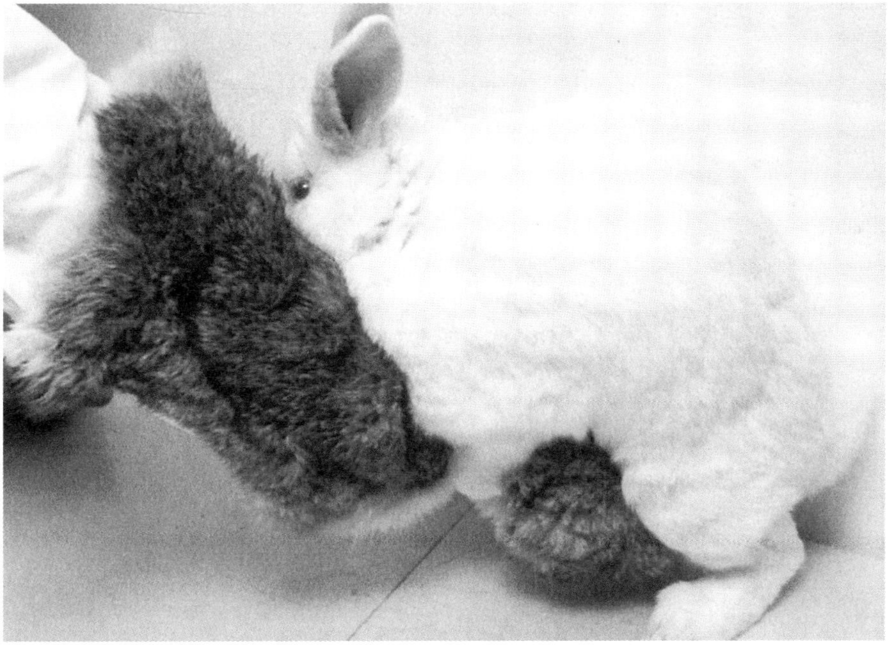

Abbildung 95: Spermagewinnung für die künstliche Besamung. Über dem Unterarm des Entsamers wurde ein Fell gezogen. In der Hand wird die künstliche Vagina gehalten.

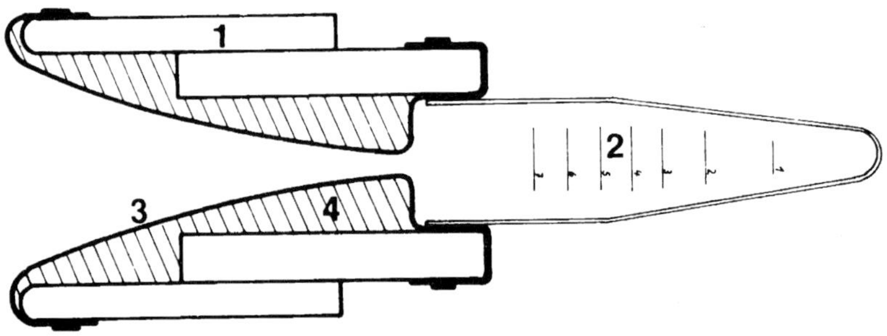

1 Äußeres Hartgummirohr. In dieses Rohr ist ein kleineres eingeschoben und an den Kontaktstellen verklebt worden.
2 Samenauffangglas
3 Dünner, weicher Innenschlauch
4 Mit Flüssigkeit (Glyzerin) gefüllter Innenschlauch zur Aufrechterhaltung der Temperatur von ca. 45 °C und zur Regulierung des Druckes

Abbildung 96: Schnitt durch eine künstliche Vagina zur Samenentnahme bei Rammlern (195), entsprechend dem Konstruktionsprinzip auf dem Markt befindlicher Fabrikate.

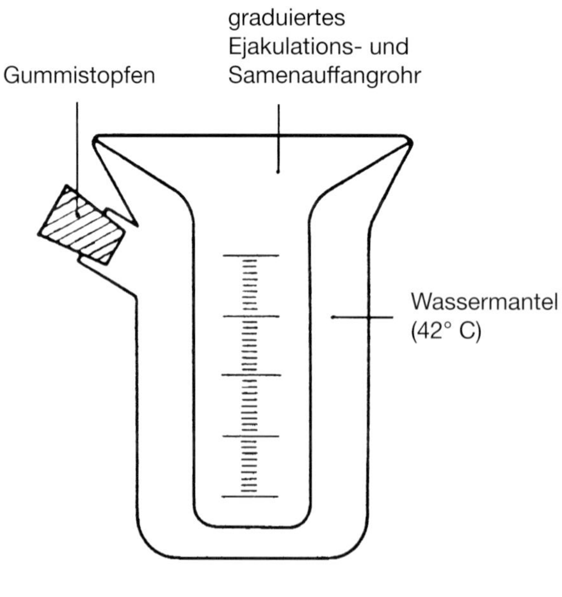

Abbildung 97: Schnitt durch eine aus Glas gefertigte künstliche Vagina mit integriertem Samenauffangglas (9). Im doppelwandigen Glaskörper sind Ejakulationsraum und Samenauffangglas vereint. Das erleichtert die Reinigung und ermöglicht eine wirksame Sterilisierung.

Weitere Gesichtspunkte, die den Einsatz der Künstlichen Besamung (KB) bei Kaninchen aller Haltungsformen rechtfertigen, sind die gleichen wie bei anderen Tierarten. Zu nennen sind züchterische Aspekte; es ist möglich, von zuchtwertgeprüften, hochwertigen Vatertieren eine große Nachkommenzahl zu erzeugen. In Frankreich und Italien wurden zu diesem Zweck Besamungsstationen eingerichtet. Von einem Rammler kann wöchentlich so viel Sperma gewonnen werden, dass nach entsprechender Verdünnung ca. 100 Häsinnen damit besamt werden können; pro Jahr wären dies 5.000 weibliche Tiere mit 25.000 bis 30.000 Nachkommen, die von einem einzigen Vatertier abstammen.

Theoretisch ließen sich bei einer sehr guten Spermaqualität, die eine Spermaverdünnung von 1 : 20 zulässt, sogar bis zu 100.000 Nachkommen von einem Rammler erzeugen oder, anders ausgedrückt, können 25.000 Inseminationen je Bock und Jahr durchgeführt werden (149). Aus vielerlei Gründen lassen sich diese Zahlen aber praktisch nicht erreichen. Ungeachtet dessen sind auch bei einer geringeren Sexualbeanspruchung Leistungsverbesserungen durch Künstliche Besamung in einem Ausmaß möglich, das durch den natürlichen Deckakt nicht realisierbar ist. Natürlich muss darauf hingewiesen werden, dass auch das Erbgut leistungsschwacher bzw. mit Anlagen für Erbkrankheiten ausgestatteter Rammler durch die KB weit verbreitet werden kann. Deshalb sollten die Vatertiere vor ihrem Einsatz zuchtwertgeprüft sein und weit über dem Durchschnitt liegende Leistungen aufweisen. Die Künstliche Besamung ermöglicht ferner eine ganzjährige Nutzung der Zuchttiere; saisonbedingte Einflüsse können reduziert werden.

Die Spermagewinnung erfolgt fast ausschließlich mit Hilfe einer künstlichen Scheide (Vagina). Sie wird von der Mehrzahl aller Rammler gut angenommen. Die Samenflüssigkeit kann vollständig und von Ausnahmen abgesehen, ohne Verschmutzung erhalten werden. Die Spermagewinnung setzt Deckfreudigkeit der Vatertiere voraus. Es gibt zahlreiche Modelle von künstlichen Vaginen. Sie bestehen meist aus einem äußeren Mantel aus Kunststoff, Hartgummi oder Glas. Ein entsprechender Gummi- oder Plastikschlauch wird durch den Mantel geschoben und fixiert. An der hinteren Öffnung befestigt man das Samenauffangglas, durch die vordere Öffnung kann der Rammler beim Deckakt den Penis einführen. Der Zwischenraum zwischen äußerem Mantelrohr und Innenschlauch wird mit einer wärmespeichernden Flüssigkeit (Glyzerin oder Wasser) gefüllt (Abb. 95, 96). Bewährt hat sich auch eine künstliche Vagina aus Glas, die aus einem modifizierten Samenauffangglas besteht, das mit einem Glashohlkörper umgeben ist, in den die wärmehaltende Flüssigkeit eingebracht wird. Auf diese Weise entfällt der Innenschlauch. Die Öffnung der Vagina muss gut abgerundet sein, damit beim Suchreflex und beim Einführen des Penis keine Verletzungen entstehen.

Die Temperatur der künstlichen Vagina soll 42° bis 45° C betragen. Führt der Rammler seinen Penis ein und Friktionsbewegungen durch, ohne dass es zu einer Ejakulation kommt, entspricht die Vaginentemperatur in der Regel nicht den Anforderungen, sie ist dann meist zu niedrig. Zur Samengewinnung wird die künstliche Vagina mit einer Hand umfasst und ein handschuhartig zusammengenähtes Ka-

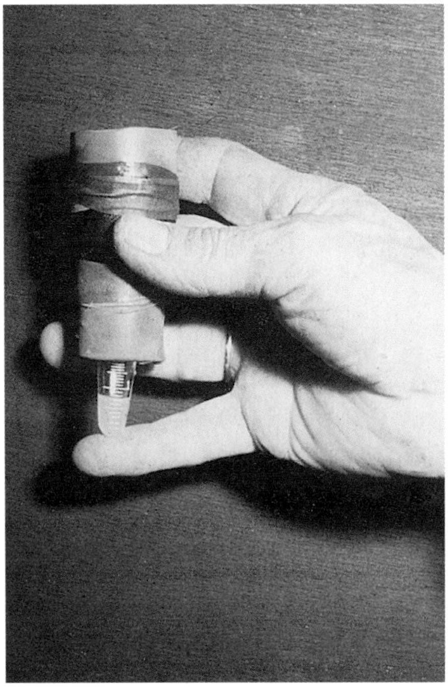

Abbildung 98: Künstliche Vagina mit Ejakulat.

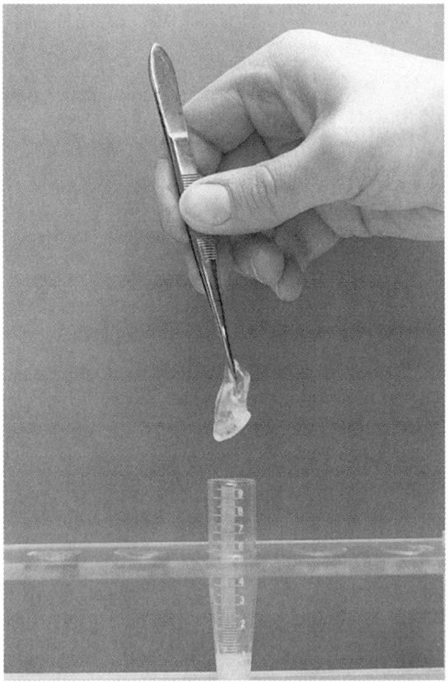

Abbildung 99: Der, insbesondere nach längerer Deckpause, im Ejakulat anzutreffende Schleimtropf wird vor der Verdünnung des Spermas entfernt.

ninchenfell so über den Arm gezogen, dass die Einführungsöffnung der künstlichen Scheide ein wenig das Fellende überragt (Abb. 95). Die Mehrzahl der Rammler nimmt ein solches Phantom an, besonders wenn durch Bewegungen des Armes das Verhalten der Häsinnen während des natürlichen Deckaktes imitiert wird.

Häufig wird aber auch zum Rammler ein anderes Kaninchen, am besten Häsin, gebracht, das die Aufmerksamkeit des Vatertieres auf sich lenkt. Kommt es zum Aufsprung, wird das zugesetzte Tier mit einer Hand fixiert und unter dessen Bauch die künstliche Vagina geschoben. Es erfolgen Umklammerungs- sowie Suchreflex und schließlich die Ejakulation. Vor dem Einsatz von Rammlern empfiehlt sich ein Training. Bei Jungtieren verbessern sich in der Regel Spermavolumen und -qualität je nach Rasse bis zum Alter von 8 bis 10 Monaten. Tiere mit mehrfach unbefriedigender Qualität sind von der Künstlichen Besamung auszuschließen.

In Tab. 29 sind Angaben über Spermamenge und Spermienkonzentration enthalten. Man kann aber bereits grobsinnlich auf Grund der Konsistenz des Ejakulates Schlüsse auf die Zahl der darin enthaltenen Spermien (Dichte) ziehen; bei wässrigen Ejakulaten ist sie in der Regel ungenügend. Milchige Samenflüssigkeit hat meist eine befriedigende, dickrahmige eine sehr gute Dichte. Ein wesentliches Qualitätsmerkmal ist die Vorwärtsbeweglichkeit der Samenzellen. Mehr als 60 % im

Blickfeld des Mikroskopes sollen eine derartige Bewegungsform aufweisen. Auch der Anteil formmäßig abnormer Spermien gibt Hinweise auf die zu erwartende Befruchtungsfähigkeit. Bei mehr als 20 % veränderten Samenzellen (Missbildungen am Kopf, Mittelstück oder Schwanzteil) muss mit verminderter Fortpflanzungsfähigkeit gerechnet werden. Selbstverständlich ist zu prüfen, ob Bewegungsstörungen, veränderte Formen der Spermien usw. nachträglich durch unsachgemäße Behandlung des Ejakulates entstanden sind.

Zur Kontrolle der Reproduktionsmerkmale beim Rammler (Libido, Spermamenge, -dichte und -beweglichkeit) sollten einmal wöchentlich 2 Ejakulate innerhalb von 15 Minuten entnommen und geprüft werden (149).

Am besten bewährt hat sich die Besamung mit Frischsperma. Die Reproduktionsergebnisse sind im allgemeinen mit einer Konzeptionsrate von 70 – 80 % recht gut. Um eine entsprechende Portionierung der Samenflüssigkeit vornehmen zu können und um schädliche Produkte des Spermienstoffwechsels zu »puffern«, empfiehlt sich eine Verdünnung der Ejakulate. Die zugegebenen Medien dienen gleichzeitig der Ernährung und dem Schutz der Samenzellen. Es gibt eine Vielzahl von »Fertigverdünnern« für Kaninchensperma, die sich bewährten und im Handel angeboten werden. Verwendung finden aber auch physiol. Kochsalzlösung mit 15 % Eidotter oder H-Milch (1,5 % Fett) + 15 % Eidotter und Antibiotika (100 IE Penicillin und 0,1 g

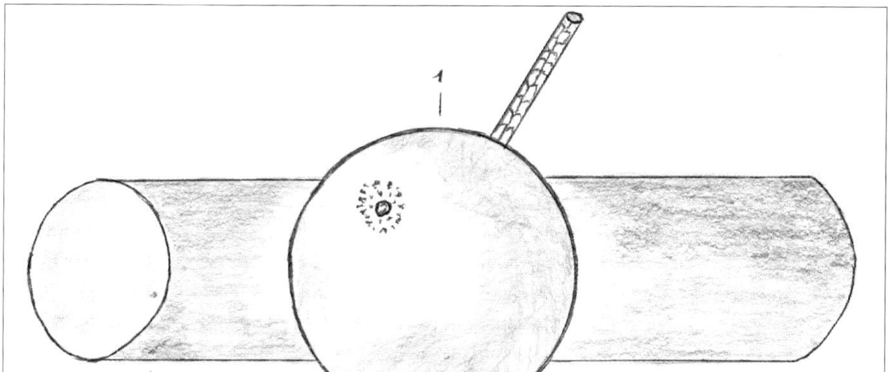

Abbildung 100: Größenverhältnisse zwischen
1. Kanincheneizelle (Ø 150 μm)
2. Menschenhaar (Ø 100 μm)
3. Angorakaninchenwollhaar (Ø 10 μm)
4. Kaninchenspermien (Länge 55 μm)
In der Abbildung werden die beträchtlichen Größenunterschiede zwischen Ei- und Samenzelle verdeutlicht. Vergleiche zum Menschenhaar und Wollhaar (Angorakaninchen) sollen zur Verbesserung des Vorstellungsvermögens dienen.

Streptomycinsulfat). Eingesetzt werden kann auch »normale« Milch, die über 5 Min. auf 95° C erhitzt wurde. Bei kurzer Aufbewahrung sollten die Portionen nicht stark abgekühlt, sondern bei 15 bis 20° C und im Dunkeln gelagert werden (150). Bei einer Lagerungszeit von 24 Std. kann ein Temperaturspektrum von 6-25° C gewählt werden. Die höheren Temperaturen brachten bessere Beweglichkeit der Spermien als die niedrigen. Konsequenzen bezüglich der Fruchtbarkeit ergaben sich jedoch nicht (109).

Der Verdünnungsgrad richtet sich nach der Spermienkonzentration und dem Spermabedarf; im allgemeinen wird 1 : 1 bis 1 : 10 verdünnt. Eine Lagerung des verdünnten Spermas kann bis zu 2 oder 3 Tagen im Kühlschrank erfolgen. Die Abkühlung sollte langsam vorgenommen werden. In den letzten Jahren wurden in verstärktem Maße Untersuchungen über Langzeitkonservierung (Spermatiefgefrierung bei –196° C) durchgeführt, um auch in der Kaninchenzucht die damit verbundenen Vorteile einer Spermalagerung über mehrere Jahre nutzen zu können. Vor dem Gefrierprozess müssen dem Sperma Gefrierschutzmittel zugesetzt werden, um Zellschädigungen zu vermeiden bzw. zu mindern. Verwendet werden Glycerol, Tris-Eidotter und Dimethylsulfoxid sowie Acetamide oder Ethylenglycol. Es wurden auch Kombinationen solcher Mittel eingesetzt. Nach neueren Untersuchungen bewährten sich Gefrierschutzmittel bestehend aus Acetamid in Verbindung mit Tre-

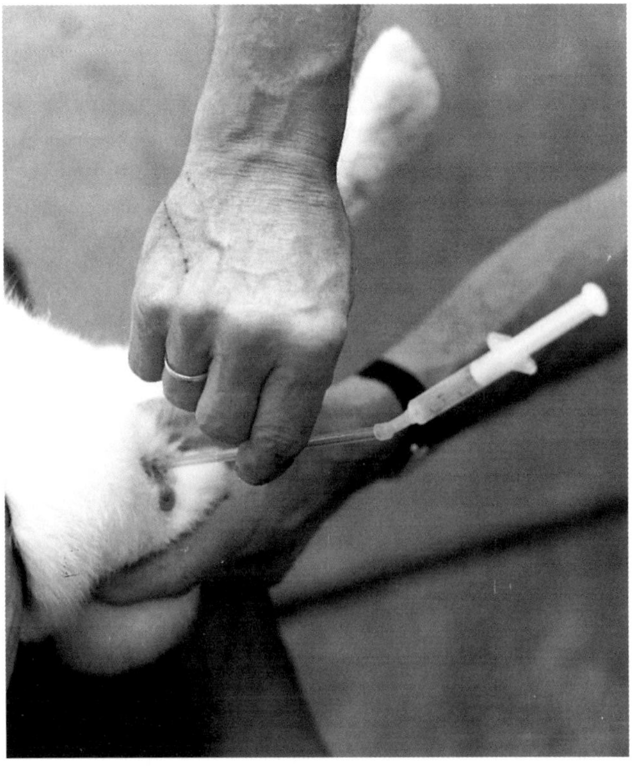

Abbildung 101: Einführung der Besamungspipette in die Vagina.

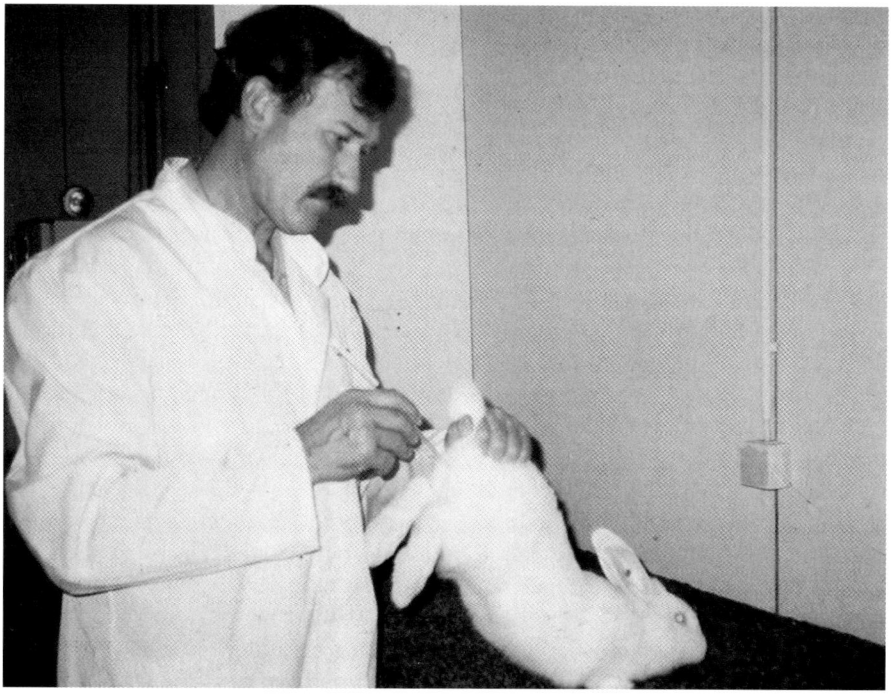

Abbildung 102: Mit einiger Übung und Geschicklichkeit läßt sich die Besamung auch von einer Person durchführen. Vielfach wird die Häsin in seitlicher Lage mit dem linken Arm fixiert.

halose und Methyl-Zellulose (14, 35). Die von der Praxis gestellten Erwartungen sind noch nicht voll erfüllt worden. Die Konzeptionsrate betrug 49 % im Vergleich zu 79 % mit Frischsperma. Da die Methoden aufwendig sind und nur in kleinem Umfang praktiziert werden, wird hier auf eine Wiedergabe verzichtet.

Sollen Häsinnen künstlich besamt werden, kann der Follikelsprung durch den Deckakt eines unfruchtbaren aber deckfähigen Rammlers ausgelöst werden. Dazu ist natürlich ein Vatertier nicht fähig, dem die Hoden entfernt worden sind; es zeigt keinerlei Geschlechtslust. Unterbindet man aber lediglich die Samenleiter (Ligatur) oder wird jeweils ein Stück entfernt (Vasektomie), dann werden zwar im Hodengewebe die für die Deckfreudigkeit verantwortlichen Hormone gebildet, es kommt aber nicht zu einer Spermaabgabe. Aus vielerlei Gründen (veterinärhygienische Gesichtspunkte, Zeitaufwand bei Beobachtungen des Deckaktes usw.) hat sich besonders bei größeren Tierbeständen diese Verfahrensweise nicht bewährt. Deshalb wurde der Applikation bestimmter Hormone an Häsinnen der Vorzug gegeben; dazu gehört das HCG (Humanes Chorion-Gonadotropin). Nachteilig ist, dass dieses Hormon in die Ohrvene injiziert werden muss und dass bei den Häsinnen Antikörperbildung auftreten kann; nach mehrmaliger Besamung sinken in vielen Fällen die Reproduktionsraten beträchtlich.

Einen wesentlichen Fortschritt in bezug auf die Ovulationsauslösung beim Kaninchen brachte die Applikation synthetischer Gn-RH-Präparate (150, 192). Neben verbesserten Fruchtbarkeitsergebnissen, Ausbleiben von Immunitätserscheinungen bei mehrfacher Anwendung und der leicht durchzuführenden intramuskulären Injektion (Schenkel- oder Lendenmuskulatur) verringern sich jahreszeitlich und individuell bedingte Schwankungen der Konzeptionsraten. Unter Beobachtung physiologischer Phasen zur Zeit der Insemination (Laktation oder nicht, Empfängnisbereitschaft) können Hormongaben minimiert werden. Versuchsergebnisse liegen über Receptal® vor. Kleinere Dosen bergen jedoch gewisse Risiken, falls die Injektionen nicht korrekt erfolgen (154). In neueren Untersuchungen (78) wurde festgestellt, dass vasektomierte Rammler als Ovulationsauslöser bessere Reproduktionsleistungen brachten als durch Hormongaben (GnRH, HCG). Ungeachtet dessen dürfte ein Einsatz derartiger Rammler in Zucht- und Vermehrungsbetrieben aus bereits genannten Gründen kaum in Frage kommen. Die Hormonverabreichung erfolgt bei Junghäsinnen 2 Std. vor und bei Alttieren zum Zeitpunkt der Besamung. Auf alle Fälle sind die von den Herstellern empfohlenen Anwendungsvorschriften zu beachten. Die Zeitdifferenz zwischen Hormongabe und Samenübertragung beträgt in den meisten Fällen 0 bis 6 Stunden. Einige Autoren erzielten durch Injektion von Kupferacetat hohe Ovulationsraten und vertraten die Auffassung, dass Synergie-Effekte zwischen Kupfer und dem zirkulierenden Gonadotropin bestehen (80). Zur Insemination ist eine Person ausreichend (Abb. 102). Das Muttertier wird auf einen etwas erhöhten Tisch gesetzt und das Hinterteil angehoben; der Kopf kann dabei im Bedarfsfall mit dem Arm fixiert werden. Die vorher mit der Spermaportion durch Unterdruck gefüllte Pipette wird langsam etwa 8 bis 12 cm in die Scheide eingeführt und die Samenflüssigkeit abgesetzt. Ist ein Rückfließen zu beobachten, muss die Besamung wiederholt werden. Die Spermadosis beträgt 0,5 bis 1,0 ml. Sie sollte nicht unter 0,3 ml liegen und mehr als 20 Mio. Spermien enthalten.

Die Künstliche Besamung wird im Stallgebäude oder bei frei aufgestellten Kaninchenställen in einem in der Nähe gelegenen Raum durchgeführt. Die Pipetten sollen, hygienisch einwandfrei in verschließbaren oder mit sterilen Tüchern abgedeckten Behältern aufbewahrt werden. Bei jeder Besamung sind eine vorher sterilisierte oder eine Einweg-Pipette zu verwenden. Die Angaben über den Zeitaufwand für eine Besamung einschließlich Spermagewinnung und -verdünnung schwanken zwischen 3 und 5 Minuten. Dabei muss es sich aber um gut eingearbeitete Kräfte handeln. Die Besamung ist ein gynäkologischer Eingriff. Peinliche Sauberkeit und fachgerechte Durchführung sind nicht nur unerlässliche Voraussetzungen für den Erfolg und die Gesundheit der Häsin, sie tragen auch den Forderungen des Tierschutzgesetzes Rechnung.

Die Befruchtungsergebnisse bei Einsatz von Frischsperma liegen meist über denen der natürlichen Paarung; das betrifft sowohl die Befruchtungsrate als auch die Zahl der Jungtiere pro Wurf. Bei Vergleichen ist zu bedenken, dass bei der natürlichen Verpaarung nur die Häsinnen in die Auswertung einbezogen werden, die sich decken ließen, während bei der KB-Statistik alle Muttertiere berücksichtigt werden, die für die Zucht oder die Vermehrung vorgesehen waren.

Mit zunehmender Lagerzeit flüssigkonservierter Ejakulate ist in den meisten Fällen ein Absinken der Befruchtungsfähigkeit zu verzeichnen. Einflussfaktoren sind weiterhin Verdünnermedien, das Verdünnungsverhältnis und die Zahl der insgesamt infundierten Spermien. Von großer Bedeutung sind die zur Ovulationsauslösung verwendeten Hormone. Durch Einsatz synthetischer Releasing-Hormone und eine terminorientierte Besamung konnte der Erfolg in den letzten Jahren erheblich verbessert werden. Die an einer größeren Tierzahl erzielten Befruchtungsergebnisse mit Frischsperma oder bei Kurzzeitlagerung schwanken zwischen 65 und 85 % (102). Bei Verwendung von Gefriersperma beträgt die Befruchtungsquote etwa 40 %. Hierbei bestehen hinsichtlich der Spermaeignung für dieses Verfahren erhebliche Unterschiede zwischen den Rammlern. Sie lassen eine Selektion auf dieses Merkmal erfolgversprechend erscheinen.

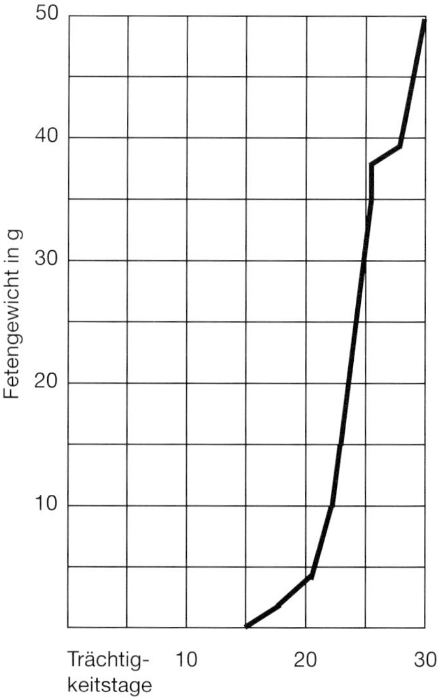

Abbildung 103: Fetale Entwicklung während der Trächtigkeit (nach Hagen 1974). In den letzten Tagen der Trächtigkeit nehmen die Jungtiere ca. 60 % ihres Geburtsgewichtes zu. Die Fütterung muß in dieser Zeit den hohen Nährstoffansprüchen Rechnung tragen, zumal, wenn die Häsin gleichzeitig säugt. Das Absinken der Laktationskurve ab der 3. Trächtigkeitswoche trägt dem höheren Nährstoffbedarf Rechnung (s. Abb. 111).

7.5 Befruchtung und Trächtigkeit

Mit jedem Ejakulat werden – gesunde Rammler vorausgesetzt – viele Millionen Spermien abgegeben. Kaninchen gehören zu den mehrgebärenden Tieren. Es müssen ca. 1. Mio. Spermien in den Eileiter gelangen, wo die Verschmelzung von Ei- und Samenzelle stattfindet. Vorher gehen in den Spermien komplizierte biochemische Veränderungen vor sich, die einen Aufenthalt von 6 bis 10 Stunden im weiblichen Geschlechtsapparat voraussetzen und für die Befruchtungsfähigkeit bedeutungsvoll sind. In den Kopfkappen der Samenzellen befindet sich ein bestimmtes Ferment (Hyaluronidase); es ist in der Lage, die das Ei umgebende Zellschicht sowie die darunterliegende Membran zu durchdringen. Dieser Vorgang wird durch einige 10.000 »Helferspermien« unterstützt. Erst dann wird der »Verschmelzungsprozess« ermöglicht. Die Befruchtung der einzelnen Eizelle erfolgt jedoch durch jeweils nur ein Spermium. Das Vielfache an Samenzellen ist aber erforderlich, um die genannten Voraussetzungen zu schaffen. Die befruchtete Eizelle entwickelt sich durch Zellteilungen und -differenzierung weiter. Bereits 24 Stunden nach dem Deckakt findet die erste Zellteilung statt. Nach verschiedenen Zwischenstufen setzt sich ca. eine Woche nach der Befruchtung der »frühe Embryo« an der Uterusschleimhaut fest; durch den »Mutterkuchen« (Plazenta) wird eine enge Verbindung der Fruchthäute mit der Gebärmutter hergestellt; dadurch erfolgt die Ernährung der Embryonen bzw. Feten. Außerdem werden auch Antikörper der Häsin auf die Feten übertragen.

In der embryonalen Phase, die beim Kaninchen etwa bis zum 15. Trächtigkeitstag dauert, werden die Organe gebildet; in dem danach folgenden fetalen Zeitabschnitt entwickeln sich die Organfunktionen. Die Bildung des Hormons Androgen beginnt

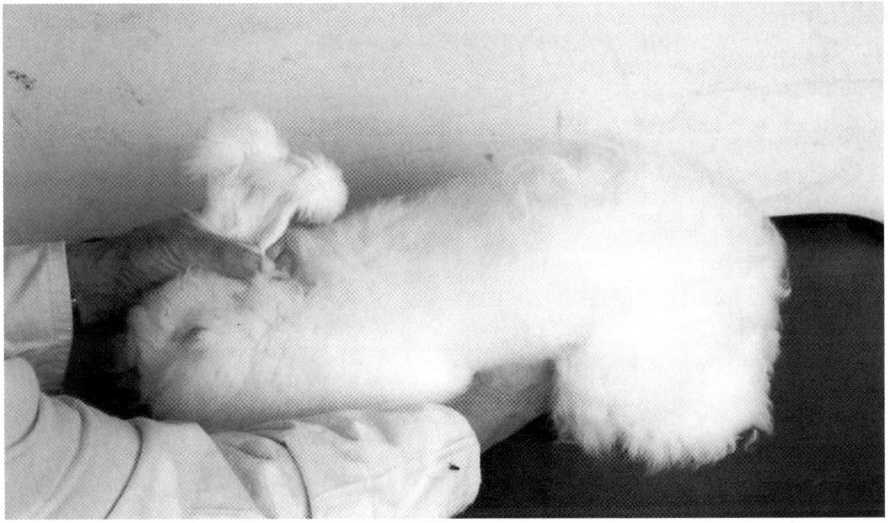

Abbildung 104: Ab 14 Tage nach dem Decken/Besamen läßt sich durch vorsichtiges Betasten der hinteren Partie des Bauches der Häsin feststellen, ob diese tragend ist.

am 19. Trächtigkeitstag (3). Für das Fortbestehen einer Trächtigkeit sind mindestens 2 Feten oder 2 Plazenten erforderlich. Werden die Zahlen unterschritten, kommt es in der Regel zum Absterben der Früchte. Das schließt nicht aus, dass auch Einlingsgeburten auftreten können. Verluste erfolgten vorher durch Resorption oder Verwerfen. Bemerkenswert ist die Tatsache, dass die Embryonen bzw. Feten in den ersten 3 Wochen der Trächtigkeit sehr langsam wachsen. In der noch verbleibenden kurzen Zeit von wenigen Tagen bis zum Werfen erfolgt dann eine beträchtliche Zunahme (Abb. 102). Das Gewicht neugeborener Kaninchen ist abhängig von der Wurfgröße oder auch der Lage der Feten innerhalb des Uterus. Die günstigste Position ist das Gebärmutterhornende in Nähe des Eileiters. Im entgegengesetzten Teil befindliche Feten waren leichter (160)

Die kurze Trächtigkeitsdauer und hohe Wachstumsgeschwindigkeit der Feten besonders im letzten Trächtigkeitsabschnitt stellt an den Stoffwechsel der Häsin große Anforderungen, die es in bezug auf Fütterung, Haltung und Behandlung zu berücksichtigen gilt. Hohe Umgebungstemperaturen, Unterversorgung mit Eiweiß, Vitaminen und Mineralstoffen sowie unsachgemäßer Umgang (Verletzungen durch Stöße usw.) können zu Fehlgeburten (Abort) führen. Besonders bei Hitze wird die Sekretionsrate einiger Hormone vermindert. Dadurch erfolgt eine Funktionsbeeinträchtigung der Uterusschleimhaut, die Verwerfen zur Folge haben kann. Das ist bei Häsinnen mit geringer Fetenzahl häufig am 17. bis 24. Trächtigkeitstag der Fall.

Die embryonale Sterblichkeit bei Kaninchen liegt höher, als allgemein angenommen wird. Die vorgeburtlichen Verluste betragen in der Präimplantationsphase (bis 7. Tag) 11 bis 14 %, im frühen Postimplantationsstadium (7. bis 14. Tag) 13 % und danach 5 %. Bei ca. 5 % aller Häsinnen sterben alle Embryonen bzw. Feten ab (68). Bei Normalhaarkaninchen kann insgesamt mit 40 % gerechnet werden, bei Angorakaninchen werden sogar 50 bis 60 % veranschlagt. Offenbar wirkt sich hier die erschwerte Wärmeregulation nachteilig aus, denn bei Angoras mit kurzem Haar liegt die embryonale Mortalität 10 % niedriger als bei denen mit langem Haar (24). Es ist deshalb empfehlenswert, die Zuchthäsinnen vor dem Decken zu scheren.

Naturgemäß hat nicht jede Paarung Trächtigkeit zur Folge. Häsinnen, die sich bereits 14 Tage nach dem Decken Haare aus der Bauchregion rupfen und mit Nestbau beginnen, sind meist nicht trächtig. Trotzdem treten verschiedentlich Milchdrüsenschwellung und Milchsekretion auf. Diese durch hormonelle Fehlsteuerung bedingte »Scheinträchtigkeit« dauert etwa 16 bis 19 Tage; bisweilen sind die Muttertiere in dieser Zeit paarungswillig; es kommt aber fast nie zur Befruchtung, wenn der Deckakt vor dem 16. Tag stattfindet. Wurde er danach durchgeführt, sind die Prognosen günstiger.

Scheinträchtigkeit ist auch bei Häsinnen zu beobachten, die nie mit einem Rammler zusammen waren. Durch gegenseitiges Bespringen weiblicher Tiere untereinander oder durch taktile Reize beim Transport, Scheren u. a. können Ovulationen erfolgen. In jedem Fall entstehen Gelbkörper am Ovar, die ein Hormon bilden, das die weitere Eireifung unterbindet; sie besitzen allerdings nicht die Größe wie die bei normaler Trächtigkeit. Auch die abgegebene Hormonmenge ist etwas geringer.

Auf alle Fälle gibt es aber Ähnlichkeiten mit den Verhältnissen bei normaler Trächtigkeit. Deshalb ist es schwer, die beiden Trächtigkeitsarten voneinander zu unterscheiden.

Wie bereits ausgeführt, kann man mit gewisser Sicherheit am Verhalten einer Häsin, die 14 Tage nach der Paarung wieder einem Rammler beigegeben wird, feststellen, ob Trächtigkeit vorliegt oder nicht. Eine genauere Diagnose ist aber durch vorsichtiges Abtasten der hinteren Bauchpartie des Muttertieres möglich, allerdings erst ab 14 Tage nach erfolgter Bedeckung. Zu einem früheren Zeitpunkt dürften Untersuchungen kaum erfolgreich sein, da die Embryonen bzw. Feten in den ersten 14 Tagen der Trächtigkeit noch sehr klein sind. Die Palpation wird erleichtert, wenn das Muttertier mehrere Stunden nicht gefüttert wurde. Es empfiehlt sich, die Häsin mit dem Kopf zum Untersuchenden gewendet auf einen Tisch zu setzen. Eine Hand umfasst die Beckenregion einschließlich Hinterläufe, die andere tastet mit gespreizten und leicht gebeugten Fingern die Nabelgegend und danach die Beckenunterseite ab. Die Feten liegen im vorderen und seitlichen Teil der Bauchhöhle, sie sind mit ihren Eihäuten in den meisten Fällen als perlschnurartige Vorwölbungen deutlich fühlbar. Verwechslungen mit den im Endabschnitt des Darmes liegenden kleineren Kotballen dürften bei einiger Übung kaum vorkommen (Abb. 104).

Die gegen Ende der Trächtigkeit eintretende Vergrößerung der Milchdrüsen gibt ebenfalls Anhaltspunkte zur Beantwortung der Frage, ob der Deckakt erfolgreich verlief oder nicht. Es gilt jedoch zu berücksichtigen, dass auch bei Scheinträchtigkeit solche Symptome auftreten.

Neuerdings erfolgen Trächtigkeitsbestimmungen mit Hilfe des Ultraschalles. Bereits 8 Tage nach dem Deckakt kann mit entsprechenden Geräten die Zahl der Embryonen bestimmt werden (68). Größere praktische Bedeutung hat die Methode bisher allerdings noch nicht erlangt.

Wieviel Würfe pro Häsin und Jahr gebracht werden sollten, hängt von der Zielsetzung ab, die in der Rassekaninchenzucht mit jährlich nur 1 bis 3 Würfen erheblich von der erwerbsorientierten Kaninchenfleischerzeugung und auch dem Wildkaninchen abweicht. Abgesehen davon reicht bei der in der Rassekaninchenzucht vorherrschenden kombinierten Fütterung auch die Nährstoffversorgung nicht für die Realisierung der beim Kaninchen veranlagten Fruchtbarkeit aus.

Das Kaninchen besitzt die fortpflanzungsphysiologischen Voraussetzungen, bis zu 11 Würfe pro Jahr zu bringen. Hohe Paarungsbereitschaft zeigen sowohl Wild- als auch Hauskaninchen bereits 1 bis 2 Tage nach dem Werfen; man bezeichnet das als »Wurfhitze«. Beim Wildkaninchen, aber auch bei anderen Säugetieren, die in Gemeinschaft leben (z. B. Sumpfbiber), werden die Muttertiere meist zu diesem Zeitpunkt gedeckt. Noch säugende Häsinnen sind dann schon wieder tragend. Bemerkenswert sind neuere Versuchsergebnisse. Wenn bei Wildkaninchengeburten Rammler anwesend waren, erfolgten bereits während des Geburtsvorganges Deckakte, wobei häufig die Muttertiere keinen Widerstand leisteten.

Auch bei im Freigehege gehaltenen Hauskaninchen konnte ein vergleichbares Verhalten der Rammler beobachtet werden (206).

Da, wie bereits erwähnt, das Wachstum der Feten in den ersten drei Trächtigkeitswochen nur sehr langsam vor sich geht, ist die Doppelbelastung der Muttertiere offenbar nicht so groß, wie vielfach angenommen wird. Spätestens ab der 4. Trächtigkeitswoche kann die Häsin den Nährstoffbedarf für die gleichzeitige Produktion von Milch und die sich schnell entwickelnden Feten (s. Abb. 103), selbst bei beliebiger Aufnahme eines pelletierten Mischfutters, nicht mehr decken. Die Häsin muss daher um so mehr von ihrer Körpersubstanz für die Milchproduktion verwenden, je länger sie säugt (s. Kap. 9.7). Das schwächt ihre Widerstandskraft, verringert das Körpergewicht und die Entwicklung der Feten. Im Extremfall müssen diese wieder resorbiert werden (embryonaler Fruchttod) oder die Jungtiere werden lebensschwach geboren. Da die Nährstoffe des Futters vorrangig von der Häsin für die Milchbildung verwendet werden, ist allerdings bei ungenügender Fütterung damit zu rechnen, dass die Feten unterversorgt werden oder absterben und kleinere Geburtsgewichte zu verzeichnen sind. Die negativen Auswirkungen der Trächtigkeit bei gleichzeitiger Milcherzeugung sind daher um so größer, je länger die Säugezeit über den 21. Lebenstag hinaus ausgedehnt wird.

Der 2. Höhepunkt der Paarungsbereitschaft tritt beim Hauskaninchen nach dem Absetzen der Jungtiere auf. Die Erfahrung hat gezeigt, dass bei langen Wurfintervallen die Häsinnen häufig verfetten und viele »güst« bleiben. Werden Muttertiere nur selten zur Reproduktion genutzt, müssen sie durch Einschränkung der Nährstoffversorgung in Zuchtkondition gehalten werden.

Ein entscheidendes Merkmal für die Fruchtbarkeitsleistungen ist die Länge der Zwischenwurfzeit (Wurfintervall), sie wird durch den Wiederbedeckungszeitpunkt nach dem Werfen beeinflusst. Daraus ergeben sich wiederum Konsequenzen in bezug auf die Länge der Säugeperiode. In der Rassekaninchenzucht betragen die Zwischenwurfzeiten meist 120 bis 170 Tage. In der intensiv betriebenen Mastkaninchenproduktion liegen sie erheblich niedriger. Hier wird häufig die permanente Zuchtbenutzung angewendet, bei der die Häsinnen spätestens am 3. Tag nach dem Werfen gedeckt oder besamt werden. In einigen Anlagen erfolgt die Wiederbedeckung am 10. bis 15. Tag nach dem Werfen. Das Verfahren wurde aus arbeitsökonomischen Gründen eingeführt und weil, bedingt durch zu lange Säugeperioden, gelegentlich Fruchtbarkeitsstörungen bei Häsinnen nach permanenter Zuchtbenutzung auftraten. Dadurch waren die Zwischenwurfzeiten trotz früher Bedeckung nicht kürzer als nach einer später erfolgten (136). Außerdem ermöglicht es die Besamung am gleichen Wochentag im Gegensatz zum 33-Tage-Rhythmus.

8 Geburt und Säugeperiode

von W. Schlolaut

Abbildung 105: Das Zusammentragen von Nestmaterial kündigt bereits 1–3 Tage vorher die Geburt an. Wird dieses Verhalten bereits etwa ab dem 14. Tag nach dem Decken beobachtet, ist dies ein Zeichen für Scheinträchtigkeit.

Die durchschnittliche Trächtigkeitsdauer beträgt 31 Tage bei einer Variation von 29 bis 34 Tagen. Sie ist bei großer Wurfstärke kürzer und bei Einlingsgeburten am längsten. Die Geburt kündigt sich bereits 1 bis 3 Tage vorher durch Veränderungen des Verhaltens der Häsin an: Sie wird unruhiger und trägt Nestbaumaterial zusammen. Diesem Verhalten ist durch die Bereitstellung von Nestbaumaterial bei einstreuloser Haltung und den Zugang zum Wurfkasten spätestens ab dem 28. Tag nach dem Decken Rechnung zu tragen. Die hormonell bedingte Lockerung des Haarsitzes einen Tag vor und bis zu 2 Tagen nach dem Werfen erleichtert der Häsin das Rupfen der Haare und deren Verwendung als Nestbaumaterial. Dabei werden auch die Zitzen freigelegt. Das erleichtert in Anbetracht der kurzen Dauer des Säugens den Jungtieren den schnellen Zugang zu denselben beim Säugen.

Der Anstieg des Östrogenspiegels am Ende der Trächtigkeit begünstigt die Bereitstellung des Oxytocins, welches die Kontraktion insbesondere der Bauchmuskulatur und damit die Wehen auslöst. Diese erfolgen kurz hintereinander so lange, bis alle Jungtiere geboren sind. Die gekrümmte Haltung der Häsin begünstigt hierbei den Verlauf der Geburt ebenso, wie die Aufnahme der Nachgeburt. Gelegentlich zu beobachtende Hautverletzungen bei den Jungtieren deuten darauf hin, daß der Geburtsvorgang durch das Erfassen der Jungtiere mit den Zähnen unterstützt wird. Die Geburt ist normalerweise innerhalb von 12 - 16 Minuten abgeschlossen

Ebenso wie die auf natürlichem Wege erfolgende Bereitstellung des Oxytocins die Wehen auslöst, kann dies auch durch die Injektion von 2 IE* synthetischem Oxytocin erfolgen. Man bedient sich dieser Möglichkeit, um den Zeitpunkt des Werfens auf eine Zeitspanne von 1 bis 2 Tagen zu konzentrieren. Hierbei werden alle Häsinnen behandelt, die bis zum 33. Tag nach dem Decken oder Besamen noch nicht geworfen haben, aber aufgrund der Trächtigkeitskontrolle tragend sind. Die Auslösung der Geburt ist bei den Häsinnen, die zu diesem Zeitpunkt noch nicht geworfen haben, mit einer Reihe von Vorteilen verbunden:

- Wiederbesamung/-Bedeckung des gesamten Häsinnenbestandes innerhalb des für die Konzeption optimalen Zeitpunktes von 1 bis 2 Tagen nach dem Werfen;
- Vereinfachung der Arbeitsorganisation beim Decken/Besamen, der Geburtskontrolle sowie beim Absetzen und dem Verkauf der Masttiere zum Schlachten;
- unproblematischer Ausgleich der Wurfstärke.

Voraussetzung für eine derartige Maßnahme ist das Vorhandensein vorbereiteter Nester sowie die Überwachung der Geburt. Die Geburt erfolgt kurze Zeit nach der Injektion des Oxytocins. Da die Häsin mitunter nicht das Nest aufsucht, ist es

Abbildung: 106: Bei der Haltung auf Einstreu legt die Häsin das Nest in einer Stallecke an.

* Internationale Einheiten

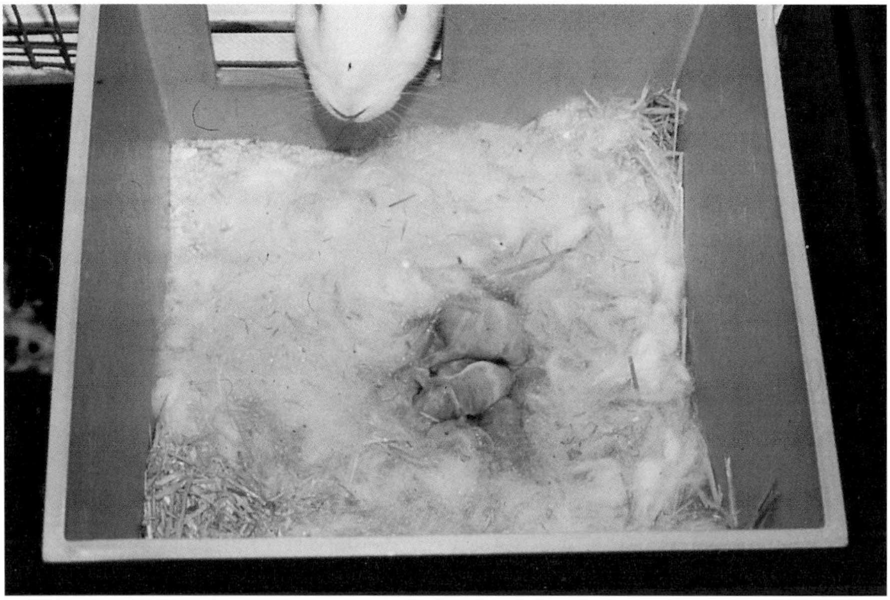

Abbildung 107: Bei einstreuloser Haltung muß ein Wurfkasten mit zumindest wärmeisoliertem Boden und Einstreumaterial 3–4 Tage vor dem voraussichtlichen Wurftermin bereitgestellt werden.

wichtig, daß außerhalb des Nestes liegende Jungtiere schnellstmöglich in das Nest gelegt werden, damit sie nicht unterkühlen.

Erstmals gebärende Häsinnen, reagieren, insbesondere wenn sie temperamentvollen Rassen angehören (z. B. Helle Großsilber, Kleinsilber), auf Störungen verschiedenster Art mit außerhalb des Nestes verstreuten Jungtieren oder mit Kannibalismus. Es empfiehlt sich in diesem Fall, die Häsin nach der Geburt zumindest für einige Stunden von den wieder in das Nest gelegten Jungtieren zu trennen und die Häsin anschließend unter Kontrolle säugen zu lassen.

Das Wildkaninchen legt sein Nest, bestehend aus trockenen Grashalmen und Haaren, in einer sogenannten Satzröhre an. Diese hat entweder einen separaten Zugang oder zweigt von der Hauptröhre des Baues ab. Sie wird nach dem Werfen zum Säugen aufgesucht und anschließend wieder mit Erde zugescharrt. Geschlossene Wurfkästen (s. Kap. 10.5.1) entsprechen somit den verhaltensbedingten Anforderungen des Kaninchens am ehesten. Verwerfen und Kannibalismus wird bei derartigen Konstruktionen weniger beobachtet als bei offenen Nestern. Abgesehen von dem optischen Schutz bieten sie auch eine ausgeglichenere Temperatur, vorausgesetzt, sie werden aus Holz oder einem anderen wärmeisolierenden Material hergestellt und die Luftzufuhr ist gewährleistet. Anderenfalls bildet sich bei niedrigen Außentemperaturen Kondenswasser an Deckel und Wänden, und hohe Temperaturen wirken ohne Verzögerung unmittelbar auf die Tiere ein. Dies beeinträchtigt die Akzeptanz des Nestes durch die Häsin und mindert das Wohlbefinden der Jungtiere.

Verglichen mit dem als Nestflüchter geborenen Hasen, ist das unbehaarte, blinde und zur Vorwärtsbewegung nicht fähige neugeborene Kaninchen ein Nesthocker und sowohl physiologisch als auch anatomisch eine Frühgeburt. Da ihm in den ersten Wochen der Schutz des Haarkleides fehlt, ist die Wärmeisolierung des Nestbodens und der Einstreu von ausschlaggebender Bedeutung für die Überlebenschancen. Als Nesteinstreu eignet sich die im Handel erhältliche Weichholzraspel (z. B. Pappel), schimmelfreies Heu und gerissenes Hafer- oder allenfalls Weizenstroh. Weniger geeignet ist Roggen- und Gerstenstroh wegen der Grannen.

Die *Wurfstärke* schwankt zwischen 1 bis 24. Sie beträgt bei mittelschweren Rassen im Durchschnitt 7 bis 8 Jungtiere. Kleine Rassen und Angorakaninchen liegen unter diesen Werten. Bei Kreuzungstieren (Hybriden) bzw. Würfen aus Rassenkreuzungen sind die Würfe um durchschnittlich 1 bis 2 Tiere größer (s. Tab. 27). Die Wurfstärke erreicht im Alter von 2 Jahren den höchsten Wert. Das entspricht bei einer Bedeckung/Besamung unmittelbar nach der Geburt (post partum) und einer Erstbedeckung im Alter von 4 Monaten etwa dem 14. Wurf, um anschließend abzunehmen. Im 2. Nutzungsjahr ist daher die Aufzuchtleistung um ca. 15 % niedriger. Im Vergleich zur Bedeckung 1 bis 2 Tage nach dem Werfen, wie sie beim Wildkaninchen üblich ist, kann die Zahl der geborenen Jungtiere bei längerem Wurfintervall um bis zu 10 % größer sein. Beim Angorakaninchen wird die Wurfstärke durch eine hohe Wolleistung negativ beeinflußt (Merkmals-Antagonismus), sofern nicht die Schurintervalle verkürzt werden.

Abbildung 108: Die Unterkante der Schlupföffnung des vor dem Häsinnenkäfig vorgelagerten Wurfkastens schneidet mit dem Käfigboden ab. Der Boden des Wurfkastens liegt etwa 10 cm tiefer. In den Käfig gelangte Jungtiere können dadurch allein zurückkriechen.

Abbildung 109: Wenn der Wurfkasten in den Häsinnenkäfig gestellt wird, sollte der Käfigboden mit der Oberkante des Wurfkastens abschließen, damit die Jungtiere zurückkriechen können.

Die *Aufzuchtverluste* erhöhen sich mit zunehmender Wurfstärke, insbesondere, wenn diese die Zahl der Zitzen übersteigt. Diese beträgt in der Regel 8, seltener 10 und maximal bis zu 12 Zitzen. Durch die Auswahl von Zuchthäsinnen und -rammlern mit hoher Zitzenzahl lässt sich diese bei den Nachkommen relativ leicht erhöhen.

Die Häsin säugt im Verlauf einer 28-tägigen Säugeperiode die Jungtiere im Durchschnitt 1,28 mal je Tag. Dieser Durchschnittswert resultiert aus 86,0 % einmaligem, 11,2 % zweimaligem und 0,8 % drei- und mehrmaligem Säugen pro Tag. An durchschnittlich 1,2 Tagen wurde überhaupt nicht gesäugt. Maximal wurde bis zu fünfmaliges Säugen pro Tag beobachtet (72).

Allerdings bestanden bei diesen Untersuchungen (206) hinsichtlich der Häufigkeit Unterschiede zwischen den Rassen. Dies könnte die bei früheren Untersuchungen gemachte Feststellung eines täglich nur einmaligen Säugens erklären. So säugten die Häsinnen der Rassen Rhön-Kaninchen und Weiße Neuseeländer durchschnittlich nur 1,0 bzw. 1,26 mal pro Tag, gegenüber Hellen Großsilber mit 1,91 mal und Fuchs-Häsinnen mit 2,0 mal täglich. Am häufigsten wurde in der 2. Woche nach dem Werfen gesäugt und am wenigsten in der 4. Woche. Dies erklärt sich einmal aus dem Absinken der Laktationskurve in der 4. Woche (Abb. 109), was bei der beim Wildkaninchen üblichen Bedeckung in den Tagen nach dem Werfen die gleichzeitige Entwicklung der Feten ermöglicht. Zum anderen werden die Jungtiere durch die Reduzierung der Milchaufnahme zur frühzeitigen Aufnahme festen Futters angeregt. Dies erleichtert wiederum die Umstellung des Verdauungsapparates auf festes Futter und verringert das Risiko von Verdauungsstörungen. Die Dauer des Saugaktes beträgt 3 - 4 Minuten. Sie ist in der 4. Laktationswoche und bei Zwergkaninchen kürzer.

Bei Erstlings-Häsinnen wird durch die Begrenzung auf nur einmaliges Säugen/Tag die Sterblichkeit der Jungtiere verringert, obwohl die Absetzgewichte der Jungtiere niedriger sind. Soll die Häsin 10 - 14 Tage nach dem Werfen wieder gedeckt werden,

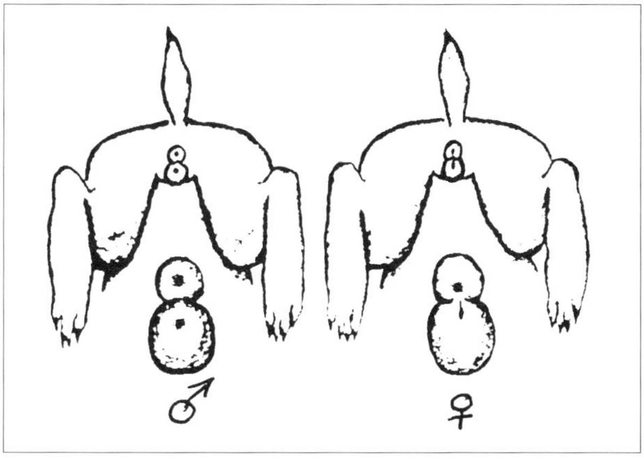

Abbildung 110: Schematische Darstellung der Geschlechtsteile beim neugeborenen Kaninchen. Am 1. Lebenstag sind die Geschlechter besser zu unterscheiden als in den folgenden drei Wochen.

erhöht die eintägige Trennung von den Jungtieren die Trächtigkeitsrate (218). Bei eigenen Untersuchungen (WN-Häsinnen) waren die nur einmal täglich gesäugten Jungtiere höchstens 4 % leichter beim Absetzen (25. Lebenstag). Der Rückstand wurde bis zur 12. Lebenswoche kompensiert. Die hohe Milchaufnahme verzögert die Gewöhnung an festes Futter. Die separate Haltung der Jungtiere und das nur einmal tägliche Zusetzen der Häsin zum Säugen ab der 2. Lebenswoche, kann daher das frühzeitige Absetzen mit den damit verbundenen Vorteilen fördern (s. S. 200). Bereits ab dem Werfen praktiziert, kann dadurch das Infektionsrisiko mit Kokzidiose und Pasteurellose verringert werden. Wenn mehr Jungtiere geboren werden, als Zitzen vorhanden sind, besteht für mindergewichtige Jungtiere nur eine geringe Chance, Milch zu erhalten. An 2, maximal 3 aufeinanderfolgenden Tagen nicht gesäugte Jungtiere gehen ein. Die Zitzenzahl kann durch züchterische Maßnahmen erhöht werden. Bei der Zuchtwahl muß sich die Berücksichtigung der Zitzenzahl sowohl auf die Häsin als auch den Rammler erstrecken. Jungtiere aus Rassen- oder Linienkreuzungen (Hybriden) sind vitaler, die Aufzuchtverluste geringer, das Wachstum schneller.

Tabelle 30: Durchschnittliche Zusammensetzung der Kaninchenmilch im Vergleich zu Kuh- und Schafmilch

	Tr.-Subst.	Fett	Eiweiß	Milchzucker	Asche
Kaninchenmilch	30,7	14,8	12,7	0,9	2,3
Kuhmilch	12,9	4,0	3,5	4,6	0,8
Schafmilch	18,7	6,8	6,0	5,0	0,9

Der vergleichsweise hohe Fett-, Eiweiß- und Mineralstoffgehalt in der Kaninchenmilch trägt dem fehlenden Wärmeschutz bei nur einmaligem täglichen Säugen ebenso Rechnung, wie dem schnellen Wachstum in den ersten Lebenswochen. Dabei ist insbesondere der Fettgehalt im Verlauf der Säugeperiode großen Schwankungen unterworfen. Am Ende der Laktation erreicht er bei entsprechendem Anstieg auch des Trockensubstanzgehaltes 25 – 30 % (188). Angesichts des niedrigen Milchzuckergehaltes ist das Jungkaninchen besser in der Lage, Fett und Eiweiß als Kohlehydrate zu verdauen. Das hat Probleme (Dysenterie) zur Folge, wenn das Absetzfutter einen hohen Stärkegehalt (> 10 %) hat.

Infolge der beim Kaninchen in geringem Maße ausgeprägten Mutter-Kind-Beziehung können die Jungtiere aus großen Würfen während der ersten Tage nach der Geburt problemlos kleinen Würfen anderer Häsinnen zugesetzt werden. Es empfiehlt sich jedoch, die Ammenhäsin zumindest für einige Stunden nach dem Zusetzen der fremden Jungtiere von dem Nest fernzuhalten. Wenn die Möglichkeit des Wurfstärkenausgleichs in Anpassung an die Zitzenzahl nicht besteht, sind überzählige Jungtiere bereits am 1. Lebenstag zu töten, um eine ausgeglichene Entwicklung des Wurfes und damit die Überlebenschancen des Wurfes allgemein zu gewährleisten. Die Auswahl erfolgt entweder aufgrund ihres Gewichtes (die schwereren zur Amme) oder des Geschlechtes. Letzteres kann bereits am Tage nach der Geburt festgestellt werden (s. Abb. 108). Später ist dies erst wieder nach der dritten Lebenswoche möglich. Das Töten von Jungtieren aus anderen Gründen (z.B. abweichende Rassemerkmale) gilt als nicht vernünftiger Grund im Sinne des Tierschutzgesetzes und verstößt somit gegen die §§ 1 und 17 (s. Kapitel 12). Die nahezu fehlende Mutter-Kind-Beziehung wird auch für die Schaffung von SPF-Beständen (specific pathogen free) genutzt. Hierzu werden die Jungtiere von Häsinnen aus Beständen mit schlechtem Hygienestatus aber hoher Leistungsveranlagung im Alter von nur einem Tag Häsinnen beigegeben, welche in krankheitsfreien Beständen gehalten werden. Hierdurch soll das, bei der Schaffung krankheitsfreier Bestände, zwangsläufig vernachlässigte Leistungsniveau verbessert werden. Zwecks Senkung der Kosten für den Lufttransport wird dieses Verfahren auch zur genetischen Verbesserung von Beständen in anderen Kontinenten genutzt.

Durchschnittlich 6 – 8% der geborenen Jungtiere werden bei der Nestkontrolle nach der Geburt tot vorgefunden. Als Ursachen kommen in Frage: Geringes Geburtsgewicht, Kannibalismus, Verzögerung der Geburt bei Einlingen, Unterkühlung sowie infektiöse Erkrankungen (z. B. Listeriose und Salmonellose). Beim Angorakaninchen ist der Anteil der Totgeburten höher (geringere Vitalität, erschwerte Regulierung der Körpertemperatur bei der Häsin, sofern diese nicht vor dem Decken geschoren wurde) und bei Kreuzungshäsinnen geringer als bei reinrassigen. Totgeborene Jungtiere weisen, abgesehen von Einlingen, in der Regel ein niedrigeres Geburtsgewicht als lebendgeborene auf. Normalerweise beträgt das durchschnittliche Geburtsgewicht bei einer Wurfstärke von 6 bis 8 Jungtieren weniger als 50 g bei leichten, 50 - 60 g bei mittelschweren und mehr als 70 g bei großen Rassen. Das Geburtsgewicht ist niedriger bei größerer Wurfstärke, Erstlingswürfen, unzureichender Ernährung der Häsin im letzten Drittel der Trächtigkeit (s. Abb. 103), vor allem bei gleichzeitiger Laktation. Deshalb sollten in diesem Fall die Jungtiere bereits im Alter von spätestens 25 Tagen abgesetzt werden oder bei Wiederbedeckung 10 Tage nach dem Werfen im Alter von weniger als 35 Tagen. Das Geburtsgewicht und die Milchleistung steigen mit zunehmendem Alter der Häsin. Tote Jungtiere gehen bald in Verwesung über und sind beim Verbleib im Nest eine Infektionsquelle für die lebenden Wurfgeschwister. Sie sind daher bei der unmittelbar nach der Geburt folgenden und danach täglich zu wiederholenden Nestkontrolle zu entfernen.

Das Kaninchen ist in den ersten 3 Lebenswochen hinsichtlich der Förderung seiner Überlebenschancen weitgehend der menschlichen Einflußnahme entzogen. Es sind zwar Verfahren zur künstlichen Aufzucht entwickelt worden (188). Diese sind jedoch sehr arbeitsaufwendig: Die Jungtiere werden beim Suchen der Zitzen nur durch den Geruch von Lockstoffen (Pheromone) und nicht vom Tastsinn gelenkt. Es ist daher notwendig, sie zumindest bis zum Öffnen der Augen (ca. 12. Lebenstag) an die Gummizitzen anzusetzen und auch während der Aufnahme der Milchaustauschertränke zu halten. Der Milchaustauscher sollte in seiner Zusammensetzung weitgehend der Kaninchenmilch entsprechen (s. Tab. 29). Erst ab der 2. Lebenswoche können die Jungtiere mit im Verhältnis 1:1 verdünnter, ungesüßter Kondensmilch überleben (141). Angesichts dieser Probleme ist die Milchaustauscheraufzucht von Jungtieren nur für die Begründung eines Bestandes sinnvoll, der frei von bestimmten Krankheiten ist (z. B. Pasteurellose, Räude, Mastitis). Man spricht hier von einem SPF-Bestand (specific pathogen free). Dadurch bleiben die Jungtiere frei von Krankheiten, welche während des Säugens von der Häsin übertragen werden können. Das Risiko der Übertragung von Krankheitserregern von der Häsin auf die Jungtiere (z. B. Kokzidiose) wird bereits durch die getrennte Unterbringung der Jungtiere nach dem Werfen erheblich verringert. Die Häsin wird hierbei nur einmal täglich zum Säugen zugesetzt.

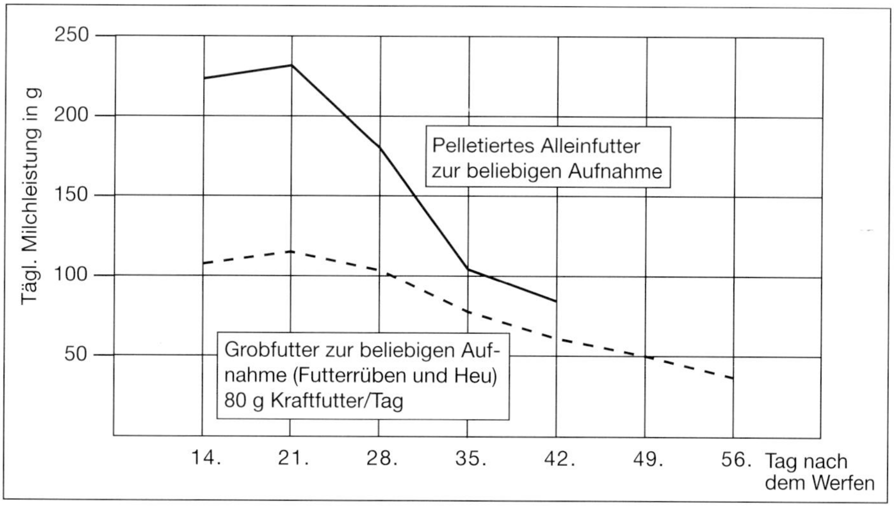

Abbildung 111:
Verlauf der Laktationskurve bei Häsinnen einer mittelschweren Rasse in Abhängigkeit von der Nährstoffversorgung (190).
Wenn ein pelletiertes Alleinfutter zur beliebigen Aufnahme angeboten wird, ist die Milchleistung bis zum 21. Tag nach dem Werfen etwa doppelt so hoch wie bei Verabreichung von Grobfutter und rationierter Kraftfuttergabe.
Unabhängig von der Nährstoffversorgung sinkt jedoch in jedem Fall nach der 3. Woche die Milchleistung stark ab.

Im Verlauf der Säugeperiode erreicht die tägliche Milchleistung zwischen dem 18. bis 23. Tag nach dem Werfen ihr Maximum (Abb. 109). Zu diesem Zeitpunkt wird die Milchmenge vor allem von der Nährstoffversorgung der Häsin, aber auch von der Zahl der Jungtiere bestimmt. Bei kleinen Würfen ist die Milchmenge je Jungtier zwar größer, insgesamt jedoch geringer. Andererseits wird bei ausreichender Nährstoffversorgung und großen Würfen insgesamt mehr Milch erzeugt, pro Jungtier jedoch weniger. Dies hat ein geringeres Gewicht beim Absetzen zur Folge.

Bedingt durch die kurze Zeitspanne des meist in den Morgenstunden erfolgenden Säugens und den Wettbewerb zwischen den Wurfgeschwistern um die ergiebigste Zitze, variiert die täglich von den einzelnen Jungtieren aufgenommene Milchmenge erheblich. Schwache Jungtiere sind hierbei benachteiligt. Im günstigsten Falle wird täglich eine Milchmenge aufgenommen, die bis zu 30% des Jungtiergewichtes beträgt. Bei Milchmangel drängen die Jungtiere, nachdem sich die Augen geöffnet haben, auch außerhalb der Säugezeit zu den Zitzen der Häsin. Sofern der Milchmangel erst in der 3. Woche nach dem Werfen auftritt, begünstigt dies die frühzeitige Aufnahme festen Futters und erleichtert damit die Umstellung auf dessen ausschließliche Aufnahme nach dem Absetzen.

Der hohe Energie- und Eiweißgehalt der Kaninchenmilch ermöglicht eine schnelle Gewichtsentwicklung der Jungtiere. Bereits 5 – 7 Tage nach der Geburt verdoppeln die Jungtiere ihr Geburtsgewicht. Bis zum Ende der 3. Lebenswoche werden im Durchschnitt 1,7 bis 2,0 kg Kaninchenmilch je kg Zuwachs benötigt. Bis zu einem Alter von 18 Tagen ist daher bei gleicher Wurfstärke der Zuwachs der Jungtiere ein geeigneter Maßstab für den Vergleich der Milchleistung verschiedener Häsinnen (Zuchtwertschätzung).

Ab der 4. Lebenswoche, d. h. dem Beginn der Aufnahme nenneswerter Mengen (Tab. 31) festen Futters durch die Jungtiere, sinkt die Milchleistung der Häsin, unabhängig von deren Nährstoffaufnahme, stark ab (s. Abb. 109). Sie beträgt 6 Wochen nach dem Werfen nur noch 30 bis 40% der nach drei Wochen gemessenen Höchstmenge. Da mit zunehmendem Alter der Jungtiere auch deren Verzehr von festem Futter steigt, ist der Anteil der Milch an der Nährstoffversorgung der Jungtiere noch geringer.

Der Verlauf der Laktationskurve wird davon bestimmt, daß beim Wildkaninchen die Wiederbedeckung bereits am Tage des Werfens bis zwei Tage danach erfolgt und die Jungtiere spätestens ab einem Alter von 28 Tagen nicht mehr gesäugt werden. Bei bereits tragenden Häsinnen, die unmittelbar nach dem Werfen wieder gedeckt wurden, erfolgt der Abfall der Milchsekretion noch schneller, um bis zum 28. Tag nach dem Werfen nahezu ganz zu versiegen. Dies ist bei nichtragenden Häsinnen erst nach 7 bis 8 Wochen der Fall.

Je geringer die Milchleistung der Häsin ist, desto früher wird von den Jungtieren festes Futter aufgenommen. Bei einer Wurfstärke von 6 Jungtieren, die beliebig pelletiertes Futter aufnehmen konnten, entwickelte sich der Anteil der Milch an der Energieaufnahme der Jungtiere in den jeweiligen Altersabschnitten wie folgt (190):

1. und 2. Lebenswoche	= 100 %
3. Lebenswoche	= 83 %
4. Lebenswoche	= 55 %
5. Lebenswoche	= 40 %
6. Lebenswoche	= 27 %

Dabei sind die Jungtiere bereits ab einem Alter von 21 Tagen in der Lage, sich allein von festem Futter zu ernähren. Bis zu einem Alter von 12 Wochen bestehen dann bei beliebiger Mischfutteraufnahme keine Gewichtsunterschiede mehr im Vergleich zu den mit 6 Wochen abgesetzten Jungtieren (190).

Im einzelnen ist die Höhe der Milchleistung der Häsin abhängig von:

Der *Fütterung* – Bei beliebiger Aufnahme eines pelletierten Alleinfutters betrug die durchschnittliche tägliche Milchleistung einer mittelschweren Häsin mit 6 bis 8 Jungtieren und täglich einmaligem Säugen etwa 200 bis 250 g (190), während einer vierwöchigen Säugezeit. Bei kombinierter Fütterung mit 80 g/Tag Kraftfutter und beliebiger Aufnahme von Grobfutter betrug die durchschnittliche Milchleistung in der gleichen Zeit nur etwa 100 g/Tag (Abb. 111). Selbst bei beliebiger Aufnahme eines pelletierten Alleinfutters kann in der 2.–4. Woche nach der Geburt die Häsin ihren Nährstoffbedarf für die Milcherzeugung nicht decken. Sie ist daher gezwungen, Körpersubstanz (Fett, Eiweiß, Mineralstoffe) für die Milcherzeugung zu verwenden und verliert an Gewicht (146, 230). Dies ist insbesondere beim 1. Wurf von Junghäsinnen und bei gleichzeitig tragenden Häsinnen der Fall. Die Begrenzung der Säugezeit auf die für die Entwicklung der Jungtiere unbedingt notwendige, artgerechte Dauer von 4 Wochen (wie beim Wildkaninchen) ist daher erforderlich, um die Häsin gesund zu erhalten. Das Hauskaninchen ist die einzige Nutztierart, bei welcher die Tendenz besteht die Säugeperiode zu Lasten des Muttertieres über die bei der Wildform übliche Dauer hinaus auszudehnen. Gegenüber einer maximal vierwöchigen Säugeperiode beim Wildkaninchen wird beim Hauskaninchen eine Säugeperiode ohne sachliche Begründung von bis zu 8 Wochen praktiziert.

Dies ist umso verwunderlicher als den Jungtieren festes Futter mit wesentlich höherer Nährstoffkonzentration zur Verfügung gestellt werden kann, als es beim Wildkaninchen der Fall ist.

Bis zu 5 Wochen sind bei einem 42-tägigen Wurfintervall auch in der gewerblichen Kaninchenhaltung üblich (156, 157).

Hinsichtlich des Einflusses des Alters der Jungtiere beim Absetzen auf deren weitere Entwicklung liegen unterschiedliche Ergebnisse vor. Sie reichen von einem Ausgleich des Gewichtsrückstandes beim Absetzen mit 21 Tagen bis zu einem Alter von 12 Wochen (190, 231) bis zu einem Entwicklungsrückstand von bis zu 4 Tagen (156). Offensichtlich wird die weitere Entwicklung der Jungtiere auch von der Qualität des Futters, dem hygienischen Status des Bestandes u.a. Einflüssen bestimmt.

Mit höheren Außentemperaturen sinkt die Futteraufnahme und damit die Milchleistung.

Der Verfügbarkeit von Körperreserven für die Milcherzeugung – Bei unzureichender Nährstoffversorgung der Häsin, bei kombinierter Fütterung oder rationiertem Kraftfutter, ist die Säugeleistung beim ersten Wurf des Jahres höher als beim zweiten.

Der *Zahl der Jungtiere* – Mit der Zahl der Jungtiere steigt bis zu 6 Jungtieren/Wurf die Milchleistung insgesamt.

Dem *Alter der Häsin* – Bei Besamung/Bedeckung 1 bis 2 Tage nach dem Werfen und beliebiger Aufnahme von Mischfutter steigt die Milchleistung bis zu einem Alter von 16 Monaten (7. – 8. Wurf) und bleibt bis zu einem Alter von 25 Monaten auf etwa gleicher Höhe.

Dem *Gewicht der Häsin* – Häsinnen großer Rassen geben mehr Milch.

Der *Haarlänge* bei Angorahäsinnen – Mit der Zunahme der Haarlänge verringert sich die Futteraufnahme und damit die Milchleistung. Unter subtropischen und tropischen Klimabedingungen kann die Schur im Sommer auch bei Normalhaarrassen die Futteraufnahme und dadurch auch die Milchleistung erhöhen.

Agalaktie (Fehlen der Milchsekretion) – Durch hormonelle oder psychische Störungen (Streß, Lärm, Erschrecken) sowie durch infektiöse Erkrankungen des Gesäuges (Streptokokken- oder Coli-Mastitis) bedingt (s. Kap. 15.1.).

Die Verluste der lebendgeborenen Jungtiere von der Geburt bis zur Aufnahme von festem Futter im Alter von 3 Wochen betragen unter optimalen Verhältnissen im Durchschnitt weniger als 10%. Schlechte Haltungsbedingungen (Nestkonstruktion, schlechte Betreuung) und hoher Infektionsdruck durch kranke Häsinnen sowie gemeinsame Haltung von Alt- und Jungtieren in einem Stall lassen die Verluste auf bis zu über 30% ansteigen (95).

Die Verlustursachen sind in der Reihenfolge ihrer Bedeutung:

Unzureichende Ernährung der Jungtiere

– infolge zu geringer Milchleistung,

– die Zahl der Zitzen übersteigende Wurfstärke,

– Behinderung des Säugens durch sperrige Nesteinstreu

Tabelle 31: Einfluss der Wasseraufnahme auf den Alleinfutterverzehr und die Gewichtsentwicklung gesäugter Jungtiere*

	Wasser beliebig		ohne Wasser	
	Gew./Jungtier g	Futteraufn. g	Gew./Jungtier g	Futteraufn. g
15. Lebenstag	287	–	295	–
17. Lebenstag	332	1	340	1
19. Lebenstag	361	2	372	2
21. Lebenstag	390	6	393	6
23. Lebenstag	431	17	410	10
25. Lebenstag	487	35	429	18

* Die Häsin wurde einmal täglich 10 Minuten lang zum Säugen den Jungtieren zugesetzt. Diese konnten beliebig Alleinfutter aufnehmen.

Der Wasserbedarf gesäugter Jungtiere wird vielfach unterschätzt. Bereits ab dem 21. Lebenstag führt die fehlende Wasseraufnahme zu vermindertem Wachstum. Da die Muttermilch den Wasserbedarf nicht mehr deckt, wird nur noch halb soviel Futter aufgenommen. Dabei war die Milchleistung der Häsinnen, welche beliebig Alleinfutter fressen konnten, etwa doppelt so hoch wie bei kombinierter Fütterung.

- späte Aufnahme und nicht bedarfsgerechte Zusammensetzung festen Futters sowie nicht mögliche Wasseraufnahme.
- *Unterkühlung* durch Wärmeableitung über den nichtisolierten oder unzureichend mit Nestmaterial bedeckten Boden des Wurfkastens, feuchte Neststreu
- *Verstreuen der Jungtiere* – Außerhalb des Nestes unmittelbar nach dem Werfen oder dem Säugen

Diesen Ursachen kann durch folgende Maßnahmen begegnet werden:

- Verwendung von schlecht wärmeleitendem Material für den Boden des Wurfkastens wie z. B. verbißfester Schaumstoff, Weichholz, Preßstrohmatte
- Einsatz von wärmeisolierender saugfähiger Einstreu, die gewährleistet, daß der Boden bedeckt bleibt (z. B. Weichholzraspel)
- Frühzeitige (4–5 Tage vor dem Werfen) Bereitstellung des Wurfkastens und des Nestbaumaterials
- Ausgleich der Wurfstärke nach dem Werfen entsprechend der Zitzenzahl
- Gestaltung des Nestbodens als flache Mulde, welche die Jungtiere des Wurfes und die Nesteinstreu zusammenhält
- Getrennte Haltung von Jungtieren und Häsinnen, bei täglich einmaligem Zusetzen der Häsin zum Säugen der Jungtiere
- Strikte Beachtung hygienischer Grundsätze (s. Kap. 15)
- Im Sommer Scheren der Angorahäsinnen vor dem Decken

Die Häsinnen, welche erst spät nach dem Werfen mit dem Auspolstern des Nestes beginnen, sind auszumerzen. Es bestehen positive Zusammenhänge zwischen einem guten Nestbau und einem frühen Beginnen damit; sowie einer großen Zahl von am ersten Tage nach der Geburt gesäugten Jungtieren und der Ablage der Jungtiere in das vorbereitete Nest.

Die Bedeutung der Vitalität der Jungtiere für deren Überlebenschancen wird durch die um 30 bis 50% geringeren Aufzuchtverluste von Jungtieren aus Linien- und Rassekreuzungen unterstrichen. Kreuzungstiere (Hybriden) sind offensichtlich besser in der Lage, den durch schlechte Umweltbedingungen verursachten Streß zu überwinden.

Kannibalismus (Häsin frißt die eigenen Jungtiere) ist rassenbedingt bei pigmentierten Rassen häufiger zu beobachten als bei albinotischen. Erstlingswürfe sind davon stärker als die folgenden betroffen. Die Bereitstellung eines geschlossenen Wurfkastens vermag das Auftreten von Kannibalismus zu reduzieren, da dieser dem Schutzinstinkt besser Rechnung trägt. Bei der Nestkontrolle ist die Häsin vom Nest fernzuhalten.

Sofern die Neigung zu Fehlverhalten (Kannibalismus, Verstreuen der Jungtiere im Käfig oder Benässen derselben mit Urin) beobachtet wird, sollte die Häsin in der ersten Woche nur zum Säugen einmal täglich zu den Jungtieren gelangen können. Die getrennte Haltung von Häsinnen und Jungtieren während der gesamten Säugezeit hat sich auch als vorbeugende Maßnahme gegen das Auftreten von Kokzidiose und Pasteurellose bewährt, deren Erreger von der Häsin ausgeschieden werden. Der Jungtierkäfig muß hierbei jedoch vor dem Werfen nach vorheriger Reinigung mit einem gegen Oocysten wirksamen Desinfektionsmittel (s. Kap. 15) desinfiziert werden. Die mütterliche Fürsorge, d. h. rechtzeitiger Beginn und gute Qualität des Nestbaues, verbessert sich mit zunehmender Geburtenzahl.

Der Zeitpunkt des Absetzens wird beim Wildkaninchen aufgrund der bei ihm üblichen Bedeckung 1 bis 2 Tage nach dem Werfen von der herannahenden Geburt des nächsten Wurfes bestimmt. Dies hat sowohl ein schnelles Absinken der Laktationskurve in der 4. Woche nach dem Werfen zur Folge (s. Abb. 111), als auch die damit einhergehende Motivierung der Jungtiere zur frühzeitigen Aufnahme festen Futters. Dies ist wiederum die Voraussetzung für die problemlose Umstellung des Verdauungsapparates auf die ausschließliche Ernährung mit diesem nach dem Absetzen.

Bei der allgemein praktizierten gemeinsamen Haltung von Häsinnen und Jungtieren in einer Bucht/Käfig sind, bei kombinierter Fütterung und daher begrenzter Bereitstellung von Konzentratfutter, die Jungtiere nicht in der Lage, genügend Nährstoffe aufzunehmen. Mit zunehmendem Abstand von der Geburt erhält die Häsin mehr Nährstoffe, als sie aufgrund der abnehmenden Milchleistung benötigt. Es empfiehlt sich daher, bei begrenzter Konzentratfuttergabe (kombinierte Fütterung) mindestens ab dem 18. Lebenstag die Häsin von den Jungtieren zu trennen und das Kraftfutter zuerst den Jungtieren zu geben. Erst was diese nicht fressen, erhält am nächsten Tag die Häsin.

Bei ständiger Verfügbarkeit eines pelletierten Mischfutters ist darauf zu achten, daß die Selbsttränken auch für die Jungtiere problemlos erreichbar sind. Es muß davon ausgegangen werden, daß etwa die doppelte Menge Wasser wie Trockenfutter aufgenommen werden muß. Das in der relativ geringen Milchmenge enthaltene Wasser reicht, wegen des hohen Trockensubstanzgehaltes der Milch (Tab. 29), nicht aus, um eine den ausreichenden Trockenfutterverzehr ermöglichende Flüssigkeitsaufnahme zu gewährleisten (s. Tab. 30).

Der Verzehr von festem Futter beginnt frühestens ab dem 17. Lebenstag. Bis dahin ist die Verfügbarkeit von Muttermilch lebensnotwendig. Bei geringer Wurfstärke und entsprechend reichlicher Milchaufnahme verzögert sich der Beginn des Trockenfutterverzehrs. Wie das Beispiel des Wildkaninchens zeigt, sind die Jungtiere bereits ab dem 20. Lebenstag auch bei ausschließlicher Aufnahme von Grünfutter in der Lage, auf die Muttermilch zu verzichten. Allerdings kann das junge Wildkaninchen sich hierbei die leichtverdaulichen und eiweißreichen Pflanzen und Pflanzenteile heraussuchen. Dies gilt auch für mit 25 Tagen abgesetzte Hauskaninchen (WN) bei Weidegang, wie Versuche in Neu-Ulrichstein zeigten. Demgegenüber ist dies beim im Käfig gehaltenen Hauskaninchen von der Menge und der Verdaulichkeit des vorgelegten Grobfutters abhängig, welches im Gegensatz zur möglichen Auswahl leichtverdaulicher Pflanzenteile durch das Kaninchen bei Weidegang auch die schwerer verdaulichen Stengel und Halme enthält.

Wenn die Häsin anschließend nicht wieder gedeckt wird, ist es bei kombinierter Fütterung ab der 4. Lebenswoche sinnvoller, das Konzentratfutter bei begrenzter Verfügbarkeit den Jungtieren und nicht der Häsin zu verabreichen. Damit werden die mit der Milchbildung verbundenen Veredlungsverluste vermieden und den Jungtieren die Aufnahme von Futter mit höherer Nähstoffkonzentration ermöglicht, welches die Ausschöpfung der Wachstumskapazität gewährleistet.

Die Verlängerung der Säugezeit über die 4. Lebenswoche hinaus hat nur dann einen positiven Einfluß auf die Entwicklung der Jungtiere, wenn weder die Qualität (zu rohfaserreich, geringer Eiweißgehalt) noch die Menge des verfügbaren Futters zur Deckung des Nährstoffbedarfes ausreichen. Doch selbst unter diesen Bedingungen bringt eine über 6 Wochen hinausgehende Säugezeit keine Vorteile mehr, zumal unter derartig ungünstigen Verhältnissen auch die Milchleistung der Häsin stärker absinkt (s. Abb. 109). Eine lange (> 4 Wochen) Säugezeit ist nicht artgerecht, wie das Beispiel des Wildkaninchens zeigt.

Abgesehen von den die Nährstoffversorgung betreffenden Gesichtspunkten, sind auch die mit der Verlängerung der Säugezeit verbundenen anderweitigen Nachteile zu berücksichtigen:

- Wenn ein pelletiertes Alleinfutter für Häsinnen (Tabelle 36) verfüttert wird, kann dieses auch von den Jungtieren in um so größeren Mengen mitgefressen werden, je länger die Säugezeit ist. Die Jungtiere sind jedoch noch nicht in der Lage, dieses hochverdauliche sowie stärke- und eiweißreiche Futter vollständig zu verdauen. Die dadurch bedingten Darmentzündungen (Enteritis, Enterocolitis, Enterotoxämie) verursachen dann Entwicklungsstörungen und Verluste. Diese Gefahr ist um so geringer, je früher die Jungtiere ein ihren Bedürfnissen besser entsprechendes (geringerer Energie- und Stärkegehalt) Absetzfutter erhalten (s. Tab. 36).

- Mit der Dauer der gemeinsamen Haltung von Häsinnen und Jungtieren wächst das Risiko, mit Krankheitserregern infiziert zu werden, die von der Häsin auf die Jungtiere übertragen werden, z. B. Kokzidiose, Pasteurellose.
- Die Milchaufnahme schränkt den Verzehr von festem Futter in stärkerem Maße ein, als es dem Nährstoffgehalt der Milch entspricht. Dadurch ist die Nährstoffaufnahme der gesäugten Tiere insgesamt geringer als die der abgesetzten Jungtiere.
- Die die Umstellung auf festes Futter anregende Bildung der Verdauungsenzyme bei den Jungtieren wird verzögert.
- Die Häsin wird durch die Milchbildung stärker beansprucht als durch die Trächtigkeit.
- Das Trockensubstanzgewicht eines Wurfes mit 8 Jungtieren entspricht mit 70 bis 80 g dem von etwa 250 g Milch. Das ist etwa die Milchproduktion von nur 1 bis 2 Tagen auf dem Höhepunkt der Laktation (s. Abb. 109). Es ist daher sinnvoller, das Leistungspotential der Häsin durch die Verkürzung der Zwischenwurfzeit für die Jungtierproduktion und nicht für die Milcherzeugung zu nutzen.
- Damit die Häsin den ab der 2. Woche der Säugezeit erlittenen Verlust an Körpersubstanz zur Erhaltung ihrer Gesundheit ausgleichen kann, sollten die Jungtiere, wie beim Wildkaninchen der Fall, etwa eine Woche vor der Geburt des nächsten Wurfes abgesetzt werden. Dies gilt auch dann, wenn ein pelletiertes Alleinfutter beliebig aufgenommen werden kann. Diese Ruhepause muß um so länger sein, je schlechter die Nährstoffversorgung und je länger die Säugezeit ist.

Mit dem Absetzen werden die Jungtiere in ein vom Häsinnenstall getrenntes Stallabteil gebracht, welches vor der Neubelegung gründlich gereinigt und desinfiziert wurde (s. Kap. 15.6). Die gemeinsame Haltung von alten und jungen Tieren ist ebenso wie die ständige Ergänzung leergewordener Käfige im besetzten Stall eine der Hauptursachen für die im Vergleich zu den anderen Nutztierarten höheren Verluste von Jungtieren und Häsinnen. Die Beachtung allgemeingültiger Grundsätze der Stallhygiene ist um so wichtiger, je größer der Bestand ist. Auf die weitere Entwicklung der Jungtiere hat die Umstallung keinen Einfluß, wenn die Tiere eines Wurfes zunächst zusammenbleiben.

In Abhängigkeit von der Zielsetzung und der Qualität der Umweltgestaltung, insbesondere der Nährstoffversorgung, werden folgende Varianten des Fortpflanzungsrhythmus unterschieden:

1. Wiederbedeckung(-besamung) 1–2 Tage nach dem Werfen (entsprechend dem Fortpflanzungsrhythmus beim Wildkaninchen). Ist 10 bis 14 Tage nach dem Decken/Besamen Nichtträchtigkeit festgestellt worden, kann nachgedeckt werden.

Anwendungsbereich: Gewerbliche Erzeugung von Zucht- und Masttieren. Das 33tägige Deckintervall ermöglicht bis zu 11 Würfe pro Jahr. Bei einer durchschnittlichen Befruchtungsquote von 70 – 80 % sind bei künstlicher Besamung 7–9 Würfe/Jahr realisierbar.

Voraussetzungen: Beliebige Aufnahme eines optimal zusammengesetzten Alleinfutters; Begrenzung der Säugezeit auf mindestens 25 Tage; bei längerer Säugezeit geringere Wurfstärke als bei 2. (s. unten);

Lichteinwirkungsdauer 14–16 Stunden/ Tag;

Einjähriger Zuchteinsatz der Häsinnen (im 2. Nutzungsjahr ist die Zahl der aufgezogenen Jungtiere infolge geringerer Wurfstärke um 15 bis 20 % geringer). Wenn nicht nachgedeckt wird, muss, um starkem Fettansatz vorzubeugen, das Alleinfutter rationiert werden, z.B. Begrenzung des Zuganges zum Futterautomaten auf 8 Stunden täglich.

Kreuzungshäsinnen (Hybriden) sind für dieses Verfahren wegen ihrer besseren Vitalität geeigneter als Reinzuchttiere. Ab dem 2. Tag nach dem Werfen verringert sich zunächst die Befruchtungsquote. Sie erreicht erst in der 2. Woche nach dem Werfen gleiche Werte wie bei der Bedeckung in den ersten zwei Tagen.

Nachteile: Infolge der Trächtigkeitsdauer von durchschnittlich 31 Tagen muß an unterschiedlichen Wochentagen (d. h. auch Sonn- und Feiertagen) gedeckt oder besamt und abgesetzt werden; mit größeren Schwankungen der Befruchtungsquote ist zu rechnen. Wenn die Jungtiere nicht mindestens eine Woche vor dem erneuten Werfen abgesetzt werden, sind die Wurfstärke des folgenden Wurfes und die Trächtigkeitsquote bei der nächsten Bedeckung kleiner.

Vorteile: Bei durchschnittlich 70- bis 80%iger Befruchtungsquote ist es, auch im Interesse eines geringeren Arbeitsaufwandes, leichter, auf die Trächtigkeitskontrolle und bei Nichtträchtigkeit, das Nachdecken zu verzichten. Arbeitsteilige Trennung von Jungtiererzeugungs- und Mastbetrieben.

2. Wiederbedeckung ~ 11 Tage nach dem Werfen (Deckintervall 42 Tage).

Anwendungsbereich: Gewerbliche Erzeugung von Zucht- und Masttieren, sofern abweichend von den natürlichen Verhältnissen eine längere Säugezeit (bis zu 35 Tagen) für erforderlich gehalten wird oder die Arbeiten im Zusammenhang mit dem Decken (Besamen), Werfen und Absetzen an den gleichen Wochentagen durchgeführt werden sollen. Das 42tägige Deckintervall ermöglicht maximal 8 Würfe/Jahr. Bei durchschnittlich 75%iger Befruchtungsquote und Trächtigkeitskontrolle 14 Tage nach dem Decken sind 5–6 Würfe/Jahr zu veranschlagen. Die im Vergleich zum erstgenannten Verfahren geringere Zahl der Würfe kann hinsichtlich der Zahl aufgezogener Jungtiere durch eine höhere Befruchtungsquote bzw. Zahl an aufgezogenen Jungtieren/Wurf kompensiert werden.

Voraussetzungen: Sie entsprechen im wesentlichen den unter 1 genannten. Die Säugezeit wird häufig auf bis zu 35 Tage verlängert. Dadurch wird allerdings die Erholungsphase für die Häsin wieder verkürzt.

Vorteile:

- Die Durchführung der Arbeiten an gleichen Wochentagen ist möglich, längere Erholungsphasen für die Häsin, sofern die Säugezeit auf maximal 28 Tage begrenzt wird, damit die Verluste an Körpersubstanz ausgeglichen werden können.

Nachteile:

- Geringere Nachkommenzahl je Häsin und Jahr.
- Stärkere Beanspruchung der Häsin, wenn die Säugezeit, wie häufig üblich, auf bis zu 35 Tage ausgedehnt wird.
- Größeres Risiko von Darmentzündungen bei den Jungtieren, da sie längere Zeit das Häsinnenfutter mit höherer Nährstoffkonzentration aufnehmen können.
- Trächtigkeitskontrolle und Nachdecken sind erforderlich.

3. Beschränkung der Zuchtsaison auf das Frühjahr (1–3 Würfe/Jahr).

Anwendungsbereich: Erzeugung von Ausstellungstieren in der Rassekaninchenzucht oder Fleischerzeugung bei unzureichender Nährstoffversorgung infolge vorwiegender Verfütterung von Grobfutter.

Voraussetzungen: Kombinierte Fütterung, nicht erwerbsorientierte Kaninchenhaltung, Trächtigkeitskontrolle.

Vorteile: Anpassung der Zuchtsaison an Vegetationsperiode. Längerer Zeitraum zwischen den Würfen vermindert die Nachteile der Mangelernährung bei der in der Rassekaninchenzucht verbreiteten kombinierten Fütterung. Die gleichfalls übliche artwidrige Verlängerung der Säugezeit beeinträchtigt jedoch diesen Effekt, da die Häsin für die Milcherzeugung mehr Körpersubstanz zusetzen muß.

Nachteile: Geringere Möglichkeiten für die Auswahl von Zucht- oder Ausstellungstieren infolge geringerer Nachkommenzahl. Zu lange Zuchtruhe verringert die Befruchtungsquote und die Wurfstärke, insbesondere dann, wenn die beliebige Aufnahme von Alleinfutter starken Fettansatz bei der Häsin zur Folge hatte.

Geringere Geburtsgewichte und niedrigere Milchleistung. Höhere Jungtierverluste, da Krankheitsübertragung von der Häsin auf die Jungtiere durch die lange Säugezeit begünstigt wird. Höhere ökonomische Belastung der Jungtiere mit den anteiligen Kosten für die Haltung der Elterntiere infolge geringerer Nachkommenzahl.

9 Fütterung

von W. Schlolaut

Die Beurteilung der Eignung von Futtermitteln für die Ernährung des Hauskaninchens sowie das Verständnis für futterbedingte Gesundheitsrisiken, wird durch die Kenntnis der artspezifischen Ernährung des Wildkaninchens erleichtert. Bei diesem sind die Fortpflanzungs- und Wachstumsphase als Zeiten des höchsten Nährstoffsbedarfs mit der Vegetationsperiode (Frühjahr bis Herbst) identisch. In dieser Periode basiert die Ernährung des Wildkaninchens im Wesentlichen auf den Verzehr der leichtverdaulichen und eiweißreichen Blätter und Triebspitzen. Unter den Pflanzenfressern (Herbivoren) gehört daher das Kaninchen zu den »Blattfressern« (Folivoren).

Die aufgenommene Futtermenge ist bei freier Verfügbarkeit auch von der Schmackhaftigkeit der Pflanzen abhängig (Tab. 34). Wegen des hohen Wassergehaltes der aufgenommenen Nahrung kann der Nährstoffbedarf nur durch die Aufnahme großer Futtermengen gedeckt werden. So werden täglich von wachsenden mittelschweren Hauskaninchen nahezu 60 % des Lebendgewichtes an Grünfutter aufgenommen. Das setzt wiederum eine kurze Verweildauer in den Verdauungsorganen voraus.
Nur durch Überbeweidung, Trockenheit und Vegetationsruhe (Winter) bedingte Mangelsituationen veranlassen das Wildkaninchen zum Verzehr trockener oder abgestorbener Grünpflanzen von Wurzeln und verholzten Trieben. Reife Getreidekörner und andere Samen spielen schon wegen der kurzen Zeit ihres Anfalles bei der Deckung des Nährstoffbedarfes nur eine geringe Rolle und werden bei reichlichem Angebot schmackhaften Grünfutters auch vom Hauskaninchen nur in geringen Mengen aufgenommen (206).

Beim Hauskaninchen stößt die Deckung des Nährstoffbedarfes mittels dieser »artgerechten« Futtermittel auf folgende Schwierigkeiten: Im Vergleich zum durchschnittlich nur 1,5 kg schweren, ausgewachsenen Wildkaninchen, ist das auf das Gewicht bezogene Fassungsvermögen der Verdauungsorgane bei den schwereren Hauskaninchenrassen geringer. Diese sind daher, auch bei reichlichem und artgerechtem Grünfutterangebot, nicht in der Lage ihre veranlagte Fortpflanzungs- und Wachstumskapazität zu realisieren. Die ausschließliche Bereitstellung der vom Kaninchen bevorzugten Pflanzenteile ist allenfalls möglich, wenn Stängel und Halme als Abfall in Kauf genommen werden. Das sind in Abhängigkeit von Pflanzenart und Erntezeitpunkt mindestens 50 % des geernteten Aufwuchses, wenn der Schnittzeitpunkt von Rinderfutter zugrundegelegt wird. Während der Vegetationsruhe können mittelschwere und schwere Rassen aus konserviertem Grünfutter oder Wurzelfrüchten nur wenig mehr als ihren Erhaltungsbedarf decken. Keineswegs jedoch den hohen Nährstoffbedarf für Fortpflanzung und Wachstum ohne die Beanspruchung von Körperreserven. Diese Probleme hatten zur Folge, dass beim Hauskaninchen bis in die 2. Hälfte des 20. Jahrhunderts die Zahl der Jungtiere pro Jahr und deren Wachstumsintensität we-

Tabelle 32: Einfluß der Ernährung auf Leistungsmerkmale beim Wild- und Hauskaninchen

	Wildkaninchen	Hauskaninchen	
		Selbstversorger Rassekaninchenzucht	Gewerbliche Fleischerzeugung
Ernährung	Pflanzen u. -teile (Blätter, Triebspitzen, Wurzeln), Auswahl entsprechend Verdaulichkeit und Schmackhaftigkeit	Pflanzen (frisch u. getrocknet), Garten- u. Küchenabfälle, Konzentratfutter rationiert. Auswahl unter Vernachlässigung von Verdaulichkeit und Schmackhaftigkeit sowie Nährstoffbedarf	Alleinfutter entsprechend Nährstoffbedarf
Lebendgewicht kg ausgewachsener Tiere	0,6 – 2,0	1,1 > 7,0	3,5 – 4,5
Alter bei Erstbedeckung, Monate	4 – 8*	8 – 12	3,5 – 4,0
Würfe pro Jahr	5 – 6 **	2 – 3	7 – 11
Alter beim Absetzen Tage	25 – 28	35 – 56	21 – 35

* Abhängig von jahreszeitlicher Zuchtruhe und Nährstoffversorgung
** Mitteleuropa, in Äquatornähe mehr

sentlich geringer waren und die Geschlechtsreife ca. ein halbes Jahr später einsetzte, als beim Wildkaninchen. Dieses ist bereits im Alter von 4 Monaten fortpflanzungsfähig, sofern dieses Alter in der ersten Jahreshälfte (zunehmende Tageslänge) erreicht wird.

Um die Leistungsveranlagung beim Hauskaninchen auszuschöpfen und ganzjährig nutzen zu können, müssen daher Futtermittel mit höherer Nährstoffkonzentration (z.B. Getreide, Nebenprodukte der industriellen Lebensmittelverarbeitung), ergänzt durch Vitamin- und Mineralstoffzusatz, in jahreszeitlich gleichbleibender Qualität eingesetzt werden. Um eine möglichst hohe Aufnahme des Mischfutters, bei geringer Entmischung der Komponenten zu erreichen, geschieht dies in Form von pelletiertem Alleinfutter. Eigenmischungen werden aus gleichem Grund feuchtkrümelig verabreicht. Ab Mitte der 70er Jahre des 20. Jahrhunderts erreicht und übertrifft teilweise die Produktivität des Hauskaninchens mit Hilfe von pelletierten Alleinfuttermischungen, die der Wildform. Dies umso mehr, als sich dadurch bedingt, die Fortpflanzung und die Aufzucht nicht mehr auf die Vegetationsperiode zu beschränken braucht.
Allerdings hat dieser Fortschritt seinen Preis. Da der Verdauungsapparat, insbesondere des Jungkaninchens, an diese Abweichung vom artspezifischen Nahrungsspektrum des Kaninchens nicht angepasst ist, kann dies mit folgenden pathogenen Begleiterscheinungen verbunden sein:

Die Verweildauer von feinvermahlenen Futtermitteln mit hoher Nährstoffkonzentration im Verdauungstrakt ist ungleich länger als die von Grobfuttermitteln. Dies begünstigt im Zusammenhang mit einem nicht zur artspezifischen Nahrung gehörenden hohen Stärkegehalt die Entwicklung der Erreger von Erkrankungen der Verdauungsorgane wie z.B. Coli-Bakterien, Clostridium perfringens, Kokzidien.

Das Jungkaninchen ist frühestens ab der 7. Woche in der Lage größere Mengen an Stärke (Hauptbestandteil von Getreide) enzymatisch aufzuspalten, d.h. zu verdauen. Sie sind daher in dieser Zeit besonders durch obengenannte Krankheitserreger gefährdet.

Die Verbreitung der Erreger von Darmkrankheiten wird zusätzlich durch die bei der Kaninchenhaltung üblichen hygienischen Mängel gefördert: Haltung von Eltern- und abgesetzten Jungtieren im gleichen Stall, Unterlassung der Räumung des Stalles mit anschließender Desinfektion (all in - all out). Das Zusammentreffen der vorstehenden Einflüsse kann dann zum Auftreten multifaktorieller Darmerkrankungen führen wie z.B. Entero-Colitis, die auf medikamentöse Behandlungen kaum noch ansprechen.

Die Gestaltung dieses Kapitels war daher davon bestimmt, dass einerseits für die erwerbsorientierte Fleischerzeugung eine bedarfsgerechte Nährstoffversorgung zu gewährleisten ist, um die Leistungsveranlagung zu realisieren. Andererseits war zu berücksichtigen, dass bei der Rassekaninchenzucht die Nährstoffversorgung in erster Linie der Bereitstellung von Ausstellungstieren und der Deckung des Erhaltungsbedarfs der Elterntiere während der Zuchtruhe dient. Das Erreichen des im Rassenstandard (s. Kap. 17) geforderten Durchschnittsgewichtes ist auch bei Mangelernährung bis zum Beginn der Ausstellungsperiode möglich.

Der Einsatz von Handelsmischfuttermitteln reduziert zwar das Problem einer der erwarteten Leistung angepaßten Nährstoffversorgung auf die Befolgung der Empfehlungen des Mischfutterherstellers. Es galt jedoch, auch der großen Zahl derjenigen Kaninchenhalter das erforderliche Wissen über die Ernährung der ihnen anvertrauten Tiere zu vermitteln, welche bei der Fütterung ihres Tierbestandes in mehr oder weniger großem Umfang Feldfrüchte und Gartenabfälle von dem eigenen Grundstück nutzen. Abgesehen davon, daß die kombinierte Fütterung bei Rassekaninchenzüchtern nach wie vor überwiegt, ist die optimale Verwertung von Grobfutter auch die Domäne des Kaninchens, welches hinsichtlich seiner Produktivität gleichgültig, ob mit Grob- oder Mischfutter ernährt, von keinem anderen pflanzenfressenden Nutztier übertroffen wird (s. Kap. 2.1). Jedoch stellt die Verwertung von Grobfutter höhere Anforderungen an das Wissen, den Arbeitsaufwand und die Sorgfalt der Betreuung, wenn die Tiere gesund und leistungsfähig erhalten werden sollen. Schließlich sind die meisten der nicht infektiösen Krankheiten auf Ernährungsfehler zurückzuführen.

Daraus resultiert das Problem, der Vielfalt der eingesetzten Futtermittel sowie der unterschiedlichen Leistungserwartungen und Motivationen gerecht zu werden, welche die Entscheidung für die Haltung von Kaninchen begründen.

Tabelle 33: Verdaulichkeit der organischen Substanz von Futtermitteln durch verschiedene Nutztierarten

Art des Futtermittels	Verdaulichkeit der organischen Substanz in %		
	Wiederkäuer	Kaninchen	Schwein
Hafer	74	72	69
Mais	84	90	90
Futterrüben	88	94	88
Kartoffeln	82	94	92
Wiesengras (nach dem Schossen)	83	67	42
Wiesenheu (nach dem Schossen)	67	43	–
Luzerne vor der Blüte	66	74	65
Luzerneheu vor der Blüte	59	55	38
Sojaextraktionsschrot	92	86	89

Im Vergleich zu den Wiederkäuern (Rind, Schaf, Ziege) verdaut das Kaninchen Getreide und Wurzelfrüchte besser und Grün- bzw. Rauhfutter schlechter. Bemerkenswert ist die wesentlich geringere Verdaulichkeit von Heu gegenüber Grünfutter. Sein Beitrag zur Deckung des Nährstoffbedarfes ist dadurch geringer.

Neben der Behandlung der ernährungsphysiologischen Grundlagen und der Besonderheiten der zur Verfügung stehenden Futtermittel wurde besonderer Wert auf die Erläuterung des in den Futterwerttabellen und Bedarfsnormen verfügbaren Zahlenmaterials gelegt. Letzterem Rechnung tragend, basiert die Behandlung der Nährstoffe auf den bei der Weender Futteranalyse (Tab. 35) anfallenden Angaben über den Gehalt an Rohnährstoffen. Damit soll die Zusammenstellung und Überprüfung von tier- und bedarfsgerechten Rationen erleichtert werden. Dies erscheint insofern besonders wichtig als, wie der Vergleich der Leistungen bei dem Einsatz von Mischfutter und bei kombinierter Fütterung zeigt, bei der letztgenannten Fütterungsmethode die Unterversorgung mit Nährstoffen weit verbreitet ist.

9.1 Verdauung

Mit Hilfe der Verdauung werden die in dem Futter enthaltenen Nährstoffe in den Verdauungsorganen so weit aufbereitet, daß sie die Darmwand passieren und in das Blut gelangen können. Von diesem werden sie zu den verschiedenen Organen transportiert, um zu Fleisch, Fett, Energie u. a., weiterverarbeitet zu werden (Stoffwechsel).

Zunächst wird die Nahrung mit den Zähnen zerkleinert. Der Fähigkeit, auch harte Nahrung zu zerkleinern angepaßt, besitzt das Kaninchen im Ober- und Unterkiefer jeweils zwei nachwachsende Schneidezähne, deren Wachstum täglich 0,2 bis 0,5 mm beträgt (101). Die Variationsbreite des Längenwachstums der Schneidezähne resultiert daraus, dass sich dieses auch dem vom Futter und der Dauer der Futteraufnahme abhängigen Abnutzungsgrad anpasst. Der letztgenannte Einfluss erklärt sich daraus, dass die Abnutzung, insbesondere der Schneidezähne des Unterkiefers, vor allem von den gegenseitigen Mahlbewegungen der Backenzähne abhängig ist. Demgegenüber wird die Abnutzung der Schneidezähne des Oberkiefers stärker von der Beschaffenheit des Futters beeinflusst (229). Diese vielfältigen Einflussfaktoren haben zur Folge:

Bei der Aufnahme großer Mengen eines pelletierten Mischfutters, wie es bei der erwerbsorientierten Fleischerzeugung der Fall ist, ist die Abnutzung der Schneidezähne wegen der Aufnahme großer Futtermengen in der Regel durch die Mahlbewegungen gewährleistet. Bei geringem Nährstoffbedarf (Rassekaninchenzucht, Heimtiere) und der rationierten Verabreichung eines pelletierten Alleinfutters können die Mahlbewegungen des Unterkiefers nicht ausreichen, um eine ausreichende Abnutzung der Schneidezähne zu gewährleisten. In diesem Fall ist die zusätzliche

Verabreichung von Grobfutter (Möhren, Futterrüben und Heu) sowie von Zweigen der Obstbäume und Weiden zu empfehlen.

Durch Futter nicht zu beeinflussen ist ein durch fehlerhafte Zahnstellung (Abb. 77) verursachter mangelhafter Abtrieb. Dieser hat eine Verlängerung der Schneidezähne zur Folge, welche in fortgeschrittenem Stadium eine Futteraufnahme nicht mehr ermöglicht, was Abmagerung zur Folge hat.

Beim Kauen erfolgt auch die Durchmischung mit Speichel. Dieser enthält ein Enzym (Amylase), welches die Stärke in den resorbierbaren Traubenzucker spaltet. Anschließend erfolgt die Zwischenlagerung im Magen. Dort wird der Nahrungsbrei zur Fortsetzung des Verdauungsprozesses und zur Vermeidung von Gärungen im Magen mit Salzsäure versetzt. Im anschließenden Dünndarm werden die Nährstoffe in ihre Bausteine, das sind beim Eiweiß beispielsweise die Aminosäuren, zerlegt, damit sie die Darmwand passieren können. Dies geschieht mit Hilfe von Enzymen, die überwiegend von der Bauchspeicheldrüse produziert werden. Für den Aufschluß der als Gerüstsubstanz in den Pflanzen enthaltenen Cellulose verfügt allerdings weder das Kaninchen noch ein anderes warmblütiges Tier über ein entsprechendes Enzym. Ähnlich wie die Wiederkäuer bedient sich hierzu auch das Kaninchen der Bakterien. Diese benutzen bei ihm den Blinddarm als Fermentationsraum. Der hierbei erzeugte leicht verdauliche und mit Vitaminen angereicherte Inhalt wird als sogenannter Weichkot (Coecotrophe) direkt vom After weg wieder aufgenommen und erneut im Dünndarm verdaut. Dieser Vorgang gleicht zwar der Pansenfermentation bei den Wiederkäuern. Der Einfluß auf die Verdaulichkeit der Rohfaser ist jedoch weit geringer, wie der Vergleich in Tab. 33 zeigt.
Noch deutlicher wird der Einfluss der Weichkotaufnahme (Coecotrophie), wenn diese mittels Halskragen verhindert wird. Hierdurch verringerte sich bei pelletiertem Alleinfutter die Verdaulichkeit der organischen Substanz um 8,1 Prozentpunkte von 64,8 % auf 56,7 % (226).

Wenn das Kaninchen trotzdem in der Lage ist, sich von den, im Vergleich zu Getreide, relativ nährstoffarmen Pflanzen zu ernähren, so verdankt es dies folgenden Eigenschaften:

- Der verhältnismäßig große Magen ermöglicht es, den durch einen höheren Rohfaser- und/oder Wasseranteil (Grünfutter) geringeren Nährstoffgehalt im Grobfutter durch die Aufnahme entsprechend größerer Futtermengen teilweise auszugleichen. Diese Fähigkeit ist allerdings um so weniger ausgeprägt, je schwerer die Tiere im Vergleich zum Wildkaninchen sind, da das Fassungsvermögen der Verdauungsorgane nicht in gleichem Maße zugenommen hat wie das Gewicht.

- Rohfaserreiche, schlechtverdauliche Futtermittel passieren den Darm schneller als leichtverdauliche. Der geringere Gehalt an verdaulichen Nährstoffen kann damit in gewissen Grenzen durch die Mehraufnahme von Futter ausgeglichen werden.

- Der bakterielle Aufschluß des Futters im Blinddarm und die nochmalige Verdauung des Weichkotes verbessern, wenngleich in geringem Umfang, die Verdaulichkeit, die Vitaminversorgung und die Synthese essentieller Aminosäuren.

Die *Verdaulichkeit* eines Futtermittels bzw. der in ihm enthaltenen Nährstoffe errechnet sich aus dem Unterschied zwischen dem Nährstoffgehalt des verzehrten Futtermittels und demjenigen im Kot. Nur die Menge der verdaulichen Nährstoffe, d. h. diejenigen, welche die Darmwand passiert haben und vom Tier verwertet werden können (umsetzbare Energie), kann zur Deckung des Nährstoffbedarfes verwendet werden und bestimmt seinen Nährwert.

Für die am häufigsten in der Kaninchenfütterung eingesetzten Futtermittel geben die in Kap. 16 zusammengestellten Futterwerttabellen mit den Ergebnissen von am Kaninchen durchgeführten Verdauungsversuchen Auskunft über den Gehalt derselben an Rohnährstoffen und deren Verdaulichkeit sowie an Energie. Bei der Bewertung der Zahlenangaben ist zu berücksichtigen, daß der Gehalt an Nährstoffen, ebenso wie deren Verdaulichkeit, unter dem Einfluß des Alters der Futterpflanzen bei der Ernte, der Sorte, des Wetters bei der Ernte (z. B. Heuwerbung) u. a. erheblich schwanken kann. Leider sind beim Kaninchen im Vergleich zu Rind, Schaf und Pferd bislang noch relativ wenige Untersuchungen durchgeführt worden. Das. gilt insbesondere für Grobfuttermittel und weniger für Körnerfrüchte und Nebenprodukte der industriellen Verarbeitung (z.B. Kleie, Extraktionsschrote). Hierunter leidet sowohl die Allgemeingültigkeit der Zahlenangaben als auch die Vollständigkeit der erfaßten Futtermittel. Grundsätzlich ist davon auszugehen, daß die Verdaulichkeit eines Futtermittels mit zunehmendem Rohfasergehalt abnimmt. Genetische Unterschiede hinsichtlich des Vermögens die Nährstoffe im Futter zu verdauen, konnten nicht festgestellt werden.

Der Umbau der verdauten Nährstoffe in Körpersubstanz (z. B. Eiweiß in Fleisch oder Futterenergie in Depotfett) sowie deren Verwendung für die Aufrechterhaltung der Lebensfunktionen (z. B. Kraft, Wärmeerzeugung) wird als Stoffwechsel bezeichnet.

9.2 Besonderheiten der Verdauungsorgane

Im Vergleich zu anderen Pflanzenfressern ist der Magen des Kaninchens mit etwa 35 % der Gesamtkapazität der Verdauungsorgane verhältnismäßig groß. Dies deutet auf die Fähigkeit hin, eine geringere Nährstoffkonzentration im Futter durch die Aufnahme größerer Futtermengen auszugleichen. Tatsächlich kann das Kaninchen bis zu 55 % seines eigenen Gewichtes täglich an Grünfutter (s. Tab. 34) fressen. Da der Magen selbst nur in geringem Umfang bemuskelt ist, erfolgt der Weitertransport aus dem Magen in den Dünndarm auch durch den Druck des neuaufgenommenen Futters. Dies hat bei feingemahlenem und nur in relativ geringer Menge aufgenommenem Alleinfutter zur Folge, daß das Futter länger als einen Tag im Magen verbleibt. Das hat einmal große Schwankungen in der täglichen Futteraufnahme zur Folge. Insbesondere in den ersten Wochen nach dem Absetzen wird dadurch die Entstehung von Darmerkrankungen begünstigt. Die Beschleunigung der Passagezeit durch die Beigabe von Grobfutter kann dieses Risiko mindern. Die Passagezeit verkürzt sich auch mit zunehmender Partikelgröße. Bei gemahlenem Heu wurden ohne Beeinträchtigung der Verdaulichkeit durch die Vergrößerung von 0,16 mm auf 0,46 mm, die Zunahmen um 23 % und die Futterverwertung um 15 % verbessert. Zum anderen wird dadurch die Entfernung der beim Putzen mit abgeschluckten Haaren gefördert und die Entstehung von Haarballen erschwert. Denn die beim Putzen mitabgeschluckten Haare können sich sonst zu Haarballen (Trichobezoare) formen, sofern sie nicht von gröberen Partikeln des Futters aus dem Magen mit heraustransportiert werden. So wurden bei ausschließlicher Verabreichung von Alleinfutter an Angorakaninchen bei 75 % der Tiere Haarballen beobachtet, gegenüber nur 26 % bei kombinierter Fütterung (143). Die Haarballen können das Fassungsvermögen des Magens und damit auch die Futteraufnahme erheblich verringern und schließlich zum Platzen des Magens führen. Zusätzlich zu pelletiertem Alleinmischfutter sollte Angorakaninchen Heu oder besser noch Grünfutter verabreicht werden.

In pelletiertem Mischfutter begünstigt eine durchschnittliche Partikelgröße von weniger als 0,3 mm das Auftreten von *Entercolitis.*

Besonders groß ist im Vergleich zu den anderen Nutztierarten der Anteil des Blinddarms mit 40 bis 45 % der Kapazität der Verdauungsorgane. Er ist größer als der Magen. In ihm wird die enzymatische Verdauung im Dünndarm durch den mikrobiellen Aufschluß des vorverdauten Darminhaltes ergänzt, den die Bakterien nunmehr als Nährboden verwenden. Außerdem wird mit Hilfe eines von den Bakterien erzeugten Enzyms (Cellulase) die Verdaulichkeit der in der Rohfaser enthaltenen Cellulose durch Umwandlung in den resorbierbaren Traubenzucker verbessert.

In den Blinddarm gelangt nur der flüssige, mit feinen Partikeln (kleiner als 0,1 mm) durchsetzte Teil des Darminhaltes, der durch wellenförmige Zusammenziehung (Peristaltik) des Dünndarmes weiterbefördert wird. Die größeren Teile gelangen am Blinddarm vorbei in den Dickdarm (95). Dort werdendem Darminhalt mit Hilfe der Darmperistaltik der Wassergehalt reduziert und die Hartkotballen geformt. Diese werden, bereits drei Stunden nach der Futteraufnahme beginnend, als unverdaulicher Rest des Futters ausgeschieden.

Der in den Blinddarm abgezweigte Teil des Nahrungsbreies dient den dort angesiedelten Mikroben für die Dauer von bis zu 12 Stunden als Nährboden. Der Blinddarminhalt wird vorwiegend nachts in Form von weichen mit Schleim ummantelten länglichen Pillen in den Dickdarm entleert und zum After transportiert. Dieser als Weichkot oder Coecotrophe bezeichnete Teil der Ausscheidungen besteht zu etwa je der Hälfte aus Bakterien und Teilen der Nahrung. Er wird vom After weg mit dem Mund abgesaugt und unzerkaut abgeschluckt. Anschließend wird die Coecotrophe im Dünndarm einer erneuten enzymatischen Verdauung unterworfen. Da die Weichkotpillen direkt vom After weg wieder aufgenommen werden, können sie normalerweise nicht bemerkt werden. Sie gehen dadurch auch bei einer Haltung auf Latten- oder Drahtrostböden nicht verloren. Bei Angorakaninchen kann allerdings die lange Wolle am Ende des Schurintervalles die Aufnahme behindern. Die bei der versuchten Aufnahme verschmierten Weichkotballen verschmutzen dann die Hinterpartie der Tiere, was häufig als Durchfall interpretiert wird.

Der erzeugte Weichkot wird in unterschiedlichem Maße erneut der Verdauung wieder zugeführt. Die aufgenommene Weichkotmenge erhöht sich mit zunehmendem Rohfasergehalt der Ration. Bei Energiemangel wird der gesamte ausgeschiedene Weichkot verzehrt (46).

Der im Blinddarm, ähnlich wie im Pansen der Wiederkäuer, erfolgende mikrobielle Aufschluß ist hinsichtlich der Rohfaserverdauung bei weitem nicht so wirksam wie bei den Wiederkäuern. Immerhin wird bei rohfaserreichen Rationen (z. B. Luzerneheu) die Verdaulichkeit der organischen Substanz durch die Blinddarmpassage um mindestens 6 % verbessert (161). Ferner ist das Kaninchen dadurch, wenn auch in geringem Umfang, in der Lage, Harnstoff und andere nicht eiweißartige Verbindungen (z. B. Biuret) in Eiweiß umzuwandeln (122, 208). Der Nutzen der Coecotrophie, die auch beim Meerschweinchen und dem Hasen sowie den Nagetieren zu beobachten ist, besteht vor allem darin, daß das Kaninchen von der Zufuhr von Vitaminen des B-Komplexes sowie auch weitgehend von Vitamin K unabhängig ist. Ferner werden einige der essentiellen Aminosäuren synthetisiert. Beim Wildkaninchen verbessert die Aufnahme von Weichkot die Überlebenschancen beim Fortfall von Wasser und Nahrung. Bei Verabreichung von Mischfutter ist allerdings der Einfluß der Coecotrophie auf die Nährstoffversorgung weniger bedeutend, da die Zusammensetzung des Futters dem Bedarf in vollem Umfang Rechnung trägt.

In Abhängigkeit von der verzehrten Futtermenge, der Struktur des Futters und dessen Verdaulichkeit, kann die aufgenommene Nahrung mehrmals der Fermentation im Blinddarm unterworfen werden. Dadurch verzögert sich die Ausscheidung. Zwar werden 80 % des unverdauten Futters bereits innerhalb von 24 Stunden nach der Futteraufnahme wieder ausgeschieden. Die vollständige Ausscheidung ist jedoch erst nach 3 bis 7 Tagen abgeschlossen, wobei ein hoher Rohfasergehalt des Futters und größere Futterpartikel die Darmpassage beschleunigen.

Die für das Kaninchen typische Größendifferenzierung der Verdauungsorgane beginnt etwa im Alter von 3 Wochen und ist erst im Alter von 6 bis 8 Wochen beendet (95). Ab der 5. Lebenswoche beginnt die Ausscheidung von Weichkot. Bis zu einem Alter von 8 bis 9 Wochen sind die Jungtiere noch nicht in der Lage, eine geringere Nährstoffkonzentration im Futter durch eine entsprechende Mehraufnahme auszugleichen.

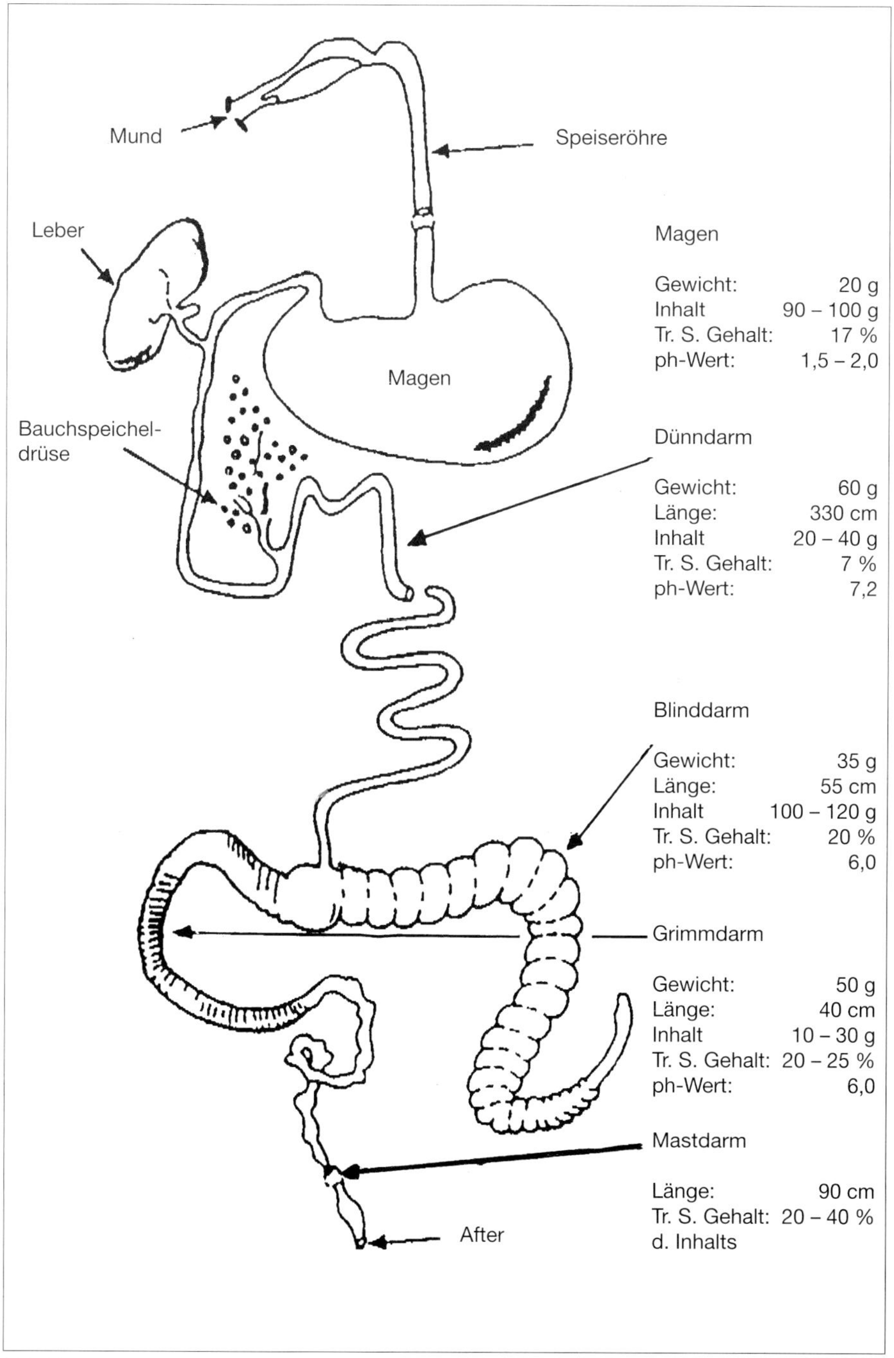

Abbildung 112: Die Verdauungsorgane des Kaninchens nach Fekete (46) und Lebas et al. (95) (Die Zahlenangaben beziehen sich auf ein 12 Wochen altes, mit Alleinfutter ernährtes Tier einer mittelschweren Rasse).

Die Fähigkeit, Stärke zu verdauen, entwickelt sich beim jungen Kaninchen erst allmählich durch die Aufnahme festen Futters. Die Bildung der diese Nährstoffe aufschließenden Enzyme (Amylasen) erreicht im Alter von 21 Tagen erst 12 % der im Alter von 32 Tagen festgestellten Menge (95). Das junge Kaninchen ist somit noch nicht in der Lage, Stärke in gleichem Umfange wie das ältere zu verdauen. Die Verabreichung hochverdaulicher und insbesondere stärke- und eiweißreicher Futtermittel (z. B. Getreide u. Hülsenfrüchte) führt deshalb bei bis zu 7 Wochen alten Tieren zu mit Blähungen und Durchfall verbundenen Darmerkrankungen (Dysenterien). Es ist daher nicht möglich, die Jungtierentwicklung bis zu diesem Alter durch die Verabreichung von Futter mit hoher Verdaulichkeit zu beschleunigen und die Futterverwertung zu verbessern. Bei einem Absetzen im Alter von 28 Tagen hatte ein Rohfasergehalt von weniger als 14 % im Gegenteil geringere Tageszunahmen in den folgenden 4 Wochen und höhere Verluste zur Folge.

Um den Futteraufwand auch bei Verabreichung von rohfaserreichem Absetzfutter niedrig zu halten, besteht neben Fettzusatz die Möglichkeit der Zweiphasenfütterung: Ab der ersten Futteraufnahme bis zur 6. Lebenswoche wird den Jungtieren ein Absetzfutter mit einem relativ hohen (>14 %) Rohfaser- und niedrigem Stärkegehalt (< 10 %) mit Probiotikumzusatz verabreicht. Anschließend kann dann ein Mastfutter mit geringerem Rohfaser- und höherem Energiegehalt angeboten werden. Solange die Jungtiere noch gesäugt werden, sind sie hierbei von der Häsin zu trennen und nur einmal täglich noch zu säugen. Das regt sie gleichzeitig zur frühen Futteraufnahme an. Anderenfalls muß auch den Häsinnen ab der 3. Woche nach dem Werfen das Absetzfutter verabreicht werden, was sich bei frühem Absetzen (25. Lebenstag) erübrigt. Zum anderen wird das Risiko von Darmerkrankungen auch durch die Begrenzung der Alleinfutteraufnahme in den ersten 3 Wochen nach frühzeitigem Absetzen auf etwa 60 % der bei beliebiger Futteraufnahme verzehrten Alleinfuttermenge (s. Tabelle 39) reduziert. Bei anschließend uneingeschränkter Aufnahme von Alleinfutter werden die dadurch geringeren Tageszunahmen bis zum Mastende (12. – 13. Lebenswoche) weitgehend kompensiert bei zumindest gleichem Futteraufwand.Über die Wirksamkeit dieser Maßnahmen gegen *Enterocolitis* liegen noch keine Untersuchungsergebnisse vor.

Vom Ferkel ist bekannt, daß die Enzymproduktion nach dem Absetzen vorübergehend absinkt, um später wieder anzusteigen. Wenn dies auch beim Kaninchen der Fall ist, könnte ein späteres Absetzen das Problem nur teilweise lösen, zumal wenn die Jungtiere die Möglichkeit haben das Häsinnenfutter mit hohem Stärkegehalt zu fressen. Der Zusatz von Enzymen (Amylasen) erzielte keinen Effekt (165).

9.3 Nährstoffe

Der Gehalt des Futters an den für die Ernährung des Kaninchens wichtigen Bestandteilen, den Nährstoffen, wird mit Hilfe der chemischen Analyse der Futtermittel festgestellt. Das hierfür angewendete Verfahren ist die sogenannte »Weender-Analyse«. Um nicht jeden einzelnen Nährstoff untersuchen zu müssen, werden in den einzelnen Un-

Tabelle 34: Der Einfluß der Schmackhaftigkeit verschiedener Futtermittel auf die tägliche Futteraufnahme durch 3 kg schwere Neuseeländer, w.

	Gefressene Frischsubstanz pro kg Lebendgewicht u. Tag g	Trockensubstanzgehalt %	Gefressene Trockensubstanz pro kg Lebendgewicht u. Tag g
1. Grünfutter			
Weidegras, vor dem Schossen 10 – 15 cm hoch	213	16,7	36
Mais, silierreif ohne Kolben	298	19,5	58
Luzerne	301	15,5	46
Futterrübenblatt	382	9,3	35
Lihoraps	388	12,8	50
Rotklee, vor der Blüte	532	13,7	73
Subterraneum-Klee, vor der Blüte	553	16,7	93
2. Wurzelfrüchte			
Topinambur* + 50 g Wiesenheu/Tag	98	23,7 + 87,4	31
Kartoffeln* + 50 g Wiesenheu/Tag	165	29,3 + 87,4	56
Gehaltsrüben* + 50 g Wiesenheu/Tag	306	10,7 + 87,4	37
3. Konserviertes Futter			
Luzerneheu	57	83,6	48
Wiesenheu, vor der Blüte, warmluftgetrocknet	58	87,4	51
Grassilage aus Weidegras, vor der Blüte, angewelkt + 5 % Gerstenstroh	179	38,7	69

* Zur beliebigen Aufnahme.

Die Menge des gefressenen Futters ist von dessen Schmackhaftigkeit abhängig. Diese ist jedoch kein Maßstab für die Nährstoffaufnahme. Der Nährwert wird im Wesentlichen vom Trockensubstanzgehalt des Futters in Verbindung mit der Verdaulichkeit der organischen Substanz bestimmt. Von Rotklee wird etwa doppelt soviel an Trockensubstanz, und bei gleicher Verdaulichkeit auch an Nährstoffen, wie von Gras gefressen. Gut zubereitete Grassilage schmeckt dem Kaninchen besser als Heu. Von gern gefressenem Futter (hier Rot- und Subterraneum-Klee) wurden täglich mehr als 50 % des eigenen Gewichts gefressen.

tersuchungsgängen jeweils diejenigen Nährstoffe in Nährstoffgruppen erfaßt, die in ihrer chemischen Zusammensetzung Gemeinsamkeiten aufweisen. Beispielsweise wird bei der Bestimmung des Gehaltes an Roheiweiß lediglich der Stickstoffgehalt untersucht, wodurch alle stickstoffhaltigen Bestandteile des Futters erfaßt werden. Hierzu gehören nicht nur das Eiweiß, sondern auch nicht eiweißartige (NPN) Verbindungen wie der Harnstoff. Bei der »Weender Analyse« handelt es sich demnach um eine vereinfachte, zwar im wesentlichen dem Zweck entsprechende, aber ungenaue Ermittlung des Nährstoffgehalts. Darauf bezieht sich auch die Bezeichnung der mit dieser Untersuchung erfaßten Nährstoffgruppen als »Rohnährstoffe«, im Sinne einer groben Übersicht. In Tab. 35 wird am Beispiel des Wiesenheues der Verlauf der Untersuchung demonstriert.
Im einzelnen haben die bei der »Weender Analyse« erfaßten Inhaltstoffe des Futters für die Ernährung des Kaninchens folgende Bedeutung:

Wasser- und Trockensubstanzgehalt

Da nur die Trockensubstanz Nährstoffe enthält, ist die vom Kaninchen aufgenommene Trockensubstanzmenge ein besserer Hinweis für eine ausreichende Nährstoffaufnahme als die Menge des Futters. Beispielsweise scheint der Tagesverzehr von 1,2 kg Futterrübenblatt durch ein 3 kg schweres Kaninchen bedarfsdeckend zu sein (Tab. 34). Bei einem Wassergehalt von über 90 % wurden in diesem Versuch jedoch nur 105 g Trockensubstanz aufgenommen. Das sind im Vergleich zu 160 g Mischfutter/Tag mit 139 g Trockensubstanz um 25 % weniger Trockensubstanz und damit auch weniger Nährstoffe. Dabei ist die Differenz hinsichtlich der Nährstoffaufnahme um so größer, je mehr die Verdaulichkeit des Grobfutters von der des Konzentratfutters abweicht.

Der Wassergehalt der Ration kann bei kombinierter Fütterung mit Grünfutter und Wurzelfrüchten den Wasserbedarf des Kaninchens decken, sofern er bei einer Stalltemperatur von 20° C dem 2- bis 2,5fachen der Trockensubstanzaufnahme entspricht. Bei säugenden Häsinnen steigt er bis auf das Dreifache der aufgenommenen Trockensubstanzmenge. Das sind bei einer Alleinfutteraufnahme von 400 g/Tag 1,2 Liter. Mit steigenden Temperaturen nimmt der Wasserbedarf zu und liegt beispielsweise bei 30° C um etwa 50 % höher als bei 20° C (212). Steigt die Temperatur des Trinkwassers auf über 25° C ist allerdings die aufgenommene Wassermenge und damit auch die des Futters geringer. Bei tragenden und säugenden Häsinnen hat dies zur Folge, dass sich bei den Jungtieren das Geburts- und das Absetzgewicht verschlechtern. Bei den Jungtieren ist die Sterblichkeit höher. Bei hohen Temperaturen ist daher die Verabreichung kalten Wassers empfehlenswert (Isolierung der Vorlaufbehälter von Selbsttränken). Ein unterschiedlicher Bedarf kann sich ferner durch die Verabreichung von Mineralfutter (z. B. Kochsalz) ergeben. Während bei ausschließlicher Verabreichung von Grünfutter und Wurzelfrüchten der Wasserbedarf noch aus dem Wassergehalt des Futters gedeckt werden kann, ist dies bei Verabreichung von Rauh- und Konzentratfutter sowie einem temperaturbedingten Mehrbedarf und bei säugenden Häsinnen nicht mehr der Fall. Ein Mangel an Wasser begrenzt dann die Futteraufnahme. Aber auch ohne Futteraufnahme (Transport, Ausstellungsteilnahme) beträgt die tägliche Wasseraufnahme eines mittelschweren Kaninchens bei 20° C 0,15 bis- 0,25 Liter/ Tag.

Tabelle 35: Beispiel für die Ermittlung der Zusammensetzung eines Futtermittels nach der Weender Analyse

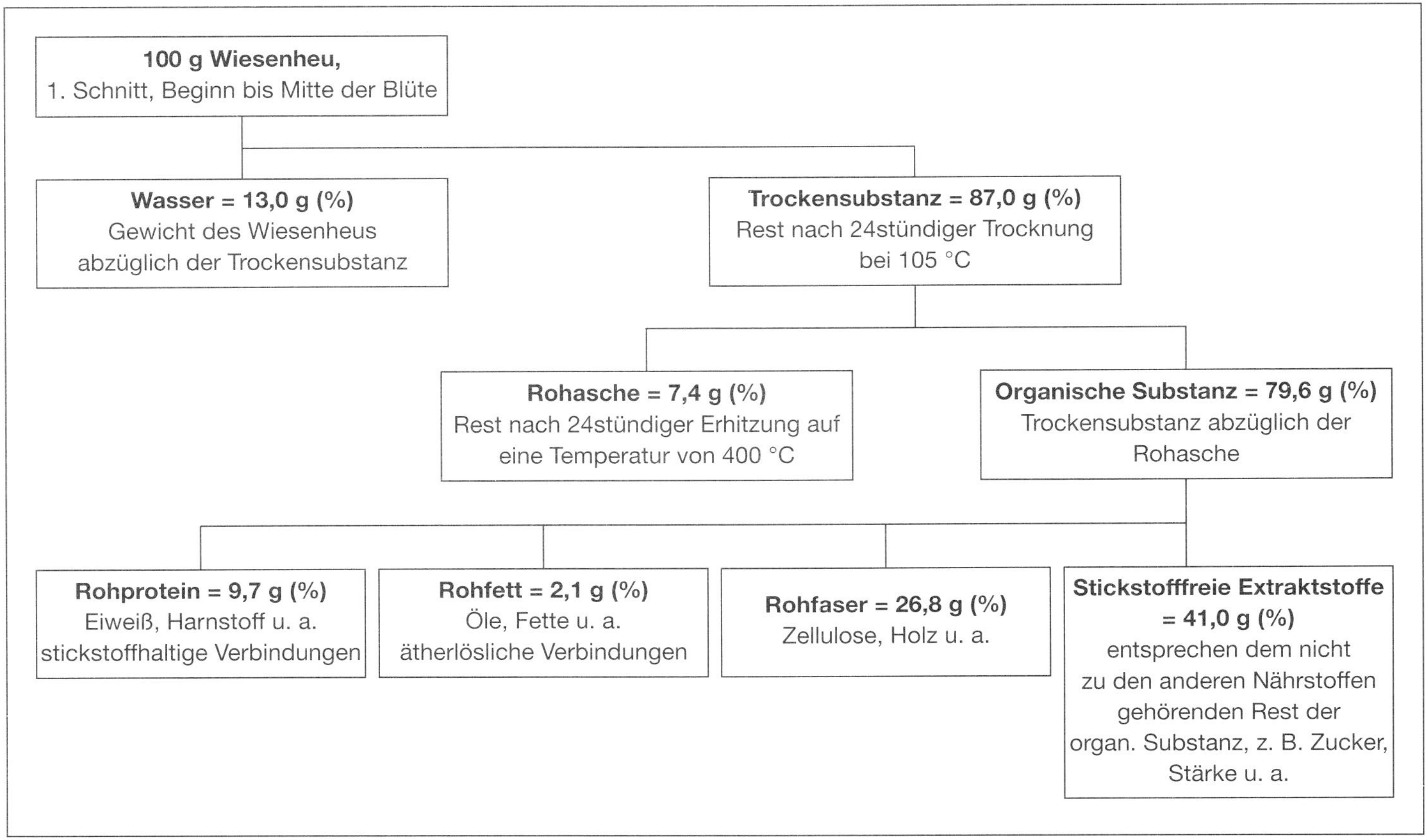

Da die vielfältigen Einflüsse auf den Wasserbedarf schwerlich zu berücksichtigen sind, ist grundsätzlich mindestens einmal täglich Wasser anzubieten, um den Vorgaben des Tierschutzgesetzes zu entsprechen. Bei der Verabreichung von Alleinfutter an wachsende und säugende Tiere genügt dies jedoch nicht, um eine ausreichende Futteraufnahme zu gewährleisten. Säugende Häsinnen bewegten durchschnittlich 42 Mal täglich (20-70 Mal) die Nippeltränken (Hoy, unveröffentlicht). Unter diesen Voraussetzungen ist bei dieser Tiergruppe die ständige Bereitstellung von Wasser unverzichtbar. Grundsätzlich besagt jedoch die Häufigkeit der Wasseraufnahme aus Selbsttränken allein noch nichts über die Notwendigkeit eines ständigen Zuganges zum Trinkwasser. Wie die große Variationsbreite der Häufigkeit bei gleichem Bedarf zeigt, besteht die Möglichkeit diese durch eine entsprechende Mehraufnahme je Trinkvorgang zu reduzieren. Auch das Wildkaninchen hat keinen ständigen Zugang zur Trinkwasser und in ariden Gebieten zum Teil überhaupt keine. Es deckt hier seinen Wasserbedarf allein aus den im Futter enthaltenen Wasser und dem an diesem haftenden Tau, bei gleichzeitiger Minderung des Bedarfes durch den Aufenthalt im feuchtkühlen Erdbau.

Wachstumseinbußen aufgrund ungenügender Futteraufnahme infolge Wassermangel sind bereits bei 3 bis 4 Wochen alten, gesäugten Jungtieren möglich, wenn diese zusätzlich Mischfutter oder Heu aufnehmen können (s. Tab. 31). Der Wassergehalt der Milch deckt dann bei beginnender Futteraufnahme nicht mehr den Bedarf. Bei längerer Säugezeit werden die Wachstumseinbußen noch dadurch verstärkt, daß auch der Anreiz für die zusätzliche Aufnahme von Trockenfutter entfällt. Beispielsweise war das Absetzgewicht der Jungtiere im Alter von 25 Tagen um 20 % geringer, wenn die Jungtiere bei 15 bis 20° C Stalltemperatur keinen Zugang zum Wasser hatten (siehe Tab. 31). Bei höheren Temperaturen ist eine noch größere Gewichtsdifferenz zu erwarten. Die ständige Bereitstellung von Wasser für die Jungtiere ist daher eine wesentliche Voraussetzung für eine zügige Jungtierentwicklung. Bei automatischen Tränksystemen (Nippeltränken) ist durch gelegentliches Vorsetzen von Wasser in Näpfen zu prüfen, ob die Jungtiere in der Lage sind bei evtl. zu hoher Anbringung der Tränke, diese zu bedienen.

Die lange vertretene Meinung, das Kaninchen benötige keine zusätzlichen Wassergaben, resultiert auch aus seiner Fähigkeit, einen mehrtägigen Wassermangel aufgrund des Weichkot-Recyclings unbeschadet zu überstehen. So wird vom Wildkaninchen berichtet, daß es einen bis zu 14tägigen Wasserentzug überlebt. Hauskaninchen verloren beim Transport nach fünftägigem Wasser- und Futterentzug nur 14 % des Lebendgewichtes.

Das rechtfertigt es jedoch keineswegs, nicht für die Deckung des Wasserbedarfes Sorge zu tragen. Dies kann zum Beispiel bis zu 2 Tage lang durch die Verabreichung von Möhren geschehen. Bei einem Wassergehalt von 88 % (s. Futterwerttabelle, Kap. 15) müßten täglich etwa 200–300 g von einem mittelschweren Tier gefressen werden, um den Wasserbedarf zu decken. Futterrüben sind wegen ihres Oxalsäuregehaltes hierzu weniger geeignet und können, als Alleinfutter verabreicht, zu Verdauungsstörungen führen. Bei mehrtägigen Ausstellungen müssen die Tiere, wenn nur Kraft- oder Rauhfutter zur Verfügung steht, auf jeden Fall täglich getränkt werden. Die Unterlassung der Wassergabe kann in diesem Fall als Verstoß gegen § 2 des Tierschutzgesetzes interpretiert werden:

»Wer ein Tier hält, betreut oder zu betreuen hat, muß das Tier seiner Art und seinen Bedürfnissen entsprechend angemessen ernähren, pflegen und verhaltensgerecht unterbringen.«

Grundsätzlich wird längerer Wassermangel weniger toleriert als mehrtägiges Fasten. Probleme können sich ergeben, wenn nach mehrtägigem Wassermangel die Tiere versuchen, ihr Flüssigkeitsdefizit durch die Aufnahme größerer Mengen von Saftfutter zu decken (Durchfall).

Auf die einwandfreie Beschaffenheit (Keimgehalt) des Wassers ist zu achten. Bei offenen Tränkgefäßen muß das Wasser täglich erneuert werden. Nippeltränken sind daher Napftränken vorzuziehen, obwohl bei letzteren die Tropfwassermenge geringer ist. Vor der Neubesetzung leerstehender Ställe sind die Wasservorratsbehälter und die -leitungen zu spülen.

Organische Substanz

Diese umfaßt alle kohlenstoffhaltigen, d. h. brennbaren Verbindungen, die, soweit verdaulich, auch als Energiequellen zur Verfügung stehen. Die Verdaulichkeit der organischen Substanz errechnet sich somit aus der zusammengefaßten Verdaulichkeit von Roheiweiß, -fett und -faser sowie der der stickstofffreien Extraktstoffe.

Roheiweiß (auch Rohprotein)

Diese Nährstoffgruppe ist durch ihren Gehalt an Stickstoff gekennzeichnet. Hierzu gehören neben dem Eiweiß auch nichteiweißartige Stoffe wie z. B. Harnstoff. Der Gehalt an Roheiweiß errechnet sich durch die Multiplikation des Gehalts an Stickstoff mit 6,25, entsprechend einem durchschnittlichen Stickstoffgehalt im Eiweiß von 16 %.

Das Eiweiß als Hauptbestandteil dieser Nährstoffgruppe ist ein durch keinen anderen Nährstoff zu ersetzender Bestandteil des Futters. Es dient vor allem der Muskelbildung, dem Organwachstum, dem Ersatz verbrauchter Körpersubstanz, dem Wachstum von Haaren und Krallen u. a. Wenn mehr verdauliches Eiweiß im Futter enthalten ist, als für den Aufbau von körpereigenem Eiweiß benötigt wird, kann das Futtereiweiß nach dem Entzug des Stickstoffs auch als Energiequelle verwendet werden.

Die in Pflanzen und Tieren enthaltenen verschiedenen Eiweißarten beruhen auf unterschiedlichen Kombinationen von 22 verschiedenen Aminosäuren als Eiweißbausteine. Bei der Verdauung wird das Futtereiweiß im Darm von den eiweißspaltenden Enzymen (Proteinasen) in seine Aminosäuren zerlegt. Diese können die Darmwand passieren und werden dann entweder für den Aufbau von körpereigenem Eiweiß wieder neu zusammengesetzt (Stoffwechsel) oder nach Entzug des Stickstoffs (Desaminierung) als Energiequelle genutzt.

Zwar kann das Kaninchen auch in der Nahrung nicht enthaltene Aminosäuren selbst herstellen (synthetisieren). Bei den folgenden ist dies jedoch nicht, oder nicht in dem zur Bedarfsdeckung erforderlichen Umfang, der Fall. Man spricht hier von essentiellen Aminosäuren, die daher mit dem Futter zugeführt werden müssen. Es sind dies beim Kaninchen:

Arginin · Glyzin · Histidin · Isoleucin · Leucin · Tryptophan · Lysin · Methionin und Cystin · Phenylalanin · Tyrosin · Tryptophan · Threonin · Valin

Bereits das Fehlen einer dieser Aminosäuren verhindert bzw. ein nicht ausreichender Gehalt begrenzt die Neukombination von körpereigenem Eiweiß und mindert die Verwendungsfähigkeit der anderen Eiweißbausteine in der Nahrung für diesen Zweck. Je vollständiger diese essentiellen Aminosäuren in dem Eiweiß einer Ration enthalten sind, desto höher ist dessen biologische Wertigkeit. Die Menge des in einem Futtermittel enthaltenen Eiweiß allein ist daher kein zuverlässiger Maßstab für die Möglichkeit, damit den Eiweißbedarf des Kaninchens zu decken. Der Eiweißgehalt kann um so geringer sein, je höher die biologische Wertigkeit des Eiweiß ist.

Bei vielseitiger Zusammensetzung der Futterration sind die meisten der genannten Aminosäuren im Futter enthalten. Besondere Beachtung bzw. Ergänzung erfordert jedoch bei Hochleistungstieren vor allem der Gehalt an Lysin und dem schwefelhaltigen Methionin. Aus letzterem kann das Kaninchen das in den Haaren enthaltene Cystin synthetisieren. Dies gilt insbesondere für Angorakaninchen, bei denen das Wollwachstum durch einen zu geringen Gehalt an schwefelhaltigen Aminosäuren begrenzt wird (s. Kap. 2.3). Synthetisch erzeugt werden sie dem Mischfutter zugegeben.

Das Kaninchen vermag das in den Pflanzen enthaltene Eiweiß gut zu verdauen. Während beispielsweise das Schwein das in Luzernegrünmehl enthaltene Eiweiß nur zu 50 % verdaut, ist das Kaninchen in der Lage, es zu 75 bis 80 % zu nutzen (31). Dies ist wahrscheinlich auch auf die Bakterientätigkeit im Blinddarm und die anschließende Coecotrophie zurückzuführen. Denn mit Hilfe der im Blinddarm vorhandenen Bakterien vermag das Kaninchen auch den in nichteiweißartigen Verbindungen enthaltenen Stickstoff für die Erzeugung von Eiweiß zu nutzen. Dies ist in um so stärkerem Maße der Fall, je geringer der Eiweißgehalt der Ration ist. In Versuchen wurden 1,5 % Harnstoff problemlos eingesetzt (208). Noch besser wurde Biuret genutzt (122).

Rohfett

Außer Fetten und Ölen werden in dieser Gruppe auch fettähnliche Stoffe (Lipoide) wie Harz, Wachs u. a. sowie die in geringer Menge in den Futtermitteln enthaltenen fettlöslichen Vitamine (z. B. D und E) sowie das Lecithin und andere ätherlösliche Bestandteile miterfaßt. Fette und Öle unterscheiden sich u. a. voneinander dadurch, daß der Anteil an ungesättigten Fettsäuren bei den letzteren höher ist. Sie werden im Dünndarm mit Hilfe von Gallensäuren für die Zerlegung in ihre Bausteine (Glycerin und Fettsäuren) durch fettspaltende Enzyme (Lipasen) präpariert und so für die Passage durch die Darmwand vorbereitet.

Fett dient der Energieversorgung für die Bewegung, die Tätigkeit der Organe, die Wärmeisolierung (z._B. Speck beim Schwein) und die Erhaltung der Körpertemperatur.

Im Vergleich zu Zucker und Stärke enthält Fett mehr als das Doppelte an Energie. Dem Mischfutter wird Fett hinzugefügt, um den Energiegehalt des Futters auch bei Beibehaltung eines hohen Rohfaser- und niedrigem Stärkegehalts insbesondere im Jungtier-Alleinfutter zu erhöhen. Ferner wird Fett beigemischt, um den Futterstaub zu binden. Von Fett, insbesondere dem im Leinsamen enthaltenen Öl, ist bekannt, daß es den Glanz des Felles positiv beeinflußt, was bei Ausstellungstieren von Bedeutung sein kann.

Vor allem aber dient Fett der Energieversorgung und bei überschüssiger Energiezufuhr auch dem Ansatz von Depotfett. Hierbei kann die Zusammensetzung des Futterfettes auch die Beschaffenheit (Farbe und Festigkeit) des Depotfettes beeinflussen. Das in den Futtermitteln enthaltene Fett stammt entweder aus den Keimen der Körnerfrüchte oder den Ölsaaten (z. B. Lein, Sonnenblumen, Raps) bzw. deren Rückständen nach der Ölgewinnung. Deren Fettgehalt ist bei den Preßrückständen (Kuchen) größer (5 bis 10 %), als bei den Extraktionsschroten (ca. 1 %), welchen das Fett mit Hilfe von fettlösenden Chemikalien entzogen wird.

Rohfaser

Diese Nährstoffgruppe umfaßt im wesentlichen die Stützsubstanzen der Pflanzen, die das Gerüst von Stengeln und Blättern bilden sowie die Samen als Schale umgeben. Hierzu gehören die Cellulose, Pentosane und Lignin. Wie unter 9.1-2 erläutert, ist das Kaninchen nur mit Hilfe der mikrobiellen Vorgänge im Blinddarm in beschränktem Umfang in der Lage Cellulose zu verdauen. Dies ist um so weniger möglich, je mehr diese durch die Einlagerung von Lignin verholzt ist, was bei Pflanzen am Ende und nach der Blüte in zunehmendem Maße der Fall ist.

Der verdauliche Anteil der Rohfaser kann hinsichtlich seines Energiegehaltes, wie Stärke oder Zucker, berücksichtigt werden.

Aufgrund der im allgemeinen durch den Cellulosegehalt bedingten schlechteren Verdaulichkeit ist der Rohfasergehalt eines Futtermittels auch Maßstab für den Energiegehalt des Futters. Mit steigendem Rohfasergehalt verschlechtert sich die Verdaulichkeit der organischen Substanz und damit die Futterverwertung. Allerdings kann dies bei Mischfutter durch eine Beimischung von Fett kompensiert werden.

Der Rohfasergehalt hat vor allem diätetische Wirkung, da er das Risiko von Darmerkrankungen verringert. Das wird unter anderem auch darauf zurückgeführt, daß die mit steigendem Rohfasergehalt schnellere Darmpassage des Futters einen Verdünnungseffekt auf die Menge der pathogenen Darmbakterien hat. Die Passagezeit wird umso mehr beschleunigt, je höher der Anteil des nahezu unverdaulichen Lignins in der Rohfaserfraktion ist.
Dieser Effekt ist zur Verminderung von Verlusten durch infektiöse Darmerkrankungen (Enteritis, Enterocolitis) umso bedeutsamer je höher der Infektionsdruck durch schlechte hygienische Verhältnisse ist (z.B. gemeinsame Haltung von Elterntieren und abgesetzten Jungtieren, laufende Ergänzung von Verlusten ohne Räumung und Desinfektion des Stalles). Entscheidend für den positiven Einfluss des Rohfaser-

gehaltes, insbesondere auf das Auftreten von Enterocolitis ist hierbei der Gehalt an Lignin. In gefährdeten Beständen sollten die bis zu 10 Wochen alten Jungtiere täglich 5 bis 7 g Lignin zusätzlich zu 11 bis 12 g Cellulose aufnehmen (n. Maertens, persönliche Mitteilung). Dies entspricht dem Rohfasergehalt für Jungtiere in Tabelle 36. Um die Aufnahme der angegebenen Mengen zu gewährleisten, sollten die Jungtiere kein Häsinnenfutter aufnehmen können. Die Beifütterung von Stroh oder Heu genügt nicht. Wenn das pelletierte Mischfutter beliebig aufgenommen werden kann, wird hiervon zu wenig gefressen.

Stickstofffreie Extraktstoffe

Hierzu gehören entsprechend Tab. 35 alle bei der Bestimmung von Roheiweiß, -fett und -faser nicht erfaßten Reste der zur organischen Substanz gehörenden Nährstoffe. Dies sind im wesentlichen Zucker, Stärke und Hemicellulose. Sie werden auch als Kohlenhydrate bezeichnet, da sie aus den Elementen Kohlen-, Wasser- und Sauerstoff bestehen. Hierzu gehören aber auch die bei der Bestimmung des Rohfasergehaltes miterfaßten Nährstoffe.

Die stickstoffreien Extraktstoffe dienen dem Kaninchen als Energielieferant und sind in Form des Zuckers schnell verfügbar. Bei Energieüberschuß werden sie in Depotfett umgewandelt.

Die Verdauung der Stärke beginnt bereits mit der Einspeichelung des Futters im Mund. Sie wird im Magen fortgesetzt und im Dünndarm weitgehend abgeschlossen. Bei Jungtieren kann die beliebige Aufnahme eines Futters mit einem hohen Stärke- oder Zuckergehalt dazu führen, daß aufgrund der noch nicht vollentwickelten Enzymproduktion größere Mengen an Stärke in den Blind- und Dickdarm gelangen. Von den dort angesiedelten Bakterien wird sie als Nährboden benutzt und fördert, begünstigt durch eine feine Vermahlung, deren schnelle Vermehrung. Sofern sich krankmachende und Giftstoffe (Toxine) produzierende Bakterienstämme darunter befinden (z. B. Clostridium spiroformis), führt dies zum Auftreten von mit starkem Durchfall verbundenen Darmerkrankungen Diese sind eine der Hauptursachen für die bei Jungtieren häufig auftretenden hohen Verluste. Aus diesem Grunde sollten bei Jungtieren nach dem Absetzen Futtermittel oder Mischungen mit denselben eingesetzt werden, die einen relativ geringen Gehalt an Stärke (weniger als 10 %) aufweisen. Die als Mischfutterkomponente verwendeten Rückstände aus der Herstellung von Zitrussäften fördern das Auftreten von Darmerkrankungen. Sie erhöhen den ph-Wert im Dickdarm (36).

Rohasche

In dieser Nährstoffgruppe sind alle nicht brennbaren Bestandteile des Futters enthalten. Hierzu gehören einmal die für die Lebensvorgänge wichtigen Mineralstoffe. Zum anderen aber auch der vor allem an ungereinigten Wurzelfrüchten haftende Sand. Im Körper sind die Mineralstoffe am Aufbau des Skeletts, aber auch der Enzyme und des Blutes beteiligt. Man unterscheidet zwischen Mengen- und Spurenelementen.

Calcium, Phosphor und Magnesium – Sind als Mengenelemente Bestandteile der Knochen, aber auch an der Funktion von Blut und Lymphe beteiligt, wie dies auch beim Kalium und Natrium der Fall ist. Das Calcium ist Bestandteil der als Kalk bezeichneten Verbindungen mit Sauerstoff, Kohlen- oder Phosphorsäure. Das Calcium im Futter wird anders als bei anderen Tierarten beim Kaninchen vollständig resorbiert und, sofern die Aufnahme höher als der Bedarf ist, über den Harn wieder ausgeschieden. Dabei ist, ebenfalls abweichend von anderen Tierarten, die Calciumaufnahme aus kohlensaurem Kalk besser als aus phosphorsaurem oder den in Luzernegrünmehl enthaltenen Verbindungen. Calciumüberschuß ist an der dicken, kreidemehlartigen Beschaffenheit des Harns erkennbar. Dadurch, daß das gesamte verdauliche Calcium, unabhängig vom Bedarf, in das Blut gelangt, und nicht wie bei den anderen Tieren mit dem Kot ausgeschieden wird, ist das Kaninchen in starkem Maße von der Verkalkung der Gefäßwände betroffen (Kalzinose). Das Auftreten von Kalzinose steht hierbei in engem Zusammenhang mit dem Alter der Tiere und der Versorgung mit Phosphor bzw. Vitamin D. Zur Vermeidung der Kalzinose wird ein Ca : P-Verhältnis von 2:1 bei einem konstanten Phosphorgehalt in der Ration von 0,5 % empfohlen (69). Ein zu hoher Calciumanteil in der Ration (2,0 bis 2,5 %) beeinträchtigt die Annahme der Jungtiere durch die Häsin nach dem Werfen und die Jungtierentwicklung. Im Hinblick auf die Anfälligkeit des Kaninchens gegenüber Gefäßverkalkungen sollte daher der Calciumgehalt in der Futterration nicht höher als 1 % sein.

Kalium – Verbessert die Verdaulichkeit der Rohfaser.

Schwefel – Ist Bestandteil der schwefelhaltigen Aminosäuren, welche das Kaninchen vor allem für das Wachstum der Haare benötigt (s. Kap. 2.3). Das Kaninchen ist mit Hilfe der mikrobiellen Vorgänge im Blinddarm in der Lage, in beschränktem Umfang aus Schwefel die schwefelhaltigen Aminosäuren (Cystin, Methionin) aufzubauen. Aus diesem Grund wird der Zusatz von 0,1 bis 0,2 % Natriumsulfat zu Mischfuttermitteln emfpohlen (46). Inwieweit dies für die Realisierung des genetisch veranlagten Wollwachstums von Hochleistungstieren ausreicht, ist allerdings fraglich.

Kupfer – Hat aufgrund seiner bakterienhemmenden Wirkung vorbeugenden Einfluß gegenüber dem Auftreten von bakteriellen Darmerkrankungen. Es fördert ferner die Synthese der schwefelhaltigen Aminosäuren und wirkt dadurch auch als Wachstumsförderer. Bei hoher Dosierung im Futter kann allerdings seine Ausscheidung im Kot und dessen Verwendung als Dünger die Bodenfruchtbarkeit dadurch beeinträchtigen, daß es auch die Bodenbakterien in ihrer Vermehrung hemmt.

Zink und Selen – Schaffen die Voraussetzungen für die Wirksamkeit der Enzyme für die Verdauung ebenso wie das Kobalt für den Bakterienaufschluß im Blinddarm.

Über den für Mischfutter empfohlenen Mineralstoffgehalt informiert Tab. 36.

9.4 Vitamine und andere Futterzusatzstoffe

Gemäß § 2, Abs. 2 des Futtermittelgesetzes (215) können Zusatzstoffe den Futtermitteln zugesetzt werden, um

– Aussehen, Geruch, Geschmack, Beschaffenheit oder Haltbarkeit zu beeinflussen
– technologische Eigenschaften zu verbessern

– die Leistung der Tiere zu fördern
– Krankheiten vorzubeugen

Die nachfolgenden Ausführungen beschränken sich hierbei auf diejenigen Zusatzstoffe, welche am häufigsten eingesetzt werden. In der Reihenfolge ihrer Bedeutung sind das die folgenden:

Vitamine

Sind für den normalen Ablauf der Lebensfunktionen unerläßlich, wenn Mangelkrankheiten vermieden werden sollen. Die meisten von ihnen können vom Tier nicht selbst gebildet werden (Ausnahme: z. B. Vitamin C beim Kaninchen). Sie müssen deshalb mit der Nahrung zugeführt werden, sofern sie nicht durch mikrobielle Vorgänge, wie sie beim Kaninchen im Blinddarm ablaufen, erzeugt werden. Hierzu gehören beispielsweise die Vitamine des B-Komplexes sowie das Vitamin K. Eine Überdosierung von Vitaminen kann ebenso zu Krankheitserscheinungen führen, wie der Vitaminmangel. Über die Empfehlungen für den Vitamingehalt in Alleinfuttermischungen informiert Tab. 36. Bei kombinierter Fütterung und evtl. zusätzlicher Verabreichung eines Vitaminstoßes über das Trinkwasser sind folgende Besonderheiten beim Kaninchen zu beachten:

Vitamin A – Bei Verabreichung von Grünfutter sind keine Mangelerscheinungen, wie Augenveränderungen, Wachstumsverzögerung und Fortpflanzungsstörungen, zu erwarten. Bei langfristiger ausschließlicher Verabreichung von minderwertigem altem Heu und Wurzelfrüchten sowie Küchenabfällen können jedoch zusätzliche Gaben in Form eines Ergänzungsfutters oder Vitaminstoßes über das Trinkwasser erforderlich werden. Die rationierte zusätzliche Verabreichung eines pelletierten Mischfutters zu Grobfutter deckt den Bedarf nicht, wenn dessen Gehalt für eine beliebige Aufnahme als Alleinfutter (s. Tab. 36) berechnet wurde. Ein höherer Bedarf kann insbesondere dann vorliegen, wenn Belastungen (Trächtigkeit, Säugezeit) sowie Krankheiten (z. B. Kokzidiose) zu berücksichtigen sind.

Vitamin D – Dieses Vitamin steuert insbesondere den Calciumstoffwechsel und damit die Stabilität des Skeletts. Es kann vom Tier unter dem Einfluß des Sonnenlichts erzeugt werden. Wenn dies nicht ausreicht, kann Knochenweiche (Rachitis) die Folge sein. In Anpassung an die als Höhlenbewohner und Dämmerungstier relativ geringe Möglichkeit, unter dem Einfluss von Sonnenlicht Vitamin D zu bilden, ist der Bedarf daran gering. Rachitis wird an Normalhaarkaninchen relativ selten beobachtet, während sie bei Kurzhaarkaninchen häufiger auftritt. Auf einen hohen Gehalt an Vitamin D im Futter reagieren Angorakaninchen mit dem Auftreten von Kalzinose.

Allerdings wird das Auftreten von Kalzinose in entscheidendem Maße vom Phosphorgehalt bzw. dem Verhältnis von Calcium-Phosphor bestimmt (69). So wurden beispielsweise bei einem Phosphorgehalt von 1,5 g/kg Futter und einem Calcium: Phosphor-Verhältnis von 1:1,3 bei 40 % der Tiere Kalzinoseerscheinungen beobachtet, obwohl der Vitamin-D-Gehalt nur 300 IE betrug. Andererseits blieben 6000 IE Vitamin D ohne Einfluß, wenn beim gleichen Ca : P-Verhältnis der Phosphorgehalt des Futters nur 0,5 g/kg betrug.

Vitamin E – Das Kaninchen reagiert gegenüber E-Mangel empfindlich mit einer Degeneration der Muskulatur. Ebenso wie beim Vitamin A erhöht sich der Bedarf an Vitamin E bei Leberkokzidiose.

Vitaminstoß – Von Vitaminmangel sind bei kombinierter Fütterung im Winter (da Grünfutter als Vitaminquelle entfällt) insbesondere Häsinnen vor und während der Deckperiode sowie während der Trächtigkeit und Säugeperiode betroffen, ferner auch abgesetzte Jungtiere. Wenn man sich nicht dazu entschließen kann, den Tieren während dieser Fütterungsabschnitte ein pelletiertes Alleinfutter zur beliebigen Aufnahme zu verabreichen, sollte zumindest den Häsinnen 3–4 Wochen vor und zwei Wochen nach dem Decken sowie drei Wochen nach dem Werfen und den Jungtieren beim Absetzen ein wasserlösliches Vitaminkonzentrat über das Trinkwasser verabreicht werden. Das gleiche gilt beim Auftreten von Krankheiten.

Tabelle 36: Empfehlungen für den Energie- und Nährstoffgehalt von Alleinfutter

Futtertyp		1 Ausgewachsene Tiere	2 Jungtiere	3 Hochtragende u. säugende Häsinnen, Ergänzungsfutter f. kombin. Fütterung[2]
Verdauliche Energie	MJ/kg	8.5 – 9.0	10 – 11	10.5 – 13.0
Rohprotein	%	12 – 15	17 – 18	18 – 22
Verdauliches Rohprotein	%	8 – 11	12	13 – 16
Rohfaser	%	14	14 – 16	10 – 12
Rohfett	%	2 – 3	4 – 6	4 – 6
Calcium	%	0.4	0.4	1.1
Phosphor	%	0.2	0.5	0.8
Magnesium	%	0.2	0.25	0.3
Natrium	%	0.2	0.3	0.3
Kalium	%	0.5	0.5	0.7
Lysin	%	0.9	0.9	1.0
Methionin + Cystin[1]	%	0.5	0.6	0.7
Vitamin A	IE/kg	6000	10 000	12 000
Vitamin D	IE/kg	500	900	900
Vitamin E	mg/kg	50	50	50
Vitamin K	mg/kg	2	2	2

1) Angorakaninchen 30 % mehr

2) Jungtiere sollten bis zu einem Alter von 6 Wochen möglichst wenig von dem Häsinnenfutter des Typs 3 erhalten. Ihr Verdauungsvermögen reicht noch nicht aus, um die im Futter enthaltene Stärke bei hohem Gehalt zu verdauen. Jungtiere erhalten Futter des Typs 2, dessen Stärkegehalt zumindest bis zu einem Alter von 6 Wochen nicht über 10 % liegen sollte, um Darmerkrankungen vorzubeugen (s. Kap. 1.3).

Spurenelemente – Werden in Form von Vormischungen dem Mischfutter hinzugefügt. Es handelt sich hierbei um chemische Elemente, deren durchschnittlicher Gehalt im Körper 50 mg/kg nicht überschreitet. Während die meisten der hierzu gehörenden Elemente in den Einzelfuttermitteln des Mischfutters in ausreichender Menge vorhanden sind, ist in den Bestimmungen des DLG-Mischfutterstandards die Einhaltung eines Mindestgehaltes im Futter an Eisen, Kupfer, Zink und Mangan vorgesehen.

Leistungsförderer (auch Leistungsvermittler)

Sind Stoffe, welche entweder die Zusammensetzung der Darmflora dahingehend beeinflussen, daß die Verdaulichkeit des Futters verbessert wird, weniger Nährstoffverluste auftreten oder der Stoffwechsel im Sinne eines energieärmeren Stoffansatzes (z. B. höherer Wassergehalt im Fleisch) verändert wird. In Deutschland sind ausschließlich nur Leistungsförderer zugelassen, welche die Verdauung beeinflussen.

Hierzu gehören die Antibiotika, durch welche gleichzeitig das Risiko von Darmerkrankungen verringert werden kann. Zugelassen ist: Flavophospholipol (Flavomycin). In gleicher Weise wirken die nicht zu den Antibiotika gehörenden Probiotika (z. B. Toyocerin). Hierbei handelt es sich jedoch um Kulturen lebender Mikroorganismen, welche die Zusammensetzung der Darmflora günstig beeinflussen. Im Gegensatz hierzu sind Prebiotika unverdauliche Substanzen (z. B. Inulin), welche die Aktivitäten der im Dickdarm angesiedelten Bakterien fördern. Beide Zusatzstoffe werden auch als Symbiotika bezeichnet.

Bindemittel

Werden im Handelsbeimischfutter eingesetzt, um die Festigkeit der Pellets zu gewährleisten. Dies ist beim Kaninchen besonders wichtig, da mehliges Futter und damit auch der mehlige Abrieb von Pellets vom Kaninchen nicht gefressen wird, wenn das Futter in beliebiger Menge aufgenommen werden kann. Steht Mehlfutter allein zur Verfügung, wird erst nach dreitägigem Hunger davon gefressen (46).

Der mehlige Abrieb von pelletiertem Futter geht daher verloren, was den Futteraufwand und damit die Kosten erhöht. Als Bindemittel finden häufig Melasse aber auch eigens zu diesem Zweck hergestellte Präparate Verwendung.

Aromastoffe

Werden dem Futter einmal beigemischt, um einen etwaigen vom Kaninchen als unangenehm empfundenen und damit die Futteraufnahme beeinträchtigenden Geruch einzelner Futterkomponenten im Mischfutter zu überdecken. Zum anderen werden sie auch unabhängig von der Notwendigkeit eines derartigen Effektes beigemischt. Dabei steht in den meisten Fällen der Kaufanreiz durch vom Menschen angenehm empfundenen Geruch mehr im Vordergrund, als das experimentell bestätigte Wissen um dessen appetitanregenden Effekt. Lediglich bei Thymianextrakt (45) wurde eine Verbesserung der Tageszunahmen um bis zu durchschnittlich 23 % (44,3 g : 35,9 g) sowie der Futterverwertung um 19 % (2,1 : 2,5) nachgewiesen. Dabei bestanden jedoch zwischen den einzelnen Tieren erhebliche Unterschiede in der Reaktion auf diese Beimischung.

Antioxydantien

Verzögern den Verderb insbesondere das Ranzigwerden (Oxydation), der im Futter enthaltenen Fette und hier insbesondere auch der fettlöslichen Vitamine A und E.

Tabelle 37: Täglicher Bedarf an Energie und verdaulichem Rohprotein

	Verdauliche* Energie Megajoule	Verdauliches* Rohprotein Gramm	Entspricht etwa Alleinfutter Gramm
1. *Erhaltung**			
(ausgewachsenes Kaninchen während Zuchtruhe)			
1,5 kg	0,80	5	75
2,0 kg	0,96	6	90
4 – 5 kg	1,5	10	130
2. *Trächtigkeit**			
(4 – 5 kg Lebendgewicht)			
1. – 21. Tag n. d. Decken	1,7 – 1,9	9,2	170
22. – 31. Tag n. d. Decken	1,9 – 2,2	10,2	200
3. *Laktation**			
3. Laktationswoche	5,16	63,0	500
4. *Wachstum**			
(30 g Tageszunahme)			
0,8 kg Lebendgewicht	0,75	8,3	70
1,2 kg Lebendgewicht	0,93	10,3	90
1,6 kg Lebendgewicht	1,16	12,8	110
2,0 kg Lebendgewicht	1,37	15,0	130
2,4 kg Lebendgewicht	1,54	16,9	140
5. *Wollerzeugung**			
(4 kg Lebendgewicht)	1,58	20	140

* n. Parigibini et al., 1974, (zit. v. 46)
** Futtertypen s. Tabelle 36

Der Bedarf an Energie und verdaulichem Rohprotein wird durch die angegebenen Alleinfuttermengen gedeckt, wenn das Alleinfutter je kg 10,6 Megajoule und 14 % verdauliches Rohprotein enthält. Er variiert unter dem Einfluß von Temperatur und individuellen Schwankungen. Eine laufende Gewichtskontrolle ist daher erforderlich. Die Verabreichung von Heu, Wurzelfrüchten und Grünfutter beschäftigt die Tiere. Sie ist bei mittelschweren Rassen, mit Ausnahme der Zuchtruhe, nicht in der Lage, den Bedarf zu decken.

Krankheitsverhütende Zusatzstoffe

Sind für Kaninchenfutter bislang nur in Form der kokzidiosehemmenden Mittel (Coccidiostatica) Meticlorpindol und Robenidin zugelassen. Ihr Einsatz ist insbesondere bei Einstreuhaltung zur Verringerung des Infektionsrisikos, bei den Häsinnen nach dem Werfen bis zum Absetzen der Jungtiere und nach dem Absetzen bei den Jungtieren bis zu einem Alter von 16 Wochen (kombinierte Fütterung) zu empfehlen. Die Verfütterung eines Futters mit dem Zusatz eines Coccidiostaticums muß mindestens eine Woche vor dem Schlachten eingestellt werden, damit sich keine Rückstände desselben mehr im Fleisch oder den eßbaren Innereien befinden. Dem vorbeugenden Einsatz coccidiosehemmender Mittel kommt insofern eine besondere Bedeutung zu, als vor allem bei Einstreuhaltung das Auftreten von fütterungsbedingten Darmerkrankungen durch subklinischen Befall mit Coccidien begünstigt wird.

Der Zusatz von Enzymen (Amylase, Glucosidase) hatte auch bei hohem Stärkegehalt (20,8 %) keinen Einfluß auf Mortalität und Futterverwertung von Jungtieren (165).

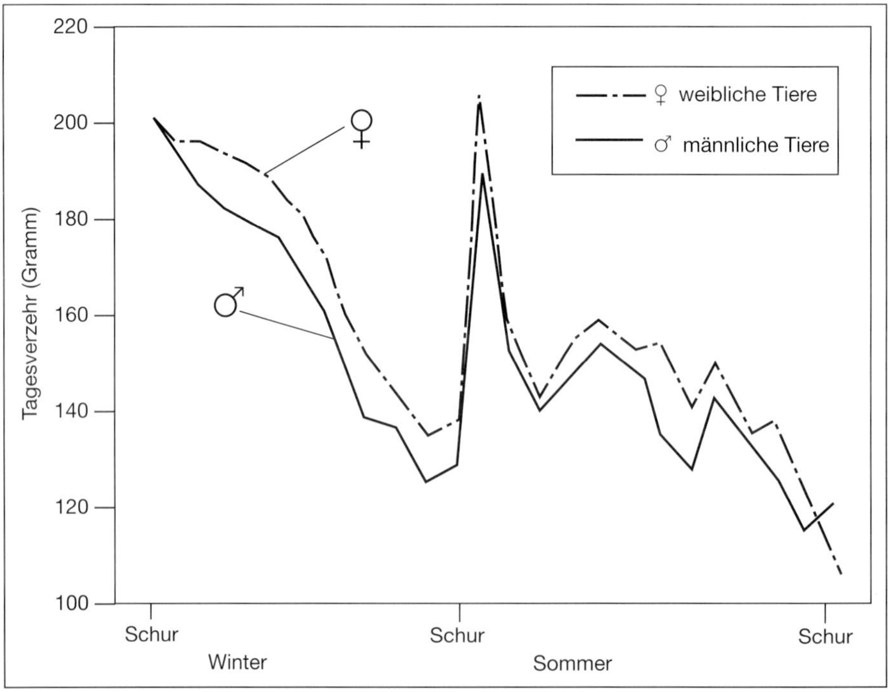

Abbildung 113: Verlauf der Alleinfutter-Aufnahme von Angorakaninchen in Abhängigkeit von der Jahreszeit (Temperatur). Schurintervall 13 Wochen. Im Sommer sinkt die Futteraufnahme mit zunehmender Haarlänge nach der Schur schneller als im Winter, da die Abgabe der Abfallwärme schwerer möglich ist und ein Anstieg der Körpertemperatur verhindert werden muß.

Abbildung 114: Für die rationierte Zuteilung von Kraftfutter empfiehlt sich die Benutzung eines Meßgefäßes (Futterschaufel, Meßbecher, Konservendose). Die »Handvoll« Futter als Maßeinheit ist zu ungenau.

9.5 Energie- und Eiweißbedarf

Das Kaninchen benötigt die im Futter enthaltene Energie für die Aufrechterhaltung folgender Lebensfunktionen: Muskeltätigkeit, Organwachstum, Erhaltung der Körpertemperatur, Energiespeicher in Form von Depotfett und Glykogen für Bedarfspitzen und Mangelsituationen. Maßeinheit für die Energiemenge sind die Kalorie oder das Joule. In den Futterwerttabellen (Kap. 16) wird der Gehalt an verdaulicher Energie in einem Kilogramm Futter in Megajoule (MJ) angegeben. Hierbei entsprechen 1000 Kilokalorien (kcal) = 4,184 Megajoule (MJ). Energiequelle ist die durch ihre Brennbarkeit definierte organische Substanz der Futtermittel.

Bezüglich der dem Tier zur Verfügung stehenden Energiemenge ist zu unterscheiden zwischen:
Von den in der organischen Substanz enthaltenen Nährstoffgruppen hat das Rohfett hierbei einen um etwa das Doppelte (ca. 2,3 mal mehr) höheren Energiegehalt als die Rohfaser sowie das Roheiweiß oder die stickstoffreien Extraktstoffe.

Die in den Futtermitteln enthaltene umsetzbare Energie ist um etwa 4 % geringer als die verdauliche Energie. Sie ist vom Kaninchen im Durchschnitt nur zu etwa 40 % als Kraftquelle und für den Fettansatz zu nutzen. Lediglich während der Laktation wird die Energie bis zu 69 % genutzt (120). Die vom Tier nicht zu verwertende Energie wird beim Stoffwechsel als Wärme (Abfallwärme) freigesetzt. Hierdurch darf sich jedoch die Körpertemperatur nicht erhöhen. Der Organismus steht hier vor dem gleichen

Problem, wie ein Verbrennungsmotor, dessen Betriebstemperatur mit Hilfe eines Kühlsystems ebenfalls auf gleicher Höhe gehalten werden muß. Beim Kaninchen erfolgt die Kühlung über die Körperoberfläche, vor allem die unbehaarten Ohren sowie über die Atmung. Schweißdrüsen besitzt das Kaninchen praktisch keine.

Die Notwendigkeit, die Körpertemperatur auf gleicher Höhe zu halten, hat folgende Konsequenzen:

- Wenn bei hohen Leistungen (wachsende Jungtiere, säugende Häsinnen) oder bei dichtem Fell und behaarten Ohren (Angora) sowie bei hohen Außentemperaturen die anfallende Abfallwärme nicht abgegeben werden kann, muß die Futteraufnahme eingeschränkt werden (s. Tab. 14).
- Bei sehr niedrigen Außentemperaturen, fehlendem Wärmeschutz (geschorene Angorakaninchen) oder bei Futtermangel reicht die beim Stoffwechsel entstehende Abfallwärme nicht aus, um die Körpertemperatur auf gleicher Höhe zu halten. Es muß dann Nettoenergie im Futter für die Wärmeproduktion verwendet werden, welche bei rationierter Fütterung dann nicht mehr für die Muskeltätigkeit oder die Fettbildung zur Verfügung steht. Als Folge davon sinken die Leistungen, und die Futterverwertung verschlechtert sich.

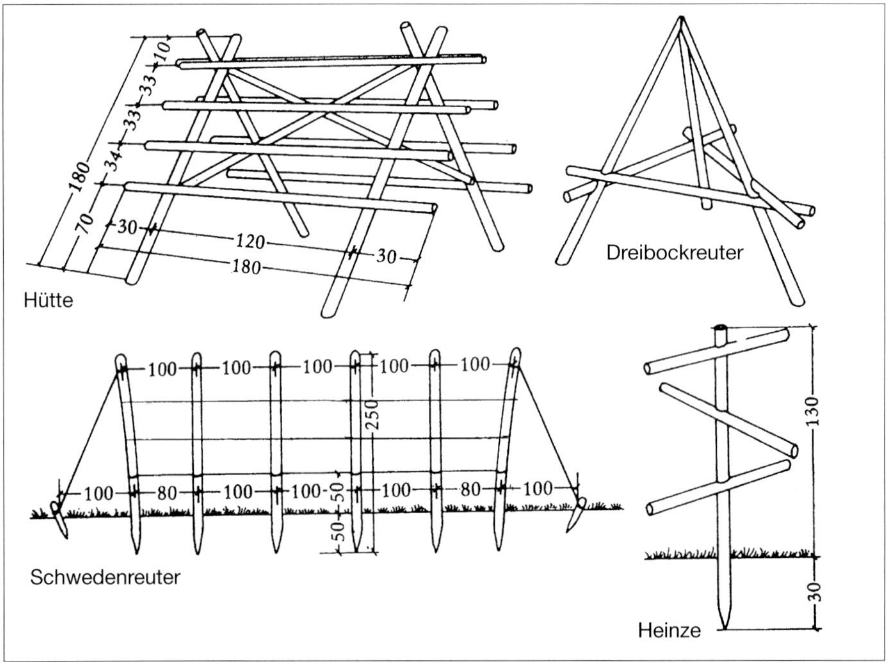

Abbildung 115: Verschiedene Reuter für die Heugewinnung. Bei der Bodentrocknung des Heues gehen die nährstoffreichen Blätter und Triebspitzen weitgehend verloren. Das Kaninchen kann jedoch die rohfaserreichen Stengel nur schlecht verdauen. Das auf mindestens 40–50 % Trockenmasse vorgewelkte Grünfutter sollte daher für die Heubereitung auf Reuter gehangen werden. Je weniger vorgewelkt und feinstengliger das Futter ist und je höher die Luftfeuchtigkeit, desto dünner muß das Trockengut aufgehangen werden (Schwedenreuter oder Heinze).

- Deckt die mit dem Futter aufgenommene Energie nicht den Bedarf, muß das Depotfett für die Wärmeerzeugung verwendet werden; das Kaninchen hungert und verliert an Gewicht.
- Die erleichterte Abgabe der Abfallwärme erhöht bei ständiger Verfügbarkeit von Futter die Futteraufnahme und damit die Leistungen (s. Abb. 111).
- Die für das wachsende Kaninchen optimale Außentemperatur liegt zwischen 15 bis 17 °C. Bei Unterschreitung erhöht sich die Futteraufnahme, bei Überschreitung sinkt sie.

Die in Tab. 37 wiedergegebenen Bedarfsnormen ermöglichen in Verbindung mit den Futterwerttabellen die Zusammenstellung von Futterrationen, welche dem jeweiligen Bedarf des Kaninchens an Energie und Eiweiß für die verschiedenen Leistungen entsprechen. Darüber hinaus ist der Vergleich mit anderen Nutztierarten möglich, welche gleiche Nutzleistungen vollbringen (s. Tab. 3). Bei Verabreichung eines Handelsmischfutters, welches dem DLG-Standard entspricht, kann davon ausgegangen werden, daß dieses bei freier Aufnahme sowohl den Bedarf an Eiweiß als auch an Energie deckt.

Im einzelnen sind bei der Bewertung der in der Tab. 37 gemachten Zahlenangaben folgende Gesichtspunkte zu beachten:

Der *Erhaltungsbedarf* ist dadurch definiert, daß er lediglich den Energie- und Eiweißbedarf des Kaninchens für die Verdauungstätigkeit, den Ersatz für verbrauchte Körpersubstanz (z. B. Haarwechsel, Krallenabnutzung) sowie die Erhaltung der Körpertem-

Abbildung 116: Mobiles Gehege für die Jungtieraufzucht (nach Prof. Finzi, Viterbo). Wasser kann mit Hilfe eines Tränknippels am Vorratsbehälter aufgenommen werden, pelletiertes Mischfutter aus dem daneben angebrachten Futterautomaten. Das weitmaschige Bodengeflecht ermöglicht nur eingeschränkt die Aufnahme von Grünfutter. Wichtig ist die Teilabdeckung zum Schutz vor Sonne und Regen.

peratur und die Bewegung deckt. Der Erhaltungsbedarf ermöglicht jedoch keinen Gewichtszuwachs oder die Erzeugung anderer Produkte (Milch, Jungtiere, Wolle).

Der *Bedarf* für Lebendgewichtszunahmen steigt mit zunehmendem Alter unabhängig vom Gewicht des Tieres, da sich der Anteil des angesetzten Fettes im Verhältnis zum energieärmeren Eiweiß (Fleisch) erhöht.

Der *Energiebedarf* für wachsende, junge Tiere ist um so höher, je niedriger die Tageszunahmen sind, da der Anteil des Erhaltungsbedarfes an der aufgenommenen Energie steigt.

Eine *Futterrationierung* nach dem Eintritt der Geschlechtsreife kann den Energieaufwand je Kilogramm Zuwachs senken, weil dadurch weniger Fett angesetzt wird.

Der vom Lebendgewicht abhängige Erhaltungsbedarf hat zur Folge, daß

- Zwergkaninchen zur Erhaltung ihres Gewichts nur halb soviel Futter (Energie) wie Tiere mittelschwerer Rassen benötigen;
- bei unzureichender Futtergrundlage die Überlebenschancen kleinerer Tiere größer sind.

Dem letztgenannten Umstand verdankt das leichteste Kaninchen der Welt, das Porto-Santo-Kaninchen (s. Kap. 1), seine Entstehung. Aus dem gleichen Grund, ebenso wie auch die Wildkaninchen. Allgemein sind die bodenständigen Rassen des Hauskaninchens in den nordafrikanischen Ländern oder in China kleiner. Auch aus Europa importierte Rassen werden unter den dortigen Bedingungen (Futtermangel durch eingeschränkte Futteraufnahme, infolge hoher Temperaturen) leichter. Diese Entwicklung wird noch dadurch begünstigt, daß das Futteraufnahmevermögen nicht in gleichem Maße zunimmt, wie sich das Lebendgewicht erhöht. Große, aber auch mittelschwere Rassen, können daher nicht die zur Ausschöpfung ihrer Wachstumskapazität und Fortpflanzung notwendigen Nährstoffmengen aus Grobfutter bestreiten, sondern müssen zusätzlich Konzentratfutter erhalten.

Die Angaben über den Bedarf an verdaulichem Eiweiß beziehen sich auf eine hohe biologische Wertigkeit desselben, d. h. auf einen ausreichenden Gehalt an essentiellen Aminosäuren (Kap. 9.3). Dieser ist jedoch nur bei Handelsmischfutter gegeben, bei welchem der Nährstoffgehalt den Empfehlungen in Tab. 36 entspricht. Bei ausschließlicher Verabreichung von Grobfutter oder auch kombinierter Fütterung mit selbstgemischtem Konzentratfutter ist ein um 20 bis 30 % höherer Bedarf an verdaulichem Eiweiß zu veranschlagen.

Ein geringer Energiegehalt des Futters kann durch eine entsprechend höhere Futteraufnahme weitgehend ausgeglichen werden. Dies ist beim Eiweiß nicht der Fall. Ein geringer Eiweißgehalt in der Futterration reduziert im Gegenteil die Futteraufnahme. Es ist daher erforderlich, daß das Verhältnis von Eiweiß und Energie dem Bedarf entspricht. Je MJ verdaulicher Energie sollte die Ration 15 bis 17 g verdauliches Rohprotein in optimaler Qualität enthalten. Bezogen auf pelletierte Alleinfuttermischungen mit einem Gehalt an verdaulicher Energie von 11 bis 12 MJ würde dies einem Rohproteingehalt von 16 bis 19 % entsprechen.

Beim Angorakaninchen kann der Eiweißgehalt der Ration im ersten Drittel des Schurintervalls an der unteren Grenze der angegebenen Werte liegen. Infolge der höheren Futteraufnahme (s. Abb. 113) ist die Deckung des Bedarfes trotzdem gewährleistet. Im letzten Drittel des Schurintervalls sollte dagegen der Eiweißgehalt höher sein, da infolge der erschwerten Regulierung der Körperwärme die Futteraufnahme um bis zu 60 % niedriger als im ersten Drittel ist (s. Abb. 113). Ähnliches gilt bei hohen Temperaturen auch für wachsende Jungtiere und säugende Häsinnen.

9.6 Futtermittel

Die für die Deckung des Nährstoffbedarfes zur Verfügung stehenden Futtermittel und Mischfutterkomponenten lassen sich in folgende Kategorien einteilen:

Grobfuttermittel – frische, silierte oder getrocknete Pflanzen, Wurzelfrüchte, Stroh, Spreu, Küchen- und Gartenabfälle.

Kraftfuttermittel (auch Konzentratfuttermittel) – Samen aller Art, Abfälle aus der Verarbeitung von Getreide, Öl- und sonstigen Früchten, Fette und Öle, Fisch-, Fleisch- und Tierkörpermehl, Milchprodukte, Grünmehle.

Hinsichtlich der Eignung der verschiedenen Futtermittel für den Einsatz in der Kaninchenfütterung sind unter wirtschaftlichen und gesundheitlichen Aspekten folgende Kriterien zu beachten:

1. Nährstoffgehalt
2. Schmackhaftigkeit
3. Arbeitsaufwand für Futterwerbung und Fütterung
4. Futteraufwand je Produkteinheit (kg Fleisch oder Wolle)
5. Preis je Nährstoffeinheit
6. Notwendige Begrenzung der Mengenaufnahme zwecks Vorbeugung von gesundheitlichen Schäden

Die Reihenfolge dieser Kriterien bei der Beurteilung der Eignung von Futtermitteln für die Verwendung im eigenen Tierbestand verändert sich zwangsläufig auch unter dem Einfluß der Gründe, aus denen die Kaninchenhaltung betrieben wird. In der zu Erwerbszwecken betriebenen Kaninchenhaltung treten zwangsläufig die unter 3 bis 5 genannten Kriterien stärker in den Vordergrund als in der Rassekaninchenzucht oder der Heimtierhaltung.

Hinsichtlich des Preises je Nährstoffeinheit (verdauliche bzw. umsetzbare Energie oder Eiweiß) hat sich durch die Anpassung der Preise für Getreide, Ölfrüchte und industrielle Nebenprodukte (z.B. Kleie, Extraktionsschrot) an das Weltmarktniveau insofern ein Wandel vollzogen, als bei Zukauf die Nährstoffe in Konzentratfuttermitteln vielfach preiswerter sind als im Grobfutter.

9.6.1 Grobfutter (auch Wirtschaftsfutter)

Der Gehalt von Pflanzen an für das Kaninchen verwertbaren Nährstoffen ist abhängig von folgenden Einflüssen:

Alter bei der Ernte – Je jünger und blattreicher die Pflanzen bei der Ernte sind, desto höher ist ihre Verdaulichkeit. Bis zum Ende der Blüte steigt der Trockensubstanzanteil und damit auch der Trockensubstanzertrag je Flächeneinheit an. Gleichzeitig fällt jedoch der Rohproteingehalt stark ab, und der Gehalt an Rohfaser nimmt zu. Die Verdaulichkeit aller Nährstoffe, vor allem die vom Eiweiß, verschlechtert sich erheblich. Die Pflanzen sind daher zur Deckung des Nährstoffbedarfs für Fortpflanzung und Wachstum immer weniger geeignet.

Konservierung – Grüne Pflanzen sind besser verdaulich als das aus ihnen hergestellte Heu. Diese Unterschiede sind um so größer, je mehr sich nach dem Schnitt die Heubergung infolge von Niederschlägen verzögerte und je mehr das Heu zwecks schnellerer Trocknung bewegt (gewendet) werden mußte. Letzteres erhöht den Anteil verholzter Stengel, da die Blätter früher trocknen und abfallen. Das Heu mit dem höchsten Nährstoffgehalt liefert die Trocknung auf Trockengerüsten (Reutern), auf welche die angewelkten Pflanzen gehangen werden (s. Abb. 113) oder die Warmlufttrocknung. Der Futterwert von Heu schwankt, aufgrund der mannigfachen Einflüsse bei der Gewinnung, in weiten Grenzen (s. Kap. 16). Er wird meist überbewertet. Bei Bodentrocknung ist sein Beitrag zur Deckung des Nährstoffbedarfes, auch aufgrund der niedrigen Verzehrsmengen, gering (Tab. 34). Seine Bedeutung als Futtermittel liegt bei ergänzender Verabreichung eines pelletierten Alleinfutters in der Vorbeugung von Verhaltensstörungen durch die Beschäftigung bei der Futteraufnahme und der Verhinderung von Haarballenbildung, vor allem im Magen von Angorakaninchen. Letztere treten aber auch bei in Gruppen gehaltenen Normalhaarkaninchen auf, wenn ein pelletiertes Mischfutter rationiert gefüttert wird und die Tiere aus Langeweile zum gegenseitigen Abfressen der Haare neigen. Um die gleiche Gewichtsmenge aufzunehmen, ist bei Heu vier- bis neunmal mehr Zeit erforderlich (s. Kap. 9.7). Heu eignet sich daher mehr zur Vorbeugung von Darmerkrankungen und von Fehlverhalten (Haare fressen, Aggressivität) bei der Verabreichung von Alleinfutter zur beliebigen Aufnahme, als zur Deckung des Nährstoffbedarfs. Wildkaninchen nehmen Heu in nennenswerten Mengen nur bei Mangel an Grün- oder Saftfutter auf.

Silage entspricht hinsichtlich ihres Nährstoffgehaltes, ihrer Verdaulichkeit und ihrer Schmackhaftigkeit (s. Tab. 34) mehr dem Grünfutter als dem Heu. Dies um so mehr, wenn der Wassergehalt des Siliergutes durch Vorwelken auf etwa 70 % reduziert wurde (Anwelksilage). Für die Silierung kleiner Futtermengen eignen sich Plastiksäcke oder -behälter, die sich luftdicht verschließen lassen. Silage stellt hohe Anforderungen an die Zubereitung, da das Kaninchen sehr empfindlich auf Qualitätsmängel reagiert. Bei Luftzutritt und Temperaturen über 10 °C sowie geringen Entnahmemengen verdirbt sie schnell. Aufgrund ihres geringeren Gehaltes an verdaulichen Nährstoffen und der geringeren Verzehrmengen sind weder Heu noch Silage allein als Leistungsfutter geeignet.

Blätter und Triebspitzen – Sie werden vom Kaninchen nicht nur lieber gefressen, sondern sie sind auch nährstoffreicher als die Stengel. Das Kaninchen sucht sich diese Pflanzenteile zuerst aus dem vorgelegten Futter oder bei Weidegang aus dem Aufwuchs heraus und nimmt die Stengel erst dann auf, wenn es seinen Hunger nicht anderweitig stillen konnte. Das hat zur Folge, daß beim Weidegang nahezu doppelt so hohe Tageszunahmen erzielt werden, wie bei rationierter Verabreichung des auf der gleichen Fläche geschnittenen Grünfutters, von welchem auch die Stengel gefressen werden müssen.

Da die Stengel wegen ihres höheren Anteils an Cellulose für das Kaninchen auch schlechter verdaulich sind, ist bei hohem Stengelanteil eine bedarfsgerechte Fütterung nicht möglich, wenn die Tiere gezwungen werden, auch diese zu fressen. Je mehr Stengel und Halme ohne Blätter liegen bleiben, desto weniger ist das Futter für die Deckung des Nährstoffbedarfs geeignet.

Laub von Gehölzen hat den höchsten Nährstoffgehalt und die höchste Verdaulichkeit während der Wachstumsphase. Mit zunehmendem Alter nimmt der Futterwert ab. Das junge Laub von Hybridpappeln kann mit einem Anteil von 40 % Luzerne ersetzen (31). Der Nährstoffgehalt der sogenannten Akazie (Robinie) entspricht zwar dem von Luzerne. Ihr Futterwert wird jedoch durch ihren hohen Gehalt an Tanninen und Lektinen herabgesetzt, der bei ausschließlicher Verfütterung zu Vergiftungserscheinungen führen kann.

Die Schmackhaftigkeit – Bestimmt beim Kaninchen in stärkerem Maße als beispielsweise beim Rind die Menge des aufgenommenen Grobfutters. Sie ist zwar häufig mit dem Nährstoffgehalt der Pflanzen bzw. deren Blattanteil identisch. Es bestehen jedoch auch unabhängig davon erhebliche Unterschiede, wie die Ergebnisse von Schmackhaftigkeitsprüfungen in Tab. 34 ausweisen. Die Futteraufnahme ist höher, wenn verschiedene Futterpflanzen gleichzeitig angeboten werden und dem auch bei Wildkaninchen zu beobachtenden Bestreben des Tieres Rechnung getragen wird, sich eine Ration selbst zusammenzustellen.

Aufgrund des unterschiedlichen Wassergehaltes der Pflanzen ist die aufgenommene Trockensubstanzmenge für den Vergleich besser geeignet als die der Futtermittel selbst. Die bestehenden Unterschiede in der Schmackhaftigkeit weisen einmal darauf hin, daß sich durch die Auswahl vom Kaninchen gern gefressener Pflanzen sowohl hohe Leistungen erzielen, als auch in erheblichem Maße Futterkosten sparen lassen. Andererseits ist es bei weniger gern gefressenen Futterpflanzen erforderlich, mehr Kraftfutter zusätzlich zu verabreichen, damit der Nährstoffbedarf gedeckt werden kann. Grundsätzlich ist allerdings davon auszugehen, daß es auch mit dem Kaninchen am besten schmeckenden Pflanzenarten bei großen und mittelschweren Rassen nicht möglich ist, die gleichen Zunahmen und die gleich hohe Fortpflanzungsrate zu erzielen, wie mit einem pelletierten Handelsmischfutter (s. Tab. 6). Damit beispielsweise eine mittelschwere säugende Häsin täglich die gleiche Nährstoffmenge wie mit 400 g Alleinfutter aufnehmen kann, müßte sie täglich mehr als 3 kg Grünfutter fressen, was 75 % ihres eigenen Gewichtes entspricht. Das würde jedoch ihr Futteraufnahmevermögen übersteigen, wie die Testergebnisse zeigen.

Vielfach wird die Schmackhaftigkeit überbewertet, wenn das Grünfutter, bei sonst überwiegender Fütterung mit Heu oder Kraftfutter oder bei unzureichender Wasserversorgung, vorgelegt wird. Die Tatsache, daß sich die Tiere bei erstmaliger Verabreichung auf das Grünfutter stürzen, besagt wenig über die Verzehrsmenge bei längerer und alleiniger Verabreichung sowie die sich daraus bei einzelnen Futtermitteln ergebenden gesundheitlichen Risiken (s. Kap. 9.8).

Zur Deckung des Energie- und des Eiweißbedarfes ist daher bei hohen Leistungserwartungen bei großen und mittelschweren Rassen die zusätzliche Verabreichung einer Konzentratfuttermischung notwendig. Da bei kombinierter Fütterung infolge der Nichtbeachtung von Nährstoffbedarf und Schmackhaftigkeit des Futters die Zuchthäsinnen meist nicht bedarfsgerecht gefüttert werden, muß entweder die Zwischenwurfzeit länger sein, oder die Aufzuchtleistungen liegen bei den folgenden Würfen niedriger als beim ersten Wurf im Jahr.

Die vom ausgewachsenen Kaninchen aufgenommene Grobfuttermenge ist auch abhängig davon, inwieweit das Jungkaninchen Gelegenheit hatte, die Kapazität seiner Verdauungsorgane an die Aufnahme größerer Futtermengen anzupassen. Tiere, welche in der Jugend ausschließlich mit pelletiertem Alleinfutter gefüttert wurden, können später weniger Grobfutter aufnehmen.

Schmetterlingsblütler werden im allgemeinen vom Kaninchen nicht nur am liebsten gefressen, sondern sie haben auch den höchsten Eiweißgehalt. Zu ihnen gehören die Kleearten ebenso wie Wicken, Erbsen und Bohnen. Von dem im Handelsmischfutter eingesetzten Grünmehl wird die Luzerne am häufigsten verwendet. Das geschieht einmal wegen ihrer durch hohen Flächenertrag und Eiweißgehalt begründeten Preiswürdigkeit. Zum anderen kann sowohl ihr Gehalt an Eiweiß als auch der an Calcium und Phosphor den Bedarf des Kaninchens weitgehend decken. Der Vitamin-A-Gehalt von Luzernegrünmehl ist viermal so hoch wie der von Mohrrüben (31).

Ein häufiger Schnitt ist notwendig, da die Stengel schnell verholzen. Der durch den Saponin-Gehalt bedingte bittere Geschmack beeinträchtigt die Schmackhaftigkeit.

Bei gleichem Wachstumsstadium wird Rotklee noch lieber als Luzerne gefressen. Er reicht allerdings nicht an deren Flächenertrag heran. Der in Tab. 34 am liebsten gefressene bodenfrüchtige (Subterraneum-)Klee stammt aus dem Mittelmeerraum. Er weist einen niedrigeren Flächenertrag als Rotklee und Luzerne auf und ist daher für die Schnittnutzung weniger geeignet. In den Subtropen wird er vor allem als eine die Trockenperioden überdauernde Weidepflanze geschätzt.

Kohlartige Pflanzen (Kreuzblütler) werden zwar gern gefressen (Tab. 34) jedoch sollten sie nur kurzfristig verfüttert werden, da die in ihnen enthaltenen Senfölverbindungen die Tätigkeit der Schilddrüse hemmen. Dies gilt nicht für 00-Raps-Sorten.

Gräser schneiden sowohl hinsichtlich ihrer Schmackhaftigkeit als auch ihres Nährstoffgehaltes schlechter als die kleeartigen Pflanzen ab. Das gilt auch für die aus ihnen hergestellten Grünmehle und vor allem Heu. Ihre Stengel (Halme) verholzen schneller, und ihr Blattanteil ist geringer.

Grünfutter allgemein sollte möglichst frisch geschnitten verfüttert werden. Ist eine zwischenzeitliche Lagerung unvermeidbar, dann sollte sie kühl und nicht dem Sonnenlicht ausgesetzt in kleinen Haufen auf einem Latten- oder Drahtrost erfolgen. Durch die letztgenannte Maßnahme kann einer an der Erwärmung des Futters erkennbaren Zersetzung vorgebeugt werden, die Darmerkrankungen zur Folge hätte. Nasses Futter kann, frisch verabreicht, unbedenklich verfüttert werden. Bei einer Lagerung verdirbt es jedoch schneller als trocken geerntetes Grünfutter. Unproblematisch ist auch die Verfütterung von bei flacher Lagerung leicht angewelktem, wie auch gefrorenem Futter. Infolge der geringeren Aufnahme von letzterem kann allerdings nicht der Nährstoffbedarf damit gedeckt werden. Außerdem ist der Energiebedarf höher, da das gefressene Futter auf Körpertemperatur angewärmt werden muß.

Der Futterwert des Grünfutters liegt, abgesehen von seinem Nährstoffgehalt, auch in seiner appetitanregenden Wirkung bei der kombinierten Fütterung und der im Vergleich zu Kraftfutter leichteren Steuerung der Nährstoffzufuhr bei Tieren mit Erhaltungsbedarf um hohem Fettansatz vorzubeugen. Der Nährstoffgehalt der Pflanzen ist vom Wachstumsstadium abhängig. Es ist daher nicht möglich, über eine längere Zeit hinweg von der gleichen Futterfläche den gleichen Futterwert und damit auch die gleiche Futteraufnahme zu gewährleisten, ohne den Schnittzeitpunkt zu staffeln.

Hygienische Probleme können auftreten, wenn das Grünfutter von Flächen stammt, zu denen an Myxomatose oder VHD (s. Kap. 15.4) erkrankte Wildkaninchen Zugang hatten, so daß eine Ansteckung des Hauskaninchens möglich ist. Die Verschmutzung des Grünfutters mit Hundekot birgt die Gefahr der Übertragung von Eiern des Hundebandwurms (Taenia pisiformis) in sich. Beim Kaninchen entwickeln sich daraus die als Bandwurmfinnen bezeichneten blasenförmigen Larven im Bereich der Leber.

Wurzelfrüchte (Möhren, Rüben, Kartoffeln, Topinambur) haben einen geringeren Gehalt an Eiweiß und Vitaminen als Grünfutter. Ihr gleichfalls geringerer Rohfasergehalt besteht nur in geringem Umfang aus schlechtverdaulicher Cellulose. Ihre Verdaulichkeit liegt daher sogar über der von Getreide (Tab. 33).

Da die Wurzelfrüchte einen hohen Wasser- sowie niedrigen Eiweißgehalt aufweisen und vom Kaninchen im allgemeinen nicht so gern gefressen werden, sind sie nur als Beifutter einzusetzen. Anhaftende Erde ist vor der Verfütterung zu entfernen. Die Schmackhaftigkeit und Verdaulichkeit gekochter Kartoffeln ist besser als die von rohen.

Küchen- und **Gartenabfälle** weisen in ihrem Nährstoffgehalt große Schwankungen auf, wobei ihr durchschnittlicher Nährstoffgehalt etwa auf dem Niveau der Wurzelfrüchte bei allerdings geringerer Verdaulichkeit liegt. Da sie meist schon mehrere Tage vor ihrem Anfall geerntet wurden, neigen sie zu Schimmelbildung und Fäulnis, sofern sie nicht schnell verbraucht werden. Bereits verdorbene Pflanzenteile dürfen auf keinen Fall verfüttert werden.

9.6.2 Kraftfutter (auch Konzentratfutter)

Die hierzu gehörenden Futtermittel sind im Vergleich zum Grobfutter durch einen höheren Nährstoffgehalt je Gewichtseinheit gekennzeichnet. Das hat zur Folge, daß das Kaninchen im Vergleich zum Grünfutter weniger Kraftfutter fressen muß, um seinen Nährstoffbedarf zu decken. Hohe Tageszunahmen und Fortpflanzungsleistungen sind daher nur mit Hilfe des Einsatzes von Kraftfuttermitteln oder des unter ihrer Verwendung hergestellten Mischfutters zu erzielen, welches auf die Nährstoffeinheit bezogen bei Zukauf vielfach preiswerter ist als Grobfutter. Außerdem erfordert es weniger Arbeitsaufwand für die Fütterung. Wenn, wie in der Rassekaninchenzucht und der Heimtierhaltung überwiegend der Fall, nur der Erhaltungsbedarf gedeckt werden muss, ist durch laufende Gewichtskontrolle sicher zu stellen, dass die Tiere nicht verfetten und Fehlverhalten infolge der geringeren Zeit für die Futteraufnahme durch die Verabreichung von Heu etc. vorgebeugt wird.

In Ergänzung zu den Angaben über den Nährstoffgehalt in den Futterwerttabellen ist beim Einsatz der zu dieser Kategorie gehörenden Futtermittel folgendes zu beachten:

Getreide – ist aufgrund des hohen Stärke- und niedrigen Eiweißgehaltes vorwiegend Energieträger. Hierbei hat der bevorzugt eingesetzte Hafer aufgrund seines hohen Spelzenanteiles den niedrigsten Energiegehalt. Auf den Gehalt an Energie und verdaulichem Eiweiß bezogen, ist er außerdem die teuerste Getreideart. Die schlechtere Verdaulichkeit der Spelzen hat insbesondere in der Jungtierfütterung den Vorteil, daß bei hohem Stärkegehalt in der Ration die Gefahr von mit Durchfall verbundenen Darmerkrankungen geringer ist als bei den anderen Getreidearten. Der gleiche Effekt ist allerdings kostengünstiger mit der Verabreichung von Grün- oder Rauhfutter bzw. billigeren Mischfutterkomponenten mit einem hohen Rohfasergehalt zu erreichen. Für die dem Hafer nachgesagte Förderung der Fruchtbarkeit, insbesondere bei männlichen Tieren, gibt es keine Bestätigung durch wissenschaftliche Untersuchungen. Wertbestimmend ist beim Hafer der hochverdauliche Anteil des Korns im Verhältnis zu den schlechtverdaulichen Spelzen. In Abhängigkeit von der Düngung und den Niederschlägen während des Wachstums bestehen beim Hafer die von allen Getreidearten größten Unterschiede im Mykotoxin- und Nährstoffgehalt. Haferflocken liegen in ihrer Verdaulichkeit etwa auf dem gleichen Niveau wie Weizen. Bei Darmerkrankungen kann die Verabreichung in gekochter Form, wie auch beim Menschen, positive diätetische Wirkung haben.

Die Gerste liegt mit ihrem Rohfasergehalt zwischen dem Hafer und den anderen Getreidearten (s. Kap. 16), von denen der Mais den höchsten Energiegehalt aufweist. Das ist vor allem auf den hohen Gehalt an Stärke zurückzuführen, der bei Jungtieren die Anfälligkeit gegenüber Darmerkrankungen erhöht. Allen Getreidearten gemeinsam ist ein vergleichsweise geringer Gehalt an Calcium und Vitaminen.

Getreidekörner werden zerkleinert lieber gefressen. Bei alleiniger Verabreichung werden sie lediglich gequetscht, da Mehl nur ungern aufgenommen wird und zur Abnutzung der Schneidezähne Kauarbeit erforderlich ist. In geschroteter Form findet Getreide in pelletiertem Mischfutter Verwendung oder muß feuchtkrümelig verabreicht werden. Die durchschnittliche Größe der Schrotpartikel sollte 0,3 mm nicht unterschreiten. Eine feine Vermahlung begünstigt das Auftreten von Darmerkrankungen. Ganze Körner werden lieber gefressen, wenn sie in Wasser gequollen vorgelegt werden.

Kleie besteht im wesentlichen aus der äußeren Hülle des Getreidekorns und dem Keimling. Ihr Gehalt an Eiweiß, Fett und Rohfaser ist höher als im Korn, wobei der Gehalt an Energie mit zunehmendem Ausmahlungsgrad abnimmt, da dann der Mehlanteil geringer ist. Kleie ist ferner verhältnismäßig reich an Phosphor. Ähnliches gilt auch für getrocknete Biertreber, bei welchen auch der Eiweiß- und der Rohfasergehalt höher ist.

Rückstände der Zuckerrübenverarbeitung sind die Diffusions- oder Trockenschnitzel, denen der Zucker nahezu vollständig entzogen wurde. Im Gegensatz hierzu weisen die getrockneten Zuckerrüben (Zuckerschnitzel) und die melassierten Trockenschnitzel ebenso wie die Melasse selbst einen mehr oder weniger hohen Gehalt an Zucker auf. Sie werden deshalb vom Kaninchen, wie alle süßschmeckenden Futtermittel, gerne gefressen. Bei Jungtieren kann allerdings die Aufnahme größerer Mengen zu den gleichen Darmerkrankungen führen, wie sie bei stärkereichen Futtermitteln auftreten. Allerdings ist das Risiko bei den Melasseschnitzeln infolge ihres höheren Anteiles an verdaulicher Rohfaser geringer. Der Anteil an Trockenschnitzeln sollte im Mischfutter 15 % nicht übersteigen. Bei höherer Beimischung ist eine Verschlechterung der Tageszunahmen und der Energieverwertung zu erwarten (41).

Ölsaaten sind in gleicher Weise Energie-, wie auch Eiweißquelle. Die Rückstände nach dem Entzug des Öles gleichen hinsichtlich des Energiegehaltes mehr dem Getreide, wenn es sich um Extraktionsschrote handelt, bei einem um das Mehrfache höheren Eiweißgehalt. Bei Ölkuchen, die als Rückstände anfallen, wenn das Öl durch das Auspressen der Ölsaaten gewonnen wurde, ist dagegen der Energiegehalt höher, da sie mehr Fett enthalten.

Die Sojabohne und vor allem das bei der Ölgewinnung anfallende Extraktionsschrot sind die am häufigsten eingesetzten Eiweißfuttermittel im Mischfutter für Kaninchen. Die Beeinträchtigung der Eiweißverdaulichkeit wird durch die Erhitzung mit Dampf aufgehoben (Toasten). Leinsamen und Leinkuchen wird ein positiver Einfluß auf den Glanz des Felles nachgesagt. Außerdem ist ihr diätetischer Einfluß auf den Verlauf von Darmerkrankungen bekannt. Dabei ist offen, ob die erstgenannte Wirkung auch für das Extraktionsschrot gilt.

Sonnenblumensamen und deren bei der Ölgewinnung anfallende Extraktionsschrote weisen nicht nur den höchsten Anteil an schlechtverdaulicher Rohfaser auf, sondern sie haben auch einen geringen Gehalt an den für das Kaninchen wichtigen Eiweißbausteinen Lysin und den schwefelhaltigen Aminosäuren Methionin und Cystin. Als Vorteil einer zusätzlichen Gabe von Sonnenblumensamen, bei sonst ausschließlicher Pelletfütterung ist die durch die harte Schale geförderte Kauarbeit zu nennen.

Raps und dessen Extraktionsschrot ist hinsichtlich seines Einsatzes in der Kaninchenfütterung unbedenklich, wenn es sich um den sogenannten 00-Raps handelt. Die Bezeichnung steht hierbei für den durch die Züchtung herabgesetzten Gehalt an Bitterstoffen und an sogenannten Glucosinolaten, welche die Tätigkeit der Schilddrüse hemmen.

Grünmehle werden aus in jungem Wachstumsstadium geschnittenen und künstlich getrockneten Pflanzen hergestellt. Luzernegrünmehl wird vom Kaninchen lieber gefressen als Grasgrünmehl.

Futtermittel **tierischer Herkunft**, wie Fisch- und Tierkörpermehl werden ebenso wie Trockenmilchprodukte in der Kaninchenfütterung weniger eingesetzt. Bei verhältnismäßig hohen Kosten bringt ihre Verwendung beim Kaninchen als Pflanzenfresser weniger Vorteile als beim Geflügel und Schwein.

9.6.3 Mischfutter

Der Einsatz von Mischfutter hat in den letzten drei Jahrzehnten auf Kosten der kombinierten Fütterung und der separaten Verabreichung von Einzelfuttermitteln zunehmend Eingang in die Kaninchenfütterung gefunden. Hierbei hat industriell hergestelltes sogenanntes Handelsmischfutter in der gewerblichen Kaninchenfleischerzeugung und in der Versuchstierhaltung die Verfütterung von Grobfutter völlig verdrängt. In der Rassekaninchenzucht ebenso wie bei den Heimtieren hat Handelsmischfutter den größten Anteil an der Deckung des Nährstoffbedarfs. Jährlich werden in Deutschland bis zu 70.000 Tonnen Handelsmischfutter für Kaninchen produziert.

Während in der professionellen Kaninchenhaltung Mischfutter ausschließlich als Alleinfutter eingesetzt wird, überwiegt in den anderen Bereichen vielfach noch die kombinierte Fütterung mit Grob- und Handelsmischfutter als Ergänzung. Der zunehmende Einsatz von Handelsmischfutter ist im einzelnen auf folgende Gründe zurückzuführen:

- Die Einzelfuttermittel entsprechen in ihrem Gehalt an Nährstoffen und Energie- sowie an Vitaminen, Mengen- und Spurenelementen allein nicht dem Bedarf des Kaninchens für Fortpflanzung und Wachstum. Erst die Mischung verschiedener Futtermittel und Zusatzstoffe ermöglicht die Zusammenstellung einer vollwertigen Ration.
- Das Leistungsvermögen des Kaninchens wurde vor allem bei großen und mittelschweren Rassen erst durch den Einsatz von Handelsmischfutter erkennbar. Im Vergleich zur alleinigen Verfütterung von Grobfutter sind die Tageszunahmen mehr als zweimal so hoch (s. Tab. 6). Die Aufzuchtleistung wurde durch den Mischfuttereinsatz um das 4- bis 5fache erhöht (von 2 bis 3 Würfen mit 12 bis 18 aufgezogenen Jungtieren pro Häsin und Jahr auf 7 bis 8 Würfe mit 50 bis 60 aufgezogenen Jungtieren). Damit konnte das früher brachliegende, aber bereits beim

Wildkaninchen veranlagte hohe Fortpflanzungs- und Wachstumspotential weitgehend realisiert werden.

- Die Mischung verschiedener Futterkomponenten ermöglicht auch die problemlose Verwendung von Futtermitteln, welche, allein verabreicht, entweder nur ungern gefressen werden oder einen negativen Einfluß auf die Gesundheit und das Leistungsvermögen haben.
- Sofern der Gehalt der Futtermittel an Nähr- und Wirkstoffen nicht für die Bedarfsdeckung ausreicht, ist die Einmischung entsprechender Futterzusatzstoffe (Vitamine, Aminosäuren u. a.) ebenso möglich wie die von Leistungsvermittlern und Fütterungsarzneimitteln (z. B. gegen Kokzidiose).
- Handelsmischfutter ermöglichen, weitgehend unabhängig von den Kenntnissen des Tierhalters, die Nutzbarmachung des aktuellen Erkenntnisstandes auf dem Gebiet der Tierernährung für die Zusammenstellung einer Futterration.
- Nicht zuletzt dienen Handelsmischfutter der nutzbringenden Entsorgung von Abfällen der industriellen Lebensmittelherstellung.

Als Nachteil des industriell hergestellten Handelsmischfutters ist zu werten, daß die Qualität des Futters und insbesondere der für seine Herstellung benutzten Mischfutterkomponenten weitgehend der Einflußnahme durch den Tierbesitzer entzogen sind. Mischfutterkauf ist daher Vertrauenssache.

Allerdings ist durch das Futtermittelgesetz vom 2. Juni 1975 (215), welches weltweit zu den besten gesetzlichen Regelungen der Mischfutterherstellung zählt, ein hohes Maß an Sicherheit gegenüber Übervorteilung gewährleistet. Vorsätzliche Verstöße haben strafrechtliche Konsequenzen.

Abbildung 117: Die laufende Gewichtskontrolle gewährleistet bei künftigen Ausstellungstieren die Einhaltung der Standardgewichte und beugt bei Zuchttieren der Verfettung vor.

Abbildung 118: Der Weidegang ermöglicht, besser als bei der Vorlage des von der gleichen Fläche geschnittenen Futters, dem Kaninchen die Auswahl der am besten verdaulichen Pflanzen und Pflanzenteile und damit eher eine dem Bedarf entsprechende Nährstoffversorgung. Der Einsatz von Elektro-Knotengeflecht (im Bild »Europ-Netz«) ermöglicht auch bei häufigem Wechsel der Weideflächen eine sichere Einzäunung bei gleichzeitigem Schutz vor Hunden und Katzen. Voraussetzung für den Einsatz beim Kaninchen ist eine Maschenweite von weniger als 6 cm bis zu einer Höhe von 40–50 cm. Elektroknotengeflecht sollte dort nicht eingesetzt werden, wo Igel vorkommen. Diese reagieren bei Stromkontakt durch »Einigeln« und nicht durch Flüchten, so daß sie durch die wiederholten Stromstöße getötet werden.

Zweck des Futtermittelgesetzes ist es, gemäß § 1 u. a.

1. die tierische Erzeugung so zu fördern, daß

a) die Leistungsfähigkeit der Nutztiere erhalten und verbessert wird;

b) die von den Nutztieren gewonnenen Erzeugnisse den an sie gestellten qualitativen Anforderungen, insbesondere im Hinblick auf ihre Unbedenklichkeit für die menschliche Gesundheit, entsprechen;

2. sicherzustellen, daß durch Futtermittel die Gesundheit von Tieren nicht beeinträchtigt wird;

3. vor Täuschung im Verkehr mit Futtermitteln, Zusatzstoffen und Vormischungen zu schützen.

Das Gesetz verbietet aber auch dem Tierhalter, Futtermittel zu verfüttern, die geeignet sind, a). die Qualität der von Nutztieren gewonnenen Erzeugnisse, insbesondere im Hinblick auf ihre Unbedenklichkeit für die menschliche Gesundheit zu beeinträchtigen, oder

b) die Gesundheit der Tiere zu schädigen.

Gesetzlich vorgeschriebene Normfuttertypen, wie sie für andere Nutztiere existieren, gibt es für das Kaninchen nicht. Seitens der Deutschen Landwirtschaftsgesellschaft (DLG) wurden »Bestimmungen für DLG-Standardmischfutter für Kaninchen« herausgegeben.

Nach diesen wird zwischen folgenden Mischfuttertypen unterschieden:

- Alleinfutter für Zucht- und Angorakaninchen
- Absetzfutter für Kaninchen (Alleinfutter)
- Alleinfutter für Mastkaninchen
- Universalfutter für Kaninchen

Die hier angegebenen Futtertypen sind jedoch nur für diejenigen Hersteller verbindlich, welche sich der Kontrolle durch die DLG freiwillig unterwerfen. Grundsätzlich besteht jedoch für Handelsmischfutter aller Art die Kennzeichnungspflicht (Deklarationspflicht). Diese schreibt Angaben über den Gehalt an Rohnährstoffen sowie an Calcium, Phosphor und Natrium vor. Ferner müssen etwaige Futterzusatzstoffe (z. B. Vitamine) sowie die in dem Mischfutter enthaltenen Einzelfuttermittel in der Reihenfolge ihres abnehmenden Anteils in der Mischung angegeben werden. In der offenen Kennzeichnung sind auch die prozentualen Mischungsanteile der verwendeten Einzelfuttermittel (z. B. Weizen oder Luzernegrünmehl) enthalten. Die Kennzeichnung hat bei verschlossenen Packungen (Säcken) mittels eines mit der Packung fest verbundenen Aufklebers oder eines Sackanhängers zu erfolgen. Bei loser Anlieferung des Mischfutters sind die betreffenden Angaben auf den Warenbegleitpapieren zu machen.

Allerdings sagen diese Angaben weder etwas über die Verdaulichkeit der Nährstoffe noch über die Qualität der für das Mischfutter verwendeten Einzelfuttermittel aus: Auskunft über das Preis-Nutzen-Verhältnis gibt allein der Versuch am Tier selbst. Das heißt im Falle des Kaninchenmischfutters, die Leistung des eigenen Bestandes oder die Ergebnisse von Futterwertleistungsprüfungen.

Was ist bei der **Verwendung von Mischfutter** zu beachten?

Ein Alleinfutter ist für den Bedarf der betreffenden Leistungsgruppe (z. B. Zuchtkaninchen) optimal zusammengesetzt. Jede Beifütterung zusätzlicher Einzelfuttermittel macht das Futter für den vorgesehenen Zweck weniger geeignet. Ausnahmen sind lediglich vertretbar, wenn durch eine rationierte Verabreichung des Mischfutters nur der Erhaltungsbedarf gedeckt werden soll oder die Zunahmen gesenkt werden müssen, damit das im Rassenstandard festgelegte Höchstgewicht nicht überschritten wird. Die zusätzliche Verabreichung von Futtermitteln mit geringer Nährstoffkonzentration (Heu, Stroh, Grünfutter) sorgt dann für Sättigung und die Vermeidung von durch Langeweile verursachtem Fehlverhalten (Haarfressen, Kannibalismus). Die häufig von Rassekaninchenzüchtern und Heimtierhaltern praktizierte Beigabe von Haferflocken, Nüssen oder anderem Kraftfutter ist dagegen sinnlos. Sie fördert nur die Verfettung.

Die Lagerung des Mischfutters soll trocken und möglichst kühl erfolgen. Die auf dem Sackanhänger angegebenen Fristen für die Haltbarkeit der beigefügten Vitamine dürfen nicht überschritten werden.

Wenn das Futter zur beliebigen Aufnahme verabreicht wird, muß der im Futtertrog verbliebene mehlige Abrieb der Pellets entfernt werden. Er bildet sonst mit dem Speichel oder den bei der Wasseraufnahme aus Napftränken am Mund hängengebliebenen Wassertropfen eine Paste, die schnell schimmelt und Giftstoffe (Toxine) bildet.

Bei Verdacht auf durch das Mischfutter verursachte Leistungseinbußen oder sonstige Schädigungen der Gesundheit empfiehlt es sich, sofort den Hersteller des Mischfutters zu informieren und in Gegenwart eines Firmenvertreters eine Mischfutterprobe zu entnehmen. Diese ist einem landwirtschaftlichen Untersuchungsamt zwecks Untersuchung auf Keimgehalt und Toxine zuzuleiten. Hierbei sollte zuvor geklärt werden, wer die Kosten für die Untersuchung trägt. Regreßansprüche sind ausgeschlossen, wenn ein nicht für Kaninchen bestimmtes Futter verfüttert wurde.

Das den DLG-Mischfutterstandards entsprechende Futter bietet die sicherste Gewähr für eine den Bedürfnissen des Kaninchens entsprechende Qualität des Futters, zumal das Futter der sich dieser freiwilligen Kontrolle unterwerfenden Hersteller laufend hinsichtlich der Einhaltung dieser Bestimmungen untersucht wird.

Der Mischfutterpreis wird in wesentlichem Umfang auch von der Bezugsmenge bestimmt. Je geringer diese ist, desto höher der Preis. Bei kleineren Beständen sind deshalb Sammelbestellungen empfehlenswert.

Der vom Futterhersteller angebotene Beratungsservice ergänzt die Qualität des verkauften Mischfutters und ist, zumindest für den Branchenneuling, ein wichtiger Bestandteil der Preiskalkulation.

Die Pelletierung von Kaninchenmischfutter gewährleistet eine hohe Futteraufnahme und verhindert die Entmischung bzw. die selektive Aufnahme einzelner Mischfutterkomponenten. Wenn das Futter beliebig aufgenommen werden soll, ist sie unverzichtbar. Die mit der Pelletierung des Futters verbundene Verdichtung erhöht bei energiearmen Rationen außerdem die Futteraufnahme. Bei rationierter Fütterung kann eine Entmischung nicht pelletierten, selbstgemischten Kraftfutters auch durch die feuchtkrümlige Beschaffenheit verhindert werden. Hinsichtlich des Einflusses von pelletiertem Mischfutter auf die Anbnutzung der Schneidezähne wird auf Kap. 9.1 verwiesen.

Der optimale Pelletdurchmesser liegt im Bereich 2,5 - 5 mm. Ein im unteren Bereich der Variationsbreite liegender Durchmesser hat bei Jungtieren geringere Abriebverluste und höhere Futteraufnahme zur Folge. Die Futterverwertung ist besser. Die Länge der Pellets sollte etwa das Doppelte des Durchmessers betragen und der Abriebanteil unter 2 % liegen. Er wird durch zu lange Pellets und geringe Festigkeit derselben erhöht. Für den Nährstoffgehalt gelten die Empfehlungen in der Tab. 36. Die unter Ignorierung dessen gelegentlich geforderte zusätzliche Verabreichung von Grobfutter, insbesondere von Heu, ist daher, hinsichtlich der Deckung des Nährstoffbedarfs, unbegründet.

9.7 Futteraufnahme und Rationsgestaltung

Abgesehen von dem Nährstoffbedarf in den verschiedenen Lebensabschnitten (Tab. 37) ist die Futteraufnahme in erster Linie abhängig von der Nährstoffkonzentration im Futter. Hierunter ist die Menge an verdaulichen Nährstoffen je Kilogramm Futter zu verstehen. Eine geringe Nährstoffkonzentration weisen beispielsweise Grünfutter und Wurzelfrüchte wegen ihres hohen Wassergehaltes auf, sowie Stroh wegen seiner geringen Verdaulichkeit aufgrund des hohen Rohfasergehaltes. Von einer hohen Nährstoffkonzentration ist bei Handelsmischfutter und Körnerfrüchten auszugehen. Man, spricht hier auch von Kraft- oder Konzentratfutter.

Das Kaninchen verteilt die Aufnahme der täglichen Futtermenge auf eine Vielzahl von Mahlzeiten (30 bis 40), die überwiegend (60 bis 70 %) vor Tages- bzw. nach Nachteinbruch aufgenommen werden (46).

Der durchschnittliche Zeitaufwand für die Futteraufnahme ist von der Art des Futters, d.h. insbesondere dem Gehalt an verdaulichen Nährstoffen, seinem Volumen (lose oder gepresst) und seiner Schmackhaftigkeit abhängig. Um ein Gramm Trockensubstanz aufzunehmen benötigen Zwergkaninchen folgende Zeiten (228):

Heu (später Schnitt)	12,2 min
Heu (früher Schnitt)	4,72 min
Heubriketts	2,30 min
Gras	6,84 min
Mischfutter, pelletiert	1,40 min

Die Dauer der Futteraufnahme einschließlich der Futtersuche ist genetisch programmiert. Ihre Unterschreitung bei ständiger Verfügbarkeit des Futters hoher Nährstoffkonzentration und fehlender Möglichkeit von Ersatzaktivitäten (Heu, Zweige) kann bei hoher Besatzdichte und monotoner Umgebung zu Fehlverhalten führen, wie Kannibalismus und Fressen von Haaren. Letzteres wiederum fördert insbesondere beim Angorakaninchen die Bildung von Haarballen im Magen. Dabei ist das Vorkommen dieses Fehlverhaltens auch vom Temperament der Tiere abhängig: Die ruhigen Angorakaninchen neigen hierzu weniger als Angehörige der Normalhaarrassen. Das pelletierte Mischfutter sollte bei derartigen Problemen durch Heu bzw. Stroh oder besser noch Grünfutter ergänzt werden. Auf diese Weise wird die Dauer der Futteraufnahme der veranlagten Zeit hierfür, trotz Rationierung des Kraftfutters, angepaßt und außerdem die Gefahr eines starken Fettansatzes und Fehlverhaltens reduziert. Die ergänzende Verabreichung von Grobfutter zwecks Beschäftigung ist besonders bei Tieren angebracht, welche lediglich ihren Erhaltungsbedarf zu decken haben (Zuchttiere während der Zuchtruhe, ausgewachsene Jungtiere, Heimtiere), um sie zu beschäftigen und Fehlverhalten vorzubeugen.

Die Reduzierung der Nährstoff- und insbesondere der Energieaufnahme senkt bei wachsenden Tieren die Tageszunahme prozentual etwa in dem gleichen Umfang, wie die Nährstoffaufnahme verringert wird. In Abhängigkeit von dem durch Rassenzugehörigkeit und Alter (nach dem Beginn der Geschlechtsreife) bedingten Fettansatz kann die Rationierung der Futteraufnahme mit einer Verbesserung der Futterverwertung verbunden sein (191).

Wenn als Vorbeugung gegenüber dem Auftreten von Darmerkrankungen die Alleinfutteraufnahme nach frühzeitigem Absetzen reduziert wird, werden die Wachstumsrückstände bis zu einem Alter von 12 Wochen bei anschließend beliebiger Alleinfutteraufnahme weitgehend kompensiert, bei gleichzeitiger Verbesserung der Futterverwertung (191).

Die Aufnahme von Muttermilch begrenzt die Trockensubstanzaufnahme, wenn die Jungtiere am Ende der 3. Lebenswoche zu fressen beginnen. Dabei wird von den Jungtieren um so mehr festes Futter gefressen, je weniger Milch pro Jungtier zur Verfügung steht. Die frühzeitige Futteraufnahme senkt gleichzeitig auch das Risiko von

Tabelle 38: Einfluß einer zeitlich begrenzten Alleinfutteraufnahme auf die Mastleistung von Weißen Neuseeländer-Kaninchen (4. – 10. Lebenswoche)

		Dauer der Futteraufnahme (Stunden)		
		24	12	6
Futterverzehr/Tag	g	147	132	117
relativ	%	100	90	80
Gewicht 10. Lebenswoche	g	2785	2632	2543
relativ	%	100	94	91
Futter pro kg Zuwachs	kg	3,99	3,78	3,40
realtiv	%	100	95	85

Anders als die bloße Rationierung der Futtermenge verringert der zeitlich begrenzte Zugang zum Futter, die Futteraufnahme stärker als die Zunahme während der Mastdauer. DIes ist wahrscheinlich dadurch bedingt, daß sich im Verlauf der Mastdauer die tägliche Futteraufnahme trotz zeitlicher Begrenzung erhöht und dadurch ein kompensatorisches Wachstum ermöglicht.

Darmerkrankungen. Abgesetzte Jungtiere nehmen von pelletiertem Mischfutter mehr an Futtertrockensubstanz auf als noch gesäugte, welche zusätzlich Zugang zu Mischfutter haben. Die abgesetzten Jungtiere sind daher in der Lage, die unter dem Streß eines frühzeitigen (3 bis 4 Wochen alt) Absetzens erfolgten Wachstumseinbußen wieder aufzuholen (kompensatorisches Wachstum). Bei beliebiger Aufnahme eines pelletierten Alleinfutters bestehen im Alter von 12 Wochen keine Gewichtsunterschiede mehr zwischen den Jungtieren, welche im Alter von 3 oder 6 Wochen abgesetzt werden (191). Nur bei ausschließlicher Verabreichung von Grobfutter nach dem Absetzen kann eine Ausdehnung der Säugezeit bis zu einem Alter von 5 bis maximal 6 Wochen sinnvoll sein.

Unter dem Einfluß des zunehmenden Alters und eines steigenden Gewichtes sinkt die tägliche Trockensubstanzaufnahme je kg Lebendgewicht. Sie beträgt bei mittelschweren Rassen und ausschließlicher Milchnahrung in der 1. Lebenswoche über 40 g/kg Lebendgewicht, um bis zur 3. Lebenswoche auf 30 g abzusinken. Bei ausschließlicher Pelletfütterung nach dem Absetzen folgt dann ein nochmaliger Anstieg der täglichen Trockensubstanzaufnahme/kg Lebendgewicht auf bis zu 90 g in der 6. Lebenswoche. Futterumstellungen sind bei Alleinfuttermischungen problemlos möglich. Bei kombinierter Fütterung sollte die Umstellung von Trockenfutter mit Heuergänzung auf Grünfutter unter Beibehaltung der freien Aufnahme von Heu allmählich, innerhalb von 2–3 Wochen erfolgen.

Der Begriff der Futterverwertung bezieht sich als Aussage über den Nährwert des Futters auf die Futtermenge, die je Kilogramm Gewichtszuwachs benötigt wurde. Die während der Feststellung eingegangenen Tiere werden hierbei nicht mitberücksichtigt, sofern die Versuchstiere einzeln gehalten wurden. Berücksichtigt man nicht den Futterverzehr der eingegangenen Tiere, hat das Fehleinschätzung hinsichtlich der Wirtschaftlichkeit zur Folge. Angesichts der Häufigkeit von durch die Futterqualität (Futterkomponenten) ausgelösten Erkrankungen der Verdauungsorgane ist deshalb der Futterwert nur im Zusammenhang mit der durch derartige Erkrankungen verursachten Verlustquote zu beurteilen.

Für die Bewertung der ökonomischen Effizienz des geprüften Futters bezieht sich daher die Futterverwertung auf den Futterverbrauch der verkauften Tiere unter Einbeziehung der eingegangenen sowie der Häsinnen und Rammler. Hierbei sind 3,8 - 3,9 kg Alleinfutter je Kilogramm verkauftes Lebendgewicht anzustreben (120).

Die **Futterverwertung** ist von folgenden Einflüssen abhängig:

Alter - bis zum Beginn der Geschlechtsreife (ca. 10 Wochen alt) überwiegt der Ansatz von Eiweiß und später in zunehmendem Maße von Fett. Da Fett einen höheren Energiegehalt hat, verschlechtert sich die Futterverwertung (Tab. 39).

Verhältnis von Jungtiergewicht zum Gewicht der ausgewachsenen Eltern - Die Futterverwertung verschlechtert sich, je mehr sich das Gewicht der Jungtiere dem Gewicht ihrer Eltern annähert, da der Fettansatz zunimmt. Bei gleichem Mastendgewicht ist somit der Futteraufwand je Kilogramm Lebendgewicht um so größer, je kleiner die Elterntiere sind. Um den Futteraufwand für die Häsin niedrig

Tabelle 39: Gewichtsentwicklung, Alleinfutteraufnahme* und Futterverwertung nach dem Absetzen (91)

Lebens-alter	Neuseeländer, weiß				Zika-Hybriden			
	Gewicht	durchschn. Futter-aufnahme	Futterverbrauch je kg Zuwachs		Gewicht	durchschn. Futter-aufnahme	Futterverbrauch je kg Zuwachs	
		pro Tag	n. d. Absetz.	in der Leb.wo.		pro Tag	n. d. Absetz.	in der Leb.wo.
Tage	g	g	kg	kg	g	g	kg	kg
28 (abgesetzt)	549	–	–	–	605	–	–	–
35	800	59	1.59	1.59	884	74	1.86	1.86
42	1066	72	1.98	2.29	1206	90	2.10	2.32
49	1430	93	2.25	2.62	1576	103	2.26	2.43
56	1739	109	2.59	3.52	1918	119	2.54	3.40
63	2035	119	2.81	3.71	2245	129	2.76	3.63
70	2338	126	2.96	3.71	2542	139	3.01	4.43
77	2594	132	3.17	4.66	2846	147	3.21	4.47
84	2810	138	3.39	5.25	3147	152	3.32	4.59
91	2941	138	3.63	5.69	3338	154	3.55	4.78

* Gehalt an verdaulicher Energie = 10,5 MJ. Die Futteraufnahme und der Futteraufwand je kg Zuwachs steigen mit abnehmendem Energiegehalt des Futters.

Der Futteraufwand je kg Zuwachs steigt mit zunehmendem Alter. Bezogen auf die gesamte Mastperiode nach dem Absetzen ist allerdings die Verschlechterung der Futterverwertung weniger gravierend, sodaß die Erhöhung des Mastendgewichtes durchaus lohnend sein kann, zumal sich die Schlachtausbeute erhöht und die Kosten für Schlachten, Fleischbeschau usw. reduzieren.

zu halten und Nachkommen mit hohem Mastendgewicht und niedrigem Futteraufwand zu erzeugen, werden deshalb an kleinrahmige Häsinnen großrahmige Rammler angepaart (Tab. 23). Bei der Erzeugung eines bestimmten Mastendgewichtes haben daher die Nachkommen großer Eltern einen geringeren Futteraufwand, da sie das Mastendgewicht erreichen, wenn sie jünger sind und weniger Fett ansetzen bei höherem Wassergehalt des Schlachtkörpers.

Energiegehalt des Futters - der Futteraufwand je Kilogramm Zuwachs ist um so geringer, je höher der Gehalt des Futters an umsetzbarer Energie ist. Allerdings steigt, insbesondere nach dem Einsetzen der Geschlechtsreife, der Fettansatz stark an.

Erbliche Veranlagung - abgesehen von dem Einfluss des Gewichts bestehen auch erblich bedingte Unterschiede im Ansatz von Eiweiß und Fett welche sich trotz gleichen Größenwuchses auf die Futterverwertung auswirken (s. Helle Großsilber und Großchinchilla in Tab. 26) oder gar eine bessere Futterverwertung trotz geringerem Größenwuchs ausweisen (s. Neuseeländer, weiß und Blaue Wiener in Tab. 26).

Aufgenommene Futter- (Nährstoff) Menge - je mehr von einem Futter mit gleichem Nährstoffgehalt bis zum Beginn der Geschlechtsreife gefressen wird, desto höher sind die Tageszunahmen und um so niedriger der Futteraufwand je Kilogramm Gewichtszuwachs. Desto höher ist aber auch der Fettansatz. Durch eine Rationierung des Futters in der 2. Hälfte der Mastperiode kann die Futterverwertung verbessert werden, bei gleichzeitiger Verringerung des Fettansatzes (191).

9.7.1 Fütterung mit Alleinfutter

Wie der Name besagt, handelt es sich hierbei um ein Mischfutter, welches hinsichtlich seines Nährstoffgehaltes so zusammengesetzt ist, daß seine alleinige Verabreichung den Nährstoffbedarf deckt. Jede zusätzliche Verabreichung anderer Futtermittel beeinträchtigt seine Aufnahme und gefährdet die beabsichtigte vollwertige Ernährung. Erst der Einsatz von pelletiertem Alleinfutter hat es ermöglicht, daß das Hauskaninchen die veranlagten Leistungen realisieren konnte und von den häufig unzureichenden Kenntnissen seiner Betreuer unabhängiger wurde.

Der Einsatz von pelletiertem Alleinfutter ist daher das Verfahren der Wahl in der aus Erwerbsgründen betriebenen Kaninchenhaltung.

Alleinfutter wird an tragende und säugende Häsinnen sowie an Jungtiere bis zur Geschlechtsreife in jeweils unterschiedlicher Zusammensetzung (s. Tab. 34) zur beliebigen Aufnahme verabreicht. Trotzdem ist es der tragenden Häsin in den letzten 10 Tagen der Trächtigkeit, unabhängig von der Nährstoffkonzentration im Futter, nicht möglich, den Nährstoffbedarf zu decken. Sie muß Körpersubstanz, insbesondere Depotfett, dazu verwenden, um das schnelle Wachstum der Feten zu decken (230). Etwa 20 % des Energiebedarfs werden in diesem Zeitabschnitt aus der Körpersubstanz bestritten. Von dieser Beanspruchung sind Junghäsinnen (4–5 Monate alt) stärker betroffen, da deren Futteraufnahme bis zur 3. Laktation noch um etwa 20 % niedriger ist.

Das Nährstoffdefizit wird noch vergrößert, wenn die Häsin, unmittelbar nach dem Werfen, wieder gedeckt wird. Zwar sinkt die Milcherzeugung nach der 3. Woche bereits bei der nichttragenden Häsin deutlich ab (Abb. 109) und versiegt bei gleichzeitiger Trächtigkeit etwa 3 Tage vor der Geburt des nächsten Wurfes. Trotzdem müssen in diesem Fall etwa 30 % des Energie- und 5 % des Mineralstoffbedarfes durch Inanspruchnahme der Körpersubstanz der Häsin gedeckt werden (168). Diese Inanspruchnahme hat sich noch durch die infolge Zuchtfortschritt erhöhte Fruchtbarkeit und die höhere Milchleistung verschärft. Die Erhöhung des Energie- und auch des Eiweißgehaltes im Futter konnte dieses Defizit nur in geringem Maße reduzieren, da die Nährstoffe vor allem für eine weitere Erhöhung der Milchproduktion verwendet werden. Die Häsin gleicht zwar den Verlust an Körpersubstanz zumindest teilweise dadurch aus, daß sie nicht wieder trächtig wird oder die Feten dem embryonalen Fruchttod anheimfallen. Es muß jedoch davon ausgegangen werden, daß das Nährstoffdefizit auch ihre Vitalität (Krankheitsanfälligkeit) beeinträchtigt. Diesen Folgen ist dadurch zu begegnen,

- daß die **Säugezeit** (wie beim Wildkaninchen) auf das unbedingt notwendige Maß begrenzt wird, das heißt, weniger als 28 Tage;
- der Häsin ein **Futter mit hohem Energie-, Eiweiß und Mineralstoffgehalt** (Tab. 36) verabreicht wird;
- **Junghäsinnen** bis zum 2. Wurf erst 11 - 15 Tage nach dem Werfen wieder gedeckt (besamt) werden.

Die Jungtierfütterung steht vor dem Problem, dass die Realisierung des veranlagten Wachwstums durch hochverdauliches festes Futter, im Gegensatz zur Muttermilch, das Auftreten von Darmerkrankungen umso mehr begünstigt, je schneller die Aufnahme festen Futters ansteigt und je früher dies erfolgt. Ursache hierfür ist die erst nach der 6. Lebenswoche in vollem Umfang folgende Bereitstellung von Enzymen mit deren Hilfe die Nährstoffe im Futter für die Passage der Darmwand (Verdauung) aufgeschlossen werden (s. Kapitel 9.2). Übersteigt die Menge der mit dem Futter aufgenommenen hochverdaulichen Nährstoffe, insbesondere der Stärke, die altersabhängige Möglichkeit des enzymatischen Aufschlusses, so dient der unverdaute Rest krankmachenden (pathogenen) Bakterien als Nährboden. Der dadurch bedingte hohe Infektionsdruck begünstigt das Auftreten infektiöser Darmentzündungen (s. Kapitel 15.3). Bis zu 70 % der hierdurch verursachten Jungtierverluste treten bis zur 7. Lebenswoche auf. Aus diesem Grund scheiterten bislang auch Versuche, das Wachstum früh abgesetzter Jungtiere durch ein hochverdauliches Starterfutter mit hohem Trockenmilchanteil zu beschleunigen.

Entscheidend für eine Verringerung des Krankheitsrisikos ist neben einem unter 10 % liegenden Stärkeanteil, ein hoher Anteil des nahezu unverdaulichen Lignins in dem Rohfasergehalt der Ration. Lignin beschleunigt die Passagezeit, was die Entwicklung pathogener Keime beeinträchtigt. Dieser Effekt kann durch eine zu feine Vermahlung (Partikelgröße weniger als 0,3 mm Durchmesser), insbesondere der stärkereichen Futterkomponenten (z.B. Getreide oder Mais) weitgehend verloren gehen. Die oben genannten Maßnahmen gegen das Auftreten von Darmerkrankungen bleiben Stückwert, wenn sie nicht durch strikte Hygiene ergänzt werden. Hierzu gehört die Entfernung der abgesetzten Jungtiere aus dem Häsinnenstall ebenso, wie die geschlossene Räumung und Belegung der Jungtier- und Zuchttierställe.

Die Verabreichung eines Jungtierfutters, welches den besonderen Anforderungen entspricht, stößt während der Säugezeit auf Schwierigkeiten, da die Jungtiere das rohfaserarme und relativ stärkereiche Häsinnenfutter (s. Tabelle 36/3) mitfressen können. Daher müßten die Jungtiere entweder so früh wie möglich abgesetzt wer-

Tabelle 40: Tägliche Aufnahme von Alleinfutter durch Tiere mittelschwerer Rassen

	Futtertyp[1]) und Fütterungsintensität[2])	Menge/Tier g	Bemerkungen[1])
1. Ausgewachsen 4,0 – 5,0 kg	1 80 %	130	Gewichtskontrolle!
2. Häsin ab 14. Tag nach dem Decken und positiver Trächtigkeitskontrolle	3 satt	180 – 200	n. längerer Zuchtpause m. ration. Füttg. 1 Wo. v. d. Decken beliebige Futteraufnahme
säugend		350 – 500	zuzügl. Jungtierfutter
3. Abgesetzte Jungtiere bis 12. Lebenswoche	2 satt	40 – 150	
Masttiere ab 12. Lebenswoche	2 80 %	100 – 120	
Zucht- u. Ausstellungstiere ab 12. Lebenswoche	1 70 – 80 %	100 – 130	zusätzlich Heu Gewichtskontrolle!
4. Angora	Angorafutter 80 % nach der Schur nicht rationieren	130 90 – 180	Durchschnitt vor u. nach der Schur
1) Siehe Tabelle 34 2) In Bezug auf Sattfütterung			

Die Mengenangaben sind Durchschnittswerte. Sie schwanken unter dem Einfluss vom Energiegehalt des Futters, der Temperatur und dem Ernährungszustand. Rammler im Zuchteinsatz (6 – 8 Deckakte/Woche) erhalten 90 % der bei beliebiger Futteraufnahme verzehrten Menge. Bei Zucht- und Ausstellungstieren ist mindestens vierwöchentliche Gewichtskontrolle notwendig. Die Verzehrmengen kleiner Rassen liegen um etwa 20 % unter diesen Werten. Die von großen Rassen um 20 – 30 % darüber.

den oder keinen Zugang mehr zum Häsinnenfutter haben. Angesichts des mit der letzteren Maßnahme verbundenen Aufwandes ist die artgerechte Dauer der Säugezeit (25 Tage) die Methode der Wahl.

Die bei verlängertem Deckintervall (s. Kap. 7.5) häufig praktizierte Verlängerung der Säugezeit kann dem Auftreten von Darmentzündungen dadurch vorbeugen, daß von den Jungtieren weniger Häsinnenfutter (Typ 3) durch die längere Aufnahme von Milch, gefressen wird. Sie ist jedoch mit dem Nachteil verbunden, daß die Vitalität der Häsin durch das höhere Nährstoffdefizit beeinträchtigt wird. Rammler und künftige Zuchttiere sowie Schlachttiere mit höherem Mastendgewicht erhalten das Alleinfutter rationiert.

Bei Verabreichung eines pelletierten Alleinfutters ist das über 8 Wochen alte Kaninchen weitgehend in der Lage, einen niedrigen Gehalt an verdaulicher Energie im Futter durch eine entsprechende Mehraufnahme zu kompensieren. Die Reduzierung der Nährstoffaufnahme zur Verringerung des Fettansatzes bei Rammlern und nicht in der Zucht eingesetzten Häsinnen oder zwecks Verzögerung des Wachstums bei künftigen Zuchttieren ist deshalb nicht durch die Verringerung der Nährstoffkonzentration im Futter möglich. Sie kann nur durch eine Rationierung des Mischfutters erreicht werden. Hierfür eignet sich, außer der relativ arbeitsaufwendigen Zuteilung des Futters nach dem Gewicht, der zeitlich begrenzte Zugang zum Futter (Tab. 38). Letzterer kann erfolgen

durch das Herausnehmen des Freßnapfes;

einen von außen zu bedienenden Absperrschieber des Futterautomaten;

einen zentral gesteuerten Lift, der bei Gruppenfütterung die Rundfutterautomaten um ca. 30 cm über den Käfigboden hebt (Abb. 137).

Bei Verabreichung eines pelletierten Alleinfutters an Jungmastkaninchen (500 g bis 2.700 g Lebendgewicht) werden bei einer Fütterungsdauer von 12 Stunden 90 %, 10 Stunden 85 %, 8 Stunden 83 %, 6 Stunden 76 % und 4 Stunden 62 % der bei 24-stündigem Zugang aufgenommenen Futtermenge gefressen.

Die Futteraufnahme sinkt mit abnehmendem Eiweißgehalt der Ration sowie infolge Einengung der Verdauungsorgane bei starker Verfettung in der zweiten Hälfte der Schurperiode und am Ende der Trächtigkeit.

Einen begrenzenden Einfluß auf die Futteraufnahme hat auch die Umgebungstemperatur. Aufgrund der erschwerten Abgabe der beim Stoffwechsel entstehenden Abfallwärme sinkt die Futteraufnahme bei ansteigender Temperatur. Unter gleichbleibenden Temperaturen werden bei beliebiger Aufnahme eines pelletierten Mischfutters bei 30 °C nur 60 bis 70 % der Futtermenge wie bei 20 °C und bei 5 °C etwa 15 % mehr gefressen (211, 212). Dabei verringert sich (95) bei 30 °C sowohl die Zahl der Mahlzeiten pro Tag (von 37 auf 27) als auch die Menge des pro Mahlzeit gefressenen Futters (von 5,7 g auf 4,4 g).

Während bei 18° C 1,7mal mehr Wasser als Alleinfutter aufgenommen wurde, waren es bei 30 °C mehr als 3mal so viel. Bei einer Temperatur von 20 °C wird so viel Wasser aufgenommen, bis der durchschnittliche Wassergehalt des gefressenen Futters etwa 65 bis 70 % entspricht. Hierbei wird von älteren Tieren im Verhältnis zum Futterverzehr mehr Wasser aufgenommen als von jüngeren (162). Bei Außenstallhaltung ist bei Temperaturen von unter 0 °C das Wasser täglich mehrmals zu verabreichen, damit eine ausreichende Aufnahme von Trockenfutter gewährleistet ist. Im Vergleich zur beliebigen Wasseraufnahme wird bei ausgewachsenen Tieren und Verfütterung eines pelletierten Alleinfutters der Futterverzehr um bis zu 25 % gesenkt, wenn das Wasser täglich nur 10 Minuten zur Verfügung steht.

Die Versorgung mit ausreichend Wasser hat für das Kaninchen eine größere Bedeutung als die Nährstoffversorgung. Es kann 3 bis 4 Wochen ohne Futter überleben, wenn die Möglichkeit besteht, Wasser aufzunehmen. Dagegen überlebt es nur 4 bis 8 Tage (abhängig von der Temperatur) ohne Wasser (95). Bei künftigen Ausstellungstieren reichen die angegebenen Möglichkeiten zur indirekten Begrenzung der Futteraufnahme nicht aus, um einerseits das Optimalgewicht nicht zu unter- und andererseits das Höchstgewicht im Rassenstandard nicht zu überschreiten. Die Futtermenge muß deshalb bei laufender Kontrolle des Tiergewichtes mittels eines Meßbechers zugeteilt werden. Um Sättigung zu erreichen, ist in gleichfalls begrenztem Umfang Grobfutter anzubieten.

Die Futteraufnahme kann erhöht werden, wenn bei hohen Außentemperaturen abends gefüttert wird. Ferner wird die Regulierung der Körpertemperatur durch Luftbewegung und bei Auslaufhaltung durch den Aufenthalt in der Höhle erleichtert. Letzteres ermöglicht dem Wildkaninchen das Überleben sowohl unter hohen (z. B. Australien) als auch niedrigen Temperaturen.

Die mit der Schur von Angorakaninchen verbundene Erleichterung der Regulation der Körpertemperatur führt zu einem Anstieg der Futteraufnahme um 40 % und mehr im 1. Drittel des Schurintervalls im Vergleich zum letzten Drittel (Abb. 111). Die hiermit verbundene Erhöhung des Wollertrages durch einen größeren Haardurchmesser und durch ein beschleunigtes Längenwachstum der Haare reicht jedoch nicht aus, um den Futteraufwand je kg Wolle auf gleicher Höhe zu halten, d. h. er steigt, wenn nicht der Futterverzehr in dieser Phase auf etwa 60 % der bei beliebiger Aufnahme gefressenen Futtermenge begrenzt wird. Das Kaninchen muß dann sein Depotfett für die Wärmeerzeugung verwenden. Mit einer Rationierung des Futters sollte allerdings erst eine Woche (Sommer) bzw. drei Wochen (Winter) nach der Schur begonnen werden, wenn der Schurstreß überwunden wurde.

Die bei einer Rationierung zuzuteilende Futtermenge ist einmal abhängig von dem Gewicht der Tiere und zum anderen von dem Energiegehalt des Futters. Deshalb muß jede Rationierung des Futters mit der laufenden Gewichtskontrolle verbunden sein.

9.7.2 Fütterung mit Grobfutter und Kraftfutter-ergänzung (Kombinierte Fütterung)

Bei ausschließlicher Fütterung mit Grobfutter ist davon auszugehen, daß selbst mit dem schmackhaftesten und nährstoffreichsten Grünfutter (z. B. junger Klee oder Luzerne) von mittelschweren und großen Rassen nur wesentlich geringere Zuwachs- oder Fortpflanzungsleistungen erreicht werden können, wie mit einem pelletierten Alleinfutter (Tab. 6).

Problemlos ist mit Grobfutter bei mittelschweren und großen Rassen lediglich die Deckung des Erhaltungsbedarfes möglich. Im übrigen entsprechen die Tageszunahmen auf Grünfutterbasis (z. B. Klee) etwa denjenigen, welche bei einer um 40 bis 50 % reduzierten Alleinfutteraufnahme erzielt werden (20 g/Tag gegenüber 40 g). Der Eiweiß- und Fettgehalt des Schlachtkörpers ist dabei bei beiden Fütterungsmethoden nahezu identisch (Tab. 6 und 10). Die Schlachtausbeute ist um nahezu 10 % schlechter (Tab. 53). Die Wolleistung beträgt bei der ausschließlichen Verabreichung von Grünfutter etwa 60 % im Vergleich zu pelletiertem Alleinfutter (700 bis 800 g gegenüber 1200 bis 1400 g bei weiblichen Tieren).

Bei Einsatz der im Winter verfügbaren Grobfuttermittel (Heu, Wurzelfrüchte) sind die Leistungsunterschiede noch größer, da die Trockensubstanzaufnahme geringer ist und bei Heu auch die Verdaulichkeit (Tab. 33, 34). Dementsprechend ist hier die Ergänzung mit Kraftfutter noch wichtiger. Der Einsatz von Handelsmischfutter verdient den Vorzug vor Eigenmischungen, da Erstgenanntes in der Regel auch das Defizit an Vitaminen und Eiweiß besser ausgleichen kann.

Das größte Defizit in der Deckung des Nährstoffbedarfes besteht im Vergleich zur Nährstoffaufnahme mit pelletiertem Alleinfutter bei säugenden Häsinnen. Die Milchleistung in der 3. Woche nach dem Werfen beträgt hier bei überwiegender Verabreichung von Grobfutter weniger als 50 % im Vergleich zur beliebigen Aufnahme von pelletiertem Alleinfutter (s. Abb. 109). Dabei muß die Häsin gleichzeitig noch Körpersubstanz für die Milcherzeugung abbauen. Dies hat zur Folge, daß bei dieser Fütterungsmethode die Befruchtungsquote bei anschließendem Decken und beim folgenden Wurf die Jungtiergewichte niedriger sind. Selbst bei sehr langem Wurfintervall können jährlich nicht mehr als 3 Würfe aufgezogen werden. Die Leistungsunterschiede sind größer bei weniger schmackhaftem und nährstoffarmem Grobfutter (insbesondere im Winter) sowie bei großen Rassen, da das Fassungsvermögen der Verdauungsorgane nicht in gleichem Maße wie das Körpergewicht zunimmt. Bei kleinen Rassen sind daher die Leistungsunterschiede zwischen Grob- und Alleinfutter geringer.

Um die Nährstoffzufuhr den erblich veranlagten Leistungen auch bei der Verfütterung von Grobfutter anzugleichen, muß dieses durch Kraftfutter ergänzt werden. Man spricht hier von kombinierter Fütterung. Der Umfang der Kraftfutterergänzung (s. Tab. 41) ist einmal davon abhängig, inwieweit Leistungen erzielt werden sollen, die denen bei Verfütterung eines Alleinfutters entsprechen; zum anderen auch vom Gewicht der Tiere. Mittelschwere und große Rassen benötigen eher eine

Tabelle 41: Tägliche Kraftfuttergaben bei kombinierter Fütterung (Grobfutter satt) von Kaninchen mittelschwerer Rassen[1])

	Futtertyp[2])	Menge/Tier	Bemerkungen
1. Ausgewachsen[3]) 4,0 – 5,0 kg	1	30 – 40	Gewichtskontrolle!
2. Häsin ab 2 Wo. vor bis 2 Wo. n. d. Decken	3	60 – 80	50 % mehr, wenn zuvor gesäugt, Vitaminstoß
ab 3. Wo. n. d. Decken bis Geburt	3	150	bei festgestellter Trächtigkeit
Säugend bis 4 Wo. n. d. Werfen	3	200 bis satt falls nach dem Absetzen wieder gedeckt werden soll	Jungtiere erhalten separat Mischfutter z. belieb. Aufnahme
5. + 6. Woche n. d. Werfen	3	100	w. o.
3. Jungtiere			
bis 10 Wo. alt	2	80 – 100	
ab. 11. Woche bis 25. Woche	2	60 – 80	Mischfutter nur im Winter, sonst Grünfutter satt
4. Angora	1	60	In den ersten 4 Wochen n. d. Schur; im Winter Mischfutter satt

[1]) Rassekaninchen bzw. Ausstellungstiere
[2]) Siehe Tabelle 34
[3]) einschl. Rammler bei nur gelegentlichem Zuchteinsatz

Getreide oder Eigenmischungen ohne Vitamin- und Mineralfutterzusatz sollten nur verfüttert werden, wenn bei Grünfütterung die Versorgung mit Vitaminen und Mineralstoffen weitgehend gesichert ist. Alleinfutter für Zuchttiere ist als Ergänzungsfutter vorzuziehen, da es einen höheren Energiegehalt hat. Zum Teil wird allerdings ein spezielles Ergänzungsfutter angeboten. Bei kleinen Rassen sind die Kraftfuttergaben um etwa 20 % zu reduzieren und bei großen um 20 – 30 % zu erhöhen. Mindestens in vierwöchigem Abstand ist Gewichtskontrolle anzuraten.

Tabelle 42: Einfluß der separaten Kraftfuttergabe auf die Gewichtsentwicklung von gesäugten Jungtieren bei kombinierter Fütterung*

	Häsin und Jungtiere erhalten Kraftfutterration gemeinsam	Häsin erhält nur den nicht von den Jungtieren gefressenen Teil der Kraftfutterration**
	Grünfutter ad lib.	Grünfutter ad lib.
	Durchschnittliches Jungtiergewicht (Gramm)	
1. Lebenswoche	108	110
2. Lebenswoche	170	172
3. Lebenswoche	229	226
4. Lebenswoche	321	355
5. Lebenswoche	453	510
6. Lebenswoche	507	593

* 150 g Kraftfutter pro Tag, Futterrüben und Heu ad lib.
** Täglich einmaliges Zusetzen der Häsin zum Säugen

Wenn das Kraftfutter während der Säugeperiode rationiert wird, konkurrieren Häsinnen und Jungtiere darum. Letztere nehmen dann zuwenig Nährstoffe auf. Daher ist es sinnvoll, nach der 3. Woche nach dem Werfen die Jungtiere von der Häsin zu trennen und diese nur einmal täglich zum Säugen zuzusetzen. Das Kraftfutter wird dann zuerst den Jungtieren angeboten. Die Häsin erhält bei ohnehin abnehmender Milchleistung (s. Abb. 109) nur noch das von den Jungtieren nicht gefressene Kraftfutter. Die Gewichtsentwicklung der Jungtiere kann dadurch wesentlich verbessert werden. Nur praktikabel bei 2 – 3 Würfen/Jahr.

ergänzende Verabreichung von Kraftfutter als kleine Rassen. Die Art der zu ergänzenden Nährstoffe und deren Menge ist hierbei abhängig von dem Nährstoffgehalt des zur Verfügung stehenden Grobfutters: bei jungem, eiweißreichem und gern gefressenem Grünfutter besteht in der Regel vor allem ein Energiedefizit. Dies insbesondere bei säugenden Häsinnen, welche eine Milch produzieren, deren Energiegehalt im Vergleich zur Kuhmilch um nahezu das Dreifache höher ist.

Als Ergänzung genügt in diesem Falle die Verabreichung von gequetschtem Getreide mit hohem Energiegehalt (z. B. Weizen, Gerste, Mais) jedoch nicht von Hafer, dessen Energiegehalt am geringsten von allen Getreidearten ist. Bei wachsenden Jungtieren besteht demgegenüber meist ein Eiweiß- und Energiedefizit, wenn im Winter und zeitigen Frühjahr als Grobfutter nur Heu und Wurzelfrüchte (Rüben oder Kartoffeln) bzw. Küchenabfälle zur Verfügung stehen. Um sicherzugehen, empfiehlt es sich, anhand der Gewichtsentwicklung zu überprüfen, ob die Fütterung den Leistungserwartungen entspricht.

Die Fütterungstechnik wird bei kombinierter Fütterung dadurch erleichtert, daß das Kaninchen bei Wahlmöglichkeit das Futter mit dem höchsten Nährstoffgehalt (d. h. das Kraftfutter) entsprechend seinem Bedarf bevorzugt und die Aufnahme von Grobfutter entsprechend seinem Futteraufnahmevermögen einschränkt. Im Extremfall könnte daher pelletiertes Handelsmischfutter in den Phasen mit hohem Nährstoffbedarf zur beliebigen Aufnahme zur Verfügung gestellt und das Grobfutter als diätetische Ergänzung verfüttert werden.

Wenn die Winterfütterung im wesentlichen auf Heu und Wurzelfrüchten basiert, und als Kraftfutter nur Getreide verabreicht wird, kann es infolge von Vitaminmangel zu Fortpflanzungsstörungen kommen. Es empfielt sich unter diesen Voraussetzungen, vorbeugend 3 bis 4 Wochen vor Beginn der Zuchtsaison einen sogenannten Vitaminstoß über das Trinkwasser zu verabreichen. Als Kraftfutter sollte ab diesem Zeitpunkt ein vitaminiertes Handelsmischfutter (z. B. Typ 3 in Tab. 34) auch während der Trächtigkeit und Säugezeit verabreicht werden.

Nachfolgend einige Hinweise für die **Rationsgestaltung** bei kombinierter Fütterung in den wichtigsten Fütterungsabschnitten, als Ergänzung zu den Angaben in Tab. 41:

I. Trächtigkeit

In der 1. und 2. Woche nach dem Decken kann der Nährstoffbedarf mit Grünfutter in guter Qualität gedeckt werden. Es ist allerdings wichtig, daß hiermit kein Defizit in der Nährstoffzufuhr entsteht. Sonst wird in der 2. Trächtigkeitswoche ein mehr oder weniger großer Teil der befruchteten Eier nicht in der Gebärmutter eingelagert, sondern wieder resorbiert. Um sicherzugehen, empfiehlt es sich daher zum Grobfutter 50 bis 100 g Kraft- oder Mischfutter als Sicherungszusatz zu verabreichen. Außerdem sollte, sofern kein Grünfutter gegeben wird, nach dem Decken ein Vitaminstoß (A, E) über das Trinkwasser verabreicht werden. Am Ende der 2. Trächtigkeitswoche ist durch Abtasten des Bauches festzustellen, ob die Häsin tragend ist. Sofern dies nicht der Fall ist, muß die Begrenzung der Nährstoffaufnahme beibehalten werden, damit die Häsin nicht zu fett wird. Das hat sonst bei späterer Trächtigkeit eine höhere embryonale Sterblichkeit zur Folge, da die Futteraufnahme zu fetter Häsinnen infolge Einengung der Verdauungsorgane geringer ist.

In der 3. und 4. Trächtigkeitswoche bis zum Werfen werden 80 bis 90 % des Jungtiergewichtes und der Trächtigkeitsprodukte (Fruchthüllen, Plazenta u. a.) sowie des Gesäuges gebildet (s. Abb. 101); in den letzten Tagen vor dem Werfen auch die Milch für das erste Säugen des Wurfes. Die Deckung des Nährstoff- und Energiebedarfes in diesem Abschnitt ist daher eine wichtige Voraussetzung für ein hohes Geburtsgewicht und die Überlebensfähigkeit der Jungtiere. Hierfür ist die Verabreichung eines Futters mit hoher Nährstoffkonzentration erforderlich, denn nicht nur der Bedarf ist höher, sondern die Einengung des Verdauungsraumes infolge der Trächtigkeit hat auch eine geringere Futteraufnahme zur Folge.

II. Säugeperiode

Für die Milcherzeugung werden mehr Nährstoffe als für die Entwicklung der Feten während der Trächtigkeit benötigt. Allerdings haben in der letzten Trächtigkeitswoche bei Nährstoffmangel die Feten Vorrang vor der Milchbildung. Die Häsin braucht daher in diesem Abschnitt ein energie- und eiweißreiches Futter. Bei mittelschweren und großen Rassen kann der Nährstoffbedarf in diesem Fütterungsabschnitt selbst bei beliebiger Verabreichung eines pelletierten Alleinfutters nicht in vollem Umfang gedeckt werden (230).

Dies trifft für Junghäsinnen in stärkerem Ausmaß zu, da die Futteraufnahme bei kurzem Wurfintervall bis zum 7. Wurf ansteigt (28). Da auch die Körperfettreserve (Depotfett) für die Milchbildung verwendet werden muß, sind Gewichtsverluste und eine Verringerung des Energiegehaltes im Körper die Folge. Letzterer kann bei Erstlingshäsinnen auch bei beliebiger Aufnahme eines Alleinfutters bis zu 30 % betragen. Die Beschränkung der Säugeperiode auf das für die Entwicklung der Jungtiere unbedingt erforderliche Maß ist daher um so wichtiger, je früher die Häsin nach dem Werfen wieder gedeckt wird und je weniger Kraftfutter zur Verfügung steht. Die Jungtiere können sich bereits ab der 4. Lebenswoche, d. h. ab 21. Lebenstag ohne spätere Beeinträchtigung ihrer Entwicklung, von festem Futter mit hoher Nährstoffkonzentration (Typ 2) ernähren (190).

Bei hoher Fortpflanzungsrate und kurzem Wurfintervall ergibt sich daraus die Notwendigkeit, ein Alleinfutter mit hohem Gehalt an Energie, Nähr- und Wirkstoffen zur beliebigen Aufnahme zu verabreichen und die Säugezeit auf weniger als 4 Wochen zu beschränken.

Bei begrenzter Verfügbarkeit von Kraftfutter und der Beschränkung der Fortpflanzung auf nur 1–2 Würfe pro Jahr in der Rassekaninchenzucht sollte das Kraftfutter spätestens ab der 4. Woche nach dem Werfen nur noch an die Jungtiere zur beliebigen Aufnahme gegeben werden. Dies ist auch dadurch gerechtfertigt, daß die Säugeleistung ab diesem Zeitpunkt ohnehin abnimmt (s. Abb. 111) und die Häsin dann das Futter als Fett ansetzt. Damit die Häsin nicht an das Kraftfutter gelangt, wird dieses in einer danebenliegenden Bucht, welche nur von den Jungtieren über einen Durchschlupf zu erreichen ist, zusammen mit Wasser angeboten. Eine andere Möglichkeit besteht darin, daß die Häsin von den Jungtieren spätestens nach dem 21. Tag nach dem Werfen getrennt und nur noch einmal täglich zum Säugen zugesetzt wird. Die Häsin erhält dann nur noch das Kraftfutter, welches von den Jungtieren nicht gefressen wird. Bei begrenzt verfügbarem Kraftfutter verdienen immer die Jungtiere den Vorzug, da Wachstumseinbußen in diesem Alter später kaum noch wettgemacht werden können. Sofern bei kombinierter Fütterung kein Handelsmischfutter ergänzend zur beliebigen Aufnahme verfüttert wird, sollte die Häsin erst nach dem Absetzen, welches dann erst spätestens 6 Wochen nach dem Werfen erfolgen sollte, wieder gedeckt werden (s. auch Kap. 8).

III. Aufzuchtfütterung von Zucht- und Ausstellungstieren

Die Gemeinsamkeiten in der Aufzuchtfütterung von Zucht- und künftigen Ausstellungstieren basieren darauf, daß die erwünschte Langlebigkeit und Fruchtbarkeit durch eine dem Alter entsprechend angepaßte Nährstoffversorgung gefördert werden, die einen übermäßigen Fettansatz vermeidet. Im einzelnen hat hierbei die Füt-

Tabelle 43: Beispiel für die Berechnung des Nährstoffgehalts einer Tagesfutterration für eine säugende Häsin bei kombinierter Fütterung
(Lebendgewicht 4 – 5 kg, 3. Woche nach dem Werfen)

	Menge	1 kg Futter enthält (s. Kap. 16)		Errechneter Nährst.-geh. d. Ration		Bemerkungen
	g	verd. Energie MJ	Rohprotein g	verd. Energie MJ	Rohprotein g	
Alleinfutter für Häsinnen:	470	10,80	180	5,07	85	Energiebedarf gedeckt. Dsgl. Eiw.-Bedarf b. Verdaul. von 70 %
Kombinierte Fütterung:						
Futterrüben	500	2,38	10	1,2	5	
Wiesenheu	100	6,58	100	0,66	10	
Sojaextr.schrot	50	13,06	455	0,65	23	
Gerste	50	13,56	99	0,68	5	
Alleinfutter f. Häsinnen als Ergänzung (Typ 3, s. Tab. 36)	200	10,88	180	2,16	36	
Tagesration insgesamt				5,35	79	Energiebedarf gedeckt, geringes Eiweißdefizit, da Verdaulichkeit 70 %
Zum Vergleich: Bedarf entsprechend Tabelle 37				5,16	63	
Das Beispiel zeigt die Vereinfachung der Fütterung bei Einsatz eines Alleinfutters, welches in dieser Leistungsgruppe zur beliebigen Aufnahme verabreicht wird. Um im Winter und zeitigen Frühjahr eine bedarfsdeckende Nährstoffversorgung zu gewährleisten, ist bei kombinierter Fütterung eine vielseitig zusammengesetzte Ration erforderlich.						

terung von Ausstellungstieren im Rahmen der Rassekaninchenzucht zu gewährleisten, daß diese Tiere zum Beginn der Ausstellungsperiode das Optimalgewicht (Höchstpunktzahl s. Kap. 17) erreichen. Hinsichtlich des Alters ist zu berücksichtigen, daß die Qualität des Felles als Bewertungskriterium erst im Alter von 6 Monaten ihre Vollendung erreicht (s. Kap. 2.4), d. h. 2 bis 3 Monate nach dem Beginn der Zuchtreife. Das Problem, diesen Vorgaben durch eine entsprechende Fütterung Rechnung zu tragen, wird noch dadurch vergrößert, daß es sich beim Optimal- und dem Höchstgewicht vorwiegend um Erfahrungswerte handelt, die

- nicht aufgrund einer bedarfsgerechten Nährstoffversorgung festgelegt wurden;
- nicht einer zwischenzeitlichen genetischen Erhöhung des Gewichtes Rechnung tragen;
- geschlechtsbedingte Unterschiede im Größenwuchs (höheres Gewicht der Häsinnen) unberücksichtigt lassen.

Die Fütterung kann der obengenannten Zielsetzung in folgender Weise Rechnung tragen:

Bis etwa zur 10. und bei großen Rassen auch der 12. Lebenswoche übertrifft der Eiweißansatz (die Fleischbildung) den Ansatz von Fett (s. Kap. 2.2).

Wachstumseinbußen infolge Mangelernährung können später nicht mehr aufgeholt werden. In diesem Altersabschnitt werden im Verhältnis zum Körpergewicht die höchste Nährstoffmenge aufgenommen und die höchsten Tageszunahmen erzielt (s. Tab. 37). Die Deckung des Nährstoffbedarfs in diesem Fütterungsabschnitt schafft die Voraussetzungen für

- einen **niedrigen Nährstoffaufwand** je kg Zuwachs, d. h. eine gute Futterverwertung;
- die Ausnutzung der erblich veranlagten **Wachstumskapazität** und damit für ein hohes Gewicht der ausgewachsenen Tiere;
- das **Organwachstum** (z. B. Skelett, Muskulatur), dies ist besonders für spätere Zucht- und Ausstellungstiere, in Verbindung mit der Möglichkeit einer ausreichenden Bewegung, wichtig.

Im Alter von 10 Wochen wiegen dann die Tiere kleiner Rassen 1,6 bis 1,8 kg und die der mittelschweren Rassen etwa 2,6 bis 2,8 kg. Angehörige der großen Rassen wiegen im Alter von 12 Wochen 4,0 bis 4,3 kg. In der Fütterung brauchen somit bis zu diesem Zeitpunkt keine Unterschiede zwischen Jungmastkaninchen und späteren Zucht- oder Ausstellungstieren zu bestehen.

Es empfiehlt sich, in den ersten 2 bis 3 Wochen nach dem Absetzen zunächst ein rohfaserreiches Absetzfutter mit geringem Stärkegehalt sowie einem kokzidiosehemmenden Zusatzstoff (Kokzidiostatikum) einzusetzen.

Anschließend, d. h. ab der 11. bzw. 13. Lebenswoche, ist jedoch die Nährstoffversorgung späterer Zucht- oder Ausstellungstiere so weit zu begrenzen, daß die Tageszunahmen bei Tieren kleiner Rassen nicht höher als 10 g, bei mittelschweren Rassen nicht höher als 15 g und die der großen Rassen unter 25 g liegen.

Im Vergleich zur Verfütterung eines Alleinfutters zur beliebigen Aufnahme entspricht dies einer Futterrationierung auf etwa 60 % der vorherigen beliebigen Aufnahme eines Alleinfutters. Von Rindern und Schweinen her ist bekannt, daß eine derartige Begrenzung der Tageszunahmen sowohl die spätere Fruchtbarkeit als auch die Lebenserwartung positiv beeinflußt. Wichtig ist hierbei, daß gleichzeitig auch ausreichende Bewegungsmöglichkeit besteht, um Skelettschäden zu vermeiden und die Muskelentwicklung zu fördern.

Bei **Zuchttieren** die in der erwerbsorientierten Kaninchenfleischerzeung eingesetzt werden sollen, wird die Rationierung des Alleinfutters bis 2 Wochen vor dem Decken beibehalten. Das entspricht bei Hybridhäsinnen einem Alter von etwa 15 Wochen und bei Reinzuchthäsinnen mittelschwerer Rassen 15 bis 18 Wochen. Anschließend wird dann Alleinfutter wieder zur beliebigen Aufnahme verabreicht. Diese plötzliche Erhöhung der Nährstoffversorgung vor dem Decken (Flushing-Effekt) fördert die Deck- und die Konzeptionsbereitschaft. Sie kann durch einen zusätzlichen, über das Trinkwasser zu verabreichenden Vitaminstoß (A, E), unterstützt werden. In gleicher Weise läßt sich auch die Fortpflanzungsfähigkeit bei Häsinnen nach längerer Zuchtruhe, wie sie in der Rassekaninchenzucht dem Normalfall entspricht, fördern.

Bei **Ausstellungstieren** lassen sich hinsichtlich der Dauer und des Umfangs der Einschränkung der Nährstoffaufnahme keine allgemeinverbindlichen Aussagen machen. Hier besteht das Problem, daß die Gewichtsspanne zwischen dem mit der Höchstpunktzahl bewerteten Optimalgewicht der betreffenden Rasse und deren Höchstgewicht eingehalten werden muß, da bei dessen Überschreitung das Tier bei Ausstellungen disqualifiziert wird. Die der Bewertung zugrundeliegenden Idealgewichte für die verschiedenen Rassen wurden in der Regel nicht bei Tieren ermittelt, welche auf Alleinfutterbasis entsprechend den Bedarfsnormen ernährt wurden. Die Gewichte im Rassenstandard liegen daher niedriger als bei Deckung des Nährstoffbedarfes.

Abgesehen davon bestehen innerhalb der Rassen erhebliche Unterschiede in der Wachstumskapazität. Ferner verbleiben den Tieren aus Winter- bzw. Frühjahrswürfen bis zum Beginn der Ausstellungsperiode noch bis zu 8 Monate. Es gilt daher, mit Hilfe von Kontrollwägungen die Fütterung so zu gestalten, daß sich das Gewicht der Ausstellungstiere in dem festgelegten Rahmen bewegt.

9.7.3 Weidefütterung

Wie das Wildkaninchen ist auch das Hauskaninchen in der Lage, den Aufwuchs von Grünland und Feldfutterflächen direkt zu nutzen. Die Fütterung auf der Weide ermöglicht ihm bei geringere Besatzdichte die Selektion von nährstoffreichen Pflanzen und Pflanzenteilen (Triebspitzen und -blätter). Dadurch bedingt, liegen die mit diesem Futter erzielten Zunahmen um bis das Doppelte höher als bei der Verfütterung des von der gleichen Fläche geschnittenen Grünfutters. Die Kaninchenfleischerzeugung je Hektar übertrifft mit dieser Methode die aller anderen Weidetiere. Bei Zugrundelegung einer Schlachtausbeute von 53 % und einem Eiweißgehalt des Schlachtkörpers von 21 % (Tab. 6 u. 7) liegt die Flächenproduktivität des Kaninchens hinsichtlich der Eiweißerzeugung vergleichsweise um das 3-6-fache höher als die von Rind und Schaf (s. Tab. 2). Bereits im Alter von 25 Tagen abgesetzte Jungtiere einer mittelschweren Rasse sind in der Lage, mit täglichen Zunahmen von 15 bis 25 g das Weidefutter zu verwerten.

Nach Angaben über die Gehegehaltung im vorigen Jahrhundert wurden je Hektar über 1.000 Wildkaninchen erzeugt (s. Kap. 1). Das entspricht bei einem Durchschnittsgewicht von ca. 1.300 g einer Produktivität von etwa 1,3 t Lebendgewicht/Hektar, einschließlich des Futters für die Elterntiere. In einem in Neu-Ulrichstein durchgeführten Versuch mit im Alter von 25 Tagen abgesetzten Weißen Neuseeländerkaninchen wurde ein Zuwachs pro Jahr von über 2.000 kg/Hektar errechnet.

Neben den genannten Vorzügen ist jedoch die Weidehaltung mit einer Reihe von Nachteilen verbunden:

- Im gemäßigten Klima reichern sich bei mehrmaliger Beweidung der gleichen Fläche die Erreger der Kokzidiose an. Der zunehmende Infektionsdruck führt dann bei den folgenden Beweidungen zu hohen Verlusten.
- Kaninchen aller Altersklassen sind durch Greifvögel, Marder, Hunde und Katzen gefährdet.
- Bei leichtem Boden versuchen die Kaninchen, Schlupflöcher zu graben.

Das letztgenannte Problem kann durch die Haltung in versetzbaren Gehegen (z. B. mit Elektronetz) oder durch zeitlich begrenzten Weidegang unter Aufsicht gelöst werden. Grundsätzlich eignet sich das Verfahren zumindest unter hiesigen Klimabedingungen (relativ hohe Niederschläge) nicht für eine erwerbsorientierte Kaninchenhaltung.

9.8 Futterbedingte Gesundheitsrisiken

Das Auftreten von Gesundheitsschäden aufgrund von im Futter enthaltenen Giftstoffen ist beim Kaninchen vor allem eine Frage der aufgenommenen Menge derartiger Substanzen. Beispielsweise kann bereits eine zu reichliche Nährstoffzufuhr zu Gesundheitsschäden infolge zu starker Verfettung führen. Desgleichen Mangel oder Überversorgung mit Eiweiß, Vitaminen und Mineralstoffen. Die folgenden Ausführungen beschränken sich auf Giftstoffe im Futter, welche bereits in relativ geringen Mengen krankmachend wirken. Wobei auch hier die längere Aufnahme von Mengen, die unterhalb der krankmachenden Schwelle liegen, unbedenklich ist, bzw. sogar die Verträglichkeitsgrenze erhöhen kann.

Das Wildkaninchen ist derartigen Risiken aufgrund seines Instinktes und der Möglichkeit, auf andere Futterpflanzen auszuweichen bzw. sich eine vielseitige Ration zusammenzustellen, weniger ausgesetzt als das Hauskaninchen. Dieses ist hinsichtlich der Versorgung mit Futter allein vom Wissen des Menschen abhängig. Selbst wenn noch instinktive Hemmschwellen vorhanden sind, werden diese durch den Hunger herabgesetzt. Im Falle des Mischfutters können sonst verschmähte Futtermittel darüber hinaus durch entsprechende Zusammenstellung der Einzelfutterkomponenten oder appetitanregende bzw. geruchsverbessernde Zusätze kaschiert werden. Allerdings sind die negativen Auswirkungen einzelner Mischfutterkomponenten weitgehend erforscht. Sie werden daher üblicherweise zwecks Vermeidung von Reklamationen bereits von den Mischfutterherstellern nicht verwendet (z. B. Baumwollsaat- Extraktionsschrot).

Grundsätzlich kann daher davon ausgegangen werden, daß hier das Risiko relativ gering ist. Der Vollständigkeit halber sei nachstehend auf einige **Mischfutterkomponenten** hingewiesen, deren Verwendung sowohl als Einzelfutter, als auch im Mischfutter Einschränkungen unterliegt:

Baumwollsaat-Extraktionsschrot enthält als giftige Substanz das Gossypol, welches Gewebeschäden und Sterilität verursachen kann. Sein Anteil in der Ration sollte daher auf weniger als 10 % begrenzt werden (31), sofern nicht ganz darauf verzichtet wird (46).

Samen von **Kreuzblütlern** (z. B. Raps, Senf) und deren Extraktionsschrote enthalten einen die Tätigkeit der Schilddrüse hemmenden Stoff, soweit es sich beim Raps nicht um die sogenannten 00-Sorten handelt (s. Kap. 9.6.1).

Die verschiedenen **Bohnen** – Arten enthalten sogenannte Hämagglutinine, welche die Darmwand schädigen können und dadurch den Übergang der Nährstoffe in das Blut behindern. Das hat eine Verschlechterung des Wachstums zur Folge. Die Erhitzung (Toasten) hebt diese Wirkung ebenso auf, wie die Behinderung des eiweißspaltenden Enzyms Trypsin. Das Toasten ist daher bei Sojabohnen-Extraktionsschrot allgemein üblich.

Das zuvor über die Samen von Kreuzblütlern und Bohnen Gesagte gilt auch für die grünen Pflanzen dieser Arten.

Aus **Harnstoff** wird von den Wiederkäuern (Rind, Schaf und Ziege) mittels der Pansenmikroben Eiweiß gebildet. Das Kaninchen ist hierzu nur in beschränktem Maße mit Hilfe der Bakterien im Blindarm in der Lage. Die Freisetzung von Ammonium kann daher Vergiftungserscheinungen hervorrufen. Sofern wegen der geringeren Kosten Mischfutter für Rinder an Kaninchen verfüttert wird, sollte darauf geachtet werden, daß dieses, um Risiken auszuschließen, keinen Harnstoff enthält.

Mykotoxine werden durch Schimmelpilze auf Getreide und Ölsaaten sowie den bei deren Weiterverarbeitung anfallenden Nebenprodukten (z. B. Kleie, Extraktionsschrote) gebildet. Am bekanntesten und wohl auch am giftigsten ist das Aflatoxin. Dieses wirkt bei Geflügel bereits bei einem Gehalt von etwa 18 Mikrogramm (0,000 018 g) je kg Futter tödlich. Beim Kaninchen verursacht Aflatoxin eine zum Tode führende Appetitlosigkeit, Verweigerung der Wasseraufnahme und mit Gelbsucht verbundene Schädigungen der Leber (31). In geringen Dosierungen wirkt es krebserregend, was insofern bemerkenswert ist, als es im Fleisch als Rückstand verbleibt und dadurch auch den Menschen gefährdet. Vergiftungen durch Pflanzenbehandlungsmittel können auftreten, wenn der unter Obstbäumen befindliche Aufwuchs unmittelbar nach deren Behandlung verfüttert wird.

Hinsichtlich des **Keimgehaltes** verdient bei pflanzlichen Futtermitteln vor allem das Vorhandensein von Pilzsporen Beachtung. Sie sind bei höherem Gehalt ein Hinweis darauf, daß das Futtermittel unsachgemäß gelagert wurde (Schimmelbildung) und sich von den Pilzen erzeugte Giftstoffe (Toxine) gebildet haben.

Bei **Grobfutter** sind es vor allem die in den Unkräutern enthaltenen Giftstoffe, welche Beachtung verdienen. Die hierdurch bestehenden Gefahren werden dadurch eingeschränkt, daß diese Pflanzen meist nur in geringem Umfang sowie im Gemisch mit anderen Pflanzen und nicht über längere Zeit verabreicht werden. Sofern Wahlmöglichkeit besteht, ist ihre Schmackhaftigkeit häufig auch weniger ausgeprägt. Die Tab. 44 gibt eine Übersicht über derartige Risikopflanzen.

Darüber hinaus verdienen die nachstehend beschriebenen negativen Auswirkungen einzelner Futterpflanzen besondere Aufmerksamkeit:

Comfrey enthält ebenso wie der **Lein** das Alkaloid Pyridoxin. Das Kaninchen ist zwar weitgehend dagegen resistent. Jedoch wurde durch die Verfütterung von Comfrey bei Ratten Krebs erzeugt (31).

Rübenblatt von Futter- und Zuckerrüben enthält ebenso wie die Blätter von Spinat, Mangold und Rhabarber Oxalsäure. Diese geht mit dem Calcium im Blut eine unlösliche Verbindung ein und ruft, in größeren Mengen verzehrt, Starrkrampf hervor.

Futterwechsel kann insbesondere beim Wechsel von der winterlichen Trockenfütterung zur Grünfütterung im Frühjahr Gesundheitsprobleme bereiten. Die Grünfuttermengen sind daher bei Beibehaltung des Trockenfutters allmählich zu erhöhen. Vorsicht ist insbesondere bei kleeartigen Pflanzen am Platze.

Tabelle 44: Die häufigsten Gifte in von Kaninchen gefressenen Futterpflanzen und Futtermitteln

Name deutsch/lat.	giftige Teile	Vergiftungserscheinungen	Giftstoffe
Roter Fingerhut (Digitalis purpurea)	Blätter	Speichelfluss, Durchfall. Starke Pulsbeschleunigung, Lähmungserscheinungen, Tod durch Herzstillstand	Glykoside; Digitoxin u. a.
Wasserschierling (Cicuta virosa)	Wurzel, Kraut	Speichelfluss, kolikartige Trommelsucht, Taumeln, Tod durch Atemlähmung	Cicutoxin u. a.
Bingelkraut – einjähr. (Mercurialis annua) – mehrj. (Mercurialis perennis)	 Blätter Blätter	 Durchfall, Trommelsucht, rot verfärbter Urin, Schiefhals, Tod Durchfall, Trommelsucht, rot verfärbter Urin, Schiefhals, Tod	 Mercurialin Mercurialin
Gelbe Lupine (Lupinus luteus) sowie (Lupinus perennis)	alle Teile alle Teile	Verdauungsstörungen, Abmagerung, fettige Degeneration der Leber, Krämpfe, Tod dto.	Alkaloide Akaloide
Hundspetersilie (Aethusa cynapium)	Wurzel, Blätter	Magen- und Darm-Funktionsstörungen, nervöse Störungen	Cynapin
Zweihäusige Zaunrübe (Bryonia dioica)	Wurzel	Hautentzündungen, Geschwüre, Kolik, Durchfall	Bryonidin
Weiße Zaunrübe (Bryonia alba)	Wurzel	Hautentzündungen, Geschwüre, Kolik, Durchfall	Bryonidin
Schöllkraut (Chelidonium majus)	Kraut, Blätter	Haut- und Rachenschleimhautentzündung, Durchfall	Chelidonin
Mohnblume (Papaver)	Samen, Saft	Schwindel, Atem-, Puls- und Herzschwäche	Morphin Papaverin u. a.

Tabelle 44: Die häufigsten Gifte in von Kaninchen gefressenen Futterpflanzen und Futtermitteln (Fortsetzung)

Name deutsch/lat.	giftige Teile	Vergiftungserscheinungen	Giftstoffe
Wolfsmilchgewächse (Euphorbia)	alle Teile	Durchfall, Krämpfe	Euphorbinsäure
Nachtschatten (Solanum)	Blätter u. a.	Unruhe, Pupillenstarre, Tod durch Atemlähmung	Atropin u. a., Solanin
Hahnenfuß (Ranunculus)	alle Teile	Kolik, Blutharnen, Tod durch Herz- und Atemnot (getrocknet – nicht giftig)	Anemonol
Schwalbenwurz (Asclepias eriocarpa)	alle Teile	Fortschreitende Lähmung: erst Nackenmuskulatur (Stützstellung des Kopfes auf der Nase), dann Extremitäten (Unterkiefer-Bauch-Lage); Entzündungen des Darms und der Harnwege; Lebervergrößerung	Vinzeroxin, Asklepiadin, Zynanchin
Rhabarber (Rheum)	Blätter	Tetanische Zustände	Oxalate
Fuchsschwanz (Amaranthus) Spinat (Spinacia oleracea) Mangold (Beta vulgaris)	Blätter Blätter Blätter	geringe Gaben unbedenklich; höhere Gaben: Tetanie geringe Gaben unbedenklich; höhere Gaben: Tetanie geringe Gaben unbedenklich; höhere Gaben: Tetanie	Oxalate Oxalate Oxalate
Leucocaena (leucocephala)	Blätter	unbedenklich bei Gaben 10 % der TM, höhere Gaben: Haarausfall	Mimosin
Baumwollsaatmehl Baumwoll-Öl-Kuchen	–	Gewebeschäden, z. T. virile Sterilität bei mehr als 10 % in der Ration	Gossypol
Kohl, Raps, Senf Brassica	alle Teile	in mäßigen Mengen unbedenklich; exzessive und/oder ausschließliche Fütterung: kropfbildend	Goiterogene, Clucosinolate

Tabelle 44: Die häufigsten Gifte in von Kaninchen gefressenen Futterpflanzen und Futtermitteln (Fortsetzung)

Name deutsch/lat.	giftige Teile	Vergiftungserscheinungen	Giftstoffe
Soja-Bohne (Glycine soya) Weiße-, Dicke-, Pinto-Bohnen Pinto-Bohnen etc. (Phaseolus)	Samen, Laub	nur in rohem Zustand schädlich: Darmwandschäden, Wachsstumsstörungen; unschädlich nach Hitzebehandlung (Toasten)	Trypsin-Inhibitoren Hämagglutinine
Mycotoxine: Aspergillus flavus Aspergillus parasiticus	verschimmelte Ölsaat- und Getreideprodukte	Nahrungs- und Wasserverweigerung, Dehydration, Lethargie, Leberschäden mit Gelbsucht	Aflatoxin
Getreidepilze, Schimmel, Rost, Brand	Ähren, Halme, Körner	akute Nieren- und Leberschäden; z. T. Enteritis; Reproduktionsstörungen, Tod	Citrinin, Orchra-toxin T2 – Toxin Zearalenon
Mutterkorn Claviceps pururea	Ähren, Körner	Schäden am Zentralnervensystem und an glatter Muskulatur; Blutgefäßverengungen in den Extremitäten – Durchblutungs-störungen, Nekrosen; beständiges Scharren mit den schmerzenden Extremitäten; Fehlgeburten	Ergotin
Süßklee Hedysarum mit Schimmelpilzbefall	alle Teile	Vitamin-K-Mangel; Blutgerinnungsfähigkeit herabgesetzt, spontane Hämorrhagien; ggfs. Tod durch exzessive Blutungen	Dicumarol aus Cumarin durch Schimmelpilz gebildet

10 Haltung

von K. Lange

10.1 Anforderungen des Kaninchens an die Umwelt

Wenn man die in den Herkunftsgebieten des Wildkaninchens herrschenden klimatischen Bedingungen zugrunde legt, dann sind eine geringe Luftfeuchtigkeit und ein warmer, trockener Boden wesentliche Voraussetzungen für eine hohe Vermehrungsrate und gute Überlebenschancen. Dies gilt im übertragenen Sinne dann auch für eine erfolgreiche Hauskaninchenhaltung.

Hinsichtlich der Anpassungsfähigkeit an die jeweilige Umgebungstemperatur hat sich das Kaninchen als sehr tolerant erwiesen. Das Wildkaninchen hat sich sowohl in der Halbwüste Australiens als auch in den harten Wintern gemäßigter Klimazonen behauptet. Die Anpassungsfähigkeit setzt jedoch die ständige Verfügbarkeit von Futter voraus. Darüber hinaus benötigt es für sich und seine Jungtiere einen vor Nässe und anderen Witterungsunbilden schützenden trockenen Bau, der die Temperaturextreme puffert.

Die jahreszeitlich bedingten Temperaturunterschiede gleicht das Kaninchen durch den Aufenthalt im Bau sowie die Dichte des Felles, die Wärmeabgabe über die Atmung und die Ohren sowie die Sorgfalt des Nestbaues für die Jungtiere aus.

Unter Berücksichtigung der vorgenannten Grundsatzforderungen sind die Umweltanforderungen unserer Hauskaninchen darüber hinaus abhängig von der Rasse sowie von dem Haltungssystem und dem Produktionsverfahren bzw. -intensität.

Ausgehend von dem natürlichen Verbreitungsgebiet, besitzt das Kaninchen hinsichtlich der Temperatur eine relativ große Toleranzbreite. Diese wird beim Wildkaninchen durch die Möglichkeit erweitert, tagsüber die Temperaturextreme durch den Aufenthalt im Erdbau abzupuffern.

Beim Hauskaninchen haben ständig hohe Temperaturen (über 25 °C) einen negativen Einfluß auf die Fruchtbarkeit. Bei männlichen Tieren verschlechtert sich die Spermaqualität, bei tragenden Häsinnen kommt es zur Erhöhung der frühembryonalen Sterblichkeit. Wachsende Jungtiere haben infolge zurückgehender Futteraufnahme geringere Tageszunahmen. Angorakaninchen mit langer Wolle reagieren noch empfindlicher auf anhaltend hohe Temperaturen. Die Fruchtbarkeit ist in noch stärkerem Maße gestört als bei Normalhaarkaninchen. Zur Erzielung befriedigender Wurfleistungen sollten Angorakaninchen – und dies nicht nur bei hohen Temperaturen – zum Zeitpunkt der Verpaarung grundsätzlich frisch geschoren sein.

Darüber hinaus mindern hohe Temperaturen beim Angorakaninchen den Wollertrag und die Wollqualität (siehe Kap. 2.3).

Kurzzeitig hohe Temperaturen (bis 35 °C) mit geringer Luftfeuchtigkeit und entsprechenden nächtlichen Abkühlungen werden von den Kaninchen durchaus ohne gesundheitliche Schäden toleriert. Hingegen können länger anhaltende hohe Temperaturen in Verbindung mit hohen Luftfeuchtigkeitswerten zu einer dramatischen Erhöhung der Körpertemperatur und in deren Folge zum Hitzetod führen. Derartige Klimasituationen treten in unseren Breiten jedoch sehr selten auf. Sollte dies dennoch über einen längeren Zeitraum der Fall sein, so muß über geeignete Maßnahmen (Dachberieselung, Beschattung, Belüftung o.ä.) eine Minderung der Temperatur im Stall oder Transportkäfig versucht werden.

Die Toleranz niedrigerer Temperaturen (10 °C bis unter 0 °C) ist in hohem Maße abhängig von dem Haltungssystem, der Rasse, dem Alter der Tiere und der Fütterungsintensität. Aufgrund größerer Bewegungsfreiheit und besserer Isolationswirkung werden niedrige Temperaturen in Einstreuhaltungen von den Tieren besser vertragen als in Draht- oder Blechkäfigen. Sind Draht- oder Blechkäfige mit Kunststoffrosten ausgestattet, so werden in diesen, infolge geringerer Wärmeleitfähigkeit derartiger Böden, niedrige Temperaturen ebenfalls besser toleriert als auf Drahtböden.

Um während der Säugeperiode die Aufzuchtverluste gering zu halten, müssen bei niedrigen Stalltemperaturen wärmegedämmte Wurfkästen (z. B. geschäumter Kunststoff) eingesetzt werden. Im Alter von 4 Wochen abgesetzte Jungtiere sind unmittelbar nach dem Absetzen ebenfalls gegen niedrige Temperaturen sehr empfindlich. Infolge der geringen Futteraufnahme in den ersten Tagen fällt wenig Abfallwärme an. Im späteren Alter (ab ca. 6. Lebenswoche) werden niedrige Temperaturen durchaus vertragen, erfordern aber einen höheren Futteraufwand für die Zuwachsleistung.

Wie schon vorn (Kap. 2.3) beschrieben, wirken sich niedrige Temperaturen für Angorakaninchen während der Wollwachstumsperiode durchaus positiv aus. Unmittelbar nach der Schur haben Angorakaninchen infolge des fast nackten Zustandes aber einen sehr hohen Temperaturbedarf. Ist dies nicht gewährleistet, so führt der Schurstreß in Verbindung mit dem Temperaturschock durch die wegfallende Isolierwirkung der Wolle – insbesondere bei Hochleistungstieren – nicht selten zum Tode (siehe Kap. 12.2). Die Mindesttemperaturwerte sind in Tab. 45 dargestellt.

Im Gegensatz zur Temperatur ist der Toleranzbereich des Kaninchens gegenüber der **Luftqualität** wesentlich geringer. Es reagiert sehr empfindlich auf zu hohe Werte an Luftfeuchtigkeit, Schadgaskonzentration und Luftgeschwindigkeit.

Hohe relative Luftfeuchtigkeitswerte in Verbindung mit hoher Schadgaskonzentration (vorrangig Ammoniak) und Luftgeschwindigkeit im Tierbereich begünstigen in starkem Maße die Entstehung von Erkrankungen der Atmungsorgane, insbesondere dem ansteckenden Schnupfen (Pasteurellose) des Kaninchens.

Die wichtigsten Maßnahmen zur Erzielung guter Luftqualität mit tolerierbaren Schadgaskonzentrationen in geschlossenen Ställen entsprechend den in Tab. 45 dargestellten Grenzwerten sind folgende:

- Sofortige Trennung von Kot und Urin nach der Ausscheidung. Der Urin sollte möglichst sofort aus dem Stallbereich abgeleitet werden. Urin in Verbindung mit dem Kot ist der Hauptverursacher für die Entstehung des Schadgases Ammoniak (NH_3).

Tabelle 45: Stallklimatische Rahmenbedinungen für die Kaninchenhaltung

1.	Temperatur	
1.1	Zuchttierhaltung	
	Drahtkäfige mit offenen Wurfkästen	> 15 °C
	Drahtkäfige mit geschlossenen Wurfkästen	> 10 °C
	Bodenhaltung mit Einstreu	> 5 °C
	Maximaltemperatur für Normalhaarkaninchen	< 25 °C
	Angorakaninchen allgemein	< 25 °C
	Angorakaninchen nach der Schur	> 18 °C
1.2	Jungtierhaltung	
	Drahtkäfige; Absetzalter 3 – 4 Wochen	
	(erste 2 Wochen nach Absetzen)	> 20 °C
	Drahtkäfige ab 6-Wochen-Alter	> 10 °C
	Bodenhaltung auf Einstreu –	
	jeweils ca. 5 °C unter den Angaben für Käfighaltung	
2.	Luftfeuchtigkeit	
	Für alle Tiergruppen und Haltungssysteme	< 70 %
3.	Schadgaskonzentration	
	Ammoniak (NH_3)	< 10 ppm
	Kohlendioxyd (CO_2)	< 3500 ppm
	Schwefelwasserstoff (H_2O)	< 10 ppm
4.	Lüftung	
4.1	Luftmenge je kg Lebendgewicht und Stunde	2 bis 3 m^3
4.2	Luftgeschwindigkeit im Tierbereich	< 0,2 m/s
5.	Beleuchtung	
5.1	Beleuchtungsdauer	
	Zucht- und Masttiere (ganzjährig gleichbleibend)	14 bis 16 Std.
	Angorakaninchen zur Wollproduktion	
	(abnehmende Lichtdauer während eines Schurintervalls)	16 bis 9 Std.
5.2	Beleuchtungsintensität	
	Zuchttiere	30 bis 40 Lux
	Masttiere	15 bis 20 Lux

– Bei längerem Verbleib des Kotes im Stall kann die Ammoniakbildung durch wiederholtes (wöchentliches) Überstreuen des Kotes mit Superphosphat gemindert werden. Bei einstreuloser Haltung und hoher Besatzdichte im Stall ist jedoch eine kurzfristige (mindestens wöchentlich) Beseitigung des Kotes aus dem Stallbereich im Interesse geringer Schadgaskonzentration ratsam.
– Bei Verwendung von Güllesystemen in größeren Beständen sind Schadgasrückflüsse durch dicht schließende Schieber zur Güllegrube hin zu verhindern.

Die relative Luftfeuchtigkeit sollte längerfristig 70 bis 80 % nicht übersteigen. Die optimale Luftfeuchte für Kaninchen liegt bei ca. 60 %. Zur Reduzierung der Luftfeuchtigkeit sollte in besetzten Ställen sehr sparsam mit Wasser umgegangen werden. Ausspülen des Kotes mit Wasser, tropfende Tränknippel u. ä. erhöhen unnötigerweise die Luftfeuchtigkeit und sollte demzufolge unterlassen bzw. abgestellt werden.

Geschlossene Ställe müssen bei entsprechender Besatzdichte mit einem leistungsfähigen Lüftungssystem mit einer Lüftungsrate von 2 bis 3 m^3 Luft je kg Lebendgewicht und Stunde ausgestattet sein. Optimal ist hierfür die Abluftführung aus dem Kotbereich in Bodennähe, wenn die Zuluft von oben durch den Käfig einfließt. Die Luftgeschwindigkeit darf im Tierbereich 0,2 m/sec. nicht übersteigen.

Mit abnehmender Tageslänge nimmt im Herbst und Winter sowohl die Konzeptionsrate als auch die Libido ab. Daher empfiehlt sich im Interesse einer ganzjährigen kontinuierlichen Jungtierproduktion eine gleichbleibende **Beleuchtungsdauer** von 14 bis 16 Stunden pro Tag. Eine abnehmende Beleuchtungsdauer verzögert den Beginn der Geschlechtsreife und damit das Auftreten von Rangordnungskämpfen bei der Gruppenhaltung von Jungmastkaninchen. Das ermöglicht auch bei dieser Haltungsform ein höheres Mastendgewicht oder eine Begrenzung der Nährstoffaufnahme (Rationierung, Futter mit geringerer Nährstoffkonzentration).

Das Wollwachstum des Angorakaninchens wird durch eine abnehmende Lichtdauer positiv beeinflußt. Durch die Simulierung eines abnehmenden Lichttages während eines Schurintervalles von 16 auf 9 Stunden kann dieser Effekt genutzt werden.

Als Dämmerungstier benötigt das Kaninchen grundsätzlich nur eine relativ geringe Lichtintensität. Dennoch muß bei künstlicher Beleuchtung zwischen Zucht- und Masttieren unterschieden werden. Zuchttiere sollten als Voraussetzung für eine optimale Reproduktionsleistung eine Beleuchtungsintensität von 30 bis 40 Lux haben. Für Masttiere sind 15 bis 20 Lux ausreichend. Dies entspricht etwa 2 bis 4 Watt je m^2 Stallfläche. Wegen ihres für das Tier angenehmeren Lichtspektrums und der technisch problemloseren Helligkeitsregulierung sind Glühlampen für die künstliche Beleuchtung von Kaninchenställen besser geeignet als Leuchtstofflampen.

Direkte Sonneneinstrahlung beeinträchtigt vor allem bei albinotischen Rassen das Wohlbefinden und sollte deshalb vermieden werden. Auch kann es bei direkter und anhaltender Sonneneinstrahlung bei bestimmten Rassen, z. B. Blaue Wiener oder Alaska, zu Veränderungen der Fellfarbe kommen.

10.2 Hygienische und tierschutzrechtliche Voraussetzungen

Für die Haltung von Tieren gelten die vom Deutschen Tierschutzgesetz in § 2 (82) vorgegebenen Rahmenbedingungen, die nachstehend im Wortlaut wiedergegeben werden:

Wer ein Tier hält, betreut oder zu betreuen hat

1. muß das Tier seiner Art und seinen Bedürfnissen entsprechend angemessen ernähren, pflegen und verhaltensgerecht unterbringen,

2. darf die Möglichkeit des Tieres zu artgemäßer Bewegung nicht so einschränken, daß ihm Schmerzen oder vermeidbare Leiden oder Schäden zugefügt werden.

Unter diesem vorgenannten allgemeingültigem Gesetzesgrundsatz ist jede Form der Kaninchenhaltung einzurichten und zu bewerten. Der Begriff der Art ist hierbei durch ihre Entwicklungs-, Anpassungs- und Domestikationsstufe definiert (82). Angesichts der mit der Domestikation einhergehenden erheblichen Veränderungen des Verhaltens und der Aktivitäten sowie des Körperbaues (s. Kap. 1) ist das Wildkaninchen hinsichtlich dieser Parameter weder ein Maßstab für die Anforderungen an eine artgerechte Haltung noch der Fütterung.

Das Wohlbefinden beinhaltet in diesem Zusammenhang sowohl die Gesundheit des Tieres, als auch ein in jeder Beziehung normales Verhalten. Sofern sich hierdurch ein Zwiespalt ergibt, hat die Erhaltung und Förderung der Gesundheit aus der Sicht des Tierhalters Priorität. Sie ist einmal die Voraussetzung für die ökonomische Erzeugung qualitativ hochwertiger Nahrungsmittel, die frei von Arzneimittelrückständen sind. Zum anderen beugt die Einbeziehung hygenischer Maßnahmen in das Haltungsverfahren dem Auftreten von Krankheiten als Hauptursachen von Schmerzen und Leiden vor, die es auch im Sinne des Tierschutzgesetzes zu vermeiden gilt.

Hinsichtlich der verhaltensgerechten Unterbringung finden »die wissenschaftlich gesicherten Erkenntnisse der Verhaltensforschung im allgemeinen dann angemessen Berücksichtigung, wenn die angeborenen arteigenen und essentiellen Verhaltensmuster des Tieres nicht so eingeschränkt oder verändert werden, daß dadurch Schmerzen, Leiden oder Schäden an dem Tier selbst oder durch ein so gehaltenes Tier an einem anderen Tier entstehen (z. B. Kannibalismus). Die Einschränkung der Bewegungsmöglichkeit darf in keinem Fall Schmerzen nach sich ziehen.

Leider existieren außer diesen allgemeinen Vorschriften im Gegensatz zu anderen Nutztierarten (z. B. Geflügel, Schweine u. a.) zur Zeit für die Kaninchenhaltung noch keine detaillierten und gesetzlich verbindlichen Haltungsverordnungen.

In Anbetracht dieser fehlenden gesetzlichen Regelungen und der allgemeinen Diskussion über die in Deutschland gängige Praxis der Nutztierhaltung hat die »Deutsche Gruppe der World Rabbit Science Association« (WRSA) Empfehlungen zur tiergerechten und tierschutzkonformen Haltung von Hauskaninchen erarbeitet (104).

An der Erarbeitung dieser Empfehlungen mit beteiligt waren Vertreter der landwirtschaftlichen Kaninchenproduktion (Ausschuß für Kaninchenzucht der DLG, Bundesverband Deutscher Kaninchenfleisch- und -wollerzeuger), und der Rassekaninchenhaltung (Zentralverband Deutscher Kaninchenzüchter – ZDK) sowie in der biologischen, veterinärmedizinischen und produktionstechnischen Forschung tätige Fachwissenschaftler.

Ziel dieser Haltungsempfehlungen ist es, Rahmenbedingungen aufzuzeigen und diese allen mit der Haltung und Züchtung beschäftigten Personen zur Verfügung zu stellen. Durch die laufende Anpassung an den jeweiligen Erkenntnisstand wird eine tiergerechte und tierschutzkonforme Haltung von Kaninchen ermöglicht.

Hieraus ergibt sich die Verpflichtung für jeden Kaninchenhalter, sich über alle die Haltung der Tiere betreffenden Fortschritte und Erkenntnisse in Wissenschaft und Praxis zu informieren. Im übrigen ist eine tierartgemäße und tierschutzkonforme Haltung von Kaninchen auch eine Voraussetzung für eine verlustarme und ökonomische Kaninchenzucht und -produktion.

Kriterien der tiergerechten und tierschutzkonformen Haltung nach den Empfehlungen der WRSA*):

Gradmesser für eine artgemäße und tiergerechte Haltung, Versorgung und Betreuung von in der Obhut des Menschen gehaltenen Kaninchen sind die körperliche Unversehrtheit, der körperliche Entwicklungs- und Ernährungszustand entsprechend dem Alter und Geschlecht sowie der Gesundheitszustand.

Das gesunde, unversehrte Kaninchen gibt Zeugnis dafür, daß es

- artgemäß und seinem Bedarf entsprechend ernährt und versorgt wird;
- seinen essentiellen Raumansprüchen entsprechend gehalten wird, und die körperliche Unversehrtheit durch Form und Beschaffenheit der Unterbringung weder direkt noch indirekt schädigend beeinträchtigt wird;
- von keinen Schmerzen, Leiden oder Schäden betroffen ist, welche die Funktion der Körperorgane und Gliedmaßen der Tiere auf klinisch erkennbare Weise beeinträchtigen;
- die aus der Umgebung auf den Tierkörper einwirkenden Belastungen und Schadstoffe durch körpereigene Abwehrmechanismen und -systeme auszugleichen, abzuwehren und zu überwinden in der Lage ist.

Tierschutzkonform ist die Haltung von Hauskaninchen, wenn

- die körperliche Entwicklung und der Gesundheitszustand der Tiere dem Alter, ihrem Geschlecht und den Rassenmerkmalen entsprechen;
- auftretende Schäden oder Leiden bei den Tieren nachweislich nicht auf fahrlässiges Handeln in der Versorgung, Betreuung oder Überwachung des Bestandes zurückzuführen sind.

* World Rabbit Science Association

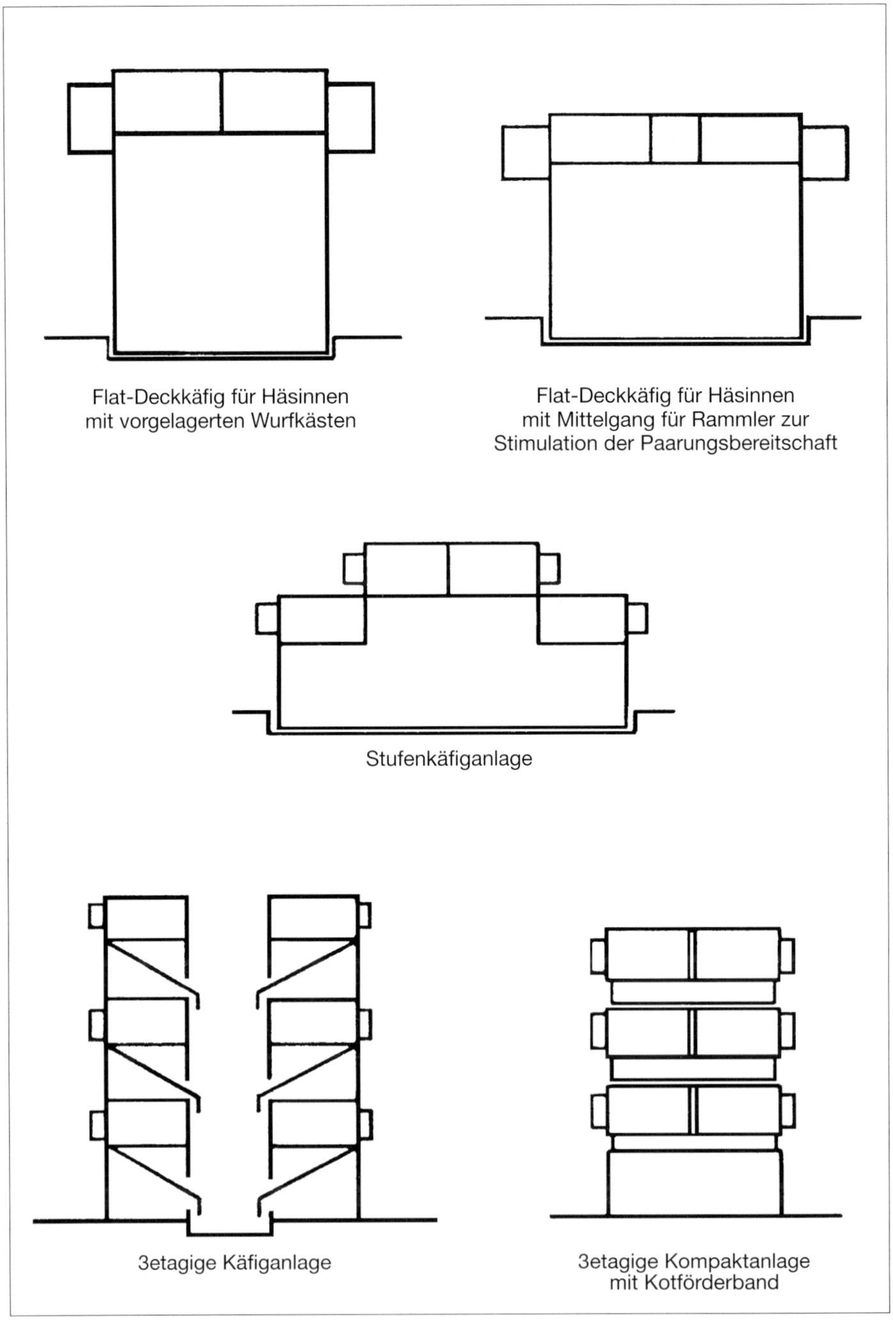

Abbildung 119: Käfigsysteme.
Flat-Deck- und Stufenkäfiganlagen werden wegen der besseren Übersichtlichkeit vor allem für Zuchthäsinnen und -rammler eingesetzt. Mehretagige Anordnungen der Käfige dienen vorzugsweise der Haltung von Mastkaninchen.

Tabelle 46: Richtwerte für die Käfig- und Bodenhaltung von Kaninchen (Stand: 1992). Empfehlung der World Rabbit Science Association (WRSA)

	Mindestfläche je Tier qm	Mindesthöhe cm
*Zuchtkaninchen**		
(Normalhaar und Angora)		
bis 4,0 kg Lebendgewicht	0,20	35
bis 5,5 kg Lebendgewicht	0,30	40
über 5,5 kg Lebendgewicht	0,40	40
Mastkaninchen		
a. Käfighaltung		
Aufzuchtphase		
(Absetzen bis 6. Lebenswoche)	0,04	35
Endmastphase		
(bis 3,3 kg Lebendgewicht)	0,08	35
b. Bodenhaltung (z. B. Tiefstreu)	0,12	
Angorakaninchen		
Wollerzeugung	0,25	40
Nestkasten	0,10	30
Stäbe für Bodenrost		
(Mindestdurchmesser)	2,5 bis 3,0 mm	

Die Abmessungen (Breite und Tiefe) der einzelnen Käfigkeinheit müssen so bemessen sein, dass die Diagonale des Käfigs mindestens der Länge des ausgestreckt liegenden Tieres entspricht. Dies sind z. B. für ein 5,0 kg schweres Zuchttier der Rasse Neuseeländer, weiß, ca. 65 cm.

* Die angegebenen Flächenmaße sind gültig bei vor- oder nebengelagertem Wurfkasten. Wird der Wurfkasten in den Käfig hineingestellt, so vergrößert sich der Flächenbedarf um die Grundflächengröße des Wurfkastens.

Tierschutzwidrig ist die Haltung von Hauskaninchen, wenn

- Schäden, Schmerzen oder Leiden bei den Tieren auftreten, die, bei fachgerechter Sorgfalt in der Unterbringung, Versorgung und Betreuung der Tiere einschließlich gezielter Maßnahmen zur Gesundheitsvorsorge im Rahmen zugelassener Impfungen und Medikationen vermeidbar sind.

Zur Unterbringung von Kaninchen sind alle Haltungssysteme geeignet, in denen

- sich die dort eingesetzten Tiere ohne Gefahr für ihre körperliche Unversehrtheit und für ihre Gesundheit längerfristig aufhalten können;
- die bedarfsgemäße Versorgung mit einwandfreiem Futter und Wasser gewährleistet ist;

Abbildung 120: Verletzungen an den Sohlen der Hinterläufe, sogenannte »Wunde Läufe«, sind einmal die Folge ungeeigneter Böden bei einstreuloser Aufstallung. Sie treten jedoch auch bei Einstreuhaltung auf. Sie sind hier die Folge feuchter Einstreu, insbesondere bei schwacher Behaarung der Sohlen (z. B. Rexkaninchen) oder hohem Gewicht, da die Sohlenfläche nicht proportional zum Gewicht zunimmt.

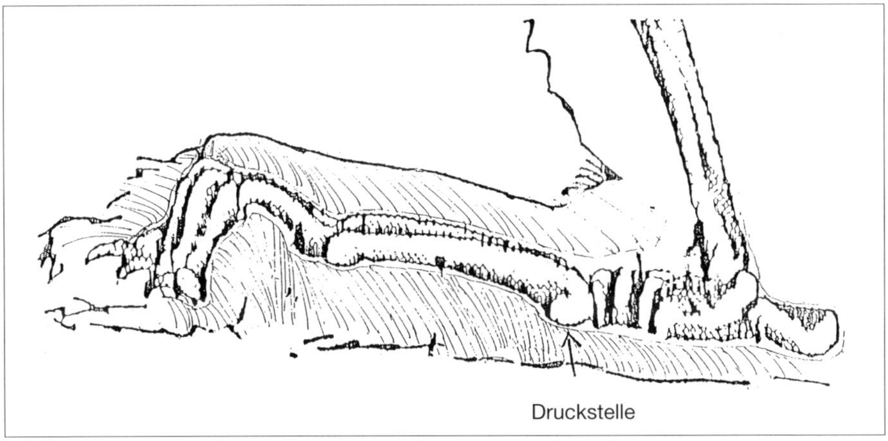

Abbildung 121: Im Gegensatz zur Katze sind die Fußknochen beim Kaninchen nicht durch eine bindegewebige Sohle gepolstert. Der Druck auf die Sohlenhaut wird lediglich durch die Sohlenbehaarung gemildert. Daher treten Druckstellen und daraus resultierende Verletzungen dort auf, wo die Behaarung am dünnsten ist und die Haut direkt auf dem Knochen aufliegt.

- die Entsorgung und Reinigung der Anlagen von Exkrementen, Futterresten und anderen potentiellen Schadstoffen (Staub, Schadgase) problemlos und wirksam möglich ist;
- die Tiere ausreichend Schutz vor Witterungsunbilden und vor natürlichen Feinden finden können;
- die Tiere problemlos eingesetzt und ohne die Gefahr einer Körperschädigung herausgenommen werden können.

Alle Haltungssysteme, in denen Kaninchen gehalten werden, müssen die regelmäßige Überwachung und Betreuung der Tiere mühelos ermöglichen.

Um den Kaninchenhaltern, aber auch der Veterinärverwaltung, Anhaltspunke für die Bewertung von Stalleinrichtungen für Kaninchen zu geben, wurden die in Tabelle 46 wiedergegebenen Mindestwerte für die Käfig- und Bodenhaltung von der WRSA festlegt. Diese entsprechen dem derzeitigen Erkenntnisstand und sind daher Veränderungen unterworfen.

In Anbetracht der relativ schmalen Erkenntnisbasis hinsichtlich optimaler Käfigabmessungen bzw. Besatzdichten sind sich die Autoren des Problems durchaus bewußt, das mit der Fixierung von Mindestwerten verbunden ist. Die vorliegenden Angaben entsprechen demzufolge lediglich dem derzeitigen Kenntnisstand und stecken nur den unteren Rahmen ab, der nicht unterschritten werden sollte.

Die seit der ersten Auflage der vorstehenden Richtwerte durchgeführten Untersuchungen haben ergeben, daß die Haltung in zu niedrigen Käfigen und auf ungeeigneten Böden bei einstreuloser Haltung Bewegungsmangel provoziert und dadurch sowohl Skelettschäden als auch Verhaltensstörungen zur Folge haben kann. Dies gilt insbesondere für die längerfristige Haltung von ausgewachsenen Zuchttieren. Skelettdeformationen werden bei Häsinnen offensichtlich auch durch unzureichende Mineralstoffversorgung bei kurzen Wurfintervallen verursacht.

In diesem Zusammenhang verdienen insbesondere die Käfighöhe sowie die Gestaltung des Käfigbodens und hier vor allem der Durchmesser der Gitterstäbe für den Bodenrost besondere Beachtung. Letzteres beeinflußt sowohl die Bewegungsaktivität als auch das Auftreten von Technopathien (s. Kap. 15.3).

Den Bodenrost betreffend, verursachen Kunststoff- bzw. kunststoffummantelte Konstruktionen weniger Technopathien (z. B. wunde Läufe) als Drahtkonstruktionen. Dies gilt vorrangig für Tiere, die längerfristig auf derartigen Rostböden gehalten werden.

10.3 Haltungsverfahren

Das für die Kaninchenhaltung zu wählende bzw. einzurichtende Haltungsverfahren wird vorrangig durch die Nutzungsrichtung bzw. Nutzintensität bestimmt. Weitere Bestimmungsfaktoren sind die Klimazone und die zu haltenden Rassen.

Grundsätzlich ist zwischen Freilandhaltung und hierbei zwischen stationärer oder mobiler Gehegehaltung sowie der Stallhaltung in Außen- und Innenställen zu unterscheiden.

10.3.1 Freilandhaltung

Die extensivste Form der Kaninchenhaltung ist die Freiland- bzw. Gehegehaltung. Sie ist die älteste und sicherlich auch die artgemäßeste Haltungsform für Kaninchen.

Diese Art der Kaninchenhaltung wurde bereits mit der Domestikation des Kaninchens von den Römern praktiziert. Die in weitläufigen und mit Mauerwerk abgegrenzten Gehegen – Leporarien genannt – gehaltenen Kaninchen dienten der Erzeugung des wohlschmeckenden und geschätzten Kaninchenfleisches. Im Mittelalter fand die Gehegehaltung in England und Frankreich weite Verbreitung (s. Kap. 1).

Für die Hobbyhaltung kann die Gehegehaltung unter Berücksichtigung der weiter unten beschriebenen besonderen Aspekte eine durchaus interessante Haltungsform sein. Sowohl für die wirtschaftlich orientierte Fleischkaninchenhaltung als auch für die Angorakaninchenhaltung ist die Gehegehaltung jedoch nicht geeignet. Aufgrund ungenügender Produktionsintensität insbesondere in den Reproduktionsleistungen ist unter diesen Haltungsbedingungen keine wirtschaftliche Kaninchenfleischproduktion möglich. Da unter wirtschaftlichen Gesichtspunkten auch eine hohe Besatzdichte pro qm Fläche praktiziert werden müßte, ergeben sich außerdem unvertretbar hohe gesundheitliche Risiken. Hierbei ist insbesondere an Coccidiose zu denken.

Wie schon erwähnt, bietet jedoch die Gehegehaltung im Freiland für Hobbykaninchenhalter durchaus attraktive Aspekte. So ist es sicherlich von besonderem Reiz, in derartigen Gehegen gehaltene Tiere in ihren mehr oder weniger freien Bewegungsabläufen zu beobachten. Entsprechend ihrer artspezifischen Eigenheiten ist bei der Einrichtung und Besetzung von Gehegen mit Kaninchen auf einige Besonderheiten zu achten:

- Geschlechsreife männliche Tiere sind für die Gruppenhaltung in Gehegen weniger geeignet, da es unter diesen Tieren zu Beißereien und daraus resultierenden Verletzungen insbesondere im Genitalbereich kommen kann.
- Geschlechtsreife weibliche Tiere neigen, wie ihre wild lebenden Artgenossen, weniger stark ausgeprägt dazu, unterirdische Baue anzulegen. Dies setzt besondere

Maßnahmen für den Bau der Einzäunung (s. stationäre Gehegehaltung) voraus. Das unkontrollierte Graben von Bauen kann einschränkt werden, indem entsprechende künstlich angelegte Niströhren angeboten werden.

- Zur Vermeidung der in dieser Haltungsform besonders großen Gefahr der Erkrankung an Innenparasiten (z. B. Coccidiose) – besonders gefährdet sind hierbei heranwachsende Jungtiere – ist in periodischen Abständen bzw. nach entsprechenden Befunden (z. B. Kotuntersuchungen) eine medikamentöse Behandlung über das Futter oder Trinkwasser zwingend erforderlich.

Grundsätzlich ist die Freilandhaltung von Kaninchen in stationären und mobilen Gehegen möglich.

Für die **stationäre Gehegehaltung** wird eine entsprechende Fläche mit einem mindestens 1,50 m hohen Zaun aus dichtmaschigem Drahtgeflecht oder Elektroknotengeflecht umzäunt. Um ein Untergraben der Einzäunung zu verhindern, muß das Drahtgeflecht mindestens 50 bis 60 cm tief eingegraben werden.

Wie schon erwähnt, ist ein zu starkes und unkontrolliertes Graben der geschlechtsreifen weiblichen Tiere durch das Eingraben künstlicher Niströhren (s. Abb. 127) bzw. Nistboxen zu mindern. Künstlich angelegte Niströhren bzw. -boxen sollten so konstruiert sein, daß eine einfache Kontrolle von außen möglich ist. Dies ist insbesondere dann zwingend notwendig, wenn in diesen Gehegehaltungen auch Jungtiere erzeugt werden sollen.

Die Beweidung wechselnder Flächen wird durch den Einsatz eines Elektroknotengeflechtes arbeitssparend ermöglicht (Abb. 118).

Zum Schutz gegen Witterungsunbilden sind den Tieren in Freilandhaltungen geeignete Unterschlupfmöglichkeiten anzubieten. Neben einfachen, nach 3 Seiten hin geschlossenen Schutzhütten aus Holz sind auch hohle Baumstämme bzw. aus Strohballen (mit entsprechend kürzerer Nutzungsdauer) geschaffene Unterschlüpfe geeignet (Abb. 133). Der mit derartigen Unterschlupfmöglichkeiten gewährleistete Schutz gegen Witterungsunbilden ermöglicht auch in unseren Breiten eine ganzjährige Haltung von Kaninchen in Freilandgehegen. Außerdem bilden diese Unterschlupfe vor allem für jüngere Tiere einen hinreichenden Schutz gegen Greifvögel.

In Abhängigkeit von der Gehegegröße bzw. Besatzdichte mit Tieren und den Bodenverhältnissen ist mit zunehmender Haltungsdauer infolge Keimanreicherung im Boden vermehrt mit Infektionserkrankungen der Kaninchen zu rechnen. Wenn dieser Zeitpunkt erreicht ist, sollten die Tiere aus dem Gehege herausgenommen werden. Über eine Stillegung des Geheges für mindestens 4 bis 6 Monate, bzw. geeignete Desinfektionsmaßnahmen (z. B. Branntkalk) ist das Gehege dann für eine Neubesetzung zu regenerieren.

Eine Weidehaltung mit Kaninchen ist – analog der Portionsweideführung von Rindern oder Schafen – **mit mobilen Gehegen** möglich. Geeignet sind insbesondere Jungkaninchen, die unter Verwendung von Grünfutter (Gras, Klee u. a.) aufgezogen bzw. gemästet werden sollen.

Fahrbare Gehege für Kleinstbestände und Heimtiere können leicht selbst gebaut werden. Ein aus Holz oder Metall gefertigter Rahmen in quadratischer oder rechteckiger Form (z. B. 1,5 x 2 – 3 m) wird mit einem engmaschigen Drahtgeflecht allseitig bespannt, so daß das Gehege allseitig geschlossen ist. Die obere Abdeckung muß aufklappbar sein. Gleichzeitig sollte mindestens ein Teilbereich der oberen Abdeckung aus einer geschlossenen Platte aus Holz oder Kunststoff gefertigt werden, um hiermit den Tieren Schutz vor direkter Sonneneinstrahlung und Regen zu bieten (Abb. 116). Als weiteren Schutz gegen Witterungsunbilden – und soweit eine Gefahr durch Raubtiere besteht – ist der Einbau eines verschließbaren Schlupfkastens erforderlich. Der Boden des Geheges ist mit einem grobmaschigen Drahtgeflecht zu versehen, damit die Kaninchen nicht entkommen und Beutegreifer nicht hineingelangen können. Dadurch wird die Aufnahme des Weidefutters jedoch behindert.

Die Größe des Geheges ist abhängig von der Anzahl der zu weidenden Tiere und vom Bewuchs der zu beweidenden Fläche. Wenn die Tiere die zur Verfügung stehende Fläche abgefressen haben, muß das mobile Gehege weitergerückt werden. Das ist in Abhängigkeit von der Besatzstärke und der Höhe der Konzentratfuttergabe bis zu mehrmals täglich erforderlich. Um dies problemlos handhaben zu können, sollte das Gehege in seiner Grundfläche die Größe von 2,0 mal 3,0 m nicht überschreiten. Damit die Tiere problemlos eingesetzt bzw. herausgenommen werden können, ist eine Höhe des Geheges von ca. 0,80 m angemessen.

Im Vergleich zur stationären Gehegehaltung ist das hygienische Risiko in der mobilen Gehegehaltung wesentlich geringer. Andererseits ist diese Art der Gehegehaltung weniger für reproduzierende Zuchttiere geeignet. Als extensive Form der Mastkaninchenerzeugung und der damit verbundenen Verwertung von verfügbarem jungem Grünfutter ist die mobile Gehegehaltung jedoch aber durchaus geeignet. Dies gilt aus arbeitswirtschaftlicher Sicht aber nur für kleinere Bestände.

In Abhängigkeit der Zusammensetzung der zu beweidenden Fläche mit verschiedenen Pflanzenarten ist mit unterschiedlichen Zuwachsleistungen von auf diese Art gehaltenen Jungmastkaninchen zu rechnen. yxBei weniger gern gefressenem Grünfutter, wie z. B. Gras im Vergleich zu Klee, kann das Wachstum der Jungkaninchen über die rationierte Zugabe eines Konzentratfutters optimiert werden.

Der Platz an dem das Konzentratfutter angeboten wird, sollte aus hygienischen Gründen wöchentlich gewechselt werden, um damit einer Anreicherung mit Kot vorzubeugen. Wenn die Futtertröge (Automaten) in einem mobilen Pferch aufgestellt werden, können erforderlichenfalls hier auch die Tiere leicht herausgefangen werden. Hierzu erfolgt der Zugang über Pendelklappen, die sich im Bedarfsfall nur nach innen öffnen.

10.3.2 Stallhaltung

Entsprechend seiner relativ großen Anpassungsfähigkeit an unterschiedliche Umweltbedingungen ergeben sich für die Haltung von Hauskaninchen sehr vielfältige Stallvarianten bzw. Nutzungsmöglichkeiten vorhandener Gebäude. Einschränkungen bestehen jedoch in Abhängigkeit von der Nutzungsintensität und der gehaltenen Rasse.

Die wirtschaftlich orientierte Kaninchenhaltung mit einer sehr hohen Reproduktionsintensität (bis zu 10 Würfe pro Häsin und Jahr) setzt natürlich ein anderes Stallbau- bzw. Nutzungskonzept voraus als die Hobbyhaltung mit zwei oder drei Würfen im Jahr. Das gleiche gilt, die Rassenfrage betreffend, für die Haltung von Normalhaarrassen und Angorakaninchen.

Unabhängig von der vorgenannten Nutzungsart und Rassenfrage muß der Stall folgende Grundsatzfunktionen erfüllen:

- Schutz vor Witterungseinflüssen wie Extremtemperaturen, Sonneneinstrahlung, Regen usw., sofern diese Faktoren die Leistungen und das Wohlbefinden der Tiere beeinträchtigen.
- Schutz vor natürlichen Feinden (Beutegreifern) und Ungeziefer.
- Die stallklimatischen Rahmenbedingungen (siehe Tab. 42) müssen gewährleistet sein. Dies gilt insbesondere für die Schadgaskonzentration (z. B. Ammoniak) und die Luftfeuchtigkeit.
- Alle im Rahmen einer artgemäßen Haltung und Versorgung der Tiere anfallenden Arbeiten müssen problemlos und rationell zu erledigen sein.

Die vorgenannten Funktionen des Stalles gelten sowohl für die Außen- als auch für die Innenstallhaltung von Kaninchen.

10.3.2.1 Außenstallhaltung

Die Außenstallhaltung ist für die erwerbsorientierte Kaninchenhaltung in Deutschland nicht geeignet. Die hierbei fehlende Möglichkeit einer gezielten Klimaregelung und die Nichtdurchführbarkeit eines Lichtprogrammes beschränken beim natürlichen Deckakt die Jungtierproduktion im wesentlichen auf das erste Halbjahr. Die Wirtschaftlichkeit der erwerbsorientierten Kaninchenproduktion ist aber nur dann gewährleistet, wenn ganzjährig und kontinuierlich Jungtiere erzeugt werden.

Für die Hobbyhaltung ist eine Außenstallanlage aber durchaus eine geeignete und bei entsprechender Gestaltung auch optisch attraktive Form der Kaninchenhaltung. Sie läßt sich zudem harmonisch ins Gelände einfügen, und über entsprechende Bepflanzungen des Umfeldes mit geeigneten Gehölzen ist es möglich, optimale klimatische Bedingungen für die darin gehaltenen Tiere zu schaffen.

Die Standortwahl für die Aufstellung der Kaninchenställe hängt häufig vom Zuschnitt des verfügbaren Grundstückes ab, so daß man entsprechende Kompromisse machen muß. Dennoch sollte die Wahl des Standortes so erfolgen, daß entsprechend der Geländegegebenheiten die Außenstallanlage für eine optimale Kleinklimagestaltung möglichst geschützt liegt und Nachbarn nicht belästigt werden.

Die Ausrichtung der Anlage ist so vorzunehmen, daß die Vorderfront in Ost- bzw. Südostrichtung liegt, und somit die geschlossene Rückfront zur Hauptwetterseite hin ausgerichtet ist. Auch wird mit dieser Ausrichtung vermieden, daß die Tiere insbesondere im Sommer der direkten Einstrahlung der Mittagssonne ausgesetzt werden.

Als Material für den Bau von Außenstallanlagen findet vorwiegend Holz (Bretter mit Nut und Feder, kunstharzverleimtes Sperrholz bzw. Hartfaserplatten u. a.) Verwendung. Aber auch konventionelles Mauerwerk bzw. Leichtbetonteile sind als Baumaterialien geeignet. Beim Bau von Ställen in Holzbauweise sind geeignete Maßnahmen gegen das Zernagen der einzelnen Bauteile durch die Kaninchen zu ergreifen. Vorstehende Holzteile bzw. Kanten, die dem Kaninchen eine Angriffsfläche für das Annagen bieten, sind gegebenenfalls mit Blech zu ummanteln. Ställe aus Leichtbetonteilen, wie sie teilweise von einschlägigen Firmen als Bausätze angeboten werden, erfordern während der kalten Jahreszeit zusätzliche Wärmeschutzmaßnahmen in Form von z. B. stärkerer Einstreu.

Bestimmend für Gestaltung und den Bau einer Außenstallanlage sind vorrangig die Zahl der zu haltenden Tiere, die Rasse und die zur Verfügung stehenden finanziellen Mittel. Handwerklich geschickte Kaninchenzüchter können sich ihre Anlage durchaus in Eigenbau selbst erstellen. Aber auch der Kauf kompletter Anlagen bzw. der individuelle und maßgenaue Bau durch entsprechende Spezialfirmen ist möglich.

Entsprechend des verfügbaren Geländes und der Anzahl zu haltender Tiere bzw. Rassen ist eine ein- bzw. mehretagige Anordnung der Buchten innerhalb einer Außenstallanlage möglich. Im Interesse einer übersichtlichen und bequemen Tierversorgung und Betreuung sollten jedoch nicht mehr als 3 Etagen-Buchten übereinander gebaut werden.

Tabelle 47: Buchtengrößen bei Außenstallhaltung

Rasse	Breite cm	Tiefe cm	Höhe cm
groß	100 bis 120	70 bis 80	70 bis 80
mittelgroß	70 bis 80	60 bis 80	60
klein	50 bis 60	40 bis 60	50

Da in der Regel die Tiere in diesem Haltungssystem auf Einstreu gehalten werden, liegt die Größe der Buchten deutlich über der von Rostbodenhaltung. Auch spielen im Bereich der Hobbykaninchenhaltung, im Gegensatz zur gewerbsorientierten Kaninchenhaltung, die Stallbaukosten eine untergeordnete Rolle. Als Orientierungswerte sind vorstehend die Größenmaße der Buchten, differenziert nach Rassengröße, dargestellt.

Für die Gestaltung der Gesamtanlage besteht eine Vielzahl von Lösungsmöglichkeiten, wie viele bestehende Hobbyzuchten und Gemeinschaftszuchtanlagen zeigen. Der interessierte Hobbyzüchter kann sich hier für den Bau der eigenen Anlage entsprechende Anregungen holen.

Unter Berücksichtigung artgemäßer Unterbringung der Tiere sowie der rationellen Erledigung der mit der Pflege und Versorgung verbundenen Arbeit sind die nachfolgend aufgeführten Grundsätze beim Bau einer Außenstallanlage zu beachten.

– Der Dachüberstand über der Vorderfront muß so bemessen sein, daß die darunter befindlichen Buchten vor direkten Witterungseinflüssen (Regen, Sonne) geschützt sind. Dies liegt ebenfalls im Interesse des Züchters für seine Betreuungs- bzw. Versorgungsarbeiten. In der Regel empfiehlt sich auch eine Befestigung (Pflasterung, Betonierung, o.ä.) des vorderen und gegebenenfalls auch hinteren Bedienungsganges mit entsprechenden Abflußeinrichtungen für Urin und anfallendes Abwasser von Reinigungsarbeiten der Buchten, das nicht unkontrolliert im Erdreich versickern darf.

– Um ein unkontrolliertes Einnisten von Ungeziefer (Mäuse, Ratten, o. ä.) unter der Stallanlage zu vermeiden, muß entweder der Untergrund betoniert werden, oder die Bodenfreiheit der untersten Buchtenreihe muß mindestens 50 bis 60 cm betragen. Dieser höhere Bodenabstand kommt im übrigen der Forderung nach einer möglichst bequemen und rationellen Arbeitserledigung durch den betreuenden Menschen entgegen.

– In Abhängigkeit von der gewählten Haltungsform – Einstreu oder Rostbodenhaltung – muß der Buchtenboden gestaltet bzw. beschaffen sein.

– Bei Einstreuhaltung muß der Boden der Buchten wasserundurchlässig und mit einem Gefälle von mindestens 2% nach hinten ausgestattet sein. Auch muß der Boden 10 bis 15 cm über die Rückwand hinausragen. Der durch einen genügend breiten Schlitz in der Rückwand ablaufende Urin muß über querverlaufende Auffangrinnen oder durch andere geeignete Maßnahmen aufgefangen bzw. abgeleitet werden. Die Entmistung in solchen Anlagen erfolgt praktischerweise über eine genügend breite Klappe in der Rückwand.

– Bei Rostbodenhaltungen hat sich der Einbau von Kotschubläden, die zur Frontseite hin entleert werden können, bewährt. Obgleich in solchen Systemen mit einer feuchtigkeitsaufnehmenden Schicht, z. B. Sägemehl, auf dem Boden der Kotschublade gearbeitet wird, sollte die Schublade aber dennoch wasserdicht gebaut sein. Geeignet hierfür sind Kunststoffschubläden oder mit verzinktem Blech ausgekleidete Holzkonstruktionen.

- Die Buchtentüren sollten mit kleinmaschigem Drahtgeflecht (15 bis 20 mm Maschenweite) bespannt werden. In myxomatosegefährdeten Gebieten empfiehlt sich eine zusätzliche Bespannung mit Fliegendraht.

- Im Interesse einer rationellen Versorgung der Tiere sollte sowohl der Futterautomat als auch die Rauhfutterraufe so in die Buchtentür integriert werden, daß eine Beschickung derselben von außen, ohne die Tür ständig öffnen zu müssen, möglich ist. In gleicher Weise kann auch die Wasserversorgung über von außen angehängte Tränkeflaschen erfolgen.

- Wenn auch für den Züchter selbst, sofern er die Kaninchenzucht als Hobby betreibt, die vorgenannten Aspekte einer rationellen Arbeitserledigung weniger wichtig erscheinen mögen, so ist dies aber für den Vertretungsfall durchaus von Bedeutung.

- Verschließbare Schlupföffnungen in den Trennwänden der Buchten ermöglichen die problemlose Erweiterung des Platzangebotes oder die Verwendung der Nachbarbucht für den Wurf, zu dem der Häsin nur während des Säugens Zutritt gewährt werden kann. Sofern die Trennwände aus Holz gefertigt sind, müssen die Schlupföffnungen mit einem verbißfesten Material, z. B. Zinkblech, ummantelt werden, um ein Zernagen zu verhindern.

- Um das Wohlbefinden und die Gesundheit der Tiere auch bei extremen Witterungslagen zu gewährleisten, sind geeignete Maßnahmen vorzusehen. Hohe Außentemperaturen und direkte Sonneneinstrahlung in den Sommermonaten sind am wirkungsvollsten über die Anpflanzung schattenspendender Gehölze zu mindern. Sofern dies aus Standortgründen nicht möglich ist, muß über geeignete Isolierungsmaßnahmen in Verbindung mit einer reflektierenden Außenhautverkleidung (z. B. Aluminiumblech) der Außenstallanlage für erträgliche Temperaturen in den Boxen gesorgt werden. Das gilt in gleicher Weise für die Wintermonate. Zusätzlich muß in dieser Zeit durch verstärkte Einstreu, auch in Haltungen mit Rostbodenausstattung, und dem Verhängen der maschendrahtbespannten Boxentür mit Jutesäcken oder ähnlichem Material ein ausgeglichenes Klima in den Boxen geschaffen werden.

Sofern die vorgenannten Punkte beim Bau und Betrieb einer Außenstallanlage beachtet werden, ist eine erfolgreiche und gesunde Kaninchenzucht in solchen Anlagen möglich.

10.3.2.2 Innenstallhaltung

Während die Außenstallhaltung vorwiegend für die Hobbyhaltung geeignet ist, wird die erwerbsorientierte Kaninchenhaltung in unseren Breiten ausschließlich in Innenställen betrieben. Die hierbei besser kontrollierbaren Umweltbedingungen (Temperatur, Licht, usw.) ermöglichen im Vergleich zur Außenstallhaltung eine ganzjährige Jungtierproduktion, niedrigeren Futterverbrauch, geringeres hygienisches Risiko und eine hohe Arbeitsproduktivität.

Die Entscheidung, ob für den Aufbau einer erwerbsorientierten Kaninchenhaltung ein Neubau erstellt wird, oder ein vorhandenes Gebäude genutzt werden kann, hängt in erster Linie von dem erforderlichen Aufwand für den Umbau des bestehenden Gebäudes ab. Handelt es sich um Ställe für andere Nutztiere – besonders geeignet sind ehemalige Geflügelställe – so wird in der Regel der Umbauaufwand erheblich unter den Neubaukosten liegen. Entsprechend der für die einzelnen Produktionsstufen vorgegebenen Temperaturansprüche (s. Tab. 45) ist eine optimale Wärmedämmung der raumumschließenden Bauteile vorzusehen, um den Heizenergieaufwand gering zu halten. Unter diesem Aspekt erfordern ungenutzte Geflügelställe – insbesondere Mastställe – in der Regel einen geringeren Aufwand an Wärmedämmung als z. B. nicht genutzte Rinderställe.

Bei den geschlossenen Ställen und einem entsprechend hohen Tierbesatz ist zur Gewährleistung der in Tab. 45 angegebenen Mindestnormen für die Luftqualität eine leistungsfähige Be- und Entlüftungsanlage erforderlich. Für die Berechnung der Leistungen solcher Lüftungsanlagen kann hierbei auf bewährte Normen des Geflügelstallbaues zurückgegriffen werden.

Tabelle 48: Stallflächenbedarf insgesamt bei unterschiedlicher Anordnung der Käfige

Haltungsform				Stallflächenbedarf in % der Käfigfläche
Zuchttiere	Flatdeck mit vorgesetzem Wurfkasten			170 – 200
Masttiere	Flatdeck und Stufenkäfige			160 – 190
	Batterie,	zweietagig	Kotbrett	160 – 180
			Kotband	135 – 150
		dreietagig,	Kotbrett	145 – 170
			Kotband	125 – 135
		vieretagig,	Kotband	120 – 130
	Bodenhaltung			0,12 bis 0,15 qm/Tier bis 2,5 kg Mastendgewicht + 20 bis 40 % Ganganteil

Für milde bzw. warme Klimastandorte sind auch sogenannte Jalousieställe geeignet, die hinsichtlich ihrer Lüftungsmöglichkeit einen wesentlich geringeren Investitions- und Betriebsaufwand für die Lüftungstechnik erforderlich machen. Hierbei werden über beide Längsseiten des Stalles durchgehend Öffnungen belassen, die je nach Bedarf stufenlos mit dieser Jalousie aus Kunststoffolie oder einem windbrechenden Netz verschlossen werden können.

Die Gestaltung des Stallbodens, der aus Gründen der Hygiene und des Umweltschutzes eine betonierte und glatte Oberfläche aufweisen muß, ist in erster Linie abhängig von der Aufstallungsart. Unabhängig davon ist es zur Minderung von Ammoniakbildung in der Stalluft nötig, den anfallenden Urin möglichst umgehend vom Kot zu trennen und über eine verdeckte Jaucherinne aus dem Stall abzuleiten.

In Abhängigkeit von der Bestandsgröße und der Aufstallungsart ist die Kotentfernung aus dem Stall über mechanische Entmistungsanlagen wie Klappschieber und Kotbänder oder über Schwemmentmistungsverfahren möglich. Im Interesse geringer Luftfeuchtigkeitswerte in geschlossenen Stallungen, aber auch aus allgemeinen ökologischen Gründen sollte der mechanischen Entmistung und damit dem Festmistverfahren der Vorzug gegeben werden. Sollte dennoch ein Schwemmentmistungsverfahren zur Anwendung kommen, so ist unbedingt darauf zu achten, daß zwischen den einzelnen Stallabteilungen keine Verbindung über Kotgruben bzw. Gülle- und Luftkanäle besteht. Dies ist im Interesse der Begrenzung möglicher Infektionskrankheiten auf das jeweils betroffene Stallabteil zwingend erforderlich. Insbesondere bei Unterdrucklüftungssystemen ist bei mangelhaften Grubenverschlüssen eine Verbreitung entsprechender Krankheitskeime aus anderen Stallabteilen sehr leicht möglich.

Die Größe des Stalles ist neben der Zahl der unterzubringenden Tiere vor allem abhängig von der Aufstallungsart. Die maximale Tierzahl einer geschlossenen Stalleinheit wird vorrangig bestimmt durch die Höhe des hygienischen Risikos und aus arbeitswirtschaftlicher Sicht durch die Betreuungskapazität einer AK-Einheit. Unter diesem Aspekt sind je nach Mechanisierungsgrad, Produktionsintensität, Vermarktungsform u. a. ca. 300 Häsinnen und deren Nachkommen als Masttiere je Arbeitskraft (AK) die maximale Einheitsgröße. Für die Stallabmessungen sind neben dem effektiven Tierplatzbedarf (s. Tab. 46) noch 70 bis 100 cm breite Arbeitsgänge zu veranschlagen.

In Tabelle 48 ist für einige ausgewählte Aufstallungssysteme der Stallflächenbedarf in Prozent zur benötigten Käfigfläche aufgeführt.

In Abhängigkeit von der Käfiganordnung ergeben sich unter Einbeziehung der benötigten Bedienungsgänge Unterschiede im Stallflächenbedarf pro Tier. Einetagige Anlagen (Flatdeck) haben auf Grund ihres relativ hohen Anteils an Bedienungsflächen auch den höchsten Gesamtstallflächenbedarf. Um optimale Arbeitsbedingungen für das Betreuungspersonal zu schaffen, sollte dennoch zumindest für die Zuchttierhaltung der Flatdeck-Anlage der Vorzug gegeben werden. Die nutzbare Breite der Arbeitsgänge sollte 80 bis 100 cm nicht unterschreiten.

Abbildung 122: Das Auftreten von Druckstellen an den Sohlen wird durch zu dünne Stäbe des Bodenrostes und zu weiten Abstand derselben begünstigt.

Abbildung 123: Bodenroste aus verbißfestem Plastik beugen dem Auftreten von Technopathien (Wunde Läufe) wirksam vor.

Abbildung 124: Sofern Plastik-, aber auch Drahtroste über breite Auflageflächen und engen Abstand der Drahtstäbe verfügen, werden sie gegenüber der Stroheinstreu bei Wahlmöglichkeit bevorzugt als Liegeflächen benutzt. Dies um so mehr, je wärmer es ist oder je höher die Tageszunahmen (Abfallwärme) sind, da sie bessere Abkühlung bieten.

Abbildung 125: Die Schaffung von Unterschlupfmöglichkeiten trägt nicht nur dem artgemäßen Schutzbedürfnis Rechnung, sondern ermöglicht, wie hier in Burkina Faso (Zentralafrika), auch den Ausgleich hoher Temperaturen. Das Grünfutter wird, um ein Erhitzen zu vermeiden, auf einem Drahtrost angeboten (links).

Beim Aufbau größerer Tierbestände (über 100 Häsinnen) sollten die Produktionsstufen Reproduktion und Mast bzw. Wollproduktion aus hygienischen, stallklimatischen und arbeitstechnischen Gründen in getrennten Stallabteilen bzw. Gebäuden untergebracht werden. Die Größe der verschiedenen Produktionsstufen sollte so kalkuliert werden, daß die Rein-raus(all in – all out)-Methode bei der Bestandesergänzung praktiziert werden kann. Dies gilt insbesondere für die Masttiere. Aber auch die Zucht- bzw. Elterntierställe sollten, um der sogenannten »Stallmüdigkeit« vorzubeugen, längstens nach 3jähriger Nutzung einmal total geräumt und von Grund auf gereinigt und desinfiziert werden, bevor sie wieder mit jungen Zuchttieren besetzt werden (all in – all out).

Bei der Planung und Einrichtung einer erwerbsorientierten Kaninchenhaltung sind außerdem ausreichend große und dem Verwendungszweck entsprechend eingerichtete Lager (für Futter, Stalleinrichtungsgegenstände, Transportbehältnisse u. a.) bzw. Arbeitsräume für die Schur einzurichten. Sofern die erzeugten Schlachtkaninchen selbst geschlachtet und vermarktet werden sollen, ist die Einrichtung geeigneter Schlachträume entsprechend den veterinäramtlichen Vorschriften vorzusehen (s. Kap. 12.1).

10.4 Haltungssysteme

Bei der Stalleinrichtung ist prinzipiell zwischen der Käfighaltung mit Rostböden ohne Einstreu sowie mit Einstreu und der Bodenhaltung mit Einstreu zu unterscheiden. Die Wahl des Haltungsverfahrens richtet sich vorrangig nach der Nutzungsform. Im einzelnen bestehen zwischen diesen drei Haltungsformen folgende Vor- bzw. Nachteile:

10.4.1 Käfighaltung mit Rostböden

Die Käfighaltung mit Rostböden eignet sich in der erwerbsorientierten Kaninchenhaltung für alle Nutzungsformen (Zuchttiere, Jungtiermast, Angorawollerzeugung) gleichermaßen. Es ist sowohl die Einzeltierhaltung (Zucht- bzw. Elterntiere) als auch die Gruppenhaltung (Jungtieraufzucht und Mast) möglich. Die derzeit in der Praxis üblichen Käfigsysteme werden jedoch unter dem Aspekt eines tiergerechten Systems zunehmend kritisch bewertet. Andererseits fehlt es zu diesem Fragenkomplex eines artgemäßen Haltungssystems noch an fundierten Untersuchungen.

Die in Tab. 45 aufgeführten Mindestrichtwerte der WRSA zu den Käfigabmessungen und der Beschaffenheit des Rostbodens stellen den derzeitigen Wissensstand dar, wonach keine körperlichen und gesundheitlichen Schäden entstehen, wenn die Tiere nach diesen Mindestnormen gehalten werden.

Tabelle 49: Vor- und Nachteile verschiedener Haltungssysteme

Haltungssystem	Vorteile	Nachteile
1. Käfighaltung mit Rostböden, ohne Einstreu	Optimale hygienische Haltungsbedingungen; geringer medikamentöser Prophylaxeaufwand; hohe Besatzdichte; höhere Arbeitsproduktivität; Erzeugung einwandfreier (saubere) Angorawollqualität.	Hoher Investitionsaufwand; Käfigböden mit zu geringer Drahtstärke und zu großmaschigem Geflecht, ohne flachgewalzte Oberfläche, führen zu Verletzungen (Beinbrüche) und wunden Läufen; höhere Stalltemperatur erforderlich.
2. Käfighaltung mit Einstreu	Mit Ausnahme des Investitionsaufwandes Vorteile wie Bodenhaltung mit Einstreu.	Größerer Platzbedarf gegenüber der Käfighaltung mit Rostböden ohne Einstreu; sonst Nachteile wie Bodenhaltung mit Einstreu.
3. Bodenhaltung mit Einstreu	Geringer Investitionsaufwand; keine Tierausfälle infolge wunder Läufe; in gemäßigten und kalten Klimazonen keine zusätzliche Stallheizung erforderlich; unter bestimmten Bedingungen (Tiefstreu, kein Sichtkontakt zum Nachbarkäfig) kann auf Wurfkasten verzichtet werden.	Infolge stärkeren Infektionsdruckes höherer Aufwand an medikamentöser Prophylaxe; geringere Besatzdichte; geringere Arbeitsproduktivität; höhere Gefährdung durch Ungeziefer.

Abbildung 126: Das von Prof. Finzi, Viterbo (Italien), entwickelte Haltungssystem für Häsinnen trägt mit dem einstreulosen Freßplatz den hygienischen Anforderungen ebenso Rechnung …

Abbildung 127: … wie dem Schutzbedürfnis vor Beutegreifern und hohen Temperaturen mit dem dahinter liegenden, wärmeisolierend überdeckten Bereich der Wurfhöhle. Diese Haltungsform ist insbesondere für Regionen mit hohen Temperaturen geeignet. Sie erfordert allerdings auch entsprechende Vorbeugungsmaßnahmen gegenüber Außenparasiten und Beutegreifern.

Abbildung 128: Die gruppenweise Aufzucht künftiger Zuchttiere fördert die Entwicklung von Skelett und Muskulatur. Der Rundfutterautomat ermöglicht im Vergleich zum Längstrog die Halbierung der Freßbreite pro Tier unc kann zur zeitlichen Begrenzung der Futteraufnahme hochgezogen werden.

Die Konstruktion von Kaninchenkäfigen wird vorrangig bestimmt von der Art des Stalles, dem Produktionsverfahren und dem Mechanisierungsgrad.

Grundsätzlich ist zu unterscheiden zwischen Einzel- und Gruppenhaltung. Reproduzierende Häsinnen, geschlechtsreife Rammler und Angorakaninchen zur Wollerzeugung sollten möglichst immer in Einzelkäfigen gehalten werden (sonst Rangordnungskämpfe, schlechte Wollqualität). Bei der Gruppenhaltung von Häsinnen ist mit höheren Jungtierverlusten während der Säugezeit sowie Verletzungen der Häsinnen durch Beißereien zu rechnen.

Die Gruppenhaltung geschlechtsreifer männlicher Tiere führt infolge von Beißereien zu erheblichen Verletzungen bzw. Ausfällen von Tieren (Verstoß gegen Tierschutzgesetz). Angorakaninchen zur Wollerzeugung eignen sich wegen der Verschmutzungsgefahr der Wolle ebenfalls nicht für die Gruppenhaltung. Jungtiere zur Aufzucht und Mast können bis zur Geschlechtsreife in Gruppen gehalten werden. Die Gruppengröße sollte jedoch max. 20–30 Tiere nicht übersteigen. Beim Bau von Rammlerkäfigen ist darauf zu achten, daß zu den Nachbarkäfigen kein Sicht- bzw. Berührungskontakt besteht, um das gegenseitige Beschmutzen durch Urin zu unterbinden. Runde Käfige (s. Abb. 94) erleichtern und beschleunigen bei natürlicher Verpaarung den Deckvorgang.

Die Fütterungs- und Tränkeinrichtungen müssen im Käfig so plaziert werden, daß vom Arbeitsgang aus eine leichte Bedienung und Kontrolle möglich ist. Die Höhe der Tränken, insbesondere in Häsinnenkäfigen, muß so bemessen sein, daß auch die Jungtiere nach dem Verlassen des Wurfkastens Wasser aufnehmen können.

Das für Gesundheit und Wohlbefinden der Tiere wichtigste Konstruktionselement an Käfigsystemen sind die Rostböden. In Tabelle 50 sind die von der einschlägigen Industrie angebotenen Bodenkonstruktionen hinsichtlich ihrer Vor- und Nachteile aufgeführt.

Entsprechend ihrem Aufbau kann man die in der erwerbsorientierten Kaninchenhaltung eingesetzten Käfigsysteme in folgende Kategorien einteilen (s. Abb. 119):

1. Einetagige Käfiganlagen (Flatdeck-Käfige)

2. Stufenkäfiganlagen

3. Kompaktkäfiganlagen.

Unabhängig vom Käfigsystem ist bei der Aufstellung der Anlage dafür zu sorgen, daß der anfallende Urin möglichst umgehend vom Kot getrennt und aus dem Käfigbereich bzw. aus dem Stall abgeleitet wird. Dies mindert die schädliche Anreicherung von Ammoniak in der Stalluft. Die Beseitigung des Kotes aus dem Stall erfolgt in kleineren Haltungen manuell. Für größere Einheiten stehen verschiedene mechanische Entmistungssysteme zur Verfügung.

Tabelle 50: Vor- und Nachteile verschiedener Rostböden

1. Lattenrost aus Kunststoff

Lattenbreite	15 bis 30 mm
Spaltenbreite	12 bis 15 mm

   Vorteile: Relativ geringe Gefahr von wunden Läufen. Aufgrund schlechter Wärmeleitfähigkeit erhöhtes Wohlbefinden der Tiere bei niedrigen Stalltemperaturen (< 10° C).

   Nachteile: Reinigungsaufwand gegenüber Drahtkonstruktionen ist höher. Die Lebensdauer ist begrenzt, sofern Material verbissen wird. Stärkere Verschmutzung der Tiere, wenn Urin auf den Latten stehenbleibt.

2. Kunststoffrost mit quadratischer, rechteckiger oder runder Lochung

Stegbreite:	4 bis 5 mm
Lochung:	18 bis 20 mm

   Vorteile: Gegenüber Lattenrost geringere Verschmutzung durch Kot und Urin. Sonst Vorteile wie Lattenrost.

   Nachteile: Im Vergleich zu Drahtkonstruktionen relativ teuer. Stärkere Verschmutzung.

3. Drahtgeflecht – quadratisch oder rechteckig – aus verzinktem Draht, möglichst Oberfläche nach dem Flechten flachgewalzt.

Drahtstärke:	2,5 bis 3,0 mm
Maschenweite:	17,0 bis 20,0 mm

   Vorteile: Gegenüber Lattenrost durch geringere Verunreinigung mit Kot und Urin hygienisch günstiger. Lange Lebensdauer.

   Nachteile: Gegenüber Drahtrost stärkere Verschmutzung durch ausfallende Haare und Wolle. Bei niedrigen Stalltemperaturen (< 10° C) durch starke Wärmeableitung, Beeinträchtigung von Gesundheit und Wohlbefinden der Tiere.

4. Rost aus verzinkten Drahtstäben

Stabstärke:	3 bis 5 mm
Stababstand (lichte Weite)	12 mm

   Vorteile: Geringer Reinigungsaufwand und leicht desinfizierbar. Übrige Vorteile wie Drahtgeflecht.

   Nachteile: Für schwere Tiere (über 5 kg) und Kurzhaarrassen ungeeignet (wunde Läufe). Sonst wie Drahtgeflecht.

Abbildung 129: Käfigsystem »Devako«.
Eine optimale Luftqualität wird durch die Absaugung der Luft …

Der Einbau eines Kotschiebers in eine unter den Käfigen eingebaute Kotgrube erfordert einen relativ hohen baulichen Aufwand. Ein weiterer Nachteil liegt in der bauseitigen Fixierung. Dies schränkt die Auswahl eines anderen Käfigsystems nach entsprechenden Abschreibungsfristen ein.

Neu auf dem Markt angeboten werden komplette Käfigsysteme mit integrierter v-förmig ausgebildeter Kotwanne, in der ein Kotschieber den Kot zur Stirnseite der Anlage in den dort befindlichen Querförderer (z. B. Kotschnecke) schiebt.

Kotbandanlagen, wie man sie aus der intensiven Geflügelhaltung kennt, sind, für die Kaninchenhaltung entsprechend modifiziert, ebenfalls geeignet. Zur Ableitung des Urins sind zwei verschiedene Verfahren entwickelt worden. Eine Lösungsvariante besteht darin, daß das Band zu einer Längsseite hin, an der eine Auffangrinne für den Urin angebracht ist, mit einem gewissen Gefälle montiert wird, so daß der Urin vom Band in diese Rinne abfließt und von dort direkt aus dem Stall abgeleitet wird.

Bei der zweiten Variante (s. Abb. 129 und 130) ist das verwendete Kotband perforiert, so daß der anfallende Urin durch diese Perforation in eine unter dem Band befindliche Kunststoffwanne abfließen kann. Zusätzlich zu dieser Bandlösung wird von der einschlägigen Industrie eine Absaugvorrichtung der Luft aus dem Zwischenraum zwischen Kotband und Urinauffangwanne angeboten.

Dieses System mindert in erheblichem Umfang die Ammoniakbildung, so daß das eigentliche Stallüftungssystem hinsichtlich seiner Leistung geringer dimensioniert werden kann.

Unabhängig vom Entmistungssystem (manuell oder mechanisch) ist bei der Berechnung der Leistungsfähigkeit der Lüftung das Entmistungsintervall zu berücksichtigen. Beim längeren Verbleib des Mistes im Stall (über ein bis zwei Wochen) ist auch die Schadgasentwicklung erhöht, so daß die Lüftungsleistung dementsprechend stärker ausgelegt werden muß.

Bei **einetagigen Käfiganlagen** (Flatdeck-Käfige) werden die Käfige in ca. 70 bis 80 cm Höhe über der Kotgrube bzw. -wanne auf Ständern stehend (Holz, Metall, Mauerwerk o. ä.) bzw. hängend aufgebaut. Der Zugriff zum Käfiginnern erfolgt über eine verschließbare Öffnung an der Käfigober- oder -vorderseite. Die Versorgungseinrichtungen (Futter- und Tränkeinrichtungen) werden leicht erreichbar im vorderen Käfigbereich angebracht. Bei Verwendung von Futterautomaten mit manueller Befüllung sind die Automaten so anzubringen, daß ein Befüllen von außen, ohne den Käfig öffnen zu müssen, möglich ist. Das gleiche gilt auch für die Anbringung von Rauhfutterraufen (s. Abb. 132, 141).

Abbildung 130: ...unterhalb des perforierten Kotbandes erreicht. Die Fütterung mit Alleinfutter erfolgt über den mit einer Futterkette automatisch beschickten Futtertrog.

Der Wurfkasten wird zweckmäßigerweise vor dem Käfig zum Bedienungsgang hin angeordnet. Die Anbringung des Wurfkastens erfolgt in der Praxis im allgemeinen auf zwei Arten:

1. Der Wurfkasten ist Teil des Käfigs und in diesen fest integriert. Für den Wurf werden herausnehmbare Nestschalen in den mit dem Rostboden des Käfigs ausgestatteten Wurfkasten hineingestellt. Ein Vorteil dieser Anordnung besteht darin, daß der Platz des Nistkastens während der Zeit des Nichtsäugens der Häsin als zusätzlicher Raum verfügbar gemacht werden kann. Nachteil ist die weniger gute Wärmeisolierung, wenn der Wurfkasten aus Blech gefertigt ist.
2. Der Wurfkasten ist als eigenständiger Kasten aus Holz oder Kunststoff gebaut und wird bei Bedarf vor den Käfig gehängt (Abb. 107, 119). Insbesondere die aus Hartschaumstoff bestehenden Wurfkästen bieten optimalen Wärmeschutz für den Wurf. Bei dieser Art der Wurfkastenanbringung bleibt der verfügbare Raum für die Häsin immer gleich.

Die einetagige Käfiganordnung eignet sich in erster Linie für die Haltung von Zuchttieren. Sie ermöglicht eine leichte und bequeme Bestands- und Wurfkontrolle. Im Vergleich zu mehretagigen Anlagen ergeben sich jedoch eine geringere Besatzdichte je qm Stallgrundfläche und damit entsprechend höhere Kosten je Tierplatz. Dennoch sollten für größere Bestände und bei Praktizierung intensiver Reproduktionszyklen (bis zu 10 Würfen/Häsin/Jahr) ausschließlich Flatdeck-Anlagen eingesetzt werden.

Stufenkäfiganlagen eignen sich vorrangig für die Jungtieraufzucht bzw. Mast und die Angorakaninchenhaltung (Wollträger). Bei diesem System werden die Käfige in bis zu 3 Etagen (in Abhängigkeit von der Käfigtiefe) übereinander angeordnet. Der jeweils obere Käfig wird so weit nach hinten versetzt, daß Kot und Urin aus der oberen Etage entweder direkt oder über eine schräge Teilabdeckung der unteren Käfige auf den Fußboden bzw. in das unter den Käfigen befindliche Entmistungssystem fallen (Abb. 119).

Die Käfigöffnungen werden in der Regel an der Frontseite angebracht und bei Verwendung von Futterautomaten mit diesen verschlossen. Der Zugriff in die Käfige über verschließbare Öffnungen an der Käfigoberseite ist ebenfalls möglich, für die oberen Etagen jedoch aufgrund der Höhe etwas beschwerlich.

Stufenkäfiganlagen ermöglichen im Vergleich zu den Flatdeck-Anlagen eine höhere Besatzdichte je qm Stallgrundfläche. Sie sind jedoch aus arbeitswirtschaftlichen Gründen weniger gut für die Elterntierhaltung geeignet.

Bei den sogenannten **Kompaktanlagen** sind die einzelnen Käfigelemente senkrecht in 3 bis 4 Etagen übereinander angeordnet. Neben der festen Verbindung von

Käfig und Rahmen ist es auch möglich, die einzelnen Käfigelemente in eine Rahmenkonstruktion einzuschieben bzw. einzuhängen. Die Versorgungseinrichtungen für Futter und Wasser sind dabei in die Rahmenkonstruktion integriert. Dieser flexible Aufbau erleichtert die Reinigung und Desinfektion, zumal die herausnehmbaren Käfige von der Industrie auch aus verbißfestem Kunststoff angeboten werden. Dies ist jedoch eine sehr teure Lösung.

Es bietet sich bei dieser Konzeption ferner die Möglichkeit, den Käfig zum Transport der Tiere zur Schlachterei oder zur Schur zu benutzen.

In Kompaktanlagen mit Rostböden werden Kot und Urin entweder über eine jeweils unter dem Rost schräg angebrachten Kotplatte (ähnlich wie bei der Stufenkäfiganlage) aus Eternit, Blech, Kunststoff o. ä. zu einem Kotgang hin abgeleitet und von dort mittels eines Entmistungssystems (z. B. Klappschieber) zur Stirnseite der Anlage hin befördert. Eine andere Lösungsmöglichkeit besteht darin, die anfallenden Exkremente in Wannen unter den Käfigen aufzufangen. Diese müssen dann aber manuell entleert werden. Auch eine Bandentmistung, wie sie für die Flatdeck-Anlage beschrieben wurde, ist für die Kompaktanlage möglich.

Je nach Konstruktion der Anlage erfolgt der Zugriff zu den Tieren entweder durch eine Öffnung in der Frontseite des Käfigs oder durch das Herausziehen des Käfigs aus der Rahmenkonstruktion von oben. Aus Gründen der praktischen Handhabung sollte auch in den Kompaktanlagen die Käfigtiefe 60 cm nicht übersteigen.

Kompaktanlagen ermöglichen von allen drei beschriebenen Käfigsystemen die höchste Besatzdichte je qm Stallgrundfläche. Sie sind jedoch im Vergleich zu den zwei anderen Systemen unübersichtlicher in bezug auf die Bestandskontrolle, so daß sie aus diesem Grund nicht für die Zuchttierhaltung geeignet sind.

10.4.2 Käfighaltung mit Einstreu

Die Käfighaltung mit Einstreu wird vorrangig in der Hobbyhaltung praktiziert. Sie ist für die erwerbsorientierte Kaninchenhaltung aus arbeitswirtschaftlichen Gründen weniger geeignet. Hinzu kommt, daß im Vergleich zur Käfighaltung mit Rostböden mit einem höheren Infektionsrisiko, insbesondere mit parasitären Erkrankungen, gerechnet werden muß. Das Wildkaninchen verwendet für die Ausstattung seines Baues keine Einstreu, sondern lediglich für den Bau des Nestes in der sogenannten »Satzröhre«. Beim Hauskaninchen verbessert die Einstreuhaltung die Toleranz niedriger Temperaturen (bis zu unter -20°) und ersetzt den Schutz des Erdbaues beim Wildkaninchen. Bei darüberliegenden Temperaturen bevorzugt das Hauskaninchen Rostböden als Liegeplatz (Abb. 124).

In Käfigen mit Einstreu besteht der Boden aus einer geschlossenen Fläche, die bei mehretagiger Anordnung wasserundurchlässig sein muß. Als Baumaterial sind Holz oder Kunststoffplatten geeignet. Der Boden sollte zur Ableitung des Urins ca. 2 % Gefälle nach hinten haben und ca. 10 bis 15 cm überstehen.

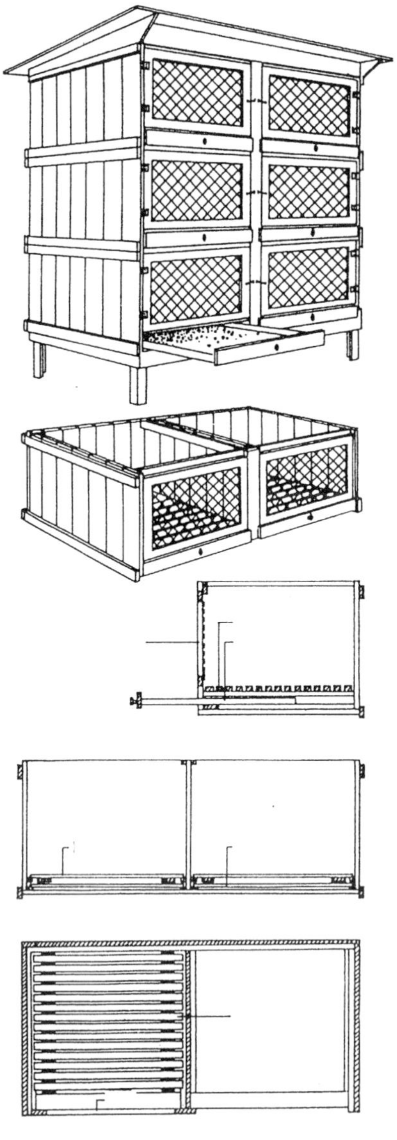

Abbildung 131: 3etagige Außenstallanlage mit Pultdach; Rostboden und Kotschubladen (101).

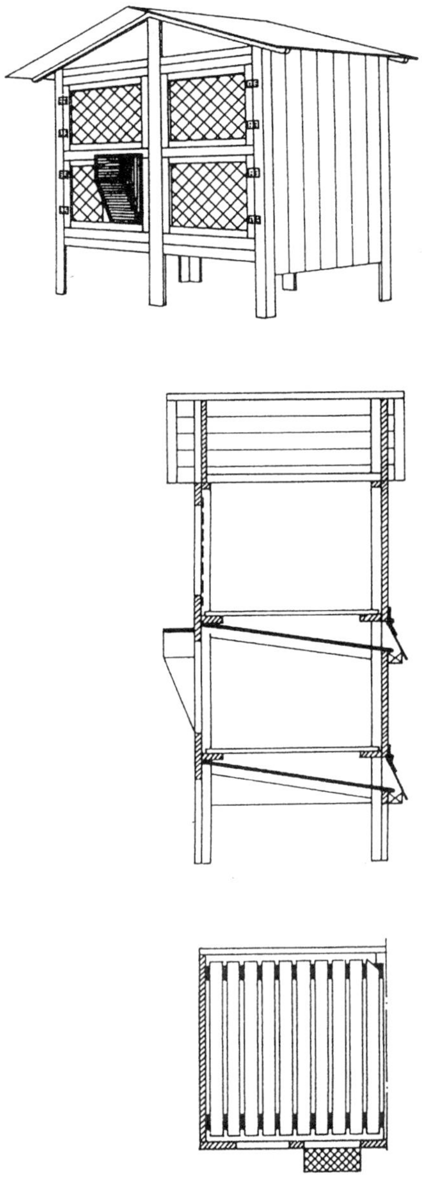

Abbildung 132: 2etagige Außenstallanlage mit Satteldach sowie mit von außen beschickbarer Futterraufe (101).

Neben der direkten Einstreu auf dem geschlossenen Käfigboden ist es auch möglich, einen Drahtrostboden ca. 6 bis 8 cm über dem Käfigboden einzubauen und auf diesem die Einstreu aufzubringen. Dies hat den Vorteil, daß der anfallende Urin sofort durch die Einstreu nach unten ablaufen kann und diese damit leichter trocken zu halten ist.

Als Einstreumaterial findet vorrangig Stroh Verwendung. Aber auch Holzspäne eignen sich, sofern sie trocken und saugfähig sind. Ungeeignet als Einstreu ist staubiges Material wie z. B. Torf und Sägemehl oder gar verschimmeltes Heu oder Stroh. Wichtig ist, daß die Tiere ständig auf trockener Einstreu sitzen. Dies ist sowohl durch häufiges Entfernen des Kotes aus dem Käfig, gegebenenfalls über eine Klappe in der Rückwand, möglich, als auch durch tägliches Überstreuen, so daß die sich bildende Tiefstreumatte nur in mehrwöchigen Turnus entfernt werden muß. Ein Nachteil dieser Tiefstreumethode ist allerdings die insbesondere bei höheren Temperaturen auftretende Insektenplage.

Die Haltung von Zuchthäsinnen auf Tiefstreu ermöglicht zudem, bei entsprechend abgeschirmten Käfigen (dunkle Ecke) den Verzicht auf den Wurfkasten. Die Häsin baut dann das Nest in die Tiefstreu (s. Abb. 106), so daß auch bei niedrigen Temperaturen gute Aufzuchterfolge erzielt werden.

Zur Gewährleistung einer ständig trockenen Einstreumatte muß die Käfiggröße bei der Einstreuhaltung etwa doppelt so groß im Vergleich zur Käfighaltung mit Rostboden bemessen werden. Bei Wahlmöglichkeit bevorzugen Kaninchen Draht- und Kunststoffroste gegenüber Stroheinstreu um so mehr als Liegeplatz, je wärmer es ist und je höher die Futteraufnahme bzw. die Tageszunahmen sind. Die einstreulose Haltung erleichtert die Abgabe der Abfallwärme (s. Abb. 124).

10.4.3 Bodenhaltung

Unter Bodenhaltung ist ein Haltungssystem zu verstehen, in dem die Tiere gruppenweise in Boxen bzw. Abteilen auf dem Boden mit Einstreu gehalten werden. Für diese Haltungsform von Kaninchen eignen sich Gebäude bzw. Räumlichkeiten, die ausreichenden Schutz gegen Witterungsunbilden, Beutegreifer und Ungeziefer bieten. Da diese Haltungsform dem Anspruch nach artgemäßer Kaninchenhaltung in höherem Maße entspricht als die Käfighaltung, ist dies gegenwärtig seitens der einschlägigen Wissenschaft Gegenstand intensiver Untersuchungen. Dies betrifft sowohl die Zucht- als auch die Masttierhaltung.

Nach dem gegenwärtigen Kenntnisstand ist die Bodenhaltung in Gruppen für Zuchttiere in der erwerbsorientierten Kaninchenhaltung nicht zu empfehlen. Die erzielbaren Reproduktionsleistungen liegen erheblich unter denen der Einzeltierhaltung in Käfigsystemen. Sofern Zuchttiere dennoch in Bodenhaltungen gehalten werden sollen, so müssen sie in Einzelbuchten untergebracht werden. An Platzbedarf ist hierbei jedoch mindestens das Doppelte gegenüber der Käfighaltung zu veranschlagen.

Abbildung 133: Bei Gehegehaltung gewährleistet bereits ein Rundballen Schutz vor den Witterungsunbilden.

Abbildung 134: Herausnehmbare Käfige erleichtern deren Desinfektion vor einer Neubelegung zwecks Ersatz für ausgefallene Tiere im Zuchtstall. Sicherer ist es allerdings, den Stall jährlich total zu räumen und wieder neu zu belegen (All-out-all-in-System).

Die Gruppenhaltung von Jungtieren zur Aufzucht bzw. Mast auf Tiefstreu ist hingegen möglich. Die Besatzdichte sollte 8 Tiere pro qm nicht übersteigen (s. Tab. 46). Bezüglich der optimalen Gruppengröße liegen derzeit noch wenig Erkenntnisse vor. Nach eigenen Erfahrungen scheinen bis zum Beginn der Geschlechtsreife Gruppengrößen von 20 bis 30 gleichgeschlechtlichen Tieren auch hinsichtlich ihrer sozialen Struktur eine sinnvolle Größenordnung zu sein.

Innerhalb des einzurichtenden Stallraumes werden die einzelnen Buchten mit Trennwänden aus Holz, Mauerwerk o. ä. aufgebaut. Die Trennwände müssen mindestens 80 bis 100 cm hoch sein und sollten nach innen einen Überstand aufweisen, um ein Überspringen der Tiere zu verhindern.

Ein Teil des verfügbaren Platzes (ca. ein Drittel) innerhalb der einzelnen Buchten sollte ca. 20 bis 25 cm erhöht als Kotgrube mit einem Rostboden (Drahtgeflecht oder Kunststoffboden) abgedeckt werden (Abb. 124). Je unübersichtlicher der Boden der Bucht ist (Unterschlupfmöglichkeiten, halbhohe Unterteilungen) und je mehr Zufluchtsplätze vorhanden sind (z. B. erhöhte Liegeplätze), desto geringer ist die Gefahr von Rangordnungskämpfen.

Die übrige Haltungsfläche muß zum Aufbau einer trockenen Tiefstreumatte täglich mit etwas Stroh überstreut werden. Die Entmistung dieser Haltung erfolgt jeweils nach Abschluß einer Mastperiode (nach ca. 8–10 Wochen) vor der Neubelegung.

Die Futterautomaten und die Tränken werden über dem mit einem Rostboden abgedeckten Bereich der Bucht angebracht. Da während der Futteraufnahme der Tiere auch viel Kot abgesetzt wird, fällt dieser durch den Rostboden und damit außerhalb des Zugangsbereiches der Tiere. Infolgedessen mindert sich das Infektionsrisiko insbesondere im Hinblick auf Coccidioseerkrankungen.

In Abhängigkeit von der hygienischen Ausgangssituation der im Alter von 4 Wochen in die Bodenhaltung einzusetzenden Jungmasttiere ist unter Umständen eine prophylaktische Behandlung über 3 bis 4 Wochen gegen Coccidiose über das Futter oder Trinkwasser erforderlich.

Im Vergleich zur Käfighaltung bestehen für die **Bodenhaltung** von Jungmastkaninchen folgende **Vorteile:**

- Bei der Nutzung vorhandener Gebäude sind geringe Investitionskosten für die Einrichtung nötig.
- Versorgungseinrichtungen (Futterautomaten und Tränken) aus der Junggeflügelmast bzw. -aufzucht sind möglich. Für die Gruppenhaltung der Jungtiere ist deren Verwendung preiswerter, da sie in großer Stückzahl produziert werden.
- Die Tiefstreuhaltung ermöglicht niedrigere Stalltemperaturen.

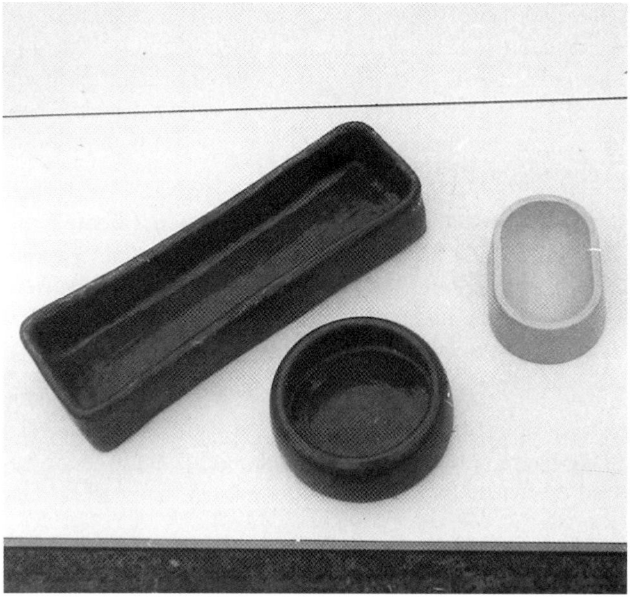

Abbildung 135: Steingut-tröge für die rationierte Verabreichung von Kraft-futter, Küchenabfällen und zerkleinerten Wurzelfrüchten. Um das Herausscharren des Futters zu erschweren, sollte der obere Rand des Troges nach innen überstehen.

Abbildung 136: Absperrbare Öffnungen in den Buchtentrennwänden ermöglichen sowohl die artgemäße Beschränkung des Zuganges der Häsin zu den Jungtieren, als auch die spätere Erweiterung der Jungtierbucht.

Abbildung 137: Der Plastikrost beugt durch eine größere Auflagefläche dem Auftreten von »Wunden Läufen« vor, wenn das Profil des Plastiks einen schnellen Abfluß des Harns ermöglicht. Der Rundfutterautomat ermöglicht bei gleicher Troglänge eine ausreichende Freßbreite für die doppelte Tierzahl.

Diesen Vorteilen stehen folgende **Nachteile** gegenüber:

- Die Besatzdichte je qm Stallgrundfläche ist geringer im Vergleich zu mehrtagigen Käfiganlagen.
- Unter intensiven Fütterungsbedingungen (pelletiertes Alleinfutter) während der Mastperiode ist infolge größerer Bewegungsfreiheit mit einer Verschlechterung der Futterverwertung um ca. 10 % zu rechnen.
- Tiere, insbesondere männliche, können über die Geschlechtsreife hinaus nicht in Gruppen gehalten werden, da es infolge von Rangordnungskämpfen zu erheblichen Verletzungen kommen kann.
- Infolge höheren Infektionsdruckes ist der Aufwand für medikamentöse Prophylaxe bzw. Therapie größer.

Insbesondere aus gesundheitlichen Gründen – die Mortalitätsrate liegt im Vergleich zur Käfighaltung mit Rostböden etwa doppelt so hoch – kann die Jungkaninchenmast in diesem Haltungssystem noch nicht generell empfohlen werden. Hierzu sind noch weitere Entwicklungs- und Forschungsarbeiten nötig.

10.5 Stalleinrichtungen und Geräte

10.5.1 Wurfkästen

Für die Aufzucht von Jungkaninchen bis zum Alter von vier Wochen ist ein Wurfkasten erforderlich. Lediglich bei Einstreuhaltung und entsprechender Buchtengröße kann auf den Wurfkasten verzichtet werden.

Das wichtigste Funktionskriterium eines Wurfkastens ist eine geringe Wärmeleitfähigkeit der umschließenden Bauteile. Zur Vermeidung von Wärmeverlusten bei Stalltemperaturen von unter 20 °C – Jungtierverluste in den ersten Lebenstagen entstehen zu einem hohen Prozentsatz durch Unterkühlung – sollte zumindest der Boden des Wurfkastens aus einem gut isolierenden Material wie Hartschaumstoff, Holz, Preßspanplatten oder ähnlichem gefertigt sein. Zu optimieren ist dieses noch, indem der Wurfkastenboden in der Mitte als Mulde ausgebildet wird. Dies fördert das Zusammenliegen der Jungtiere im Nest und mindert dementsprechend den Wärmeverlust.

Abbildung 138: Die Tränkflasche gewährleistet in Kleinbeständen eine ausreichende Wasserversorgung bei leichter Kontrolle des Füllungsgrades und vermeidet eine Verschmutzung des Wassers.

Da die Häsin, ihrem Instinkt folgend, für die Ablage ihrer Jungtiere einen dunklen Platz sucht, werden nach oben hin offene Wurfkästen weniger gut angenommen. Allseitig geschlossene, nur mit einem aufklappbaren Deckel für die Wurfkontrolle und einer Schlupföffnung versehene Wurfkästen führen weniger häufig für die Häsin zu mütterlichem Fehlverhalten (z. B. Verwerfen, Kannibalismus u. a.). Im Sommer besteht allerdings die Gefahr zu hoher Temperaturen im Wurfkasten, wenn die Abdeckung nicht zumindest angehoben wird.

Tabelle 51: Mindestabmessungen des Wurfkastens:

	Fläche	Abmessungen in cm		
	qm	Breite	Tiefe	Höhe
Häsin bis 4,0 kg	0,11	33	33	25
Häsin über 4,0 kg	0,12	30	40	30

Abbildung 139:
In Verbindung mit einer Nippeltränke lassen sich auch größere Vorratsbehälter billig nutzen. Zur leichteren Kontrolle der Wasserfüllung wäre allerdings ein transparenter Behälter vorteilhafter.

Die Schlupföffnung sollte mindestens 16 bis 18 cm (quadratisch oder rund) groß sein und mindestens 7 bis 10 cm über dem Kastenboden liegen, um ein frühzeitiges Herauskrabbeln bzw. Herausschleifen der Jungtiere durch die Häsin am Gesäuge zu erschweren. Bei Verwendung von nicht verbißfestem Material für den Wurfkastenbau muß die Schlupföffnung mit Blech oder ähnlichem ummantelt werden, um ein Benagen durch die Häsin zu verhindern.

Zusätzlich sollte die Möglichkeit bestehen, den Zugang zum Wurfkasten mit Hilfe eines Schiebers (eventuell perforiert, um einen Wärmestau im Wurfkasten zu verhindern) zu verschließen. Mit Hilfe dieses Schiebers ist es möglich, Häsinnen, die das Nest mit Kot und Urin beschmutzen, abzusperren. Solche Häsinnen werden dann nur einmal am Tag zum Säugen in den Kasten gelassen.

Die Zuordnung des Wurfkastens zum Käfig sollte so vorgenommen werden, daß eine leichte und gründliche Nest- bzw. Wurfkontrolle möglich ist. Außerdem sollte die Unterkante der Schlupföffnung des Wurfkastens in der Höhe des Käfigbodens liegen. Damit liegt der Wurfkastenboden ca. 7 bis 10 cm tiefer als der Käfigboden. Dies hat den Vorteil, daß Jungtiere, die zu früh das Nest verlassen haben, leichter allein wieder in den Wurfkasten zurückkriechen können. Bei oben offenen Wurfkästen, die in den Käfig integriert sind, sollte die Oberkante des Kastens mit dem Käfigboden abschließen.

Die frontseitige Anbringung des Wurfkastens am Käfigsystem erfordert neben dem arbeitstechnischen Vorzug auch weniger Platz. Bei einetagigen Käfiganlagen erfolgt die Wurfkontrolle durch Öffnen des Wurfkastendeckels, bei mehretagiger Käfigbauweise durch Öffnen der Wurfkastenfrontseite.

10.5.2 Fütterungseinrichtungen

Entsprechend der verschiedenartigen Struktur des Futters mit dem Kaninchen gefüttert werden können, werden verschiedene Fütterungseinrichtungen benötigt. Grundsätzlich ist zu unterscheiden zwischen Fütterungseinrichtungen für Konzentratfutter (mehliges oder pelletiertes Mischfutter, Körnergemische und anderes) und Grobfutter (Grünfutter, Heu, Silage usw.).

Fütterungseinrichtung für Konzentratfutter

Für kleinere Bestände sind für die Verabreichung von Konzentratfutter glasierte Ton- bzw. Kunststoffnäpfe in runder oder auch länglicher Form geeignet. Zur Vermeidung von Futterverlusten durch Herausscharren sollte der obere Rand dieser Näpfe eine ca. 10 bis 15 mm breite Kröpfung nach innen aufweisen. Um ein Umwerfen durch die Tiere zu vermeiden, ist darauf zu achten, daß diese Gefäße, insbesondere, wenn sie aus Kunststoff gefertigt sind, mindestens das Gewicht von Keramiknäpfen haben.

Abbildung 140: Arbeitssparende Füllung der Futterautomaten. Nachteilig ist bei dieser Art der Automatenanbringung die erschwerte Kontrolle.

Futterautomaten aus verzinktem Blech und Kunststoff bestehen aus einem Vorratsbehälter (Fassungsvermögen bis zu 3 kg), aus dem das pelletierte Futter kontinuierlich in einen Trog nachrutscht. Der Trogboden ist vielfach perforiert, damit der ungern gefressene Abrieb der Pellets durchfallen kann. Zur Vermeidung von Futterverlusten durch Herausscharren durch die Tiere sollte der obere Trogrand in einem Bereich von 15 bis 20 mm nach innen überstehen. Tunnelautomaten, in die – konstruktionsbedingt – das Tier nur mit dem Kopf Zugang zum Futter hat, bieten die beste Gewähr gegen Futterverschmutzung durch Kot und Urin sowie gegen das Herausscharren von Futter.

Futterautomaten, die aus Kunststoff gefertigt sind – und diese sind aus hygienischer Sicht Blechautomaten vorzuziehen – müssen an allen Kanten, die Angriffsflächen für das Benagen bieten, mit verbißfestem Material (z. B. verzinktem Blech) ummantelt sein.

Rundfutterautomaten, wie sie in der Geflügelhaltung Verwendung finden, haben sich nach eigenen Erfahrungen in der Gruppenhaltung sehr gut bewährt.

Von der einschlägigen Industrie werden inzwischen auch automatische Fütterungssysteme (Rohr- bzw. Kettenfutteranlagen) angeboten. Um derartige Systeme wirtschaftlich einsetzen zu können, muß natürlich eine gewisse Bestandsgröße (> 200 Häsinnen) gegeben sein. Diese Systeme ermöglichen eine vollautomatische Futterversorgung der Tiere.

Die Futterplatzbreite beträgt bei rationierter Fütterung mit Konzentratfutter für mittelschwere Tiere (ca. 4 kg Lebendgewicht) mindestens

- 8 cm/Tier bei Längströgen
- 6 cm/Tier bei Rundtrögen

Sofern die Futteraufnahme beliebig erfolgt, reduzieren sich diese Werte um etwa die Hälfte.

Fütterungseinrichtungen für Grobfutter

Langfaseriges Grobfutter (Grünfutter, Heu, Stroh usw.) wird zur Vermeidung von Futterverlusten und Verunreinigungen in entsprechenden Raufen angeboten. In der Regel sind diese Raufen aus verzinktem Drahtgeflecht, Metallstäben oder verbißfesten Kunststoffstäben gefertigt. Der Abstand zwischen den senkrecht verlaufenden Stäben sollte je nach verabreichtem Futter 20 bis 40 mm nicht übersteigen. Die Größe der Raufe sollte so bemessen sein, daß sie mindestens die Hälfte des Tagesbedarfes aufnimmt.

Zur Vermeidung von zu hohen Grobfutterverlusten sollte bei Rostbodenhaltungen der Platz vor bzw. unter der Raufe ca. 10 bis 15 cm tief abgedeckt sein.

Abbildung 141: Die zwischen den Buchten angebrachten Grobfutterraufen beschleunigen die Futterzuteilung.

Die Anbringung der Raufe an oder im Käfig bzw. in der Bucht wird durch arbeitstechnische Gründe (leichter Zugang und Bedienung) bestimmt. Optimal unter diesem Aspekt ist die Anordnung an der Frontseite des Käfigs bzw. der Bucht, gegebenenfalls in der Tür integriert. Auch eine Anordnung zwischen zwei Käfigen, gleichzeitig als Trennelement dienend, ist möglich.

Zur Verabreichung von kurzfaserigem Grobfutter bzw. Wurzelfrüchten sind glasierte Ton- bzw. Kunststoffnäpfe, wie sie weiter oben beschrieben wurden, geeignet.

10.5.3 Tränken

Im Gegensatz zu weitverbreiteten Meinungen in Hobbyzüchterkreisen müssen Kaninchen unabhängig von der verabreichten Futterart (Frisch- oder Trockenfutter) ständig Trinkwasser zur freien Aufnahme zur Verfügung haben.

In Kleinbeständen werden zur Wasserversorgung einfache und offene Tränkgefäße aus Steingut, Glas oder Kunststoff verwendet. Um die Tiere mit hygienisch einwandfreiem Trinkwasser zu versorgen, müssen diese Tränkgefäße jedoch täglich gereinigt werden.

Selbsttränken verhindern die Verschmutzung des Wassers. Als Einzeltränken sind Flaschen (Inhalt ca. 0,5 l bis 1 l) mit einem Saugröhrchen aus Glas oder Nirostastahl verwendbar. Die Flasche wird außen am Käfig so aufgehängt, daß das Saugröhrchen auch für Jungtiere erreichbar ins Käfiginnere reicht. Bei einer anderen Konstruktion werden ein Kanister oder Flaschen mit der Öffnung nach unten ca. 10 bis 20 mm über dem Boden einer Schale gehängt. Bei Entnahme von Wasser aus der Schale strömt Luft in den Vorratsbehälter und läßt so das Wasser nachfließen.

Zentralversorgte Selbsttränken stellen für größere Betriebe die rationellste Wasserversorgung dar. Zur Druckreduktion wird das Wasser über einen mit Schwimmventil regulierten Vorlaufbehälter zu den einzelnen Tränkstellen geleitet. Zur Reduzierung des Tropfwasseranteils sollte sich der Vorlaufbehälter nur etwa 10 cm über den Niederdrucktränken befinden. Verschiedenartige Tränkventile (Beißtränke, Nippeltränke, Zugtränke usw.) geben durch Beißen, Drücken oder Ziehen den Wasseraustritt frei. Am problemlosesten ist das Nippeltränkeventil, wie es für die Käfighaltung des Geflügels entwickelt wurde.

Offene Tränkschalen, deren Wasserfüllung über ein Zulaufventil gesteuert wird, erfordern gegenüber den Tränkventilen einen höheren Reinigungsaufwand und sind hygienisch problematischer. Die Tropfwasserverluste sind jedoch geringer.

Die einwandfreie Funktion aller zentralversorgten Tränkventile ist nur bei sauberem, nicht mit Feststoffen verschmutzem Wasser gewährleistet. In transparenten Plastikschläuchen kann es zu Bildung eines Algenbelages kommen, der die Funktion der Tränkventile behindert. Er ist deshalb bereits bei beginnendem Ansatz durch Spülung mit einem das Algenwachstum hemmenden Desinfektionsmittel für Selbsttränksysteme zu entfernen. Daß alle Tränksysteme frostfrei installiert werden müssen, sei nur der Vollständigkeit halber erwähnt.

10.6 Transport

Zu bestimmten Anlässen werden Kaninchen häufig über längere Strecken transportiert. Hobbyzüchter transportieren mittels Pkw oder Lkw Tiere zu Ausstellungen.

Die von erwerbsorientierten Kaninchenhaltern erzeugten Mastkaninchen werden häufig in größeren Schlachtereien geschlachtet und müssen hierfür vom Mastbetrieb gewöhnlich mit einem Lkw zur Schlachterei transportiert werden.

Für sämtliche Tiertransporte, und damit auch das Kaninchen betreffend, gibt es eine bundeseinheitliche »Verordnung zum Schutz von Tieren beim Transport«. Hierin sind allgemeine Grundsätze für einen artgemäßen und tierschutzkonformen Transport von Nutztieren geregelt. Auf die Darstellung der gesamten Verordnung muß aus Platzgründen hier verzichtet werden.

Neben diesen allgemeinen Grundsätzen ist für den Transport von Hauskaninchen als Besonderheit vorgeschrieben, daß bei einer Transportdauer von über 12 Stunden Kaninchen während des Transportes ihren Flüssigkeits- und Nährstoffbedarf decken können. Bis zu 24stündiger Dauer ist dies durch die Beigabe von einer Ration Saftfutter (z. B. Rüben) in den Transportbehälter zu gewährleisten.

Tabelle 52: Maße für Transportbehälter

Mastkaninchen (nicht geschlechtsreif, max. 90 Tage alt, Transportdauer max. 12 Stunden)

	Lebendgewicht bis zu kg	Höhe des Transportbehältnisses cm	Fläche je Tier cm^2
	1	15	250
	3	20	500
über	3	25	600

Andere Kaninchen

	Lebendgewicht bis zu kg	Höhe des Transportbehältnisses cm	Fläche je Tier cm^2	Höchstzahl der Tiere je Behältnis
	0,3	15	100	12
	0,4	15	150	12
	0,5	15	300	12
	1	20	500	4
	2	20	750	4
	3	25	900	2
	4	25	1000	2
	5	25	1150	2
über	5	30	1400	1

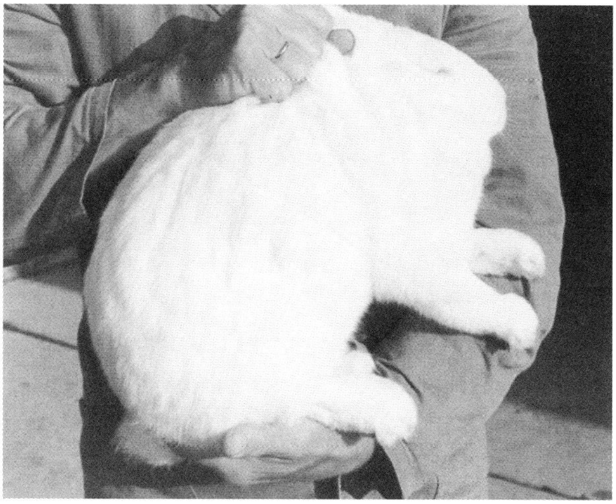

Abbildung 142: Richtig getragenes Kaninchen: Die rechte Hand erfaßt mit Daumen, Zeige- und Mittelfinger die Ohren, zieht den Kopf leicht nach hinten und erfaßt mit den anderen Fingern das Fell. Diese Fixierung hindert das Kaninchen am Strampeln bzw. Kratzen. Die linke Hand trägt das Tier. Das Tragen der Tiere an den Ohren ist Tierquälerei.

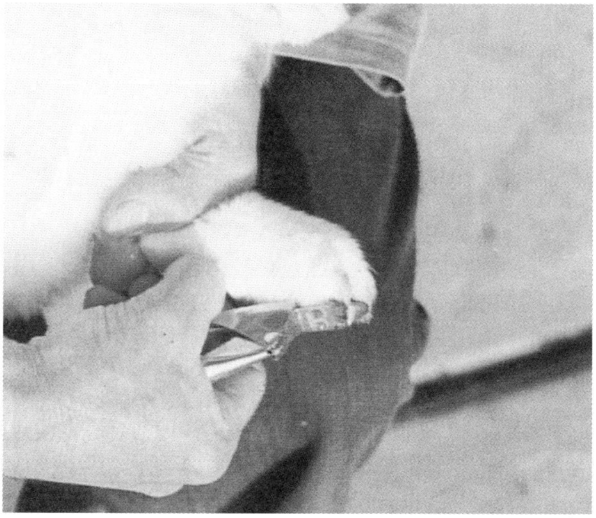

Abbildung 143: Mangels Abnutzung müssen die Krallen jährlich etwa zweimal geschnitten werden. Hierzu wird die Schere oder Kneifzange (im Bild eine Spezial-Krallenzange) so angesetzt, daß noch etwa 2 mm von dem nicht durchbluteten Teil der Kralle stehenbleiben.

Abbildung 144: Transportkarton für die einmalige Verwendung für den Tierversand. Die gesetzlichen Forderungen hinsichtlich des Platzbedarfes beim Tiertransport sind einzuhalten.

Für die Größe und Abmessungen der Transportbehälter werden in der von 1994 vorliegenden Gesetzesvorlage Mindestmaße vorgeschlagen (s. Tab. 52).

Neben der Einhaltung dieser Mindestmaße ist darauf zu achten, daß die Transportbehälter entsprechend stabil gebaut sind, um den Tieren auf dem Transport hinreichend Schutz zu bieten. Geeignet unter diesem Aspekt sind Kisten aus Holz oder verbißfestem Kunststoff mit eingelegtem Rost, damit die Tiere nicht im Harn sitzen.

Wichtig ist ferner, daß ausreichende Lüftungsöffnungen vorhanden sind, so daß auch bei einer Über- bzw. Nebeneinanderstapelung die Luftzufuhr in das Innere des Transportbehälters gewährleistet ist. Entsprechend geeignete Transportbehältnisse werden von der einschlägigen Industrie angeboten.

Über Auswirkungen des Transportes von Schlachtkaninchen auf Gewichtsverluste und Fleischqualität informiert Kap. 12.1.

Abbildung 145:
Transportkasten.
Das mit Schlitzen versehene abgeschrägte Oberteil ermöglicht eine ausreichende Luftzufuhr auch bei aneinandergestellten Kästen.

11 Entscheidungshilfen für die Einrichtung einer Rassekaninchenzucht

von W. Schlolaut

Die Rassekaninchenzüchter stellen unter den Kaninchenhaltern in Deutschland den größten Anteil (s. Kap. 3). Angesichts des anhaltenden Interesses an dieser Form der Freizeitgestaltung wird nachfolgend auf einige vor der Realisierung eines solchen Vorhabens zu klärende Fragen und zu treffende Entscheidungen ebenso hingewiesen, wie auf die Möglichkeiten der Risikominderung. Die Einrichtung einer erwerbsorientierten Kaninchenhaltung erfordert über eine solide fachliche Qualifikation (s. Kap. 13) hinaus vor allem auch die Einbeziehung der ökonomischen Voraussetzungen (Vorhandensein von Kapital, Absatz zu gewinnbringenden Preisen u. a.).

Gründe dafür: Kreative Freizeitbeschäftigung, Steigerung des Selbstbewußtseins durch Ausstellungserfolge, Kindererziehung zu verantwortlichem Handeln und biologischem Denken (z. B. Ernährung, Entsorgung) Bereicherung des Küchenzettels; Einbindung in eine Interessengemeinschaft (Vereinsleben).

Gründe dagegen: Einengung anderer Aktivitäten, da 365tägige Betreuung gewährleistet sein muß; Kosten für Unterbringung und Fütterung; zu erwartende Proteste wegen Geruchsbelästigung aus der Nachbarschaft; Entsorgung von Kot und Urin (s. Kap. 2.5).

Abbildung 146: Der Lohn für Zuchterfolge – die Überreichung der Staatsmedaille auf der 43. Landesverbandsschau Hessen-Nassau.

Unterbringung: Das Halten von Tieren erfordert meist die Zustimmung des Vermieters und in reinen Wohngebieten auch die der Kommunalverwaltung. Die Belästigung durch Geruch und Insekten kann zwar sehr gering gehalten werden, jedoch ist sie witterungsbedingt (Luftdruck, Windrichtung) auch nicht vollkommen zu vermeiden; damit nicht die Fantasie sensibler Nachbarn angeregt wird, vorher klären. Die Besichtigung der Ställe anderer Kaninchenhalter ist auch im Hinblick auf die Bauausführung empfehlenswert. Außenställe sind zwar billiger, der Zeitaufwand für die Betreuung ist jedoch größer – Versorgung mit Wasser und Saftfutter im Winter. Bei der Planung der Stallkapazität ist zu berücksichtigen, daß Ausstellungstiere einzeln gehalten werden müssen. Je Häsin ist mit jährlich durchschnittlich 1,5 Würfen und 8 bis 10 aufgezogenen Jungtieren zu rechnen.

In einzelnen Bundesländern werden Gemeinschaftsanlagen bezuschußt. Auskunft hierüber erteilen die Landwirtschaftsverwaltung oder auch der Zentralverband Deutscher Kaninchenzüchter und dessen Landesverbände (s. Kap. 3 und 18).

Abbildung 147: Gemeinschaftsanlage des Kaninchenzuchtvereins Nidderau-Ostheim. In Hessen, wie auch in einigen anderen Bundesländern, wird die Errichtung derartiger Anlagen am Ortsrand bezuschußt, um auch in Siedlungsgebieten die Rassekaninchenzucht als sinnvolle Freizeitbeschäftigung zu ermöglichen.

Arbeitsaufwand: Dieser wird meist unterschätzt. Da es sich zunächst ja um eine Arbeit handelt, die Spaß macht, scheint der Zeitaufwand keine Rolle zu spielen. Er wird jedoch zum Problem, wenn bei unvermeidbarer Abwesenheit (Krankheit, Urlaubsreise) die Hilfe von weniger begeisterten Freunden oder Nachbarn in Anspruch genommen werden muß. Abgesehen davon läßt bei Kindern das Engagement mit zunehmendem Alter nach, und die Arbeit verbleibt dann den Eltern. Schließlich erfordert die Beteiligung an Ausstellungen und am Vereinsleben zusätzliche Zeit. Bei einer Umfrage in Schleswig-Holstein gaben 70 % der befragten Rassekaninchenzüchter einen täglichen Zeitaufwand von mehr als einer Stunde an. 15 % verbrachten täglich mehr als 3 Stunden mit dieser Freizeitbeschäftigung.

Auf jeden Fall sollten von vornherein alle stallbaulichen Möglichkeiten für die Verringerung des Zeitaufwandes genutzt werden. Hierzu gehören beispielsweise von außen (ohne Öffnung der Buchtentür) zu beschickende Futterautomaten/-tröge für Kraftfutter und Futterraufen für Grün- und Rauhfutter, Selbsttränken in Verbindung mit einem zentralen Vorlaufbehälter, von außen zu entleerende Kotschubladen. Es ist sinnvoller, die stallbaulichen Voraussetzungen bereits bei der Planung zu schaffen, als bei knapper Zeit die Betreuung der Tiere einzuschränken.

Je größer die Rasse ist, desto größer ist der Aufwand für die Fütterung und die Entsorgung von Kot und Harn, sofern kein Garten für das natürliche Recycling zur Verfügung steht. Angorakaninchen müssen mindestens viermal im Jahr geschoren werden. Demgegenüber kann auf ein Kämmen des Vlieses im Verlauf des Schurintervalls weitgehend verzichtet werden.

Kosten: Abgesehen von den einmaligen Ausgaben für den Stall haben die Futterkosten den größten Anteil, wenn Mischfutter eingesetzt wird. Diese Fütterungsmethode ist jedoch der sicherste Weg, um die Tiere mit geringem Arbeitsaufwand vollwertig zu ernähren. Angesichts der niedrigen Leistungserwartungen sind allerdings in der Rassekaninchenzucht die Anforderungen geringer als bei der Ausschöpfung des Leistungsvermögens in gewerblichen Betrieben. Die Verabreichung von selbsterzeugtem Grobfutter verursacht zwar keinen finanziellen Aufwand, ist jedoch arbeitsaufwendiger. Positiv ist darüber hinaus bei Kindern und Jugendlichen der mit der kombinierten Fütterung verbundene erzieherische Effekt zu bewerten.

Bei Alleinfütterung sind je ausgewachsenes Tier einer mittelschweren Rasse etwa 60 kg Alleinfutter/Jahr zu veranschlagen. Bei Häsinnen je Wurf bis zum Absetzen im Alter von 5 Wochen zuzüglich 6 bis 8 kg. Pro Jungtier ist nach dem Absetzen mit durchschnittlich 130 bis 150 g pro Tag zu rechnen (s. Tab. 36 und 38). Tiere kleiner Rassen benötigen etwa 1/3 weniger an Futter und Angehörige großer Rassen 1/3 mehr. Der Mischfutterbedarf von Zwergkaninchen beträgt nur etwa 2/3 desjenigen von kleinen Rassen. Diese Zahlen dienen lediglich der Orientierung. Sie variieren unter dem Einfluß von Temperatur (Innen- oder Außenstall) und Bewegungsmöglichkeit (Buchtengröße, Gruppenhaltung). Abgesehen davon bestehen auch zwischen den Rassen der gleichen Rassengruppe erhebliche Gewichtsunterschiede (s. Kap. 4 und 17).

Rassenwahl: Sie ist im wesentlichen von den subjektiven Vorstellungen über Schönheitsideale abhängig. Sachlich bedingte Entscheidungskriterien sind:

Futterbedarf – siehe vorstehende Ausführungen zu den Kosten.

Schwierigkeitsgrad der Zucht – die Erreichung der Idealvorstellungen des Rassestandards und damit die Erzielung von Ausstellungserfolgen ist bei einfarbigen Rassen leichter möglich,als bei Rassen mit Fellzeichnungen (z. B. Schecken), spalterbigen Merkmalen (z. B. Marder), mehrfarbigen Rassen (z. B. Japaner) und Besonderheiten bei Exterieurmerkmalen allgemein (z. B. Widder, Lang- und Kurzhaarrassen). Gleichzeitig sind jedoch diese Schwierigkeiten auch eine Herausforderung an das züchterische Können und die Kreativität.

Nutzen – hinsichtlich der Fleischerzeugung wird die Größe bzw. das Gewicht der Rasse im wesentlichen von der Zahl der Familienangehörigen bestimmt. Für die Erzeugung von Kürschnerfellen sind mittelschwere und große Rassen besser geeignet als kleine. Angorakaninchen sind Zweinutzungstiere, da sie Wolle und Fleisch erzeugen. Allerdings können Wachstum und Futterverzehr durch die Wollänge negativ beeinflußt werden.

Auf jeden Fall empfiehlt es sich vor der Entscheidung für eine Rasse einen Überblick über das Rassenspektrum auf einer Landes- oder Bundesausstellung zu verschaffen. Je weniger Züchter eine Rasse halten, desto verdienstvoller ist das Bemühen um deren Erhaltung. Desto geringer ist aber auch die Zahl der auf den Ausstellungen konkurrierenden Züchter.

Tierkauf: Er schafft die Voraussetzungen für den späteren Zuchterfolg. Der günstigste Zeitpunkt ist das letzte Quartal des Jahres. In dieser Zeit besteht dann noch die größte Auswahl an Tieren und die ersten Informationen von Ausstellungen liegen bereits vor. Außerdem haben die angekauften Tiere Zeit, sich in dem neuen Stall einzugewöhnen. Ferner kann der neugebackene Kaninchenhalter erste Erfahrungen im Umgang mit den Tieren vor dem Beginn der Zuchtsaison sammeln.

Grundsätzlich sollte man sich den Stall ansehen, aus dem man Tiere kaufen will. Die Unterhaltung mit dem Züchter und der Einblick in seine Zuchtbuchführung vermittelt weitere Eindrücke über die Sorgfalt und Zuverlässigkeit, mit der der betreffende Züchter die Zuchtarbeit durchführt. Wichtig ist der Gesamteindruck den der Bestand vermittelt und die Ausgeglichenheit des Tiermaterials. Ein gelegentlicher Ausstellungserfolg besagt nichts über die Qualität der anderen Tiere des Bestandes und vor allem über deren Gesundheitszustand.

Sofern man keine Erfahrungen auf diesem Gebiet hat, empfiehlt es sich einen vertrauenswürdigen Kaninchenzüchter mitzunehmen. Das Risiko sich Krankheiten mitanzukaufen ist umso geringer, aus je weniger Beständen die Tiere stammen.

Das ab dem 1. Januar 2002 geltende Kaufrecht bietet auch dem Käufer eines Tieres, gegenüber den bisherigen gesetzlichen Regelungen, einen wesentlich erweiterten Schutz vor einer Benachteiligung: Innerhalb einer Frist von 2 Jahren (gegenüber bisher 6 Monaten) kann der Käufer bei Mängeln des Tieres, welche nachweislich bereits beim Kauf vorgelegen haben, die Minderung des Kaufpreises oder den Rücktritt (Wandlung) vom Kauf verlangen. Ist nachzuweisen, dass die Mängel dem Verkäufer bereits beim Kauf bekannt waren, beträgt die Verjährungsfrist wegen arglistiger Täuschung 3 Jahre.

Bevor der Käufer das Recht auf Minderung des Kaufpreises oder den Rücktritt vom Kauf geltend macht, ist allerdings zunächst zu prüfen, ob der Mangel zu beheben ist (Nacherfüllung), z. B. Heilung einer Krankheit oder Lieferung eines Ersatzes ohne Mängel. Die dabei entstehenden Kosten (Tierarzt, Transport, Arbeit etc.) können dem Verkäufer in Rechnung gestellt werden. Das gilt auch im Falle des Rücktritts für alle Kosten, welche dem Käufer beim Kauf, im Vertrauen auf die Erfüllung der zugesagten (z. B. im Kaufvertrag oder in Katalogen) Eigenschaften entstanden sind. Der Rücktritt vom Kauf ist allerdings ausgeschlossen, wenn der Mangel unerheblich ist (§ 323, Abs. 5 BGB).

Um dem gesetzlichen Schutz vor Übervorteilung rechtswirksam durchsetzen zu können, empfiehlt sich der Abschluss eines schriftlichen Kaufvertrages. In seiner kürzesten Form enthält dieser die Vereinbarung, dass das Tier „frei von Mängeln“ ist. Diese Formulierung sollte grundsätzlich für alle Tiere gelten, welche auf Ausstellungen zum Verkauf angeboten werden und sich mit positivem Ergebnis dem Preisrichterurteil unterworfen haben.

Im Rahmen der Vertragsfreiheit besteht aber auch die Möglichkeit, die erwarteten Eigenschaften detailliert festzulegen (Vertragsmängel). Dies kann z. B. die Zeit betreffen, in welcher die Krankheitserscheinungen von Infektionskrankheiten auftreten müssen, mit deren Erregern das Tier bereits beim Kauf infiziert war (Inkubationszeit), um einen Rücktritt vom Kauf zu begründen.

Bei der überwiegenden Zahl von Mängeln, auf die sich auf die Vereinbarung „frei von Mängeln“ im Kaufvertrag bezieht, dürfte es sich um erbliche Defekte handeln. Hierzu gehören Erbkrankheiten und -fehler beim Tier selbst (z. B. Oberkieferverkürzung, s. Abb. 79) und wenn diese rezessiv vererbt werden, auch bei den Nachkommen. Denn von einem gekauften Zuchttier wird selbstverständlich erwartet, daß es derartige Erbanlagen nicht auf seine Nachkommen vererbt. Das gilt auch für die Reinerbigkeit hinsichtlich von Merkmalen der Rasse, welcher das auf einer Ausstellung oder im Züchterstall gekaufte Zuchttier angehört. Der Nachweis von fehlender Reinerbigkeit hinsichtlich der Rassemerkmale kann erforderlichenfalls mit Hilfe der Reinerbigkeitsprüfung geführt werden (Kapitel 5.1.3). Normalerweise dürfte es genügen, wenn in einem Wurf Jungtiere fallen, deren Erscheinungsbild darauf schließen lässt, dass beide Elterntiere nicht reinerbig für die betreffenden Rassemerkmale sind. Dass auch das Elterntier aus dem Stall des Käufers diese Erbanlage trägt ist für die Reklamation ohne Belang. Schließlich sollte ja der Kauf eines reinrassigen Zuchttieres die Reinerbigkeit im Bestand fördern.

12 Produktgewinnung

von W. Schlolaut

12.1 Fleisch

Nach § 17 des Tierschutzgesetzes gilt das Schlachten zwecks Fleischerzeugung als vernünftiger Grund, ohne den das Töten eines Wirbeltieres strafbar ist. Nach § 4 darf ein Wirbeltier nur unter Betäubung getötet werden. Töten darf nur, wer dazu die notwendigen Kenntnisse und Fähigkeiten hat.

Unter Schlachten ist jede Tötung eines Tieres zu verstehen, bei der eine Blutentziehung stattfindet. Der Umfang des Blutentzuges bestimmt hierbei im wesentlichen die Haltbarkeit des Fleisches. Er erfolgt um so vollständiger, je mehr die Muskulatur entspannt ist, d. h. psychischer und körperlicher Streß sind so weit als möglich zu vermeiden. Streß kann beispielsweise durch lange Dauer des Transportes, Wartezeiten vor der Schlachtung, Verweilen der Tiere im Schlachtraum, brutalen Umgang vor der Schlachtung, unsachgemäße Betäubung u. a. Einwirkungen verursacht werden. Diese Einflüsse beeinträchtigen nicht nur den Blutentzug sondern auch andere die Fleischqualität bestimmende Merkmale, wie den pH-Wert des Fleisches sowie sein Wasserbindungsvermögen, seine Farbe und Festigkeit sowie seine Haltbarkeit.

Die Vorbereitung und Durchführung des Schlachtens ist jedoch nicht nur eine wesentliche Voraussetzung für die Erzeugung eines qualitativ hochwertigen Produktes. Die in diesem Zusammenhang durchzuführenden Maßnahmen sind darüber hinaus auch den Bestimmungen des Tierschutzgesetzes (110) unterworfen. Die nachfolgenden Hinweise auf gesetzliche Regelungen können angesichts der Fülle von diesbezüglichen Gesetzen und Verordnungen nur einen Überblick geben. Für detailliertere Informationen wird auf die einschlägigen Gesetzestexte (50, 51) verwiesen. Es empfiehlt sich im Bedarfsfalle darüber hinaus, das zuständige Veterinäramt sowie den Bundesverband der Kaninchenfleisch- und -wollerzeuger (s. Anschriften) zu konsultieren.

Entsprechend den zuvor genannten Zusammenhängen gelten für die Schlachtung von Tieren, die nicht nur zum eigenen Gebrauch verwendet oder nur an einzelne natürliche Personen zu deren eigenem Gebrauch abgegeben werden (gewerbliche Schlachtungen), die nachfolgend auszugsweise wiedergegebenen Bestimmungen:

Der Transport zum Schlachtbetrieb ist durch die Verordnung zum Schutz von Tieren bei der Beförderung in Behältnissen geregelt. In dieser sind u. a. auch die Größe der Behälter sowie die Zahl der in ihnen unterzubringenden Tiere in Abhängigkeit von ihrem Gewicht und die Besatzdichte vorgeschrieben (s. Kap. 10.6). Verletzte oder kranke Tiere dürfen nicht zur Schlachtung verbracht werden, wenn die Beförderung dem Tier zusätzliche Leiden verursachen würde.

Vor der Schlachtung von zum Verkauf bestimmten Kaninchen sind diese durch einen amtlichen Tierarzt der Schlachttieruntersuchung (Lebendbeschau) als Voraussetzung für die Erteilung der Schlachterlaubnis zu unterziehen (50). Mit dieser Untersuchung soll u. a. festgestellt werden, ob:

- das Tier eine Störung des Allgemeinbefindens oder Krankheitserscheinungen erkennen läßt;
- es ermüdet, stark aufgeregt oder durch den Transport erhitzt ist;
- Anzeichen vorhanden sind, daß es Stoffe aufgenommen hat, die das Fleisch für den menschlichen Genuß ungeeignet machen.

Ergeben sich bei der Schlachttieruntersuchung aufgrund der Herkunft, der äußeren Erscheinung, des Verhaltens der Tiere oder aufgrund anderer Tatsachen Zweifel an seiner Gesundheit oder der Genußtauglichkeit des Fleisches, sind weitergehende Untersuchungen durchzuführen.

Seitens des Erzeugers ist sicherzustellen, daß bei der Verabreichung von Medikamenten oder für das Kaninchen zugelassenen Futterzusatzstoffen (z. B. Antibiotika, Kokzidiostatika) die vorgeschriebenen Absetzfristen eingehalten werden.

Abbildung 148: Arbeitsablauf beim Schlachten (von rechts nach links).

Abbildung 149: In größeren Betrieben beschleunigt die arbeitsteilige Durchführung des Schlachtvorganges den Arbeitsablauf. Nach der Betäubung durch Elektroschock (rechts) werden die betäubten Tiere an der Transportkette hängend den nächsten Arbeitsgängen zugeleitet.

Vor dem Transport werden die Tiere durch Futter- und/oder Wasserentzug zur Verbesserung der Schlachtausbeute genüchtert. Außerdem verringert die **Nüchterung** auch die Menge der zu kostenaufwendig entsorgenden Schlachtabfälle. Bei der Schlachtung im Erzeugerbetrieb erfolgt die Nüchterung üblicherweise nur durch Futterentzug 14 bis 18 Stunden vor der Schlachtung, bei fortdauerndem Zugang zu Trinkwasser. Der durchschnittliche Nüchterungsverlust beträgt bei dieser Handhabung 4,0 bis 6,5 %. Er ist bei Grünfütterung um 1 bis 2 % geringer. Der zusätzliche Wasserentzug erhöht den Nüchterungsverlust nur unwesentlich. Anders ist es jedoch, wenn die Transportdauer sich über mehrere Tage erstreckt (z. B. bei Zuchttierexporten und Versand zu Ausstellungen). Bei dreitägiger Transportdauer erhöht der zusätzliche Entzug von Wasser den durchschnittlichen Nüchterungsverlust um ca. 40 % (9,9 % gegenüber 6,8 %). Die fehlende Wassergabe kann durch die Beigabe von wasserreichem Futter (z. B. Möhre, Futterrübe) weitgehend ersetzt werden (s. Kap. 9.3).

Während bei der Verabreichung von Alleinfutter die Höhe des Nüchterungsverlustes unabhängig vom Mastendgewicht ist, sinkt er bei Grünfütterung mit steigendem Mastendgewicht auf den oben angegebenen niedrigeren Wert. Unabhängig von der Nährstoffversorgung hat bereits der Streß eines kurzzeitigen Transportes Gewichtsverluste zur Folge. Diese liegen bei einer Temperatur von 19° C nach französischen Angaben zwischen durchschnittlich 1,4 % bei zweistündigem und 2,6 % bei vierstündigem Transport. Eine Nüchterung vor dem Transport hat hierbei größere Nüchterungsverluste zur Folge als eine durchgehende Fütterung bis zum Transportbeginn.

Für die **Schlachtung** selbst gilt folgendes:

In den Schlachtraum verbrachte Schlachttiere müssen sofort geschlachtet werden.

Zum Zeitpunkt der Schlachtung sollten den Tieren unnötige Schmerzen und Leiden erspart werden.

Für das Verbringen, Unterbringen, Ruhigstellen, Betäuben und Töten der Kaninchen dürfen nach § 4 des Tierschutzgesetzes nur Personen eingesetzt werden, die über ausreichende Kenntnisse und Fähigkeiten verfügen, um die Arbeiten auf humane und effiziente Weise auszuführen. Seitens des ZdK und vom Bundesverband deutscher Kaninchenfleisch- und -wollerzeuger (s. Kap. 18) werden entsprechende Unterweisungen durchgeführt.

Personen, die das Fleisch mit Krankheitskeimen infizieren können, dürfen beim Schlachten sowie auch beim Bearbeiten und sonstigem Behandeln des Fleisches nicht mitwirken.

Für die **Betäubung** selbst sind in Deutschland folgende Verfahren zugelassen (57):

1. Genickschlag mit einem genügend starken Holzstück. Nachteilig sind die hierbei auftretenden Blutergüsse im Nackenbereich des Schlachtkörpers.
2. Schlag auf die Stirn
3. Schuß mit dem Bolzenschußapparat oberhalb der Stirn, direkt am Ohrenansatz. Wird der Apparat tiefer angesetzt, trifft der Bolzen lediglich die Nasen- oder Augenhöhle und betäubt nicht.
4. Elektroschock durch Kontakt der Elektroden im Kopfbereich. Dieses Verfahren wird überwiegend in größeren Schlachtbetrieben angewendet.
5. Betäubung mit Kohlendioxyd

Das betäubte Tier wird an den Hinterläufen in folgender Weise aufgehangen:

Beide Hinterläufe werden entweder in feststehende, an der Wand angebrachte Gabeln oder in freihängende Schlachtgalgen eingehängt. Die letztgenannte Konstruktion ist in größeren Schlachtbetrieben in ein Transportband integriert, welches die Tiere zu den anderen Stationen des Schlachtvorganges weitertransportiert.

Der linke Hinterlauf wird zwischen Laufknochen und Achillessehne an einen Haken oder beide Läufe an ein freipendelndes Querholz bzw. Eisenbügel gehangen.

Zum **Entbluten** wird die Halsschlagader mit einem Schnitt durchtrennt, oder der Kopf wird insgesamt abgetrennt. Letzteres erspart das zeitaufwendige Ablösen des Felles vom Kopf und ist angesichts der weiten Verbreitung der Pasteurellose (Kaninchenschnupfen) auch aus hygienischen Gründen sinnvoll.

In Deutschland muß jedoch bei kommerziellen Schlachtungen der Kopf am Schlachtkörper verbleiben.

Abziehen des Felles: Es werden Schnitte von den Sprunggelenken bis zur Schambeinfuge bzw. dem After und dem Geschlechtsteil zum Abtrennen des Felles von den Läufen geführt. Wenn das Tier nur an einem Lauf aufgehängt ist, kann gleichzeitig auch die Pfote von dem freien Lauf abgetrennt werden. Das Fell wird dann bis zum Schwanzansatz heruntergezogen und der Schwanz (Blume) abgeschnitten. Anschließend wird das Fell weiter nach unten gezogen. Durch entsprechende Schnittführung wird sichergestellt, daß die äußeren Geschlechtsteile und der After nicht am Fell haften bleiben. Das Abziehen des Felles wird, soweit erforderlich, durch Messerschnitte unterstützt, um das Bindegewebe zu durchtrennen. Es ist zu gewährleisten, daß kein Fett am abgezogenen Fell haften bleibt, sofern dasselbe später als Kürschnerfell gegerbt werden soll. Die Vorderpfoten werden am Vorderfußwurzelgelenk abgeschnitten.

In einigen afrikanischen Ländern verbleibt das Fell am Schlachtkörper. Wie beim Schwein wird die Haut mitverzehrt, nachdem zuvor die Haare durch Absengen oder Brühen und Abschaben entfernt wurden.

Entfernen der Eingeweide: Unterhalb des Beckens wird die Bauchdecke leicht angehoben und ohne Verletzung der Eingeweide ein Einschnitt vorgenommen. In die Öffnung werden Zeige- und Mittelfinger der linken Hand gesteckt und gespreizt. Die auf diese Weise angehobene Bauchdecke wird einschließlich des Brustkorbes aufgetrennt. Anschließend wird die Schambeinfuge ohne Verletzung des Mastdarmes oder der Harnröhre mit dem Messer durchtrennt. Sodann wird das Becken mit beiden Händen aufgebrochen und der Mastdarm und die Harnröhre nach dem Freischneiden der Geschlechtsteile und des Afters herausgezogen.

Anschließend werden dann die anderen Eingeweide aus der Bauchhöhle entfernt. Von der Leber ist die Gallenblase zu entfernen, desgleichen die zu beiden Seiten der Schambeinfuge liegenden Inguinaldrüsen.

Alle Teile des geschlachteten Tieres sind bei gewerblichen Schlachtungen nach dem Schlachten durch einen amtlichen Tierarzt (Tierarzt, dem von der zuständigen Behörde die Durchführung der amtlichen Untersuchungen und Überwachungen übertragen worden ist) auf ihre Genußtauglichkeit hin zu untersuchen (50). Hierzu müssen alle vom Tierkörper abgetrennten Teile in unmittelbarer Nähe des Tierkörpers aufbewahrt werden, und ihre Zugehörigkeit muß erkennbar sein. Die Nieren sind aus der Fetteinbettung herauszulösen.

Diese landläufig als Fleischbeschau bekannte Untersuchung umfaßt u. a. die Feststellung pathologisch-anatomischer Veränderungen sowie die von Krankheitserregern und sonstigen Einflüssen, welche das Fleisch nachteilig beeinflussen können. Hinsichtlich der letztgenannten Qualitätsmerkmale sind besonders zu beachten: mangelhafte Ausblutung, abweichende Fleischreifung, Wäßrigkeit u. a. sowie Stoffe mit pharmakologischer Wirkung bzw. deren Umwandlungsprodukte, die in das Fleisch übergehen und gesundheitsbedenklich sein können. Von den im Jahr 1992 untersuchten 410.310 Schlachtkaninchen wurden 0,75 % der Schlachtkörper

Tabelle 53: Schlachtausbeute bei unterschiedlicher Vermarktungsform und Mastmethode

	(Neuseeländer, weiß)					
	Alleinfuttermast			Grünfuttermast		
Alter (Tage)	74			147		
Mastendgewicht (kg)	2,50			2,60		
Schlachthofgewicht (kg)	2,38			2,50		
Nüchterungsverlust (kg) (n. 12- bis 16-stündiger Nüchterung)	0,12 (= 4,8 %)			0,10 (= 3,8 %)		
	Gewicht kg	Teilstück-anteil %	Schlacht-ausbeute kumulativ %	Gewicht kg	Teilstück-anteil %	Schlacht-ausbeute kumulativ %
Schlachtkörper (ohne Kopf und essbare Innereien)	1,27	53,4	53,4	1,11	44,4	44,4
Leber	0,07	2,9	56,3	0,10	4,0	48,4
Herz, Lunge, Nieren	0,04	1,7	58,0	0,04	1,6	1,6
Kopf	0,11	4,6	62,6	0,11	4,4	54,4
Blut	0,08	3,4	66,0	0,08	3,2	57,6
Haut ohne Haare	0,36	15,1	81,1	0,36	14,4	72,0
Hinterpfoten	0,06	2,5	83,6	0,06	2,4	74,4
Vermarktungsfähige Schlachtausbeute maximal (ohne Blut) mit Hinterpfoten	–	–	80,2	–	–	71,2

Die Schlachtausbeute umfaßt den eßbaren Anteil des geschlachteten Kaninchens, wozu in einigen Ländern auch die Haut nach der Entfernung der Haare gehört. Die Schlachtausbeute ist bei ausschließlicher Grünfütterung geringer als bei der Verabreichung eines Alleinfutters.

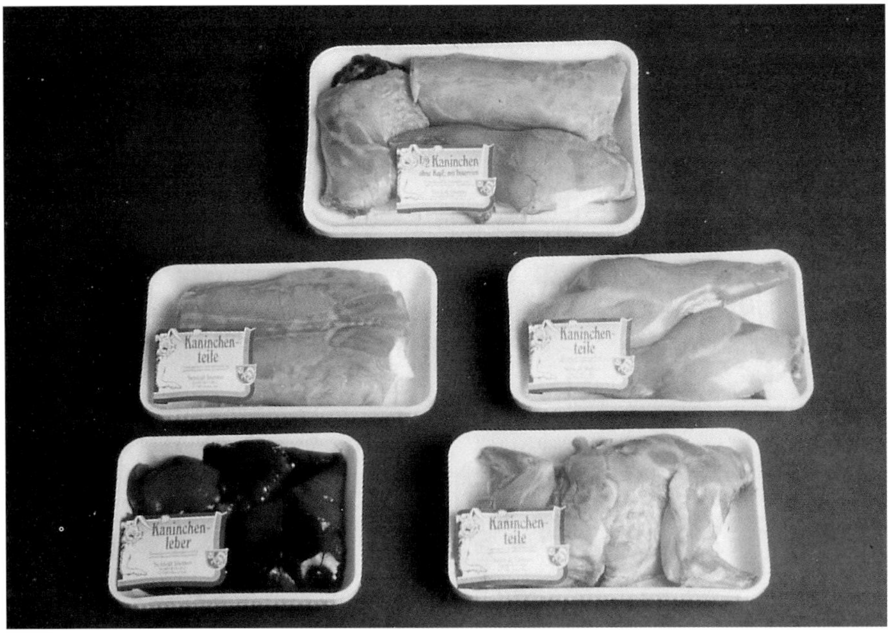

Abbildung 150: Die Portionierung des Schlachtkörpers senkt die Produktionskosten durch höhere Mastendgewichte und ermöglicht die Anpassung an die jeweilige Haushaltsgröße.

und 1,71 % der Schlachtkörperteile als untauglich eingestuft. Hauptgründe hierfür waren mit 89,2 % erhebliche Veränderungen, wie Geschwülste, Abzesse und vollständige Abmagerung (57).

Der für tauglich befundene Schlachtkörper ist mit einem runden Stempel auf dem Rücken des Tieres oder einer Plombe zu kennzeichnen. Nicht zum Genuß für Menschen geeignetes Fleisch ist sofort in festverschlossene Behältnisse zu bringen. Die Beschau des lebenden Tieres, wie auch die des Schlachtkörpers, ist gebührenpflichtig. Die Höhe der Gebühr wird von der zuständigen Kreisverwaltung festgesetzt und schwankt zur Zeit zwischen 0,20 Euro und 0,40 Euro pro Tier.

Teilstückzerlegung – die Zerlegung des Schlachtkörpers in Teilstücke geschieht mit folgenden Zielsetzungen:

- Heranführung von Verbrauchern an den Konsum von Kaninchenfleisch, für welche der unzerteilte Schlachtkörper zu groß oder dessen portionsgerechte Zerlegung zu arbeitsaufwendig ist;
- Erzielung eines höheren Erlöses durch eine entsprechende Preisdifferenzierung für die Teilstücke;
- Nutzung der je Kilogramm Schlachtgewicht geringeren Kosten für die Erzeugung, Schlachtung und Fleischbeschau von schwereren Tieren.

Die Schnittführung hat die Aufgabe, einen möglichst hohen Anteil wertvoller, d. h. hochbezahlter Teilstücke zu gewährleisten. Als wertvolle Teilstücke gelten Rücken, Lende und Keulen. Der Anteil der wertvollen Teilstücke variiert unter dem Einfluß des Mastendgewichtes nur in geringem Maße (Tab. 54). Größer ist der Einfluß der Schnittführung und der Rasse. Beispielsweise präsentieren sich bei der Vermarktung ganzer, unzerteilter Schlachtkörper die Tiere mit kurzem Rücken besser, da sie einen höheren Muskelanteil vortäuschen (z. B. Weiße Neuseeländer, Dt. Widder). Demgegenüber ist die Ausbeute an wertvollen Teilstücken größer bei Rassen mit langem Rücken und schmalem, kurzem Vorderteil (z. B. Hasen- und Riesenkaninchen). Über den Anteil der Teilstücke bei der in der Abb. 3 gezeigten DLG-Schnittführung informiert die Tab. 54.

Die Zerlegung des Schlachtkörpers darf nicht im Schlachtraum erfolgen. Das Gleiche gilt für das Zubereiten (z. B. Räuchern, Pökeln) einschließlich der Herstellung von Pasteten, Fertiggerichten u. a.

Die gesetzlichen Vorschriften über die Beschaffenheit und Ausstattung der Räume, in denen Fleisch gewonnen, zubereitet oder behandelt wird sowie die allgemeinen Hygienevorschriften für Personal und Arbeitsgeräte sind in den Kap. I bis V der Fleischhygieneverordnung (50) enthalten.

Tabelle 54: Einfluss von Mastendgewicht und Fütterungsmethode auf Teilstück- und Gewebsanteile am Schlachtkörper (191) – Neuseeländer, weiß

Mastendgewicht		2,2 kg		2,6 kg		3,0 kg	
Fütterungsgruppe		Allein-futter	Grün-futter	Allein-futter	Grün-futter	Allein-futter	Grün-futter
Zerlegungsanteile							
Kopf	%	8	10	8	9	7	9
Vorderteil	%	24	24	23	24	22	24
Rücken und Bauch	%	33	30	32	29,7	34	30
Keulen	%	33	35,8	34	37	33	36
Nierenfett	%	2	0,2	3,0	0,3	4	0,7
Gewebsanteile am Schlachtkörper ohne Kopf							
Fleisch, Fett, Sehnen (eßbarer Anteil am Schlachtkörper)	%	80	77	82	78	82	80
Knochen und Knorpel	%	20	23	18	22	18	20

Der Anteil der Teilstücke wird vom Mastendgewicht praktisch kaum beeinflusst. Bei Grünfütterung (Klee und Raps) wird der geringere Rückenanteil durch den höheren Keulenanteil kompensiert. Bei beliebiger Aufnahme eines Mastalleinfutters ist der Nierenfettanteil bis zu zehnmal so hoch und steigt bei beiden Fütterungsmethoden mit zunehmendem Gewicht.

Abbildung 151: Die Vermarktung von Fertiggerichten und anderen konsumfertigen Zubereitungen (z. B. Pasteten) sog. »convenience food« liegt im Zeittrend und erschließt dem Absatz von Kaninchenfleisch neue Käuferkreise. Im Bild das Angebot von Fertiggerichten in der Provinz Sichuan (VR China).

Beim **Handel** und der **Vermarktung** von Schlachttieren allgemein und damit auch von Schlachtkaninchen werden folgende Begriffe verwendet:

Mastendgewicht: Gewicht zum Zeitpunkt der letzten Futtergabe. Es schwankt in Abhängigkeit von der Mastmethode, der Rasse und den Anforderungen des Marktes.

Schlachthofgewicht: Gewicht der Tiere vor dem Schlachten nach mindestens zwölfstündiger Nüchterung.

Nüchterung: Entzug des Futters vor dem Schlachten unter Beibehaltung der Versorgung mit Trinkwasser.

Nüchterungsverlust: Differenz zwischen dem Mastendgewicht und dem Schlachthofgewicht.

Schlachtkörpergewicht: Gewicht des ungeteilten Schlachtkörpers ohne Abgang, aber mit Beckenhöhlenfett, Nieren und Nierenfett sowie Kopf. Entweder warm, unmittelbar nach der Schlachtung oder kalt, nach mindestens 24stündiger Kühlung. Dabei ist mit einem Kühlverlust von 1 bis 1,5 % zu rechnen.

Schlachtausbeute: Prozentualer Anteil des Schlachtkörpergewichtes am Schlachthofgewicht. Abhängig von Alter, Gewicht, Art des Futters sowie der Nüchterungsdauer.

Gesamtschlachtausbeute: Prozentualer Anteil des Schlachtkörpergewichtes und des Abgangs am Schlachthofgewicht.

Abgang: Differenz zwischen Schlachthofgewicht und Schlachtkörpergewicht.

Zum Abgang zählen: Verwertbarer Abgang – Leber, Lunge, Herz, Nieren. Abfälle – Magen- und Darminhalt, Augen, Konfiskate – Geschlechtsteile, ungeborene Tiere

Schlachtverlust: Prozentualer Anteil des Abgangs. Abhängig von der Verdaulichkeit des Futters und der aufgenommenen Futtermenge (Passagezeit), der Nüchterungsdauer und dem Alter.

Nettozunahme in Gramm pro Tag:

$$\frac{\text{Schlachtkörpergewicht warm in g}}{\text{Alter am Schlachttag in Tagen}}$$

Handelswert eines Schlachttieres: Entspricht dem erzielten Erlös. Der Handelswert ist einmal abhängig von Angebot und Nachfrage, welche unter dem Einfluß der marktwirtschaftlichen Gegebenheiten wie Beschickung des Marktes oder dem Einfluß von Konsumgewohnheiten, z. B. erhöhte Nachfrage vor Weihnachten, geringere im Sommer, variieren. Der Handelswert wird ferner von dem Preis bestimmt, zu welchem der Schlachtkörper und die verwertbaren Schlachttierabgänge verwertet werden können, dem **Schlachtwert.** Derselbe ist im wesentlichen von der Qualität des Schlachtkörpers abhängig.

12.2 Angorawolle

Wollgewinnung

Das Vlies des Angorakaninchens wird mit Hilfe folgender Verfahren geerntet:

1. Scheren

Bei dieser am meisten verbreiteten Methode werden die Haare mindestens viermal jährlich mit einer Schere oder elektrischen Haarschneidemaschine unmittelbar über der Hautoberfläche abgeschnitten. Der Vermeidung von Hautverletzungen dienen besondere Formen der Scheren wie z. B. gerundete Spitzen, leichte Krümmung der Scherenklingen sowie Abstandshalter an deren Unterseiten. Letztere verhindern, daß die Scherenklingen näher als 3 mm an die Haut gelangen können. Dadurch wird nach der Schur zumindest ein Minimum an Wärmeisolierung gewährleistet. Für die maschinelle Schur sind spezielle Schneidköpfe mit einem engen Abstand der Schneidezähne und einem Spezialschliff erforderlich. Zur Erleichterung der Schur wird ein sogenanntes Schurbrett verwendet. Auf diesem wird das Tier in Rückenlage zum Scheren der Bauchseite festgeschnallt. Der Zeitaufwand für das Scheren beträgt 10 bis 20 Minuten/Schur.

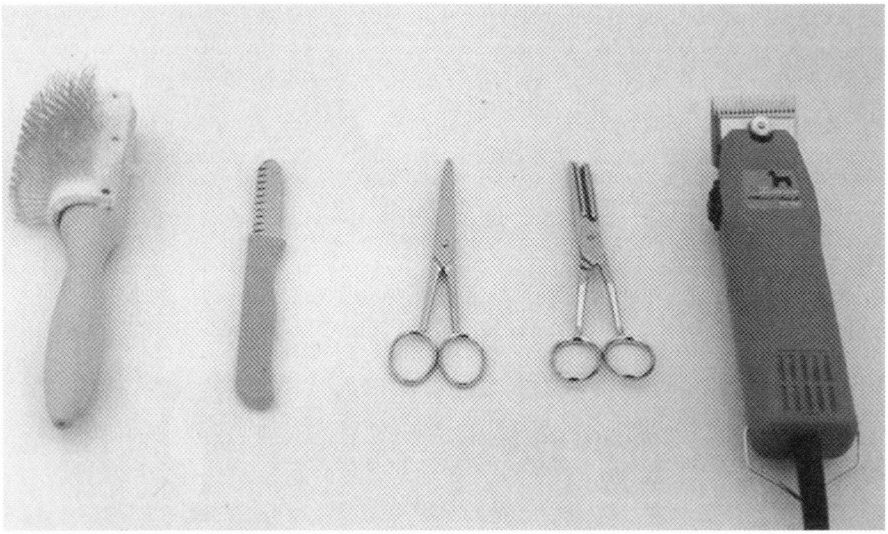

Abbildung 152: Geräte für die Gewinnung der Angorakaninchenwolle und die Pflege des Wollvlieses (von rechts nach links): Schermaschine mit Spezialscherkopf für Angorakaninchen, Schere mit Abstandsbügel für die Winterschur, Normalschere, stumpfes Messer mit Sägezahnklinge für das Rupfen der Wolle (Frankreich), Drahtbürste für die Entfernung von Verunreinigungen und Verfilzungen vor der Schur.

Die Vorteile des Scherens im Vergleich zum Rupfen lassen sich wie folgt zusammenfassen:

- geringere Streßwirkung, da keine Schmerzen und besserer Kälteschutz;
- weniger Zeitaufwand, zumindest bei maschineller Schur;
- größere Ausgeglichenheit des Haardurchmessers, da das gleiche Haar im Verlauf des Wachstums mehrmals geschoren werden kann.

Nachteilig kann sich bei unsachgemäßer Durchführung der Anteil wertloser Nachschnitte (Schnippel) und das Vorkommen von Hautstückchen auswirken, welche beim Scheren abgeschnitten werden. Durch Verletzungen besonders gefährdet sind die Zitzen. Der Anteil an juvenilen Grannen mit intakten Spitzen ist geringer.

2. Rupfen

Bei diesem fast ausschließlich in Frankreich angewandten und als »Epilation« bezeichneten Verfahren wird ein stumpfes Messer mit einer etwa 5 cm langen sägezahnartigen runden Klinge eingesetzt (Abb. 152). Das mit dem Daumen der das Messer haltenden Hand an die Klinge gedrückte Haarbüschel wird durch eine ziehende Bewegung abgetrennt oder aus dem Haarfollikel gezogen. Das Rupfen erfolgt etwa alle 100 Tage. Durch Selektion ist bei der französischen Angorakaninchenpopulation zu diesem Zeitpunkt der größte Teil der Haare einem Haarwechsel unterworfen und hat seinen Sitz im Follikel gelockert (172). Bei der deutschen Population ist dieses Verfahren nicht anwendbar, da der Haarwechsel weniger ausgeprägt ist. Versuchsweise wurde in Frankreich zur Lockerung des Haarsitzes auch Mimosin eingesetzt (Handelsname: Lagodendron). Hierbei handelt es sich um eine Aminosäure, die in den Samen und Blättern einer Mimosenart (Leucaena Leucocephala) vorkommt. Ihre Verfütterung bewirkt eine Lockerung des Haarsitzes. Versucht wurde ferner auch die chemische Schur mittels Cytostatika. Aufgrund der damit verbundenen Nebeneffekte verstößt dies in Deutschland jedoch gegen das Tierschutzgesetz, ebenso wie das Rupfen überhaupt.

Der Zeitaufwand pro Rupfung beträgt 30 bis 40 Minuten. Der Wärmehaushalt ist durch die nahezu vollständige Entfernung der Haare gestört, was im Zusammenhang mit der Hautreizung Streßerscheinungen hervorruft.

Die Wollqualität ist beim Rupfen durch einen hohen Anteil von Haaren mit intakten Spitzen gekennzeichnet. Dies täuscht einen höheren Grannenhaaranteil vor, da diese in stärkerem Maße als bei der Schur die Wollhaare überragen.

Eine Variante des Rupfens wird in China praktiziert. Hierbei werden kleine Wollbüschel an den Haarspitzen zwischen Daumen und Zeigefinger erfaßt und herausgezogen. Damit sollen überwiegend die reifen Haare erfaßt werden, deren Sitz sich infolge des beginnenden Haarwechsels zu lockern beginnt. Das erfordert jährlich ein bis zu achtmaliges Rupfen.

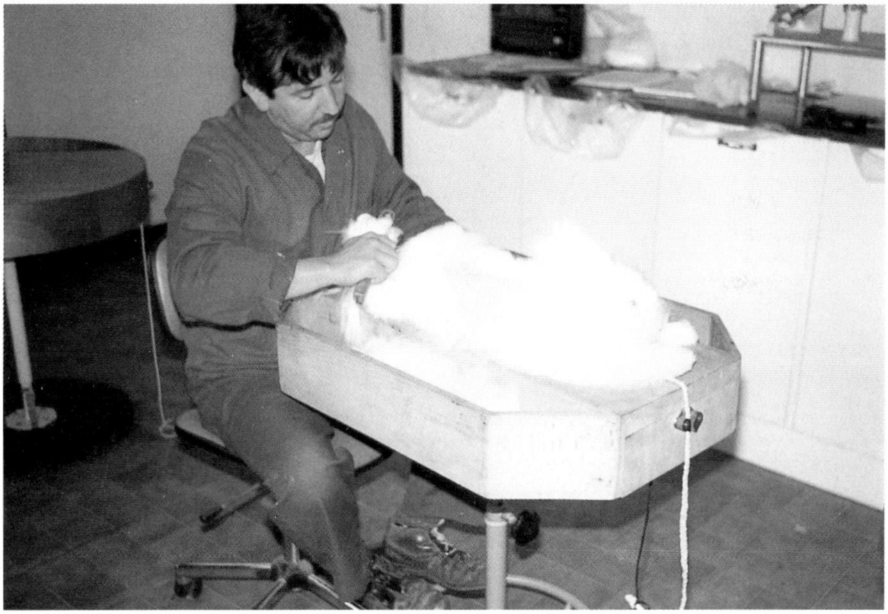

Abbildung 153: In Frankreich ist die Wollgewinnung durch das Ausrupfen der Haare üblich. Dieses Verfahren ist nur bei den Tieren der französischen Angorakaninchenpopulation möglich. Durch jahrzehntelange Selektion bedingt, beginnt sich etwa 100 Tage nach der vorherigen Rupfung der Haarsitz zu lockern.

3. Kämmen

Früher wurde die Wolle ausschließlich durch Kämmen mittels eines Kammes oder einer groben Bürste gewonnen. Hierbei fielen nur die Haare an, deren Sitz in der Haarwurzel sich gelockert hatte (s. Abb. 11) oder deren geringer Durchmesser (Wollhaare) sie abreißen ließ. Dieses Verfahren hatte zur Folge, daß sich im Vlies Haare befanden, die bis zu über 20_cm lang waren. Um Filzbildung zu vermeiden, mußte das Vlies alle 2 bis 3 Wochen zur Entfernung der abgängigen Wollhaare gekämmt werden. Aus dieser Zeit hat sich die verbreitete Ansicht erhalten, daß Angorakaninchen regelmäßig gekämmt werden müßten, d. h. einen hohen Pflegeaufwand erfordern. Die Einführung des Scherens und die Selektion auf einen geringen Filzanteil hat jedoch zur Folge gehabt, daß sich deratige Pflegemaßnahmen erübrigen.

Vor der Haarernte sind unabhängig von dem angewandten Verfahren Verunreinigungen zu entfernen. Anschließend muß die Wolle einige Tage lüften.

Die unter 1 und 2 genannten Verfahren lösen aufgrund der Umstellung des Wärmehaushaltes und damit auch der Futteraufnahme (s. Abb. 109) beim Tier eine Schockwirkung aus. Diese ist beim Rupfen im Zusammenhang mit den hiermit verbundenen Schmerzen größer als beim Scheren. Als Folge davon ist in den ersten Tagen nach der Haarernte die Futteraufnahme zunächst noch niedriger als vorher.

Abbildung 154: Die bereits während der Schur des Angorakaninchens vorsortierte Wolle wird anschließend nochmals nachsortiert.

Um den höheren Energiebedarf für die Erhaltung der Körpertemperatur zu decken, muß daher das Tier auf seine körpereigenen Reserven (Fett) zurückgreifen. Diese Umstellung des Stoffwechsels bringt weitere physiologische Belastungen mit sich. Bei einer Außentemperatur von + 4° C wurde ein Absinken der Hauttemperatur von 39,7° C auf 22° C beobachtet. Für jedes Grad unter einer Temperatur von 15° C waren bei einem 4 kg schweren Tier zur Deckung des Energiebedarfes entweder 6 g Alleinfutter oder 1,6 g Körperfett erforderlich (222). Die mit der Entfernung der Wolle verbundenen Probleme sind um so größer, je niedriger die Außentemperaturen sind, je länger das Schurintervall und je höher die Wollleistung ist.

Folgende Maßnahmen sind zur Verbesserung des Schutzes gegen Abkühlung geeignet:

Unterbringung der Tiere in einem Raum mit über 15 °C in den ersten ein bis zwei Wochen nach der Schur. Stehenlassen von 3 bis 4 mm langen Haarstoppeln auf dem Rücken durch Schere mit Abstandshalter (s. Abb. 150). Einstreu verstärken bzw. Aufbringen von Stroh auf die Roste bei einstreuloser Haltung. Verhängen der Buchtentüren bei Außenställen.

Bei niedrigen Temperaturen, Krankheit oder einer durch Haarballen im Magen behinderten Futteraufnahme sind Tiere ohne Fettreserven den oben geschilderten Belastungen nicht gewachsen und gehen ein.

Die **Länge des Schurintervalls,** d. h. der Abstand von Schur zu Schur, ist bei ausschließlich der Wollerzeugung wegen gehaltenen Tieren abhängig von der gewünschten Haarlänge. Im Durchschnitt beider Geschlechter beträgt das wöchentliche Längenwachstum des Angoravlieses 5 bis 6 mm. Es beträgt in der 10. bis 12. Woche nach der Schur nur noch 70 % der in den ersten drei Wochen gemessenen Werte. Das Wachstum der Grannenhaare liegt hierbei über diesen Durchschnittswerten. Ab der 15. Woche nach der Schur setzt auch bei den Tieren der deutschen Population gelegentlich ein teilweiser Haarwechsel ein, der insbesondere die Wollhaare betrifft. Zum Teil beginnt sich der Haarsitz bereits ab der 10. Woche zu lockern, was Wollausfall zu Folge hat. Dies tritt jedoch sporadisch auf, ohne sich später beim gleichen Tier zu wiederholen. Die Ursachen sind unbekannt.

Bislang betrug die Dauer des Schurintervalls 13 Wochen, was einer viermaligen Schur im Jahr entsprach. Um jedoch mit der Erhöhung der Wollleistung verbundenen Beeinträchtigungen des Wohlbefindens (s. Kap. 2.3) sowie die damit zusammenhängenden Risiken zu reduzieren, empfiehlt sich die Verkürzung des Schurintervalls auf maximal 11 Wochen. Das erhöht die Futteraufnahme durch die erleichterte Abgabe der beim Stoffwechsel anfallenden thermischen Energie und erleichtert damit auch die Regulierung der Körpertemperatur. Die Wollleistung ist höher, die ist um so ausgeprägter, je höher die Außentemperatur ist, da einmal die Futteraufnahme nach der Schur in geringerem Maße steigt und zum anderen auch die Isolierung des Wollvlieses sich nachteiliger auswirkt.

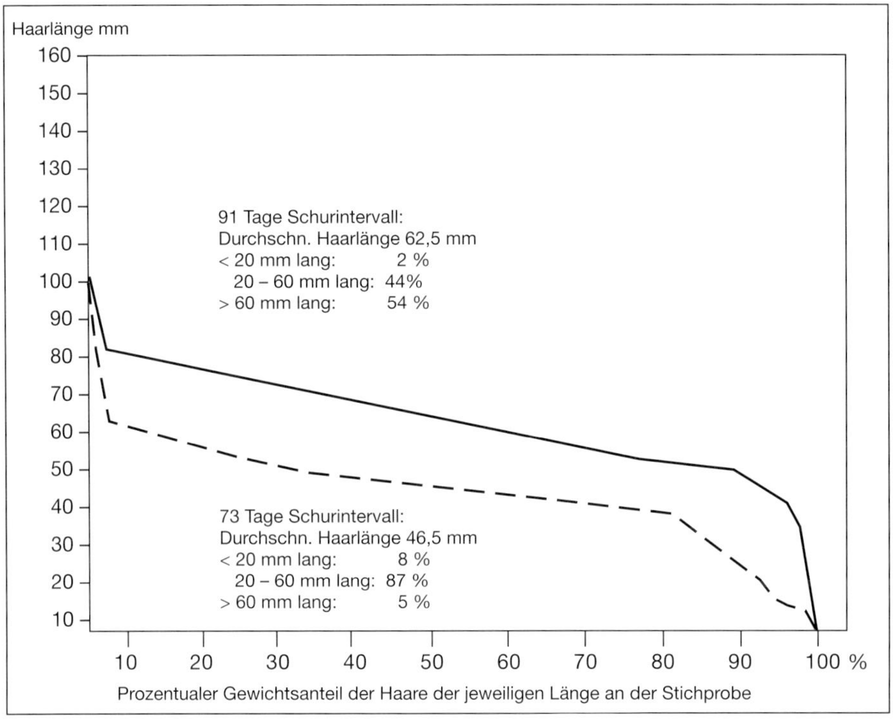

Abbildung 155: Beispiel des Einflusses der Länge des Schurintervalls auf die Haarlänge (dargestellt anhand eines Stapeldiagrammes)

Im gemäßigten Klima

- verbessert eine Verkürzung des Schurintervalls von 90 Tagen auf 70 Tage den Wollertrag um 13 %;
- erhöht ein dreiwöchiges Schurintervall bei 10 bis 19 Wochen alten Angora-Jungtieren die Tageszunahmen um 16 % im Vergleich zu nur einmaliger Schur in diesem Zeitraum;
- verbessert eine Schur weiblicher Tiere am Tage des Deckens die Befruchtungsrate und verringert die embryonale Sterblichkeit, und bei männlichen Tieren wird die Spermaqualität und die Decklust (24, 25) verbessert. Bei hohen Temperaturen sind die positiven Effekte noch größer.

Inwieweit die durch ein verkürztes Schurintervall bedingte Verkürzung der durchschnittlichen Haarlänge und der damit verbundene geringere Anfall an Angorawolle der Sortierungsklasse 1 den Vorteil eines höheren Wollertrages überwiegt, hängt von der Preisgestaltung für kürzere Wolle ab. In den letzten Jahren haben sich die Preisunterschiede zwischen der 1. und 2. Sorte weitgehend egalisiert. Bestehen bleibt der Nachteil eines höheren Arbeitsaufwandes.

Qualitätsbeurteilung

Die Beurteilung der Qualität von Angorakaninchenwolle als Grundlage der Preisbildung und der Weiterverarbeitungsmöglichkeiten basiert in erster Linie auf der durchschnittlichen Länge der Haare im Vlies. Da diese an den verschiedenen Körperteilen unterschiedlich ist, wird die Wolle bereits bei der Schur nach subjektiven Gesichtspunkten sortiert. Subjektiv, d. h. von der sortierenden Person abhängig, erfolgt auch die Schätzung der durchschnittlichen Haarlänge beim Ankauf der Wolle. Das wird nicht selten zur Manipulation des Ankaufspreises mißbraucht.

Die Abgrenzung der einzelnen Sortierungsklassen erfolgt in Deutschland überwiegend auf der Grundlage der DIN (Deutsche Industrienorm – 60 40 7). Diese sieht folgende Sortierungsklassen vor:

Klasse 1: Reinweiß, vollkommen sauber, unverworren, mindestens 6 cm lang. Entsprechend den Ergebnissen der Angorakaninchenleistungsprüfungen in der Bundesrepublik Deutschland beträgt der Anteil dieser Klasse am Schurertrag bei 3monatigem Schurintervall 65 % (6 bis 90 %) bei den männlichen und 75 % (4 bis 89 %) bei den weiblichen Tieren.

Klasse 2: Reinweiß, vollkommen sauber, unverworren, unter 6 cm, jedoch mindestens 3 cm lang.

Klasse 3: Reinweiß, vollkommen sauber, unverworren, weniger als 3 cm lang.

Filz 1: Reinweiß, vollkommen sauber, verfilzt, verworren.

Filz 2: Weiß, verfilzt, verworren, verunreinigt und/oder mit Fremdkörpern durchsetzt.

Diese Einteilung entspricht der früher überwiegenden Verwendung von Angorawolle für die Herstellung von Oberbekleidung. Bei der nunmehr überwiegenden Verwendung für die Herstellung feinerer Garne (Tuche, Unterwäsche) erzielt vielfach kürzere Wolle den gleichen bzw. auch einen höheren Preis als die der Klasse 1. Die bei der Beurteilung des Wollertrages von Angorakaninchen aus den Ergebnissen von Stations- und Feldprüfungen errechnete und seit 1960 eingeführte Wollwertrichtzahl hat daher auch aus diesem Grund ihren Sinn verloren. Abgesehen davon war sie auch schon bislang wegen der bis zu über 20 % betragenden Unterschiede bei der subjektiven Beurteilung der Wollsortierung als vergleichende Bewertungsgrundlage ungeeignet. Im Hinblick auf den engen Zusammenhang zwischen dem Wollertrag und der durchschnittlichen Haarlänge ist der erstere ein zuverlässigerer Maßstab. Die Klassifizierung variiert von Land zu Land, wobei sich die Abstufungen von Klasse zu Klasse subjektiv vielfach nicht erfassen lassen.

Tabelle 55: Einfluß der Meßmethode auf den Grannenhaaranteil bei französischen und deutschen Angorakaninchen

Methode		Französische Population	Deutsche Population
Gewichtsanteil	%	7,22	2,96
Zahlenmäßiger Anteil	%	2,46	1,82

Der unterschiedliche Grannenhaaranteil zwischen der französischen und der deutschen Angorakaninchen-Population ist im Wesentlichen darauf zurückzuführen, dass in Frankreich das Gewicht der die Wollhaare überragenden Grannen zugrunde gelegt wird. Darüber hinaus ist dieser Wert auch erheblichen Schwankungen innerhalb der Rasse unterworfen (s. Tab. 11). Es kann somit nicht allgemein von einem höheren Grannenhaaranteil bei den französischen Tieren ausgegangen werden.

Hinsichtlich der Problematik der subjektiven Einstufung wird auf die Ausführungen zur Haarlänge verwiesen (Kap. 2.3). Angesichts des hohen Zeitaufwandes (ca. 2,5 Stunden), der mit der objektiven Messung mittels des Stapelziehgerätes verbunden ist, wird vorgeschlagen, bei der Einstufung in die Sortierungsklassen lediglich den Anteil der Haare zugrunde zu legen, welche die angegebene Länge überschreiten (148). Beispielsweise sollten in der Klasse 1 über 50 % der Haare länger als 6 cm sein. Diese Klassifizierungsmethode mittels des Stapelziehgerätes erfordert für die einmalige Messung lediglich einen Zeitaufwand von 10 Minuten.

Als weiterer Qualitätsmaßstab wird ferner der Grannenhaaranteil bewertet. Abgesehen von individuellen Unterschieden zwischen den Tieren ist derselbe auch von dem Meßverfahren abhängig (s. Kap. 2.3, Grannenhaar). Die bei Schauen gehandhabte subjektive Beurteilung ist mit erheblichen Fehlern verbunden, die im wesentlichen von der Länge der Grannen verursacht werden: Je länger diese im Verhältnis zu den Wollhaaren sind, desto höher wird ihr Anteil geschätzt.

12.3 Fell

Unter Beachtung der in Kap. 2.4 erläuterten Voraussetzungen läßt sich das Kaninchenfell für die Herstellung von Pelzbekleidung und modischen Artikeln (Pelzbesatz für Kleidung und Schuhe, Pelzfutter, Kuscheltiere) verwenden. Die Produktschauen der Frauengruppen in den örtlichen Kaninchenzuchtvereinen geben hinsichtlich der Verwendungsarten vielfältige Anregungen.

Die Vorbereitung für die spätere Verwendung als Kürschnerfell beginnt bei der Ausschaltung von haltungsbedingten Fellschäden (Scheuerstellen, Narben usw.) sowie der Festlegung des Schlachttermins. Hierfür kommt ausschließlich die Zeit zwischen Mitte November bis Mitte Januar in Frage. Krankheiten, welche das Wohlbefinden der Tiere beeinträchtigen, haben gleichfalls negative Auswirkungen auf die Fellqualität. Dies gilt insbesondere für Mykosen (Hautpilzerkrankungen) und Außenparasiten.

Das Fell wird unter Vermeidung von Beschädigungen, wie Einschnitten und Blutflecken, vom Schlachtkörper abgezogen, wobei auf das Fell vom Kopf und den Pfoten verzichtet werden kann. Die Konservierung des Felles muß unmittelbar nach dem Abziehen erfolgen. Für die spätere Pelzverarbeitung und für Kleinhaltungen kommt das Trocknen in Frage. Fallen Felle in großer Zahl an, oder sind sie für die Haargewinnung und die Verarbeitung zu Leder bestimmt, können sie auch eingesalzen oder eingefroren werden. Bei verzögerter Konservierung bewirkt die schnell beginnende bakterielle bzw. enzymatische Zersetzung der Haut die Lockerung des Haarsitzes.

Zwecks Konservierung durch Trocknung werden die Felle mit der Haarseite nach innen über einen Fellspanner gezogen. Dies verhindert ein Schrumpfen des Felles bei der Trocknung. Allerdings darf durch das Spannen das Fell nicht vergrößert werden. Hierdurch würde sich zwangsläufig die Haardichte und die Festigkeit des Haarsitzes verringern. Der Fellspanner sollte deshalb in seiner Größe verändert werden können, damit er sich der Größe des Felles anpassen kann. Dies ist bei den in der Abbildung 156 gezeigten Konstruktionen aus Eisenstäben gewährleistet.

Die Verwendung verzinkter Stäbe vermeidet Rostflecken auf dem Fell. Als Fellspanner können auch im Kopfteil beweglich miteinander verbundene gehobelte Holzstäbe verwendet werden, die unten mittels eines Querholzes gespreizt werden. Es ist darauf zu achten, daß sich beim Aufziehen des Felles auf den Spanner keine Falten bilden, unter denen dann das Leder nur unvollkommen trocknet. Dies leistet

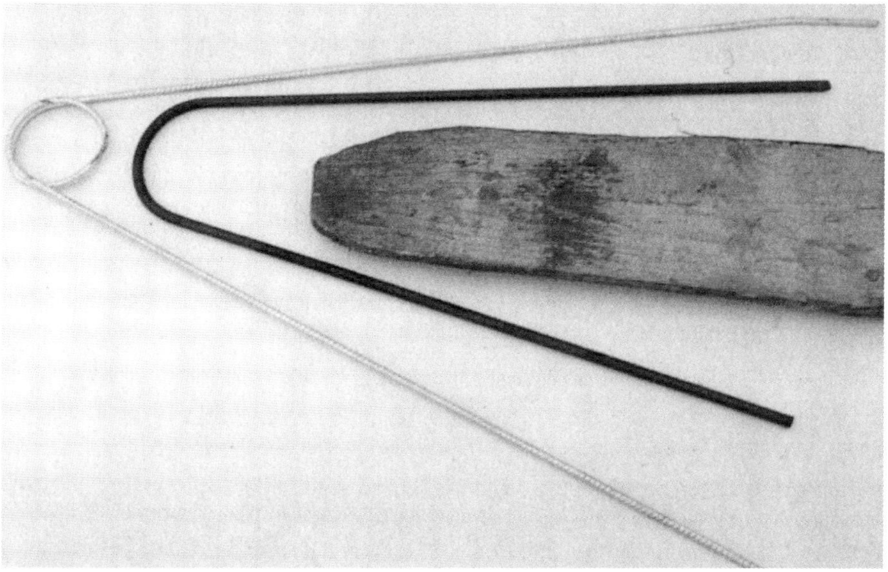

Abbildung 156: Für das Trocknen von Fellen sind die elastischen Fellspanner besser geeignet als das Brett, da sie sich der Größe des Felles anpassen können. Hierzu wurden die Stäbe unten mittels eines Abstandhalters gespreizt. Wird jedoch das Fell stärker gespannt, als es seiner normalen Größe entspricht, verringern sich die Dichte und der Halt der Haare in der Haut.

der Bildung von Fäulnisherden und damit Kahlstellen Vorschub. Ungeeignet ist das Ausstopfen des Felles mit Stroh oder Heu. Hierbei erfolgt die Schrumpfung beim Trocknen ungleichmäßig und das Fell wird deformiert.

Nach dem Aufspannen werden noch anhaftende Fett- und Fleischteile mit einem stumpfen Gegenstand (Schaber, Messerrücken u. ä.) abgekratzt. Dadurch wird verhindert, daß diese ranzig werden oder in Fäulnis übergehen und Fellschäden (Haarausfall) verursachen.

Die Trocknung mittels Fellspanner ist der des aufgeschnittenen und auf ein Brett genagelten Felles vorzuziehen. Bei der letztgenannten Methode erfolgt die Aufspannung ungleichmäßiger, ferner kann das Fell dort, wo es festgenagelt wurde, beschädigt werden.

Zum Trocknen werden die Spanner mit den Fellen an einem schattigen, trockenen und gut gelüfteten Platz aufgehangen. Hohe Temperaturen (mehr als 40 °C) haben Schädigungen des Bindegewebes zur Folge.

Nach zwei bis drei Wochen können die getrockneten Felle vom Spanner genommen und an einem luftigen und trockenen Platz gelagert werden. Hierbei empfiehlt sich die Zugabe eines Insektizids oder zumindest eines Insekten vertreibenden Mittels (z. B. Mottenkugeln).

Vor der Weiterverarbeitung zu Pelzbekleidung oder als Leder wird das Fell durch das Gerben haltbar und geschmeidig gemacht. Die in diesem Zusammenhang durchzuführenden Arbeitsgänge sind in Tab. 48 schematisch dargestellt. Bei der professionellen Verarbeitung zu Kürschnerfellen wird außerdem noch ein Teil der Unterhaut entfernt, um das Fell leichter und geschmeidiger zu machen. Da die Durchführung der Gerbung sowohl Erfahrung als auch das Vorhandensein einer entsprechenden apparativen Ausstattung voraussetzt, empfiehlt es sich, von der in der Fachpresse angebotenen Lohngerbung Gebrauch zu machen. Allerdings sollte ausdrücklich Pelzgerbung gefordert werden.

Wer Mühe und anfängliche Enttäuschungen nicht scheut, kann die Gerbung auch selbst durchführen. Die entsprechenden Chemikalien werden auch in kleineren Gebinden nebst Arbeitsanweisungen von folgenden Firmen bereitgestellt: Zschimmer & Schwarz, 56112 Lahnstein, Tel. (0 26 21) 1 20; Dr. Th. Böhme, Geretsried 1, 82538 Gartenberg, Tel. (08 71) 62 80.

Fellschäden sind sowohl auf unsachgemäße Haltung der Tiere als auch auf Fehler beim Schlachten (Pelzen) sowie der anschließenden Behandlung des Felles zurückzuführen. Neben der von der Rassenwahl abhängigen oder durch unsachgemäße Fütterung verursachten geringen Größe des Felles und der Schlachtung während des Haarwechsels sind Beschädigungen die häufigste Ursache für die Nichtverwendbarkeit des Felles zur Pelzverarbeitung. Die nachfolgende Zusammenstellung (101) gibt einen Überblick über die Vielfalt der zu beachtenden Einflüsse:

Scheuerstellen: Beschädigung des Haarkleides infolge Scheuerns an der Käfigwand, wobei in leichten Fällen die Grannenhaare ausfallen und in schwereren Fällen die Unterwolle deformiert wird.

Grinde, Narben, Wunden: Offene oder verwachsene Beschädigungen des Felles, hervorgerufen durch Krankheit oder Verletzung.

Chemische Verätzung: Schäden, die bei der Bearbeitung durch ätzende Chemikalien oder Farbe entstanden sind.

Löcher: Beschädigungen, die das Leder durchdringen.

Schnitte und Ausheber: Einschnitte oder Verdünnungen der Haut von der Fleischseite her, die das Unterhautbindegewebe durchdringen und die Lederhaut beschädigt haben.

Haarlässigkeit: Schäden, die sich durch Lösen der Unterhaut, durch Tiefschnitt oder bei nicht abgeschlossenem Haarwechsel ergeben und bei denen durch unsachgemäßes Entfetten der Lederhaut die Haarwurzeln beschädigt werden. Die Haare fallen aus, da die Haarwurzeln keinen Halt mehr haben.

Faulstellen: Beschädigung der Lederhaut durch Verwesung, sowohl von der Haar- als auch von der Fleischseite aus, infolge von nicht entferntem Fett, einer späten oder schlechten Konservierung bzw. unsachgemäßer Lagerung.

Verhornung, Verleimung: Schäden, die durch zu hohe Temperaturen beim Trocknen der Felle entstehen und als Brüchigkeit durch verminderte Zugfestigkeit erkennbar sind.

Fraßstellen: Schäden, die durch Speckkäfer, Motten und andere Schädlinge verursacht werden.

Rostflecken: Schäden haar- oder lederseitig, die durch Berührung mit rostigen Eisenteilen (Fellspanner) entstehen und sich als rotbraune Flecken zeigen.

Blutflecke: Rötliche Verfärbung des Haares durch Blut.

Bruchstellen: Schäden, die durch unsachgemäße Trocknung und Konservierung entstehen.

Kahlstellen: Teile der Haarseite, auf denen sich infolge krankhafter oder anderer Veränderungen keine Haare befinden.

Risse: Offene Beschädigungen des Leders infolge starker mechanischer Beanspruchung.

Filzstellen: Teile des Haarkleides, auf denen die Wollhaare verklebt sind und sich nicht ohne Beschädigung des Haarkleides entfernen lassen.

Wirbel: Stellen, an denen, bedingt durch das natürliche Haarwachstum, verschieden gerichtete Haarpartien entstehen, die sich deutlich vom normalen Wuchs abheben und sich nicht beseitigen lassen (Haarwirbel).

Nässestellen: Schäden, die durch Einwirkung von Urin verursacht werden.

Tabelle 56: Arbeitsablauf bei der Gerbung von Kaninchenfellen

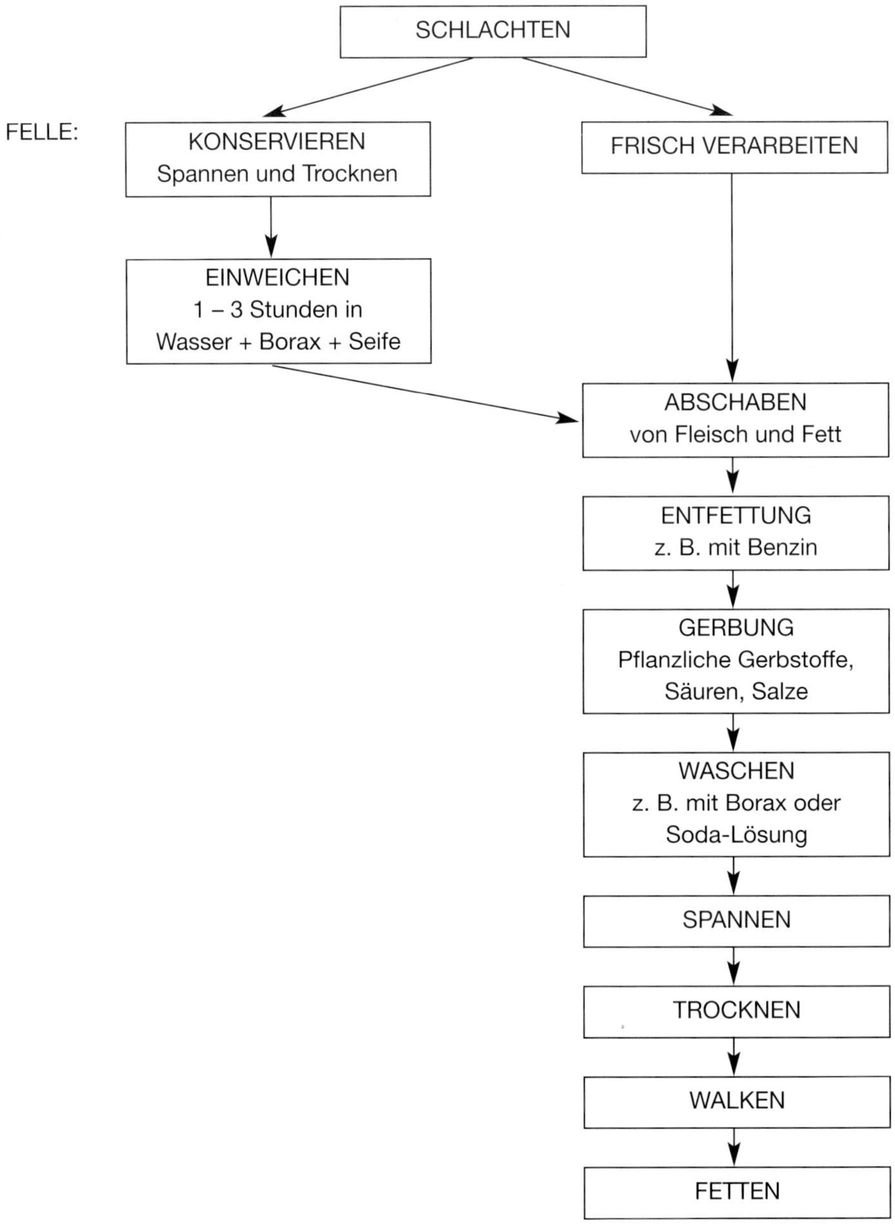

13 Ökonomische Planung und Kontrolle der Kaninchenfleischerzeugung

von W. Schlolaut

Die Entscheidung für die Aufnahme einer erwerbsorientierten Erzeugung von Kaninchenfleisch und -wolle ist häufig auf die Unterschätzung des hierfür erforderlichen Wissens und der wirtschaftlichen Risiken zurückzuführen. Dabei basiert die Motivation zur Nutzung dieser Marktnische nicht selten auch auf den Erfahrungen, welche mit der Haltung von Kaninchen in Kleinbeständen, sei es zur Selbstversorgung oder als Rassekaninchenzüchter gemacht wurden.

Übersehen wird hierbei, daß die professionelle Kaninchenfleischerzeugung hinsichtlich des Wissens um die produktionstechnischen Vorausetzungen in den letzten Jahrzehnten weitgehend das Niveau der anderen Zweige der Nutztierhaltung erreicht hat. Dieser Wissensstand bildet bereits die Produktionsgrundlage in den zur EU gehörenden Haupterzeugerländern (Italien, Spanien, Frankreich), die auch als Wettbewerber auf dem deutschen Markt auftreten (s. Tab. 5). Abgesehen davon unterliegt Kaninchenfleisch auch nicht den Importbeschränkungen, wie sie für andere landwirtschaftliche Erzeugnisse aus Nicht-EU-Ländern gelten. Wer daher mit einer Kaninchenhaltung zu Erwerbszwecken beginnen will, steht im weltweiten Wettbewerb mit Erzeugern, die sowohl über ein hohes Maß an Erfahrungen und produktionstechnischem

Abbildung 157: Die in der Idylle von Kleinsthaltungen und der Zucht von Ausstellungstieren gesammelten Erfahrungen sind auf eine erwerbsorientierte Kaninchenfleischerzeugung nur in sehr beschränktem Umfang übertragbar. Um das Risiko von Fehlern und Fehlentscheidungen zu reduzieren, empfiehlt es sich, zuvor auf die Erfahrungen bereits bestehender Betriebe und der Beratung zurückzugreifen.

Wissen verfügen, als auch bei ihrer Preiskalkulation einen zum Teil bedeutend geringeren Lohnanspruch und niedrigeren Investitionsaufwand zugrunde legen können. Hinsichtlich des letztgenannten Gesichtspunktes wird auf die VR China hingewiesen: Mit jährlich 40.000 bis 50.000 Tonnen Kaninchenfleisch und 7000 bis 8000 t Angorakaninchenwolle ist dieses Land weltweit der größte Exporteur von Kaninchenprodukten.

Als Pluspunkt für die einheimische Erzeugung ist die in Marktnähe erfolgende Erzeugung eines Qualitätsproduktes zu nennen. Das Argument einer dadurch gewährleisteten Frische der Ware wird ergänzt durch die für den sensiblen Verbraucher wichtige Transparenz der Produktionsbedingungen. Diese sind in Deutschland durch besonders strenge tierschutzrechtliche und hygienische Vorschriften gekennzeichnet. Dementsprechend basiert die Ausweitung der einheimischen Erzeugung in den letzten Jahren vor allem auf der Direktvermarktung ab Hof oder auf Wochenmärkten sowie dem Absatz an Gastronomie und Fachhandel.

Angesichts dieser Situation ist ein solides Fachwissen in Verbindung mit der Planung und Kontrolle des Produktionsablaufes und des Betriebsergebnisses unerläßliche Voraussetzung für den Erfolg in dieser Branche. Kaninchenzucht und -haltung ist ein anerkannter Lehrberuf innerhalb der Fachrichtung »Tierwirt«. Auskunft über die für die Ablegung der Gehilfen- oder Meisterprüfung zu erfüllenden Voraussetzungen erteilt die Landwirtschaftskammer Rheinland, Referat Kleintierzucht und -haltung, Endenicher Allee 60, 53115 Bonn, Tel. (02 28) 70 33 43 oder Fax: 70 34 96

Im Gegensatz zu Frankreich existiert in Deutschland kein staatlich gefördertes Programm für die Durchführung von Wirtschaftlichkeitskontrollen in den Betrieben. Dies ist insofern bedauerlich, als der zu einzelbetrieblichen Entscheidungen motivierende Vergleich mit anderen Betrieben ebenso entfällt wie der daraus resultierende Erfahrungsaustausch.

Wer die Kaninchenhaltung zu Erwerbszwecken betreibt, ist daher darauf angewiesen, die ökonomische Planung und Betriebskontrolle selbst durchzuführen. Voraussetzung hierfür ist die regelmäßige Erfassung der Einnahmen und Ausgaben sowie die Führung der in Kap. 6 beschriebenen Stalllisten und -karten. Dies ermöglicht nicht nur die Bereitstellung der für die Wirtschaftlichkeitskontrolle erforderlichen Daten, sondern ist auch eine Voraussetzung für die Erkennung von Schwachstellen im Betriebsablauf (z. B. unfruchtbare Tiere, zu hoher Futteraufwand, Verluste).

Maßstab für den wirtschaftlichen Erfolg ist der Deckungsbeitrag. Er ist sowohl als Entscheidungshilfe anhand einer Modellkalkulation vor der Einrichtung des Erwerbszweiges zu verwenden, als auch für den Jahresabschluß und die Zwischenauswertung im Verlauf des Jahres.

Im Rahmen einer Modellkalkulation bietet der Deckungsbeitrag die Möglichkeit, sich vor der Einrichtung eines Produktionszweiges einen Überblick darüber zu verschaffen, welcher Betrag zur Deckung des Lohnanspruches und der Unterhaltung von Gebäuden und Stalleinrichtungen zur Verfügung steht. Der diesen Aufwand übertreffende Betrag wird auch als Unternehmergewinn interpretiert.

Tabelle 57: Grunddaten für Modellkalkulation des Deckungsbeitrages/Jahr für eine Häsin mit Nachzucht (234)

Nutzungsdauer der Häsin	Jahre	1
Verkaufte Masttiere	Stück	50
Mastendgewicht	kg	2,8
Erlös je kg Mastendgewicht	DM*	4,0
Gewicht der Althäsin	kg	4,0
Erlös je kg Althäsin	DM*	2,0
Preis je Häsin für die Bestandesergänzung	DM*	40,0
Kosten für die Rammlerhaltung (Besamung)	DM*	1,0
Futterbedarf für die Häsin	kg	100,0
Futteraufwand je kg Mastendgewicht	kg	3,0
Preis je kg Michfutter	DM*	0,42
Kosten für Energie und Wasser	DM*	20,0
Kosten für Tierarzt, Medikamente und Hygiene	DM*	25,0
Häsinnenverluste	%	7
Verluste nach dem Absetzen	%	7
Kapitalzinsen	%	8
Preis der Käfige für Häsin und Nachzucht	DM*	330,0
Nutzungsdauer der Käfige	Jahre	10
Festlegungsdauer des Umlaufkapitals	Jahre	0,33

* inklusive Mehrwertsteuer
** Aktuelle Marktpreise erfragen bei gewerblichen Kaninchenfleischerzeugern oder beim Bundesverband Deutscher Kaninchenfleischerzeuger (siehe Tab. 18).

Zu seiner Errechnung werden die in der Beispielsrechnung (Tab. 58) enthaltenen Angaben gemacht. Diese Zahlen sollten hinsichtlich der unterstellten Leistungen dem Niveau entsprechen, welches entweder bei dem künftigen Betriebsleiter nach eigener Einschätzung unterstellt werden kann oder aus Beispielsbetrieben vorliegt. Die Preise für die Stalleinrichtung und das Futter können einzuholenden Angeboten entnommen werden. Es empfiehlt sich für die Durchführung derartiger Modellkalkulationen, die Unterstützung der örtlichen Beratungsstellen bei Landwirtschaftsämtern oder -kammern in Anspruch zu nehmen. Auch für den Fall, daß dort noch keine Erfahrungen mit diesem Betriebszweig vorliegen, können Erkenntnisse aus anderen Bereichen genutzt werden.

Die in der Modellkalkulation unterstellten Grunddaten für die verschiedenen Einflußfaktoren (Tab. 57) basieren auf optimalen Verhältnissen und einem fachkundigen Management. Abweichungen können sich aufgrund der nachfolgend zusammengestellten Einflüsse ergeben:

Die **Nutzungsdauer der Häsin** ist vor allem vom Gesundheitsstatus des gelieferten Tiermaterials und den hygienischen Bedingungen in dem betreffenden Bestand abhängig. Sofern keine Infektionskrankheiten (z. B. Pasteurellose) mitgeliefert wurden oder im Bestand herrschen (was hinsichtlich der Pasteurellose vielfach der Fall ist), kann mit einer jährlichen Verlustquote von weniger als 5 % und der Merzung infolge Unfruchtbarkeit von 10 bis 15 % gerechnet werden. Eine durchschnittliche Nutzungsdauer von einem Jahr (wie in Tab. 57 unterstellt) setzt unter Berücksichtigung dieser Abgänge eine etwa eineinhalbjährige Zuchtverwendung der überlebenden bzw. nicht gemerzten Häsinnen zuzüglich des Alters beim Eintritt der Zuchtreife voraus. Im zweiten Jahr muß allerdings mit einer um etwa 15 % geringeren Aufzuchtleistung gerechnet werden. Unter ungünstigen Bedingungen, wie z. B. infektionsbelastetes Tiermaterial oder Ergänzung abgängiger Häsinnen durch Hinzusetzen fremder Tiere in den vorhandenen Bestand, können die Verluste durch Tod und Merzung erheblich höher sein. In den in der Wirtschaftlichkeitskontrolle in Frankreich angeschlossenen Betrieben müssen jährlich aus diesen Gründen 40 bis 50 % der eingestallten Häsinnen ergänzt werden (81).

Die **Zahl der verkauften Masttiere je Häsin und Jahr** ist bei Kreuzungshäsinnen (Rassenkreuzungen und Linienhybriden) höher als bei reinrassigen. Sie beeinflußt die wirtschaftlich wichtige Kaninchenfleischerzeugung je Häsin und Jahr am stärksten und ist gleichzeitig ein Maßstab für die Qualität des Managements und des Tiermaterials. Sie ist jedoch nicht nur abhängig von der Leistungsveranlagung der Häsin, sondern auch von der Zwischenwurfzeit und vor allem der Art der Berechnung. Hinsichtlich der letzteren bestehen folgende Möglichkeiten:

Anfangshäsin – Die Zahl der verkauften Masttiere pro Häsin bezieht sich hierbei auf die am Beginn des Rechnungsjahres eingestallten Häsinnen. Infolge der im Verlauf des Jahres erfolgenden Abgänge durch Tod und Merzung infolge Unfruchtbarkeit oder Erkrankung ist diese Leistung geringer als bei den folgenden beiden Berechnungsverfahren. Betriebswirtschaftlich ist diese Berechnungsmethode jedoch korrekter. Sie trägt der Nutzungsdauer der Häsin ebenso Rechnung wie den Kosten für die Bestandesergänzung. Die in der Modellkalkulation (Tab. 58) unterstellten 50 verkauften Masttiere sind je Anfangshäsin nur unter sehr günstigen Voraussetzungen zu erzielen. Die Zahl der aufgezogenen Jungtiere beeinflußt die wirtschaftlich wichtige Kaninchenfleischerzeugung je Häsin und Jahr am stärksten und ist gleichzeitig ein Maßstab für die Qualität des Managements und die des Tiermaterials.

Durchschnittshäsin – Dieser Leistungsmaßstab liegt der Modellkalkulation zugrunde (Tab. 58). Er wird aus der Dauer der Anwesenheit im Bestand (Futtertage) errechnet. Zur Errechnung der im Bestand innerhalb eines Jahres vorhandenen Durchschnittshäsinnen wird die Zahl der Futtertage aller Häsinnen des Bestandes d. h. auch der infolge Tod oder Merzung im Jahresverlauf ausgeschiedenen durch 365 dividiert. Die insgesamt verkauften Masttiere werden dann durch die Zahl der Durchschnittshäsinnen dividiert. Die Leistung je Durchschnittshäsin ist dadurch höher als die auf die Häsin des Anfangsbestandes berechnete. Sie gibt zwar eine bessere Information über das erbliche Leistungsvermögen der Tiere und das Management der Reproduktion. Sie informiert jedoch nicht über die Höhe der Abgänge im Jahresverlauf. Hierzu ist die Angabe der Zahl der Häsinnen erforderlich, welche zur Ergänzung des Bestandes eingesetzt werden mußten. In französischen Betrieben waren es 1992 (81) im Durchschnitt 1,4 pro Jahr je eingestallte Häsin. Die auf die Durchschnittshäsin bezogene Aufzuchtleistung ist neben den Verlusten vor allem auch von der Schnelligkeit abhängig, mit welcher Häsinnen mit geringer Leistung gemerzt werden.

Häsinnenkäfig – In diesem Falle bezieht sich die Aufzuchtleistung nicht auf das Tier, sondern auf den Häsinnenkäfig. Sie ist weitgehend unabhängig von der Nutzungsdauer. Die Zahl der je Häsinnenkäfig verkauften Mastkaninchen wird in erster Linie dadurch beeinflußt, wie schnell der durch Verluste und Merzung leergewordene Häsinnenkäfig wieder besetzt wird. Die darauf bezogene höchste Aufzuchtleistung wird erreicht, wenn eine bereits tragende Häsin wieder in den Käfig einer gemerzten oder eingegangenen Häsin gesetzt wird. Hierzu werden entsprechend der durchschnittlichen Konzeptionsrate zusätzliche Häsinnen zum gleichen Zeitpunkt gedeckt und in kleineren Reservekäfigen untergebracht. Die bei der Trächtigkeitskontrolle nicht tragenden Häsinnen des Zuchttierbestandes werden dann herausgenommen und gegen tragende Reservehäsinnen ausgetauscht. Auf diese Weise werden bei diesem in Frankreich, Italien und Spanien üblichen Berechnungssystem je Häsinnenkäfig 70 bis 80 Jungtiere aufgezogen. Die Haltungs- und Beschaffungskosten für die Ersatzhäsinnen bleiben unberücksichtigt. Sie lassen sich lediglich aus der prozentualen Remontierungsquote abschätzen und erhöhen den Futter- und Investitionsaufwand des Gesamtbestandes.

Das **Endgewicht der Masttiere** beeinflußt neben der Zahl der aufgezogenen Jungtiere bzw. der verkauften Masttiere die Kaninchenfleischerzeugung je Häsin und Jahr am stärksten. Abgesehen von dem Einfluß auf die anteiligen Haltungskosten der Häsin sinken mit steigendem Mastendgewicht die auf das Schlachttier bezogenen Kosten für die Schlachtung und die Fleischbeschau. Diese Vorteile überwiegen den Nachteil eines sich erhöhenden Futteraufwandes je kg Zuwachs mit steigendem Mastendgewicht.

Der **Erlös je kg Mastkaninchen** unterliegt insbesondere saisonalen Schwankungen: Schlachtereien zahlen den höchsten Preis im Winterhalbjahr. Dagegen ist häufig in den Monaten Juni bis August eine Absatzflaute zu beobachten. Die größte Preisstabilität ist mit der Direktvermarktung zu erzielen, wenn es gelingt, einen qualitätsbewußten, festen Kundenstamm aufzubauen. In der vorliegenden Modellkalkulation hat ein um 5 Cent höherer Lebendgewichtspreis eine Erhöhung des Deckungsbeitrages je Häsin um 7 Euro zur Folge.

Der **Preis der Häsinnen** für die Bestandesergänzung ist einmal abhängig davon, ob diese zugekauft werden oder beim Einsatz von Reinzuchttieren aus dem eigenen Bestand entnommen werden können. Beim Zukauf der Zuchthäsinnen ergeben sich, abgesehen von Preisunterschieden zwischen den verschiedenen Zuchtunternehmen und Mengenrabatten, auch Kostenunterschiede, die durch die unterschiedliche Zeitdifferenz zwischen dem Ankauf und der ersten Zuchtverwendung bedingt sind (zusätzliche Futter- und Haltungskosten). Wenn Tiere aus Kreuzungszuchtprogrammen (Hybriden) eingesetzt werden sollen, ist der Zukauf obligatorisch. Infolge der genetischen Variation der Leistungen bei der F2-Generation liegen die Leistungen von Tieren aus unkontrollierten Kreuzungen erheblich niedriger (s. Kap. 5.5.2).

Die **Kosten für die Rammlerhaltung** sind neben der Länge des Deckintervalles (Wurfintervall) vor allem abhängig davon, ob dem natürlichen Deckakt oder der künstlichen Besamung der Vorzug gegeben wird. Wenn die Häsinnen 1 bis 2 Tage nach dem Werfen wieder gedeckt werden, entfallen auf einen Rammler etwa 8 bis 10 Häsinnen, gegenüber 40 bis 50 bei der künstlichen Besamung. Dementsprechend liegen die Kosten für die Rammlerhaltung sowie den Ankauf und die Bestandesergänzung beim natürlichen Deckakt 5- bis 6 mal höher. Die Kosten für die Ovulationsauslösung und die Geräte für die Besamung werden durch die höhere Konzeptionsrate und deren geringere jahreszeitliche Schwankungen zum Teil kompensiert. Allerdings setzt die künstliche Besamung größere Sorgfalt, Fachkenntnisse und eine entsprechende Einarbeitung voraus.

Der **Futterbedarf der Häsin** ist abhängig von ihrem Gewicht, der Dauer der Säugezeit und der Zahl der Würfe pro Jahr, da während der Säugezeit die Nährstoffaufnahme mehr als das Dreifache im Vergleich zum Erhaltungsbedarf beträgt (Tab. 36). Außerdem nehmen mit zunehmender Dauer der Säugezeit auch die Jungtiere Futter auf, welches der Häsin zugeordnet wird, den Futteraufwand für die Mast jedoch reduziert.

Der **Futteraufwand je kg Zuwachs** bezieht sich auf die Zeit nach dem Absetzen bis Mastende. Er schwankt in Abhängigkeit von dem Energiegehalt des Futters, dem Mastendgewicht und der genetischen Veranlagung des Tiermaterials (s. Tab. 6 und 35). Schließlich ist bei einer Modellkalkulation auch das Futter zu berücksichtigen, welches von den eingegangenen Tieren bis zu ihrem Ausscheiden aus dem Bestand gefressen wurde. Es kann davon ausgegangen werden, daß hierdurch der Futteraufwand prozentual sich etwa um die Hälfte der Verlustrate erhöht. Das hat bei der in der Modellkalkulation unterstellten Verlustquote von 7 % eine Erhöhung des Futteraufwandes um 3,5 % = 0,1 kg zur Folge. Das entspricht in der Modellkalkulation einer Verringerung des Deckungsbeitrages um etwa 50 Cent pro Masttier = 25 Euro insgesamt. In Abhängigkeit von Rasse oder Hybridherkunft sowie dem Mastendgewicht ergeben sich Unterschiede von bis zu 1 kg Futteraufwand je kg Zuwachs (Tab. 6, 10, 26, 27). Unter Berücksichtigung dessen und der oben erwähnten Einflußfaktoren entspricht der in der Modellkalkulation angenommene Futteraufwand für die Masttiere von 3,0 kg optimalen Verhältnissen. Angesichts der vielfältigen Einflußfaktoren ist ein Futteraufwand von 3,5 kg pro kg Zuwachs als Durchschnitt realer.

Der **Futterpreis** kann, abgesehen von herkunftsbedingten Unterschieden, in Abhängigkeit von der Bezugsmenge und der Art der Anlieferung (lose oder gesackt) schwanken. Versuchsweise wurden durch Einsatz von Rinderfutter ohne Harnstoffzusatz, die Futterkosten je kg Zuwachs um bis zu 40 % reduziert (92). Auf die hiermit verbundenen Risiken wurde in Kap. 9.6.3 hingewiesen.

In den **Veterinärkosten** ist das ovulationsauslösende Hormonpräparat mit 16,– DM enthalten, welches den Häsinnen vor der Besamung verabreicht wird. Diese Kosten entfallen bei natürlicher Bedeckung.

Die **Häsinnenverluste** der Modellkalkulation setzen mit 7 % einen sehr guten Hygienestatus des Tiermaterials und überdurchschnittliche Haltungsbedingungen voraus. Sie schließen nicht die Abgänge durch Merzung von Häsinnen mit ein, welche nur unzureichende Fruchtbarkeitsleistungen (Trächtigkeitsrate, Zahl der aufgezogenen Jungtiere) erzielen. In diesem Zusammenhang wird auf die Ausführungen zur Nutzungsdauer hingewiesen.

Tabelle 58: Modellkalkulation zur Errechnung des Deckungsbeitrages für eine Häsin (234)

Einnahmen	DM
Mastkaninchen	560,–
Abgängige Althäsin	8,–
Einnahmen insgesamt	568,–
Spezialkosten	
Häsinnenkosten für die Bestandesergänzung	40,–
Futterkosten für Häsin	42,–
Kosten für Rammlerhaltung	1,–
Futterkosten für Masttiere	139,–
Kosten für Energie und Wasser	20,–
Kosten für Tierarzt, Medikamente und Hygiene (einschließlich Besamung)	25,–
Kosten für Häsinnenverluste	2,–
Kosten für Masttierverluste	5,–
Zinsen für Umlaufkapital	8,–
Abschreibung und Zinsen für Käfigkosten	46,–
Spezialkosten insgesamt	328,–
Deckungsbeitrag* (Einnahme abzügl. Spezialkosten)	241,–

Die **Verluste der Masttiere** nach dem Absetzen schließen nicht nur die Ausfälle infolge Tod mit ein, sondern auch die infolge von Verletzungen und Unterentwicklung nicht vermarktungsfähigen Tiere. Deren Anteil beträgt durchschnittlich 2 bis 3 % (57). In französischen Betrieben betrugen 1992 die Verluste nach dem Absetzen im Durchschnitt 10 bis 15 % und von der Geburt bis zum Absetzen 15 bis 20 % (81).

Der **Zinssatz** entspricht den durchschnittlichen Zinsen, welche auf dem Kapitalmarkt für das eingesetzte Kapital zu zahlen oder zu erzielen wären.

Der Preis für die Käfige reduziert sich bei Bodenhaltung für die Masttiere um etwa ein Drittel. Nicht berücksichtigt wurde die Abschreibung für das Stallgebäude, da von der Nutzung von Altbauten ausgegangen wurde.

Angesichts der vorstehend erläuterten Einflüsse auf die der Berechnung des Deckungsbeitrages zugrunde liegenden Grunddaten sollten bei Modellkalkulationen soweit möglich Zahlen eingesetzt werden, welche den in vorhandenen Betrieben ermittelten Leistungen und Kosten entsprechen. Für den Jahresabschluß des eigenen Betriebes werden die hier ermittelten Leistungen eingesetzt.

Hinsichtlich der Errechnung des sich aus dem Deckungsbeitrag ergebenden Erlöses für den Arbeitsaufwand je Häsin und Jahr, einschließlich Jungtiermast bei teilweiser Schlachtung der Masttiere, kann von folgendem Arbeitszeitbedarf ausgegangen werden (234):

Kleinbetriebe (unter 100 Häsinnen): 10 Arbeitsstunden

Größere Betriebe (über 100 Häsinnen): 8 Arbeitsstunden

Ohne Jungtiermast weniger als die Hälfte. Bei Ablieferung der Masttiere an einen Schlachtbetrieb kann von ca. 400 Häsinnen je AK ausgegangen werden.

Wie die Modellkalkulation (Tab. 58) ausweist, wird die Höhe des Deckungsbeitrages am stärksten von der Fleischerzeugung je Häsin und Jahr und dem Erlös je kg Mastendgewicht bzw. Schlachtkörper bestimmt. Dabei hat die Zahl der aufgezogenen Jungtiere den größten Einfluß auf das Betriebsergebnis. Sie ist gleichzeitig auch am stärksten von den Fähigkeiten des Betriebsleiters abhängig. Sofern es jedoch gelingt, das Mastendgewicht zu erhöhen (beispielsweise bei Teilstückzerlegung), hat diese Maßnahme nahezu den gleichen Einfluß auf die Steigerung des Deckungsbeitrages wie die Erhöhung der Aufzuchtleistung. Der sich mit steigendem Mastendgewicht erhöhende Futteraufwand je kg Zuwachs wird weitgehend durch die Verringerung des Kostenanteils für die Häsinnenhaltung kompensiert. Ferner sind der Arbeitsaufwand für die Schlachtung und die Kosten für die Fleischbeschau vom Mastendgewicht unabhängig.

Für die Errechnung des Deckungsbeitrages bei einer arbeitsteiligen Trennung zwischen der Häsinnenhaltung, für die Abgabe von 5 Wochen alten Jungtieren an spezialisierte Mastbetriebe entfallen in der Modellkalkulation (Tab. 58) die Futterkosten für die Masttiere. Ferner verringern sich die Kosten für Energie, Wasser, Tierarzt und Medikamente sowie für Zinsen und Abschreibung.

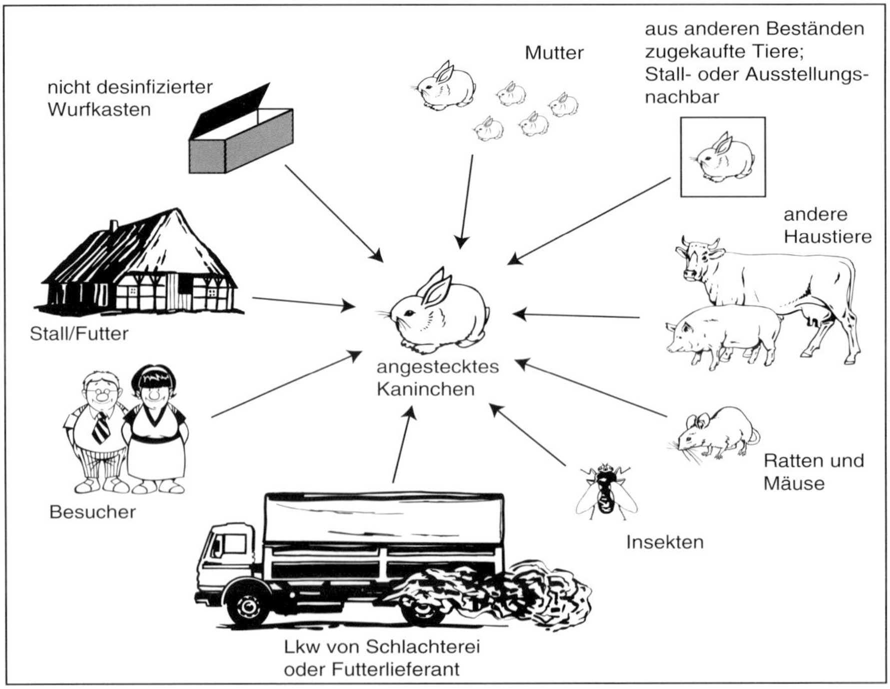

Abbildung 158: Infektionsquellen – Im Vergleich zu den anderen landwirtschaftlichen Nutztieren sind beim Kaninchen die Verluste am höchsten. Neben einer nicht dem Bedarf entsprechenden Ernährung (s. Kap. 8, 9 und 9.7.1), ist dies vor allem die Folge der verbreiteten Vernachlässigung hygienischer Grundsätze. Die Abbildung gibt einen Überblick über die Vielfalt der Infektionsquellen, die es auszuschalten gilt.

14 Heimkaninchen

von W. Schlolaut

Die Domestikation des Kaninchens wurde, dem Selbsterhaltungstrieb des Menschen folgend, zunächst allein von dem mit seiner Tötung verbundenen materiellen Nutzen, der Fleisch- und Fellerzeugung bestimmt. Erst in der vom Hunger befreiten Wohlstandsgesellschaft nahm der Mensch das Kaninchen auch in seine Wohnung auf, damit es ihm im unmittelbaren Kontakt Gesellschaft leistet. Vorläufer und Wegbereiter dieser Entwicklung war die Rassekaninchenzucht. Hier hat sich die Beurteilung der Körpermerkmale von Zuchttieren, die früher der Verbesserung der Nutzleistungen ihrer Nachkommen diente, inwischen zur weitgehend ideell motivierten Voraussetzung für die Teilnahme an Schauwettbewerben gewandelt. Lediglich die hierfür nicht tauglichen oder die altersbedingt abgängigen Zuchttiere werden noch für die Erzeugung von Fleisch und Fellen genutzt.

Die Haltung als Heimtier verzichtet demgegenüber auf jegliche materielle Nutzung. Das Zusammenleben im Wohnbereich des Menschen macht das Kaninchen zum Hausgenossen, der durch sein possierliches Wesen und den möglichen Körperkontakt (Streicheln und Kuscheln) ein idealer Spielgefährte für die Kinder ist oder die Einsamkeit Erwachsener lindern hilft.

Die nachfolgenden Ergänzungen zu den Ausführungen in den anderen Kapiteln sollen dazu beitragen, das Zusammenleben in der Hausgemeinschaft für Mensch wie für Kaninchen möglichst problemlos zu gestalten:

- Vor der Anschaffung prüfen, ob Familienmitglieder allergisch gegen Tierhaare sind.
- Kaninchen werden bis zu über 10 Jahre alt. Sie können daher älter werden, als sie als Spielgefährten für die Kinder interessant sind, um dann der elterlichen Fürsorge anheimzufallen.
- Kaninchen haben an Urlaubsreisen wenig Freude und bleiben lieber zu Hause. Prüfen Sie vor der Entscheidung, ob die Versorgung in mindestens zweitägigem Turnus gewährleistet ist.
- Sollen gleichzeitig auch Hunde und Katzen als Haustiere gehalten werden, so kann das für das Kaninchen tragisch enden.
- Der Erwerb und die Haltung von Kaninchen, gleichgültig zu welchem Zweck, bedarf bis zu einem Alter von 16 Jahren der Einwilligung der Erziehungsberechtigten (§ 14c Tierschutzgesetz).
- Stehen die vorgenannten Gesichtspunkte einer Einbeziehung des Kaninchens in die Hausgemeinschaft nicht im Wege, gilt es, folgendes zu beachten:

- Vor der Kaufentscheidung empfiehlt sich der Besuch einer der im Herbst und Winter stattfindenden Kaninchenschauen, die einen umfassenden Überblick über das Rassespektrum geben (Termine bei den Rassekaninchenzüchtern erfragen, Anschriften s. Kapitel 18). Meist besteht hier auch die Möglichkeit des Ankaufs zu meist günstigeren Bedingungen als im Zoogeschäft, bei gleichzeitiger Beratung durch den kompetenten Züchter.

- Zwei Tiere überbrücken leichter die Zeit, in der der Mensch verhindert ist, dem Heimtier Gesellschaft zu leisten. Um Rangordnungskämpfe zu vermeiden, empfiehlt es sich, nur weibliche Tiere gemeinsam zu halten. Vorsicht! Bei der gemeinsamen Haltung von verschiedenen Geschlechtern erlebt man sonst hautnah die sprichwörtliche Fruchtbarkeit des Kaninchens ...

- Angehörige von Zwerg- oder allenfalls Kleinrassen (s. Kap. 4.3.3) sind für die Heimtierhaltung am besten geeignet. Sie entsprechen am meisten den emotionalen Vorstellungen vom Kuscheltier, sind leichter unterzubringen, benötigen weniger Futter und dementsprechend weniger Aufwand, um die Exkremente zu entsorgen.
- Nicht zu empfehlen sind angorahaarige Varianten: Sie müssen mindestens alle drei Monate geschoren oder wöchentlich gekämmt werden. Als Kompromiß bieten sich Fuchskaninchen (Abb. 71 u. 72) und deren Zwerg- und Farbvarianten an. Ihr Haarkleid unterliegt dem saisonalen Haarwechsel, so daß sich die Schur erübrigt.
- Jungtiere 3–4 Wochen nach dem Absetzen kaufen. Sie gewöhnen sich leichter an die neue Umwelt als ältere oder unmittelbar nach dem Absetzen erworbene.

Für die Fütterung gilt das im Kapitel 9 Gesagte. Im Hinblick auf die Vielzahl der in den Zoohandlungen angebotenen sogenannten »Leckerbissen« nachfolgende Hinweise:

- Das Kaninchen legt weniger Wert auf Abwechslung bei seiner Ernährung als der Mensch. Wenn ihm etwas gut schmeckt, bleibt es am liebsten dabei. Grünfutter und Wurzelfrüchte sind allerdings jederzeit willkommen. Sie sind die preiswertesten Leckerbissen ohne Gefahr von Fettansatz und Verhaltensstörungen.

- Sein Bedarf an Nähr- und Mineralstoffen sowie an Vitaminen wird am preiswertesten mit dem beim Landhandel erhältlichen pelletierten Mischfutter gedeckt. Die Preise für die in Kleinpackungen angebotenen »Leckerbissen« mit dem mehr oder weniger gleichen Nährstoffgehalt sind um ein Vielfaches höher. Zum Vergleich: Der Preis für 100 kg Kaninchenfutter variiert zwischen 25,– Euro (im 50-kg-Sack) bis zu über 500,– Euro (in der 0,5-kg-Kleinpackung). Der Erzeugerpreis für 100 kg Wiesenheu beträgt nach der Ernte etwa 15,– Euro . Im Zoohandel müssen für diese Menge in Kleinpackungen bis zu über 150,– Euro angelegt werden.

- Problematisch sind bei alleiniger Verabreichung von pelletiertem Mischfutter die Verfettung und die Langeweile. Als Heimtiere haben Kaninchen keine Leistungen zu vollbringen und benötigen lediglich den Erhaltungsbedarf (s. Tabelle 37). Die zu dessen Deckung erforderliche Alleinfuttermenge kann in wesentlich kürzerer Zeit verzehrt werden, als die genetisch »programmierte« Zeit zur Futtersuche bei Weidegang beträgt. Das kann Fehlverhalten (z. B. Aggressivität, Haarefressen) zur Folge haben. Die Verabreichung von Grobfutter (Grünfutter, Heu, Wurzelfrüchte, Zweige von Obstgehölzen und Weichhölzern) dient der Beschäftigung. Kein Grünfutter oder Heu verfüttern, das von Flächen stammt, auf denen Hunde und Katzen ihren Kot absetzen (Bandwurmeier verursachen Finnenbefall, s. Kap. 15.3). Auf Giftpflanzen achten, da die Kaninchen sie nur teilweise als solche erkennen und verschmähen. Auch die Blätter mancher Zimmerpflanzen sind giftig!

- An ausgewachsene Tiere sollte das Mischfutter unter Berücksichtigung der zusätzlich zur Beschäftigung verabreichten Grobfuttermenge rationiert verfüttert werden. Das heißt, bei gelegentlichem Grobfutterangebot in Höhe der Mengenangaben für den Erhaltungsbedarf in Tabelle 37. Für jeweils 100 g Grünfutter, Obst oder Wurzelfrüchte kann die tägliche Mischfuttermenge um 10 - 15 g reduziert werden. Heu sollte, täglich erneuert, ständig verfügbar sein. Da es nur in relativ geringen Mengen aufgenommen wird und schlecht verdaulich ist (Tab. 33), braucht die Nährstoffaufnahme durch den Heuverzehr nicht berücksichtigt zu werden.

- Sogenannte Leckerbissen wie Nüsse, Haferflocken usw. fördern den Fettansatz und decken nicht den Bedarf an lebenswichtigen Nährstoffen und Vitaminen. Sie gehören nicht zum Nahrungsspektrum des Wildkaninchens (s. Kap. 9).

- Wichtig! Das Gewicht monatlich kontrollieren. Ausgewachsene Tiere dürfen nicht zunehmen! Zu starker Fettansatz schadet auch dem Kaninchen.

Auch in der Wohngemeinschaft mit dem Menschen bleibt das »Heimkaninchen« ein Lebewesen, auf dessen artgemäßes Verhalten Rücksicht genommen werden muß:

- Das Schutzverhalten des Wildkaninchens als Beutetier von Mardern, Füchsen u. a. kommt beim Heimkaninchen im Aufsuchen von Unterschlupfmöglichkeiten, der schreckhaften Fluchtreaktion bei ungewohnten Geräuschen (z. B. Staubsauger, Türenschlagen u. a.) oder dem Drücken, durch flaches Auf-den-Boden-Legen, bei vermeintlicher Gefahr, wie z. B. sich schnell bewegenden Objekten (Radfahrer, Flugzeuge), zum Ausdruck.

- Kaninchen erfreuen den Menschen durch ihren possierlichen Anblick sowie ihr Bedürfnis, gestreichelt zu werden. Ihre Lernfähigkeit und dementsprechend auch die Möglichkeit einer Dressur sind jedoch, im Vergleich zum Hund, ungleich geringer. Sie lieben die Pausen beim Umgang mit Kindern ebenso, wie sie von Zeit zu Zeit auch vor ihren Artgenossen in ihren Käfig oder einen Unterschlupf ausweichen. Diesem Verhalten trägt die Unterbringung in einem Käfig Rechnung, aus welchem sie tagsüber für einige Stunden herausgenommen werden, um sich unter Aufsicht im Zimmer, auf dem Balkon oder im Garten zu bewegen.

Entsprechend dem Wildkaninchen werden Kot und Harn vorzugsweise an der gleichen Stelle im Käfig oder des jeweiligen Aufenthaltsortes abgesetzt. Dieses Verhalten läßt sich für die Erziehung zur Stubenreinheit nutzen:

- Die Kotschublade nach dem Herausnehmen des Kaninchens aus dem Käfig in die vom Kaninchen bevorzugte Ecke des Zimmers etc. stellen.
- In die mit Einstreu versehene Kotwanne einige Kotballen oder mit seinem Harn angefeuchtete Erde hineingeben oder darin belassen.
- Nicht vor dem Hinaussetzen füttern. Die Fütterung nach dem Einfangen dient gleichzeitig als Lockmittel.
- Anfangs das Kaninchen nur jeweils für 20 bis 30 Minuten aus dem Käfig nehmen.
- Harnflecken auf dem Zimmerboden mit in Essig getränktem Lappen entfernen. Das Kaninchen versteht dies als Hinweis darauf, daß dort nicht mit Harn »markiert« werden darf.

- Die Aufstellung des Käfigs kann auch in einem ungeheizten Raum erfolgen, wobei der Sichtkontakt zur Außenwelt und auch zum Menschen gewährleistet sein sollte.

- Gegen niedrige Temperaturen (auch unter 0 °C) ist das Kaninchen durch das Fell geschützt, nicht jedoch gegen Nässe, Zugluft und direkte Sonneneinstrahlung im Sommer.

- Das »Heimkaninchen« nutzt seinen Auslauf im Zimmer dazu, um das Terrain zu erkunden und, wie das Wildkaninchen, seinen Einflußbereich zu markieren. Letzteres mit Hilfe von Harnspritzen (insbesondere Rammler) sowie den Exkreten der Kinn- und der, zwischen den Schenkeln befindlichen, Inguinaldrüse.

15 Krankheiten der Haus- und Wildkaninchen

von H. Ch. Löliger

Erkrankungen, unter Einschluß von Mißbildungen und Verletzungen sind Folgen von angeborenen oder erworbenen Schäden an Körperteilen, Organen oder Organgeweben und den daraus sich ergebenden Störungen ihrer Funktionen. Sie können in allen Organen und Körperteilen entstehen. Verlauf und Folgen von Erkrankungen hängen ab von dem Ausmaß der entstandenen Schäden und der daraus sich ergebenden Beeinträchtigung, von der Fähigkeit des Körpers, die Schäden auszuheilen, die Funktionsfähigkeit der Organe alleine oder mit Hilfe heilender Behandlungsmaßnahmen wiederherzustellen oder bei bleibenden Organschäden den Funktionsausfall kompensieren zu können.

Die Ursachen von Erkrankungen sind in Art und Wirkung sehr unterschiedlich. Jedes Ereignis, das die Entwicklung, die Unversehrtheit oder die Funktion von Körperteilen und Organen beeinträchtigt, wird zur Krankheitsursache:

15.1 Krankheits- und Schadensformen

Körperschäden oder Erkrankungen treten auf als

- örtlich begrenzte Prozesse ohne oder mit nur geringfügiger Einschränkung der Funktionen der betroffenen Körperteile, ohne Störung des Allgemeinbefindens;
- Körper- und Organschäden mit deutlicher Funktionseinschränkung der betroffenen Körperteile bzw. Organe, häufig auch Störung des Allgemeinbefindens.

15.2 Anlaß und Ursachen von Krankheiten

Kenntnisse über Ursachen und Entwicklung von Erkrankungen sind Vorausaussetzung für eine ursachenwirksame Krankheitsvorbeuge und Behandlung. Die Vorbeuge dient der Verhütung der Krankheitsentstehung, die Behandlung hat zum Ziel, durch Beseitigung der Ursachen und Wiedererlangung der Funktionsfähigkeit der geschädigten Körperteile/Organe den Gesundheitszustand der: Tiere möglichst schnell wieder herzustellen.

15.2.1 Angeborene Körperschäden

Von Geburt an bestehende Körperschäden in Form von Mißbildungen oder Funktionsanomalien sind Folgen

- von Defekten an den Genen – Träger der »Erbaanlagen« (s. Kapitel 5.2. Tab. 21);
- von Einwirkungen auf die Mutterhäsin während der Trächtigkeit – Infektionen, medikamentöse Behandlungen, Schadstoffen im Futter (s. 15.2 – 2.2), welche über das mütterliche Blut zu den sich entwickelnden Föten gelangten und bei diesen Fehlentwicklung von Körperteilen verursachen können.

15.2. – 2 Erworbene Erkrankungen

Die Mehrzahl aller bei Kaninchen vorkommenden Erkrankungen und Körperschäden gehen auf von außen einwirkende, erworbene Schadensursachen zurück. Entstehung und Verlauf von erworbenen Erkrankungen können durch zusätzlich auf das Tier einwirkende Belastungs- (Sekundär-)faktoren beeinflußt – kompliziert – werden. Komplikationen ergeben sich aus Fütterungsfehlern, belastenden Klimaeinflüssen, mangelhaften Haltungsbedingungen, Verhaltensstörungen, Parasitenbefall, Infektionen, auch angeborene Konstitutionsschwäche. Von säugenden Häsinnen aufgenommene Arzeneimittel und Schadstoffe gelangen mit der Muttermilch auf Säuglinge.

15.2. – 2.1 Erkrankungen durch Störungen in der Fütterung und Nährstoffversorgung

Krankheitserscheinungen infolge Mängel oder Störungen in der bedarfsdeckenden Versorgung der Kaninchen mit den lebensnotwendigen Futter- und Nährstoffen (s. 9.3 – 9.4) treten meist erst nach längerem Einwirken auf. Auf Störungen in der Nährstoffversorgung reagieren wachsende Jungtiere und trächtige und säugende Häsinnen empfindlicher als ausgewachsene und nicht durch Jungtieraufzucht belastete Kaninchen. Fütterungsbedingte Gesundheitsschäden treten meist bei mehreren Tieren der gleichen Alters- und Leistungsgruppe auf.

Erkrankungen infolge unzureichender Nährstoffversorgung können entstehen bei

- **Nährstoffmangel** infolge unzureichender Aufnahme von lebensnotwendigen Nähr- und Wirkstoffen, Vitaminen, Spurenelementen, Eiweiß u. a.- mit dem Futter;
- **Erkrankungen als Folge von Störungen bei der Verdauung und Nährstoffresorption** durch die Darmschleimhaut – **Malabsorption –**, infolge stärkeren Befalls mit Magen- und Darmwürmern, Kokzidien (15.2. – 3.1/2)
- Entartung der für die Nährstoffaufbereitung im Blinddarm der Kaninchen lebenswichtigen, spezifischen Darmbakterienflora – Dysbakterie – mit Störung der Darmfunktion – Dysbiose – ; häufig auch Ursache von Darmentzündungen – Dysenterie (15.4 – 2.13.3);
- **Überversorgung** bei bedarfsüberschreitendem Nähr- und Wirkstoffgehalt im Futter mit Störung des stoffwechselphysiologischen Gleichgewichts – Gefäßverkalkungen, bei Vitamin-D-Überschuß, Organverfettung bei überhöhtem Energiegehalt, Dysbiose der Blinddarmverdauung bei überhöhtem Eiweißanteil u. a. –.

15.2. – 2.2 Erkrankungen nach Aufnahme von schädlich wirkenden oder mit Schadstoffen belasteten Futtermitteln oder von unverdaulichen Fremdkörpern

Verdorbene Futtermittel als Ursache von

- Magenblähung und Durchfall infolge Verfütterung von fauligem und erhitztem Gras- oder Blattfutter;

– Verstopfung, Magen-Darm-Blähung, auch Durchfall bei stärkerer Verschmutzung des Futters durch Ungeziefer – Futtermilben, Käfer, Maden –;

– Gefahr von Schimmelpilzinfektionen (15.2 – 4.3) bei Verunreinigung des Futters mit Schimmelpilzen *(Aspergillus spec)*;

– Ansteckung mit Räudemilben (15.2 – 3.4) durch Futtermittel, zu denen mit Räudemilben befallenen Ratten und Mäuse Zugang haben.

Futtereigene Schadstoffe (s. Kap. 9.8) sind u. a. giftig wirkende Inhaltsstoffe in Blättern, Wurzeln oder Samen von Pflanzen, die als Futter genutzt werden (Tab. 41). Sie kommen bei Kaninchen gelegentlich der Verfütterung von Gras/Heu vor, das von Wiesen mit stärkerem Anteil an »Giftpflanzen« – Herbstzeitlose, Hahnenfuß, Eisenhut, Gartenschierling, Schachtelhalm, Farne, Mutterkorn u. a. – geerntet worden ist und deren Gifte bei den Tieren Atemnot, Krämpfe, Durchfall u. a. mit Todesfolge verursachen können.

Stoffe zur Schädlingsbekämpfung und Pflanzenschutz über Futtermittel oder Einstreupartikel, die mit diesen Stoffen verunreinigt sind, von Kaninchen aufgenommen werden und bei den Tieren zu Vergiftung führen. Vergiftungserscheinungen sind abhängig von der Menge und Wirkung der Stoffe und äußern sich mit Blutungen in Schleimhäuten mit Blutaustritt aus Maul und Nase, Atmungsbeschwerden, plötzlicher Tod bei akuter Vergiftung und durch Appetitmangel, Abmagerung, Fellschäden, Störung beim Kot- und Harnabsatz bei chronischem Verlauf.

Holzschutzmittel als Ursache von Vergiftungen durch Benagen von Holzteilen u. a. Stoffen, die mit Schutzanstrichen behandelt sind; meist chronischer Verlauf mit Haut- und Fellschäden, Sehstörungen.

Fremdkörper aus unverdaulichem Material, die mit dem Futter oder aus der Einstreu aufgenommen und abgeschluckt werden und im Magen, seltener im Darm verbleiben, die Passage des Futters erschweren (Verstopfung) und Ursache von Entzündungen und Verletzungen der Magen- und Darmwand sein können. Bei Kaninchen kamen vor

– Ballenbildung (Bezoare) im Magen durch langfaserige Pflanzenhalme/-stengel, Fellhaare (Langhaarkaninchen) oder Textilfasern;

– Drahtstifte oder Holzsplitter mit Verletzungen der Magen-, gelegentlich auch Darmwand, Entstehung von eitrigen Bauchfellentzündungen (15.4 – 2.14).

Unverträgliche Arzneimittel im Futter, wie bestimmte Antibiotika – Penicillin, Ampicillin, Cephalosporin, Spiramycin, Tylosin u. a. – verursachen bei Aufnahme mit dem Futter oder Trinkwasser je nach Art des Arzeneimittels Durchfälle, Haut- und Fellschäden, Haarausfall mit Hautblutungen (Neurodermitis), mitunter auch nervöse Symptome und erhöhte Lichtempfindlichkeit.

15.2. – 2.3 Körperschäden und Erkrankungen durch Mängel an Einrichtungen zur Unterbringung, Ver- und Entsorgung

Konstruktionsfehler, schadhafte Teile oder Funktionsstörungen an Einrichtungen zur Unterbringung – Stall, Gehege, Käfig, Nest – sowie zur Ver- und Entsorgung – Fütterung und Tränke, Lüftung, Harn- und Kotbeseitigung – dienende Anlagen können Anlaß für Verletzungen und Erkrankungen unter den in Ställen lebenden Kaninchen sein.

Körperschäden infolge Mängeln an Stall-, Käfig- und Nesteinrichtungen/ Technopathien, als Einzelfall in mangelhaften Gehegen vorkommend, können entstehen durch

- zu enge Käfige – Wohn-, Transport- und Ausstellungskäfig – Gefahr von Verletzungen der Wirbelsäule durch Behinderung bei Drehbewegungen (Wenden);
- zu kleine Käfigöffnungen: erhöhte Verletzungsgefahr beim Einsetzen oder Herausnehmen von Tieren;
- zu weite Bodengitter: Gefahr des Einklemmens und Festhängens von Gliedmaßen – Gelenkluxation, Knochenbrüche;
- unzureichende Sicherung der Öffnungen von Käfigen bei Hochgehegen: Gefährdung der Tiere durch Stürzen aus den Käfigen – Prellungen, Knochenbrüche (Gliedmaßen, Wirbelknochen);
- scharfkantige Blech- und Drahtteile, abstehende Holzsplitter: Anlaß für Haut- und Muskelwunden.

Gesundheitsstörungen infolge Fehlern an den Ver- und Entsorgungseinrichtungen, Häufung von Schadensfällen im Bestand oder in einem Gehege möglich durch

- Funktionsstörungen an Futterautomaten oder Tränkeeinrichtungen: Unterbrechung der ausreichenden Versorgung mit Futter oder Flüssigkeit;
- unzureichende Be- und Entlüftung geschlossener Stallräume: Gefährdung durch ungenügende Frischluftzufuhr – Sauerstoffmangel, Anreicherung gesundheitsschädigender Schadgase – Ammoniak, Kohlendioxyd – und Zunahme des Staub- und Keimgehaltes in der Stalluft, (s. 10.1, Tab. 42): Schäden an Schleimhäuten der Atemwege, Reizung der Lidbindehäute, tränende Augen;
- technische Störungen in der Kot- und Harnbeseitigung – bei Batteriekäfighaltung – zu enge Bodengitter, defekte Kotauffang- und -beseitigungsvorrichtungen: Gehegeverschmutzung; Anreicherung von Parasiten und Bakterien (s. 15.2 – 4.2).

15.2. – 2.4 Erkrankungen durch Verhaltensstörung – Ethopathien

Beeinträchtigungen der zur gesunden Körperentwicklung und zum Überleben der Kaninchen erforderlichen Verhaltensansprüchen durch

- **Futterneid,** Abdrängen vom Futterplatz als Ursache für Wachstumsstörungen, Abmagerung, Kümmern – meist Einzelfall;

- **Rivalitätskämpfe** bei Gruppenhaltung von Jungböcken als Ursache von Beißereien mit massiven Wunden am Körper, auch Verblutungen möglich;

- **Lärm und Unruhe** in der Umgebung der Ställe/Käfige als Ursache zunehmender Erregung – Schreckhaftigkeit, Panik, Flucht – mit Folgen bei tragenden Häsinnen durch Verwerfen (Frühgeburt, Abort), bei säugenden Häsinnen durch Störung bei der Milchsekretion und Schäden an den Nestlingen durch Verschleppen der Säuglinge aus dem Nest, Bißwunden (Schein-Kannibalismus, Kronismus) und Zertreten einzelner Tiere und tödliche Unterkühlung der aus dem Nest geschleppten Nestjungen.

15.2. – 2.5 Gesundheitsgefährdung infolge mangelhafter Bestandsbetreuung

Vernachlässigung der Stallhygiene durch

- mangelhafte Reinigung und unzureichende Desinfektion der Stallräume, Gehege/Käfige, Futter- und Tränkeeinrichtungen mit Anhäufung von Exkrementen und Staub: Gefährdung der Tiere durch Anreicherung der Anlagen mit bakteriellen und parasitischen Krankheitserregern: Zunahme von Wund- und Schmierinfektionen – »wunde Läufe« –, Schmutzinfektionen der Geburtswege im Anschluß an die Geburt, Milchdrüseninfektion mit Erregerübertragung auf die Säuglinge s. 15.2. – 4.2

Unzureichende Gesundheitsvorsorge durch

- Vernachlässigung der Bestandskontrolle: Verspätetes Erkennen von Erkrankungsfällen und nachfolgender Krankheitsausbreitung; Verzögerung der Krankheitsbekämpfung;

- mangelhafte Vorsorge gegen seuchenhafte Erkrankungen – Schutzimpfungen, Stallsperre, Desinfektionsmatten;

- unzureichenden Schutz der Tiere vor Witterungsunbilden, Gefährdung durch Unterkühlung (Nestlinge, auch Wollkaninchen nach der Schur) oder durch Hitzekollaps bei hoher Lufttemperatur (über 30° C).

15.2. – 3 Erkrankungen durch Eingeweide- und Hautparasiten

Tierische Schmarotzer, auch als Parasiten bezeichnet, sind kleinste einzellige oder mehrere Millimeter bis Zentimeter messende, vielzellige Lebewesen, die ständig – stationär – oder vorübergehend auf und in Wirbeltieren und beim Menschen leben – parasitieren und sich von Zell- und Gewebebestandteilen oder Flüssigkeiten, Blut, Sekreten – ihrer Wirte leben. Sie kommen bei Kaninchen in Eingeweideorganen – Endoparasiten – und auf der Haut und im Fell – Ektoparasiten – vor.

Die krankheitsauslösende Wirkung des Parasitenbefalls ist abhängig von der Menge der die Organe befallenden Parasiten – Befallsstärke – und von hinzukommenden Komplikationen.

15.2. – 3.1 Einzellige, sporenbildende Parasiten (Kokzidien, Mikrosporidien)

Mikroskopisch kleine, wenige einhundertstel Millimeter (15 bis 33 µm) große Parasiten, die in zahlreichen, nach Foren und Lebensweise unterschiedlichen Arten vorkommen und sich in Körperzellen –, Deckzellen, Gefäßwandzellen, Bindegewebszellen und Muskelzellen – von Wirbeltieren ansiedeln und in diesen sich vermehren. Sie beinträchtigen die Zellfunktion, zerstören die befallenen Zellen und verursachen dadurch Gewebe- und Organschäden unterschiedlichen Ausmaßes.

Kokzidien der Gattung *Eimeria* sind bei Kaninchen häufig anzutreffen: Die meisten Arten parasitieren in Zellen der Darmschleimhaut, eine Art kommt in Zellen der Gallengänge vor.

Darmkokzidien: *E. magna, E. perforans, E. intestinalis, E. irresidua, E. media, E. pisiformis,* Erreger der Darmkokzidiose, Krankheitserscheinungen – Durchfall – bei starkem Befall, s. 15.4. – 2.13.3;

Leberkokzidien: *E. stiedae*, Erreger der Gallengangs- oder Leberkokzidiose – 15.4 – 2.9.3, Abb. 165

Die Ansteckung erfolgt durch Aufnahme der mit dem Kot ausgeschiedenen infektionsfähigen Oocysten. Im Darm werden die in den Oocysten eingeschlossenen Sporen (Sporozoiten) frei. Die Sporozoiten der Darmkokzidien dringen in die Zellen der Darmschleimhaut ein, die Sporozoten der Gallengangs-/Leberkokzidien werden aus dem Darm mit dem Blut der Pfortader in die Leber transportiert, wo sie die Deckzellen der Gallenkanäle infizieren. In den Zellen erfolgt zunächst eine ungeschlechtliche Vermehrung, durch Teilung – Schizogonie –, die mit Zerstörung der Wirtzellen und Freisetzung neugebildeter, geschlechtsdifferenzierter Gameten in Darm oder Leber endet. Anschließend erfolgt eine geschlechtliche Vermehrungsphase – Gametognie –, bei der männliche Mikrogameten die in den Zellen befindlichen, weiblichen Makrogameten befruchten, aus denen sich dann Kokzidienoozysten entwickeln. Durch Zerfall ihrer Wirtszelle werden diese frei und anschließend mit dem Kot aus dem Darm ausgeschieden. In den gegen Klimaeinflüsse sehr widerstandsfähigen Oocysten entwickeln sich, begünstigt durch feucht-warme Umgebung, innerhalb von 7 bis 10 Tagen neue, infektionsfähige Sporozoiten. Die in der Einstreu oder im kotverschmutzten Stallboden angereicherten Kokzidienoocysten können über Monate infektionsfähig bleiben. Der Nachweis einer Kokzidieninfektion erfolgt durch parasitologische Kotuntersuchung; Desinfektion, s. 15.7

Toxoplasmen – *Toxoplasma/Encephalitozoon cuniculi* sind bei Kaninchen im Zusammenhang mit Gehirnerkrankungen – 15.4.2.5 –, Nierenerkrankungen – 15.4.2.7 – , beschrieben worden. Eine größere Bedeutung als Ursache von verlustreichen Erkrankungen in Kaninchenbeständen, vergleichbar den Kokzidiosen, ist für diese Mikrosporidienart nicht bekannt. Toxoplasmen sind bei zahlreichen Wirbeltierarten und auch beim Menschen nachgewiesen worden. Über wechselseitige Infektionsmöglichkeiten von Toxoplasma zwischen Kaninchen und anderen Tieren liegen keine gesicherten Erkenntnisse vor.

Sarkosporidien – *Sarcocystis cuniculi* sind bei Hauskaninchen gelegentlich in der Herz- und Skelettmuskulatur nachgewiesen. Spezifische Krankheitserscheinungen sind nicht bekannt. Sarkosporidien kommen als Muskelparasiten gelegentlich auch bei anderen warmblütigen Wirbeltieren und beim Menschen vor.

Infektionen mit Toxoplasmen und Sarkosporidien erfolgt durch Aufnahme sporenhaltiger Exkremente oder Gewebeteile von infizierten Tieren – Ratten, Mäuse, Katzen, Kaninchen u. a.. Der Nachweis oder Ausschluß von Infektionen erfolgt mittels blutserologischer Untersuchungen und durch mikroskopische Organuntersuchungen.

15.2. – 3.2. Eingeweidewürmer – Helminthen

Bei Hauskaninchen auftretende Eingeweidewürmer gehören verschiedenen, durch ihre Form und Entwicklung, sowie durch den Verlauf der Ansteckung (Invasion) und Ansiedlung im Wirtstier unterscheidbare Wurmarten – **Rundwürmer** (Nematoden), **Bandwürmer** (Zestoden), **Saugwürmer** (Trematoden) – an. Die meisten Wurmarten parasitieren im Magen und Darm, einige Arten in der Lunge und in den Gallengängen der Leber. Der Befall – Invasion – der Hauskaninchen mit Eingeweidewürmern erfolgt durch Aufnahme der mit dem Kot befallener Tiere ausgeschiedenen Wurmeier oder mit deren Larven in entsprechenden Zwischenwirten. Einschleppung von Eingeweideparasiten aus Wildkaninchen oder Hasen über Freilandfutter ist leicht möglich.

Die Feststellung eines Wurmbefalls am lebenden Tier erfolgt durch parasitologische Untersuchung des Kotes und Nachweis der Wurmeier und Wurmlarven.

15.2. – 3.2.1 Rundwürmer – Nematoden

Die bei Hauskaninchen am häufigsten vorkommenden, parasitischen Wurmarten gehören zur Familie der Rundwürmer – Nematoden.

Nematoden des Magens und des Darmes – s. 15.4. – 2.13

- *Graphidium strigosum, Trychostrongylus spec.*, 10 – 20 mm lange, in der Schleimhaut des Magens und Dünndarms lebende Rundwürmer – Fadenwürmer –; Übertragung durch Aufnahme der in den ausgeschiedenen Eiern entwickelten Larven;

- *Strongyloides papillosus*, – Älchen, bis 6 mm langer Fadenwurm, auch im Darm anderer Tiere – Schwein, Ratte, Ziege – vorkommende Wurmart; Übertragung der Larven bei Futteraufnahme oder durch Einbohren der Larven in die Haut, von dort mit den Blutgefäßen zum Darm;

- *Passalurus ambiguus*, Pfriemschwanz, bis 12 mm langer Rundwurm des Blinddarmes; Direktübertragung durch die aus den Eiern geschlüpften Larven;

- *Trichuris leporis*, Peitschenwurm, im Blinddarm und Kolon vorkommend, bis 60 mm lang, mit dünnem Vorderende und verdicktem Hinterende – peitschenförmige Gestalt; Übertragung durch Aufnahme der Larven mit dem Futter;

Schadwirkungen – bei stärkerem Befall – sind Abmagerung, Blutarmut, Fellschäden (Malabsorption 15.2. – 2.1), Verdauungsstörungen, mitunter ungeformter Kot.

Nematoden der Lunge – s. 15.4. – 2.1.3
- *Protostrongylus spec.*, bis 40 mm lange Fadenwürmer, die in den Bronchien und Lungenbläschen vorkommen; Übertragung nach Aufnahme der mit ansteckungsfähigen Larven befallenen Zwischenwirte – Nackt- und Gehäuseschnecken.

Schadwirkungen äußern sich durch Atmungsstörungen (Husten, Röcheln), Abmagerung.

15.2 – 3.2.2 Plattwürmer – Platyhelminthes

Zu den wegen ihrer flachen, platten Körperform »Plattwürmer« genannten Eingeweidewürmer gehören die mitunter sehr langen, bandförmigen Bandwürmer oder Zestoden und die mit einem kräftigen Saugnapf versehenen Saugwürmer oder Trematoden.

Bandwürmer/Cestoda – s. 15.4. – 2.13.4, bei Kaninchen ausschließlich im Dünndarm vorkommende Wurmarten, deren aus zahlreichen »Gliedern (Gliederkette)« bestehende Körperlänge zwischen 10 mm und 800 mm beträgt. Die Köpfe haben 4 Saugnäpfe, mit denen sie sich in der Darmschleimhaut festsaugen; die letzten Glieder der Bandwürmer sind mit reifen Eiern gefüllt, die mit dem Kot ausgeschieden werden. Gelangen die in den Eiern entstandenen Larven – Onkosphären — in ihre spezifischen Zwischenwirte – Gras- und Moosmilben –, entwickeln sich in diesen die ansteckungsfähigen Finnen – Zysticercoid –, aus denen sich nach Aufnahme der Zwischenwirte durch Kaninchen oder Hasen mit dem Futter in deren Dünndarm ein neuer Bandwurm entwickelt. Die mit dem Kot ausgeschiedenen Bandwurmeier verbleiben in feuchter Umgebung bis über 6 Monate entwicklungsfähig, im Zwischenwirt können die Finnen über 2 Jahre invasionsfähig bleiben.

Bei Hauskaninchen in Mitteleuropa am häufigsten vorkommenden Bandwurmarten sind

- *Cittotaenia ctenoides*, bis zu 80 mm lange und 10 mm breite Gliederkette, die am häufigsten vorkommende Bandwurmart bei Hauskaninchen;
- *Andrya cuniculi*, bis 1 m lange und 8 mm breite Gliederkette;

Schadwirkungen sind Abmagerung, Blutarmut, Fellschäden, gelegentlich Durchfall.

Saugwürmer/Trematoda bei Hauskaninchen in Mitteleuropa als Parasiten der Gallengänge in der Leber – Leberegel – gelegentlich vorkommende, mit einem kräftigen Saugnapf versehenen Wurmarten entwickeln sich erst nach Aufnahme von an Gräsern sitzenden, ansteckungsfähigen Larvenstadien – Metazerkarien bzw. von mit Saugwurmlarven – Zerkarien – befallene Zwischenwirten. Nach Aufnahme dieser Larven durch einen Endwirt-Kaninchen – mit dem Futter werden vom Darm über Blutgefäße der Pfortader in die Leber verbracht und entwickeln sich dann in den Gallengängen zu geschlechtsreifen Saugwürmern, deren Eier mit dem Kot ausgeschieden werden. In den Eiern bilden sich »Wimperlarven« – Miracidium, aus denen sich dann die ansteckungsfähigen Zerkarien bzw. Metazerkarien entwickeln. Leberegel kamen bei allen pflanzenfressenden Haus- und Wildtieren vor – 15.4 – 2.9.3 –

- *Fasciola hepatica*, großer Leberegel, 2 – 5 cm lang, 0,5 – 1,5 cm breit; der ausgewachsene Wurm parasitiert in den Gallengängen; Zwischenwirte sind Gehäuseschnecken auf feuchten Wiesen; Ansteckung erfolgt durch Aufnahme von freien oder an Gräsern (Heu) sitzenden Larvenzysten – Metazerkarien – mit dem Futter; Entwicklung zum geschlechtsreifen Leberegel im Endwirt innerhalb 2 – 3 Monaten;

- *Dicrocoelium dendriticum*, Lanzettegel, 8 – 12 mm lang, 1,5 – 2,5 mm breit, lanzettenförmig, parasiertiert in den Gallengängen; zwei Zwischenwirtsstadien, 1. Gehäuseschnecke, 2. Waldameisen; Entwicklungsdauer nach Aufnahme der invasionsreifen Zerkarien in Ameisen 7 – 9 Wochen; bei Hauskaninchen selten. Folgen des Leberegelbefalls sind Verdauungsstörungen (Verstopfung), Abmagerung.

15.2. – 3.3. Befall mit Bandwurmfinnen

Zystische Zwischenstadien von Bandwürmern, die im Darm fleischfressender Tiere – Hund, Fuchs, Wolf, Dachs, Katzen – parasitieren. Nehmen Kaninchen oder Hasen die mit dem Kot ausgeschiedenen Eiern dieser Würmer auf, entwickeln sich in den Organen dieser Tiere die Finnenzysten. Durch Verzehr der mit Finnen befallenen Organe durch fleischfressende Tiere entwickeln sich in deren Darm wieder geschlechtsreife Bandwürmer. Schadwirkungen bei durch Finnen befallenen Kaninchen zeigen sich durch Ausfallserscheinungen der befallenen Organe – Gehirn, Lunge, Leber, Bauchfell –. Nachweis im lebenden Tier problematisch, ggfs. durch Röntgenaufnahme.

- *Cysticercus pisiformis*, bohnengroße Finnen des Hunde-, Fuchs- und Katzenbandwurmes Taenia pisiformis; Ansiedlung im Gekröse und in der Leber; Schadwirkung bei stärkerem Befall; häufigste Finne bei Haus- und Wildkaninchen und Hasen; s. 15.4 – 2.9.3 und 2.14.2, Abb. 168

- *Echinococcus hytadidosus*, bis apfelgroße Finnenblasen oder Blasenkonglomerate des kleinen Hunde- und Fuchsbandwurmes *Echinococcus granulosus*, Ansiedlung in Leber, Lunge, Nieren; in Mitteleuropa bei Hauskaninchen selten s. 15.4. – 2.1.3/9.3

- *Coenurus cerebralis* – Drehwurm, bis hühnereigroße Blasen, Finne – eines Hunde- und Fuchsbandwurmes Multiceps multiceps; Ansiedlung im Gehirn und Rückenmark; bei Hauskaninchen in Mitteleuropa selten – s. 15.4 – 2.4.3 –

15.2. – 3.4. Parasiten der Haut und des Felles (Ektoparasiten) s. 15.4 . – 2.7

15.2 – 3.4.1 Milben

Auf und in der Haut oder im Fell der Kaninchen ständig lebende, etwa 1 – 2 mm-große Parasiten. Einschleppung in die Kaninchenbestände durch mit Milben befallene Säugetiere – Kaninchen, Ratten, Mäuse u. a. – oder über kontaminiertes Futter. Die Milben vermehren sich direkt auf ihrem Endwirt. In der Einstreu können Milben etwa 3 Wochen, ihre Eier mehrere Monate überleben.

Nachweis von Milben in Haut- und Fellproben von Kaninchen mit einer Lupe möglich

- *Cheyletiella spec.* – Fellmilben, leben in der Unterwolle und ernähren sich von Fellstaub und Hautschuppen; verursachen Haarverfilzung – 15.4 – 2.7.2;

- *Psoroptes cuniculi*, Erreger der Ohrräude, breiten sich auch auf andere Regionen der Haut, Kopf, Hals, Rumpf aus, Hauptwirte sind Kaninchen – 15.4 – 2.12.2

- *Chorioptes* spec., *Sarcoptes* spec., Erreger der Hauträude, leben in den oberen Hautschichten, in denen sie Bohrgänge zur Eiablage graben – Grabmilben – können auch andere Haustiere sowie Ratten und Mäuse befallen; Übertragung auch durch mit Milben verunreinigtes Futter – 15.4 –/2.7.6

- *Demodex follicorum cuniculi*, lebt an den Haarbälgen – Haarbalgmilbe –, verursacht Haarausfall und Schuppenbildung, Borkenbildung, auch Eiterherde; Einschleppung auch über Hunde u. a. Tiere möglich – 15.4 – 2.7.6

15.2. – 3.4.2 Zecken

Hautparasiten, deren Weibchen sich zum Blutsaugen in die Haut ihrer Wirtstiere einbohren. Zecken können bei allen warmblütigen Landtieren und beim Menschen vorkommen. Die mit Blut vollgesaugten Weibchen fallen von der Haut ihres Wirtes ab, am Boden erfolgt die Begattung durch die kleineren Männchen. Aus den Eiern entwickeln sich Larven (Nymphen), die sich an Gräsern und Pflanzen festsetzen und von hier aus ihre Endwirte befallen. Zecken können die Erreger der Myxomatose, der hämorrhagiscnen Erkrankung (RHD) und andere Infektionen übertragen.

- *Ixodes spec.*, Schild- und Lederzecken; kommen besonders in Wiesen- und Auwaldgebieten vor, Befall nur während der warmen Jahreszeit. Örtliche Schadwirkung

15.2. – 3.4.3 Schadinsekten – Flöhe, Läuse, Fliegen

Flöhe und Läuse der Kaninchen sind in den Beständen sowohl am Tier als auch in der Einstreu der Ställe anzutreffen. Sie leben von Blut und Hautpartikeln ihrer Wirtstiere und legen ihre Eier in deren Fell (Läuse, Flöhe) oder im Stallschmutz (Flöhe) ab. Bestimmte Fliegenarten setzen ihre Eier auch an feuchten Hautstellen oder Wunden ab, von wo aus sich die daraus entwickelnden Larven in die Haut einbohren. Gesundheitsschäden können sich ergeben als Folge von Hautreizungen beim Blutsaugen durch Flöhe, durch Juckreiz bei Befall mit Läusen, beim Eindringen der Fliegenlarven in das Unterhautgewebe. – Flöhe können Überträger von Virusinfektionen – Myxematose, RHD – 15.4. – 1.1.1 – und manchen Bakterienarten sein.

- *Siphonaptera spec.* – Flöhe, besonders im warmen Klima anzutreffen; Nestjunge besonders gefährdet: Anreicherung der Insekteneier in der Einstreu, Entwicklung zu ausgewachsenen Flöhen bei warmen Temperaturen;

- *Anoplura spec.* – Läuse; ständig am Tier lebend, Beunruhigung durch Juckreiz; bei Haltung auf Einstreu häufiger anzutreffen;

- *Cuterebra spec., Sarcophacidea spec.*, Fleisch- und Schmeißfliegen; aus den an feucht-verschmutzten Stellen des Felles oder an Wunden abgesetzten Eiern schlüpfen nach 24 bis 40 Stunden Larven, die sich in die Unterhaut einbohren, dort zu Maden heranwachsen und eitrige Abszessen und Gewebeentzündungen verursachen – Myiasis; Befall auch bei anderen Tierarten möglich – 15.4. – 2.7.6

15.2. – 4 Erkrankungen durch Infektionen mit Viren, Bakterien und Pilzen – Infektionskrankheiten

Infektionskrankheiten entstehen durch Eindringen von übertragbaren Krankheitserregern – Viren, Bakterien, Pilze – in den Tierkörper mit nachfolgender Ansiedlung und Vermehrung in den Organen. Die dabei entstehenden Gewebeschäden und Funktionsstörungen sind Anlaß für Erkrankung. Die Ansteckung der Tiere mit den krankheitsauslösenden pathogenen Mikroorganismen kann über die Maulhöhle – oral –, mit der Atemluft – aerogen –, über Hautwunden – perkutan –, über die Harnröhre – urogene Harnröhreninfektionen – oder bei der Paarung – Deckinfektion – erfolgen.

Örtliche zunächst begrenzte Infektionen, z. B. Wundinfektionen, können als lokale Prozesse verbleiben und spontan ausheilen. Die in Wunden angesiedelten Keime können sich aber auch über Blutgefäße im ganzen Körper ausbreiten – Erregergeneralisation –. Mischinfektionen eines Kaninchens durch mehrere Erregerarten sind möglich.

15.2. – 4.1 Virus – s. 15.4. – 1.1.

Spezifisch strukturierte Erregerform in der Größenordnung von Zellchromosomen (Genen) und Eiweißmolekülen, zwischen 20 – 150 mm (1 nm/Nanometer = ein millionstel Meter). Viren sind wirts- und zellspezifische Infektionserreger, die sich nur in lebenden und für die Virusart spezifischen Wirtstierzellen vermehren können. Viren werden mit dem Speichel, Nasenschleim, mit dem Sperma oder mit den Exkrementen – Harn, Kot – ausgeschieden und durch Kontakt mit virushaltigem Material direkt, aber auch durch blutsaugende Insekten übertragen. Außerhalb von Körperzellen sind Viren nur kurzfristig überlebensfähig. Infektionen mit Virus führen bei den überlebenden Tieren zur Bildung von erregerspezifischen Antikörpern (s. 15.2. – 5).

- *Calici-Virus,* Erreger der Hämorrhagische Virus-Krankheit der Kaninchen, auch als RHD – Rabbit hemorrhagic Disease – bekannt. Übertragung durch Kontakt mit infizierten Artgenossen und deren virushaltigen Sekreten und Exkrementen, und durch blutsaugende Insekten. Einschleppung in Hauskaninchenbestände aus infizierten Beständen, häufig auch aus infizierten Wildkaninchenrevieren;

- *Leporipoxvirus myxomatosis,* Erreger der Myxomatose, Übertragung nur durch blutsaugende Insekten-Mücken, Flöhe u. a. –; Auftreten vorwiegend im Sommer und Herbst, Einschleppung aus Wildkaninchenbeständen;

- *Leporipoxvirus fibromatosis,* Erreger des Shope-Fibroms, einer Bindegewebsgeschwulst; das Virus wird auch als Impfvirus zu Schutzimpfungen gegen Myxomatose verwendet; bei Hauskaninchen selten spontan vorkommend;

- *Papova Virus,* Shope'sches Papilloma-Virus, Erreger von Haut- und Schleimhautwarzen – Papillomen, bei Hauskaninchen selten spontan vorkommend;

- *Stomatitis vesicularis* Virus, Erreger einer bei Kaninchen selten vorkommenden bläschenbildenden Erkrankung der Maulschleimhaut.

15.2. – 4.2. Bakterien, und Pilze – s. 15.4. – 1.2

Bakterien und Pilze – Sproß- und Fadenpilze – sind in der Natur – in Erdböden, im Wasser, an Pflanzen, bei Tieren und Menschen – weit verbreitet. Sie sind am Umbau und Abbau aller organischen Substanzen in pflanzlichen und tierischen Geweben, bei den Verdauungsvorgänge im Magen und Darm von Tier und Mensch maßgeblich beteiligt. Beim pflanzenfressenden Kaninchen sind bestimmte Bakterienarten unentbehrlicher Bestandteil des Darmbreies im Blinddarm für die verdauungsphysiologische Aufbereitung der mit dem Futter aufgenommenen Pflanzenbestandteile (Rohfasern), sowie bei der Synthese von Eiweiß, Aminosäuren und Vitaminen. Mit dem im Blinddarm gebildeten Weichkot – Zökotrophe (Kap. 9.2) werden die durch die mikrobielle Verdauung gebildeten Nährstoffe den Kaninchen wieder zugeführt. Ein nicht unwesentlicher Teil des Eiweißbedarfs der Kaninchen wird durch das aus Bakterien und Hefen bestehende, leicht verdauliche, mikrobiellen Eiweiß im Weichkot gedeckt, ebenso die Versorgung mit Vitaminen des B-Komplexes.

Der Anteil krankheitserregender – **pathogener** Bakterienarten unter diesen Mikroorganismen ist begrenzt. Ihre krankmachende Wirkung beruht auf der Bildung von gewebeschädlichen Substanzen – Toxinen – und der Fähigkeit zur Ansiedlung und Vermehrung im tierischen Gewebe. Bakterielle Infektionserreger sind nur begrenzt wirtsspezifisch, d. h. sie können sich bei Tieren verschiedener Klassen und Gattungen und auch beim Menschen ansiedeln. In geringer Zahl im Tier vorkommende pathogene Bakterien bleiben, wenn keine zusätzlichen Belastungen (Sekundärfaktoren) hinzukommen, häufig ohne Krankheitsfolgen. Die unverletzte Haut, die gesunden Schleimhäute und ihre Sekrete, wie auch die Zusammensetzung des Magen-Darm-Breies von artgemäß gefütterten Kaninchen geben den in diesen Bereichen anwesenden pathogenen Keimen keine Möglichkeit zur Vermehrung, zum Eindringen in das Organgewebe und zur weiteren Ausbreitung im Körper. Der gesunde, uneingeschränkt funktionsfähige Organismus verfügt über ausreichende Schutz- und Abwehrmachanismen, die eine Vermehrung und Verbreitung pathogener Bakterien im Körper entgegenwirken und die Keime unwirksam machen – 15.2. – 5. Die Einschleppung pathogener Bakterien in Hauskaninchenbestände kann auf vielfache Weise erfolgen, häufig durch neu eingestellte, infizierte und Erreger ausscheidende Artgenossen oder durch Kontakt mit anderen Tieren – Ratten, Mäusen, Wildkaninchen, Vögel u. a.–. Auch durch Ungeziefer, kontaminierte Geräte, Futtermittel und Staub werden Bakterien übertragen. Außerhalb des Tierkörpers können sie im Boden, Stallstaub und Einstreu über Monate und länger infektionsfähig bleiben.

Kugelbakterien – Mikrokokken –, häufig im Umfeld von Tieren und Mensch verbreitet, bleiben in Einstreu und Staub über Jahre infektionsfähig;

- *Staphylococcus spec.*, traubenförmig geordnete Keime, verschiedene Arten und Biotypen; bestandsweite Infektion – Hospitalismus; Erreger eitriger Prozesse – Wundinfektionen, »wunde Läufe«, Abszeß- und Fistelbildungen, Haarbalgentzündungen, Milchdrüsenentzündungen, auch Allgemeininfektionen; auf Menschen und andere Tierarten übertragbar;

- *Streptococcus spec.*, kettenförmig geordnete Kugelbakterien; bestandsweite Infektion, Erreger von Allgemeininfektionen – Septikämie – und von Organinfektionen z. B. Milchdrüsen- und Gebärmutterentzündungen nach der Geburt; auf Menschen und andere Tiere übertragbar.

Stäbchenbakterien, 0,002 und 0,01 mm (2 – 10 µm = Mikrometer) lange, gerade oder gebogene Stäbchen; einige Arten von ihnen bilden Sporen – Clostridien u.a., die als Dauerformen äußerst widerstandsfähig sind

- *Actinobazillus piliformis,* Erreger der Tyzzer'schen Krankheit; gelegentlich verbreitet in Hauskaninchenbeständen vorkommend, meist zusammen mit E. coli; häufig Einschleppung durch Mäuse oder Ratten:

- *Bordetella bronchioseptica,* Erreger des infektösen Schnupfens; in geringer Zahl auch auf der Nasen-Rachen-Schleimhaut gesunder Kaninchen vorkommend;

- *Chlostridium perfrinqens, Cl. spiroforme,* sporenbildende Bazillen; pathogene Wirkung durch Bildung gewebeschädigender Gifte – Toxine –; in geringer Zahl auch im Blinddarm gesunder Kaninchen vorhanden; bei massiver Vermehrung Entstehung von Blinddarmentzündungen – Enterotoxämie 15.4. – 2.13.3 – ; pathogen auch für andere Tierarten;

- *Escherichia coli,* im Darm zahlreicher Tierarten und beim Menschen vorkommende Keimart, unterteilt in verschiedene Bakterien- (Antigen)Typen – Serovare, Biotypen –; pathogene Eigenschaften nur bei bestimmten Biotypen – EPEC enteropathogogene E. coli –, die gewebeschädigende Gifte – Toxine – bilden und bei massiver Besiedlung des Darmes schwere Entzündungen, besonders bei Jungtieren zahlreicher Tiergattungen und bei Menschen verursachen. Bei Kaninchen sind EPEC-Stämme die hauptverantwortlichen Erreger für die Entstehung der meist tödlich verlaufenden Darmentzündungen – Dysenterie, Enterocolitis,Typhlo-colitis (15.4. – 2.13.3) –;

- *Francisella tularense,* Erreger der Tularämie – Hasenpest –, bei Hauskaninchen selten; Einschleppung aus Wildhasenbeständen; Ansteckung über verschmutztes Futter und blutsaugende Insekten möglich; meldepflichtige Infektionskrankheit;

- *Fusobacterium necrophorum,* Erreger von Schmutz- und Schmierinfektionen – Wunden – wunde Läufe –, aufsteigende Infektionen der Harnwege und Geschlechtsorgane, in manchen Beständen gehäuft vorkommend; in Einstreu langfristig überlebend;

- *Listeria monocytogenes,* Erreger der Listeriose, Bestandsinfektion; Einschleppung aus Wildtierbeständen; auch bei anderen Tierarten – Rind, – Schaf, – Huhn – anzutreffen, pathogen auch für Menschen;

- *Pasteurella multocida,* in Hauskaninchenbeständen häufig anzutreffen, bestandsweite Infektionsausbreitung; Erreger des ansteckenden Schnupfens, sowie akut und chronisch verlaufender Organinfektionen und Erreger von Allgemeininfektionen – Septikämie –; Erregerausscheidung durch Nasen- und Lidbindehautsekret, Speichel, Milch, Ansteckung im Bestand durch infizierte Alttiere; Kontaktinfektionen häufig auf Ausstellungen; Keime auch bei Ratten, Mäusen und Vögeln vorkommend;

- *Pseudomonas aeruginosa,* Erreger von Wund- und Schmutzinfektionen in der Haut, auch Allgemeininfektionen durch stark verunreinigtes Futter und Trinkwasser möglich; im Stallschmutz – Einstreu, Staub – langfristig überlebende Keimart;

- *Salmonella spec.*, zahlreiche Unterarten – Serovare, Erreger von Darmentzündungen und Allgemeininfektionen bei allen Vogel- und Säugetierarten, auch beim Menschen möglich;

- *Treponema cuniculi,* Erreger der Kaninchensyphilis; Übertragung bei Begattung; Vorkommen nur bei Kaninchen nachgewiesen, keine verbreitete Bestandsinfektion;

- *Yersinia pseudotuberculosis,* Erreger der Rodentiose, auch Pseudo- oder Nagertuberkulose; Übertragung durch verschmutztes Futter oder kontaminierte Einstreu; Einschleppung durch Wildnager – Mäuse, Ratten, Eichhörnchen u. a. möglich.

15.2. – 4.3. Pilze/Fungi

Sproß- und Schimmelpilze, sind in der Natur verbreitet vorkommende Mikroorganismen, von denen einige Arten Erreger von Hauterkankungen und Haar-/Fellschäden – Haut- und Schleimhautmykosen, Haarmykosen/Trichophytie – bei Tieren und beim Menschen sind, andere Organinfektionen, z. B. Lungenmykosen, verursachen oder bei Verunreinigungen von Futtermitteln in diesen für Tier und Mensch giftig wirkende Stoffe bilden – Aflatoxin –. Dauerfomen (Sporen) der Pilze bleiben im Stallstaub, in der Einstreu und im Futter über Jahre vermehrungs- und infektionsfähig. Die Einschleppung pathogener Pilze in die Hauskaninchenbestände ist auf vielerlei Weise möglich – Einstreu, Staub, Futter, infizierte Tiere.

- *Trichphyton spec.,* Microsporum spez., Haut- und Haarpilze, verursachen Haarausfall – Ringflechten und Hautflechten – Dermatomykosen; können gehäuft in Kaninchenbeständen auftreten; kommen auch bei anderen Tierarten – Ratten, Mäusen, Hunden, Pferden u. a. vor, auch beim Menschen nachgewiesen; 15.4 – 2.7.4;

- *Achorion schoenleinii,* Favus oder Erbgrind, mit kreisrunder Borkenbildung verlaufende Hautveränderungen; Übertragungen durch Kontakt;

- *Aspergillus fumigatus,* Schimmelpilz, kann durch Einatmen in die Atmungsorgane gelangen und eine tödlich verlaufende Lungenmykose verursachen; s. 15.4 – 2.1.2;

- *Aspergillus flavus,* führt bei Verschmutzung bestimmter – ölhaltiger – Futtermittel zur Bildung hochgiftiger Substanzen – Aflatoxin, s. 15.2 – 2.2.

15.2. – 5 Infektionsabwehr, Immunität – Schutzimpfung –

Kaninchen wie ~~auch andere~~ Tierarten reagieren auf das Eindringen gewebefremder Stoffe tierischer oder pflanzlicher Herkunft – Bakterien, Viren, Blut, Gewebezellen – in ihren Körper mit der Bildung von spezifischen **Antikörpern**, welche diese als **Antigene** bezeichneten Fremdsubstanzen unwirksam machen. Die mit der Antikörperbildung erworbene Fähigkeit zur Neutralisation von Infektionserregern und anderen Antigenen wird als **Immunität** bezeichnet. Die Entwicklung einer gegen Krankheitserreger voll wirksamen Immunität zieht sich im gesunden Tier über zwei bis drei Wochen hin und bleibt bis zu einen Jahr, mitunter länger, bestehen. Die bei tragenden Häsinnen vorkommenden Antikörper gelangen mit dem Blut in die Embryonen und beim Säugen mit der Muttermilch zu den Säuglingen, bei denen sie in abnehmender Menge und Wirkung noch bis zur vierten Lebenswoche nachzuweisen sind. Die Bildung von Antikörpern und die Immunitätsentwicklung können durch schädigende Einflüsse auf das Immunsystem gestört werden.

Erstmals in einem Bestand auftretende Infektionen breiten sich mangels einer gegen die Erreger spezifisch wirksamen Immunität innerhalb kurzer Zeit unter den Tieren des Bestandes aus und verursachen erhebliche Verluste. Tiere, welche die Infektion überstehen, weil sie nur geringen und allmählichen Kontakt mit den Erregern hatten, haben dabei Gelegenheit, erregerspezifische Antikörper zu bilden und dadurch eine Immunität gegen erneute Infektionen durch diesen Erreger aufzubauen.

Schutzimpfungen sind gezielte »künstliche« Infektionen mit abgeschwächten, nicht mehr pathogenen Erregern – Vakzine –, welche bei den geimpften Tieren die Bildung erregerspezifischer Antikörper veranlassen. Diese künstlich herbeigeführte Impfimmunität schützt die Tiere vor nachfolgenden Feldinfektionen mit pathogenen Erregern der gleichen Art und vom gleichen Antigenmuster.

15.3. Ermittlungen über Art, Ursachen und Folgen von Erkrankungen – Diagnose

Ermittlungen über die Art der Erkrankung und ihre möglichen Ursachen stützen sich auf die das Krankheitsgeschehen begleitenden Umstände: Verbreitung im Bestand, Krankheitssymptome, Verlauf, Höhe der Verluste sowie Unterbringung und Haltungsformen, Fremdtierkontakte über Ausstellungen, Tierzukauf, Freigehegehaltung, Futterwechsel, Vorerkrankungen und Behandlungen der Tiere u.a.

15.3. – 1 Art der Krankheits- und Schadensfälle

Einzelfallerkrankung in unregelmäßigen Abständen vorkommende Erkrankungen als

- Mißbildungen und unfallbedingter Körperschaden
- Erkrankungen im Zusammenhang mit Trächtigkeit und Geburt – Fehlgeburt, Gebärmuttererkrankung, Milchdrüsenerkrankung, Erkrankung bei Säuglingen, 15.4. – 2.6;
- erkennbare Schäden oder Erkrankungen an einzelnen Organen bzw. Körperteilen.

Häufung von Krankheitsfällen im Bestand als Folge verbreitet im Tierbestand wirkender Schadensursachen bei

- Mängeln oder Schäden durch Fütterung oder Tränke, 15.2. – 2.1/2
- Mängeln an Stall- und Versorgungseinrichtungen, 15.2.2.3
- mangelhafter Bestandsbetreuung, 15.2.2.5
- Befall mit Parasiten, 15.2.3
- Infektionen, 15.2.4

15.3. – 2 Krankheitsverlauf

Plötzlicher Tod ohne auffällige Krankheitssymptome vor Todeseintritt bei

- Unfall, Herzversagen, Kreislaufkollaps – Hitzekollaps – Schlagaderriß;

akuter Verlauf: innerhalb kurzer Zeit auftretende und an Stärke zunehmende Krankheitsfälle häufig mit Todesfolge nach kurzer Krankheitsdauer als Folge von

- akuten Allgemein- und Organinfektionen, 15.4. – 1 –;
- akuten, mit Durchfall einhergehenden Darmentzündungen – Dysenterie, Dünndarmkokzidiose, 15.4. – 2.13.3;
- Erkrankungen im Zusammenhang mit der Geburt – Milchfieber, Gebärmutter- und Milchdrüseninfektionen, 15.4. – 2.5.4 und 7;
- Vergiftungen 15.2 – 2.2 ;

chronischer Verlauf: längerfristig bestehende Gesundheitsstörungen mit Freßunlust, Abmagerung, Benommenheit, Funktionsbeeinträchtigung von Körperteilen und Organsystemen. (Bewegung, Sinnesorgane, Nervensystem, Verdaungsorgane, Atmung) als Folge von

- Mangelernährung, chronischen Vergiftungen, 15.2 – 2.1/2 ;
- Erkrankungen/Wunden der Haut, Muskulatur, Knochen, Gelenke, Augen, Ohren u. a.,
- Befall mit Eingeweideparasiten und bei Parasitenfall der Haut, 15.2.3.1;
- nicht akut verlaufenden Organinfektionen – Nagertuberkulose, Listeriose, Salmonellose, 15.4. – 1.2
- nicht infektiösen Erkrankungen einzelner Organe, Geschwulstbildungen, 15.4. – 2.

15.3. – 3 Krankheitsbild, Symptome

- **Störung des Allgemeinbefindens:** Benommenheit, Teilnahmslosigkeit, Bewegungslosigkeit, eingeschränkte Futteraufnahme, oberflächliche Atmung bis Atemnot;
- **Störungen von Körperfunktionen:**
- Bewegung: Lahmheit (meist einseitig), Lähmungen (beidseitig), Gleichgewichtsstörungen;
- Futteraufnahme: Freßunlust, Kaustörungen, Speichelfluß;
- Harn- und Kotabsatz: Harnträufeln, Durchfall, Verstopfung,
- Atmung: erschwerte Atmung, Hecheln, Nasenausfluß;
- Fortpflanzung: Paarungsstörung, Unfruchtbarkeit, Fruchttod, Verwerfen (Abort);
- Aufzucht: erhöhte Säuglingssterblichkeit durch mangelhafte Milchsekretion und Wurfbetreuung;
- **Veränderungen/Schäden am Körper und Körperöffnungen:**
- Haut und Fell: Wunden, Ekzeme, Schuppenbildung, Fellschäden, Verschmutzung, Hautverdickungen und Geschwulstbildungen;
- Läufe: Gelenkverdickung und -verdrehung, Knochenbrüche, Mißbildungen;
- Augen: Lidbindehautentzündung, erhöhte Sekretion, Erkrankung des Augapfels,
- Ohren: Wunden, Hautborken, Pustelbildung im Ohr, Hautverdickungen, Geschwülste;
- Maulhöhle: Speichelfluß, Kaustörungen, anormale Gebißstellung, Kieferverdickung;
- Geschlechtsorgane, Milchdrüse: Wunden, Ekzeme, Scheidenvorfall, Hodenveränderungen (unterentwickelt, vergrößert);
- Darm- und Harnröhrenöffnung: Verschmutzung der Umgebung, Darmvorfall.
- **Änderungen im Verhalten:** Benommenheit, Erregung, Fluchten, Beißereien;
- **Veränderungen der Körperausscheidungen:** Sekrete aus Augen, Nase, Maul, Scheide:
- klar, eitrig-trüb, schleimig, blutig, vermindert oder vermehrt; Darm: Kot hart, weich-ungeformt, dünnbreiig, Blutbeimischung, Harn: reduziert, schleimig-blutig

Zur genauen Ermittlung der Erkrankungsart und der für die Krankheitsentstehung maßgebenden Ursachen sind tierärztliche Spezialuntersuchungen von lebenden oder toten Kaninchen, ihrer Sekrete und Exkremente oft unerläßlich. Hierzu ist entweder ein niedergelassener Tierarzt zu Rate zu ziehen oder der Körper toter Kaninchen an ein tierärztliches Untersuchungsinstitut einzusenden.

15.4. Bei Hauskaninchen vorkommende Erkrankungen, Symptome und Bekämpfung

Krankheit und Ursache	Krankheitsbefund	Behandlung und Vorbeuge

15.4 – 1 Infektionskrankheiten

Auf Infektionen durch Viren oder Bakterien zurückgehende Erkrankungen; meist mehrere Tiere im Bestand betroffen – Bestandsinfektionen.

Nachweis der Erreger in den Ausscheidungen – Sekreten, Kot – noch lebender oder in Organen toter Tiere durch Spezialuntersuchungen in tierärztlichen Laboratorien.

Akuter Krankheitsverlauf bei Ausbreitung der Erreger im Tierkörper über die Blut- und Lymphgefäße, erst – Septikämie – unmittelbar im Anschluß an die Erstinfektion oder aus örtlichen Organinfektionsherden.

Symptome: Benommenheit, Reaktionsträgheit, Futterverweigerung, Atemnot, mitunter Durchfall, hohe Sterblichkeit in kurzer Zeitfolge.

Chronischer Krankheitsverlauf bei verzögerter Keimausbreitung im Körper mit Ansiedlung der Erreger in den Organen unter Bildung örtlicher Entzündungsherde – chronische Organinfektion – Symptome: nachlassende Aktivität und gestörter Harnabsatz, Verdauungsstörungen; Todesfälle

15.4 – 1.1 Virus-Infektionen – s. a. 15.2. – 4.1

Hämorrhagische Viruskrankheit – VHD (RHD) – Abb. 157

Krankheit und Ursache	Krankheitsbefund	Behandlung und Vorbeuge
akute, auch seuchenartig bei Wild- und Hauskaninchen verlaufende Infektionskrankheit **Erreger:** *Calici-Virus* **Diagnose:** Krankheitsbild, Erregernachweis	Blutungen aus der Nase, Atemnot, Erstickungsanfälle Blutungen in Nase, Luftröhre, Lunge, Leber, herdförmige Nekrosen in der Leber; hohe Verluste	**Behandlung:** Notimpfung nicht erkrankter Tiere **Vorbeuge:** Schutzimpfung aller Kaninchen ab 4. Lebenswoche; unschädliche Beseitigung der Tierkadaver, Stall- und Gehegedesinfektion; s. 15.6 und 7

Myxomatose – Abb. 158

Krankheit und Ursache	Krankheitsbefund	Behandlung und Vorbeuge
Akut verlaufende, auch seuchenartig bei Wild- und Hauskaninchen auftretende Infektionskrankheit Hauptzeit: Mai – September infolge verstärkten Insektenanfluges – Erregerübertragung **Erreger:** *Leporipoxvirus myxomatosis* **Diagnose:** typischer Krankheitsbefund – Myxome	weiche Anschwellungen – **Myxome** – in der Haut am Kopf, After, Genital; bei akutem Verlauf hohe Verluste; mitunter gutartige Verlaufsformen mit spontaner Heilung	**Behandlung:** Immunserum-Injektion mitunter erfolgreich **Vorbeuge:** Schutzimpfung aller Tiere im Frühjahr – April/Mai; s. 15.5

Weitere auf Virus-Infektionen zurückgehende Erkrankungen unter den Kaninchen sind in Mitteleuropa gegenwärtig nicht beobachtet.

Krankheit und Ursache	Krankheitsbefund	Behandlung und Vorbeuge
1.2 Bakterielle Infektionen – s. 15.2. – 4.2		
Bordetellose		
chronisch verlaufende Atemwegsinfektion, Schnupfen, Komplikationen durch Zusatzinfektionen – Pasteurella, Stretokokken u. a. – **Erreger:** *Bordetella bronchioseptica* **Diagnose:** Erregernachweis	katarrhalischer Schnupfen, gelegentlich auch Lungenentzündungen – s. 15.4. – 2.1	**Behandlung:** örtlich, antibiotische Nasensalbe, auch Injektion oder orale Medikation – Futter, Wasser – s. 15.5 –
Clostridiose		
akut verlaufende Darminfektion – Enterotoxämie 15.4 – 2.13.3 – Erregerausbreitung mit E. coli-Infektionen **Erreger:** *Clostridium spec.* **Diagnose:** Erregernachweis	akuter Verlauf Durchfall, hohe Sterblichkeit – vgl. Coli-Dysenterie 15.4 – 2. – 13.3	**Behandlung:** s. Dysenterie Enterotoxämie – s. 15.4 – 2.13.3 **Vorbeuge:** s. Enterotoxämie und 15.6
E.Coli-Infektion (Colibazillose)		
akut verlaufende Allgemeininfektion, häufig auch Dysenterie, 15.4 – 2.13.3; bei Säuglingen auch Säugeinfektion **Erreger:** Enteropathogene Coli-Bakterien (EPEC) – 15.2 – 4.3 **Diagnose:** Krankheitstypisches Bild (Durchfall), Erregernachweis	akute Allgemeinsymptome; Durchfall – Dysenterie – besonders unter Jungtieren, hohe Sterblichkeit	**Behandlung:** Antibiotika oder Sulfonamide über Injektion oder Trinkwasser – s. 15.5 – **Vorbeuge:** s. a. Dysenterie; ggfs. Futterwechsel ohne tierischen Eiweißanteil
Listeriose		
meist chronisch verlaufende Organinfektion; akuter Verlauf im Anschluß an infektionsbedingter Fehlgeburt möglich. **Erreger:** *Listeria spec.* **Diagnose:** Erregernachweis in Kot und Organen, Organbefund bei toten Tieren – Obduktion	klinische Symptome wenig spezifisch; in den Organen Darm, Leber, Milz, Nieren, Keimdrüsen, gelblich-weiße Herde. Unfruchtbarkeit, Aborte bei tragenden Häsinnen	**Behandlung:** fraglicher Erfolg; Langzeitmedikation über Futter – s. 15.5 **Vorbeuge:** Ausmerzung der Keimträger – s. 15.6 auf Mensch und Haustiere übertragbar

Krankheit und Ursache	Krankheitsbefund	Behandlung und Vorbeuge
Pasteurellose – Abb. 159 und 160		
häufig Infektion der Atmungsorgane, ansteckender Schnupfen mit Übergang zur akuten Allgemeininfektion; Übertragung auf saugende Jungtiere mit der Muttermilch; im Bestand verbreitet **Erreger:** *Pasteurella multocida,* versch. Biotypen **Diagnose:** Krankheitsbefund, Erregernachweis (Nasensekret)	akuter Verlauf, hohe Sterblichkeit; Blutungen in Lunge, Leber, Milz, Nieren; häufig Lungenentzündungen; eitrige Lidbindehaut und Mittelohrentzündung, Nasenausfluß, Kopfschiefhaltung, auch Gelenkentzündungen	**Behandlung:** Injektion von Antibiotika, orale Nachmedikation – s. 15.5 **Vorbeuge:** Ausmerzung der Keimträger, Bestandssanierung – Schutzimpfung mit spezifischen Vakzinen – 15.3 – 5
Pseudomonas-Infektion		
Infektion über verschmutztes Futter, Wasser oder Einstreu; Infektion der Atmungsorgane, Harn- und Geschlechtsorgane, auch Wundinfektionen mit Geschwürbildung **Erreger:** *Pseudomonas aeruginosa* **Diagnose:** Krankheitsbild, Erregernachweis; vgl. RHD 15.4 1.1	bei Organinfektion, akuter Verlauf, Blutaustritt aus der Nase, Erstickung; bei Haut/Schleimhautinfektion: chronischer Verlauf, schmierige Wundflächen, schlechte Heilung	**Behandlung:** Antibiotika-Injektion – s. 15.5 **Vorbeuge:** saubere, trockene Einstreu, regelmäßige Tränke- und Futternapf-Reinigung, Trockenhaltung s. 15.6./7
Salmonellose		
Allgemeininfektionen, meist bei Jungtieren, bei Alttieren chronische Darminfektion – Darmentzündungen – Dysbakterie – **Erreger:** Salmonellen verschiedenen Antigentyps **Diagnose:** Erregernachweis s. a. Dysenterie 15.4 – 2.13.3	akuter Verlauf: Durchfall, hohe Sterblichkeitsrate, Dysenterie 2.13.3, bei chronischem Verlauf: Verdauungsstörung, Malabsorption s. 15.2 – 2.1	**Behandlung:** Antibiotika Sulfonamide, orale Medikation über Trinkwasser oder Futter – s. 15.5 – **Vorbeuge:** Ausmerzung von Keimträgern; Verhinderung der Erregereinschleppung (Ratten, Mäuse), s. 15.6
Staphylokokkose		
Allgemeinerkrankung: bei Säuglingen nach Säugeinfektion, bei Häsinnen nach Infektion der Gebärorgane und Milchdrüse – Häufig lokale eitrige Haut-/Schleimhaut (Wund) -Infektionen **Erreger:** *Staphylococcus spec.* **Diagnose:** Krankheitsbefund, Erregernachweis	akuter Verlauf, bei Säuglingen meist gesamter Wurf erkrankt; Benommenheit, Atmungsbeschwerden, mitunter blutig-eitriger Nasenausfluß; bei Häsinnen Geburtswege- und Milchdrüsenentzündung, hohe Sterblichkeit	**Behandlung:** Antibiotika-Injektion oder orale Eingabe– 15.5 – **Vorbeuge:** Ausschaltung der Infektionsquellen, Gehegereinigung und Desinfektion; s. 15.6/7.

Krankheit und Ursache	Krankheitsbefund	Behandlung und Vorbeuge
Streptokokkose		
bei **Säuglingen:** nach Säugeinfektion infolge infektiöser Milchdrüsenentzündung bei der Häsin – s. 15.4. – 2.5.7 – bei **älteren Tieren:** anfangs meist Organinfektion – Atemwege, Hautwunden/Gelenke, Milchdrüse, Gebärmutter –; nach Erregergenaralisation: akute Allgemeininfektion **Erreger:** *Streptococcus spec.* **Diagnose:** Krankheitsbefund, Erregernachweis (Labor)	– meist gesamter Wurf erkrankt, akuter Verlauf, hohe Sterblichkeit – organspezifische Symptome: – Atmungsbeschwerden, eitrige Wund- und Gelenkentzündung, Milchdrüsenschwellung, Scheidenausfluß u. a. – s. 15.4 – 2.1, /4. /5 –	**Behandlung:** Einzelbehandlung bei Säuglingen (fraglich): Antibiotika – Injektion oder orale Eingabe –, Ammenaufzucht oder künstliche Ernährung; bei älteren Tieren: Allgemeinbehandlung und/oder örtliche Behandlung mit Antibiotika **Vorbeuge:** Ausschaltung der Infektionsquellen – 15.6 –;
Yersiniose-Rodentiose, Nagertuberkulose Abb. 161 –		
chronisch verlaufende Allgemein-Infektion; Erregeraufnahme aus kontaminierter Einstreu; Einschleppung durch Ratten, Mäuse möglich **Erreger:** *Yersinia pseudotuberculosis* –15.2 – 4.2 – **Diagnose:** Erregernachweis im Kot, Organbefund am toten Tier	Abmagerung, mitunter Durchfall oder Verstopfung; in Leber, Milz, Nieren, Darmwand durch Erregeransiedlung entstandene erbsengroße, weißliche Herde	**Behandlung:** bei erkrankten Tieren: erfolglos; vorbeugende Behandlung des Bestandes mit erreger-wirksamen Präparaten **Vorbeuge:** Bestandssanierung durch Ausmerzung der Keimträger unter den Zuchttieren; s.15.5./7.
Tyzzer'sche Krankheit – Abb.162 –		
gelegentlich Begleitinfektion bei Coli-Dysenterie; Einschleppung über Mäuse **Erreger:** *Actinobazillus piliformis* –15.2 – 4.2 **Diagnose:** Erregernachweis im Kot, Organbefund am toten Tier	keine spezifischen Krankheitssymptome s. Dysenterie – 15.4 – 2.13.3; **Organbefund:** in Darmwand, Leber und Milz senfkorngroße Herde	**Behandlung:** wie bei Dysenterie und Colibazillose – 15.4 – 2.13.3 – **Vorbeuge:** s. Dysenterie; Bekämpfung der Erregereinschleppung durch Ratten und Mäuse.

15.4 – 2 Erkrankungen der Organe

An einzelnen Körperteilen, Organen oder Organsystemen auftretende Erkrankungen mit organspezifischen Ausfallerscheinungen – Funktionsstörungen – und daraus sich ableitenden Folgeschäden.

15.4 – 2.1 Erkrankungen der Atmungsorgane – Nase, Nasennebenhöhle, Luftröhre, Lunge

Allgemeine Symptome: Nasenausfluß, Atmungsbeschwerden, Abmagerung; bei Allgemeininfektion Benommenheit, Tod.

15.4 – 2.1.1 Nase und Nasennebenhöhle

Blutiger Nasenausfluß

Krankheit und Ursache	Krankheitsbefund	Behandlung und Vorbeuge
als Einzelfall nach Unfall; gehäuft bei Bestandsinfektion **Ursachen:** - Blutungen im Schädelbereich nach Unfall – Sturz, Schlag – - blutige Lungenentzündung bei akuten Infektionen: RHD – 15.4 –1.1.–, Streptokokken – 15.4 – 1.2 –	Benommenheit, blutig verschmierte Nasenlöcher - Einzelfall, Komplikationen möglich - gehäuft im Bestand hohe Sterblichkeit Benommenheit, Erstickungsanfälle	**Behandlung:** Ruhigstellung u. U. schmerzlose Tötung. **Behandlung:** s. Infektionskrankheiten – 15.4 –1.1 und 1.2

Entzündungen der Nasenschleimhaut, Schnupfen Schleimhaut-Katarrh – »feuchte Nase«

Krankheit und Ursache	Krankheitsbefund	Behandlung und Vorbeuge
Reizung der Nasen-Rachen-Schleimhaut mit verstärkter Schleimsekretion **Ursachen:** Erhöhter Staub- oder Ammoniakgehalt in der Stalluft; Abkühlung, Trockenheit; Komplikation durch bakterielle Infektionen – *Bordetella. Pasteurella, Staphylococcus* u. a möglich	Sekretabsonderung aus den Nasenlöchern, verklebte Haare um Nasenöffnung, mitunter „tränende Augen“ und Niesen; bei infektiöser Komplikation eitriges Sekret	**Behandlung:** örtlich durch Eingabe von Nasentropfen, ggfs. antibiotisch nach tierärztlicher Verschreibung; **Vorbeuge:** Verbesserte Be- und Entlüftung, zugluftfreie Ruheplätze

Eitrige Entzündungen – ansteckender Schnupfen –

Krankheit und Ursache	Krankheitsbefund	Behandlung und Vorbeuge
Entzündung der Schleimhaut von Nase und Nasennebenhöhlen durch Infektion des Nasen-Rachen-Raumes; gehäuftes Vorkommen im Bestand; bei Kaninchen verbreitet **Ursachen:** meist Infektionen durch *Pasteurella*, seltener *Bordetella, Staphylococcus, Streptococcus* 15.2 – 4.2 Entwicklung begünstigt durch mangelhaftes Stallklima **Diagnose:** Krankheitsbefund, Erregernachweis im Nasen-Rachen-Sekret	eitriger Nasenausfluß, häufig eitrige Lidbindehautentzündung, Kopfschiefhaltung; mitunter Lungenentzündung – chronischer Verlauf; bei Allgemeininfektion akuter Verlauf mit Todesfolge	**Behandlung:** Antibiotika-Medikation, örtliche Anwendung oder Injektion **Vorbeuge:** Ausmerzung der Keimträger; Optimierung des Stallklimas (Wärme, Luftfeuchtigkeit) und der Belüftung zur Reduzierung des Staub- und Ammoniakgehalts der Stalluft. Schutzimpfung mit erregerspezifischem Impfstoff bei Pasteurella-Infektion

15.4 - 2.1.2 Erkrankungen der Lunge

Lungenentzündungen - Pneumonie -

Entzündungen der Lunge gehen fast ausnahmslos auf Infektionen mit unterschiedlichen Erregern zurück, deren Wirkungsweise Formen und Krankheitsverlauf der Krankheitsprozesse weitgehend bestimmen.

Blutige Pneumonie

Krankheit und Ursache	Krankheitsbefund	Behandlung und Vorbeuge
fallweise gehäuft im Bestand vorkommend, akuter Verlauf **Ursachen:** bei RHD - 15.4 - 1.1 bei septikämisch verlaufenden Infektionen durch *Pasteurella, Streptoccocus spec., Pseudomonas* - 15.4 - 1.2 -	blutiger Nasenausfluß, Atemnot, Erstickungsanfälle, Blutungen in Nase und Luftröhre; hohe Sterblichkeit	**Behandlung:** Medikation mit erregerwirksamen Präparaten - RHD, Streptokokken, Pasteurellen, Pseudomonas - 15.4 - 1.1 und 2 - **Vorbeuge:** Schutzimpfungen - RHD, Bestandssanierung - 15.6 und 7 -

Eitrige Lungenentzündung

Krankheit und Ursache	Krankheitsbefund	Behandlung und Vorbeuge
mehrere Erkrankungsfälle im Bestand, langfristig bestehend **Ursachen:** Entstehung im Gefolge von infektiösem Schnupfen durch *Pasteurella* oder *Streptokokken*-Infektion - 15.4. - 1.2 - auch bei Lungenwurmbefall - 2.2.3	- eitriger Nasenausfluß, Lidbindehautentzündung, eitriger Schleim in der Luftröhre; mitunter eitrige Brustfellentzündung; hohe Sterblichkeit	**Behandlung:** Erregerwirksame Medikation des Bestandes; ggfs. Behandlung des Wurmbefalls **Vorbeuge:** Schutzimpfung ursachenwirksame Bestandsanierung - 15.5 und 6 -

herdförmige Lungenentzündung

Krankheit und Ursache	Krankheitsbefund	Behandlung und Vorbeuge
herdförmige Entzündungsprozesse durch Ansiedlung der Erreger in der Lunge, bestandsweit verbreitete chronische Infektion **Ursache:** Infektion durch *Francisella, Listeria, Yersinia* - 15.2. - 4.3 **Diagnose:** Erregernachweis im Nasen-Rachen-Sekret; Organbefund	unspezifisches Krankheitsbild, Nachlassen der Lebhaftigkeit, Benommenheit, Tod nach längerer Krankheit. In Lunge - und anderen Organen- zahlreiche weiß-gelbliche Herde	**Behandlung:** Medikation mit erregerwirksamen Präparaten - 15.5 - **Vorbeuge:** Sicherung gegen Erregereinschleppung durch Ratten, Mäuse, Kontrolle der Tierzugänge, Bestandssanierung -15.6 -

Lungenmykose

Krankheit und Ursache	Krankheitsbefund	Behandlung und Vorbeuge
durch Infektion mit Sporen von Schimmelpilzen mit der Atemluft; bei mehreren Tieren im Bestand vorkommend **Erreger:** *Aspergillus fumigatus* -15.2 - 5.3 - **Diagnose:** Organbefund bei Obduktion; Pilznachweis im Nasensekret	Befunde s. herdförmige Pneumonie, nachlassende Aktivität, Abmagerung, chronischer Verlauf Tod nach längerer Krankheit; grau-gelbliche Lungenherde	**Behandlung:** keine; Ausmerzung krankheitsverdächtiger Tiere **Vorbeuge:** Beseitigung der Ansteckungsquelle (verschimmelte Einstreu, Futter); Hygiene-Maßnahmen - 15.6 und 7-.

15.4 – 2.1.3 Parasitenbefall der Lunge

Lungenwurmbefall – 15.2 - 3.2

gelegentlich bei einzelnen Tieren im Bestand vorkommend **Wurmart:** *Strongylus spec.* – Rundwürmer –; gelegentlich Komplikation durch Infektionen mit *Pasteurella, Staphylococcus Streptococcus* – 15.2 – 4.2 – **Diagnose:** Wurmlarven im Kot Wurmknoten in der Lunge	grau-weiße Herde (Wurmknoten) in der Lunge, eitriges Sekret in den Bronchien (Bronchopneumonie); Atmungsröcheln, Husten, Abmagerung	**Behandlung:** Einzelbehandlung befallener Tiere nach parasitologischer Untersuchung (auf tierärztliche Verordnung) **Vorbeuge:** Vorsicht bei Verwendung von Gras u. a. von Wild-/Waldwiesen; Bestandshygiene – 15.6/7 –;

Finnenbefall der Lunge

Ursache: Finnenblase *Echinococcus spec* –15.2 – 3.3 – **Diagnose:** Röntgenaufnahme; Organbefund nach Obduktion	bis kirschgroße Blasen in den Lungen und anderen Organen (Leber, Muskulatur – 15.4 – 2.9.3)	**Behandlung:** keine **Vorbeuge:** kein Freilandfutter: Wurmkontrolle und Behandlung des Haushundes (Bandwurmbefall)

15.4 – 2.1.4 Geschwulstbildungen in der Lunge

Einzelfallerkrankungen; meist auch Geschwülste in anderen Organen; keine auffälligen spezifischen Symptome am kranken Tier; chronischer Krankheitsverlauf

Melanosarkom

schwarzes Pigment enthaltende Geschwülste aus unreifen Bindegewebszellen, Metastasenbildung	schwarz-grau-rote, bohnengroße Knoten in Lunge, Lymphknoten	**Behandlung:** unheilbar **Vorbeuge:** unbekannt

Drüsengeschwulst – Adenokarzinom

Metastasen von Geschwulstknoten aus der Gebärmutter – 15.4. – 2.5.4 – **Ursachen:** unbekannt **Diagnose:** Organbefund	weißliche Knoten im Lungengewebe und Gebärmutter –; Zufallsbefunde	**Behandlung:** unheilbar **Vorbeuge:** unbekannt

15.4 – 2.2 Erkrankungen der Augen – Lidbindehaut, Augapfel

15.4 – 2.2.1 Lid und Lidbindehaut

Katarrhalische Entzündung der Lidbindehäute – feuchte »tränende« Augen

Krankheit und Ursache	Krankheitsbefund	Behandlung und Vorbeuge
häufig bei mehreren Tieren im Bestand vorkommend **Ursachen:** Reizung durch Ammoniak, starke Staubbildung in der Stalluft bei sehr niedriger Luftfeuchte	verstärkte Sekretabsonderung von der häufig geröteten Lidbindehaut; Haare um Augenrand feucht	**Behandlung:** Augenspülung mit reizmindernden Lösungen, Verbesserung der Stallbelüftung **Vorbeuge:** ausreichende Stallüftung

Eitrige Lidbindehautentzündung – Konjunktivitis

Krankheit und Ursache	Krankheitsbefund	Behandlung und Vorbeuge
Infektion der Lidbindehaut bei ansteckenden Schnupfen, auch bei Myxomatose **Erreger:** *Pasteurella, Staphylococcus,* s. 15.2 – 4.2 **Diagnose:** Organbefund, Keimnachweis	eitrige Sekretabsonderung von den Lidbindehäuten	**Behandlung:** Behandlung des Grundleidens – ansteckender Schnupfen, Myxomatose

Geschwulstbildungen am Augenlid

Krankheit und Ursache	Krankheitsbefund	Behandlung und Vorbeuge
Myxome – gehäuft vorkommend bei Myxomatose, s. 15.4. – 1.1.–	weiche Geschwulstbildungen am Lid	**Behandlung und Vorbeuge** s. Myxomatose 15.4 – 1.1.
Fibrome Einzelfälle **Erreger:** Fibrom-Virus – 15.2. – 4.1 –	stecknadel- bis erbsengroße Knoten	**Behandlung:** keine; spontane Heilung möglich

15.4 – 2.2.2 Erkrankungen des Augapfels – Augenbulbus

angeborene Linsentrübung

Krankheit und Ursache	Krankheitsbefund	Behandlung und Vorbeuge
Meist beidseitig ausgeprägt **Ursache:** erblicher Defekt **Diagnose:** Augenbefund	streifenförmige, zunehmende Trübungen in den Linsen	**Behandlung:** keine **Vorbeuge:** keine Verwendung zur Zucht

Glaukom – Augenkammerwassersucht

Krankheit und Ursache	Krankheitsbefund	Behandlung und Vorbeuge
erhöhte Flüssigkeitsbildung in beiden vorderen Augenkammern, familiäre Häufung **Ursache:** erblicher Gen-Defekt **Diagnose:** Augenbefund	Vergrößerung der Augäpfel, Vorwölbung der Hornhaut, zunehmend beidseitige Hornhauttrübung –	**Behandlung:** keine **Vorbeuge:** keine Zucht mit Glaukom-Trägern und deren Geschwistern

Krankheit und Ursache	Krankheitsbefund	Behandlung und Vorbeuge
Entzündung der Hornhaut – Keratitis – und des Augapfels – Panophthalmie		
Entzündungen der Hornhaut des Augapfel – Bulbus – nach – **Verletzungen der Hornhaut** mit nachfolgender Wundinfektion – **Erregerausbreitung bei eitrigem Schnupfen** – 15.4 – 2.1.1– nach Übergreifen der Keime auf Augapfel entwickelt sich die eitrige Bulbus-Entzündung **Erreger:** *Pasteurella multocida, Staphylococcus, Streptococcus* 15.2 – 4.2 **Diagnose:** Organbefund, Erregernachweis im Augensekret	herdförmige bis diffuse Trübung – Hornhautdefekte nach Verletzungen – beidseitig diffuse Trübung bei eitriger Lidbindehautentzündung, Bulbus vergrößert Hornhaut trübe; kein Sehvermögen	**Behandlung:** Augenspülung; antibiotische Augensalbe Behandlung des Grundleidens – Verletzung oder ansteckender Schnupfen –; u. U. operative Entfernung des erkrankten Auges **Vorbeuge:** Maßnahmen zur Verhütung des ansteckenden Schnupfens 15.4 – 2.2.1

15.4 – 2.4 Bewegungsstörungen – Lahmheiten, Lähmungen, Gleichgewichtsstörungen

Beeinträchtigung der Fortbewegung, der Belastung von Gliedmaßen, Störungen des Gleichgewichts (Torkeln, Drehhals) nach Verletzungen der Läufe, Wirbelsäule, Skelettmuskulatur oder durch Erkrankungen des Gehirns und Rückenmarks.

15.4 – 2.4.1 Lahmheiten

Ein- oder beidseitige Beeinträchtigung der Fortbewegung und Belastung von Gliedmaßen; Schonung des geschädigten Laufes bei der Fortbewegung.

Bruch – Fraktur – von Gliedmaßenknochen		
Nach Unfall häufig durch Mängel am Haltungssystem – s. 15.2 – 2.3 **Diagnose:** Krankheitsbefund	Unvermögen der Belastung der Gliedmaße	**Behandlung:** Ruhigstellung: unfallchirurgische Behandlung
Gelenkluxuation – Verrenkung		
Ausrenken der im Gelenk verbundenen Gliedmaßenknochen nach Unfall – s. 15.2 – 2.3 **Diagnose:** Gelenkbefund	Fehlerhafte Stellung der im Gelenk verbundenen Gliedmaßen, keine Beugung	**Behandlung:** Einrenken, Ruhigstellung des betroffenen Gelenks

Krankheit und Ursache	Krankheitsbefund	Behandlung und Vorbeuge
Gelenkentzündung – Abb. 160		
an **einem Gelenk:** Entzündung nach Unfall, Luxation; an **mehreren Gelenken:** im Verlauf von Allgemeininfektionen **Erreger:** Staphylokokken, Streptokokken, *Pasteurella, Yersinia* **Diagnose:** Gelenkbefund Erregernachweis	Verdickung der erkrankten Gelenke, Beeinträchtigung der Beugung	**Behandlung:** keine; schmerzlose Tötung; **Vorbeuge:** Verhütung von Unfällen; bei Pasteurella und Yersinia-Infektionen ggfs. Bestandssanierung – 15.6.1 –
Muskel- und Sehnenwunden		
Ursache: Verletzungen bei Unfällen oder bei Beißereien – Riss-, Schnitt- oder Bißwunden –; Wundinfektionen möglich – 15.2. – 2.3/4 – **Diagnose:** Wundbefund, Anlaß der Verletzung	Grad der Bewegungseinschränkung abhängig von Lage, Art und Ausmaß der Muskelwunden	**Behandlung:** Wundbehandlung **Vorbeuge:** Vermeidung von Verletzungen

15.4 – 2.3.2 Lähmungen – Parese –

Unvermögen koordinierter Bewegung und Belastung von Gliedmaßenpaaren, meist an Hinterläufen, seltener Vorderläufe;

erbliche Ataxie und Lähmung, Syringomyelie		
Lähmung und Koordinationsstörung von Gliedmaßenpaaren als Folge degenerativer Rückenmarksschäden, auch erbliche Gen-Defekte; rezessives Merkmal **Diagnose:** Krankheitsbefund	fortschreitender Krankheitsprozeß; gespreizte Gliedmaßen, unkoordinierte Laufbewegungen; Harn- und Kotverschmutzung	**Behandlung:** keine, unheilbar; schmerzlose Tötung **Vorbeuge:** u. U. Ausschluß der Elterntiere/Geschwister von der Zucht
Querschnittslähmung		
vollständige Lähmung der Hintergliedmaßen und Beckenorgane **Ursachen:** Verletzung des Rückenmarks nach Bruch von Lenden- oder Kreuzbeinwirbeln durch Unfall, oft infolge Mängel am Käfig – 15.2 – 2.3 **Diagnose:** Krankheitsbefund Vorbericht – Unfall –	Lähmung beider Hinterläufe, unkontrollierter Harnabsatz mit Verschmutzung der Schenkelinnenseite und Entstehung von Hautentzündungen	**Behandlung:** keine, schmerzlose Tötung **Vorbeuge:** Ausschluß von Verletzungsmöglichkeiten beim Greifen durch schadhafte Gehegeeinrichtung

15.4 – 2.3.3 Gleichgewichtsstörungen – Abb. 159

Unvermögen der erkrankten Tiere zur aufrechten Kopfhaltung, zur zielgerichteten Laufbewegung, gemindertes Reaktionsvermögen

Krankheit und Ursache	Krankheitsbefund	Behandlung und Vorbeuge
Erkrankung des Gleichgewichtsorgans im mittleren Ohr – 15.4. – 2.11.2 – **Ursachen:** Infektion durch Pasteurella, auch Staphylokokken; Befall mit Ohrmilben	Schiefhaltung des Kopfes, torkelnde Bewegung, Kopfschütteln; häufig auch Schnupfen, mitunter Ohrräude – 15.2 – 3.4.1 –	**Behandlung:** keine, schmerzlose Tötung; **Vorbeuge:** Ausschluß der Ursachen – 15.6 –
Gehirnwegerkrankung – 15.4 – 2.4 – **Ursachen:** Infektionen durch Pasteurella, Streptokokken, Mikrosporidien – 15.2. – 3.1 – Gehirnblasenwurm – 15.2 – 3.3 – **Diagnose:** Krankheitsbefund, Erregernachweis durch Labor	Benommenheit, Torkeln, Kopfschiefhaltung, u. U. Krampfanfälle, plötzlicher Tod	**Behandlung:** keine; schmerzlose Tötung **Vorbeuge:** Ausschluß der Ursachen – 15.6 –

15.4 – 2.4 Erkrankungen von Gehirn und Rückenmark

Mißbildungen am Schädel, zentral-nervöse Ausfallserscheinungen, Benommenheit, Krampfanfälle, Gleichgewichtsstörungen, Kreisbewegungen – s. 15.4 – 2.3.3 –

15.4 – 2.4.1 Angeborene Gehirnschäden – s. Kap. 5.2

angeborene Krampflähme »Epilepsie«

Krankheit und Ursache	Krankheitsbefund	Behandlung und Vorbeuge
bei 6 – 8 Wochen alten Jungkaninchen gelegentlich auftretend **Ursache:** erbliche Defekte im Klein- und Stammhirn	Erregung mit Krämpfen und Bewußtlosigkeit abwechselnd	**Behandlung:** keine, gelegentlich spontane Heilung; schmerzlose Tötung

angeborener Wasserkopf – Hydrocephalus

Krankheit und Ursache	Krankheitsbefund	Behandlung und Vorbeuge
Entstehung während der embryonalen Entwicklung; vermehrte Gehirnflüssigkeit **Ursache:** Infektion des Embryos durch Mikrosporidien –15.2 – 3.1 –, Gendefekt? **Diagnose:** Krankheitsbefund	Schädelvergrößerung durch Flüssigkeitsansammlung im Ventrikel; nur kurzfristig überlebend	**Vorbeuge:** Ausschluß des Muttertieres von weiterer Zuchtverwendung; schmerzlose Tötung; Tierkörper zur diagnostischen Untersuchung.

15.4 - 2.4.2 Gehirn-Rückenmarksentzündung - Encephalomyelitis

Krankheit und Ursache	Krankheitsbefund	Behandlung und Vorbeuge
Entstehung nach Infektion von Gehirn und Rückenmark durch *Listeria, Pasteurella, Streptococcus,* - 15.4. - 1.2; Microsporidien - 15.2 - 3.1 **Diagnose:** Krankheitsbefund, Erregernachweis in den Organen	Benommenheit, Taumelbewegungen, Kopfverdrehen, mitunter Krampfanfälle; Tod nach Krampfanfall oder in Bewußtlosigkeit (Koma)	**Behandlung:** keine; schmerzlose Tötung, Tierkörper zur diagnostischen Untersuchung; **Vorbeuge:** Ausmerzung der Keimträger im Bestand - 15.6 -

15.4 - 2.4.2 Drehwurmkrankheit, Coenurose (bei Hauskaninchen selten)

Krankheit und Ursache	Krankheitsbefund	Behandlung und Vorbeuge
Befall des Gehirns mit *Coenurus cerebralis,* Gehirnblasenwurm, Finne des Hunde/ Fuchsbandwurmes *Multiceps multiceps* s.15.2 - 3.3 **Diagnose:** Klinische Symptome, Finnen-Nachweis im Gehirn	Benommenheit, Drehbewegungen, Torkeln, kirschgroße Finnenblasen im Gehirn und anderen Organen; chronischer Verlauf, Abmagerung	**Behandlung:** keine; schmerzlose Tötung, Tierkörper zur diagnostischen Untersuchung; **Vorbeuge:** Prüfung des Haushundes auf Bandwurmbefall

15.4 - 2.4 Erkrankungen der Geschlechtsorgane

Erkrankungen der Begattungsorgane - Penis, Scheide -, der Geschlechtsorgane - Hoden, Nebenhoden, Eierstöcke, Gebärmutter -, der Milchdrüse - sowie Störungen während der Trächtigkeit und bei der Geburt, Aufzuchterkrankungen; s. a. Kap. 7 und 8

15.4 - 2.5.1 Erkrankungen der Begattungsorgane - Vorhaut, Scheide

Entzündliche Hautdefekte an Vorhaut - beim Rammler - oder Vulva - bei Häsinnen -; gelegentliche Störung bei der Paarung.

- **Kaninchen-Spirochätose,** auch als Kaninchensyphillis bezeichnet - Abb. 163 -

Krankheit und Ursache	Krankheitsbefund	Behandlung und Vorbeuge
Verbreitung durch Paarung und Beschnuppern **Erreger:** *Treponema cuniculi*	linsengroße Hautgeschwüre auf Vorhaut und Scheide	**Behandlung:** Antibiotika nach tierärztlicher Verordnung
- **Nekrosebazillose** durch Schmutzinfektion - Einstreu **Erreger:** *Fusobact. necrophorum*	eitrige-schmierige Hautentzündung flächenhaft	örtliche Wundbehandlung Desinfektion, antibiotische Wundpuder -;
- **Myxomatose** - seuchenhafte Bestandsinfektion durch **Erreger:** Calici-Virus	Myxom-Bildungen an Scheide, Vorhaut und Kopf	s. Myxomatose - 15.4. - 1.1
Diagnose: Krankheitsbefunde und Erregernachweis s. 15.4. - 1.1 und 2 -		

Krankheit und Ursache	Krankheitsbefund	Behandlung und Vorbeuge
15.4 – 2.5.2 Erkrankungen der Hoden, Befruchtungsstörungen		
fehlende oder ungenügende Deckbereitschaft, Zeugungsunfähigkeit	äußerlich erkennbare Hodenveränderungen	
Mangelhafte Hodenentwicklung – Kleinhodigkeit, Hodenatrophie		
Folge ausbleibender Entwicklung des samenbildenden Keimgewebes, keine Spermabildung; Hoden häufig nicht im Hodensack vorhanden – Kryptorchismus – **Ursache:** hormonale Entwicklungsstörung **Diagnose:** Organbefund	ab 12. Lebenswoche nachweisbar; Hoden klein, dünn oder versteckt in Bauchhöhle oder Leistenkanal – Bauchhoden/Kryptorchismus, zeugungsunfähig	**Behandlung:** keine; als Zuchttier unbrauchbar
Hoden – Nebenhodenentzündung		
ein- oder beidseitige Entzündung von Hoden und Nebenhoden **Ursache:** Infektion durch *Pasteurella*, seltener *Yersinia, Listeria, Staphylococcus* – 14.3 – 4.2 **Diagnose:** Klinischer Befund; Erregernachweis im Sperma	Hodenschwellung, vorsichtiger Gang; entzündliche Herde, Abszeßbildung in Hoden und Nebenhoden, Deckbereitschaft eingeschränkt, zeugungsunfähig	**Behandlung:** keine; Heilung mit Wiedererlangung der Zeugungsfähigkeit; ggfs. schmerzlose Tötung **Vorbeuge:** Ausmerzung der Keimträger, Bestandsanierung – 15.6 –
Hodengeschwulst		
Geschwulstbildungen verschiedener Zellformen, meist beidseitig; seltene Einzelfälle **Ursache:** unbekannt **Diagnose:** Organbefund	Vergrößerung oder Knotenbildung in einem oder beiden Hoden; zeugungsunfähig	**Behandlung:** keine Heilung; u. U. Kastration und Verwendung zur Mast

Krankheit und Ursache	Krankheitsbefund	Behandlung und Vorbeuge

15.4 - 2.5.3 Erkrankungen der Eierstöcke - Ovar -

Störung der Follikelreifung und des Eisprungs - Ovulation

Krankheit und Ursache	Krankheitsbefund	Behandlung und Vorbeuge
keine Bildung befruchtungsfähiger Eizellen im Eierstock bei	keine Befruchtung nach Paarung oder Samenübertragung.	

Unterentwicklung der Eierstöcke

Krankheit und Ursache	Krankheitsbefund	Behandlung und Vorbeuge
Ursache: unzureichende Bildung von Follikelhormonen - s. Kap. 7 -	ausbleibende Brunst, ungenügende Follikelbildung in den Eierstöcken	**Behandlung:** Injektion von Hormonen zur Follikelbildung, Erfolg fraglich

Zystenbildung

Krankheit und Ursache	Krankheitsbefund	Behandlung und Vorbeuge
Ursache: hormonale Störung, häufig nach mehrfacher künstlicher Ovulationsauslösung **Diagnose:** Paarungsbefund	Unruhe, deutliche Brunsterscheinung keine Befruchtung nach der Paarung	**Behandlung:** Injektion von Hormonen zur Ovulation

Eierstockentzündung

Krankheit und Ursache	Krankheitsbefund	Behandlung und Vorbeuge
im Gefolge bakterieller Allgemeininfektionen **Erreger:** *Yersinia spec., Listeria spec., Pasteurella* **Diagnose:** Obduktionsbefund Erregernachweis	Symptome wie bei chronischen Infektionskrankheiten; keine Befruchtung; bis erbsengroße Entzündungsherde in Eierstöcken	**Behandlung:** keine; Bestandsanierung durch Ausmerzung infizierter Zuchthäsinnen - 15.6.1-

15.4 - 2.5.4 Erkrankungen der Gebärmutter/Uterus

Vorkommen nur bei geschlechtsreifen Häsinnen, entzündliche Prozesse meist im Zusammenhang mit Trächtigkeit und Geburt.

Gebärmutterentzündungen - Metritis-

Krankheit und Ursache	Krankheitsbefund	Behandlung und Vorbeuge
- bei Allgemeininfektionen während der Trächtigkeit **Erreger:** *E.coli, Pasteurella Listeria, Staphylococcus spec., Streptococcus spec.* - 15.4 - 1.2	- Benommenheit, Tod der Embryonen; mitunter Fruchtabgang; auch Todesfälle von Häsinnen	**Behandlung:** Medikation lt. tierärztlicher Rezeptur **Vorbeuge:** Bestandssanierung - 15.6. -
- durch Schmierinfektionen während oder in Anschluß an die Geburt - Puperalinfektion **Erreger:** *E.coli, Pseudomonas, Staphylococcus spec.* u.a. Schmutzkeime - 15.2 - 4.2 - **Diagnose:** Krankheitsbefund; Erregernachweis	- schmieriger Scheidenausfluß; Nachgeburtsverhaltung, auch Scheidenvorfall, Störung der Milchsekretion	**Behandlung:** örtliche und allgemeine Behandlung; Antibiotika Medikation; künstliche Ernährung der Säuglinge **Vorbeuge:** Gehege- und Nestreinigung/-desinfektion - 15.7 -

Krankheit und Ursache	Krankheitsbefund	Behandlung und Vorbeuge
Geschwulstbildung an der Gebärmutter		
Adeno-Karzinom – Drüsenzellengeschwulst in der Wand der Gebärmutter älterer Häsinnen **Ursachen:** unbekannt **Diagnose:** Organbefund	erfolglose Paarung, allmähliche Abmagerung; weißliche Knoten z. T. mit Zysten in der Gebärmutter Metastasen in Lunge Herz, Leber u. a.	**Behandlung:** keine; unheilbar

15.4 – 2.5.5 Störungen der Trächtigkeit, vorzeitiger Fruchttod, Fehlgeburten

Krankheit und Ursache	Krankheitsbefund	Behandlung und Vorbeuge
Scheinträchtigkeit		
Anzeichen von Trächtigkeit **Ursache:** spontaner Follikelsprung ohne Befruchtung nach Paarung mit unfruchtbarem Rammler, auch nach Aufspringen durch Häsinnen **Diagnose:** Ausschluß einer Trächtigkeit durch Abtasten	Verhalten wie bei Trächtigkeit, Nestbau, Anschwellung der Zitzen und Milchdrüse	**Behandlung:** Einzelhaltung; Wiederholung der Paarung nach etwa 20 Tagen
Embryonalsterblichkeit – Fruchttod, Verwerfen/Abort		
Absterben von Fruchtanlagen – Föten – zwischen 10. und 20. Tag nach der Paarung **Ursachen:** Unterbrechung der Blutversorgung der Fruchtanlagen – Plazentablutungen, Thrombose von versorgenden Blutgefäßen **Diagnose:** Krankheitsbefund bei Obduktion	Vorübergehende Benommenheit, auch Scheidenausfluß bis kirschgroße Fruchtanlagen im Uterus; Föten mitunter »eingetrocknet (mumifiziert)« im Uterus oder in der Bauchhöhle; ausbleibende Geburt	**Behandlung:** da meist unerkannt, ohne Behandlung **Vorbeuge:** unbekannt
Verwerfen/Abort, Frühgeburt		
Fruchtabgang – Abort – zwischen 21. und 28. Tag nach Paarung **Ursachen:** akute Blutungen in der Plazenta – bei Gewalteinwirkung – bei infektiösem Abort **Erreger:** s. infektiöse Gebärmutterentzündung, **Diagnose:** Krankheitsbefund, Erregernachweis	Blutabgang aus der Scheide; Föten und Nachgeburtsreste – Blutgerinnsel im Wurfnest – Einzelfall – wiederholt im Bestand aufgetreten; auch Todesfälle unter Muttertieren	**Behandlung:** Erst nach Abort möglich; Ruhigstellung der Häsin; antibiotische Medikation **Vorbeuge:** Verhütung der möglichen Ursachen – 15.6 –

Krankheit und Ursache	Krankheitsbefund	Behandlung und Vorbeuge
Säuglingssterblichkeit während und nach der Geburt – Perinatale Verluste –		
Totgeburt bei Tod geburtsreif entwickelter Jungtiere vor oder während der Geburt **Ursachen:** Geburtsverzögerung – infolge Fehllage, Mißbildungen, auch bei zu großen Föten; – Erregung der Häsin während der Geburt	Einzelne oder mehrerer Föten; Häsinnen mitunter stark erregt oder benommen; Lungen der Föten nicht beatmet	**Vorbeuge:** Überwachung des Geburtsvorganges, u. U. Geburtshilfe bei Schwergeburten: Vermeidung von Unruhe
Frühtod Verluste während der ersten Lebenstage **Ursachen:** – Entwicklungsstörungen – angeborene Mißbildungen – erdrückt, unterkühlt	– unterentwickelt; Kümmerer – Maul-/Afterverschluß, – Schädelmißbildung u. ä. – außerhalb des Nestes	

15.4 – 2.5.6 Erkrankungen der Säuglinge

Krankheiten der Säuglinge während der Nestphase bis zur 4. Lebenswoche

Unterkühlung **Ursachen:** Erhöhte Wärmeabgabe bei: Liegen außerhalb des Nestes oder in feuchtkalter Nesteinstreu, Kälteeinbruch; Minderung der Unterkühlungsgefahr mit zunehmender Felldichte; **Diagnose:** Situationsbefund	Zunehmende Bewegungslosigkeit, Tod innerhalb 1 bis 2 Stunden; Einzelfall oder Gesamtwurf	**Behandlung:** Erwärmung der Säuglinge, Nesterneuerung **Vorbeuge:** Regelmäßige Kontrolle der Nester und Würfe
Milchmangel **Ursachen:** Störung der Milchsekretion beim Muttertier infolge Nachgeburtverhaltung, bei Gebärmutter- und Milchdrüsenentzündung **Diagnose:** Anhand des Befundes am Muttertier und Wurf s. a. – 15.4 – 2.5.4 –	Anfangs Unruhe der Säuglinge, zunehmend bewegungslos, Abkühlung; Tod des ganzen Wurfs möglich; Mägen der Säuglinge leer	**Behandlung:** Abtreibung der Nachgeburt; Behandlung der Gebärmutterentzündung, Ammenmilch oder künstliche Ernährung der Jungen **Vorbeuge:** Geburtsüberwachung, Gehegehygiene

Krankheit und Ursache	Krankheitsbefund	Behandlung und Vorbeuge
Infektionen der Säuglinge		
Auftreten ab 3. Lebenstag und später infolge Infektion durch erregerhaltige Muttermilch und Ausscheidungen des Muttertieres **Erreger:** meist Staphylokokken, Streptokokken, *E.coli, Pasteurella* **Diagnose:** Erregernachweis	Benommenheit, plötzliche Todesfälle unter den Säuglingen, häufig des gesamten Wurfes; Krankheitssymptome auch beim Muttertier	**Behandlung:** Eingabe antibiotischer Emulsionen - nach tierärztl. Rezeptur-Erfolg fraglich **Vorbeuge:** Nesthygiene; Kontrolle und Behandlung der Mutterhäsinnen

15.4 – 2.5.7 Erkrankungen der Milchdrüse

Krankheit und Ursache	Krankheitsbefund	Behandlung und Vorbeuge
Milchdrüsenentzündung		
nach bakterieller Infektion der laktierenden Milchdrüse, meist im Zusammenhang mit infektiöser Gebärmutterentzündung nach der Geburt; häufig auch durch Schmutzinfektion aus dem Gehege/Einstreu **Erreger:** *E.coli*, Staphylokokken, Streptokokken, Pasteurellen u. a. – s. a. Infektionskrankheiten 15.4. – 1.2. –	schmerzhafte Schwellung der Milchdrüse, Verweigerung des Säugens; gestörte Milchsekretion; akute Allgemeinerkrankung u. U. mit tödlichem Ausgang. Säugeinfektion der Säuglinge; Todesfälle unter Muttertieren und Säuglingen	**Behandlung:** Infektionskrankheiten – 15.4 – 1 und 15.5.2 – **Vorbeuge:** Reinigung und Desinfektion der Wurfgehege vor dem Geburtstermin – s. 15.6./7. überlebende Säuglinge u. U. einer anderen Häsin zusetzen
Michdrüsengeschwulst		
Geschwulstherde auf der Haut und im Drüsengewebe		
– Papillom/Hautwarzen Hautdeckzellen-Neubildung, gutartig **Erreger:** Papillon-Virus Übertragung durch Säugen	– erbsen- bis bohnengroße Hautwarzen, auch an Maul, Lippen, Augenlidern u. a.	**Behandlung:** keine; spontane Heilung möglich **Vorbeuge:** keine
– **Adenokarzinom** Drüsenzellgeschwulst – Krebs –, Metastasen in Lunge, Herz u. a. **Ursache:** unbekannt **Diagnose:** Organbefund bei Obduktion	– Knoten im Drüsengewebe	**Behandlung:** keine; unheilbar, schmerzlose Tötung

15.4 - 2.6 Erkrankungen der Harnorgane - Harnblase und Nieren

15.4 - 2.6.1 Harnröhre, Harnblase

Erkrankungen der harnableitenden Organe – Harnblase, Harnröhre – haben meist unkontrollierten Harnabgang – **Harnträufeln** (Inkontinenz) – zur Folge, durch Störung der Funktionen der Blasen- und Harnröhrenschließmuskel aufgrund von Schäden an der nervalen Steuerung dieser Muskeln

Harnblasenlähmung s.15.4 – 2.3.2 –

Krankheit und Ursache	Krankheitsbefund	Behandlung und Vorbeuge
Lähmung der Schließmuskel von Harnblase und -röhre nach Wirbelfraktur mit Querschnittslähmung	durch Harnträufeln Verschmutzung von Fell und Haut	**Behandlung**: keine; schmerzlose Tötung

Harnblasenentzündung

Krankheit und Ursache	Krankheitsbefund	Behandlung und Vorbeuge
Ursachen: durch die Harnröhre aufsteigende – urogene-Infektion der Harnblase mit Keimen aus verschmutztem Gehege/Nest, bei Häsinnen häufig im Anschluß an die Geburt; Pseudomas u. a.; 15.4 – 1.2 –	um Harnröhrenöffnung: Hinterläufe, Unterbauch; auch flächenhafte Hautentzündung mit Haarausfall; mitunter Harnsteinbildung; Harnvergiftung/Urämie	**Vorbeuge:** Sauberhaltung der Gehege, saubere Einstreu; regelmäßige Gehegedesinfektion – 15.7

15.4 - 2.6.2 Degenerative Nierenerkrankungen - Nephrosen -

Schädigung der harnbildenden und -ausscheidenden Zellformationen in den Nieren durch bestimmte Schadstoffe mit fortschreitender Störung der Nierenfunktion mit verminderter Harnausscheidung und nachfolgender Harnvergiftung – Urämie –

Nierenfibrose, Schrumpfniere

Krankheit und Ursache	Krankheitsbefund	Behandlung und Vorbeuge
Ursachen: längerfristige Einwirkung von Schadstoffen – Schimmelpilztoxine – aus dem Futter, chronische Infektion durch Mikrosporiden 15.2.3.1– **Diagnose:** am lebenden Tier durch Blutserumanalyse; am toten Tier durch Organuntersuchung	Verdrängung der harnausscheidenden Zellen durch Bindegewebe, verbunden mit »Schrumpfung« der Nieren »Fibrose«; chronischer Verlauf, verminderter Harnabsatz, Abmagerung	**Behandlung:** keine **Vorbeuge:** Futterkontrolle auf Schadstoffbeimischungen

Nierenverkalkungen – Abb. 164

Krankheit und Ursache	Krankheitsbefund	Behandlung und Vorbeuge
Entstehen zusammen mit Verkalkungen der Blutgefäße und des Herzmuskel **Ursache:** Störung des Calciumstoffwechsels, überhöhte Vitamin-D Zufuhr, Goldhafervergiftung **Diagnose:** am lebenden Tier durch Blutserumanalyse; am toten Tiere durch Organuntersuchung	narbig-höckrige Nierenoberfläche, weißliche Streifenbildung in der Nieren-(Rinden-) schicht – Kalkablagerungen; chronischer Verlauf, verminderter Harnabsatz	**Behandlung:** unheilbar **Vorbeuge**: bedarfgemäße Vitamin-D und Mineralstoff-Zufuhr – s. Kap. 9

Krankheit und Ursache	Krankheitsbefund	Behandlung und Vorbeuge

15.4 – 2.6.3 Nierenentzündung

Nierentzündungen entstehen meist im Verlauf bakterieller Infektionen durch Verschleppung der Erreger auf dem Blutwege – hämatogen – aus anderen Organen des Körpers in die Nieren oder von Keimen aus der Einstreu über Blase und Harnleiter – urogen – in die Nieren – s. a. 15.2 – 4.2 und 15.4 – 1.2 –.

Krankheit und Ursache	Krankheitsbefund	Behandlung und Vorbeuge
akute Nierenentzündung		
meist bei akut verlaufenden hämatogenen Infektionen **Erreger:** Streptokokken, Pasteurellen, selten *E. coli*	akute Infektionskrankheit, nachlassende Harnausscheidung, Harnvergiftung, Tod im Koma	**Behandlung:** antibiotische Einzelbehandlung d. erkrankten Tieres, ggf.; Bestandsbehandlung – 15.5 – **Vorbeuge:** Bestandssanierung
chronische Nierenentzündung		
bei chronischen, meist hämatogenen Infektionen 15.4 – 1.2 –; **Erreger:** *Listeria Yersinia*	chronischer Verlauf, Harnvergiftung – Urämie –, Abmagerung	für alle Formen von Nierenentzündungen beim Kaninchen **Vorbeuge:** Bestandssanierung
Nierenbeckenentzündung		
nach urogener Niereninfektion **Erreger:** *E. coli, Pseudomonas* **Diagnose:** Krankheits- und Organbefund, Erregernachweis	häufiger geringer Harnabsatz, mitunter schleimig-blutiger Harn, Harnröhrenöffnung verschmutzt	sorgfältige Gehegereinigung und Desinfektion – 15.6 und 7

15.4 – 2.6.4 Geschwulstbildungen in den Nieren

Geschwulstartige Zellneubildungen in den Nieren kommen bei Kaninchen gelegentlich vor; sie werden vorwiegend bei älteren Tieren anläßlich der Obduktion oder bei Schlachtungen festgestellt. Der Krankheitsbefund bei lebenden Tieren ist unspezifisch und entspricht dem bei chronisch-degenerativen Nierenerkrankungen.

Krankheit und Ursache	Krankheitsbefund	Behandlung und Vorbeuge
Nierenzysten, zystische Hohlräume im blutgefäßführenden Bindegewebe der Nierenrinde	kleine, ca. 5 – 15 mm große Zysten in der Rindenzone	**Behandlung:** bei allen Geschwulstbildungen keine Behandlung erfolgreich
Nephroblastome, Neubildungen von Zellen der harnausscheidenden Nierenrinde, keine Metastasen	einzelne, weiche, erbsen-/haselnußgroße Herde	**Vorbeuge:** unbekannt
Lymphadenose/Leukose in allen Gewebeschichten der Niere sich ausbreitende Zellwucherungen, auch andere Organe betroffen **Ursachen:** unbekannt; Tumorvirus nicht nachgewiesen **Diagnose:** Organbefund nach Obduktion	diffuse, grau-blaß-braune Zellwucherungen, z. T. herdförmig, in Leber, Milz, Lymphknoten, Nieren	

15.4 - 2.7 Hauterkrankungen, Haar- und Fellschäden

15.4 - 2.7.1 angeborene Fellschäden

Haarmangel – Hypotrichose, Alopecie

Krankheit und Ursache	Krankheitsbefund	Behandlung und Vorbeuge
von Geburt an bestehend; mangelhafte Entwicklung der Haut und Haarfollikel, keine oder nur spärliche Haarbildung; familiäre Häufung **Ursache:** rezessiver Gendefekt – s. Kap. 5.2 **Diagnose:** Hautbefund	dünne, faltige Haut auch Hautverdickung mit Verhornung und Schuppenbildung, keine oder nur spärliche Behaarung, kurzfristige Überlebensdauer	**Behandlung:** keine; schmerzlose Tötung **Vorbeuge:** keine weitere Zuchtnutzung der Eltern- und Geschwistertiere

15.4 - 2.7.2 degenerative - toxische - Haut- und Fellschäden

Degenerative Schäden an Fellhaaren und Haut sind Folgen von Störungen im Stoffwechsel der Haut – Entwicklung und Regeneration – und Haare. Sie treten in Erscheinung mit Haarausfall, spärliche Fellbildung, Haarverfilzung, Hautblässe, kleine Blutungen, gelegentlich verbunden mit eitriger Pustelbildung. Je nach Ursache – Nährstoffmangel im Futter, giftig wirkende Futterbestandteile – im Futter aller Tiere oder individuell geprägte Reaktionslage einzelner Tiere treten derartige Schäden verbreitet unter den Tieren des Bestandes auf oder nur bei einzelnen Tieren – s. 15.2. – 2.1 und 2.2 –.

Haarausfall als Folge von

Nährstoffmangel durch

Krankheit und Ursache	Krankheitsbefund	Behandlung und Vorbeuge
– unzureichenden Nährstoffgehalt im Futter, – erhöhten Nährstoffbedarf bei tragenden und säugenden Häsinnen – s.15.2 – 2.1	– im Bestand verbreitet vorkommend – häufig Anzeichen von Blutarmut, mitunter Unruhe	**Behandlung:** Medikation von Vitamin-/Mineralstoffpräparaten – s.Kap. 9.3/4– **Vorbeuge:** bedarfsgerechte Nährstoffversorgung

gestörte Nährstoffresorption (Malabsorption)

Krankheit und Ursache	Krankheitsbefund	Behandlung und Vorbeuge
im Verlauf chronischer Darmentzündung bei Dysbiose der Darmmikroflora – 15.2 – 3.2 und Parasitenbefall	– unregelmäßig im Bestand verbreitet auch Wachstumsstörung mit Blutarmut	**Behandlung:** Bekämpfung der Ursachen (Parasitenbefall) **Vorbeuge:** Ausschluß der Dysbiose, Parasitenfall

allgemeine Stoffwechselstörungen

Krankheit und Ursache	Krankheitsbefund	Behandlung und Vorbeuge
im Verlauf chronischer Infektionskrankheiten	– unregelmäßig, mitunter bei mehreren Tieren; Abmagerung	**Behandlung:** s. Grundleiden

Krankheit und Ursache	Krankheitsbefund	Behandlung und Vorbeuge
toxisch bedingter Haarausfall – 15.2 – 2.2		
– infolge	– meist bei mehreren Tieren im Bestand	**Behandlung:** Beseitigung der möglichen Ursachen,
– **Antibiotika-Allergie** bei oraler Eingabe/Futtermedikation von Penicilline, Spiramycin, Tylosin; verstärkt bei Tageslichteinwirkung	– ab 3. Tag nach Eingabe der Antibiotika; Hautblutungen, Haarausfall; auch Unruhe, Durchfall	– Absetzen der Antibiotika-Medikation Dunkelhaltung, Behandlung des Durchfalls, eiweißarmes Rauhfutter
– **Vergiftungen** durch Ackerfarn, Buchweizen, Kartoffelkraut u. a., durch Blei-, Phosphor- oder Thalliumhaltige Giftköder, – s. Kap. 9.8, Tab. 14	– Haarausfall, Hautblutungen, mitunter Durchfall, Todesfälle	Entfernen aller verdachtweise Schadstoffe enthaltenden Futtermittel, Bekämpfung der Symptome **Vorbeuge:** Ausschluß der Ursachen – 15.6 –; Kontrolle der Futterzusammensetzung und der Einstreu
Diagnose: Krankheitsbefund, Vorbericht, Nachweis oder Ausschluß der möglichen Ursachen		
Haarverfilzung Bei Wollhaarkaninchen mitunter bestandsweit verbreitet, bei Normalhaarkaninchen weniger auffällig **Ursache:** Befall mit Fellmilben *Cheylitella* – 15.2. – 3.4.1 – **Diagnose:** Milbennachweis im Fell	Haarverfilzung, Ausfall von Wollhaaren Schuppenbildung; Milben im Haarkleid; Pustelbildung bei Staphylokokkeninfektion der Haut	**Behandlung:** Bekämpfung des Befalls mit Haarmilben – s.15.5 – **Vorbeuge:** Regelmäßige Gehegereinigung und Desinfektion – Ausflammen – bei Besatzwechsel

15.4 – 2.7.3 Hautwunden und Hautentzündungen – Dermatitis

Hautwunden frisch blutende oder verschorfte Hautwunden als	Blutige Wunden am Körper	**Behandlung und Vorbeuge:**
– **Kratzwunden** an Nestjungen durch erregte Mutterhäsinnen	– strichförmige Hautwunden am Kopf, Rumpf	– Trennung des Nestes von erregter Häsin, Wundversorgung – Wundspray –
– **Bißwunden** als Folge von Rivalitätskämpfen unter Jungrammlern oder um Zugang zum Freßplatz –15.2 – 2.4 –	– klaffende Haut- und Muskel wunden an Kopf und Rumpf	– Trennung der Rivalen, ausreichende Freßplätze und Ausweichmöglichkeit, Einzelhaltung
– **Riß- und Schnittwunden** nach Verletzungen im Gehege, bei Wollschur – Technopathie 15.2. – 2.3 –	– blutende Hautwunden unterschiedlicher Lokalisation und Ausmaß	Wundversorgung, Wundspray; Kontrolle der Gehege, Sorgfalt bei der Wollschur
Komplikationen durch Wundinfektionen – *Staphylococcus* u. a. möglich **Diagnose:** Wundbefund	– eitrige Hautwunden, mit Abszeßbildung	

15.4 – 2.7.4 Entzündungen der Haut – Dermatitis

pustulöse Hautentzündung – Akne, Impetigo –

Krankheit und Ursache	Krankheitsbefund	Behandlung und Vorbeuge
bei Kaninchen aller Altersgruppen einzeln oder verbreitet innerhalb der Bestände vorkommend **Ursache:** Infektion durch *Staphylococcus*, – 15.2 – 4.2 –	kleine Hautrötungen korngroße Bläschen oder eitrige Pusteln	**Behandlung:**
– **Impetigo** bei Säuglingen durch infizierte Muttermilch	– den ganzen Körper verstreut, Kümmerer	– erfolglos; schmerzlose Tötung; Behandlung der Milchdrüsenentzündung
– **Akne** Infektion der Haarbälge bei degenerativer Hauterkrankung	– ungleichmäßig verbreitete Haarbalginfektion	– Behandlung des Grundleidens mit antibiotischer Medikation
– nach Sekundärinfektion bei Milbenbefall -Haut-/Ohren- oder Haarbalgmilben 15.2 – 3.4	– an Kopf, Ohren, Rumpf Milbenbefall	– Bekämpfung des Milbenbefalls, antibiotische Infektionsbehandlung
Diagnose: Hautbefund, Keimnachweis		

Geschwürsbildende Hautentzündungen

Krankheit und Ursache	Krankheitsbefund	Behandlung und Vorbeuge
flächenhaft sich ausbreitende Entzündungsprozesse in Haut und Unterhaut durch Schmutz-Infektionen von	Eitrig-schmierige Wunden, Abszeß- und Geschwürsbildung	**Behandlung:** desinfizierende und antibiotische Wundbehandlung – 15.5 und 6 – **Vorbeuge:** Regelmäßige Gehegereinigung und Desinfektion, trockene Einstreu oder einstreulose Haltung – 15.6 und 7 –
– Hautwunden nach Verletzungen – s.o. –	– eitrige Hautwunden, Abszeßbildung	
– Scheuerwunden auf der Sohlenfläche der Läufe	– Hautgeschwüre auf Sohlenfläche am Hinterlauf, Schwellung der Fußflächen	
– „wunde Läufe“ bei verschmutzter Bodenfläche	– nässend-schmierige Hautgeschwüre an Hinterläufen	
– Hautgeschwürsbildung nach Schmierinfektion von Hautwunden durch Harnnässen **Erreger:** *Staphylococcus, E.coli, Pseudomonas, Fusobakt. necrophorum* **Diagnose:** Hautbefund, Erregernachweis		

Krankheit und Ursache	Krankheitsbefund	Behandlung und Vorbeuge

15.4 – 2.7.4 Hautflechten, Hautpilzbefall/Mykosen

mit Schuppenbildung verlaufende Erkrankung der oberen Hautschicht und Haare; mitunter vermehrt im Bestand vorkommend **Erreger:** Befall mit Pilzen – *Microsporum, Trychophyton* **Diagnose:** Hautbefund, Pilznachweis – s –15.2. – 4.3 –	meist am Kopf beginnender Haarausfall – Maulspalt, Ohrgrund, um die Augen – mit Schuppenbildung – trockene Hautflechte –, auf Hals und Rumpf	**Behandlung:** orale Medikation und äußerliche Anwendung von Antimycotica – tierärztliche Verordnung – **Vorbeuge:** Kontrolle aller Tiere auf Hautflechte und Hautpilzbefall, Gehegereinigung und -desinfektion – 15.7

15.4 – 2.7.5 Hautgeschwülste

Umschriebene Anschwellungen oder Knotenbildungen in der Unterhaut oder oberen Epithelschicht der Haut; meist Folge von Virusinfektionen – 15.2. – 3.1 –

Myxom – Neubildungen im Unterhautbindegewebe **Erreger:** Myxomatose-Virus	– umschriebene weiche Anschwellungen Kopf, Genital, After – 15.4 – 1.1 –	**Behandlung** und **Vorbeuge:** s. Myxomatose – 15.4 – 1.1
Fibrom, örtliche Geschwulstbildung im Unterhautbindegewebe; selten spontan vorkommend **Erreger:** Fibraom-Virus; örtliche Fibrome entstehen auch nach Impfung mit Fibrom-Virus gegen Myxomatose	– derbe Knoten in der Haut meist im Bereich der Impfstelle, selten weitere Ausbreitung; spontane Tumor-Rückbildung	**Behandlung:** keine; spontane Heilung
Papillom, infektiöse Hautwarzen in der oberen Hautschicht; Übertragung von Tier zu Tier möglich, selten vorkommend **Erreger:** Papillomvirus	bis erbsengroße feste Knötchen auf der Haut – Kopf, Maulschleimhaut, Rumpf –; spontane Tumorrückbildung	**Behandlung:** keine; meist spontane Abheilung **Vorbeuge:** Vermeidung einer Einschleppung der Erreger

Plattenepithelkarzinom – Hautkrebs

bösartige Geschwulst aus Deckzellen der Haut, nur bei älteren Tieren, selten; Metastasenbildung nicht bekannt **Ursache:** unbekannt **Diagnose:** Organbefund, Gewebeuntersuchung	Unregelmäßig in der Haut wachsende, Geschwulstherde, Einzelfall	**Behandlung:** keine; schmerzlose Tötung

Krankheit und Ursache	Krankheitsbefund	Behandlung und Vorbeuge

15.4 – 2.7.6 Hautparasitenbefall – Ektoparasitosen

Befall durch Milben – s. 15.2 – 3.4.1 –

Krankheit und Ursache	Krankheitsbefund	Behandlung und Vorbeuge
Fell- oder Raubmilben – im Fell der Kaninchen ständig lebend **Erreger:** *Cheyletiella spec.*	Verfilzung des Felles, Haarausfall – s. 15.4 – 2.7.2 –	
Hauträude auf Befall der oberen Hautschichten durch Milben zurückgehende Hautveränderungen an Kopf, Hals, Rumpf und Läufen; Zusatzinfektion durch Staphylokokken, Streptokokken, Pseudomonas spec. **Erreger:** *Chorioptes spec.*, *Notocedres spec.*, *Sarcoptes spec.* – 15.2 – 3.4 –	Schuppen- und Borkenbildung in der Haut, Haarausfall; durch Begleitinfektion eitrige Hautentzündung; bestandsweit verbreitet	**Behandlung:** Für alle Milbenarten – Einzelbehandlung mit milbenwirksamen Präparaten – Akarizide – zur äußerlichen Anwendung als Puder oder Spray; Wiederholung nach zehn Tagen – s. Beipackzettel –; zur innerlichen Anwendung nach tierärztlicher Verordnung. **Vorbeuge:** regelmäßige Ungezieferkontrolle, besonders der Neuzugänge Ungezieferbekämpfung in Stall und Gehegen/Käfigen – 15.7 –
Ohrenräude in Ohrmuschel, äußerem Gehörgang, am Kopf, selten auch Rumpf, auf Milben zurückgehende Hauterkrankung **Erreger:** *Psoroptes cuniculi* ständig am Tier lebend	Kopfschütteln, Unruhe, Kratzen am Kopf, Hautschuppen und Hautborkenbildung in den Ohren; Kopfschiefhaltung	
Haarbalgmilbenbefall – 15.2 – 3.4.1 – **Erreger:** *Demodex cuniculi* Befall der Haarfollikel **Diagnose:** Nachweis der Milben in Hautschabsel mit Lupe; Milbennachweis in der Haut	Kahlstellen und eitrige Pustelbildung in Kopfhaut, um die Augen, an den Ohren	
Zeckenbefall – 15.2. – 3.4.2– Befall in warmen Jahreszeiten bei Kontakt mit Zecken-haltigen – *Ixodes ricinus* (Holzbock) – Gräsern aus Feldwiesen; möglicher Überträger von Krankheitserregern bei Wildkaninchen auf Hauskaninchen Myxomatose, RHD, Tularämie (15.4.1.1) **Diagnose:** Zeckennachweis in der Haut	Bei stärkerem Befall Unruhe Blutarmut; Einbohren der Zecken in die Haut an schwach behaarten Stellen; herausragendes Hinterende	

Krankheit und Ursache	Krankheitsbefund	Behandlung und Vorbeuge

Befall durch Insekten – Flöhe, Fliegen – 15.2. – 3.4.3 –
Befall der Kaninchen mit Flöhen besonders während der warmen Jahreszeit, in Holzgehegen mit Einstreu häufiger als in einstreulosen Käfigen. Gefahren durch mögliche Übertragung von Krankheitserregern von Wildkaninchen/Hasen.

Flöhe, Läuse – 15.2. – 3.4.3 –;

Krankheit und Ursache	Krankheitsbefund	Behandlung und Vorbeuge
Befall der Tiere zum Blutsaugen und Eiablage; Schlupf der Larven am Tier; Einschleppung von Krankheitserregern im Kaninchenbestand möglich: Myxomatose, RHD u. a. – **Diagnose:** Insektennachweis am Tier und im Gehege/Einstreu	Beunruhigung der Tiere, Blutverlust bei Jungtieren, Entwicklungsstörungen	**Behandlung:** Insektizide als Puder oder Spray bei Tieren, als Lösung zur Entwesung der Gehege. **Vorbeuge:** Regelmäßige Reinigung der Gehege und Ungezieferbekämpfung – 15.6 und 7 –

Befall durch Fliegenmaden – Myiasis –15.2. – 3.4.3 –

Krankheit und Ursache	Krankheitsbefund	Behandlung und Vorbeuge
Eindringen der am Tier aus den Eiern der Fleischfliege – *Cuterebra* – geschlüpften Larven in das Unterhautgewebe. Wundinfektion mit Staphylokokken u. a. Keimen **Diagnose:** Nachweis der Larven in den Abszessen	Eitrige Abszesse in der Unterhaut an Bauch und Hals mit 2 cm langen Fliegenlarven/Maden; starke Belästigung; Gefährdung durch Wundinfektion	**Behandlung:** Operative Entfernung der Maden, Wundbehandlung **Vorbeuge:** Fliegenbekämpfung

15.4 – 2.8 Herz- und Kreislauforgane

15.4 – 2.8.1 Versagen der Herzfunktion und des Blutkreislaufes, -Kollaps, Schock-

Krankheit und Ursache	Krankheitsbefund	Behandlung und Vorbeuge
Stauung des Blutes im Bereich der Endgefäße – Kapillaren – bei Versagen der Herz- und Kreislauffunktion durch	Starke Blutfülle in Haut und Organen, auch Blutaustritt – Blutungen	
– **akutes Herzversagen** bei Schäden an Herzmuskel und Herzklappen im Verlauf von Infektionen	Benommenheit, erschwerte Atmung, plötzlicher Tod	**Behandlung:** keine **Vorbeuge:** Bekämpfung der Ursachen
– **Hitzekollaps** durch Wärmestau im Körper bei Lufttemperaturen über +32°C zusammen mit über 90% relativer Luftfeuchte infolge unzureichender Wärmeabgabe des Körpers	Benommenheit, Atemnot, starke Blutfülle der Hautgefäße und Lunge, Lungenödem, Körpertemperatur über 41°C; plötzlicher Tod	**Behandlung:** Kreislaufaktivierung; Abkühlung durch Ventilation, schattige, luftige Liegeplätze **Vorbeuge:** belüftungsfähige, schattige Stall- und Gehegeeinrichtung
Diagnose: Krankheitsbefund und heiß-feuchte Klimasituation;		

Krankheit und Ursache	Krankheitsbefund	Behandlung und Vorbeuge
Trächtigkeitsschock, Milchfieber der säugenden Häsinnen		
infolge Mangel an Spurenelementen – Elektrolyte – durch erhöhte Abgabe während Trächtigkeit und Laktation; Herzmuskelversagen **Diagnose:** Krankheitsbefund; erniedrigte Blutwerte an Natrium	Benommenheit, Zitterkrämpfe, Atemnot; plötzlicher Tod – Schock –; nur bei tragenden und säugenden Häsinnen	**Behandlung:** Kreislaufaktivierung, Elektrolyt-Glukose-Injektion **Vorbeuge:** Minderung des Energieanteils im Futter, Salzlecksteine
Vergiftungen		
mit gerinnungs-hemmenden Stoffen -Schädlingsgiften, Nitratdünger, Pflanzen – s. Kap. 9.8, Tab. 41 –; bei Schadstoffaufnahme mit dem Futter, Trinkwasser, aus der Einstreu **Diagnose:** nach Vorbericht, durch Ausschluß oder Schadstoffnachweis;	Blutungen in Organen – Magen – Darm – Nieren, Blut in Harn, Kot, Nase; Tod durch Verblutung durch gestörte Blutgerinnung	**Behandlung:** spezifische Gegenmittel; Erfolg fraglich **Vorbeuge:** Sorgfalt beim Umgang mit giftigen Stoffen im Tierstall

15.4 – 2.8.2 Blutgefäßerkrankungen

Krankheitssymptome am lebenden Tier sind wenig spezifisch. Erst der Organbefund am getöteten – geschlachteten – oder verendeten Tier ermöglicht eine Diagnose.

Arterienverkalkung		
Störung des Kalkstoffwechsels, Kalkablagerungen in Organen und Gefäßen; bei älteren Tieren **Ursachen:** Störung des Kalkstoffwechsels, Vitamin-D Überschuß **Diagnose:** Organbefund – Obduktion –	weißliche, zirkuläre Kalkeinlagerungen an den Arterienwänden, auch in Nieren und Herzmuskel; plötzlicher Tod	**Behandlung:** Keine **Vorbeuge:** Vorsicht in der Vitamin-D-Versorgung, bedarfsdeckender Mineralgehalt im Futter
Schlagaderriß – Aorta-Ruptur –		
Spontaner Riß einer Hauptschlagader bei Schäden an den Gefäßen – Verkalkung, Thrombose aus chronischen Infektionen **Diagnose:** Organbefund am toten Tier	Plötzlicher Tod, Bluterguß in die Brust-/Bauchhöhle	

15.4 - 2.9 Erkrankungen der Leber und Gallengänge

In der Leber werden die mit der Nahrung aufgenommenen und aus dem Darm über Blutgefäße des Pfortadersystems in dieses Organ transportierten Nährstoffe in eine für den tierischen Organismus verträgliche und nutzbare Form aufbereitet, ferner Produktion der für die Verdauungsvorgänge im Dünndarm benötigten Galle. – Erkrankungen der Leber sind Folgen fütterungsbedingter oder auf Giftwirkung zurückgehender Stoffwechselstörungen – s. 15.2 – 2.2 und 2.3 –, von mit dem Blut verschleppten Infektionen durch Viren oder Bakterien – s. 15.4. – 1.1 – oder von Befall der Gallengänge unf Gallenblase durch Parasiten – s. 15.2. – 3.1. und 3.2 –, gelegentlich auch durch Geschwulstbildungen

15.4 - 2.9.1 Leberverfettungen

Fütterungsbedingte Verfettung

durch Überfütterung mit energiereicher Nahrung, meist bei älteren Tieren – Häsinnen – vorkommend, deutliche Erhöhung der Fettwerte im Blut über 20 g/l
Diagnose: Krankheits- und Organbefund – Übergewicht, Verfettung

träges Verhalten, Übergewicht, verzögerter Kotabsatz, Kotballen trocken; starke Fettbildung in Unterhaut, Bauch- und Brusthöhle;
Leber ockerbraun

Behandlung: rationierte Fütterung, verminderter Energiegehalt des – s. Kap. 9
Vorbeuge: Reduzierung des Energiegehaltes, Futterrationierung
– s. Kap. 9

Schadstoffbedingte Verfettung

durch Umwandlung der Zellstärke – Glykolen – in den Leberzellen in Fett infolge giftbedingter Stoffwechselstörung
Ursache: Aufnahme Phosphor-, Thalliumhaltige Ködergifte zur Ratten-/Mäusebekämpfung
Diagnose: Verdacht bei o. g. Ungezieferbekämpfung, Organbefund

Plötzliche Erkrankung, auch Todesfälle; Leber braun-ockerfarben, Blutungen im Gewebe und in anderen Organen, starke Verfettung der Leber- und Nierenzellen

Behandlung: meist erfolglos; sofortiger Futterwechsel
Vorbeuge: Vorsicht bei Auslegen von Fraßgiften gegen Ratten, Mäuse

15.4 - 2.9.2 Leberentzündungen - Hepatitis

Akute Leberentzündung

im Gefolge akut-septikämischer Infektionskrankheiten; RHD, Colibazillose, Pasteurellose, Streptokokkose
– s. 15.4. – 1.1/2 –

Diagnose: Erregernachweis

starke Blutfülle der Lebergefäße, kein krankheitsspezifischer Befund

Behandlung: s. Grundleiden

Vorbeuge: s. Infektionskrankheiten und 15.6

Krankheit und Ursache	Krankheitsbefund	Behandlung und Vorbeuge
Chronische Leberentzündung		
bei verzögert generalisierten Infektionskrankheiten: **Ursache:** bakterielle Infektionen – s.15.4 – 1.2 – **Diagnose:** Erregernachweis in Organen; Organbefund meist zahlreiche, verstreut im	Lebergewebe liegende Herde unter- schiedlicher Größe Abb. 161, 162	**Behandlung:** s. Grundleiden s.15.4. – 1.1.2 /15.5 – **Vorbeuge:** s. Infektionskrankheiten und 15.6.

15.4 – 2.9.3 Parasitenbefall der Leber und Gallengänge

Gallengangskokzidiose – Abb.165		
– in Hauskaninchenbeständen verbreitet vorkommend, etwa ab 8. Lebenswoche nachzuweisen **Erreger:** *Eimeria stidae* – s. 15.2. – 3.1 – **Diagnose:** Oozystennachweis im Kot, Obduktionsbefund	bei stärkerem Befall: trocken-feste Kotballen, Blinddarmaufblähung; weizenkorngroße, gelbliche Herde in der Leber, Wand der Gallenblase verdickt, Inhalt griesartig	**Behandlung:** Medikation von Kokzidiostatika **Vorbeuge:** Kokzidiostatika im Futter, s.15.4. – 1.2 – Vermeidung der Ansteckung; regelmäßige Gehegereinigung und -desinfektion, u. U. einstreulose Haltung, s. 15.6. – 1 – 3.
Leberegelbefall		
bei Hauskaninchen selten vorkommender Saugwurmbefall der Gallengänge **Erreger:** großer oder kleiner Leberegel – s.15.2.-3.2 Aufnahme der larvenhaltigen Zwischenwirte mit dem Futter **Diagnose:** Nachweis der Eier im Kot, Obduktionsbefund,	Abmagerung, Verstopfung; mitunter Gelbsucht	**Behandlung:** Behandlung des Egelbefalles **Vorbeuge:** Vermeidung der Ansteckung
Leber- und Gekrösefinnen		
– **Cysticercose –** bei Befall mit Finnen *cisticercus pisiformis,* eines bei Hunden und Katze vorkommenden Bandwurmes, Hofhund oder Katze als Endwirte – 15.2. – 3.3; Abb. 168	keine spezifischen Krankheitssymptome; zahlreiche bis erbsengroße Zysten im Gekröse und an der Leberpforte	**Behandlung:** keine **Vorbeuge:** Fernhalten unbekannter Hunden von Hauskaninchenställen, Untersuchung eigener Hunde auf Bandwurmbefall
– **Blasenfinne – Echinococcose –** bei Befall mit Finnen *Echinococcus hytatidosus,* eines bei Hunden und Füchsen vorkommenden Bandwurmes, gelegentlich in den Beständen, besonders bei Verwendung von Freilandfutter beobachtet **Diagnose:** Organbefund am toten Tier	chronischer Verlauf, Abmagerung, Fellschäden, Atmungsbeschwerden; bis kirschgroße Finnenblasen in Leber und anderen Organen – Lunge, Muskeln –	Vorsicht bei Verfütterung von Freilandfutter, Gefahr der Aufnahme von Eiern des Fuchs- und Hundebandwurmes – 15.2. – 3.3

15.4 - 2.9.4 Geschwulstbildungen

Krankheit und Ursache	Krankheitsbefund	Behandlung und Vorbeuge
gelegentlich bei älteren Kaninchen als Einzelfall vorkommende Geschwulstbildungen in Form von	keine spezifischen Symptome; Abmagerung	**Behandlung:** keine
- **Zystadenom** der Gallengänge	zystische Tumore	
- **Adenocarzinome** als Metastasen von Primärgeschwulsten aus der Gebärmutter	grau-weiße, weiche unregelmäßige Knoten auch in Uterus, Lunge	
- **Melanosarkom,** pigmentierter-schwärzlich-Bindegewebstumor	meist einzelne schwärzlich pigmentierte Geschwultstherde in der Leber	
- **Leukose, Lymphadenose,** systemische Wucherungen lymphatischer Zellen in zahlreichen Organen – Leber, Milz, Nieren, Organlymphknoten, Knochenmark –	Leber vergrößert, unscharf begrenzte Neubildungen in Leber und anderen Organen – Milz, Nieren, Lymphknoten –	
Ursachen: unbekannt **Diagnose:** Organbefund am toten Tier -Obduktion-.		

15.4 - 2.10 Erkrankungen der Maulhöhle – Zähne, Schleimhaut, Zunge

15.4 - 2.10.1 angeborene Gebiß- und Zahnfehler – s. Kap. 5.2

Fehlerhafte Gebißstellung durch Anomalie des Kiefers - verkürzter Unterkiefer **Brachygnathia inferior** „Karpfengebiß"	Störungen der Futteraufnahme durch Überwuchs der oberen Nagezähne	**Behandlung:** nur hilfsweise Zahnkorrekturen, Kieferanomalie nicht zu heilen
- verkürzter Oberkiefer **Brachygnathia superior** „Hechtgebiß"	Überwuchs der unteren Nagezähne	**Vorbeuge:** Keine Zuchtverwendung von Tieren mit erblichen Gebißfehlern
- Seitenverschiebung von Ober- zu Unterkiefer **Kampylognathia** – Scherengebiß	seitlich schräg abfallende Kauflächen	
Ursachen: auf Gendefekt zurückgehende Mißbildung der Kieferknochen - rezessives Merkmal		

Krankheit und Ursache	Krankheitsbefund	Behandlung und Vorbeuge

15.4 - 2.10.2 Zahnfachentzündung

Krankheit und Ursache	Krankheitsbefund	Behandlung und Vorbeuge
Verletzungen des Zahnfleisches, Abbruch von Zähnen, Lockerung der Zähne, nachfolgende Wundinfektion als Anlaß für Zahnfachentzündungen; nach Staphylokokkeninfektion eitrige Entzündung des Kiefers **Diagnose:** Krankheitsbefund ggfs. Erregernachweis	Kaustörungen, aus dem Maul fallende Futterteile; örtliche Entzündung des Zahnfleisches und Zahnfaches; Verdickung des Kiefers bei eitriger Knochenentzündung	**Behandlung:** bedingt möglich, Zahnentfernung; bei fortgeschrittener Erkrankung schmerzlose Tötung **Vorbeuge:** keine besonderen Maßnahmen bekannt

15.4 - 2.10.3 Entzündungen von Maulschleimhaut, Zunge und Zahnfleisch

Meist Folgen von Infektionen örtlicher Wunden in der Maulhöhle – Schleimhaut, Zahnfleisch, Zunge –, selten Folgen spezifischer Infektionen. Wegen des auffälligen Speichelflusses aus dem Maul auch als – **Sabberkrankheit** Abb.166– bezeichnet.

Krankheit und Ursache	Krankheitsbefund	Behandlung und Vorbeuge
- begrenzter Entzündungsherd in Zahnfleisch, Gaumen oder Zunge nach Verletzungen durch spitze oder scharfe Gegenstände (Splitter u. ä.) im Futter, bei Zahnbrüchen u. a. – Infektionen durch Staphylokokken, Fusobakterien, *Pseudomonas; selten Yersinia spec., Listeria spec.*	– verminderte Futteraufnahme, Kaustörung, Speichelfluß aus dem Maul, örtliche Entzündungsherde, auch schmierig-eitrige Beläge und Geschwürsbildungen	**Behandlung:** örtliche Wundbehandlung – 15.5; Angebot von Weichfutter **Vorbeuge:** Ausschluß der Ursachen
- ausgedehnte Entzündung der Maulschleimhaut und Zunge **Urache:** Infektion durch *Stomatitis-vesicularis* Virus – 15.2 – 4.1 –; häufig bakterielle Sekundärinfektion; meist bei mehreren Tieren im Bestand **Diagnose:** Krankheitsbefund Erregernachweis	– diffuse Rötung der Schleimhaut; Bläschenbildung, weißliche Beläge; mitunter Schleimhautgeschwüre	**Behandlung:** Kamillentee als Tränke, hartfaserfreies Futter über mehrer Tage; Heilung möglich

Krankheit und Ursache	Krankheitsbefund	Behandlung und Vorbeuge

15.4 – 2.12. Erkrankungen der Ohren

15.4 – 2.12.1 Verletzungen der Ohren

Verletzungen an den Ohrmuscheln als Folge von

Krankheit und Ursache	Krankheitsbefund	Behandlung und Vorbeuge
– **Benagen der Ohren** durch Wurfgeschwister als „Säugeersatz"-Handlung bei nachlassender Milchsekretion des mütterlichen Gesäuges	– blutig-verschorfenden Wunden, Stummelohren	**Behandlung:** örtliche Wundbehandlung vorrübergehende Trennung **Vorbeuge:** Zusätzlich Milch- oder Weichfutter
– **bei Beissereien** zwischen rivalisierenden Jungrammlern, auch bei Verteidigung von Freß- und Nestplatz in Gruppenhaltung	– blutige Hautwunden an Ohren und Rumpf	**Behandlung:** Wundversorgung **Vorbeuge:** Einzelhaltung ab 10. Lebenswoche, ausreichend Futterplätze
– **nach Erfrierungen** an den Ohren bei längerer Frosteinwirkung an ungeschütztem Ort, Komplikation durch Wundinfektion **Diagnose:** Wundbefund	– Absterben (Nekrose) der erfrorenen Gewebeteile und Gewebszerfall	**Behandlung:** örtliche antibiotische Wundbehandlung **Vorbeuge:** Schutz vor direkter Frosteinwirkung bei feucht-kalter Witterung

Bluterguß im Ohr – Othämie

Krankheit und Ursache	Krankheitsbefund	Behandlung und Vorbeuge
Bei Langohrkaninchen gelegentlich spontan auftretend Ursache: Bluterguß nach Unfall – Quetschwunde – **Diagnose:** Organbefund	plötzlich auftretende starke Anschwellung einer Ohrmuschel, Schiefhaltung des Kopfes	**Behandlung:** Punktion des Blutergusses; zur Vermeidung von Wundinfektionen antibiotische Behandlung

15.4 – 2.11 Erkrankungen der Milz

In der Milz erfolgt der Abbau und die Aufbereitung »verbrauchter« roter und weißer Blutzellen, wie auch die Bildung bestimmter weißer Blutzellen (Lymphozyten). Krankhafte Veränderungen der Milz sind bei allen über die Blutgefäße im Körper sich ausbreitenden viralen und bakteriellen Allgemeininfektionen anzutreffen und bei Geschwulsterkrankungen der blutbildenden Organen.

Krankheit und Ursache	Krankheitsbefund	Behandlung und Vorbeuge
– bei akuten Infektionskrankheiten **Erreger:** Myxomatose/RHD Virus, Colibakterien, *Pasteurella, Streptococcus* – s. 15.4 – 1.1.1/2 –	– geschwollen, blutreich, mitunter hell- und dunkelrote Flecken	**Behandlung** und **Vorbeuge:** s. Grundleiden – 1.1.1/2
– bei chronisch verlaufenden Onfektionskrankheiten **Erreger:** *Yersinia spec., Listeria spec.* – 15.4. – 1.1.2	– Milzvergrößerung, gelbliche Herde in Milz, auch in Leber, Darm, Nieren	**Behandlung** und **Vorbeuge:** s. Grundleiden

Krankheit und Ursache	Krankheitsbefund	Behandlung und Vorbeuge
- bei Lymphadenose, chronisch-lymphatisches Leukämie, Lymphosarsarkomatose, Melanosarkon u. a. **Ursache:** unbekannt	- Milz vergrößert, fest; auch erhabene Tumorherde; geschwulstartige Prozesse auch in Leber, Nieren u. a.	**Behandlung**: keine **Vorbeuge:** unbekannt

15.4 - 2.12.2 Entzündungen am Ohr - Otitis

Entzündungen am äußeren Ohr - Otitis externa

Entzündung der Haut in der Ohrmuschel und im äußeren Gehörgang bei

- **Ohrräude** - s.15.2. - 3.4.1- - häufig Begleitinfektion durch Staphylokokken - Verbreitung im Bestand	dunkelbraune Beläge im Gehörgang, Kopfschütteln, Kratzen mit Vorderlauf, eitrige Pusteln	Behandlung des Milbenbefalls - 15.5 -,
- Befall mit **Hautpilzen** - 15.2. - 4.3 **Diagnose:** Krankheitsbefund, Erregernachweis	Schuppenbildung und Pilzknoten auf der Ohrhaut	Behandlung des Pilzbefalls - 15.5 -

Mittelohrentzündung - Otitis media -

Entstehung durch Übergreifen bakterieller Infektionen in Kopforganen - Ohren, Augen, Nasen-Rachenraum - auf das mittlere und innere Ohr; häufig beobachtet zusammen mit ansteckenden Schnupfen, gelegentlich auch bei Ohrräude.

- Infektion des inneren und mittleren Ohres und des Gleichgewichtsorgans **Erreger:** *Pasteurella spec.*, seltener Staphykokken und Streptokokken - s. 15.4. - 1.2 Bestandsinfektion, mitunter Ohrmilbenbefall **Diagnose:** Krankheitsbefund Erreger- oder Milbennachweis	Schiefhaltung des Kopfes, Gleichgewichtsstörungen; Kopfschütteln, Kratzen an den Ohren, eitriges Nasensekret - Schnupfen -	**Behandlung:** wenig aussichtsreich; schmerzlose Tötung **Vorbeuge:** Bekämpfung der Bestandsinfektion - 15.6 -.

Krankheit und Ursache	Krankheitsbefund	Behandlung und Vorbeuge

15.4 – 2.13. Schäden und Erkrankungen am Skelett – Knochen – Gelenke

15.4 – 2.13.1 angeborene Missbildungen – s. Kap. 5.2

Krankheit und Ursache	Krankheitsbefund	Behandlung und Vorbeuge
Bei Neugeborenen: **Achondroplasie,** Störung der Skelettentwicklung nicht überlebensfähig **Ursache:** Gen-Defekt	Stummelglieder; unvollständige Skelettbildung Tod in 1 - 3 Tagen	**Behandlung:** keine **Vorbeuge:** Ausschluß der Elterntiere von der Zucht
Robbenfüße, Verbiegung der Vorderläufe ab 2. Woche erkennbar **Ursache:** Gen-Defekt	Pfoten nach außen abgebogen; bedingt lebensfähig	**Behandlung:** keine **Vorbeuge:** Ausschluß der Elterntiere von der Zucht
Spreizbeine durch Fehlbildung der Beckenknochen **Ursache:** Gen-Defekt der Beckenbildung	Hinterläufe gespreizt, keine Lauf- und Stützfähigkeit, bedingt lebensfähig	**Behandlung:** keine **Vorbeuge:** Ausschluß der Elterntiere von der Zucht
Stummelfüße durch Fehlen von Zehen- oder Unterfußknochen **Ursache:** Schadstoffeinflüsse während Trächtigkeit	Meist an Vorderläufen, mitunter auch an allen Läufen; bedingt lebensfähig	**Behandlung:** keine **Vorbeuge:** Ausschluß der Elterntiere von der Zucht

15.4 – 2.13.2 Erworbene Mißbildungen

Rachitis

Krankheit und Ursache	Krankheitsbefund	Behandlung und Vorbeuge
bei Jungtieren ab 5. Lebenswoche erkennbar **Ursache**: Vitamin-D-Mangel in der täglichen Futterration	Verbiegung der Gliedmaßenknochen, Verdickung an den Rippenbögen und Gelenken	**Behandlung:** Vitamin-D-Medikation mehrmals **Vorbeuge:** Erhöhung des Vitamin-D Gehalts im Futter – s. Kap. 9.4 –

15.4 – 2.13.3 Verletzungen der Knochen und Gelenke

Knochenbruch

Krankheit und Ursache	Krankheitsbefund	Behandlung und Vorbeuge
– Gliedmaßen und Becken – Wirbelsäule	Bewegungsstörungen – Lahmheit – Querschnittlähmung	**Behandlung:** Bruchversorgung: u. U. schmerzlose Tötung

Gelenkluxation

Krankheit und Ursache	Krankheitsbefund	Behandlung und Vorbeuge
	Verdrehung der Gelenkachse, keine Beugung	**Behandlung:** Bruchversorgung: u. U. schmerzlose Tötung

Krankheit und Ursache	Krankheitsbefund	Behandlung und Vorbeuge

15.4 - 2.13.4 Entzündungen der Gelenke und Knochen

Gelenkentzündung - Abb.160 -	Gelenkverdickung, Bewegungsstörung	**Behandlung:** keine; schmerzlose Tötung
Knochenentzündung - am Kieferknochen bei Zahnfachentzündung	harte, schmerzhafte Verdickung am Kiefer	**Behandlung:** keine; schmerzlose Tötung
- an Gliedmaßenknochen bei infektiöser Gelenkentzündung **Erreger:** *Staphylococcus, Pasteurella* **Diagnose:** Krankheitsbefund	schmerzhafte Verdickung im Gelenkbereich	**Behandlung:** keine; schmerzlose Tötung

15.4 - 2.13.5. Geschwulstbildungen

Osteosarkom am Kieferknochen gelegentlich auftretende Knochengeschwulst **Ursache:** unbekannt **Diagnose:** Organbefund	harte Schwellung, zunehmende Vergrößerung, Störung der Futteraufnahme, Abmagerung	**Behandlung:** keine; schmerzlose Tötung

15.4 - 2.14. Erkrankungen der Verdauungsorgane - Magen und Darm

15.4 - 2.14.1 Erkrankungen des Magens

Magenaufblähung - Tympanie, Trommelsucht - Erweiterung des Magens durch Aufblähung **Ursache:** Verstärkte Gasbildung bei Gärung des Mageninhalts, besonders nach Aufnahme von erhitztem, feuchtem Grünfutter; nachlassende Magenbewegung - Magenlähmung, Atonie - **Diagnose:** Krankheitsbefund	Umfangsvergrößerung des oberen Bauches, trommelartige Blähung des Magens und Vorwölbung in den Brustraum mit Atemnot; hohe Sterblichkeit	**Behandlung:** Ableitung der Magengase durch eine Schlundsonde, Eingabe von gärungshemmenden Mitteln, Aktivierung der Herz- und Kreislauffunktion **Vorbeuge:** kein erhitztes »gärendes« Grünfutter

Krankheit und Ursache	Krankheitsbefund	Behandlung und Vorbeuge
Magenüberladung, Magenverstopfung		
Übermäßige oder abnorme Füllung des Magens bei gestörter Entleerung **Ursachen:** - Übermäßige Aufnahme stark – quellenden Weichfutters - nach längerem Hunger - Bildung fester Ballen	nachlassende Futteraufnahme, Benommenheit, u. U. behinderte Atmung durch überfüllten Magen - kurzfristige Magenerweiterung, Atemnot, Benommenheit	**Behandlung:** Magenleerung mit Magensonde **Vorbeuge:** kein gasbildendes und quellendes Futter
- **Bezoare –** aus Fellhaaren – besonders bei Wollhaar-Kaninchen – oder anderen Fasern – Gras, Textil – **Diagnose:** Krankheitsbefund Organbefund nach Obduktion	- nachlassende Futteraufnahme, mitunter Vorwölbung des Magens, Abmagerung, verzögerter Kotabsatz, Benommenheit	**Behandlung:** ggfs. operative Entfernung **Vorbeuge:** Fernhalten von langfaserigen Stoffen, rechtzeitige Wollschur
Magenwandverletzungen **Ursache:** Eindringen von Fremdkörpern in die Magenwand; Mitunter Bauchfellentzündung; Einzelfall **Diagnose:** Krankheitsbefund; Organbefund nach Obduktion	Zunehme Freßunlust – s. o. –; bei Bauchfellentzündung Benommenheit; Tod innerhalb kurzer Zeit	**Behandlung:** keine **Vorbeuge:** Fernhalten von verletzungsträchtigen Fremdkörpern aus dem Futter

15.4 – 2.14.2 Magenschleimhautentzündung - Gastritis

Krankheit und Ursache	Krankheitsbefund	Behandlung und Vorbeuge
Akute Magenschleimhautentzündung		
zusammen mit akuten Darmentzündungen – Dysenterie, Dünndarmkokzidiose **Ursache:** Alkalisierung des Magenschleims, bakterielle Infektion – meist E.coli **Diagnose:** Organbefund nach Obduktion	Magen gebläht, mit flüssigem Inhalt; Schleimhaut gerötet, linsengroße Schleimhautgeschwüre; s. akute Dünndarmentzündung	**Behandlung und Vorbeuge:** s. akute Darmentzündungen
Chronische Magenschleimhaut-Entzündung		
Ursache: Befall mit Magenwürmern – 15.2 – 3.2 – **Diagnose:** Nachweis von Magenwurmeiern im Kot; Organbefund	Abmagerung, Blutarmut, Haarschäden	**Behandlung:** Medikation von Wurmmitteln **Vorbeuge:** Vermeidung der Ansteckung, einstreulose Haltung

15.4 – 2.14.3 Akute Darmentzündungen

Mit Durchfall – Diarrhoe – verlaufende Darmerkrankungen, bestandsweite Ausbreitung: Auftreten in allen Altersgruppen, Jungtiere besonders gefährdet, hohe Verluste

Akute Dysenterie – Enterotoxämie, Enterocolitis, mukoide Enteritis – Abb.167

Mit Durchfall verlaufende, in allen Darmabschnitten – Dünn- und Dickdarm – auf tretende Entzündung; unter Jungtieren sehr verbreitet
Ursache: multifaktoriell, durch Begünstigung der Vermehrung toxinbildender Bakterien im Darm – pathogene Dysbiose – 15.2. – 2.3 –
Erreger: *E.Coli* – EPEC –, *Clostridium spec.* – s.15.2. – 4.2
Hilfsfaktoren:
- hoher Anteil tierisches Eiweiß bei reduziertem Rohfasergehalt im Futter, s. Kap. 9.7,
- unverträgliche Antibiotika, Eingabe mit Futter oder Wasser
- toxisch wirkende Futterinhaltsstoffe, – s. Kap. 9.8, Tab. 44 –,
- Befall mit Darmkokzidien - s. u., – Abkühlung – nach Wollschur

Diagnose: Krankheitsbefund, Untersuchung der Darmmikroflora

Dünnbreiig-flüssige Darmentleerung, mitunter blutig, starke Benommenheit hohe Sterblichkeit; ausgeprägte Blinddarmveränderungen: Blutungen oder Ödem in Blinddarmwand; Blutungen, Nekrosen Geschwürsbildung in der Schleimhaut; Entzündung der Magenschleimhaut; Blutungen und Nekrosen in der Leber mitunter Darmwanddurchbruch mit Bauchfellentzündung

Behandlung: Immodium-Eingabe, Elektrolyt-Glukose-Injektion, kreislauf-anregende Mittel; erregerwirksame Antibiotika, und/oder Sulfonamide – s.15.5 –
Futterdiät, Salzlecksteine

Vorbeuge: ausreichender Rohfaseranteil, reduzierter Eiweißgehalt – s. Kap. 9.3. –; keine darmunverträglichen Futterstoffe und Antibiotika im Futter oder Trinkwasser, Salzlecksteine zur freien Verfügung; Schutz vor Abkühlung, besonders nach der Schur

Dünndarmkokzidiose

Vorwiegend bei Jungtieren, bestandsweit verbreitet;
Erreger: Darmkokzidien, Erkrankungen bei massivem Befall – 15.2.-3.1 –; Komplikationen durch Coli-Infektion
Diagnose: Nachweis von Emeria-Oozysten im Kot

Kot mitunter weich, ungeformter Kotbrei; Dünndarm-Entzündung, Wachstumsverzögerung; Gewichtsverlust; bei E.coli-Infektionen Dysenterie

Behandlung: – s.15.5. –
Vorbeuge: kokzidiostatische Futterzusätze – 15.5. – Vermeidung der Ansteckung mit Ocysten aus der Einstreu, Haltung auf kotdurchlässigen Gitterböden, Gehegereinigung und Desinfektion vor Neubesatz; s. 15-6/7

15.4 – 2.14.4 Chronische Darmentzündungen

Entwicklung bei chronisch verlaufenden bakteriellen Infektionen nach Aufnahme der Erreger mit dem Futter oder bei Befall mit Darmwürmern – Nematoden, Zestoden s. 15.2 – 3.2 – oder Darmkokizidien – 15.2. – 3.1 –.

Bakterielle Darminfektionen

Krankheit und Ursache	Krankheitsbefund	Behandlung und Vorbeuge
im Verlauf chronische verlaufender Allgemeininfektionen – Listeriose, Yersiniose, – s.1.1.2 – bestandsweite – enzootische – Verbreitung **Diagnose:** Organbefund, Erregernachweis im Kot	wechselnde Kotbeschaffenheit, Abmagerung, mitunter Fellschäden, Herdnekrosen in der Blinddarmwand; Tod infolge Erschöpfung	**Behandlung und Vorbeuge:** s. bakterielle Infektionskrankheiten – 1.1.2 –

Rund- oder Bandwurmbefall

Krankheit und Ursache	Krankheitsbefund	Behandlung und Vorbeuge
Dünn- oder Blinddarm **Diagnose:** Nachweis der Wurmeier im Kot	Ungeformter Kot, Abmagerung; Darmschleimhaut blaß-glasig, stärkerer Schleimgehalt	**Behandlung:** Bekämpfung des Wurmbefalls – 15.5 – **Vorbeuge:** Verhinderung Aufnahme invasionsfähiger Wurmeier und Wurmlarven – 15.6 –

15.4 – 2.14.5 Kotverhaltung, Blinddarmverstopfung

Krankheit und Ursache	Krankheitsbefund	Behandlung und Vorbeuge
Eindickung des Blinddarmkotes – Chymus – Verzögerung der Kotausscheidung mit Kotverhaltung – Verstopfung –; vorwiegend bei älteren Tieren **Ursachen:** – Störung der Leberfunktionen durch Verfettung, chronische Verfettung, chronische Infektionen oder Gallengangskokzidiose, begünstigt durch ausschließliche Fütterung mit Trockenfutter **Diagnose:** Krankheitsbefund, Nachweis der Ursache	Verzögerter Kotabsatz, Kotballen trocken, fest, mitunter Beimischung von klarem Schleim; zunehmende Trägheit, Freßunlust, Gewichtsabnahme	**Behandlung:** Trinkwasser mit Abführsalz-Zusatz – Glaubersalz –, auch »Abführtee« als Tränke; vorübergehend kein Trockenfutter; Behandlung der Ursache – Leberkokzidiose –

15.4 - 2.15 Erkrankungen des Bauchfelles und der Bauchhöhle

15.4 - 2.15.1 Bauchhöhlenwassersucht - Ascites -

durch Austritt von Blutserum und Gewebeflüssigkeit aus Gefäßen und Organen in die Bauchhöhle

Ursache: Blutstauung in der Leber bei chronischer Herzerkrankung – Klappendefekt, Geschwulstbildung (Herz, Lunge) –
Diagnose: Obduktion

Umfangsvermehrung des Bauches; träges Verhalten; Flüssigkeitsansammlung klar, rötlich-gelbliches, meist klares Exsudat

Behandlung: keine

15.4 - 2.15.2 Bauchfellentzündung

Entstehung nach Durchbruch – Perforation – der Magen- oder Darmwand, der Gebärmutter oder nach durchbohrenden Verletzungen der Bauchwand und daran sich anschließender Infektion des Bauchfells mit Darmbakterien u. a. Keimen – 15.2. – 4.2 –
Diagnose: Krankheits- und Obduktionsbefund

akuter oder chronischer Verlauf, Trägheit bis Benommenheit: schmerzhafte Abwehrreaktion beim Abtasten; eitrig-fibrinöse Beläge am Bauchfell und auf den Organen

Behandlung: kaum erfolgreich
Vorbeuge: Bekämpfung des Ausgangsschadens

15.4 - 2.15.3 Gekrösefinnen - Zystizerkose - 15.2. - 3.3 und Abb. 168

Entwicklung der Finnen – *Cyticerus pisiformis* – nach Aufnahme von Eiern eines Hunde- und Katzenbandwurmes durch Kaninchen als natürlicher Zwischenwirt
Diagnose: Organbefund nach Obduktion

bei starkem Befall Abmagerung, sonst wenig auffällig; erbsengroßes weißliche, rund-ovale Zysten in Gekröse und Leber

Behandlung: keine
Vorbeuge: Kontrolle der mit dem Kaninchenbestand in Kontakt kommenden Hunde und Katzen, ggfs. Entwurmung – 15.6 –

15.5. Behandlung und Bekämpfung

Voraussetzung für eine schnelle und wirksame Krankheitsbekämpfung ist die Diagnose über Art und Ursache der vorliegenden Erkrankung und über die mögliche Gefährdung anderer, noch gesund erscheinender Tiere des Bestandes. Sie ist für die Auswahl der Behandlungsmaßnahmen und der anzuwendenden Medikamente von wesentlicher Bedeutung. Bestehlt der Verdacht auf eine möglicherweise bestandsweit sich ausbreitende Erkrankung, sind alle Tiere des gefährdeten Bestandes in die Behandlung einzubeziehen.

15.5. 1 Arzneimittelanwendung

Arzneimittel für Kaninchen sind großenteils rezeptpflichtig und müssen von einem approbierten Tierarzt verordnet werden. Eine Wirkung von Heilmitteln ist nur dann zu erwarten, wenn die Präparate den Anwendungsempfehlungen entsprechend den kranken Tieren verabreicht werden.

Zur Krankheitsvorbeuge und zur Behandlung kranker Kaninchen geeignete Impfstoffe und Arzneimittel:

1. **Impfstoffe** zur vorbeugenden Schutzimpfung von Kaninchen gegen

- **hämorrhagische Viruskrankheit** – RHD – auf der Basis von inaktiviertem Organvirus oder nicht pathogenem Kulturvirus; Erstimpfung ab 5. Lebenswoche mit Wirkungsdauer bei einmal Impfung bis 6 Monate.
- **Myxomatose** auf der Basis von Shope'schen Fibrom-Virus-Kulturimpfstoff oder von abgeschwächtem Myxomatose-Kulturvirus; Wirkungsdauer nach einmal Impfung etwa 6 Monate.
- Schutzimpfungen gegen **Pasteurellose** – infektiöser Schnupfen – oder gegen **Dyenterie** und **Enterotoxämie** (Coli-Dysenterie) sind nur wirksam bei Verwendung von Impfstoffen, welche die gleichen Antigen-Typen enthalten, wie sie im infizierten Tier vorliegen oder im Bestand zu erwarten sind – 15.2.

2. Arzneimittel zur Behandlung von Infektionskrankheiten und Parasitosen

Bei erkrankten Tieren mit gestörter Futter- und Wasseraufnahme ist eine Einzelbehandlung angebracht. Zur Behandlung des ganzen Bestandes oder größerer Tiergruppen ist die Einmischung der Präparate in das Trinkwasser oder Futter zweckmäßig. Vor Behandlungsbeginn kann zur schnellen Aufnahme des medikierten Wassers oder Futters eine begrenzte Hunger- und Durstzeit sinnvoll sein, ausgenommen bei säugenden Häsinnen. Die Dosierung der Wirkstoffe ist auf das Durchschnittsgewicht der Tiere und ihrem durchschnittlichen Futter- und Trinkwasserbedarf pro Tag zu berechnen.- Nach Abschluß der Behandlung sollten Käfige/Gehege sowie Futter- und Tränkenäpfe zum Ausschluß von Nachinfektionen sorgfältig gereinigt und desinfiziert werden – s.15.6./7.

Bei der Eingabe von Medikamenten an Kaninchen einschließlich der Kokzidiostatika und sog. Fütterungsarzneien, die in das Futter eingemischt werden, sind Absatzfristen bei der Behandlung von Kaninchen, deren Fleisch als Nahrungsmittel genutzt werden soll, vorgeschrieben. Diese Fristen sind auf den Beipackzetteln angegeben.

- **Antibiotika** zur Behandlung bakterieller Infektionen, Wirkung erregerspezifisch, einige Antibiotika sind für Kaninchen bei oraler Eingabe unverträglich –15.2. – 2.2;
- **Sulfonamide,** Nitrofurane zur Behandlung von Infektionen durch Bakterien, Mikrosporidien und Kokzidien;
- **Kokzidiastika** zur Behandlung und zur vorbeugenden Bekämpfung der Darm und Gallengangskokzidiose;
- **Antimykotika** zur Bekämpfung von Pilzinfektionen -Organ- und Hautmykosen.

Präparate zur Bekämpfung von Eingeweidewürmern und Hautparasiten.

- **Anthelmintika** gegen Rund- und Bandwürmer, Leberegel;
- **Akarizide, Insektizide** gegen Milben, Flöhe, Läuse, Fliegenmaden;

3. **Präparate zur Wundbehandlung** – nur äußerliche Anwendung bei Kaninchen;

- **Reinigung und Desinfektion** von Haut- und Schleimhautwunden und oberflächlichen Entzündungen, auch zur Augenspülung; Kamillen-Aufguß, Borwasser (auch für Augen), Wasserstoff-Superoxyd-Lösung 2 %ig, Rivanol-Lösung, Kaliumpermanganat-Lösung u.a.;
- **Wundpuder** mit Zusätzen von Antibiotika und/oder Sulfonamiden zur Behandlung von infizierten Wunden, Entzündungen und Geschwüren der Haut und Schleimhäute;
- **Wundsalben** mit antibiotischen, keimtötenden Zusätzen zur Behandlung infizierter Wunden, Entzündungen, Geschwüre und Abszesse der Haut und Schleimhäute, auch am Auge und in der Nase;
- **Wundemulsionen** mit antibiotischen Zusätzen zur örtlichen Behandlung infektiöser Prozesse in Hohlräumen; Gebärmutter, Scheide, Nasenhöhle und von
  Abszessen; auch zur oralen Eingabe bei Säuglingen mit infektiösen Erkrankungen geeignet.

Die zur Behandlung oder Krankheitsvorbeuge vorgesehenen Präparate müssen trocken, kühl und dunkel gelagert werden und sollen nach Ablauf des Verfallsdatums nicht mehr verwendet werden. Nicht mehr verwertbare Arzeneimittel sind über die Apotheken oder den Tierarzt zu entsorgen.

15.6 Gesundheitsvorsorge und Krankheitsverhütung

1. Maßnahmen zur gezielten Krankheitsverhütung – Krankheitsprophylaxe

Absprache mit dem Tierarzt angebracht,

- Verfütterung von Kokzidiostatikahaltigen Alleinfuttermitteln,
- vorbeugende Medikation von Antibiotika im Futter oder Trinkwasser während besonderer Belastungssituationen, Absetzen, Transport, nach Wollschur, Stallwechsel- zur Verhütung des Ausbruchs von Coli Dysenterie,
- Schutzimpfung, gegen seuchenhafte Erkrankungen –Myxomatose, Hämorrhagische Viruskrankheit RHD; Schutzimpfungen dringend geboten bei Erkrankungen in Nachbarbeständen und unter Wildkaninchen;
- Ermittlung und Ausmerzung der mit pathogenen Bakterien Listeria, Yersinia, Salmonella u.a. infizierten Tiere, speziell Zuchttiere;
- Untersuchung verendeter Tiere und Ermittlung der Ursache zur rechtzeitigen Erkennung bestandsgefährdender Erkrankungen und Einleitung von Maßnahmen zu deren Bekämpfung.

2. Schutz gegen Einschleppen von Krankheitserregern – s. 15.2. – 3. und 4. –

- Vermeidung von Infektionskontakten mit Wildkaninchen bei Freigehegehaltung,
- Schutz der Hauskaninchen vor Einschleppung mit Flöhen und Zecken als Überträger der Myxomatose, RHD und Tularämie – 15.4. – 1.1., sowie vor Ratten und Mäusen als mögliche Überträger pathogener Bakterien. – Salmonella, Yersinia, Staphylokokken – und von Räudemilben;
- Vorsicht bei Verwendung von Grünfutter aus Gebieten mit Besiedlung durch Wildkaninchen; Gefahr der Einschleppung von Krankheitserreger durch mit infektösen Viren oder Bakterien von Wildkaninchen oder Hasen behafteten Zecken, Flöhen oder Stechmücken und von Grasmilben, Schnecken oder Ameisen als Zwischenwirte von Band- und Saugwürmern;
- Vorsicht bei Verwendung von Grünfutter aus Gebieten mit Vorkommen von Füchsen und verbreiteter Hundehaltung – Hundepromenaden –; Gefahr der Aufnahme von Bandwurmeiern (Onkosphären) und daraus folgender Finnenentwicklung beim Kaninchen;
- Zukauf von Zuchttieren nur aus kontrollierten Beständen – frei von Magen- und Darmwürmern, frei von Erregern von Infektionskrankheiten, s. 15.2. – 3. bis 4;
- Quarantänehaltung aller Zugänge aus fremden Beständen einschließlich der von Ausstellungen zurückgebrachten Tiere für mindestens 1 Woche; krankheitsverdächtige Tiere tierärztlich untersuchen lassen.

3. Vorsorge gegen Ausbreitung von Krankheiten im Bestand – Stallhygiene

Vorsorge gegen Anreicherung von invasionsfähigen Parasitenstadien – Eier, Larven, Kokzidienoozysten – und von bakteriellen Krankheitserregern – 15.2. – 3. und 4 –, im Stall durch Reduzierung des Kontaktes der Kaninchen mit den eigenen Ausscheidundungen – Kot, Harn oder denen ihrer Stallgenossen durch

- regelmäßige Reinigung mit Entmistung und Desinfektion bei Haltung aufgeschlossener Bodenfläche – mit oder ohne Einstreu – oder
- Haltung auf kot- und harndurchlässigen Gitterböden ohne Einstreu;
- Entstaubung der Käfige und Stalleinrichtungen – Futterbehälter, Tränkeenrichtungen, Belüftungsanlagen/Ventilatoren – einschließlich Entfernung von Haaren aus den Ventilatoren, nach Bedarf und vor Besatzwechsel;
- Reinigung und Desinfektion der Zuchtkäfige und Wurfkästen vor Neubesatz

4. Überwachung und Wartung der Stalleinrichtungen – s. 15.2. – 2.3.

besonders in Kaninchenbeständen mit automatischen oder halbautomatischen Einrichtungen zur Ver- und Entsorgung des Stalles und der Tiere regelmäßig notwendig

- zur Vermeidung von Unfällen mit Verletzungen durch schadhafte Gehege- und Stalleinrichtungen,
- regelmäßige Kontrolle der Ver- und Entsorgungseinrichtungen auf Funktionsfähigkeit –, Be- und Entlüftungsanlagen, Kotbeseitigung, Tränke- und Futterbehälter –

5. Maßnahmen zur Futterhygiene – 15.2. – 2.2.

Zum Ausschluß fütterungsbedingter Erkrankungen

- trockene, kühle, vor Ungezieferer geschützte Vorratslagerung von Futterstoffen,
- Fertigfutter innerhalb der angegebenen Haltbarkeitsdauer verfüttern (Wirkstoffabbau, Futterverderb, Schimmelbildung);
- Vorsicht bei Verfütterung feucht gestapelten Grünfutters -Gefahr der Gärung-,
- regelmäßige- Reinigung der Futter- und Tränkeeinrichtungen zum Ausschluß einer Anreicherung mit Schmutzkeimen -Gefahren durch Schmutz- und Schmierinfektionen

15.7 Reinigung und Desinfektion

- Käfige und Stalleinrichtungen nach medikamentösen Behandlungen gegen übertragbare Erkrankungen – Infektionen, Parasitosen- und vor jedem Neubesatz gründlich reinigen – Entfernung von Kot, Einstreu, Staub – und desinfizieren;
- Wege und Gänge im Stallbereich in Reinigung und Desinfektion einbeziehen;
- Freiausläufe zur Reduzierung der mit dem Kot ausgeschiedenen Parasiten und pathogenen Keime im 2-Jahres-Rythmus wechseln, Kotanhäufungen beseitigen.

Desinfektionsverfahren (nur nach Stallreinigung wirksam):

Verfahren, Wirkstoff	Wirkungs-Konzentration	Wirksamkeit gegen
Dampfstrahl zur Reinigung und Desinfektion ggfs. entsprechende Zusätze für alle Materialien geeignet	mindestens + 80°C und 3 Minuten Einwirkungsdauer	Bakterien, Viren, Milben nicht gegen Sporen, Eier von Würmern, Milben und gegen Kokzidienozysten
Ausflammen nur bei nicht brennbaren Materialien – Metalle – anwendbar; bei durchnäßten Holzgehegen – Nest, Käfig – unter Vorsicht nur außerhalb der Stallräume	über 140°C kurzfristig etwa 3 – 5 Sekunden	alle Keime, Sporen und anderen Dauerformen
chemische Desinfektion		
– Aldehyde, Kresole, Phenole nur nach gründlicher Säuberung der Flächen wirksam, keine Tiefenwirkung bei Holz	2 – 4 %ig mindestens 30 Minuten Einwirkungsdauer, besser mehr	Bakterien, Viren, Pilze; nicht gegen Sporen, Wurmeier, Kokzidienozysten und Ektoparasiten
– organische Lösungsmittel Chloroform, Schwefelkohlenstoff, chlorierte Kohlenwasserstoffe	bis 6 %ig mindestens 30 Minuten Einwirkungsdauer	Eier von Würmern, Milben und Insekten nicht gegen Sporen und Ektoparasiten
– Insektizide, Akarizide Kontaktinsektizide/Akarizide meist hohe Giftigkeit für Tiere Käfige, Nester ggfs. Nachspülen vor Neubesatz	s. Beizettel kurzfristige Einwirkungsdauer	Milben und Insekten nicht gegen deren Eier und Larven

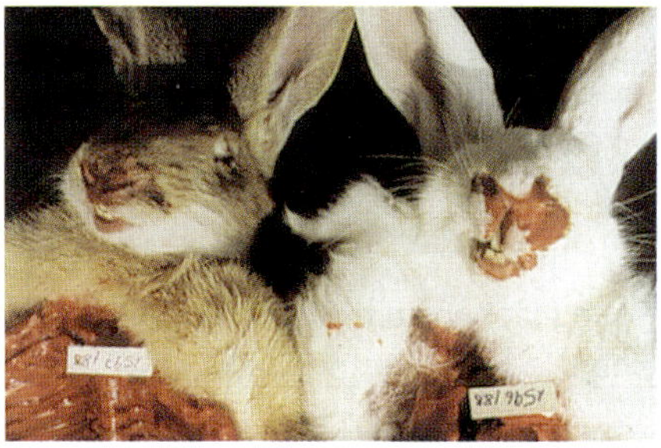

Abb. 159:
Hämorragische Virusinfektion der Kaninchen –VHD – blutiger Nasenausfluss im Endstadium der Erkrankung, krankheitstypisch. – s. 15.4. – 1.1.

Abb. 160:
Akute Myxomatose – myxomatöse Schwellungen am Ohrgrund, am Augenlied und an der Nase; Begleitinfektion durch Eiterbakterien – Staphylokokken oder Pasteurella. – s. 15.4. – 1.1.

Abb. 161:
Kopfverdrehen bei Mittelohrinfektion durch Pasteurella multocida; ähnliches Krankheitsbild auch bei Gehirnentzündungen nach Infektion mit Enzephalitozoon cuniculi möglich. – s. 15.4. – 2.3.3

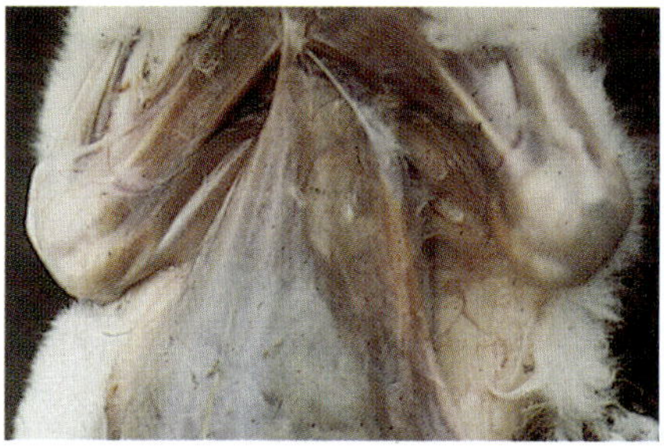

Abb. 162:
Gelenkentzündung in beiden Kniegelenken; Zustand nach Infektion mit Pasteurella multocida; deutliche Verdickung beider Gelenke. – s. 15.4. – 2.4.1

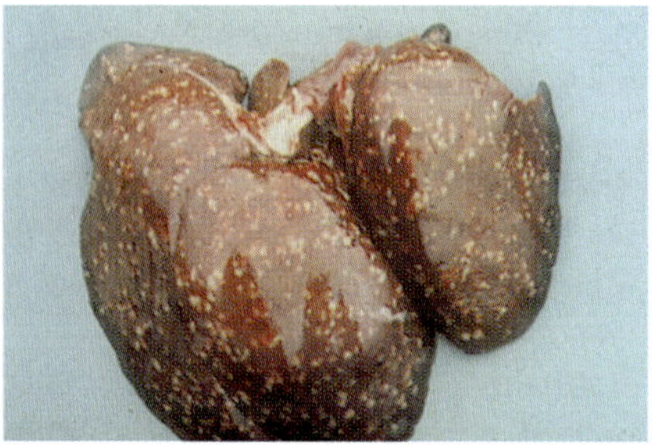

Abb. 163:
Yersiniose/Pseudotuberkulose
– Leber mit zahlreichen gelblichen Gewebezerfallsherden. – 15.4. – 1.2

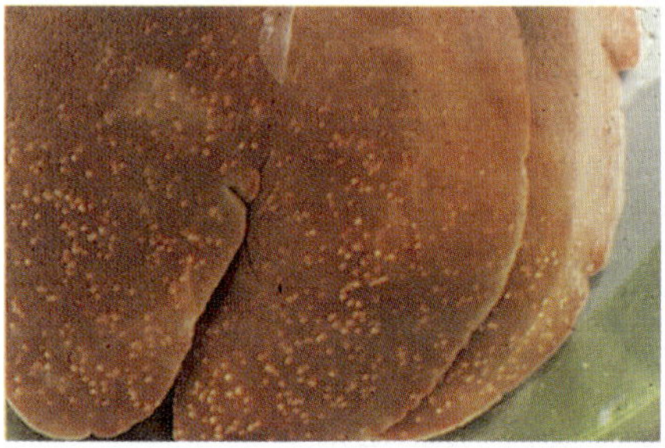

Abb. 164:
Tyzzer'sche Krankheit – gelbliche Gewebezerfallsherde in der Leber, unscharfe Begrenzung. – s. 15.4. – 1.1.2 –

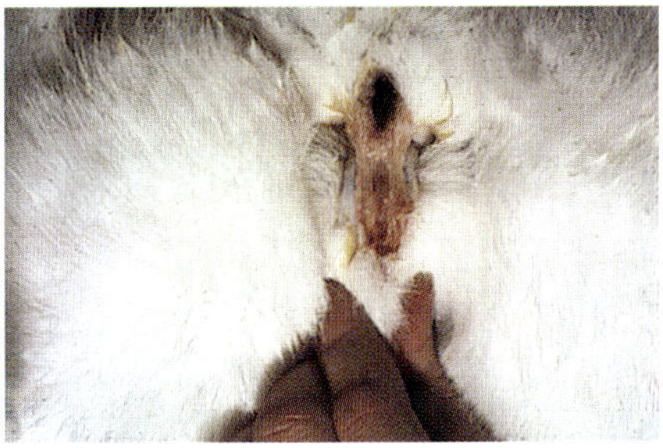

Abb. 165:
Spirochätose/Kaninchensyphillis – Rötung und Geschwürbildungen auf der Scheidenschleimhaut. – 15.4 – 2.5.1

Abb. 166:
Nieren mit ausgeprägten Kalkablagerungen – weißliche Streifen – in der äußeren Rindenschicht (rechts); höckrige Oberfläche durch Narbenbildung (linke Niere). – s. 15.4.– 2.6.2 –

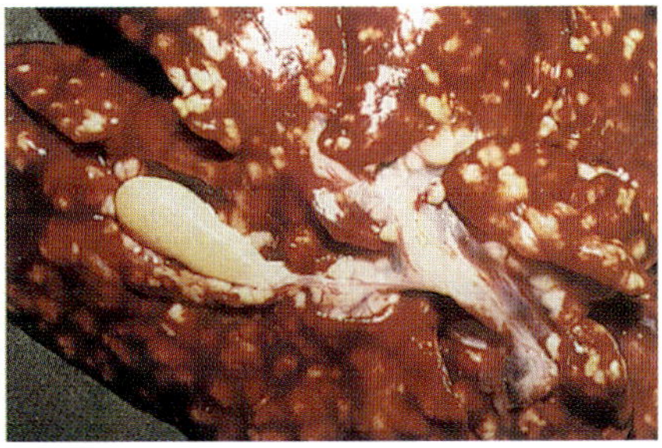

Abb. 167:
Befall einer Leber mit Gallengangskokozidien. – s. 15.4. – 2.9.3

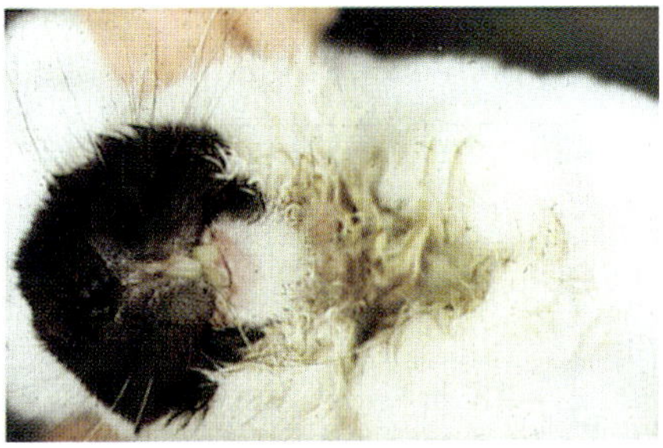

Abb. 168:
Speichelfluss, Sabbern bei Entzündung der Maulschleimhaut nach Verletzung und Wundinfektion. – s. a. 15.4 – 2.10.3

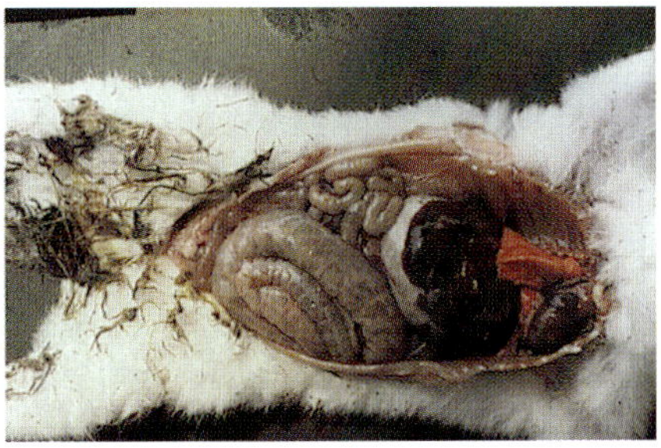

Abb. 169:
Akute Dysentrie – mit dünnflüssigem Kot verschmutzte Fellhaare um die Afteröffnung; grau-glasige Blinddarmwand – krankheitstypisch, – s. 15.4 – 2.13.3

Abb. 170:
Bandwurmfinnen – Cysticercus pisiformis – im Gekröse (Netz) eines Kaninchens. – s. 15.4. – 2.14

16 Futterwerttabellen*

Zusammensetzung und Verdaulichkeit der Futtermittel

Futtermittel	TS	Rohnährstoffe in % des Futtermittels					Verdaulichkeit in %					Ver-daul. Eiweiß	Verdauliche Energie/kg	
		Org. Sub.	Roh-eiw.	Roh-fett	Roh-faser	N-freie Extrakt-stoffe	org. Sub.	Roh-eiw.	Roh-fett	Roh-faser	N-freie Extrakt-stoffe			
	%	%	%	%	%	%	%	%	%	%	%	%	kcal	MJ
Grünfutter														
Ackersaudistel	8,8	7,2	1,2	0,3	1,2	4,5	86	75	63	77	93	0,9	286	1,20
Bärenklau	14,0	11,8	2,6	0,5	2,0	6,8	85	82	37	73	93	2,1	449	1,88
Futterkohl	13,6	12,3	2,2	0,5	2,1	7,5	89	92	78	72	94	1,5	506	2,12
Giersch	10,6	8,5	1,9	0,3	2,6	3,7	81	73	54	82	85	1,4	312	1,31
Gras, Wiese	25,0	22,9	3,0	0,8	6,0	13,1	67	75	60	35	80	2,0	670	2,93
Gras, Wiese	20,0	18,0	3,5	0,8	4,0	9,7	49	62	26	26	56	2,2	400	1,68
Kohl	8,5	7,8	1,7	0,1	0,9	5,1	–	99	83	88	100	1,7	348	1,46
Landsbergergemenge	20,0	18,2	3,2	0,5	3,3	11,2	72	76	63	33	82	2,1	590	2,47
Luzerne v. d. Blüte	21,5	19,3	4,5	0,9	5,3	8,6	74	86	70	54	81	2,8	667	2,80
Markstammkohl	12,9	11,7	2,1	0,4	2,3	6,9	81	86	72	55	88	1,3	431	1,81
Melde	16,9	13,9	4,4	0,4	3,2	5,8	66	81	49	45	66	3,6	414	1,73
Süßlupine	12,5	11,1	3,8	0,5	2,9	3,9	79	91	73	57	84	2,7	405	1,69
Weißkohlblatt	13,5	11,5	2,6	0,4	1,2	7,4	97	96	91	96	98	2,5	515	2,16
Rotklee	19,7	17,1	2,8	0,8	3,3	9,8	76	77	73	65	80	2,1	589	2,41
Zuckerrübenblatt	20,4	14,1	1,8	0,5	2,5	9,3	90	83	72	89	92	1,5	576	2,36

* Berechnung des Nährstoffgehaltes einer Ration oder Futtermischung s. Tabelle 40. Der Gehalt an Asche in einem Futtermittel errechnet sich aus der Differenz zwischen der Trockensubstanz (TS) und der organischen Substanz (54, 88, 89, 97, 99, 105, 151, 163).

Futtermittel	TS	Rohnährstoffe in % des Futtermittels					Verdaulichkeit in %					Ver- daul. Eiweiß	Verdauliche Energie/kg	
		Org. Sub.	Roh- eiw.	Roh- fett	Roh- faser	N-freie Extrakt- stoffe	org. Sub.	Roh- eiw.	Roh- fett	Roh- faser	N-freie Extrakt- stoffe			
	%	%	%	%	%	%	%	%	%	%	%	%	kcal	MJ
Grünfutter natürlich und künstlich getrocknet														
Barbarea vulg. Heu	86,3	79,7	14,3	3,1	28,2	34,1	–	78	62	26	66	11,1	2002	8,38
Brennnesselheu	88,3	70,6	22,6	1,2	15,8	31,0	75	96	32	42	79	16,4	2363	9,89
Haferheu	93,2	85,9	7,1	3,1	35,4	40,3	35	61	54	10	50	3,7	1407	5,88
Haferstroh	86,0	81,7	3,8	1,8	39,7	36,4	30	30	30	25	35	0,9	1104	4,62
Hubhanklee	89,4	79,6	21,1	2,9	22,6	33,0	–	79	49	7	73	16,7	2006	8,40
Künstl. getrocknetes Weidegras	90,0	81,4	19,6	5,2	17,5	39,1	68	70	53	42	80	12,0	2583	10,81
Künstl. getrocknetes Wiesengras	89,6	80,2	13,9	5,1	18,9	42,3	66	69	55	41	78	8,2	2499	10,46
Kudzuheu	92,8	87,8	10,9	1,5	42,2	33,2	–	63	12	16	56	6,8	1434	6,01
Knaulgrasheu	88,2	82,1	10,2	2,8	28,1	41,0	46	76	65	15	59	6,9	1778	7,44
Lespedeza	89,5	84,3	14,8	2,8	27,7	39,0	–	67	46	11	59	9,9	1712	7,17
Luzernegrünmehl, 17 % Prot.	92,0	82,1	17,4	2,7	23,9	38,1	–	–	–	–	–	12,2	2332	9,76
Luzernegrünmehl, 20 % Prot.	92,0	81,1	20,2	3,2	20,3	37,4	–	–	–	–	–	15,0	2596	10,87
Luzerneheu, v. d. Blüte	90,2	80,6	16,1	2,3	25,2	37,0	55	70	50	28	68	10,5	2028	8,49
Luzerneheu, volle Blüte	88,0	81,0	13,3	1,6	30,6	35,5	–	–	–	–	–	9,1	1760	7,37
Melde, getr.	81,3	62,6	21,9	1,5	11,0	28,1	76	85	61	60	77	18,6	2156	9,03
Miloheu	90,0	78,8	19,3	3,7	21,6	34,2	–	71	46	16	47	13,7	1628	6,82
Obstgartengras, spärlich	88,6	81,7	6,8	2,2	29,2	43,5	–	72	63	12	59	4,9	1650	6,91
Obstgartengras, üppig	88,2	82,1	10,2	2,8	28,1	41,0	–	76	65	15	59	7,8	1769	7,41
Raygras	91,7	87,4	8,3	2,7	33,0	43,4	38	54	57	13	52	3,5	1531	6,41

Futtermittel	TS	Rohnährstoffe in % des Futtermittels					Verdaulichkeit in %					Ver-daul. Eiweiß	Verdauliche Energie/kg	
		Org. Sub.	Roh-eiw.	Roh-fett	Roh-faser	N-freie Extrakt-stoffe	org. Sub.	Roh-eiw.	Roh-fett	Roh-faser	N-freie Extrakt-stoffe			
	%	%	%	%	%	%	%	%	%	%	%	%	kcal	MJ
Rotkleeheu	86,7	81,1	13,5	3,0	24,3	40,3	53	64	69	27	68	7,0	2086	8,73
Sojabohnenheu	92,5	82,5	14,5	1,9	28,6	37,5	–	67	32	17	59	9,7	1672	7,00
Sudangrasheu	89,0	86,2	15,8	3,7	20,2	40,5	–	68	49	27	64	10,8	2037	8,53
Süßlupine, getrocknet	88,7	79,1	18,1	3,6	22,1	35,4	59	62	75	38	70	11,3	2218	9,28
Timothe, Heu	89,8	85,0	6,2	2,2	30,7	45,9	38	57	49	15	50	3,1	1478	6,19
Weißkleeheu	86,6	78,6	15,0	3,8	22,0	37,8	58	68	51	30	70	8,2	3073	12,87
Wickenheu	87,2	78,1	17,4	3,0	23,9	33,8	56	75	60	21	71	10,1	2033	8,51
Wiesenheu, gering	89,3	82,6	8,4	2,1	29,1	43,0	40	53	51	19	52	3,6	1531	6,41
Wiesenheu, mittelgut	85,5	78,5	10,0	2,5	25,0	41,0	43	55	51	22	53	4,5	1571	6,58
Wiesenheu, sehr gut	87,6	79,4	13,6	3,0	23,5	39,3	47	50	45	33	55	6,4	1729	7,24
Wruckenblatt, getrocknet	90,7	69,9	13,9	1,6	10,1	44,3	88	79	69	80	93	11,0	2768	11,59
Rotklee, künstlich getrocknet	87,3	80,2	13,2	2,9	20,8	43,4	71	85	77	55	75	11,2	2644	10,84
Zuckerrübenblatt, künst. getrock.	83,4	70,1	10,6	2,3	9,8	47,4	80	67	69	69	85	7,1	2543	10,42
Wickroggen, künstl. getrocknet	88,9	78,5	9,4	2,8	25,9	40,4	66	82	72	57	69	7,7	2411	9,89
Wickweizen, künst. getrocknet	89,2	83,7	9,3	2,2	23,3	48,3	63	77	64	44	69	7,1	2376	9,74
Grünfutter-Silage														
Kleegras	20,1	18,0	3,6	1,9	4,7	7,8	63	71	67	32	76	1,8	546	2,28
Luzerne	17,0	14,6	3,4	1,4	4,6	5,2	58	82	51	28	70	2,0	414	1,73
Mais	24,3	22,4	2,0	0,5	7,6	12,7	56	79	96	24	69	1,3	585	2,45
Melde	13,7	10,4	3,1	0,6	2,2	4,5	75	89	64	52	77	2,8	365	1,53

Futtermittel	TS	Rohnährstoffe in % des Futtermittels					Verdaulichkeit in %					Ver-daul. Eiweiß	Verdauliche Energie/kg	
		Org. Sub.	Roh-eiw.	Roh-fett	Roh-faser	N-freie Extrakt-stoffe	org. Sub.	Roh-eiw.	Roh-fett	Roh-faser	N-freie Extrakt-stoffe			
	%	%	%	%	%	%	%	%	%	%	%	%	kcal	MJ
Wurzeln, Knollen														
Futterrüben	14,6	13,6	1,0	0,1	0,9	11,6	94	66	80	100	96	0,4	568	2,38
Kartoffeln, eingesäuert	25,0	23,8	2,0	0,1	0,8	20,9	95	78	85	83	97	1,1	999	4,18
Kartoffeln, gedämpft	25,0	23,5	2,3	0,1	0,8	20,3	94	68	85	83	98	1,1	981	4,11
Kohlrüben	13,1	12,4	1,3	0,1	1,2	9,8	97	89	83	100	98	0,4	537	2,25
Möhren	12,3	11,4	1,4	0,1	1,2	8,7	92	86	79	56	98	1,2	466	1,95
Sellerie	5,6	4,3	0,9	0,1	0,8	2,5	93	77	91	93	99	0,4	180	0,76
Süßkartoffeln	41,9	41,0	1,8	0,3	1,0	37,9	–	44	76	94	94	0,8	1672	7,00
Topinambur-Knollen	19,0	17,8	1,5	0,2	1,2	14,9	96	72	100	100	98	0,9	761	3,19
Wasserrüben	8,2	7,4	1,0	0,1	1,1	5,2	95	91	100	82	98	0,4	312	1,31
Körner, Samen														
Ackerbohnen	84,3	81,2	24,6	1,7	7,4	47,5	–	80	60	30	90	19,7	3050	12,75
Buchweizen	85,2	83,5	10,4	2,3	10,8	60,0	–	72	95	17	89	7,5	2988	12,51
Gerste	86,1	83,4	9,9	2,1	5,0	66,4	85	75	89	28	91	7,1	3228	13,56
Hirse (Tannin < 4 g/kg)	87,4	85,8	9,5	3,1	2,3	70,9	–	55	80	40	88	5,2	3110	13,00
Hafer	88,2	85,0	10,5	4,9	11,1	58,5	72	81	92	19	79	8,1	2957	12,38
Leinsamen	90,6	85,3	21,5	34,2	7,3	22,3	–	82	85	30	70	17,7	4350	18,20
Mais	86,8	85,3	10,1	3,9	2,1	69,2	90	81	92	45	92	7,6	3564	14,92
Milokorn	93,5	91,8	12,1	2,8	1,9	75,0	–	72	96	103	91	8,7	3731	15,62
Roggen	85,9	83,9	9,7	1,4	2,1	70,9	–	79	82	54	93	7,7	3406	14,26

Futtermittel	TS	Rohnährstoffe in % des Futtermittels					Verdaulichkeit in %					Ver-daul. Eiweiß	Verdauliche Energie/kg	
		Org. Sub.	Roh-eiw.	Roh-fett	Roh-faser	N-freie Extrakt-stoffe	org. Sub.	Roh-eiw.	Roh-fett	Roh-faser	N-freie Extrakt-stoffe			
	%	%	%	%	%	%	%	%	%	%	%	%	kcal	MJ
Weizen	85,3	83,6	12,1	1,9	2,0	67,6	92	83	92	28	95	9,1	3467	14,52
Baumwollsaatmehl	90,0	87,2	40,7	2,1	12,6	31,8	–	–	–	–	–	34,5	2948	12,34
Erbsen	91,1	88,7	24,3	0,9	5,3	58,2	91	90	87	53	95	20,8	3599	15,07
Erdnusskernmehl	92,0	91,3	49,9	2,4	10,5	28,5	–	–	–	–	–	45,2	3960	16,58
Lupinen	87,0	83,3	32,0	3,7	16,0	31,6	71	94	84	35	65	28,2	2790	11,68
Palmkerne	92,3	90,5	8,9	48,8	7,3	25,5	–	68	85	35	65	6,1	4870	20,40
Sojabohnen	93,2	88,1	40,9	17,1	5,6	24,5	87	88	95	35	91	32,4	4308	18,04
Gewerbliche Abfälle u. Produkte														
a) Müllerei														
Gerstenkleie	94,0	87,5	9,3	3,2	18,1	56,8	44	72	82	5	50	6,7	1844	7,72
Haferfuttermehl	85,8	82,4	12,6	3,5	7,9	58,4	75	84	96	20	79	9,9	2904	12,16
Haferschälkleie	88,5	87,5	5,3	2,4	26,4	43,4	–	25	80	12	15	1,3	640	2,65
Maisgries	86,6	85,5	9,0	3,0	2,3	71,2	91	77	87	42	94	6,7	3555	14,88
Maiskeime	89,8	86,9	11,2	2,3	7,5	65,9	–	65	77	40	75	7,3	2710	11,35
Maiskleber	89,8	85,1	21,2	4,7	7,9	51,3	–	75	87	42	68	15,9	2830	11,85
Maiskleie	89,4	86,6	9,2	8,4	9,2	59,8	–	60	87	40	70	5,5	2820	1180
Reiskleie (10 – 25 % Spelzen)	90,4	76,6	11,7	12,6	12,6	39,7	–	60	68	18	60	7,0	2240	9,40
Roggenkleie	88,0	83,9	14,1	3,7	6,3	59,8	74	80	91	26	76	10,2	2908	12,18
Weizenfuttermehl	86,5	83,0	17,2	4,6	3,9	57,3	–	77	75	20	90	13,2	3200	13,40
Weizenkleie	89,6	82,7	16,7	3,9	10,5	51,6	–	83	77	24	65	13,9	2508	10,50

Futtermittel	TS	Rohnährstoffe in % des Futtermittels					Verdaulichkeit in %					Ver-daul. Eiweiß	Verdauliche Energie/kg	
		Org. Sub.	Roh-eiw.	Roh-fett	Roh-faser	N-freie Extrakt-stoffe	org. Sub.	Roh-eiw.	Roh-fett	Roh-faser	N-freie Extrakt-stoffe			
	%	%	%	%	%	%	%	%	%	%	%	%	kcal	MJ
b) Ölkuchen u. Extraktionsschrote														
Baumwollsaatkuchen	93,3	86,4	39,7	6,6	13,3	26,8	68	84	99	31	56	32,1	2970	12,43
Baumwollsaatextraktionsschrot	89,7	83,7	40,2	1,8	14,5	27,2	–	79	70	10	56	31,7	2600	10,90
Erdnusskuchen	90,0	83,5	42,8	7,7	5,5	27,5	91	91	100	49	96	37,6	3775	15,81
Erdnussextraktionsschrot	90,6	85,5	50,3	1,1	10,1	24,0	–	82	69	20	83	41,2	3310	13,85
Hanfsaatkuchen	87,0	79,1	29,3	9,3	27,7	12,8	41	78	92	9	3	21,7	1509	6,32
Kokoskuchen	88,0	82,5	21,3	8,5	14,8	37,9	87	96	99	45	95	19,9	3630	15,20
Kokosextraktionsschrot	90,8	82,8	22,8	2,7	15,5	41,8	–	58	80	59	65	13,2	2410	10,10
Leinextraktionsschrot	90,0	83,9	35,0	1,6	8,9	38,4	–	–	–	–	–	30,4	2992	15,53
Leinkuchen	88,3	82,4	33,3	6,8	8,2	34,1	78	87	97	23	78	28,5	3194	13,37
Mohnsaatkuchen	88,0	76,6	32,8	11,4	12,2	20,2	69	82	100	25	57	25,6	2979	12,47
Palmkernkuchen	90,3	86,3	17,7	8,6	23,8	36,2	79	93	98	64	78	16,0	3489	14,61
Palmkernextraktionsschrot	87,9	83,8	15,6	2,5	19,1	46,6	–	67	70	15	65	10,5	2100	8,80
Rapskuchen	90,0	83,3	30,2	8,6	12,0	32,2	72	79	85	40	73	20,7	3036	12,71
Rapsextraktionsschrot (00)	89,8	83,1	36,0	2,5	12,0	32,6	–	77	70	10	70	27,7	2720	11,40
Senfsaatextrakt, Schrot	94,2	87,7	40,8	0,7	10,1	36,1	76	75	100	32	87	30,8	2957	12,38
Senfsaatkuchen	90,0	83,5	34,0	10,1	7,9	31,5	76	80	100	25	76	24,0	3357	14,06
Sesamkuchen	94,5	81,3	39,4	8,7	6,7	26,5	86	91	100	45	84	33,0	3568	14,94
Sojaextrakt, Schrot	88,3	81,8	45,5	0,8	6,5	29,0	86	89	74	45	90	39,0	3119	13,06
Sojakuchen	90,7	85,0	43,5	4,6	6,0	28,9	88	90	96	52	96	38,1	3529	14,77
Sonnenblumenextrakt, Schrot	90,4	82,5	38,1	1,5	18,2	24,7	68	91	100	16	68	32,6	2543	10,65

Futtermittel	TS	Rohnährstoffe in % des Futtermittels					Verdaulichkeit in %					Verdaul. Eiweiß	Verdauliche Energie/kg	
		Org. Sub.	Roh-eiw.	Roh-fett	Roh-faser	N-freie Extrakt-stoffe	org. Sub.	Roh-eiw.	Roh-fett	Roh-faser	N-freie Extrakt-stoffe			
	%	%	%	%	%	%	%	%	%	%	%	%	kcal	MJ
Sonnenblumenkuchen	90,0	85,0	30,5	12,5	13,3	28,7	67	86	95	14	60	24,3	3194	13,37
c) Übrige gewerbliche Abfälle und Produkte														
Abfallkleie	87,6	80,0	14,5	4,0	13,5	48,0	59	82	80	30	59	11,9	2279	9,54
Biertreber, getrocknet	94,3	91,3	25,5	7,0	16,2	42,6	57	85	81	21	49	20,4	2596	10,87
Birntrester, getrocknet	88,9	87,3	4,0	2,1	29,3	51,9	39	60	52	19	53	2,4	1672	7,00
Diffusionsschnitzel, getrocknet	88,9	82,5	9,0	0,9	15,2	57,4	82	66	87	42	95	3,6	3023	12,66
Kartoffelflocken	89,0	80,5	6,8	0,4	0,9	72,4	91	60	41	67	95	3,2	3238	13,56
Kartoffelpülpe, trocken	89,2	86,0	3,6	0,4	17,0	65,0	81	75	75	58	87	2,6	3049	12,77
Malzkeime, getrocknet	92,6	85,8	27,6	3,1	12,8	42,3	–	76	85	18	66	20,9	2660	11,15
Sägemehl, frisch	49,8	49,6	0,5	2,2	37,2	9,7	12	–	78	6	18	–	356	1,49
Zuckerrohr-Melasse														
> 45 % Zucker	73,8	66,5	3,0	–	–	63,3	–	68	–	–	90	2,0	2440	10,20
Zuckerrüben-Melasse	76,4	68,0	10,7	–	–	57,3	79	–	–	–	95	8,5	2710	11,35
Zuckerrüben-Trockenschnitzel	88,5	85,9	8,3	0,3	21,8	55,5	–	48	52	72	92	4,0	3120	13,06
Futtermittel tierischer Herkunft														
Vollmilch	12,3	11,5	3,4	3,5	–	4,6	96	100	95	–	94	3,4	678	2,84
Magermilch	9,7	8,9	4,0	0,2	–	4,7	98	98	92	–	99	3,9	396	1,66
Tierfett	99,5	99,5	–	99,5	–	–	–	–	90	–	–	–	8090	33,85
Trockenmagermilch	94,8	86,4	33,8	0,8	–	51,8	99	98	92	–	99	33,1	3788	15,86

Futtermittel	TS	Rohnährstoffe in % des Futtermittels					Verdaulichkeit in %					Verdaul. Eiweiß	Verdauliche Energie/kg	
		Org. Sub.	Roh-eiw.	Roh-fett	Roh-faser	N-freie Extrakt-stoffe	org. Sub.	Roh-eiw.	Roh-fett	Roh-faser	N-freie Extrakt-stoffe			
	%	%	%	%	%	%	%	%	%	%	%	%	kcal	MJ
Trockenvollmilch	96,0	90,4	25,2	26,7	0,2	38,3	–	–	–	–	–	25,4	5192	21,74
Fischmehl	90,0	63,1	60,4	1,8	–	0,9	75	75	100	–	48	41,3	2196	9,19
Verschiedenes														
Brot mit 50 % Kleie	91,6	87,9	13,6	2,4	4,3	67,7	86	81	92	21	90	11,0	3419	14,31
Brot, getrocknet	95,6	92,1	15,8	2,5	0,3	73,5	–	95	99	–	101	15,0	4176	17,48
Brot, getrocknet, Abf.	95,6	91,9	15,0	2,5	2,4	72,0	92	91	96	21	95	11,4	3876	16,23
Eicheln, getrocknet	85,0	82,9	4,3	3,7	8,2	66,7	61	60	96	–	71	2,6	2556	10,70
Futterzellulose	92,8	92,6	0,3	1,3	77,4	13,7	36	–	90	38	20	–	15,31	6,41
Haushaltsabfälle	12,0	10,7	1,9	1,0	1,1	6,7	75	70	80	50	80	1,0	400	1,68
Kartoffelmehl	86,9	83,8	6,6	0,3	3,2	73,7	87	42	66	91	91	1,6	21	13,48
Sojaöl	99,5	98,5	–	99,5	–	–	–	–	95	–	–	–	8540	35,70
Tapioka, 57,5 – 62,5 % Stärke	86,3	78,9	2,8	–	5,2	70,9	–	40	–	31	95	1,1	2880	12,05
Tapioka, 62,5 – 67,5 % Stärke	86,6	81,4	2,4	–	4,0	75,0	–	40	–	31	96	1,0	3050	12,75
Tapioka, 67,5 – 73,0 % Stärke	88,3	83,9	2,1	–	3,5	78,3	–	40	–	31	97	0,8	3200	13,40
Trockenhefe	89,5	80,5	44,8	1,4	4,8	29,5	74	83	71	–	72	32,9	2671	11,18
Weizenstroh	88,0	80,0	3,5	1,1	42,0	33,4	–	55	50	7	27	1,9	640	2,70
Zitruspülpe, getrocknet	91,5	84,7	6,0	2,7	12,7	63,3	–	70	80	82	90	4,2	3170	13,25

17 Bestimmungen des Zentralverbandes Deutscher Kaninchenzüchter (ZDK) für die Beurteilung der Rassekaninchen und Erzeugnisse der Kaninchenhaltung auf Schauen[1]

17.1 Allgemeines

Geltungsbereich

Die folgenden Bewertungsbestimmungen sind gültig für alle vom Zentralverband Deutscher Kaninchenzüchter e. V. (ZDK) und dessen Unterorganisationen veranstalteten Kaninchen- und Erzeugnisschauen sowie Tischbewertungen.

Diese Bestimmungen sind in allen Veröffentlichungen, Ausstellungsprogrammen, Anmeldungen usw. anzuwenden. Alle Rassen und Erzeugnisse sind auf den Schauen nach der Reihenfolge dieser Bewertungsbestimmungen geordnet auszustellen.

17.1.1 Wettbewerb

Zulassung

Für den Wettbewerb und zur Beurteilung bei Kaninchenschauen und Tischbewertungen sind ausschließlich zur Zucht geeignete und gesunde Tiere anerkannter Rassen sowie Neuzüchtungen zugelassen. Auch jene ausländischen Kaninchenrassen, die in diesem Standard nicht enthalten sind, sofern für sie eine Musterbeschreibung in deutscher Sprache vorliegt.

Ausschlußbestimmungen

Kastraten, Zwitter und hodenlose Tiere sind in Position 2 von der Bewertung auszuschließen.

Offensichtlich kranke oder mit Ungeziefer jeglicher Art behaftete Tiere sind durch die Schauleitung oder auf Veranlassung des Preisrichters von der Ausstellung sofort enfernen zu lassen. Die Bewertungsurkunde solcher Tiere erhält den Vermerk »ohne Bewertung«. Er wird quer über die Bewertungsurkunde geschrieben. In die unterste Spalte bei »Bemerkungen zur Gesundheit und Kennzeichnung« ist die Begründung einzutragen.

[1]Auszug aus dem, vom ZDK herausgegebenen, «Standard '97» (170)

Jede andere als die von der Organisation veranlaßte Kennzeichnung ist unzulässig. Ausgenommen sind importierte Tiere mit der Kennzeichnung einer ausländischen Organisation.

Jede Täuschung der Preisrichter durch die Veränderung des Aussehens der Tiere wie z. B. die farbliche Veränderung der Krallen, das Entfernen, Beschneiden oder Färben andersfarbiger Flecken ist untersagt.

Werden Täuschungsversuche festgestellt, so sind außer dem beanstandeten Tier auch alle übrigen Tiere und alle Ausstellungsgegenstände des Ausstellers von jeglicher Bewertung auszuschließen. Bereits vorgenommene Bewertungen und Preiszuteilungen sind für ungültig zu erklären.

17.1.2 Zulassung zu Erzeugnisschauen

Bei Erzeugnisschauen jeder Art, gleichgültig, ob diese als Sonderschauen oder im Rahmen von Kaninchenschauen stattfinden, können ausgestellt werden:

1. Kaninchenfleisch
2. Pelzgegenstände aus Kaninchenfellen
3. Angorawoll-Erzeugnisse (gehäkelt und gestrickt)
4. Angora-Web-, -Stick und Knüpferzeugnisse
5. Lederwaren
6. Lehr- und Anschauungsmaterial, Bastelarbeiten
7. Fellsortimente

Die ausgestellten Gegenstände müssen Eigentum des Ausstellers und von ihm selbst angefertigt worden sein. **Bekleidung und Gegenstände mit deutlichen Gebrauchsspuren bleiben ohne Bewertung.**

17.1.3 Art des Wettbewerbs

Klasseneinteilung

Wettbewerb und Bewertung erfolgen bei allen Schauen grundsätzlich nach Klassen. Doch ist bei kleineren Vereinsschauen eine durchgehende Bewertung und Preisverteilung gestattet.

Geldpreise sind bei durchgehender Bewertung so zu vergeben, daß auf Tiere mit gleicher Punktzahl und gleicher Gesamtwertnote gleich hohe Preise entfallen; bei Klassenbewertung muß dies nicht der Fall sein.

Grundsätzlich hat die Klasseneinteilung nach folgenden Richtlinien zu erfolgen:

a) Jede Rasse bildet eine eigene Klasse, auch dann, wenn von einer Rasse nur ein Tier ausgestellt wird. Ferner können stammverwandte Farbenschläge wie z. B. hasen-, wild-, dunkel- und eisengrau in einer Klasse zusammengefaßt werden.

Eine Klasse ist in Unterklassen aufzuteilen, wenn in dieser mehr Tiere gemeldet sind, als ein Preisrichter beurteilen darf.

Die Einteilung in Unterklassen kann in solche für Rammler und Häsinnen erfolgen, auch diese können nach Jahrgängen in Altersklassen getrennt werden. Voraussetzung für die Bildung einer Unterklasse ist die Meldung von wenigstens 10 Tieren. Bei zu schwacher Besetzung der Klassen können mehrere Klassen zu einer zusammengelegt werden, sie sind von einem Richter zu bewerten.

b) Für Jungtiere sind Jungtierklassen zu bilden. Zugelassen sind nur Tiere des laufenden Zuchtjahres vom 3. Lebensmonat an. Keiner Begrenzung unterliegen die Altersklassen. So können in Altersklassen auch Tiere unter 8 Monaten gemeldet werden. Doch sind Alt- und Jungtiere stets in getrennten Klassen auszustellen.

Die Ermittlung des Alters erfolgt durch die Kennzeichnung. Als erster Monat gilt jener, der auf den Geburtsmonat folgt. Für die Bewertung der Tiere ist die Altersangabe (Tätowierung) maßgebend.

Tiere, die im März und früher geboren sind, dürfen bereits im Juni, Tiere, vom April und früher im Juli und die vom Mai im August ausgestellt werden.

c) Häsinnen mit Jungtieren sind zur Bewertung nur bei Jungtierschauen und Sonder-Werbeveranstaltungen zugelassen. Für sie ist stets eine gesonderte Abteilung mit Klasseneinteilung zu bilden. Das Mindestalter der Jungtiere beträgt 6 Wochen. Jungtiere, die mit dem Muttertier zusammen ausgestellt werden, benötigen keine Kennzeichnung.

17.1.4 Reihenfolge der Rassen und Abteilungen

Für alle Schauen ist folgende Einteilung verbindlich:

I. Große Rassen (Normalhaar)
II. Mittelgroße Rassen (Normalhaar) Haarstrukturrassen
III. Kleine Rassen (Normalhaar) Zwergrassen (Normalhaar)
IV. Kurzhaarrassen
V. Langhaarrassen
VI. Zuchtgruppen
VII. Herdbuchabteilung
VIII. Neuzüchtungen
IX. Produkte und Erzeugnisse aus der Kaninchenzucht

17.1.5 Grundlagen des Richtens

Die Beurteilung der Tiere durch den Richter erfolgt nach den Bewertungsvorschriften aufgrund des Erscheinungsbildes am Tage der Bewertung.

Die Bewertung der Tiere in den einzelnen Klassen unterliegt nachstehender Gliederung, die bei den Rassemerkmalen eine entsprechende Differenzierung erfährt:

1. Gewicht
2. Körperform und Bau
3. Fell bzw. Wolle
4. Besondere Rassemerkmale (z. B. Kopfzeichnung)
5. Besondere Rassemerkmale (z. B. Rumpfzeichnung)
6. Besondere Rassemerkmale (z. B. Farbe)
7. Pflegezustand

Die Bewertung erfolgt nach der festgelegten Vorschrift, wobei folgende Wertnoten vergeben werden:

97–100 Punkte	= vorzüglich
93–96,5 Punkte	= sehr gut
89–92,5 Punkte	= gut
85–88,5 Punkte	= befriedigend
unter 85 Punkte	= nicht befriedigend

Bei der Beurteilung ist für jede dieser 7 Positionen der Einzelwert festzustellen. Zuletzt ist eine Gesamtwertnote zu vergeben. Sie ist die Summe der Punktzahlen der 7 Einzelpositionen. Außer in Position 1 können in allen übrigen Positionen auch halbe Punkte vergeben werden.

Ein Tier ist von der Bewertung auszuschließen, wenn es in den Positionen 1 oder 2 unter 15 Punkte, in den Positionen 3, 4 oder 5 unter 11 Punkte, in der Position 6 unter 6 Punkte und in der Position 7 unter 3 Punkte erhält.

Jeder Ausschluß ist zu begründen. Dabei ist bei Schauen, auf denen mehrere Richter amtieren, ein zweiter Richter hinzuzuziehen.

Die Gesamtwertnote des Bewertungsergebnisses ist voll auszuschreiben, wobei sowohl das erhaltene Prädikat als auch die errechnete Gesamtpunktzahl festzulegen sind.

Die Punktzahlen 97–100 und die Note »vorzüglich« dürfen nur auf solchen Schauen vergeben werden, bei denen wenigstens 2 Richter amtieren, da für die Zuerkennung dieser hohen Punktezahlen und der Wertnote »vorzüglich«, die Bestätigung eines zweiten Richters bzw. eines Obmannes notwendig ist.

Jungtiere sind unter Berücksichtigung des Alters, für das die Monatskennzeichnung maßgebend ist, zu beurteilen gemäß den Merkmalen Entwicklung, Körperform und Bau; ferner Pflegezustand, besondere Rassemerkmale sowie Farbe und Zeichnung, soweit diese feststellbar sind. Jungtiere erhalten nur eine Gesamtbeurteilung mit folgenden Wertnoten:

sehr gut – gut – befriedigend – nicht befriedigend

Häsinnen mit Jungen werden ohne Punkte nach den gleichen Wertnoten beurteilt. Sie werden nach ihrem Gesamteindruck bewertet. Sichtbar schwere Fehler bereits bei **einem** Tier mindern die Wertnote. Ein Wurf, der aus verschiedenen Farbenschlägen besteht, ist von der Bewertung auszuschließen.

Gemeldet werden können:

a) Häsin mit mindestens drei Jungen bei Widderzwergen, Hermelin, Farbenzwergen, Rexzwergen, Fuchszwergen sowie alle Zeichnungsrassen der Klasse 2.

b) Häsin mit mindestens vier Jungen bei allen anderen Rassen.

Die Wertnote ist unabhängig von der Anzahl der ausgestellten Jungen, sofern die vorstehende Mindestforderung erfüllt ist. Häsinnen mit weniger als drei Jungen bei a), bzw. weniger als vier Jungen bei B) dürfen nicht bewertet werden.

Neuzüchtungen dürfen nur auf größeren Schauen, z. B. bei Landes- und Zentralverbandsschauen, ausgestellt werden. Die Bewertung ist von zwei Richtern gemeinsam vorzunehmen. Neuzüchtungen werden nicht mit Punkten, sondern mit folgenden Gesamtwertnoten beurteilt:

sehr gut – gut – befriedigend – nicht befriedigend

Vom Züchter bzw. Aussteller ist der Schauleitung rechtzeitig das Zuchtziel, ausführlich dargelegt, in doppelter Ausführung einzureichen. Gleichzeitig sind vorzulegen der Nachweis einer konstanten Vererbung wenigstens von 3 Generationen und die Genehmigung der Neuzüchtung durch eine Bescheinigung des zuständigen Landesverbandes. Die Schauleitung händigt den Richtern ohne Namensnennung des Ausstellers ein Exemplar dieser Niederschrift aus. Ohne deren Vorlage ist eine Beurteilung unzulässig.

Erzeugnisse aus der Kaninchenzucht sind nach eigens für diese Abteilung festgelegten Richtlinien zu beurteilen. Die Bewertung der einzelnen Positionen hat wie bei den Tieren sinngemäß nach Punkten zu erfolgen; die Berechnung der Gesamtwertnote wird nach dem gleichen Modus vorgenommen.

17.1.6 Durchführung der Bewertung

Die Bewertung der ausgestellten Kaninchen und Erzeugnisse muß während der Ausstellung erfolgen. Ausnahmen sind vom Vorsitzenden des betreffenden Landesverbandes zu genehmigen.

Die Bewertung darf nur bei Tageslicht oder tageslichtähnlichen Bedingungen vorgenommen werden. Die Bewertungsurkunden sind vom amtierenden Richter zu schreiben und von ihm zu unterzeichnen. Die Verwendung eines Faksimilestempels durch den Preisrichter ist nicht zulässig. Die Bewertungsurkunde erhält der Aussteller. Dagegen können die Bewertungslisten von einem Beauftragten geschrieben werden. Das Original der Bewertungsliste wird der Ausstellungsleitung ausgehändigt; die Durchschrift verbleibt dem Preisrichter. Größere Punktabzüge in den einzelnen Positionen sind in den Bewertungsunterlagen zu begründen. »Bemerkungen auf den Bewertungsurkunden sind notwendig, wenn in den Positionen 1, 2 und 3 zwei und mehr Punkte, in den Positionen 4, 5 und 6 mehr als ein Punkt abgezogen werden. In der Position 7, Pflegezustand, ist jeder Abzug genau zu begründen.«

Bei der Erzeugnisbewertung (Abteilung IX) ist eine Bemerkung notwendig, wenn 2 und mehr Punkte abgezogen werden. Dies gilt für jede Position.

Auf der Bewertungsurkunde sind Radierungen nicht gestattet. Irrtümliche Eintragungen sind daher durchzustreichen, die gültigen darüberzuschreiben; sie sind abzuzeichnen. Vor Beginn der Bewertung sind durch die Ausstellungsleitung am Kopf der Bewertungsurkunde Käfignummer, Rasse, Geschlecht und Kennzeichnung einzutragen.

Falls vom Richter abweichende Kennzeichnungen festgestellt werden, muß er sich in Zweifelsfällen bei der Schauleitung vergewissern. Irrtümer bzw. Schreibfehler der Schauleitung sind von dieser zu berichtigen, vorgenommene Änderungen durch den Richter zu bestätigen.

Sind vom Aussteller ohne rechtzeitige Vereinbarung mit der Schauleitung andere als die gemeldeten Tiere eingeliefert worden, so werden diese als Ersatztiere behandelt und bewertet; sie sind jedoch von einer Preisverteilung ausgeschlossen, sofern die jeweiligen Ausstellungsbestimmungen keine Ersatztiere zulassen. Die vom Richter ermittelte Kennzeichnung eines Ersatztieres ist in der Kritikspalte »Bemerkungen« am Fuße der Bewertungsurkunde einzutragen und die Kennzeichnung an deren Kopf durchzustreichen.

17.1.7 Preisverteilung

Die zur Verfügung stehenden Sach- und Geldpreise sind den Richtern von der Ausstellungsleitung bekanntzugeben. Sofern die Aufteilung der Preise im Ausstellungsprogramm oder sonstwie nicht vorher bereits festgelegt ist, ist sie dem freien Ermessen des Richters anheimgestellt. Sieger- und Ehrenpreise können, wenn nicht durch Stiftungen, vom Kostenbeitrag finanziert werden. Die Sieger- und Ehrenpreise müssen stets den Wert der 1. Preise übersteigen. Siegerpreise dürfen für den besten Rammler oder die beste Häsin je Rasse nur bei Kreis- und größeren Schauen bei einer Mindestbeschickung von 30 Tieren je Rasse vergeben werden. Die Aufteilung der Rassen nach Farbenschlägen ist gestattet.

Sollten je Rasse weniger Tiere eines Geschlechtes ausgestellt werden, so sind Rammler und Häsinnen in einer Klasse zu bewerten. Bei weniger als 30 Tieren einer Rasse darf, wie erwähnt, ein Siegerpreis nicht vergeben werden. Ausgenommen sind seltene Rassen, die zu einer Klasse von mindestens 30 Tieren zusammengelegt werden können. Sie konkurrieren um die Siegerpreise mit den Tieren aller übrigen Abteilungen in gleicher Weise.

Klassensieger dürfen nur von den Landesverbandsschauen aufwärts vergeben werden, jedoch von jedem amtierenden Preisrichter nur einmal.

Über die Vergabe höchster Preise entscheidet bei gleicher Punktzahl und gleicher Wertnote der Vergleich folgender Positionen:

1. die höhere Bewertung in der Position 2 (Körperform und Bau),
2. die besseren Bewertungen in den Positionen 4, 5 und 6 (Rassemerkmale) zusammengenommen,
3. die höhere Bewertung in der Position 3 (Fell).

Der höchsten Auszeichnung, dem Siegerpreis, kann ein anderer Preis noch zusätzlich zugeteilt werden.

Bei der Vergabe höchster Preise in den Zuchtgruppen sind die Positionen wie bei den Einzeltieren zu vergleichen, und dementsprechend ist zu verfahren.

Gesamtleistungen werden durch die Addition der Punktzahlen aller Tiere ermittelt, deren Gesamtleistung festgestellt werden soll. Die höchste Punktzahl entscheidet. Bei Gleichheit der Punktzahlen wird sinngemäß wie bei den Zuchtgruppen verfahren.

Kombinierte Zusammenstellungen von Alt- mit Jungtieren sind nicht zulässig. Ist in einzelnen Abteilungen die Vergabe von Gesamtleistungspreisen vorgesehen, so sind die Berechnungen auf die ausgestellten Tiere bzw. Erzeugnisse in diesen Abteilungen zu beschränken.

Erzeugnisse werden bei Punktgleichheit entsprechend bewertet. Den Vorzug erhält jenes, das in der Position 2 (Verarbeitung) die meisten Punkte erhalten hat. Bei Punktgleichheit auch danach entscheidet die Position 5 (Gesamteindruck), schließlich die Position 3 (Arbeitsaufwand).

17.2 Einzelpositionen

17.2.1 Gewicht

Das Gewicht eines Tieres ist mit Hilfe einer Waage festzustellen. Deshalb ist dem Richter grundsätzlich eine Waage zur Verfügung zu stellen. Sollten Tiere bereits vor der Bewertung gewogen werden, so hat dies verbindlich nur durch den Richter mit Namenszug zu erfolgen. Grundlage zur Bestimmung der Punktezahl ist die Gewichtsskala der einzelnen Rassebeschreibungen.

17.2.2 Körperform und Bau

In Position 2 ist die Gesamterscheinung des Tieres zu beurteilen, wobei gegebenenfalls Sonderbestimmungen zu berücksichtigen sind. Im allgemeinen sei der Rumpf ebenso breit wie hoch (tief), Rumpfbreite und -tiefe sollen etwa ein Drittel der Körperlänge betragen.

Die Brust sei also breit, ebenfalls breit und mit einem starken, muskulösen Nacken versehen sei der Rücken, breit und gut gerundet das Becken. Der Rumpf darf sich nach vorne nicht wesentlich verjüngen; eine gleichmäßige Körperbreite gilt als ideal. Im Vergleich zur Häsin hat der Rammler die markantere Form, den massigeren Kopf, die stärkeren Knochen, die kräftigere Muskulatur, ein strafferes Gewebe und eine stärkere Haut.

Der Unterschied der Geschlechter muß also bereits durch die unterschiedlichen Merkmale von Rammler- und Häsinnenkopf eindeutig zu erkennen sein. Die Geschlechtsmerkmale werden allgemein in Position 2 beurteilt.

Der Rücken verläuft ebenmäßig und bis zur Blume in einer gleichmäßig abgerundeten Linie. Die Brustpartie ist gut ausgebildet und voll gerundet. Gut gewölbt erscheint die Rippenpartie. Die Hinterschenkel liegen fest am Körper an. Der Hals ist kurz, der Kopf sitzt dicht am Rumpfe auf, ist kräftig und mit einer breiten Stirn- und Schnauzpartie, einem kräftigen Unterkiefer und gut ausgeprägten Backen versehen. Die Ohren, mit einem kräftigen Ansatz am Kopf ausgestattet, sind fleischig, oben schön abgerundet und aufrecht getragen. In ihrer Länge und Breite müssen sie – die Widder-Rassen ausgenommen – der Größe des Körpers entsprechen. Die Blume wird gerade, aufrecht und an den Hinterkörper angelegt getragen. Der Körper wird, frei vom Boden, von kräftigen und geraden Läufen getragen. Die Schulterblätter liegen fest am Körper an und dürfen sich in der Bewegung nicht auf- und abschieben; sie schneiden glatt mit der Rückenlinie ab. Die Hinterläufe stehen parallel zum Körper, die Schenkel werden fest angelegt.

Der Körperbau der Häsin ist im allgemeinen etwas feiner als der des Rammlers, so daß der Geschlechtscharakter auch auf diese Weise äußerlich erkennbar sein muß.

Eine Wamme bei Häsinnen ist in der Regel unerwünscht. Soweit eine solche aber zugelassen ist, darf sie nicht groß sein. Auch muß sie eine schöne Form besitzen (sog. Schwalbennestwanne) und unmittelbar am Hals gerade anliegen. Die Ausbildung von Wammen unterliegt neben einer Erbanlage auch Umwelteinflüssen; deshalb treten sie bei älteren Häsinnen häufiger auf. Als »älter« gilt eine Häsin vom 13. Lebensmonat an.

Diese Grundsätze für die Bewertung des Körperbaues sind bei der Beurteilung aller Rassen maßgebend, sofern sie in den einzelnen Rassebeschreibungen von dieser Norm nicht abweichen.

Bei Angorakaninchen in voller Wolle wird die Körperlinie durch das Wollvlies verdeckt. Ein Urteil über die Körperform gewinnt man durch das Abtasten des Körpers.

Bei den Kurzhaarrassen (Rexkaninchen) tritt deren Körperform als Folge ihres kurzhaarigen Felles überall schärfer in Erscheinung. Bei der Bewertung ist dies zu berücksichtigen.

Fehlerhafte Abweichungen in Pos. II Körperform und Bau

Leichte Fehler:

Schmaler oder nach vorne verjüngter Körper, schmale Brust, langer Hals. Hervortreten der Schulterblätter, abstehende Hinterschenkel, Hauffalten an den Hinterschenkeln, abfallende, eckige oder spitz verlaufende Hinterpartie, schmales Becken; lose Schultern, Knick hinter den Schulterblättern; Erhöhungen oder Vertiefungen in der Rückenlinie; Hängebauch; nicht parallel zum Körper stehende Hinterläufe; leichtes Durchtreten; schwache und dünne Vorderläufe; spielende, schleppend getragene, an der Spitze etwas krumme oder gebrochene, in der Länge nicht dem Körper entsprechende Blume; lose am Körper sitzendes Fell, schwache Kopfbildung, spitze Schnauze, schmale Stirn; breite oder flattrige, faltige, schlecht abgerundete oder leicht gekippte Ohren; kurze oder lange, nicht der Körpergröße entsprechende Ohren. Kleine Biß- oder Rißwunden an Kopf und Ohren; Hängehoden, leicht gespaltener Penis. Leicht schiefe Wamme und etwas große Wamme bei großen Rassen, etwas größere Wamme bei allen mittelgroßen Rassen (außer Hasen), Wammenansatz bei allen kleinen Rassen mit Ausnahme der Klein-Schecken, Deutschen Klein-Widder, Kleinchinchilla, Deilenaar, Marburger Feh, Sachsengold und Rhönkaninchen; leichter Kinnknoten bei Rammlern.

Schwere Fehler, die den Ausschluß bewirken:

Vollständige Abweichung vom Typ, starke Abweichung im Verhältnis von Länge, Breite und Tiefe des Rumpfes (außer bei Hasenkaninchen), ausgesprochener Steilrücken; X- oder O-Beine, starkes Durchtreten der Vorderläufe, starke Kuhhessigkeit, körperliche Mißbildungen und schwere Verstümmelungen; Biß- oder Rißwunden an Kopf oder Ohren bei großen und Mittelrassen von mehr als 15 mm, bei den kleinen Rassen von mehr als 10 mm und bei den Zwergrassen von mehr als 5 mm Länge. Verletzungen, die während der Ausstellung verursacht werden, bleiben unberücksichtigt. Starker Kinnknoten; schiefe Blume, weniger als die Hälfte der normalen Länge der Blume; Kieferdeformationen, Zahnanomalien, Tränenabflußstörungen.

Ausgeprägter Rammlerkopf bei der Häsin, Häsinnenkopf beim Rammler; anatomische Augenfehler jeglicher Art; starke Kipp- oder Hängeohren, außer bei den Widdern; Fehlen eines oder beider Hoden, Schlepphoden, völlig gespaltener Penis; Fehlen einer oder mehrerer Krallen mit Ausnahme der Daumenkrallen; die Daumenkralle bleibt unberücksichtigt, wenn sie fehlt oder andersfarbig ist. Zottel-, Bein- oder Doppelwamme bei allen Rassen; schiefe Wamme, stark ausgeprägte Wamme bei allen Rassen. Wamme bei den Hasen und allen kleinen Rassen, Wammenansatz bei Widderzwergen, Hermelin, Farbenzwergen und Fuchszwergen. Ausnahmen lediglich bei KleinSchecken, Separator, Deutsche Klein-Widder, Kleinchinchilla, Deilenaar, Marburger Feh und Sachsengold, bei denen als Folge ihres etwas höheren Gewichtes eine kleine Wamme bei älteren Häsinnen zugelassen ist. Wamme und Wammenansatz bei Rammlern aller Rassen.

17.2.3 Fell bzw. Wolle

Bei der Fellbewertung ist zwischen drei Gruppen zu unterscheiden:

1a. Normalhaarrassen

1b. Haarstrukturrassen (Satin)

2. Kurzhaarrassen

3. Langhaarrassen

Bei den Tieren dieser drei Gruppen sind die Beschaffenheit und die Haarstruktur des Felles verschieden. Wenn auch das Fellhaar der Normalhaarkaninchen bei den einzelnen Rassen etwas voneinander abweicht, so ist doch bei allen Rassen grundsätzlich ein dichtes Fell anzustreben. Im übrigen gelten für die Beurteilung des Felles die jeder Rasse eigenen und ihrer Eigenart entsprechenden Forderungen. Die Ohren sollen bei allen Rassen gut und dicht behaart sein.

Im Allgemeinen ist folgendes für die Beurteilung des Felles zu beachten:

1a. Normalhaarrassen

Der Hauptwert des Normalhaarfelles besteht in der Dichte der Unterwolle. Diese ist abhängig von der Haarmenge je Quadratzentimeter und von der Haarstärke. Ein dichtwolliges Fell wird sich nicht sofort in die ursprüngliche Lage zurücklegen, wenn man mit der Hand gegen das Haar streicht. Ein Fell mit kräftig entwickelter Unterwolle fühlt sich voll an, ist vollgriffig und somit am wertvollsten. Die Begrannung überragt die Unterwolle etwas, sie soll über den ganzen Körper gleichmäßig verteilt sein. Die Haarlänge wird nicht gemessen, sondern geschätzt.

Je nach der Größe der Rasse unterscheidet man zwischen einem längeren, mittellangen und kürzeren Normalhaarfell.

Das Fellhaar wird nach folgenden Merkmalen beurteilt:

a) Unterwolle

Für die Gesamtbeurteilung des Felles ist in jedem Falle die Unterwolldichte ausschlaggebend. Bei jeder Normalhaarrasse ist eine dichte Unterwolle zu verlangen. Die Qualität der Unterwolldichte wird dadurch festgestellt, daß man wiederholt mit voll aufgesetzter flacher Hand kräftig gegen das Haar streicht. Dabei hat das Auge die Hand zu unterstützen. Bei einem dichthaarigen Fell ist der Haarboden nur wenig sichtbar. Da es auch weichgrannige Felle gibt, deren Fellhaare trotz geringer Unterwolle ihre ursprüngliche Lage nur langsam wieder einnehmen, verdient die Unterwolle besondere Beachtung.

Die Fellqualität der in Haarung befindlichen Tiere ist, sofern diese nicht sehr stark haaren, an jenen Stellen zu beurteilen, die von der Haarung entweder noch nicht erfaßt sind oder an denen sich neues Fell bereits gebildet hat.

b) Deckhaar

Das Deckhaar (Granne) einer jeden Normalhaarrasse soll gleichmäßig sein. Es sei weder zu grob noch zu fein bzw. zu weich. Zu feines Deckhaar ist weniger erwünscht als etwas gröberes. Die Begrannung darf über die Unterwolle nicht vorherrschen. Bei der Bewertung des Deckhaares ist lediglich die Haarbeschaffenheit, nicht die Haarfarbe zu beurteilen. Der Glanz des Felles wird durch das Deckhaar bewirkt und ist mitzubewerten.

c) Fellzustand

Ideal ist der Zustand eines Felles dann, wenn es ausgehaart ist und keinerlei Kahlstellen besitzt. Haarungsstellen sind erkenntlich an der unterschiedlichen Farbe des alten abgestorbenen und des neuen nachgewachsenen Haares. Einige wenige lose Haare gelten nicht als Haarung; lediglich stärkerer Haarausfall schränkt die Qualität des Felles ein.

1b. Haarstrukturrassen (Satin)

Der Fellwert der Satinkaninchen wird im Prinzip in gleicher Weise wie jener der Normalhaarrassen bewertet, wobei die spezifischen Eigenschaften des Satinfelles zu berücksichtigen sind. Das Fellhaar der Satinkaninchen ist mittellang; die Behaarung ist weich und dennoch dicht.

Hinsichtlich der Unterwolle bzw. Unterwolldichte und des Fellzustandes sind die gleichen Anforderungen wie bei den Normalhaarrassen (vgl. Abschnitte a und c) anzuwenden. Für die Beurteilung des Deckhaares (Begrannung) gelten infolge der Verdünnung des Haarschaftes zum Teil andere Anforderungen: Es soll wie bei den Normalhaarkaninchen gleichmäßig sein und nicht nach der Haarfarbe, sondern nach seiner Beschaffenheit beurteilt werden. Diese unterscheidet sich allerdings deutlich von der der Normalhaarrassen. Das Deckhaar ist beim Satinkaninchen deutlich feiner und bewirkt eine seidenartige (Satin = Seide), weiche Beschaffenheit der gesamten Behaarung. Dennoch ist das Fellhaar nicht gekräuselt und frei von Lockenbildung.

Das Fell ist insgesamt zu beurteilen, Unterwolle, Deckhaar und Fellzustand sind zu berücksichtigen.

Fehlerhafte Abweichungen in Pos. 17.2.3 Fell bzw. Wolle

Leichte Fehler:

Etwas kürzeres oder längeres Haar als in der Rassebeschreibung vorgesehen; wenig behaarte Ohren; wenig Unterwolle; etwas weicheres oder härteres Deckhaar als in der Rassebeschreibung vorgesehen, ungleichmäßige Begrannung; leichte Haarung, leichte Filzbildung (Strukturmangel). Leichte Lockenbildung, wenig oder kurze Spürhaare.

Schwere Fehler, die den Ausschluß bewirken:

Sehr wenig Unterwolle; grobe Begrannung beim Satinkaninchen, starke Haarung, die die Beurteilung von Unterwolle und Deckhaar nicht zuläßt; sichtbare Kahlstellen, die von den umstehenden Haaren nicht mehr bedeckt werden. Langhaar bei Normal- oder Kurzhaarrassen, Kurzhaar bei Normalhaarrassen. Gänzlich fehlende Spürhaare bei allen Rassen einschließlich Rexe, starke Filzbildung (Strukturmangel). Starke Lockenbildung.

Anmerkung: Filzbildung, die durch eine unsachgemäße und unreinliche Stallhaltung entstanden ist, wird weiterhin in Position VII Pflegezustand unter leichte bzw. schwere Fehler geahndet.

2. Kurzhaarrassen

Der Fellwert der Kurzhaarkaninchen wird in gleicher Weise wie jener der Normalhaarrassen beurteilt, wobei die spezifischen Rasseeigentümlichkeiten zu berücksichtigen sind. Das Fellhaar steht auf dem Haarboden senkrecht und muß auf der Mitte des Rückens etwa 17-20 mm lang sein. Die sehr feinen, nicht gekräuselten Grannenhaare sollen mit dem Wollflaum (Unterwolle) in gleicher Höhe abgrenzen. Die Grannenspitzen dürfen aus dem Wollflaum höchstens 1 mm herausragen. Infolge seiner feinen Begrannung greift sich das Fell der Kurzhaarkaninchen viel weicher, samtartiger an als das Fell der Normalhaarkaninchen. Auch hier ist die Dichte der Unterwolle von entscheidender Bedeutung für die Gesamtbeurteilung des Felles.

Als Fehler gelten sinngemäß die unter den Normalhaarrassen genannten Mängel.

3. Langhaarrassen

A) Angora

Im Gegensatz zu den übrigen Fellhaarrassen besitzt das Angorakaninchen das nur ihm eigentümliche Wollvlies, das am ganzen Körper (Rücken, Seiten, Brust und Bauch) gleichmäßig stark entwickelt und filzfrei sein soll. Das Vlies besteht aus Mischwolle, die von drei unterschiedlichen Haararten gebildet wird. Sie gehen ineinander über, sind also nicht scharf gegeneinander abgegrenzt.

a) **Unterwolle.** Sie muß stark vorherrschen und besteht aus dem feingekräuselten, weichen Wollhaar, das sich durch ein gutes Längenwachstum auszeichnen soll. Gewünscht wird ein mittelfeines, gleichmäßiges Wollhaar, das regelmäßig und kurz gewellt ist und einen seidigen Glanz besitzt.

b) Der **Grannenflaum** vermittelt in seiner Qualität zwischen der Unterwolle und dem Grannenhaar. Er ist länger und grober gewellt und endet in einer feinen, grannenartigen Spitze.

c) Das **Grannenhaar** überragt als ein etwas stärkeres, gerade durchgehendes Haar das Wollvlies. Die Grannenspitze ist kräftig. In der Regel besitzen die Häsinnen eine stärkere Grannenbildung als die Rammler, in besonderem Maße die älteren Häsinnen.

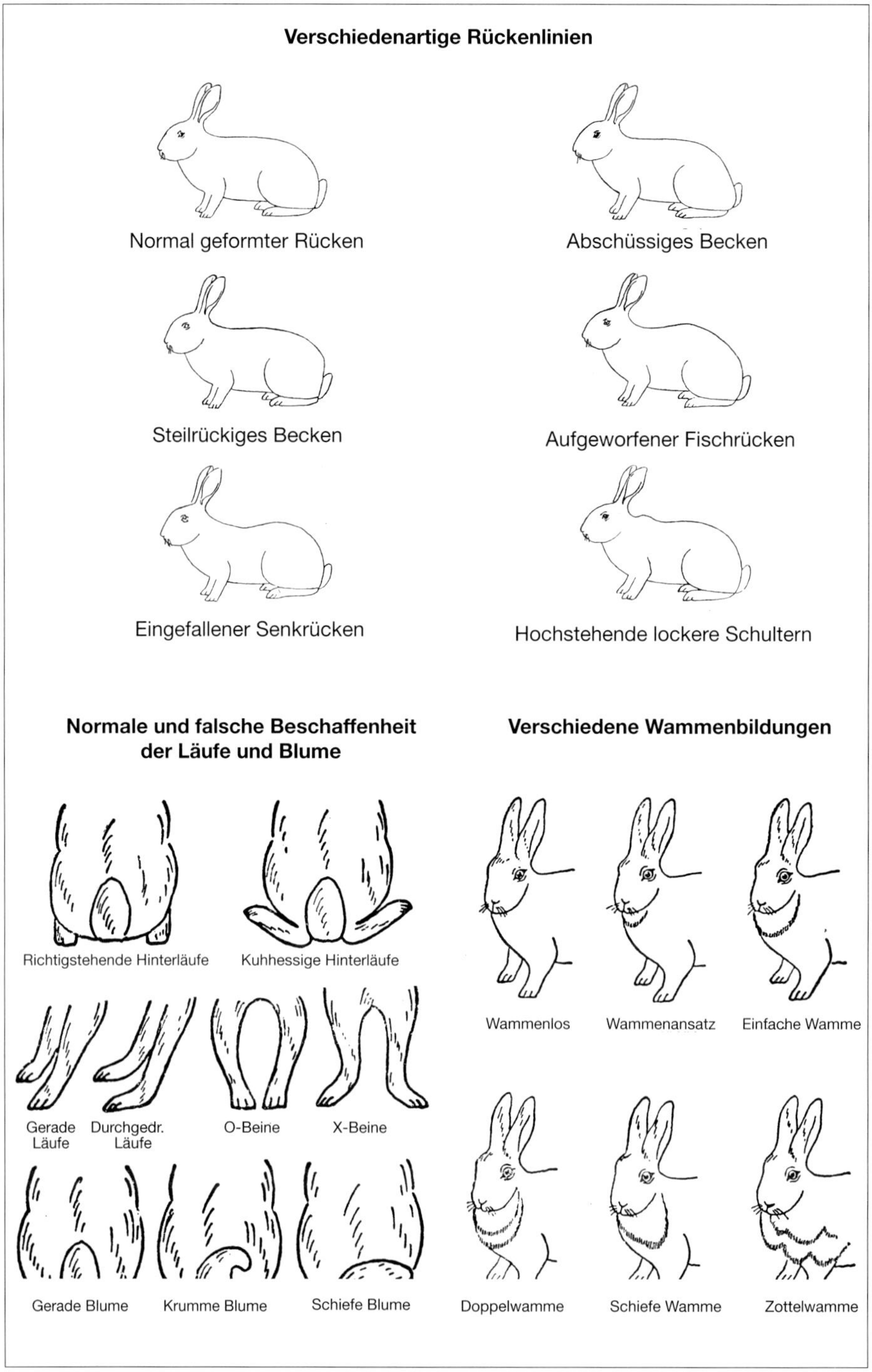

Abb. 169: Merkmale für die Beurteilung des Körperbaues

Den Wert der Wolle bestimmt die Dichte der Unterwolle in Verbindung mit einem gut ausgebildeten Grannenflaum und dem an Länge überragenden, stärkeren Grannenhaar.

Die volle Wollänge beträgt, im Stapel beurteilt, mindestens 6 cm. Bei Ausstellungstieren und in den Leistungsklassen ist die Mindestwollänge 3,5 cm. Die Wollänge wird geschätzt.

Die leichten und schweren Fehler hierzu sind in den Rassebeschreibungen des »Standard '97« (232) aufgeführt.

B) Fuchskaninchen

Im Gegensatz zum Angorakaninchen herrscht beim Fuchskaninchen das Grannenhaar vor. Es besitzt kein Wollvlies.

Als Fehler gelten sinngemäß die unter den Normalhaarrassen genannten Mängel.

17.2.4 - 17.2.6 Besondere Rassemerkmale

(Zeichnung, Farbe usw.)

Diese Positionen regeln die Besonderheiten der einzelnen Rassen entsprechend ihrem jeweiligen Zuchtziel. In ihnen erfolgt die Beurteilung der spezifischen Eigentümlichkeiten der Farbe und Zeichnung sowie bei einer Reihe von Rassen jene körperlichen Merkmale, die in Position 2 Körperform und Bau nicht berücksichtigt werden. Auf die entsprechenden Forderungen wird bei den Rassen (s. Standard '97) gegebenenfalls detailliert eingegangen.

Die gleiche Regelung gilt für die Beurteilung der leichten und schweren Fehler, die in diesen Positionen zu beachten sind.

Sämtliche Augenfehler sind als schwere Fehler zu beurteilen und in folgenden Positionen zu berücksichtigen: anatomische Abweichungen in Position 2, farbliche Abweichungen in Position »Farbe«. Andersfarbige Spürhaare als die Grund- bzw. Zeichnungsfarbe sind ein leichter Fehler.

Farbabweichungen an den Vorderläufen, sog. Binden, gelten als leichte bzw. schwere Fehler und werden entsprechend ihres Grades gestraft.

Hinweis zur Rostbildung! Zu unterscheiden sind drei Arten von Rost: 1. Der Erbrost, 2. Der Umhaarungsrost, 3. Der haltungsbedingte Rost (Urinrost). Je nach Grad des Rostbefalls wird bei Erbrost bzw. Umhaarungsrost der festgestellte Mangel als leichter oder schwerer Fehler, je nach Rasse in Deckfarbe, Farbe oder Gleichmäßigkeit geahndet. Diese Art von Rost kann bei allen farbigen sowie bei allen grauen oder silberfarbigen Tieren auftreten, nicht bei weißen Tieren.

Der haltungsbedingte Rost (zumeist an Hinterschenkeln, Hinterläufen oder im Blumenbereich) kann bei allen Rassen in Erscheinung treten und ist, da auf Haltungsfehler zurückzuführen, in der Position 7. Pflegezustand zu strafen.

Leichte Fehler:

Leichter Rostanflug auf der Decke, kleinere Roststellen an Seiten oder Flanken.

Schwere Fehler

Starker Rostanflug auf der Decke, größere Roststellen an Seiten, Flanken oder auf der Bauchseite.

Besonderer Hinweis zur Bewertung der Position 6 (Farbe) bei allen weißen Rassen:

Die Farbe ist am ganzen Körper gleichmäßig, oben wie unten, weiß-glänzend oder weiß-glänzend mit einer leicht elfenbeinfarbigen Tönung, vorwiegend an kurzbehaarten Körperteilen. Dieselbe darf nicht bestraft werden. (Elfenbeinfarbige Tönung ist ein Hinweis auf ein dichtes Fell, das in Position 3 Beachtung finden sollte.) Die Unterfarbe ist ebenfalls rein weiß, sie setzt sich gegenüber der Deckfarbe nicht ab. Die Augen der Rotaugen sind farblos (rot durchleuchtend), die der Blauaugen blau.

Leichte Fehler:

Farbabweichungen wie leicht grauer oder gelblicher Anflug am ganzen Körper oder einzelner Körperteile wie Kopf, Ohren, Hals (Halskrause), Backen, Rumpf, Bauch, Blume, Genital- und Aftergegend. Unreine Unterfarbe, schwacher Glanz.

Schwere Fehler:

Stark grauer oder gelblicher Anflug in der Deckfarbe, fehlender Glanz.

17.2.7 Pflegezustand

Nur in hervorragendem Pflegezustand werden die Tiere zur Bewertung zugelassen. Es obliegt deshalb dem Züchter, seine Tiere mit Fleiß und Geschick gebührend vorzubereiten. Hierzu gehören: saubere Läufe, Ohren und Geschlechtspartie, gut beschnittene und reinliche Krallen usw.

Leichte Fehler:

Leichter Stallschmutz, geringfügig unsaubere Ohren oder Geschlechtsteile; lange Krallen. Leichte Filzbildung bei Normal-, Haarstruktur- und Kurzhaarrassen.

Schwere Fehler:

Stark verschmutzte Tiere, starke Filzbildung bei Normalhaar-, Haarstruktur und Kurzhaarrassen.

Anmerkungen

Beachtliche Fehler, die bei der Beurteilung der Tiere zu gravierenden Beanstandungen Anlaß geben, sind in den Einzelrubriken der Bewertungsurkunde stets zu vermerken.

Am Fuße der Bewertungsurkunden sind Beanstandungen in bezug auf die Gesundheit der Tiere einzutragen. Selbstverständliche Voraussetzungen eines hochwertigen Zucht- und Ausstellungstieres sind einwandfreie Gesundheit, beste Pflege und deutliche Kennzeichnung. Gesunde Tiere präsentieren sich in einem normalen, guten Ernährungszustand, sind lebhaft und haben klare Augen. Gesundheit schließt eine entsprechende Pflege ein; sie ist an der Reinlichkeit des Felles und der Krallen zu erkennen.

Unerläßlich für die Zuchtbuchführung und somit auch Voraussetzung für ein Ausstellungstier ist ferner eine klare, gut lesbare Kennzeichnung. Bemerkt sei hier, daß eine nicht lesbare Tätowierung von der Bewertung ausschließt. Schaufertig sind daher nur Tiere, die diesen Ansprüchen genügen.

Bei allen Zuchtveranstaltungen und Ausstellungen sind nur die von der Organisation herausgegebenen Drucksachen (Bewertungsurkunden, Bewertungslisten usw.) gültig, die mit dem patentamtlich geschützten ZDK-Warenzeichen versehen sind. Andere Bewertungsurkunden, auch Fotokopien etc., sind nicht anerkannt und dürfen vom Preisrichter nicht verwendet werden. Siehe auch Musterurkunde.

Abteilung VI

Sammelleistungen – Leistungswettbewerb

In dieser Abteilung werden Zuchtgruppen bewertet, die aus Tieren einer Rasse und einer Farbe bestehen. Die verschiedenen Farbenschläge der Farbe Grau gelten als getrennte Farbenschläge.

Zuchtgruppe 1

Auszustellen sind: Entweder 1 Elterntier (1,0 oder 0,1) und 3 Nachkommen aus einem Wurf des laufenden Zuchtjahres. Das Geschlecht ist beliebig zu wählen. Das Elterntier kann auch Fremdzucht sein und muß am Anfang der Zuchtgruppe stehen.

Zuchtgruppe 2

Auszustellen sind: Entweder 4 Tiere eines Wurfes oder je 2 Tiere aus 2 verschiedenen Würfen. Die Tiere müssen aus dem laufenden Zuchtjahr stammen und das gleiche Vereinskennzeichen tragen. Das Geschlecht ist beliebig zu wählen. Nur Tiere aus eigener Zucht sind zugelassen.

Zuchtgruppe 3

Auszustellen sind vier Tiere aus beliebigen Würfen des laufenden Zuchtjahres, es müssen jedoch beide Geschlechter vertreten sein. Die Tiere müssen aus eigener Zucht sein und das gleiche Vereinskennzeichen tragen. Über die Zulassung der

Nr. ________ ________ Preis

Bewertungsurkunde

Rasse: ________

Geschlecht ________ Farbe ________

Kennzeichnung rechts ________ links ________

________/ Schau, in ________ am ________ 19____

		Punkte
1. Gewicht	(20)	
2. Körperform und Bau	(20)	,
3. Fell	(15)	,
4.	(15)	,
5.	(15)	,
6.	(10)	,
7. Pflegezustand	(5)	,
Gesamturteil		,
Bemerkungen für Gesundheit und Kennzeichnung		

946099

Stempel Ausstellungsleiter Preisrichter

Eigentum des ZDK e.V.

Abbildung 170: Urkunde für die Bewertung von Kaninchen auf Ausstellungen des Zentralverbandes Deutscher Kaninchenzüchter und seiner Unterorganisationen. Die in Klammern gesetzten Zahlen kennzeichnen die bei der jeweiligen Position erreichbare Höchstpunktzahl.

Zuchtgruppe 3 entscheidet der jeweilige Landesverband. Bei der Austragung von Meisterschaften ist bei Gleichheit der Endpunktzahl zwischen der Zuchtgruppe 1 oder 2 und der Zuchtgruppe 3 zugunsten der Zuchtgruppe 1 bzw. 2 zu entscheiden.

Tiere, die in einer der Zuchtgruppen ausgestellt werden sollen, sind nach den Vorschriften der Schauleitung zu melden und in der Anmeldung entsprechend kenntlich zu machen.

Bei der Berechnung von Leistungspreisen sind die Tiere eines Ausstellers nur einmal zu berücksichtigen, und zwar nur innerhalb der jeweiligen Zuchtgruppe. Die Preisverteilung erfolgt klassenweise. Dabei ist darauf zu achten, daß in den einzelnen Klassen keine verschieden starken Zuchtgruppen vertreten sind. Die Leistungspreise werden unabhängig von den Preisen für die in der Zuchtgruppe gemeldeten Einzeltiere vergeben.

Bei der Austragung von Meisterschaften konkurrieren die Zuchtgruppen 1 und 2 ohne Unterschied innerhalb der jeweiligen Klasse oder Rasse.

Im Leistungswettbewerb der Sammlungen wird zur Erringung von Leistungs- und Ehrenpreisen folgende Klassifizierung vorgenommen:

Klasse 1

Alle weißen Rassen bzw. weißen Farbenschläge der Normalhaarrassen sowie Satin, elfenbein:

Deutsche Riesen, weiß; Deutsche Widder, weiß; Weiße Wiener; Weiße Neuseeländer; Deutsche Kleinwidder, weiß; Widderzwerge, weiß; Hermelin; Satin, elfenbein.

Klasse 2

Alle Punktschecken und Plattenschecken der Normalhaarrassen sowie Japaner; ferner entsprechende Farbenschläge der Normalhaarrassen, soweit anerkannt:

Deutsche Riesenschecken; Rheinische Schecken; Japaner; Kleinschecken; Englische Schecken; Holländer; Widderzwerge, japanerfarbig; Farbenzwerge, japaner- und holländerfarbig.

Klasse 3

Alle Mantelschecken, alle weiteren Abzeichen- und Zeichnungsrassen sowie entsprechende Farbenschläge der Normalhaarrassen und Satin, soweit anerkannt:

Deutsche Widder, gescheckt; Englische Widder, gescheckt; Deutsche Kleinwidder, gescheckt; Widderzwerge, gescheckt; Mecklenburger Schecken; Weiße Hotot; Große Marder; Kalifornier; Weißgrannen; Thüringer; Rhönkaninchen; Lohkaninchen; Marderkaninchen; Siamesen; Russen; Deutsche Widder, thüringer- und rhönfarbig; Widderzwerge und Farbenzwerge, hotot-, weißgrannen-, thüringer-, loh-, marder-, siamesen- und russenfarbig; Satin, kalifornier-, thüringer- und siamesenfarbig.

Klasse 4

Alle übrigen Rassen bzw. Farbenschläge der Normalhaarrassen, einschließlich Widderzwerge und Farbenzwerge, soweit anerkannt, sowie Satin, schwarz, blau, rot, havanna-, feh-, hasen-, chinchilla-, castor- und luxfarbig.

Klasse 5

Rex-Kaninchen und Rexzwerge.

Klasse 6

Angora, Fuchskaninchen, Jamora und Fuchszwerge.

Bei schwach besetzten Klassen ist den Ausstellungsleitungen gestattet, diese mit anderen Klassen zusammenzulegen.

Jungtierbewertung

Bei Sammelleistungen und Leistungswettbewerben anläßlich Jungtierbewertungen sind folgende Leistungspunkte unverzichtbar und anzuwenden:

Bewertungsergebnis sehr gut	= 8 Punkte
Bewertungsergebnis gut	= 6 Punkte
Bewertungsergebnis befriedigend	= 4 Punkte

Diese Punktanwendung gilt neben der Zuchtgruppe 2 auch für alle anderen Leistungswettbewerbe (z. B. Sammelleistungen für vorgemeldete Jungtiere, Einzel- und Vereinsmeisterschaften u.a.m.).

Für die Differenzierung bei Punktgleichheit von Sammelleistungen kommen folgende Hilfspunkte bei der Bewertung zur Anwendung:

Bewertung	
sehr gut in allen Positionen	sg 7
bei 4 und 5 positiven Bemerkungen	sg 6
bei 3 positiven Bemerkungen	sg 5
bei 2 positiven Bemerkungen	sg 4
bei 1 positiven Bemerkung	sg 3
bei einer positiven und einer negativen Bemerkung	g 2
bei einer negativen Bemerkung	g 1
bei 2 negativen Bemerkungen	g 0
bei 3 und mehr negativen Bemerkungen	b 0

Stehen auf der Bewertungsurkunde positive und negative Bemerkungen, so sind diese voneinander abzuziehen. Aus der Zahl der verbleibenden positiven oder negativen Bemerkungen ergibt sich das Ergebnis der einzutragenden Hilfspunkte. Beispiel: Bei drei positiven und einer negativen Bemerkung verbleiben nach Abzug zwei positive Bemerkungen, demnach sg 4.

Die Leistungspunkte der Prädikatsbewertung und die ermittelten Hilfspunkte sind auf die Sammlungsurkunde zu übertragen. Bei der Auswertung entscheiden zunächst die Leistungspunkte in ihrer Gesamtheit, bei Punktgleichheit sodann die höhere Gesamtzahl an Hilfspunkten.

Abteilung VII

Herdbuch-Abteilung

Für diese gelten die Richtlinien des Herdbuches mit den entsprechenden Bewertungsvorschriften (wie Körordnung usw.).

Abteilung VIII

Neuzüchtungen

Hierfür gelten die in den »Allgemeinen Bestimmungen« enthaltenen Richtlinien.

Abteilung IX

Produkte und Erzeugnisse aus der Kaninchenzucht

Bewertungsbestimmungen für Erzeugnisse

Erzeugnisschauen können allein oder zusammen mit einer Kaninchenschau veranstaltet werden. Die Einteilung in Klassen ist nach folgendem Schema vorzunehmen. Die Klassen I–VII konkurrieren auf allen Schauen unter sich.

Klasseneinteilung

Klasse I: Kaninchenfleisch

a) Geschlachtete Kaninchen

b) Tafelfertige Gerichte aus Kaninchenfleisch

Klasse II: Gegenstände aus Kaninchenteilen

a) Große Bekleidungsstücke: Mäntel, Jacken

b) Kleinere Bekleidungsstücke: Garnituren (mit mindestens 3 Teilen), Westen, Stolen, Kindermäntel und ähnliches

c) Decken, Wandbehänge, Vorlagen und Kissen

d) Felltiere, Bastelarbeiten aus Fellen, Puppen

Klasse III: Angorawoll-Erzeugnisse

a) Große Bekleidungsstücke: Kleider, Röcke, Jacken, Pullover und ähnliches

b) Kleinere Bekleidungsstücke: Garnituren (mit mindestens 3 Teilen), Westen, Schals und ähnliches, Unterwäsche

c) Decken, Wandbehänge, Vorlagen und Kissen

d) Angoratiere, Puppen, Puppenbekleidung

Klasse IV: Angora-Web-, -Stick- und -Knüpfwaren

a) Große Bekleidungsstücke

b) Kleinere Bekleidungsstücke: Garnituren (mit mindestens 3 Teilen), verarbeitet wie IV a

c) Teppiche, Wandbehänge, Kissen, Bilder

d) Hardangerarbeiten: Tischdecken, Mitteldecken, Sets, Läufer, Kissen

Klasse V: Lederwaren

Klasse VI: Lehr- und Anschauungsmaterial sowie Bastelarbeiten

Klasse VII: Fellsortimente

Gliederung der Bewertung

Der Bewertung werden folgende 5 Positionen zugrunde gelegt:

1. Beschaffenheit des Materials	15 Punkte
2. Verarbeitung	25 Punkte
3. Arbeitsaufwand	20 Punkte
4. Reichhaltigkeit	20 Punkte
5. Gesamteindruck (Kl. I) und modische Gestaltung (Kl. Il-V)	20 Punkte
	100 Punkte

Bewertungsforderung

Klasse I a. Kaninchenfleisch

Zu 1. **Beschaffenheit des Materials:**

a) Fettansatz: 1. Oberflächenfett (wenig Fettansatz erwünscht); 2. Nierentett (Nieren sollen gut sichtbar sein)

b) Fleischfülle: 1. Hals, Brust, Vorderschenkel; 2. Rücken; 3. Keulen

Zu 2. **Verarbeitung:**

Sachgerechtes Betäuben und Entbluten, sauberes Ablösen des Felles, sachgemäßes Abtrennen der Läufe an den Gelenken, richtiges Ausnehmen, Beseitigung der Drüsen, der Augen und Nebennieren.

Zu 3. **Arbeitsaufwand:**

Berücksichtigung der erforderlichen Arbeitszeit.

Zu 4. **Reichhaltigkeit:**

Die Reichhaltigkeit ist erreicht bei mindestens 3 ausgeschlachteten Tieren. Ein einzelnes Kaninchen erhält in »Reichhaltigkeit« bis 5 Punkte Abzug.

Zu 5. **Gesamteindruck**

Hier ist die Art der Zusammenstellung und die saubere Aufmachung zu beachten.

Leichte Fehler:

mit Fett verdeckte Nieren, nicht fachgerecht abgetrennte Läufe; Fellhaare am Schlachtkörper.

Klasse 1b. Kaninchenfleischgerichte

Zu 1. **Beschaffenheit des Materials:**

Güte des Fleisches und Zerlegung.

Zu 2. **Verarbeitung:**
Geschmackliche Zubereitung, appetitliche Herrichtung.

Zu 3. **Arbeitsaufwand:**

Zur Herstellung von Rollbraten. Rouladen, Schnitzel, Gulasch, Hack u.a.m. wird knochenfreies Kaninchenfleisch benötigt, daher arbeitsaufwendig. Gebratene Schenkel oder Rückenstücke z. B. benötigen nicht soviel Zeit zur Herstellung. (Hier ist Punktabzug gegeben!)

Zu 4. **Reichhaltigkeit:**

Vielseitige Verwendungsmöglichkeit, Ausnutzung aller Teile eines Kaninchens.

Die Reichhaltigkeit ist erreicht, wenn mindestens 3 Kaninchen mittlerer Größe verarbeitet wurden.

Um dem Verderb der hergestellten Gerichte vorzubeugen, sollten Muster hübsch angerichtet werden. Der Rest der Fleisch- und Wurstwaren ist in Einmachgläsern zu zeigen. Kostproben für den Preisrichter müssen zur Verfügung stehen!

Zu 5. **Gesamteindruck:**

Hier sind Aufmachung und Dekoration der gedeckten Tische mitzubewerten, so z. B.

1. ein komplett gedeckter Frühstückstisch

2. ein vollständiger Mittagstisch

3. Platten, Fleisch und Wurst für ein Abendbrot

4. Vorratswirtschaft in Gläsern.

Anmerkung:
Kaninchenfleisch in Dosen kann nicht bewertet werden.

Klasse II. Gegenstände aus Kaninchenfellen

Zu 1. **Beschaffenheit des Materials:**

Fellbeschaffenheit, Zurichtung, Farbe und Weichheit des Leders. Bei geschorenen und gefärbten Fellen: Gleichmäßigkeit der Zurichtung. Hier ist die Haarlänge und die Haarfarbe zu beachten. Es ist zulässig, alle Kaninchenfellarten (Normalhaar einschl. Satin, Kurzhaar. Langhaar) oder auch geschorene Felle miteinander zu verarbeiten.

Leichte Fehler

Kleine Kahlstellen bis zu 3 Stück, dünnhaarige Fellstellen, Farbunterschiede in den einzelnen Fellen, harte Fellhaut, gelber Anflug bei weißen Fellen, brauner Anflug bei schwarzen Fellen. (Bedingt durch das Gerben bekommen schwarze Felle mitunter einen leichten braunen Anflug; sind alle Felle eines Gegenstandes damit behaftet, so sollte dies nicht als Fehler gewertet werden.) Rostanflug bei einzelnen Fellen.

Schwere Fehler

Drei oder mehr Kahlstellen in der Größe von etwa 2,5 cm oder größer in einem Gegenstand.

Zu 2. **Verarbeitung:**

Es ist auf eine gleichmäßige saubere Verarbeitung zu achten. Ungleichmäßige, flüchtige und lange Stiche sind zu strafen. Futter und Einlagen müssen passen. Für wertvollere Gegenstände sind geeignete Zutaten zu verwenden. Auch solchen Stücken ist erhöhte Beachtung zu schenken, die aus Naturfellen in gleichmäßiger Haarlänge und Farbe mit viel Geschick hergestellt wurden.

Felltiere sollten ein natürliches Aussehen zeigen (erkennbar sein).

Leichte Fehler

Ungleichmäßige Zusammensetzung der Felle, schlechte farbliche Zusammenstellung, schief gezweckte Nähte. Schlecht sitzendes Futter bei Bekleidung oder wenn das Futter seitlich von innen nicht angeheftet ist. Eine Dehnungsfalte ist erlaubt (Rücken), nur muß sie oben 7 cm und unten 3 cm mit einem Zierstich geheftet sein, sonst Punkteabzug. Das Ärmelfutter sollte mit der Hand und nicht mit der Maschine eingenäht sein. Maschinennaht = Punkteabzug. Falsch eingenähte Klips (Verschlüsse, diese sollten von oben nach unten laufen und nicht quer). Nur bei einzelnen Klips bei Abendroben ist eine Ausnahme gestattet. Fehlende Aufhänger; Nähgarn, das farblich nicht zum Futter paßt. Das Leder ist in der Farbe des Leders, nicht in der Farbe des Fells zu nähen.

Schlecht sitzender Kragen, Haarlauf! Nur bei Schalkragen kann der Haarlauf in beide Richtungen laufen.

Unterschiedliche Länge bei Bekleidung und Vorlagen. Schlecht eingenähte Taschen; es besteht jedoch keine Forderung nach Taschen.

Verzogene oder schiefe Rückwände bei Vorlagen, Wandbehängen und Kissen. Recht harte Füllungen bei Kissen und nicht ausgefüllte Ecken bei Kissen (Füllung zu klein). Schlecht geschlossene Verschlußnähte. (Reißverschlüsse sind erlaubt, müssen aber exakt eingenäht sein, sonst leichter Fehler.) Fehler im Haarlauf des Musters. Bei Felltieren unsaubere Verschlußnähte, lose sitzende Augen und Nasen, wenig Füllmaterial, schlecht stehende oder sitzende Tiere.

Zu 3. **Arbeitsaufwand:**

Die Herstellung großer Pelzstücke wie Mäntel und Jacken erfordert viel Zeit. Halbfellig und diagonal verarbeitete Jacken sowie Auslaßarbeiten bei einer Jacke von 55 cm Länge mit Kragen erhalten 20 Punkte. Kürzere und einfach gearbeitete Jacken erhalten Punktabzug.

Z. B. ein Kindermantel oder 2 Fellkissen mit einfachen Mustern erhalten Punktabzug.

Bei allen Gegenständen ist die Fellsortierung und die schwierige Musterherstellung bei der Punktvergabe zu berücksichtigen.

Schema zur Punktvergabe

3 a + b 20 Pkt. = Mäntel, 7/8 Jacken, halbfellig oder diagonal verarbeitete Jacken, Mäntel und Jacken in Auslaßarbeit.

19 Pkt. =Kürzere Jacken unter 55 cm mit Kragen, Kindermäntel.

18,5 Pkt. = Abendjacken ohne Kragen, kleine Kindermäntel (bis ca. 7 Jahre), Stolen.

3 c 20 Pkt. = Große Teppiche oder Decken, Rundteppiche von ca. 120 cm Ø. Eine Vorlage ca. 60 x 90 cm und ein Kissen oder 3 Kissen mind. 40 x 40 cm mit schwierigen Mustern (viele kleine Teile)!

19 Pkt. = 3 Kissen einfach gearbeitet, eine Vorlage und ein Kissen, ebenfalls einfach gearbeitet (große Fellteile)!

3d 20 Pkt. = Mindestens 5 Tiere verschiedener Größe und Muster

19 Pkt. = Bei kleineren Tieren und gleichen Schnittmustern

Zu 4. **Reichhaltigkeit:**

Diese ist erreicht, wenn mindestens 15 Felle zu einer Kollektion verarbeitet wurden.

Zu 5. **Gesamteindruck:**

Es entscheidet hier der allgemeine Eindruck, wobei die zeitlich der Mode entsprechenden Gesichtspunkte mit in Betracht gezogen werden sollten. Mit viel Geschick hergestellte Gegenstände aus verschiedenen Fellarten (Normal-, Kurz-, Langhaar oder geschorenen Fellen) erhalten die volle Punktzahl.

Klasse III. Angorawoll-Erzeugnisse (gehäkelt und gestrickt)

Zu 1. Bei Industriegarn ist auf eine gleichmäßige Fadenstärke zu achten. Farbabweichungen und Ungleichmäßigkeiten im Faden sind zu strafen, falls es sich nicht um Noppengarn (Verdickung des Fadens im ganzen Gegenstand) handelt.

Beimischung anderer Spinnstoffe im Faden, wie Schurwolle, Perlon o.ä. sind bis zu einem Angorawollanteil von 50 % zulässig. Handversponnene Angorawolle kann leichte Unebenheiten im Faden zeigen, diese sind nicht zu strafen. Auch hier ist Noppengarn zulässig.

Die Gegenstände sind mit der %-Zahl zu kennzeichnen.

Bei einer Kollektion (alle Teile)

über 80% = 14,5-15 Pkt.,

70 + 80% je nach Flausch = 14-14,5 Pkt.,

50 + 60% = 13,5 Pkt.,

wenn die %-Angabe fehlt = 12 Pkt.

Bei handversponnener Angorawolle ist das Verspinnen oder Verzwirnen eines dünnen Kunststoffadens wie Perlon, Nylon oder Lurex zulässig, um die Haltbarkeit des Fadens zu erreichen.

Handversponnene Angorawolle:

verzwirnt mit Beilauffaden 14,5 Pkt.,

ohne Beilauffaden 15 Pkt.

Leichte Fehler

Farbabweichungen im Garn, Ungleichmäßigkeiten im Faden (Industriegarn), wenig Flausch bei hochprozentiger Wolle.

Schwere Fehler

Weniger als 50 % Angorawollanteil im Faden. Wolle von Angoraziegen kann wegen der Härte nicht bewertet werden, der Gegenstand verbleibt ohne Bewertung!

Zu 2. **Verarbeitung:**

Neben der gleichmäßigen, lockeren, sauberen und modischen Verarbeitung der Angorawolle ist auf sparsamen Verbrauch zu achten. Fest verarbeitete Gegenstände werden bestraft. Mit viel Arbeit hergestellte große Stücke sind bei sauberer Verarbeitung besonders wertvoll.

Leichte Fehler

Ungleichmäßige Maschen bei Häkeln und Stricken, Fehler im Muster, unsaubere Innennähte, Knoten an der Innenseite, nicht oder schlecht vernähte Fäden von innen. Die untere Kante bei Pullovern, Jacken oder Röcken sollte dehnbar sein, sich jedoch nicht umrollen. Bei Tieren und Puppen unsaubere Verschlußnähte, zuwenig Füllmaterial.

Zu 3. **Arbeitsaufwand:**

Für große Gegenstände wie Kleider, Kostüme, Morgenröcke, Decken oder Vorlagen ist die volle Punktzahl zu vergeben. Muster mit unterschiedlichen Farben erfordern ebenfalls viel Zeitaufwand und erhalten die volle Punktzahl.

Zu 4. **Reichhaltigkeit:**

4a: Große Bekleidungsstücke für Erwachsene, z. B. ein Strickkleid, ein Rock und ein Pullover oder 2 Pullover erhalten die volle Punktzahl. Zur modischen Gestaltung ist die Verarbeitung von Fremdgarnen erlaubt. Der Angorawollanteil muß bei 2 Pullovern mit langen Ärmeln, mittlerer Größe, überwiegen. (Je Pullover etwa 1/4 Fremdmaterial = eine Passe oder eingearbeitete Streifen oder Muster.)

4b: Kleinere Bekleidungsstücke, z. B. Garnituren für Kinder, sollten **mindestens aus drei Teilen** bestehen. Ebenso Westen, Stolen, Schals usw. für Erwachsene. Bei Unterwäsche sollte eine vollständige Garnitur, Hemd und Schlüpfer, mindestens aber 2 Teile für Erwachsene ausgestellt werden.

4c Hier erhalten auch große Gegenstände wie Decken, Wandbehänge, Vorlagen von mind. 80 x 120 cm oder eine Vorlage von 60 x 90 cm + ein Kissen die volle Punktzahl.

4d Fünf Angoratiere oder Puppen von mindestens 20 cm Größe.

Zu 5. **Gesamteindruck und modische Gestaltung**

Hier entscheidet der allgemeine Eindruck, wobei eine geschmackvolle Verteilung der Farben, eine gute Aufmachung und die zeitlich der Mode entsprechenden Gesichtspunkte in Betracht zu ziehen sind. Es können daher auch 2 Pullover die gleichen Farben und Muster aufweisen (Partnerlook)!

Klasse IV. Angora-Web-, -Stick- und Knüpferzeugnisse

Zu 1. **Beschaffenheit des Materials.**

1a **Webwaren**

Güte des selbstgewebten Angorastoffes. Gleichmäßigkeit des verarbeiteten Materials.

1b **Stick- und Knüpferzeugnisse**

Hier gelten die Bestimmungen der Klasse Ill, auch %-Angaben und Punktestaffelung.

1c: Bei gestickten Bildern ist die Verarbeitung nur in ganz geringem Maße erlaubt, z. B. Effekt bei Kerzenschein (Goldfaden); Gesichter im Petit-Point-Stich gestickt, dadurch wirken die Gesichter klarer und lebendiger. Der Fremdgarnanteil dient nur zur optischen Verbesserung der Stickbilder.

1d Hardanger-Arbeiten sind Stickarbeiten auf Handarbeitsstoffe aus Baumwolle (Geminder-Leinen), sogenannte Gitter-Zählstoffe. Die Stickmuster werden frei gestaltet und sind auf dem Handarbeitsstoff nicht vorgegeben. Der überwiegende Teil des Musters (mind. 2/3) muß mit Angorawolle gestickt werden. Kleine Teile des Musters (z. B. Spinnen, Madeira-Sterne oder Malteserkreuze) können wegen ihrer Feinheit mit Fremdgarn gearbeitet werden. Die Abschlußkante, gehäkelt oder gestickt, kann sowohl mit Angorawolle als auch mit Fremdgarn gefertigt werden.

Schwere Fehler

Größere mit Fremdgarn gestickte Flächen bei Bildern sind nicht zulässig und somit o. B. **Bei Hardangerarbeiten:** Verwendung von nicht vorgegebenem Material.

Zu 2. **Verarbeitung:**

2 a + b Neben der notwendigen sauberen und geschmackvollen Verarbeitung des

Stoffes sowie der Stick- und Knüpfwolle ist auf sparsamen Verbrauch zu achten.

Leichte Fehler

Schlechte Außen- und Innenverarbeitung bei gewebten Sachen. Bei gestickten Gegenständen ungleiche Stiche, im Rahmen verzogene oder schlecht gerahmte Bilder Fest gestickte Stiche oder zu dünner Faden, so daß der Untergrund (Stramin) nicht bedeckt wird.

Bei geknüpften Gegenständen ungleicher Flor, schlecht gearbeitete Kanten. Bei Hardangerarbeiten: Ungleichmäßige Stege, Stoffreste in Löchern und an Kanten, verzogener Stoff, Zählfehler im Muster.

Zu 3. **Arbeitsaufwand:**

3a Die Herstellung eines Mantels, Kleides oder eines Kostüms aus Webstoff benötigt viel Zeit, daher volle Punktzahl.

3b Voll ausgestickte Wandbehänge und Decken mind. 60 x 90 cm oder 2 voll ausgestickte Kissenplatten mind. 40 x 40 cm sowie große Bilder erhalten bei schwierigen Mustern (Farbvielfalt) die volle Punktzahl. Für kleinere Gegenstände ist Punktabzug vorzunehmen.

3c Hardanger-Arbeiten sind sehr aufwendig, da dies eine vorwiegende Zählarbeit ist und es keine vorgezeichneten Vorlagen gibt. Volle Punktzahl ist erreicht bei Teilen mit Lochmustern. Dies ist ein hoher Arbeitsaufwand. Die volle Punktzahl ist erreicht bei: 2 Decken in den Größen 80 x 80 cm oder 1 Decke 140 x 180 cm, bzw. bei vergleichbaren Größen mit viel Durchbruch (Lochmuster) oder reichlich ausgestickter Fläche und mit einer gehäkelten oder einer gestickten Abschlußkante nach Hardangerart.

Decken oder Kissenplatten mit einfachem Muster ohne Locharbeit sind weniger zeitaufwendig und erhalten Punktabzug.

Zu 4. **Reichhaltigkeit:**

4a Diese ist erreicht, wenn ein Mantel, ein Kleid oder ein Kostüm aus Angorawebstoff gezeigt wird. Wandbehänge, Kissen und Decken aus Webstoff sollten den Anforderungen von 3 b entsprechen.

4b Ein Wandbehang oder eine Brücke ca. 60 x 90 cm voll ausgestickt oder eine Tischdecke und ein Kissen mit großflächigen Angorawollmustern erhalten die volle Punktzahl. Bei Tischdecken und Läufern ist die gehäkelte Kante aus Angorawolle entsprechend mit zu bewerten. (Teilweise werden Fertigprodukte ohne Angorawollanteil verwendet.)

Bei gestickten Bildern ist die volle Punktzahl erreicht, wenn 5 Stücke in einer Größe von 16 x 40 cm voll ausgestickt gezeigt werden. Größere Bilder sind den Maßen entsprechend zu bewerten.

4c Volle Punktzahl bei Hardanger-Arbeiten ist erreicht bei:

Große Teile:

Eine Tischdecke ca. 140 x 180 cm mit Abschlußkante oder zwei Decken 80 x 80 cm mit Abschlußkante oder vergleichbare Größen auch in anderen Formen

Kleine Teile:

Sets, Deckchen, Garnituren mit mindestens 8 Teilen; Kissen 40 x 40 cm mit mindestens 4 Teilen.

Leichte Fehler

Kissen und Decken, die nur wenig bestickte Flächen aufweisen, erhalten Punktabzug.

Hardanger-Arbeiten erhalten Punktabzug bei kleineren oder wenigeren Teilen; ebenso bei wenig bestickten Flächen.

Zu 5. **Gesamteindruck und modische Gestaltung:**

5a + b Hier ist auf eine gute und geschmackvolle Verteilung der Farben zu achten. Die der zeitlichen Mode entsprechende Aufmachung ist mit zu bewerten. Bei Bildern sollte der Rahmen zum jeweiligen Motiv passen, es können also unterschiedliche Rahmen verwendet werden.

Anmerkung: Angorasachen aus fabrikmäßig hergestellten Stoffen werden nicht bewertet. Diese können außer Wettbewerb ausgestellt werden. Leichte Beschädigungen an Bilderrahmen sind nicht zu strafen; größere Beschädigungen mit Punktabzug. Bei Hardangerarbeiten ist auf die Zusammenstellung der Teile, der Farbe, auf den Stoff und auf die Angorawolle zu achten.

Erzeugnisse von Mädchen aus den Jugendgruppen der Kaninchenzuchtvereine werden in nachfolgenden Jugend-Klassen ausgestellt und nach den vorstehenden Bewertungsbestimmungen bewertet:

Klasse I 6– 9 Jahre
Klasse II 10–13 Jahre
Klasse III 14–18 Jahre

Ab 16 Jahren können Mädchen in die Frauengruppe übernommen werden.

Klasse V. Lederwaren

Zu 1. **Beschaffenheit des Materials:**

Güte des Leders, frei von Löchern und Rissen, geschmeidig. Größe der Lederstücke.

Zu 2. **Verarbeitung:**

Es ist auf eine saubere Verarbeitung zu achten.

Zu 3. **Arbeitsaufwand:**

Zur Herstellung größerer Gegenstände, Schuhe usw. werden entsprechend viele Arbeitsstunden benötigt. Kleine Stücke werden weniger Zeit in Anspruch nehmen.

Zu 4. **Reichhaltigkeit:**

Hier ist keine besondere Forderung an die Stückzahl gestellt. Es ist dem freien Ermessen des Richters überlassen, je nach Art der ausgestellten Gegenstände die Reichhaltigkeit zu beurteilen.

Zu 5. **Gesamteindruck:**

Zusammenstellung der Ausstellungsstücke nach Farbe, modischen und praktischen Gesichtspunkten.

Klasse VI. Lehr-, Anschauungsmaterial und Bastelarbeiten

(aus Kaninchenerzeugnissen)

a) Hier soll gezeigt werden, wie z. B. ein Rohfell behandelt werden muß und wie nicht. Ebenfalls können, um den Besuchern die Schwierigkeit des Anfertigens von Pelzgegenständen zu erklären, angefangene Pelzsachen in den verschiedenen Stadien der Herstellung demonstriert werden. Aufklärungstafeln erläutern, wie viele Felle zu welchen Gegenständen gebraucht werden, wieviel Gramm Angorawolle in welchen Sortierungen ein einzelnes Angorakaninchen erzeugt und wieviel Wolle für die Herstellung z. B. eines Pullovers erforderlich ist.

Lehrreich sind ferner Beispiele guter Stallbauten oder die Darstellung der Grundsätze, die für die Kaninchenzucht gelten. Nicht vergessen sollte man schließlich, auch auf den Wert des Kaninchendungs aufmerksam zu machen.

b) **Bastelarbeiten** (nur Prädikatsbewertung)

Bei den Bastelarbeiten gilt es, die gestalterischen Kräfte für unsere Sache nutzbar zu machen. Dabei soll das entstandene Werk nicht nur den ästhetischen Grundsätzen unterliegen, es soll einem bestimmten Zweck dienen, d. h. es soll auch verwendbar sein.

Bei allen Materialien soll darauf geachtet werden, daß sie auch materialgerecht verarbeitet sind. Die Gegenstände sollen in Beziehung zur Kaninchenzucht stehen.

Für hervorragende Bastelarbeiten kann von zwei Preisrichtern das Prädikat »vorzüglich« vergeben werden (keine Punkte). Professionell und nicht selbst gefertigte Arbeiten dürfen nicht ausgestellt werden.

Beispiele für zu erstellende Arbeiten:

Papier und Pappe: Formen und Schneiden von Tiergruppen, Anfertigung von Papierlaternen mit Tiermotiven u.a.m.

Bast: Tiere aus Bast u.a.m.

Stoff: Anfertigen von Applikationen (Tiere, Stallanlagen) u.a.m.

Leder: Verwenden von Lederabfällen zur Herstellung von Schlüsselmäppchen u.a.m.

Felle: Kleine Tiere aus Kaninchenfell in Stallanlagen, Bauernhöfe, Landschaften o. ä.

Holz: Anfertigen und Heraussägen von Tieren. Erstellen von Zuchtanlagenmodellen, Tierhofanlagen, Gebrauchsgegenstände u.a.m.

Gips, Ton und Stein: Schalen, Modelle, Tiere u.a.m.

Draht und Metall: Tiere aus Draht, Drahtketten mit Anhängern, Drücken in Metallfolie, Anfertigen von Ausstechern aus Blech, Treiben von Schalen u.a. aus Kupfer- oder Messingblech, Emaillierarbeiten u.a.m.

Leichte Fehler: Weniger gute Verarbeitung.

Schwere Fehler: Nicht sachgemäßes Verwenden von Werkstoffen. Schlechte Verarbeitung, Bastelarbeiten, die nicht in bezug zur Kaninchenzucht stehen (o. B.).

Ausgestellt und bewertet wird in folgenden Jugendklassen: 6 bis 9 Jahre, 10 bis 13 und 14 bis 18 Jahre.

Klasse VII. Fellsortimente

Gliederung der Bewertung

Für die Bewertung werden folgende 4 Positionen zugrunde gelegt:

Position 1	Größe der Felle	25 Punkte
Position 2	Fellgüte und Zustand	25 Punkte
Positon 3	Farbe	25 Punkte
Position 4	Ausgeglichenheit	25 Punkte
		100 Punkte

Ein Sortiment umfaßt 5 gegerbte Einzelfelle einer Rasse und Farbe als Einheit. Die Bewertung des Sortiments erfolgt als Ganzes in 4 Positionen.

1. Größe der Felle (25 Punkte)

Die Fellgröße entspricht der Größe beim lebenden Tier.

2. Fellgüte und Zustand (25 Punkte)

Gefordert wird ein gutes und für die Verarbeitung geeignetes Fell, das dicht und griffig ist. Die Beurteilung bei Wollvlies und Granne richtet sich nach den Forderungen an das lebende Tier. Die Felle der Kurzhaarrassen (Rexe) fühlen sich infolge des kürzeren Haares weicher an als die Felle der Normalhaarrassen.

3. Farbe (25 Punkte)

Die Farbe richtet sich nach der vom Standard geforderten Farbe beim lebenden Tier. Bewertet werden die Fellpartien, die für eine kürschnergemäße Verarbeitung in Frage kommen. Bauch, Flanken und Schenkelansatz werden nicht berücksichtigt.

4. Ausgeglichenheit (25 Punkte)

Alle Felle sollen in Größe, Güte und Farbe übereinstimmen und eine Einheit bilden.

Leichte und schwere Fehler

Sie richten sich nach den Standardforderungen. Abweichungen hiervon sowie sichtbare Unausgeglichenheit der Felle sind zu strafen.

Anmerkungen:

a) Die ausgestellten Felle müssen von eigenen Tieren des Ausstellers stammen.

b) Alle Felle sind vor der Bewertung mit dem Stempel der Schau und mit einem Datumsstempel zu versehen. Felle ohne Schau- und Datumsstempel dürfen nicht bewertet werden.

c) Jedes Fell darf nur innerhalb von 2 Ausstellungsjahren ausgestellt werden.

Gewerbsmäßig hergestellte Gegenstände können nicht ausgestellt werden.

Die Klassen II bis V dürfen nur von Mitgliedern der Frauengruppe beschickt werden.

Gewichtstabelle für die einzelnen Rassen

Rasse	Staffelung nach Gewicht und Punkten Berechnung nach Kilogramm						zulässiges Höchstgewicht
	NORMAL-HAARRASSEN						
1. Deutsche	5,50-6,00	bis 6,25	bis 6,50	bis 6,75	bis 7,00	über 7,00 kg	keine
Riesen, grau	15	16	17	18	19	20 Punkte	Grenze
2. Deutsche	5,00-5,50	bis 5,75	bis 6,00	bis 6,25	bis 6,50	über 6,50 kg	keine
Riesen, weiß	15	16	17	18	19	20 Punkte	Grenze
3. Deutsche	5,00	bis 5,25	bis 5,50	bis 5,75	bis 6,00	über 6,00 kg	keine
Riesenschecke	15	16	17	18	19	20 Punkte	Grenze
4. Deutsche	4,50	bis 4,75	bis 5,00	bis 5,25	bis 5,50	über 5,50 kg	keine
Widder	15	16	17	18	19	20 Punkte	Grenze
5. Meißner	3,50	bis 3,75	bis 4,00	bis 4,25	bis 4,50	über 4,50 kg	5,50 kg
Widder	15	16	17	18	19	20 Punkte	
6. Helle	3,50	bis 3,75	bis 4,00	bis 4,25	bis 4,50	über 4,50 kg	5,50 kg
Großsilber	15	16	17	18	19	20 Punkte	
7. Groß-	3,50	bis 3,75	bis 4,00	bis 4,25	bis 4,50	über 4,50 kg	5,50 kg
Chinchilla	15	16	17	18	19	20 Punkte	
8. Mecklenburger	3,50	bis 3,75	bis 4,00	bis 4,25	bis 4,50	über 4,50 kg	5,50 kg
Schecke	15	16	17	18	19	20 Punkte	
9. Englische	3,25	bis 3,50	bis 3,75	bis 4,00	bis 4,25	über 4,25 kg	5,25 kg
Widder	15	16	17	18	19	20 Punkte	
10. Deutsche	3,25	bis 3,50	bis 3,75	bis 4,00	bis 4,25	über 4,25 kg	5,25 kg
Großsilber	15	16	17	18	19	20 Punkte	
11. Burgunder	3,25	bis 3,50	bis 3,75	bis 4,00	bis 4,25	über 4,25 kg	5,25 kg
	15	16	17	18	19	20 Punkte	
12. Blaue	3,25	bis 3,50	bis 3,75	bis 4,00	bis 4,25	über 4,25 kg	5,25 kg
Wiener	15	16	17	18	19	20 Punkte	
13. Blaugraue	3,25	bis 3,50	bis 3,75	bis 4,00	bis 4,25	über 4,25 kg	5,25 kg
Wiener	15	16	17	18	19	20 Punkte	
14. Schwarze	3,25	bis 3,50	bis 3,75	bis 4,00	bis 4,25	über 4,25 kg	5,25 kg
Wiener	15	16	17	18	19	20 Punkte	
15. Weiße	3,00	bis 3,25	bis 3,50	bis 3,75	bis 4,00	über 4,00 kg	5,00 kg
Wiener	15	16	17	18	19	20 Punkte	
16. Graue	3,00	bis 3,25	bis 3,50	bis 3,75	bis 4,00	über 4,00 kg	5,00 kg
Wiener	15	16	17	18	19	20 Punkte	
17. Weiße	3,00	bis 3,25	bis 3,50	bis 3,75	bis 4,00	über 4,00 kg	5,00 kg
Hotot	15	16	17	18	19	20 Punkte	
18. Rote	3,00	bis 3,25	bis 3,50	bis 3,75	bis 4,00	über 4,00 kg	5,00 kg
Neuseeländer	15	16	17	18	19	20 Punkte	
19. Weiße	3,00	bis 3,25	bis 3,50	bis 3,75	bis 4,00	über 4,00 kg	5,00 kg
Neuseeländer	15	16	17	18	19	20 Punkte	
20. Große	3,00	bis 3,25	bis 3,50	bis 3,75	bis 4,00	über 4,00 kg	5,00 kg
Marder	15	16	17	18	19	20 Punkte	

Rasse	Staffelung nach Gewicht und Punkten Berechnung nach Kilogramm						zulässiges Höchstgewicht
21.Kalifornier	3,00	bis 3,25	bis 3,50	bis 3,75	bis 4,00	über 4,00 kg	5,00 kg
	15	16	17	18	19	20 Punkte	
22.Japaner	2,75	bis 3,00	bis 3,25	bis 3,50	bis 3,75	über 3,75 kg	4,50 kg
	15	16	17	18	19	20 Punkte	
23.Rheinische Schecke	2,75	bis 3,00	bis 3,25	bis 3,50	bis 3,75	über 3,75 kg	4,50 kg
	15	16	17	18	19	20 Punkte	
24.Thüringer	2,50	bis 2,75	bis 3,00	bis 3,25	bis 3,50	über 3,50 kg	4,25 kg
	15	16	17	18	19	20 Punkte	
25.Weiß-grannen	2,50	bis 2,75	bis 3,00	bis 3,25	bis 3,50	über 3,50 kg	4,25 kg
	15	16	17	18	19	20 Punkte	
26.Hasen	2,50	bis 2,75	bis 3,00	bis 3,25	bis 3,50	über 3,50 kg	4,25 kg
	15	16	17	18	19	20 Punkte	
27.Satin	2,50	bis 2,75	bis 3,00	bis 3,25	bis 3,50	über 3,50 kg	4,25 kg
	15	16	17	18	19	20 Punkte	
28.Alaska	2,25	bis 2,50	bis 2,75	bis 3,00	bis 3,25	über 3,25 kg	4,00 kg
	15	16	17	18	19	20 Punkte	
29.Havanna	2,25	bis 2,50	bis 2,75	bis 3,00	bis 3,25	über 3,25 kg	4,00 kg
	15	16	17	18	19	20 Punkte	
30.Klein-schecke	2,50	bis 2,65	bis 2,75	bis 2,85	bis 3,00	über 3,00 kg	3,75 kg
	15	16	17	18	19	20 Punkte	
31.Separator	2,50	bis 2,65	bis 2,75	bis 2,85	bis 3,00	über 3,00 kg	3,75 kg
	15	16	17	18	19	20 Punkte	
32.Deutsche Kleinwidder	2,50	bis 2,625	bis 2,75	bis 2,875	bis 3,00	über 3,00 kg	3,50 kg
	15	16	17	18	19	20 Punkte	
33.Klein-Chinchilla	2,25	bis 2,375	bis 2,50	bis 2,625	bis 2,75	über 2,75 kg	3,25 kg
	15	16	17	18	19	20 Punkte	
34.Deilenaar	2,25	bis 2,375	bis 2,50	bis 2,625	bis 2,75	über 2,75 kg	3,25 kg
	15	16	17	18	19	20 Punkte	
35.Marburger Feh	2,25	bis 2,375	bis 2,50	bis 2,625	bis 2,75	über 2,75 kg	3,25 kg
	15	16	17	18	19	20 Punkte	
36.Sachsengold	2,25	bis 2,375	bis 2,50	bis 2,625	bis 2,75	über 2,75 kg	3,25 kg
	15	16	17	18	19	20 Punkte	
37.Rhön-kaninchen	2,25	bis 2,375	bis 2,50	bis 2,625	bis 2,75	über 2,75 kg	3,25 kg
	15	16	17	18	19	20 Punkte	
38.Lux-kaninchen	2,00	bis 2,125	bis 2,25	bis 2,375	bis 2,50	über 2,50 kg	3,25 kg
	15	16	17	18	19	20 Punkte	
39.Perlfeh	2,00	bis 2,125	bis 2,25	bis 2,375	bis 2,50	über 2,50 kg	3,25 kg
	15	16	17	18	19	20 Punkte	
40.Kleinsilber	2,00	bis 2,125	bis 2,25	bis 2,375	bis 2,50	über 2,50 kg	3,25 kg
	15	16	17	18	19	20 Punkte	
41.Englische Schecken	2,00	bis 2,125	bis 2,25	bis 2,375	bis 2,50	über 2,50 kg	3,25 kg
	15	16	17	18	19	20 Punkte	
42.Holländer	2,00	bis 2,125	bis 2,25	bis 2,375	bis 2,50	über 2,50 kg	3,25 kg
	15	16	17	18	19	20 Punkte	

Rasse	Staffelung nach Gewicht und Punkten Berechnung nach Kilogramm									zulässiges Höchstgewicht
43. Loh-Kaninchen	2,00	bis 2,125	bis 2,25	bis 2,375	bis 2,50	über 2,50 kg				3,25 kg
	15	16	17	18	19	20 Punkte				
44. Marder	2,00	bis 2,125	bis 2,25	bis 2,375	bis 2,50	über 2,50 kg				3,25 kg
	15	16	17	18	19	20 Punkte				
45. Siamesen	2,00	bis 2,125	bis 2,25	bis 2,375	bis 2,50	über 2,50 kg				3,25 kg
	15	16	17	18	19	20 Punkte				
46. Schwarz-grannen	2,00	bis 2,125	bis 2,25	bis 2,375	bis 2,50	über 2,50 kg				3,25 kg
	15	16	17	18	19	20 Punkte				
47. Russen	1,75	bis 1,875	bis 2,00	bis 2,125	bis 2,25	über 2,25 kg				3,00 kg
	15	16	17	18	19	20 Punkte				
48. Widder-zwerge	1,00	bis 1,10	bis 1,20	bis 1,30	bis 1,40	über 1,40 kg				2,00 kg
	15	16	17	18	19	20 Punkte				
49. Hermelin	1,00	bis 1,05	bis 1,10	bis 1,35	bis 1,40	bis 1,45	bis 1,50			1,50 kg
	17	18	19	20	19	18	17			
50. Farben-zwerge	1,00	bis 1,05	bis 1,10	bis 1,35	bis 1,40	bis 1,45	bis 1,50			1,50 kg
	17	18	19	20	19	18	17			
	KURZHAARRASSEN									
51., 52., 53., 54., 55., 56., 57., 58., 59., 60.	**a) Chin-; Blau-; Weiß-; Dreifarben-Schecken; Dalmatiner-; Gelb-; Castor-; Schwarz-; Havanna- und Blaugrauer Rex**									
	2,50	b is 2,75	bis 3,00	bis 3,25	bis 3,50	über 3,50 kg				4,50 kg
	15	16	17	18	19	20 Punkte				
61., 62., 63., 64., 65.	**b) Feh-; Lux-; Loh-; Marder- und Russenrex**									
	2,375	bis 2,50	bis 2,625	bis 2,75	bis 3,00	über 3,00 kg				4,50 kg
	15	16	17	18	19	20 Punkte				
66. Rex-Zwerge	0,8	bis 0,9	bis 1,0	bis 1,1	bis 1,2	bis 1,4	bis 1,45	bis 1,5	bis 1,6	1,60 kg
	15	16	17	18	19	20	19	18	17	
	LANGHAARRASSEN									
67. Angora	2,50	bis 2,75	bis 3,00	bis 3,25	bis 3,50	über 3,50 kg				5,25 kg
	15	16	17	18	19	20 Punkte				
68. Fuchs-kaninchen	2,50	bis 2,625	bis 2,75	bis 2,875	bis 3,00	über 3,00 kg				4,00 kg
	15	16	17	18	19	20 Punkte				
69. Jamora	1,50	bis 1,625	bis 1,75	bis 1,875	bis 2,00	über 2,00 kg				2,50 kg
	15	16	17	18	19	20 Punkte				
70. Fuchs-zwerge	1,00	bis 1,05	bis 1,10	bis 1,35	bis 1,40	bis 1,45	bis 1,50			1,50 kg
	17	18	19	20	19	18	17			

18 Anschriften

Zentralverband Deutscher Kaninchenzüchter (ZDK)

Präsidium

Präsident
Franz Jakobs, Krefelder Straße 130,
41063 Mönchengladbach
Telefon (0 21 61) 60 23 31, Fax 65 83 39

Vizepräsident
Ronald Mertinkus, Von-Brentano-Straße 16,
63073 Offenbach/M.,
Telefon (069) 89 40 47

Schatzmeister
Manfred Rommel, Kolpingstraße 159
70378 Stuttgart
Telefon (07 11) 53 31 23, Fax 5 30 29 32;
Mobil 01 71/4 01 32 58

Schriftführer
Oskar Leicht, Maulbronner Straße 21,
75248 Ölbronn-Dürrn
Telefon (0 70 43) 29 65, Fax 90 75 49

Referent für Öffentlichkeitsarbeit
Ulrichs Hinrichsmeyer, Dachsweg 7,
21266 Jesteburg
Telefon (0 41 83) 59 85

Referent für Schulung
Arno Dietrich, Bergstraße 5,
66957 Eppenbrunn
Telefon (0 63 35) 2 04, Fax 52 50

Leiterin der Frauengruppen
Karin Golus, Schulenburger Landstraße 62
30165 Hannover
Telefon (05 11)3 52 49 62

Obmann für Herdbuch im Normal- und Kurzhaar
Walter Sartor, Burgstraße 15,
35708 Haiger
Telefon (0 27 73) 33 33

Obmann für Angorazucht
Horst Geisel, Neuwiesenstraße 3
69514 Laudenbach
Telefon (0 62 01) 4 23 36

Obmann für Clubs
Peter Mickmann, Mittelfeldweg 19 b
27607 Langen
Telefon (0 47 43)65 82

Obmann für Jugend
Klaus Zimmermann, Bierer Straße 9, 39221 Welsleben
Telefon (03 92 96) 2 02 75

Obmann für Preisrichter
Dieter Meister, Uellendahl 71 b
42109 Wuppertal
Telefon (02 02) 70 23 92

ZK Drucksachenvertrieb
Karin Leicht, Maulbronner Straße 21
75248 Ölbronn-Dürrn
Telefon (0 70 43) 90 75 48, Fax 90 75 49

ZDK Standardkommission

Vors. Franz Jakobs, Krefelder Str. 130,
41063 Mönchengladbach

Geschäftsführer: Arno Dietrich,
Bergstr. 5, 66957 Eppenbrunn

Peter Mickmann, Mittelfeldweg 19 b
27607 Langen

Walter Hornung, Anton-Aulke-Straße 44
48167 Münster

Dieter Meister, Uellendal 71b
42109 Wuppertal

Behörden, Institute, Untersuchungsämter und Verbände

Bundesforschungsanstalt für Landwirtschaft, Institut für Kleintierforschung Celle
Dörnbergstr. 25, 29223 Celle
Telefon (0 51 41) 3 84 60

Bundesverband deutscher Kaninchenfleisch- und -wollerzeuger e. V.
Hinterhoben 149, 53129 Bonn
Telefon (02 28) 53 00 02 50

Deutsche Landwirtschafts-Gesellschaft e. V., (DLG)
Eschborner Landstraße 122,
60489 Frankfurt
Telefon (0 69) 24 78 80

Gesellschaft zur Erhaltung alter und gefährdeter Haustierrassen
Postfach 1218, 37202 Witzenhausen
Telefon (0 55 42) 18 64

VTV Vereinigte Tierversicherung Gesellschaft a. G.
Sonnenberger Straße 2
65193 Wiesbaden
Telefon (06 11) 53 32 57

World Rabbit Science Association, (WRSA), Deutsche Gruppe,
Vors.: Prof. Dr. W. Bessei
Universität Hohenheim, Institut 470
Fachgebiet Kleintierzucht und Nutztierethologie
70593 Stuttgart
Telefon (07 11) 4 59 24 81

Baden-Württemberg

Staatliche Landw. Untersuchungs- und Forschungsanstalt
Augustenberg, Neßlerstr. 23,
76227 Karlsruhe
Telefon (07 21) 9 46 80

Veterinäruntersuchungsämter:

Czernyring 22a/b, 69115 Heidelberg
Telefon (0 62 21) 50 66
Azenbergstraße 16, 701174 Stuttgart
Telefon (07 11) 1 84 90
Löwenbreitestraße 18/20
88326 Aulendorf
Telefon (0 75 25) 94 20

Tierhygienisches Institut Freiburg
Am Moosweiher 2, 79108 Freiburg
Telefon (07 61) 1 50 20

Universität Hohenheim
70593 Stuttgart
Institut für Tierhaltung und Tierzüchtung
Garbenstr. 17
Fachgebiet Kleintierzucht
Telefon (07 11) 4 59 24 81

Bayern

Bayer. Staatsministerium für Ernährung, Landw. und Forsten
Ludwigstr. 2, 80539 München
Telefon (0 89) 2 18 20

Ref. Schaf- und Kleintierzucht u.-haltung
Telefon (0 89) 2 18 24 46

Bayerische Landesanstalt für Tierzucht
Prof. Dürrwaechter-Platz 1, 85586 Poing
Telefon (0 89) 99 14 10
Abt. Kleintiere
Telefon (0 89) 99 14 13 50
Lehr- und Versuchsanstalt für Kleintierz.
Mainbernheimer Straße 101,
97318 Kitzingen
Telefon (0 93 21) 3 31 70

Veterinäruntersuchungsämter:

Tiergesundheitsdienst Bayern e. V.
Senator-Straße 23
85586 Grub, Post Poing
Telefon (0 89) 9 09 10
Geschäftsstelle Oberpfalz-Süd
An der Irler Höhe 3a, 93055 Regensburg
Telefon (09 41) 79 22 96

Berlin

Freie Universität, Fachbereich Veterinärmedizin
Klinik und Poliklinik für kleine Haustiere
Oertzenweg 19b, 14163 Berlin
Telefon (0 30) 81 08 23 94

Humboldt-Universität, Landwirtschaftlich-Gärtnerische Fakultät
Philippstr. 13, 10115 Berlin
Telefon (0 30) 60 39
Fachgebiet Kleintierzucht
Telefon (0 30) 28 97 24 46

Veterinäruntersuchungsämter:

Invalidenstraße 60, 10557 Berlin
Telefon (0 30) 39 70 51

Brodauerstraße 16, 12621 Berlin
Telefon (0 30) 5 27 97 11

Brandenburg

Ministerium für Landwirtschaft,
Umweltschutz und Raumordnung
Heinrich-Mann-Allee 107
14473 Potsdam
Telefon (03 31) 86 60
Ref. Tierzucht und -haltung, Fischerei und Futtermittelüberwachung

Veterinäruntersuchungsämter:

Ringstr. 103 e
15236 Frankfurt/Oder
Telefon (03 35) 52 17 00

Straße der Jugend 33, 03050 Cottbus
Telefon (03 55) 4 76 50

Pappelallee 2, 14469 Potsdam
Telefon (03 31) 5 68 80

Bremen

Veterinäruntersuchungsämter:

St.-Jürgenstr., 28205 Bremen
Telefon (04 21) 36 11 55 03

Hessen

Tierzuchtzentrum,
Neu-Ulrichstein, 35315 Homberg/Ohm
Telefon (06 33) 9 61 10

Hessische Landw. Versuchsanstalt, Landw. Untersuchuchungsamt
Am Versuchsfeld 11
34128 Kassel-Harleshausen
Telefon (05 61) 9 88 80

Justus-Liebig-Universität, Institut für Tierzucht und Haustiergenetik
35390 Gießen, Bismarckstraße 16
Telefon (06 41) 9 93 7 6 23

Hessisches Ministerium für Umwelt, Landwirtschaft und Forsten
Mainzer Str. 80, 65189 Wiesbaden
Telefon (06 11) 81 50
Ref. Tierzucht und -haltung
Telefon (06 11) 8 17 23 16

Veterinäruntersuchungsämter:

Druseltalstraße 67, 34131 Kassel
Telefon (05 61) 3 10 10

Marburger Straße 54, 35396 Gießen
Telefon (06 41) 3 00 60

Hasengartenstr. 24
65189 Wiesbaden
(0611) 7 60 80

Mecklenburg-Vorpommern

Ministerium für Ernährung, Landwirtschaft, Fischerei u. Forsten
Paulshöher Weg 1, 19061 Schwerin
Telefon (03 85) 58 80
Ref. Tierzucht
Telefon (03 85) 5 88 64 30

Veterinäruntersuchungsämter:

Thierfelderstraße 18, 18059 Rostock
Telefon (03 81) 4 00 15 94

Neumühler Straße 10, 19057 Schwerin
Telefon (03 85) 79 75 01

Demminer Straße 46
17034 Neubrandenburg
Telefon (03 95) 4 22 20 11

Niedersachsen

Landwirtschaftskammer Hannover
Johannsenstr. 10, 30159 Hannover
Telefon (05 11) 3 66 50
Ref. Schaf, Kleintier- u. Geflügelproduktion, Tier- und Umweltschutz in der Tierproduktion
Telefon (05 11) 3 66 54 93

Ministerium für Ernährung, Landwirtschaft und Forsten
Calenberger Straße 2, 30169 Hannover
Telefon (05 11) 12 00
Ref. Tierproduktion
Telefon (05 11) 1 20 20 31

Tierärztl. Hochschule
Bischofsholer Damm 15
30173 Hannover
Klinik für kleine Haustiere
Telefon (05 11) 8 56 72 51

Universität Göttingen
37075 Göttingen
Institut für Tierzucht u. Haustiergenetik
Albrecht-Thaer-Weg 3
Telefon (05 51) 39 56 01
Tierärztl. Institut, Groner Landstr. 2
Telefon (05 51) 39 33 80

Veterinäruntersuchungsämter:

Dresdenstr. 6, 38124 Braunschweig
Telefon (05 31) 4 84 10 00

Eintrachtweg 17, 30173 Hannover
Telefon (05 11) 28 89 70

August-Prieshof-Str. 1, 49716 Meppen
Telefon (0 59 31) 70 14

Mars-la-Tour-Straße 1
26121 Oldenburg i. 0.
Telefon (04 41) 80 46 44

Philosophenweg 38, 26121 Oldenburg
Telefon 0441/77 90 70

Heckenweg 6, 21680 Stade
Telefon (0 41 41) 21 90 und 38 69

Nordrhein-Westfalen

Landwirtschaftskammer Rheinland
Endenicher Allee 60, 53115 Bonn
Telefon (02 28) 70 30
Ref. Kleintierzucht
Telefon (02 28) 70 34 15

Landwirtschafskammer Westfalen-Lippe
Postfach 5925, 48135 Münster
Telefon (02 51) 59 90
Ref. Kleintierzucht
Telefon (02 51) 59 93 84

Landwirtschaftliche Untersuchungsanstalt
Nevinghoff 40, 48147 Münster
Telefon (02 51) 2 37 67 45

Ministerium für Umwelt, Raumordnung und Landwirtschaft
Schwannstraße 3, 40476 Düsseldorf
Telefon (02 11) 4 56 60
Ref. Tierzucht und -haltung, Futtermittel
Telefon (02 11) 4 56 65 87

Universität Bonn
Institut für Tierzucht
Endenicher Allee 15
Abt. für Kleintierzucht und -haltung
Telefon (02 28) 73 22 96

Veterinäruntersuchungsämter:

Zur Taubeneiche 10, 59821 Arnsberg
Telefon (0 29 31) 80 90

Westerfeldstraße 1, 32758 Detmold
Telefon (0 52 31) 91 15 00

Deutscher Ring 100, 47798 Krefeld
Telefon (0 21 51) 84 90

Sperlichstr. 19, 48151 Münster
Telefon (02 51) 9 82 10

Rheinland-Pfalz

Landwirtschaftliche Untersuchungsanstalt
Nikolaus-von-Weis-Str.1, 67346 Speyer
Telefon (0 62 32) 6 52 10

Landwirtschaftskammer Rheinland-Pfalz
Burgenlandstr. 7, 55543 Bad Kreuznach
Telefon (06 71) 79 30

Ministerium für Landwirtschaft, Weinbau und Forsten
Stiftstr. 9, 55116 Mainz
Telefon (0 61 31) 1 60
Ref. Tierzucht und -fütterung
Telefon (0 61 31) 16 24 95

Veterinäruntersuchungsamt:
Blücherstr. 34, 56073 Koblenz
Telefon (02 61) 40 40 50

Saarland

Landwirtschaftskammer
Lessingstraße 12, 66121 Saarbrücken
Telefon (06 81) 66 50 12

Ministerium für Umwelt
Abt. Landwirtschaft
Rußhütter Straße 8a
66113 Saarbrücken
Telefon (06 81) 5 01 00

Veterinäruntersuchungsamt:
Staatl. Institut für Gesundheit und Umwelt
Helwigstraße 8, 66121 Saarbrücken
Telefon (06 81) 3 00 05 70

Sachsen

Staatsministerium für Umwelt
und Landwirtschaft
Archivstr. 1, 01097 Dresden
Telefon (03 51) 56 40
Ref. Tierzucht und -haltung

Sächsische Landesanstalt für Landwirtschaft
Abt. Tierzucht und -haltung
Am Park 3, 04886 Köllitsch
Telefon (03 42 22) 4 60

Veterinäruntersuchungsämter

Reichenbachstraße 71, 01217 Dresden
Telefon (03 51) 8 14 40

09111 Chemnitz
Telefon (03 71) 6 00 90

Beethovenstr. 95, 04107 Leipzig
Telefon (03 41) 3 95 60

Sachsen-Anhalt

Ministerium für Ernährung, Landwirtschaft und Forsten
Olvenstedter Straße 4-5
39108 Magdeburg
Telefon (03 91) 5 67 01
Ref. Tierzucht
Telefon (03 91) 5 67 18 21

Universität Halle-Wittenberg
Institut für Tierzucht und -haltung
Adam-Kuckhoff-Str. 35
06099 Halle
Telefon (03 45) 23 21

Veterinäruntersuchungsämter:

Freiimfelderstraße 66, 06112 Halle
Telefon (03 45) 5 64 30

Hafenbreiter Weg 132, 39576 Stendal
Telefon (0 39 31) 40 63 10

Schleswig-Holstein

Landwirtschaftskammer
Holstenstraße 106, 24103 Kiel
Telefon (04 31) 9 79 70

Ministerium für Ernährung, Landwirtschaft und Tourismus
Düsternbrooker Weg 104, 24105 Kiel
Ref. Tierzucht
Telefon (04 31)5 96 49 44

Universität Kiel
Olshausenstraße 40, 24118 Kiel
Institut für Tierzucht und -haltung
Telefon (04 31) 8 80 25 84

Veterinäruntersuchungsämter:

Gutenbergstraße 77, 24118 Kiel
Telefon (04 31) 58 79 70

Max-Eyth-Str. 5, 24537 Neumünster
Telefon (0 43 21) 50 17 und 5 37 70

Thüringen

Ministerium für Landwirtschaft, Naturschutz und Umwelt
Beethovenplatz 3, 99096 Erfurt
Ref. Tierzucht
Telefon (03 61) 6 66 02 40

Thüringer Landesanstalt für Landwirtschaft
Naumburger Straße 98a, 07743 Jena
Telefon (0 36 41) 68 30

Veterinäruntersuchungsämter:

Juri-Gagarin-Ring 124, 99084 Erfurt
Telefon (03 61) 3 78 88 01

Naumburger Straße 96, 07743 Jena
Telefon (0 36 41) 48 60

19 Stichwortverzeichnis

A

B

C

D

E

F

G

H

I

J

K

T

U

V

W

Y

Z

20 Quellennachweis

20.1 Literatur

1. ALVARINO, J.M.R.; LOPEZ, F.J., DEL ARCO, J.A., BUENO, A., TORRES, R. (1996): Effect of semen concentration on rabbit artificial insemination with fresh or 24 hours stored semen. Proc. 6, WRSA Congr., Toulouse, Vol. 2, 33-35

2. ALVARINO, J.M.R. ; DEL ARCO, F.A., BUENO, A. (1998): Effect of mother-litter separation on reproductive performance of lactating rabbit females insc. on day 4 or 11 post partum, World Rabbit Science 6 (1), 191-194.

3. ALVARINO, J.M.R. (2000): Reproductive performance of male rabbits. Proc. 7. WRSA Congr., Valencia, Vol. A, 231 - 237.

4. ANGERMANN, R. (1979): Die Hasentiere. In Grzimeks Tierleben, Bd. 12, 419-465, dtv, München

5. ARNOLD, J. (1994): Historique de l'élevage du lapin. C.R.Acad. Fr. 80, 4, 3-12

6. AYERS, A. C., CHEEKE, P.R., PATTON, N.M. (1992): Effect on Weanling Rabbits of Black Locust (Robina Pseudoacacia) Bark, Oak Sawdust, Red Alder (Alnus Rubra) Bark and Red Alder Sawdust in the Diet. Proc. 5. WRSA Congr. Corvallis, Vol. 1166-1174

7. AYERS, A.C., CHEEKE, P.R., Patton, N.M. (1992): Evaluation of Hybrid Poplar Leaves as a Feedstuff for Rabbits. Proc. 5. WRSA Congr. Corvallis, Vol. B, 1033-1043

8. BAMBERG, F.B. (1987): Das Europäische Wildkaninchen (Oryctolagus cuniculus) in Australien, Jagd und Hege, 6, 16-19

9. BECHSTEDT, U., SCHRAMM, P., KNOLL, M. (1978): Eine neue Variante der künstl. Vagina zur Spermagewinnung beim Kaninchen. Monatsh. f. Vet. med. 7, 265-267.

10. BELF (1993): Tierschutzbericht 1993, Drucksache 12/42 42 Dt. Bundestag

11. BELF (1998): Das neue Tierschutzgesetz.

12. BELF (2000): Gutachten zur Auslegung von § 11b des Tierschutzgesetzes (Verbot von Qualzüchtungen). Bonn.

13. BENNEGADI, N., GIDENNE, T., LICOIS, D. (2000): Non-Specific Enteritis in the growing Rabbit: Detailed description and incidence according to fibre deficiency an sanitary status. Proc. 7. WRSA Congr., Valencia, Vol. C, 109-118

14. BESENFELDER, U., HAAS, C., BREM, G. (2000): Reproduction technology and gene transfer in rabbits. WRSA Congr., Valencia. Vol. A., 37-59

15. BESSEI, W., RIVATELLI, D., RETTER, K. (1999): Untersuchungen zur Temperaturpräferenz von Mastkaninchen« Tag.-bericht, 11. Arb.Tag., Dt. Vet. med. Ges., Celle, 123-128

16. BLASCO, A., OUHAYOUN, J., MASOERO, G. (1993): Harmonization of criteria and terminology in Rabbit meat research. World Rabbit Sc. 1, 3-10

17. BOBACK, A.W. (1970): Das Wildkaninchen, Verlag Ziemsen, Wittenberg

18. BÖCKER, R. (1993): Untersuchungen über den Gehalt an Gesamt- sowie freien Aminosäuren und die grobgewebliche Zusammensetzung der Muskulatur von Hauskaninchen der Rasse »Weiße Neuseeländer«, Diss. Gießen

19. BOLET, G., BASELGA, M., MONNEROT, M., ROUVIER, R., ROUSTAN, A., BRUN, J.M. (1996): Evaluation, conservation and utilization of rabbit genetic resources: Situation and prospects in the Mediterranean region and in Europe. Proc. 6. WRSA Congr., Toulouse, Vol. 2, 249-253

20. BOLET, G. u.a. (2000): Evaluation and conservation of European rabbit (Oryctolagus cuniculus) genetic resources. First results and inferences. World Rabbit Sci. 8, Suppl. 1, 281-315

21. BOUCHER, S., RENARD, J.P., JOLY, T. (1996): The »Alfort Jumpér« rabbit: Historic, description and characterization. Proc. 6. WRSA Congr., Toulouse, Vol. 2, 255-258

22. BRANDSCH, H., WUSSOW, W., (1964): Bestimmungen der Zucht- und Mastleistungsprüfung (ZMLP) für Kaninchen an der Universität Halle. Polykopie

23. BREM, G., KRÄUSSLICH, H., STRANZINGER, G. (1991): Experimentelle Genetik in der Tierzucht. Verlag Ulmer, Stuttgart

24. BROCKHAUSEN, P., PAUFLER, S., SCHLOLAUT, W. (1979): Untersuchungen auf Spermaqualitätsmerkmale beim Angorakaninchen. Züchtungskode. 51, 234-248

25. BROCKHAUSEN, P., PAUFLER, S., MICHELMANN, H. W., SCHLOLAUT, W. (1979): Untersuchungen des Einflusses der Wollänge und der Schurfrequenz auf Fruchtbarkeitskriterien beim weiblichen Angorakaninchen. Züchtungskode. 51, 315-325

26. BRUNNER, R., KNOPP, A., RUDOLPH, W. (1992): Rabbit chromosome analysis by imageprocessing. J. Appl. Rabbit Res. 15, 352-362

27. CALLOU, C., (1995): Modifications de l'aire de répartition du Lapin (Oryctolagus cuniculus) en France et en Espagne, du pléistocène à l'lépoque état de la question Anthropozoologica, VoL. 21, 95-114

28 CASTELLINI, C., BATTAGLINI, M. (1991): Influenza della concentrazione energetica della razione e del ritmo riprodutto sulle performance delle coniglie. Proc. IX Congr. Nat. ASPA, Roma, Vol. I, 477-488

29. CASTELLINI C. (1996): Recent advances in rabbit artificial insemination. Proc. 6. WRSA Congr., Toulouse, Vol. 2, 13-26

30. CASTLE, W.E. (1905): Heredity of coat characters in guinea pigs and rabbits. Carnegie Inst. Wash., Publ. 196, 51-55

31. CHEEKE, P.R., PATTON, N.M., TEMPLETON, G.S. (1982): Rabbit Production. Interstate Printers and Publishers Inc., Danville, Illinois

32. COLIN, M., LEBAS, F. (1996): Rabbit meat production in the world. Proc. 6. WRSA, Congr. Toulouse, Vol. 3, 323-330

33. COOK, C.W. (1977): Use of Rangelands for Future Meat Production. J. Anim. Sci.,45, 1476-1482

34. COPPINGS, R., EKHATOR, N., GHODRATI, A. (1989): Effects of antemortem treatment and transport on slaughter characteristics of fryer Rabbits. J. Anim. Sci. 67, 872-880

35. DALIMATA; A.M., GRAHAM, J.K. (1997): Cryopreservation of rabbit spermatozoa using acetamide in combination with trehalose and methylcellulose. Theriogenelogy 48, 831-844.

36. DE BLAS, C. (1992): The Roles of Fiber in Rabbit Nutrition. Proc. 5. WRSA Congr. Corvallis, Vol. B, 1329-1343

37. DIETRICH, A. (1999): Kaninchenzucht und Tierschutz. ZDK-Lehrschrift 57, 67-69

38. DLG (1994): Richtlinien für die Durchführung von Zucht- und Mastleistungsprüfungen bei Kaninchen. DLG, Frankfurt

39. DLG (1993): Richtlinien der Deutschen Landwirtschafts-Gesellschaft (DLG) für die Durchführung von Stationsprüfungen auf Wolleistung beim Angorakaninchen. DLG, Frankfurt am Main

40. DORN, F.K. (1949): Wege zum Erfolg in der Rassekaninchenzucht. Verlag H. Haase, Berlin

41. DORN, F.K. (1984): Rassekaninchenzucht. 5. Aufl. Verlag Neumann, Leipzig, Radebeul

42. EIBEN, C., KUSTOS, K., KENNESSEY, A., VIRAG, G., SZENDRÖ, Zs. (1999): Effect of different feed restrictions during rearing on reproduction performance in rabbit does. Tag.-bericht, 11. Arb.-Tag., Dt. Vet. med. Ges., Celle, 10-17

43. EISENBART, Ulrike (1999): Röntgenologische, anatomische und histologische Untersuchungen zum Einfluß unterschiedlicher Haltungssysteme auf die Wirbelsäulen von weiblichen ZIKA-Zuchtkaninchen in unterschiedlichen Reproduktionsintensitäten. Diss. Gießen

44. ELMADFA, I., LEITZMANN, C. (1988): Ernährung des Menschen. Verlag Ulmer, Stuttgart

45. FEKETE, S., LEBAS, F. (1983): Einfluß eines natürlich vorkommenden Aromastoffes (Thymianex trakt) auf die freiwillige Futteraufnahme, den Verdauungskoeffizienten und die Mastkennziffern beim Kaninchen (ungar.). Magyar Allatovossok Lapja, 38 (2) 121-126

46 FEKETE, S., (1993): Ernährung der Kaninchen. Kap. 4, 211 229. In: Ernährung monogastrischer Nutztiere. Verlag G. Fischer, Jena

47. FERNANDEZ-CARMONA J., PASCUAL J.J., CERVERA C. (2000): The use of fat in rabbit diets. Proc. 7. WRSA Congr., Valencia, Vol. C, 29-60

48. FINZI, A., DAADER, A., JAMANI, K., SOLIMAN, A., ASKARA (2000): Influence of chronic high relative humidily on semen quality of hot stressed bucks. Proc. 7. WRSA Congr., Valencia, Vol. A, 117 - 123.

49. FLEISCHHAUER, H., SCHLOLAUT, W., LANGE, K. (1990): Einfluß von Scheren und Rupfen auf quantitative und qualitative Parameter der Angorakaninchenwolle. Tag.-bericht 7. Arb. Tag. Dt. Vet. med. Ges., Celle

50. Fleischhygieneverordnung (1986): BGBL I. 56, 1678ff

51. Fleischhygienegesetz (1993): BGBL I. 36, 1189ff

52. FOX, R.R. (1972): Rabbit models of human disease, and their biochemical characterization. Proc. Hycel Vet. Symp., 9-23

53. FOX, R.R., Crary, D.D. (1971): Mandibular prognathism in the Rabbit. J. Hered. 62, 23-27

54. FOX, R.R. (1974): Taxonomy and genetics. In: Weisbroth, S.H., Flatt, R.E., Kraus, A.L. The biology of the laboratory rabbit. Academic Press, New York, San Francisco, London. S. 1-22

55. FOX, R.R. (1984): The rabbit as a research subject. Physiologist 27, 393-402

56. FOX, R.R. (1994): Taxonomy and genetics. In: MANNING, P.J., RINGLER, D.H., NEWCOMER, C.E.: The biology of the laboratory rabbit. 2nd ed. Academic Press, San Diego.

57. FRIES, R., KOBE, A. (1993): Fleischhygiene bei der Kaninchenschlachtung I u. II. DGS 43, 14-18; 47, 13-15

58. GALLAGHER, J.R., SHELTON, M. (1972): Efficiencies of conversion of feed to fiber of Angora-goats and Rambouillet sheep. J. Anim. Sci., 34

59. GARCIA, J., VILLAMIDE, M.J., De BLAS, J.C. (1997): Energy, Protein Fiber digestibility of soya-bean-hulls. World Rabbit Sci. Vol ; 5, 111-114

60. GARCIA, M.L., BASELGA, K., VICENTE, J.S., LAVARA, R. (2000): Selection response on reproductive characters in a maternal line of rabbits. World Rabbit Sci. 8, Suppl. 1, 381-387

61. Gesetz über das Schlachten von Tieren (1974): BGBL 1, 469

62. GIDENNE, T. (1996): Nutritional and ontogenic factors affecting rabbit caeco-colic digestive physiology. Proc. 6. WRSA Congr., Toulouse, Vol. 1, 13-28

63. GLODEK, P., Marquardt, O.W. (1975): Indexselektion bei Schweinen. Zü.kde., 47, 458-469

64. GRATHWOHL; K., SCHOLZ, H.-P. (1996): Kaninchen-Kompass. 2. Aufl. Verlag Oertel + Spörer, Reutlingen

65. GRÜN, P. (1989). Beitrag zur Silagefütterung bei Kaninchen. Diss. Bonn.

66. GRUHN, R. (1963): Mastleistung und Schlachtkörperwert beim Kaninchen. DKZ 72, 13

67. HARTMANN, J., PETERSEN J. (1997): Körpergewichtsentwicklung und Milchleistung von Hybrid-Zuchthäsinnen in den ersten 3 Wochen der Laktation in Abhängigkeit von der Aufzuchtintensität von Hybridhäsinnen«, Tagungsbericht, 10. Arb.-Tag., Dt. Vet. med. Ges., Celle, 24-32

68. HERRLER, A., FISCHER, B. (1993): Reproduktionsbiologie des weiblichen Kaninchens. Tagungsbericht 8. Arb.-Tag. Dt. Vet. med. Ges., Celle, 52-56

69. HOFFMANN, R. (1977): Vitamin D und Kalzium beim Kaninchen. 5. Münchener Sem. Tierernähr.

70. HOFFMANN, K., GAULY, M., MATHIAK, H., LANGE, K., ERHARDT, G. (1997): Einfluß von Oxytocinapplikationen post inseminationem (p.i.) auf die Wurfgröße beim Kaninchen«, Tagungsbericht, 10. Arb.-Tagung, Dt. Vet. med. Ges., Celle, 12-17

71. HORVATH, M. (1980): Die künstl. Besamung beim Kaninchen. Tag.-Ber. Kolloquium Univ. Rostock, Sekt. Tierprod., 163-173

72. HOY, St., SEITZ, K., SELZER, D., SCHÜDDEMAGE, M. (2000): Nursing behaviour of domesticated and wild rabbit does under different keeping conditions. Proc. 7. WRSA Congr., Valencia, Vol. B, 537-544

73. HUDSON, R., SCHAAL, B., BILKO, A., ALTBÄCKER, V. (1996): Just three minutes a day: The behaviour of young rabbits viewed in the context of limited maternal care. Proc. 6. WRSA Congr., Toulouse, Vol. 2, 395-406

74. JOLY, T., VICENTE, J., THEAU-CLEMENT, M., GARCIA-XIMENEZ, F., BESENFELDER, U., RENARD, J.P. (1996): Cryopreservation of genetic resources in rabbit species: Practical applications. Proc. 6. WRSA Congr., Toulouse, Vol. 2, 293-298

75. JOPPICH, F. (1967): Das Kaninchen. 3. Aufl., Dt. Landw. Verlag, Berlin

76. KALINOWSKI, T., RUDOLPH, W. (1974): Untersuchungen zur Vererbung der Oberkieferverkürzung (Brachygnathia superior) beim Hauskaninchen. Wiss. Z. Univ. Rostock, Math.-nat. R. 23, 131-135

77. KETTNER, B. (1962): Untersuchungen über den Einfluß von Umweltfaktoren auf Wolleistung u. Wollstruktur bei Angorakaninchen verschiedener Zuchtgebiete. Kühn-Archiv, 76

78. KHALIFA, R.M., EL-ALAMY, M.A., BESHIR, M.A. (2000): Vasectomised buck gave better reproductive results in artificial insemination techniques in rabbit than GnRH or hCG. Proc. 7. WRSA Congr., Valencia, Vol. A., 147-150

79. KING-WILSON, W. (1935): Incidence of rickets in Rabbits. Nature 136, 434

80. KISHK, W., AWAD, M., AYOUB, M. (2000): Non-hormonal substance for the induction of ovulation in rabbit does. Proc. 7. WRSA Congr., Valencia, Vol. A, 155 ff.

81. KOEHL, P.F. (1993): Gestion Technico-économique. Cuniculture, 112

82. KOCH, T. (1981): Lehrbuch der Vet. Anatomie. Bd. II., 3. Aufl., Verlag Fischer, Jena

83. KOETTER, U. (1963): Über die Beziehungen zwischen Wollertrag und Wollqualität bei Angorakaninchen. Diss. Gießen

84. KORSTANJE, R., VAN ZUTPHEN. L.F.M., VAN LITH, H.A. (2000): A genetic map of the rabbit: an important tool for genetic studies. World Rabbit Sci. 8, Suppl. 1, 439-442

85. KTBL (1993): Datensammlung: Spezielle Betriebszweige in der Tierhaltung. Landw. Verlag Hiltrup.

86. KUTTNER, M., LÖHLE, K., SCHRAMM, R. (1975): Untersuchungen über die künstl. Besamung beim Kaninchen unter besonderer Berücksichtigung der Spermaverdünnung u. -konservierung. Arch. Tierz. 18, 4, 247-254

87. LA FAY, H. (1975): The Maya, children of time. Nat. Geographic, 148, 6, 728-767

88. LANG, K. (1979): Biochemie der Ernährung. Verlag Steinkopf, Darmstadt

89. LANGE, K. (1970): Ermittlung von Normalgewichten verschiedener Kaninchenrassen. HLT Neu-Ulrichstein, Kurzber. Kaninchen.

90. LANGE, K. (1982): Untersuchungen über den Anteil der Wollmenge von Kopf und Extremitäten bei Angorakaninchen sowie Zusammenhänge mit der Wolleistung. HLT Kurzber. Kaninchen, 38-39

91. LANGE, K. (1987): Untersuchungen über den Einfluß der Rein- und Kreuzungszucht auf die Reproduktions-, Mast- und Schlachtleistung des Kaninchens. DGS, 39, 719-722

92. LANGE, K., CHRIST, B. (1993): Einsatz von Milchleistungsfutter für Rinder in der Jungkaninchenmast. Ber. 8. Arb.-Tag., Dt. Vet. med. Ges., Celle, 130-134

93. LANGE, K. (1994): 42. Angorawolleistungsprüfung 1993 in Neu-Ulrichstein. Polykopie HLT

94. LANSZKI, J., THEBAULT, R.G., ALLAIN, D., SZENDRÖ, Zs., EIBEN, Cs. (2000) : The effects of melatonin treatment on wool production in Angora rabbits. Proc. 7. WRSA, Congr., Valencia, Vol. B., 615-622

95. LEBAS, F., COUDERT, P., ROUVIER, R., de ROCHAMBEAU, H. (1986): The Rabbit, FAO, Rom

96. LEBAS, F., OUHAYOUN, J. (1987): Incidence du niveau proteique de l'aliment, du milieu d'élevage et de la saison sur la croissance et les qualites boucheres du lapin. Ann. Zoo-techn., 36, (4) 421-432

97. LEBAS, F., COLIN, M. (1992): World Rabbit Production and Research. J. Appl. Rabbit Res., 15, 29-54

98. LEBAS, F., LAMBOLEY, B., FORTUN-LAMOTHE L., (1996): Effects of dietary energy level and origin (starch vs oil) on gross and fatty acid composition of rabbit milk. Proc. 6. WRSA Congr., Toulouse, Vol. 1, 223-226

99. LINDSEY, J.R., FOX, R.R. (1974): Inherited diseases and variations. In: Weisbroth, S. H., Flatt, R.E., Kraus, A.L. The biology of the laboratory rabbit. Academic Press, New York, 377-402

100. LINDSEY, J.R., FOX, R.R. (1994): Inherited diseases and variations. In: MANNING, P.J., RINGLER, D.H., NEWCOMER, C.E.: The biology of the laboratory rabbit. 2nd Ed. Academic Press, San Diego.

101. LÖHLE, K., WENZEL, U.D. (1987): Kaninchen und Edelpelztiere von A bis Z, Verlag Neumann, Melsungen

102. LÖHLE, K. (1991): Künstl. Besamung beim Kaninchen. In: Künstl. Besamung bei Nutztieren, Fischer Verlag, Jena

103. LÖLIGER, H.C., VOGT, H. (1980): Nieren- und Gefäßverkalkungen bei Kaninchen. Proc. 2. WRSA Congr. Barcelona

104. LÖLIGER, H.C., SCHLOLAUT, W., (1992): Empfehlungen zur tiergerechten und tierschutzkonformen Haltung von Hauskaninchen. DGS, 4, 112-115

105. LÖLIGER, H.Ch. (1990): Aktuelle Erkrankungen der Hauskaninchen. Prakt. Tierarzt, 71, 42-54

106. LÖLIGER, H. Ch. (1986): Kaninchenkrankheiten. Ferd. Enke Verlag

107. LOPEZ, J., ALVARINO, J.M.R., DEL ARCO, J.A., BUENO, A., SANZ, C. (1996): Effect of male rabbit management on semen production. Proc. 6. WRSA Congr., Toulouse, Vol. 2, 83-86

108. LOPEZ MARTINEZ, N. (1977): Revision sistematica y biostratigrafica de los Lagomorpha (Mammalia) del neogeno cuaternario de Espana., Diss. Univ. Madrid

109. LOPEZ, J., ALVARINO, J.M.R., DEL ARCO, J.A., DELGADO, F., RAMIRO, J.L. (1996): Effect of cooling temperature on 24 hours stored semen for artificial inseminations of rabbits. Proc. 6. WRSA Congr., Toulouse Vol. 2, 79 - 81.

110. LORZ, A. (1992): Tierschutzgesetz-Kommentar. 4. Auflage, Verlag C.H. Beck, München

111. LUKEFAHR, S.D. (1981): Coat color genetics of the rabbit: The Satin breed. J. Appl. Rabbit Res. 4, 106-114

112. LUKEFAHR, S.D., ROBINSON, R. (1988): Coat color genetics and breeding plans for the commercial Rex breed. J. Appl. Rabbit Res. 11, 68-77

113. LUKEFAHR, S.D. (1988): Conservation of global rabbit germplasm resources. Proc. 4. WRSA-Congr., Budapest. Vol. 2, 129-136

114. LUKEFAHR, S.D. (1992): The Rabbit Project Manual. Heifer Project Publ., Little Rock

115. LUKEFAHR, S.D., HAMILTON, H.H. (2000): Longevity and cumulative litter productivity in straight forward and crossbred Californian and New Zealand White does. World Rabbit Sci. 8, Suppl. 1, 463-468

116. LUZI, F., CRIMELLA, C. (1998): Effect of change of cage 2 days before artificial insemination on reproductive performance of rabbit does. World Rabbit Sc. 6, 195-198

117. MAERTENS, L. (1992): Rabbit Nutrition and Feeding: A review of some recent developments. Proc. 5. WRSA Congr., Corvallis, Vol. B. 889-913

118. MAERTENS, L., JANSSEN, W.M.M.; STEENLAND, E., WOLTERS, D.F., BRANJE, H.E.B., JAGER, F. (1990): Tables de Composition, de Digestibilité et de Valeur Énergetique des Matières Premieres pour Lapins. 5. Journ. Recherche Cunicole, Paris, Comm. Nr. 57

119. MAERTENS, L. (1998) : Effect of flushing, mother-litter separation and PMSG on the fertility of lactation does and the performance of their litter. World Rabbit Sc. 6, 185-190

120. MAERTENS, L. (1999) : Towards reduced feeding costs, dietary safety and minimal mineral excretion in rabbits: A review and opinion article, World Rabbit Sc. 7, 65-74

121. MANGOLD, E., FANGAUF, R. (1949): Handbuch der Kaninchenfütterung. Verlag Neumann, Berlin

122. MATHIUS, I.W., CHEEKE, R.R., GROBNER, M.A. PATTON, N.M. (1988): Utilization of non-protein nitrogen for growth and reproduction of rabbits. J. Appl. Rabbit Res., 11, 192-200

123. Mc. NITT, J. (2000): Evaluation of two weaning methods for rabbits, Proc. WRSA Congr., Valencia, Vol. B, 441-446

124. MEINHARDT, G. (1969): Goethe und die Angorazucht. DKZ 13, 10

125. MEINHARDT, G. (1969): Die Kuhhasen des vorigen Jahrhunderts. DKZ 18, 18

126. MÖBES, W.K.G. (1946): Bibliographie des Kaninchens. Bd. 1, Halle

127. MONNEROT, M. u.a. (1994): Rabbit and man: genetic and historic approach. Genet. Sel. Evol. 26, Suppl. 1, 167 - 182.

128. MORISSE, J.P., BOILLETOT, E., MARTENCHAR, A. (1999) : Grillage ou litière : choix par le lapin et incidence sur le bien-etre. World Rabbit Sc. 7, spec. Issue, 15

129. MULSANT, P., ROCHAMBEAU, H. DE (1996): Possible contribution of molecular genetics to the rabbit's future. Proc. 6. WRSA Congr., Toulouse, Vol. 2, 229-234

130. NACHTSHEIM, W. (1958): Erbpathologie der Nagetiere. In: Cohrs, P., Jaffe, R. Meesen, H. Pathologie d. Laboratoriumstiere. Bd. 2, Verlag Springer, Berlin, New York, S. 310-452

131. NACHTSHEIM, H., STENGEL, M. (1977): Vom Wildtier zum Haustier. 3. Aufl., Verlag Parey, Berlin

132. NEHRING, K., HOFFMANN, L., SCHIEMANN, R., JENTSCH, W., (1963): Die energetische Verwertung der Kraftfutterstoffe. 6. Die energetische Verwertung der Kraftfutterstoffe durch Rinder, Schafe, Kaninchen, Schweine und Ratten. Arch. Tierern. 13, 193-213

133. NEHRING, K., (1972): Lehrbuch der Tierernährung und Futtermittelkunde. Verlag Neumann, Radebeul.

134. NESENI, R., SCHEVEN, B. (1958): Fütterungsversuche bei Kaninchen mit verschiedenen konservierten Grünfuttermitteln. Arch. Gefl. Kleintierkde 7, 103-114

135. NICHELMANN, M. (1981): Geschlechtszyklus des Kaninchens. Garten u. Kleintierz., 14, 8-9

136. NICHELMANN, M. (1981): Embryonale u. fetale Entwicklung. Garten u. Kleintierz., 22, 8-9

137. NIEDZWIADEK, S., KAWINSKI, J. (1976): Untersuchungen über den Harnstoffeinsatz in der Kaninchenfütterung. Proc. 1. WRSA Congr. Dijon

138. NIEHAUS, H. (1986): Unsere Kaninchenrassen. Bd. 1. Vererbungslehre. Verlag Oertel & Spörer, Reutlingen

139. NIEHAUS, H. (1987): Unsere Kaninchenrassen. Bd. II. Rassebeschreibungen. Verlag Oertel & Spörer, Reutlingen

140. N.R.C., (1954): Nutrient Requirements of Rabbits. Nat. Acad. Sci., Washington D.C., Publ. 331

141. N.R.C., (1977): Nutrient Requirements of Rabbits. Nat. Acad. Sci., Washington D.C.

142. ORTIZ, M., BRESSANI, R., MATUTE, J., PENA, X. (1992): Effect of Alhucema (Achillea millefolium) on Milk Production. Using a Rabbit Model. Proc. 5. WRSA Congr., Corvallis, Vol. 8, 1283-1290

143. PANALIS, J., SCHLOLAUT, W., LANGE, K., SCHLEY, P. (1985): Trichobezoare beim Angorakaninchen - Untersuchungen zur Diagnose und Prophylaxe. Kleintier-Praxis 30, 209-213

144. PAPE, H. (1986): Speziesübergreifende Allelreihen der Fellfärbungsmuster. Tag.-ber., Biologie des Kaninchens, 3. Intern. Kolloquium Univ. Rostock, Sekt. Tierprod. 26-30

145. PARIGI-BINI, R., XICCATO, G., CINETTO, M. (1990): Repartition de énergie alimentaire sur les performances de lapines reproductrices. 5e Journées Recherche Cunicole, Ed. ITAVI, Paris, Commun. 47

146. PARIGI-BINI, R., XICCATO, G., DALLE ZOTTE A., CARAZZOLO, A., CASTELLINI, C., STRADAIOLI, G. (1996): Effect of remating interval and diet on the performance and energy balance of rabbit does. Proc. 6. WRSA Congr., Toulouse, Vol. 1, 253-258

147. PATTON, N., GROBNER, M. (1989): Rabbit Management. J. Appl. Rabbit Res. 11, 241 -244; 12, 78-82

148. PAUFLER, S. (1974): Besamung u. Eitransplantation bei Tier u. Mensch, Bd. II, Verlag Schaper, Hannover.

149. PAUFLER, S. (1978): Anwendungsmöglichkeiten und Grenzen der künstlichen Besamung beim Kaninchen. Prakt. Tierarzt, 59, 1, 32-33

150. PAUFLER, S., SCHLOLAUT, W., LANGE, K. (1979): Postpartale Insemination beim Kaninchen mit Ovulationsauslösung durch synthetische LH-Releaserhormone. Zuchthyg. 14, 37-42

151. PEREZ, J.M., FORTUN-LAMOTHE, L., LEBAS, F. (1996): Comparative digestibility of nutrients in growing rabbits and breeding does. Proc. 6. WRSA Congr., Toulouse, Vol. 1, 267-270

152. PEREZ, J.M., CARDINALE, S., JUIN, H., LAMBOLEY, B., de ROCHAMBEAU, H. (1999) : Influence du type génétique sur l'efficatité de la digestion chez le lapin : comparaison de 10 souches males de croisement terminal différant par leur format adulte. World Rabbit Sc. 7, spec. issue, 22

153. PERRIER, G. (1998): Influence de deux niveaux et de deux durées de restriction alimentaire sur l'efficacité productive du lapin et les caractéristiques bouchères de la carcasse. World Rabbit Sc. 6, spec. issue, 25

154. PERRIER, G.THEAU-CLEMENT, M., JOUANNO, M., DROUET, J.P. (2000): Reduction of the GnRH dose and inseminated rabbit doe reproductive performance. Proc WRSA Congr., Valencia, Vol. A, 225 - 230.

155. PETERSEN, A. (1992): Effect of Age on Priming and Fur Quality of Castor Rex Rabbit. Proc. 5. WRSA-Congr., Vol. C. Corvallis

156. PETERSEN, J. (1997): Reproduktionsmanagement in der Kaninchenfleischerzeugung Tag.-Ber., 10. Arb.-Tag, Dt. Vet. med. Ges., Celle, 1-11

157. PETERSEN, J. (1998): Handbuch zur Kaninchenfleischgewinnung. Verlag Oertel & Spörer, Reutlingen

158. PETERSEN, J., SCHLENDER-BÖBBIS, I., MENNECKEN, L. (2000): Evualuation of optimal slat distance in slatted floor for rabbits using behavioural studies. Proc. WRSA Congr., Valencia, Vol. B. 559-568

159. PINGEL, H., EL-EZZ, Z.R.A., (1980): Brunstzyklus bei Kaninchen. Tag. Ber. Symp. Univ. Rostock, 145-152

160. POIGNER, J., SZENDRÖ, Zs., LEVAI, A., BIRO-IVEMETH, E., RADNAI, J. (2000) : Weight of new-born rabbits in relation to their number and position within the uterus in unilaterally ovariectomised does. Proc. 7. WRSA Congr., Valencia, Vol. A, 231 - 237.

161. PROTO, V. (1965): Esperienze di coprofagia nel coniglio. Prod. Anim. 4, 1-21

162. PRUD'HON, M., (1975): Le comportement alimentaire (du lapin) dépend beaucoup de l'abreuvement. Élevage: Une production d'avenir. Le lapin 55-59

163. RABEHL, N., WOLF, P., KAMPHUES, J. (1997): Aufmachung und Zusammensetzung handelsüblicher Mischfuttermittel für kleine Nager aus der Sicht der Tierernährung. Tag.-Ber., 10. Arb.-Tag, Dt. Vet. med. Ges., Celle, 143-153

164. RASCH, D., HERRENDÖRFER, G. (1990): Handbuch der Populationsgenetik und Züchtungsmethodik. Dt. Landw. Verlag, Berlin

165. REMOIS, G., LAFARGUE-HAURET, P., ROUILLERE, H. (1996): Effect of amylases supplementation in rabbit feed on growth performance. Proc. 6, WRSA Congr., Toulouse, Vol. 1, 289-292

166. ROBINSON, R. (1958): Genetic studies of the rabbit. Bibliogr. Genet. 17, S. 229-558

167. ROCHAMBEAU de, H. (1988): Genetics of the Rabbit for Wool and Meat Production. Proc. 4. WRSA-Congr., Budapest, Vol. 2, 1-68

168. ROCHAMBEAU de, H., THEBAULT, R.G., (1990): Genetics of the Rabbit for wool production, Animal Breed. Abstr., 58, 1, 1-15

169. ROCHAMBEAU de, H., (1997): Genetics of the rabbit for meat production : what's new since the World Rabbit Congress held in Budapest in 1988 ? A review. World Rabbit Sci. 5, 2, 77-82

170. ROMMERS, J., MEIJERHOF, R. (1998): Effect of group size performance, bone strength and skin lesions of meat rabbits housed under commercial conditions. World Rabbit Sc. 6, 299-302

171. ROUGEOT, J. (1981): Herkunft und Geschichte des Kaninchens (Fr.) Ethnozootechnic, 27

172. ROUGEOT, J., THEBAULT, R.G. (1988): Le lapin Angora. Les éditions de point Vet., Maisons-Alfort

173. RUDOLPH, A. (1988): Die Rassekaninchenzucht in der Bundesrepublik Deutschland und Westeuropa in ihrer ökonomischen und sozialen Bedeutung. Ber. 6. Arbeitstag. Dt. Vet. Ges., Celle, 9-12

174. RUDOLPH, W. (1978): Das Kaninchen als Modelltier für die Haustier- und Humangenetik. Wiss. Z. Univ. Rostock, math.-nat. R. 27, 69-720

175. RUDOLPH, W. (1980): Variabilität und Erblichkeit von Merkmalen und Leistungseigenschaften beim Kaninchen. Tag.-ber. Kolloquium »Das Kaninchen als Modelltier und Züchtungsobjekt«, Univ. Rostock, Sekt. Tierprod., 71-78

176. RUDOLPH, W., KALINOWSKI, T. (1982): Das Hauskaninchen. Ziemsen Verlag, Wittenberg

177. RUDOLPH, W., SOTTO, V. (1984): A modified Janoschek equation for post-natal growth of New Zealand White rabbits. Proc. 3. WRSA-Congr., Rome, Vol. II, 562-569

178. RUDOLPH, W. (1985): Genreserven - notwendig für die Erhaltung der genetischen Variabilität? Tag.-ber. Genetik-Symp., Sekt. Tierproduktion u. Veterinärmedizin, Univ. Leipzig, 43-47

179. RUDOLPH, W., SOTTO, V., DUNKER, M. (1986): Wachstum und Schlachtkörperqualität bei Weißen Neuseeländer-Kaninchen. Arch. Tierz. 29, 1, 5-11

180. RUDOLPH, W. (1989): Genreserven in der Kaninchenzucht. Rostocker Agrarwiss. Beitr., 22, 19-23

181. RUDOLPH, W., SEFFNER, W., KNOPP, W., BERNHARD, W. (1992): Inherited skeletal deformity of the hind leg in Vienna Grey rabbits in conjunction with modified hair morphology (Angora). J. Appl. Rabbit Res. 15, 363

182. RUDOLPH, W. (1997): Die Zucht von Zwergkaninchen und Punktschecken im Lichte tierschutzrechtlicher Forderungen. ZDK-Lehrschrift Nr. 55, 51-58

183. RUDOLPH, W. (1997): Ist die Zucht von Zwergkaninchen tierschutzgerecht? Dtsch. Kleintierzüchter, Kaninchen 106, 7, 6-7

184. SANDFORD, J.C. (1992): Notes on the history of the Rabbit. J. Appl. Rabbit Res.,15, 1-28

185. SCHEPENS, K. (1968): Kritische Betrachtung zur Angoraleistungsprüfung. Diss. Göttingen.

186. SCHILKEN, E. (1993): Untersuchungen über die Fettsäurenzusammensetzung und den Cholesterin gehalt im Fettgewebe von Schlachtkaninchen und die Beeinflussung durch Alter, Rasse, Geschlecht und Fütterung. Diss. Gießen

187. SCHILLING, E., DÖPKE, H. (1986): Menge und Qualität der Ejakulate von Kaninchenböcken nach unterschiedl. Absamungsintervallen. Tag-Ber. Kolloquium Univ. Rostock, Sekt. Tierprod., 149-154

188. SCHLEY, P. (1985): Kaninchen. Verlag Ulmer, Stuttgart

189. SCHLEY, P., SCHLOLAUT, W. (1988): Results and aspects of the Angora rabbit performance tests in Germany. Proc. 4. WRSA Congr. Budapest, Vol. 2, 209-217

190. SCHLOLAUT, W., LANGE, K. (1971): Untersuchungen über das frühzeitige Absetzen beim Kaninchen. Züchtungskode, 43, 130-143

191. SCHLOLAUT, W., LANGE, K., SCHLÜTER, H. (1978): Einfluß der Fütterungsintensität auf die Mastleistung u. die Schlachtkörperqualität beim Jungmastkaninchen. Züchtungskode, 50, 401-411

192. SCHLOLAUT, W., LANGE, K., PAUFLER, S. (1981): Einfluß des Thioasminosäurengehaltes im Futter, des Alters und der Geburtsauslösung mit Oxytocin auf die Reproduktionsleistung des Kaninchens bei postpartaler Insemination. Züchtungskode 53, 283-294

193. SCHLOLAUT, W., LANGE, K. (1983): Untersuchungen über die Beeinflussung quantitativer Merkmale der Wolleistung beim Angorakaninchen durch Geschlecht, Alter, Fütterungs-technik und Methioningehalt des Futters. Züchtungskode, 55, 69-84

194. SCHLOLAUT, W., WALTER, A., LANGE, K. (1984): Mastleistung und Schlachtkörperqualität beim Kaninchen in Abhängigkeit vom Mastendgewicht und der Mastmethode. Ber. 5. Arb. Tag. Dt. Vet. Ges., Celle, 10-20

195. SCHLOLAUT, W., DOPPLER, W., LANGE, K., LÖLIGER, H., PAUFLER, S., ZIMMERMANN, E. (1984): Kompendium der Kaninchenproduktion unter Berücksichtigung der Verhältnisse in der Dritten Welt. TZ-Verlags-Ges., Roßdorf

196. SCHLOLAUT, W. (1990): Problematik der Qualitätsbeurteilung von Angorakaninchenwolle. Ber. 7. Arbeitstag. Dt. Vet. Ges., Celle, 206-212

197. SCHLOLAUT, W. (1992): The Angora Rabbit. GTZ-Verlag, Eschborn

198. SCHLOLAUT, W. (1997): Sachkunde unerläßlich für gesetzeskonformen Tierschutz. Dtsch. Kleintierzüchter, Kaninchen 106, 6, 20-22

199. SCHÖN, I. (1978): Fettgewebsparameter verschiedener Tierarten im Vergleich. Ber. 24. Europ. Fleischforsch. Kongr., Kulmbach

200. SCHÜDDEMAGE, M., LANGE, K., HOY, St. (1999): Untersuchungen zum Einfluß verschiedener Kunstlichtregime im Vergleich zum Naturlicht auf die Reproduktionsparameter weiblicher Kaninchen. Tag.-Ber. 11. Arb.-Tag, Dt. Vet. med. Ges., Celle, 106-116

201. SCHÜDDEMAGE, M., LANGE, K., HOY, St. (1999): Zu den Auswirkungen von Kunst- und Naturlicht auf spermatologische Parameter beim Kaninchen. Tag.-Bericht 11. Arb. Tag, Dt. Vet. med. Ges., Celle, 209-215

202. SCHÜRCH, A., (1949): Die theoretischen Grundlagen der Kaninchenfütterung. Schweizer. Ldw. Mon.hefte 27, 41-65

203. SEITZ, K., GUTKOSKI, S., LANGE, K., HOY, St. (1997): Untersuchungen zum Säugeverhalten bei Kaninchen. Tag.-Bericht, 10. Arb.-Tag, Dt. Vet. med. Ges., Celle, 33-38

204. SELZER, D., HOY, St. (1999): Zum Säugeverhalten verschiedener Kaninchenrassen in traditioneller Haltung. Tag.-Bericht, 11. Arb.-Tag, Dt. Vet. med. Ges. Celle, 216-220

205. SELZER, D., LANGE, K., HOY; St. (1999): Untersuchungen zum Einfluß von Größe und Struktur der Get-Away-Käfige auf Säugeverhalten und Mutter-Kind-Beziehung bei Hauskaninchen. Tag.-Bericht, 11. Arb.-Tag, Dt. Vet. med. Ges., Celle, 117-222

206. SELZER, D. (2000): Vergleichende Untersuchungen zum Verhalten von Wild- und Hauskaninchen unter verschiedenen Haltungsbedingungen. Diss. Gießen

207. SHARKEY, M.J. (1973): Comparisons of the Efficiency of Energy and Nitrogen Retention in Weaned Lambs and Rabbits. Prod. III. World Confer. Anim. Prod. Vol. 1., Melbourne

208. SINGH, B., MAKKAR, H.P. S., KRISHNA, L. (1988): Utilization by growing rabbits of a low crude protein diet with or without urea and groundnut cake supplementation. J. App. Rabbit Res., 11, 25-29

209. SOUCI, S., FACHMANN, W., KRAUT, H. (1990): Die Zusammensetzung der Lebensmittel. Wiss. Verlagsges., Stuttgart

210. SPEDDING, C.R.W. (1975): The Biology of Agricultural Systems. Acad. Press., London

211. STEPHAN, E., SCHLOLAUT, W., LANGE, K. (1979): Schurleistung, Futter- und Wasseraufnahme bei männlichen Angorakaninchen unter verschiedenen Temperaturbedingungen. Ber. 3. Arb. Tag. Dt. Vet. Ges., Celle

212. STEPHAN, E. (1980): The influence of environmental temperatures on meat-rabbits of different breeds. Proc. 2 WRSA Congr., Barcelona

213. STRANZINGER, G.F., BÜHLER, TH. A., WENT, D.F. (1988): Transgene Kaninchen als biomedizinische Modelle. Altromin. Symps., Detmold, 82-92

214. SU, G., KJAER, J.B., BRENOE, U.T., SORENSEN, P. (1999) : Estimation of genetic parameters in Danish White rabbits using an animal model : 1. Growth and carcass traits. World Rabbit Sci. 7, 2, 59-64

215. SÜLFLOHN, K. (1991): Das geltende Futtermittelrecht. ASR-Verlag

216. SZENDRÖ, Zs., TAG-EL-DEN, T.H., N'EMETH, B. (1984): The effect of Double Mating on conception rate and litter size. Proc. 3. WRSA-Congr., Rom

217. THEAU-CLEMENT, M., CASTELLINI, C., MAERTENS, L., BOITI, C. (1998): Biostimulations applied to rabbit reproduction : Theory and practic. World Rabbit Sc., 6, 179-184

218. THEAU-CLEMENT, M., MERCIER, P. (1999) : Effect of 24 hour doe-litter separation on rabbit doe reproductive performance and growth of the young. World Rabbit Sc., 7, 177-179

219. THOMSON, J. (1970): Praktische Aspekte und Möglichkeiten der Zyklusorientierung beim Kaninchen. Tierzüchter 22, 75-80

220. Van der HORST; F., JEHL, N., KOEHL, P.F. (1999): Influence du mode d'elevage (cage ou parc) sur les performances de croissance et les qualites boucheres des lapins de race normande. World Rabbit Sc., 7, spec. issue, 16

221. VASQUEZ, R., PETERSEN, J., MENNICKEN, L. (1997): Der Einfluß des Alters der Häsin sowie deren Milchleistung und des Geburtsgewichtes von Jungkaninchen auf deren Entwicklung während der Mastperiode. Tag.-Bericht 10. Arb.-Tag, Dt. Vet. med. Ges., Celle, 18-23

222. VERMOREL, M., VERNT, J., DONNAT, J., THEBAULT, R.G. (1988): Thermorégulation du lapin Angora, après é épilage, Cuniculture, 83, 249-256

223. VORIS, L., MARCY, L.F., THACKER, J., WANIO, W.W. (1940): Digestible Nutrients of Feeding Stuffs for the Domestic Rabbit. J. Agr. Res. 61, 673-684

224. WEIßENBERGER, K. (1982): Fortpflanzung und Vererbung in der Kaninchenzucht. 2. Aufl., Philler Verlag, Minden

225. WENDEL, T., LANGE, K. (1992): Das Skelett verrät das Alter. DGS, 21, 611-614

226. WENGER, A. (1997): Vergleichende Untersuchungen zur Aufnahme und Verdaulichkeit verschiedener rohfaserreicher Rationen an F uttermittel bei Zwergkaninchen, Meerschweinchen und Chinchilla. Diss. med. vet., Hannover.

227. WOLF, D., KLOMBURG, S. (1979): Das Hauskaninchen. Berl. Münch. Tierärztl. Wschr. 92, 65-72

228. WOLF, P., WENGER, A., KAMPHUES, J. (1997): Probleme der Rohfaserversorgung von Zwergkaninchen, Meerschweinchen und Chinchilla als Heimtiere. Tag.-Bericht 10. Arb.Tag, Dt. Vet. med. Ges., Celle, 154-165

229. WOLF, P., KAMPHUES, J. (1999): Fütterung und Zahngesundheit. Symposium „Praxisrelevante Fragen zur Ernährung der Kleintiere«, Hannover.

230. XICCATO, G. (1996): Nutrition of lactating does. Proc. 6. WRSA Congr., Toulouse, Vol. 1, 29-50.

231. XICCATO, G., TROCINO, A., SARTORI, A., QUEAQUE, P.I. (2000). Early weaning of rabbits: effect of age and diet on weaning and postweaning performance. Proc. 7, WRS-Congr., Valencia, Vol. C, 483-490

232. ZDK (1997): Standard ‘97. Verlag ZDK, Mönchengladbach (einschl. Änderungen 2000, ZDK-Lehrschrift 58)

233. ZELNIK, J. (1980): Zur Vererbung einiger Anomalien beim Kaninchen. Tag.-ber. Kolloquium, Univ. Rostock, Sekt. Tierprod., 105-119

234. ZIMMERMANN, E., GEKLE, L. (1994): Wirtschaftliche Kaninchenproduktion. DGS 46, 12-14

Nachtrag:

235. RUDOLPH, W. (2001): Zwergkaninchen, Punktschecken und einige andere Rassen. Dtsch. Kleintier züchter, Kaninchen 110, 14, 24-28

236. SCHÜLER, L. Swalve, H., Götz, K.-U. (2001): Grundlagen der quantitativen Genetik. Verlag Ulmer, Stuttgart

237. HOCHSTRASSER, G. (1998): Die Varianten der Farbe Wildkaninchengrau und deren symbolische Darstellungen. Kaninchen H. 7,8-10; H 8,26-27,30; H. 9,12-14

238. HOCHSTRASSER, G. (2002): Was man über Silberungsfaktoren wissen sollte (I). Kaninchen, H. 3, 12-14

239. SANDFORD, J. C. (1996): The Domestic Rabbit, 5th Ed. Blackwell Science, Oxford

20.2 Photos

Archiv DKZ	12, 14, 15, 17, 18, 146
Finzi	116, 126, 127
Gepp	22, 23, 24, 26, 27, 29, 32, 33, 35, 37, 38, 40, 41, 44, 45, 46, 48, 50, 51, 53, 54, 58, 59, 60, 61, 64 - 69, 70
Knopp	74
Löliger	76, 159 -170
Rudolph	75 - 79
Schlolaut	1, 3, 4, 13, 16, 46, 56, 78, 82, 83, 85, 86, 87, 94, 95, 98 - 110, 113, 114, 117, 119, 120, 122, 123, 124, 128, 130, 133 - 145, 147 - 158
Walford	19
Wolters	20, 21, 25, 28, 30, 31, 36, 39, 42, 43, 49, 52, 55, 62, 63, 71, 72
ZDK	34, 73
Zimmermann	125

20.3 Tabellenverzeichnis